SUTOPPU!

Koko wa kono manga no owari dayo.
Hantaigawa kara yomihaji
Dewa omatase shimashita
Tanoshii hitotoki wo dozo

Egmont-Manga-Chiimu

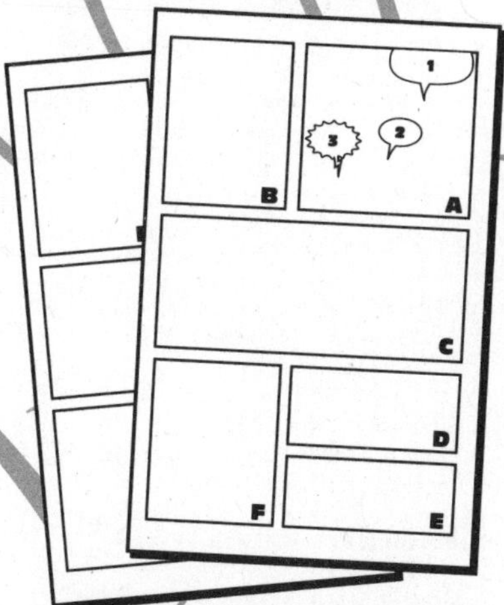

STOPP!

Das ist der Schluss des Mangas.
Fangt bitte am anderen Ende an!
Und nun genug der Vorrede,
viel Spaß beim Lesen!

Euer Egmont-Manga-Team

„Detektiv Conan vs. Kaito Kid“ von Gosho AOYAMA
Aus dem Japanischen von Josef Shanel und Matthias Wissnet
Originaltitel: „Meitantei Conan vs. Kaito Kid“

Originalausgabe:
MEITANTEI CONAN VS. KAITO KID by Gosho AOYAMA

Original Japanese edition published in 2010
by Shogakukan Inc., Tokyo
German translation rights arranged with Shogakukan Inc.
through The Kashima Agency for Japan Foreign-Rights Centre
Original Design: Isao YOSHIMURA, Yoshihiro HAYAKAWA,
Yosuke TANAKA+Bay Bridge Studio

Deutschsprachige Ausgabe:

verlegt durch Egmont Verlagsgesellschaften mbH,
Ritterstraße 26, 10969 Berlin
safety@egmont.de

9. Auflage 2026
Verantwortlicher Redakteur: Steffen Hautog
Lettering: Funky Kraut Productions
Gestaltung: Claudia V. Villhauer
Koordination: Nadin Stein-Kreisel
Printed in the EU
ISBN 978-3-7704-7637-4

Mystery

Gun_Zi / Kafka Asagiri

BUNGO STRAY DOGS: DEAD APPLE

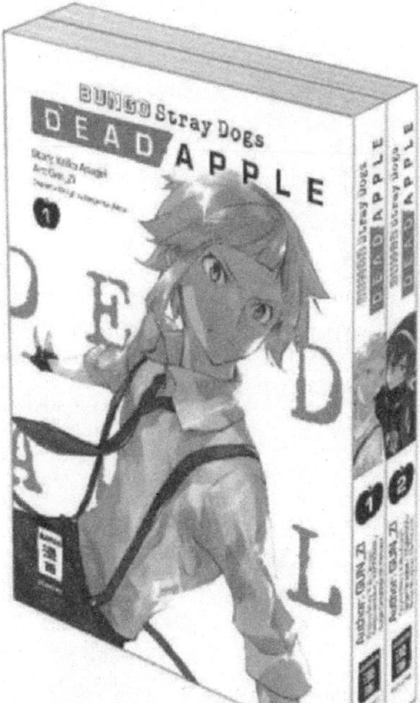

Eine weltweite Serie von Selbstmorden erregt die Aufmerksamkeit des Büros der Wehrhaften Detektive. Ein mysteriöser Nebel und ein verdächtiger Mann müssen unter die Lupe genommen werden, doch als das Phänomen in Yokohama auftritt, beginnt auch für die Ermittler ein Kampf um Leben und Tod!

Bungo Stray Dogs: DEAD APPLE erscheint in zwei Doppelpacks!

Bungo Stray Dogs: DEAD APPLE

Band 1+2 Doppelpack ISBN 978-3-7555-0412-2

MANGA 漫画

EGMONT

www.egmont-manga.de

Mystery

Gosho Aoyama

DETEKTIV CONAN

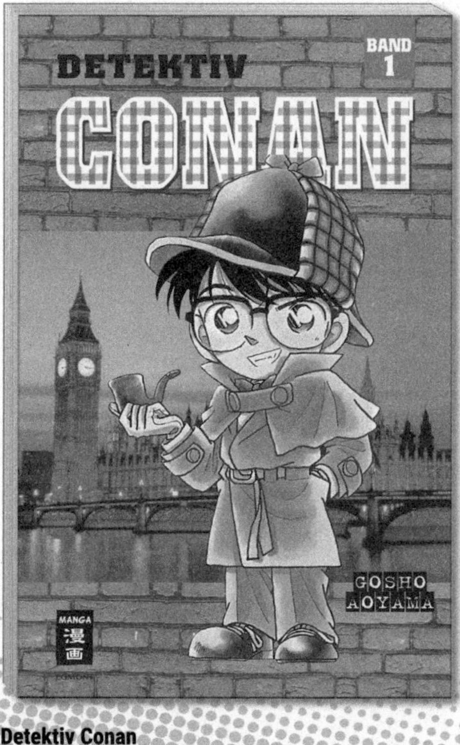

Der sechzehnjährige Shinichi Kudo ist nicht nur Oberschüler, sondern auch ein meisterhafter Detektiv. Als ihm seine Widersacher ein mysteriöses Gift verabreichen, verwandelt sich der Teenager plötzlich zurück in einen Grundschüler. Doch so schnell gibt Shinichi nicht auf: Ab sofort macht er als Conan Edogawa Jagd auf die bösen Buben... und das Gegengift!

Detektiv Conan

Band 1 ISBN 978-3-89885-382-8

MANGA 漫画

www.egmont-manga.de

EGMONT

KAITO KID 3

AUS BD 3

Die Kerle, die Kaitos Vater Toichi umgebracht haben, treten auf den Plan!

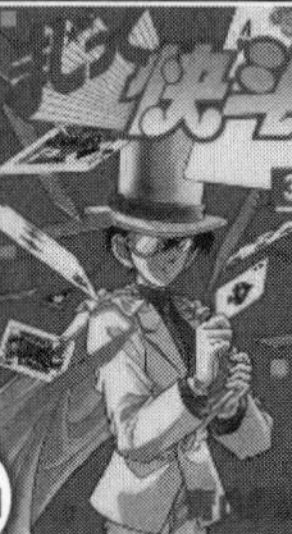

Die Kapitel

„Krieg der Sterne", „Der Meisterdetektiv", „Das Phantom des Untergrunds", „Der Akako-Notdienst", „Yaiba vs. Kaito!, „Blue Birthday", „Green Dream"

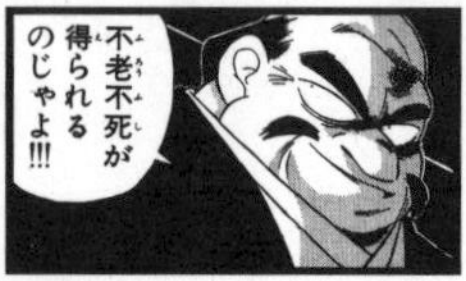

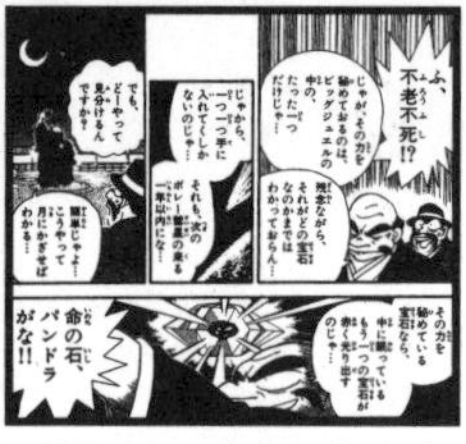

▲ *Kaito ist es gelungen, den Kerlen zu folgen. Aus dem Mund eines der Bosse hört er den Grund, warum sie hinter dem Riesenjuwel her sind!*

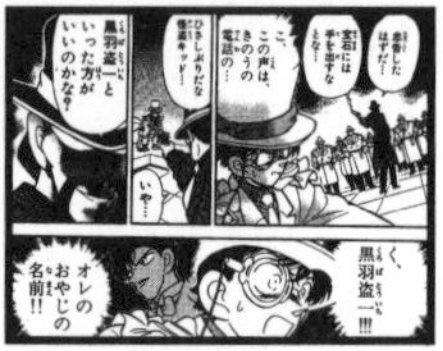

Das Geheimnis des Riesenjuwels!

Kaito hat gerade den größten Edelstein Indiens namens „Blue Birthday" geraubt und will von dannen fliegen, als plötzlich ein paar zwielichtige Gestalten vor ihm auftauchen: Es sind die Kerle, die vor acht Jahren seinen Vater Toichi ermordet haben! Bis dato war ihre Identität ein Geheimnis ...

Die Charaktere

SNAKE

Mitglied der mysteriösen Organisation, die es auf riesige Edelsteine abgesehen hat. Er taucht mehrmals urplötzlich auf und fordert Kid heraus!

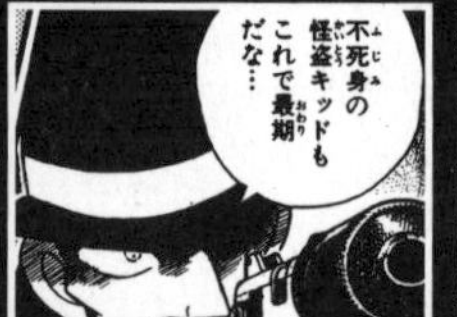

Die Charaktere

SAGURU HAKUBA

Oberschüler und Jungdetektiv, der in London einen Auslandsaufenthalt verbracht hat. Sein Vater ist Präfektur-Polizeipräsident. Als er in Kaitos Klasse kommt, hat dieser plötzlich einen Rivalen in Sachen Liebe!

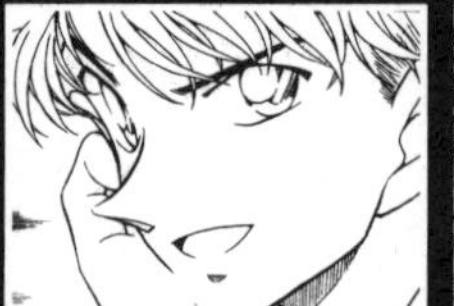

KAITO KID 4

AUS BD 4

Shinichi Kudo, unser liebster Oberschülerdetektiv, hat auch einen Auftritt!

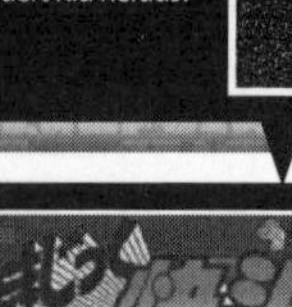

Die Kapitel

„Crystal Mother", „Red Tear", „Black Star (Teil 1&2)", „Golden Eye (Teil 1&2)", „Dark Knights (Teil 1&2)"

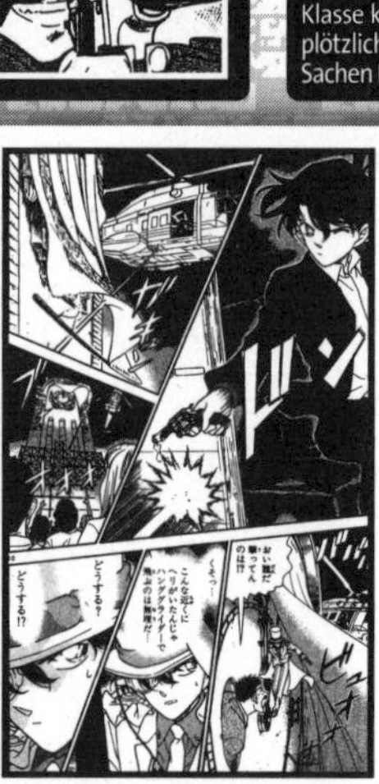

▲ *Shinichi schießt mit Kommissar Megures Pistole auf Kid! Wie wird dieser zurückschlagen?*

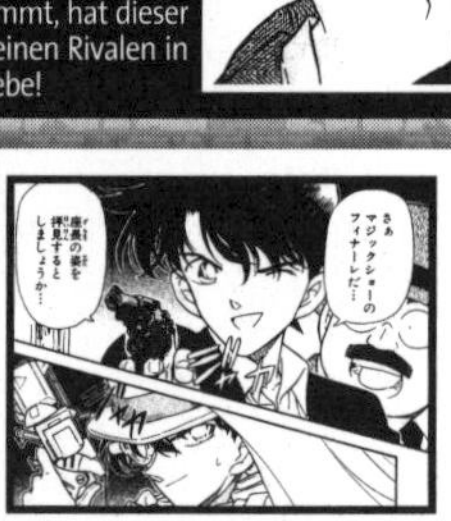

Shinichi und Kid geraten das erste Mal aneinander!

Kaito hat es auf einen alten Uhrenturm abgesehen, denn auf dessen Zeiger prangt ein wertvoller Diamant! Doch just im Moment, in dem Kaito Kid den Edelstein entwenden will, taucht plötzlich Shinichi Kudo auf, der zu dem Zeitpunkt noch nicht notgedrungen als Conan Edogawa unterwegs war. Wer von den beiden wird den Sieg davontragen?!

Und auch jetzt gleitet **KAITO KID** durch den Himmel, immer auf der Suche nach dem nächsten Riesenjuwel!

AUS BD 1

Was sind die Beweggründe des Zaubernarrs und Oberschülers Kaito ...?

KAITO KID 1

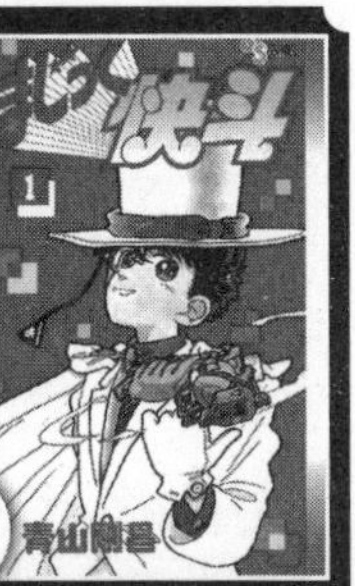

Die Kapitel

„Kaito ist wieder da!", „Das große Polizeiaufgebot", „Das Herz der Maschine", „Ein harter Tag im Leben Kaitos", „Das Piraten-U-Boot", „Die scharlachrote Verführung"

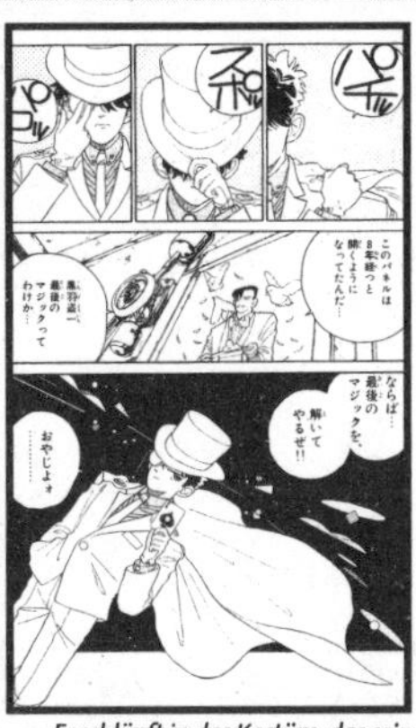

▲ *Er schlüpft in das Kostüm, das sein Vater hinterlassen hat, und begibt sich zum im Ankündigungsschreiben genannten Tatort!*

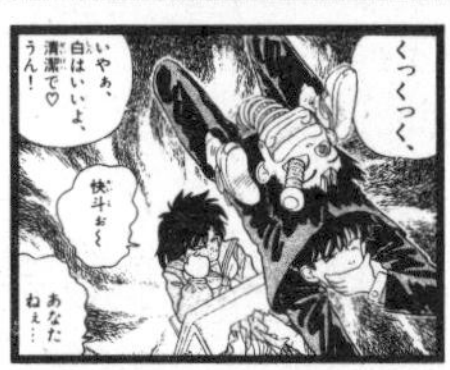

Wie Kaito Kuroba zu Kaito Kid wurde!

Nach acht Jahren Pause begeht Kaito Kid wieder einen Raub – die Öffentlichkeit ist in Aufruhr und Kommissar Nakamori außer sich! Kaito findet im Geheimzimmer seines vor acht Jahren verstorbenen Vaters das Kostüm von Kid. Er will herausfinden, wie sein Vater damals wirklich ums Leben kam, und schlüpft fortan in die Rolle des Kaito Kid!

Die Charaktere

Akako Koizumi

Schulwechslerin, die in Kaitos Klasse kommt. In Wirklichkeit ist sie eine waschechte Hexe, die über magische Kräfte verfügt. Ihre Gefühle für Kaito sind ziemlich verworren.

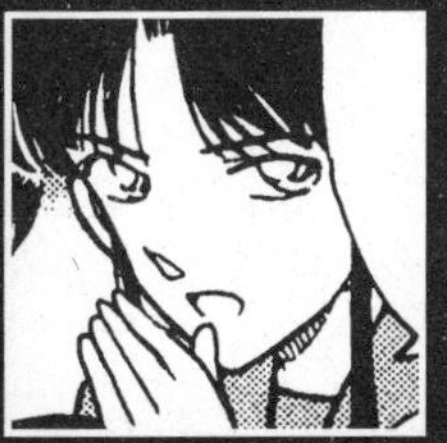

Die Charaktere

Aoko Nakamori

Sie ist seine Freundin und besucht dieselbe Klasse wie er. Die beiden kennen sich schon von klein auf. Sie ist nicht gut auf Kaito Kid zu sprechen, der ihrem Vater, Kommissar Nakamori, stets solchen Kummer bereitet.

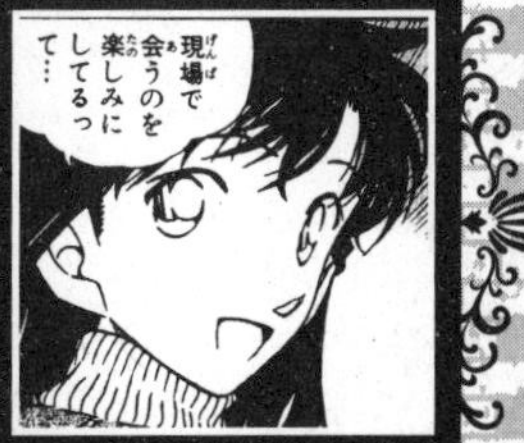

AUS BD 2

Was wird aus Kaito, als Akako ihre Magie anwendet?!

KAITO KID 2

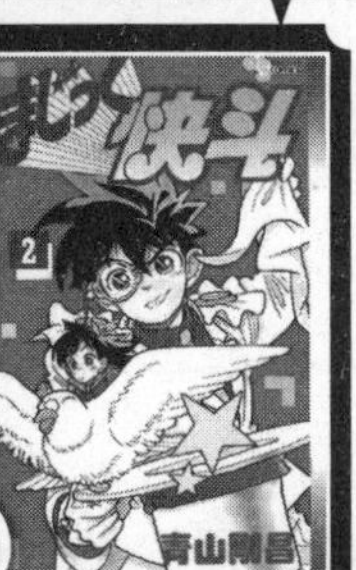

Die Kapitel

„Finger weg!!", „Japans verantwortungsloser Kanzler", „Ich bin der Anführer!", „Was macht dich erwachsen?!", „Baseball Kid", „Ghost Game", „Der legendäre Queue"

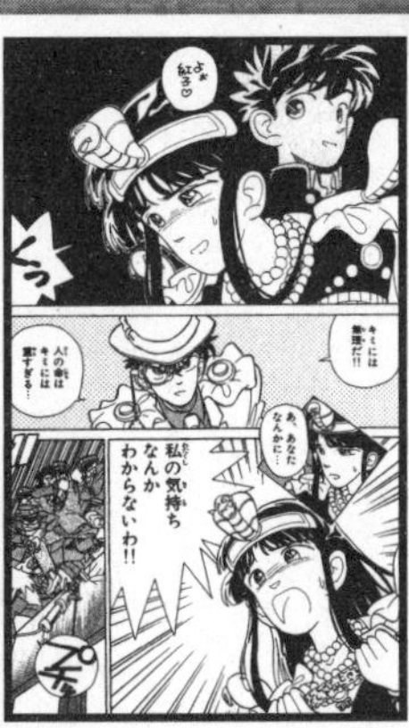

▲ *Kaito ist Aoko treu und erwidert Akakos Avancen nicht, wofür er jetzt büßen soll ...!*

Akako hat vor, Kid umzubringen!

Akako kann es nicht verwinden, dass Kid alias Kaito der einzige Junge auf der Welt ist, den sie nicht haben kann, und so sieht sie nur einen Ausweg aus dieser Schmach: Mit Magie und Flüchen treibt sie Kid in die Enge ...!

KAITO KIDS EIGENER COMIC!

Kaito KID

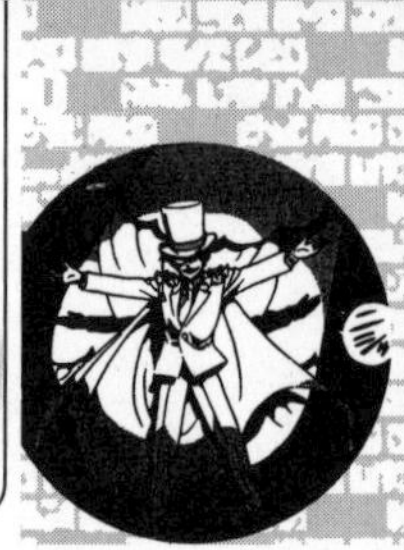

Hinter dem Meisterdieb Kaito Kid verbirgt sich der Oberschüler und Zaubernarr Kaito Kuroba!

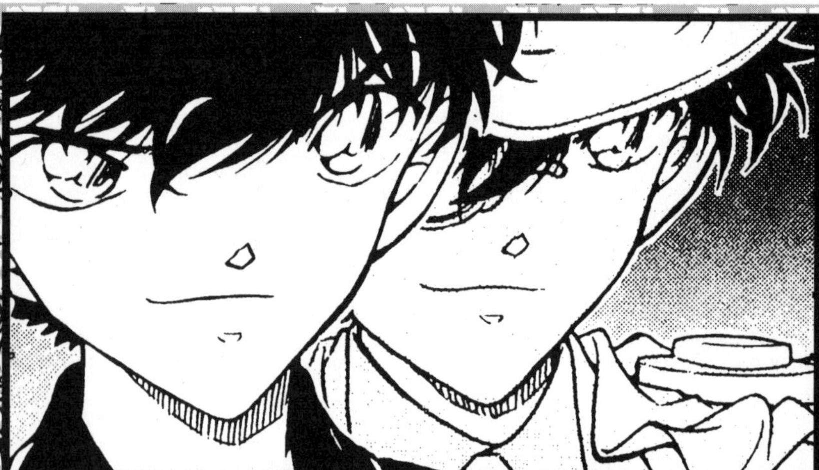

Gosho Aoyama hat „Kaito Kid" gezeichnet, bevor „Detektiv Conan" in Serie ging, und der Comic gehört zu seinen Hauptwerken. Kaito Kid alias Kaito Kuroba inszeniert seine Diebstähle auf spektakuläre Weise mit allerlei genialen Zaubertricks – ein wahres Lesevergnügen!

Im Handel!

Im Folgenden stellen wir euch ein paar ausgewählte Episoden aus den vier Bänden vor!

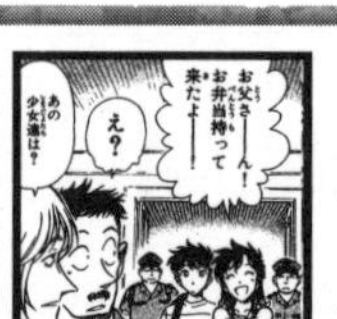

Der Vater seiner Freundin Aoko ist Kommissar Nakamori vom Polizeipräsidium!

Aoko Nakamori ist nicht nur Kaitos Sandkastenfreundin, sondern sie sind jetzt zusammen – und ihr Vater ist ausgerechnet Kommissar Nakamori vom 2. Kriminaldezernat des Polizeipräsidiums, der regelrecht versessen darauf ist, Kaito Kid zu verhaften! Aoko bringt ihrem Vater schon mal eine Lunchbox vorbei, wenn dieser gerade mitten in den Ermittlungen steckt – und Kaito begleitet sie ungeniert!

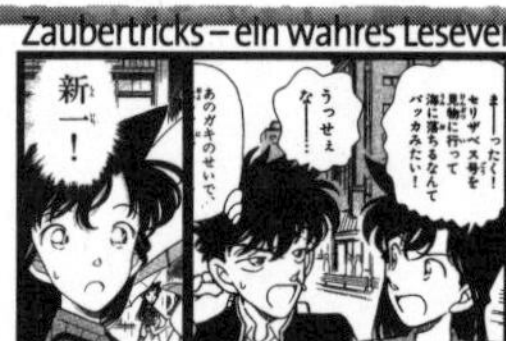

Er sieht Shinichi so ähnlich, dass selbst Ran ihn verwechselt!

Kaito Kuroba ist 17 Jahre alt und geht in die 2B der Ekoda-Oberschule. Als er eines Tages zufällig Ran auf der Straße über den Weg läuft, hält diese ihn für Shinichi...!

DETEKTIV CONAN vs. Kaito KID

CONAN vs. KAITO KID

FALL-AKTE 005

Shinichi Kudos Abenteuer in der ersten Klasse

BAND 55 **Fall 6** Im Mondschein | **Fall 7** Bei Tagesanbruch | **Fall 8** Am hellichten Tag | **Fall 9** Die Abendsonne

Der Erstklässler Shinichi gegen Kaito Kid I.!

In der Bibliothek der Teitan-Grundschule finden die Detective Boys während des Leseunterrichts eine alte Brieftasche. Bei deren Anblick erinnert sich Conan alias Shinichi an ein zehn Jahre zurückliegendes Abenteuer, das er damals mit Ran zusammen erlebt hat. Um dem Wahrheitsgehalt eines Gerüchts, laut dem bei Vollmond ein Gespenst in der Bibliothek umgehen soll, auf den Grund zu gehen, schleichen sich der kleine Shinichi und die kleine Ran nachts ins Schulgebäude. Zwar kann Shinichi das Geheimnis hinter dem Gerücht rasch lüften, denn der Spuk basierte auf einer simplen Verkettung von Umständen, doch plötzlich wird er von einem geheimnisvollen Mann angesprochen. Der Mann kennt Shinichis Namen und sagt, er sei gekommen, um ihn herauszufordern: Shinichi soll einen Schatz finden! Dieser lässt sich nicht zweimal bitten und begibt sich sogleich auf Schatzsuche, indem er wie bei einer Schnitzeljagd Hinweisen folgt! Tatsächlich stellt sich der Mann später als Toichi Kuroba heraus, der erste Kaito Kid! Wie gehen diese Zeitreise und die allererste Begegnung aus?!

Vor zehn Jahren traf der kleine Shinichi auf den Kaito Kid der ersten Generation!

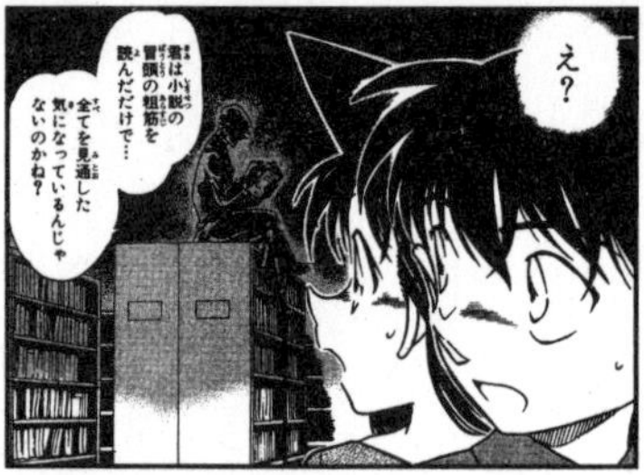

▲ *Ein geheimnisvoller Mann sagt, dass er Shinichis jüngerer Bruder sei …!*

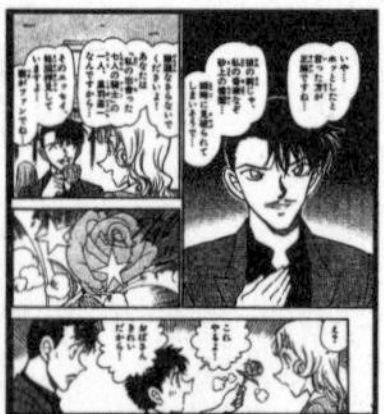

Toichi und Kaito treten als Vater und Sohn auf!

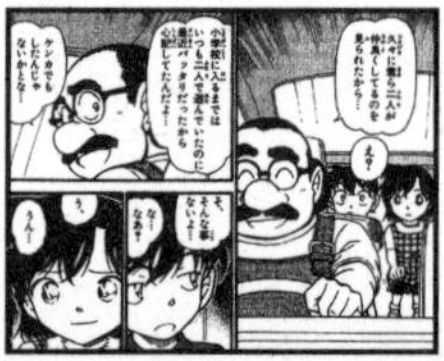

SONDER-FALLAKTE

DETEKTIV CONAN vs. Kaito KID

Kids eigener Comic!

Dreammatch in Kaito KID

Der Oberschülerdetektiv Shinichi und Kaito Kid prallen das erste Mal aufeinander!

◀ Mehr Informationen auf den nächsten drei Seiten, wo Kaito Kids eigener Comic Kaito Kid vorgestellt wird!

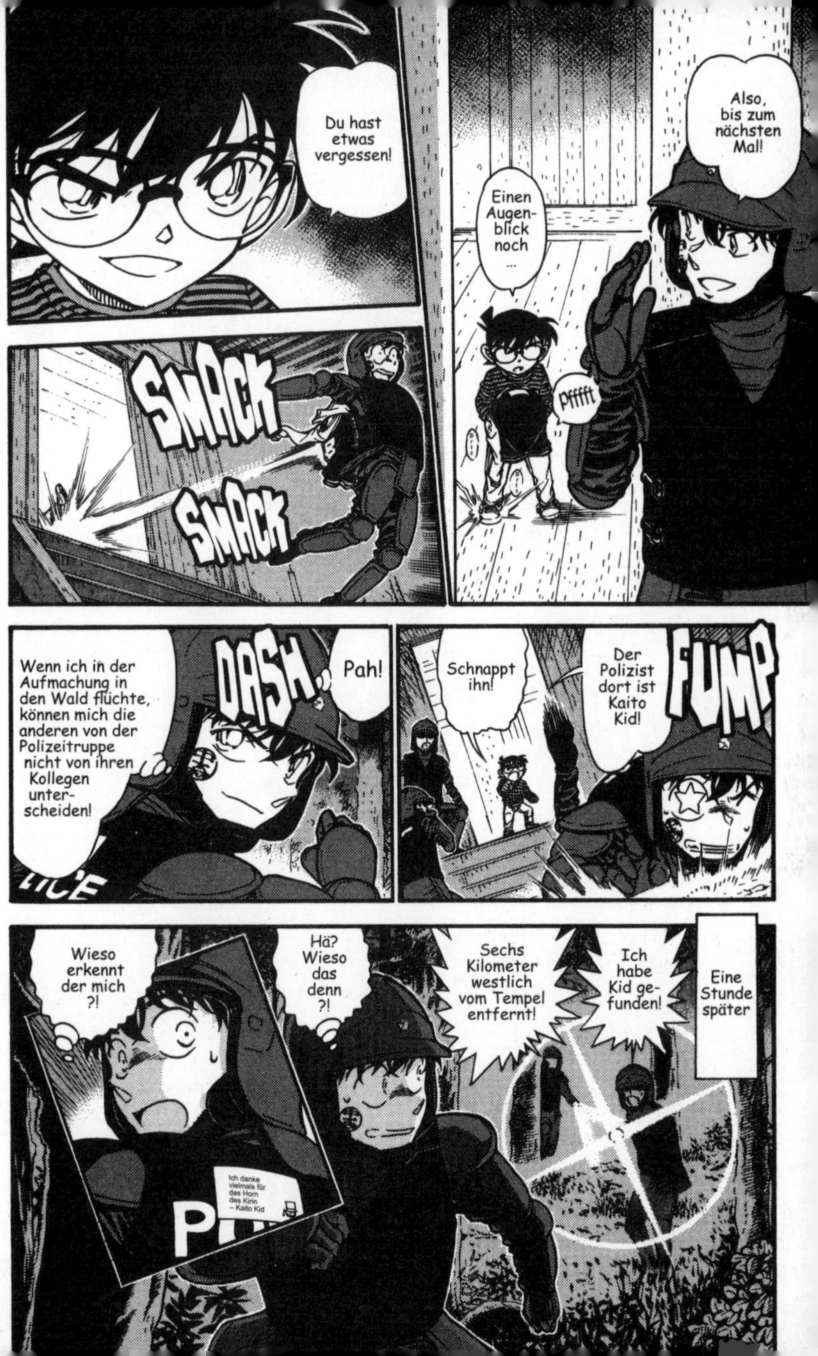
Also, bis zum nächsten Mal!
Einen Augenblick noch …
Pfffft
Du hast etwas vergessen!
SMACK
SMACK
FUMP
Der Polizist dort ist Kaito Kid!
Schnappt ihn!
Pah!
DASH
Wenn ich in der Aufmachung in den Wald flüchte, können mich die anderen von der Polizeitruppe nicht von ihren Kollegen unterscheiden!
Eine Stunde später
Ich habe Kid gefunden!
Sechs Kilometer westlich vom Tempel entfernt!
Hä? Wieso das denn?!
Wieso erkennt der mich?!
Ich danke vielmals für das Horn des Kirin – Kaito Kid

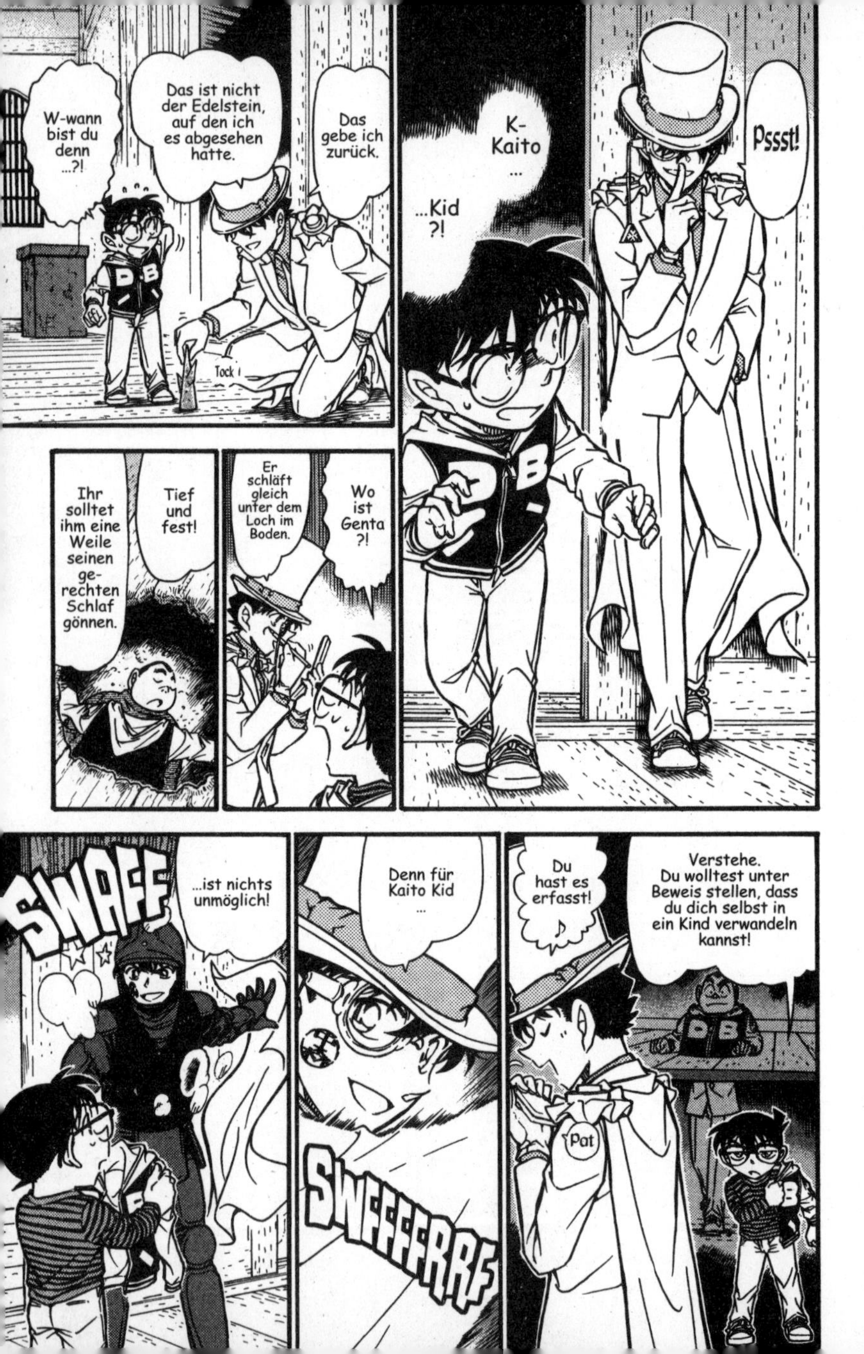

Pssst!
K-Kaito ...
...Kid ?!
Das gebe ich zurück.
Das ist nicht der Edelstein, auf den ich es abgesehen hatte.
W-wann bist du denn ...?!
Tock
Wo ist Genta ?!
Er schläft gleich unter dem Loch im Boden.
Tief und fest!
Ihr solltet ihm eine Weile seinen gerechten Schlaf gönnen.
Verstehe. Du wolltest unter Beweis stellen, dass du dich selbst in ein Kind verwandeln kannst!
Du hast es erfasst! ♪
Pat
Denn für Kaito Kid ...
SWFFFFRRF
...ist nichts unmöglich!
SWAFF

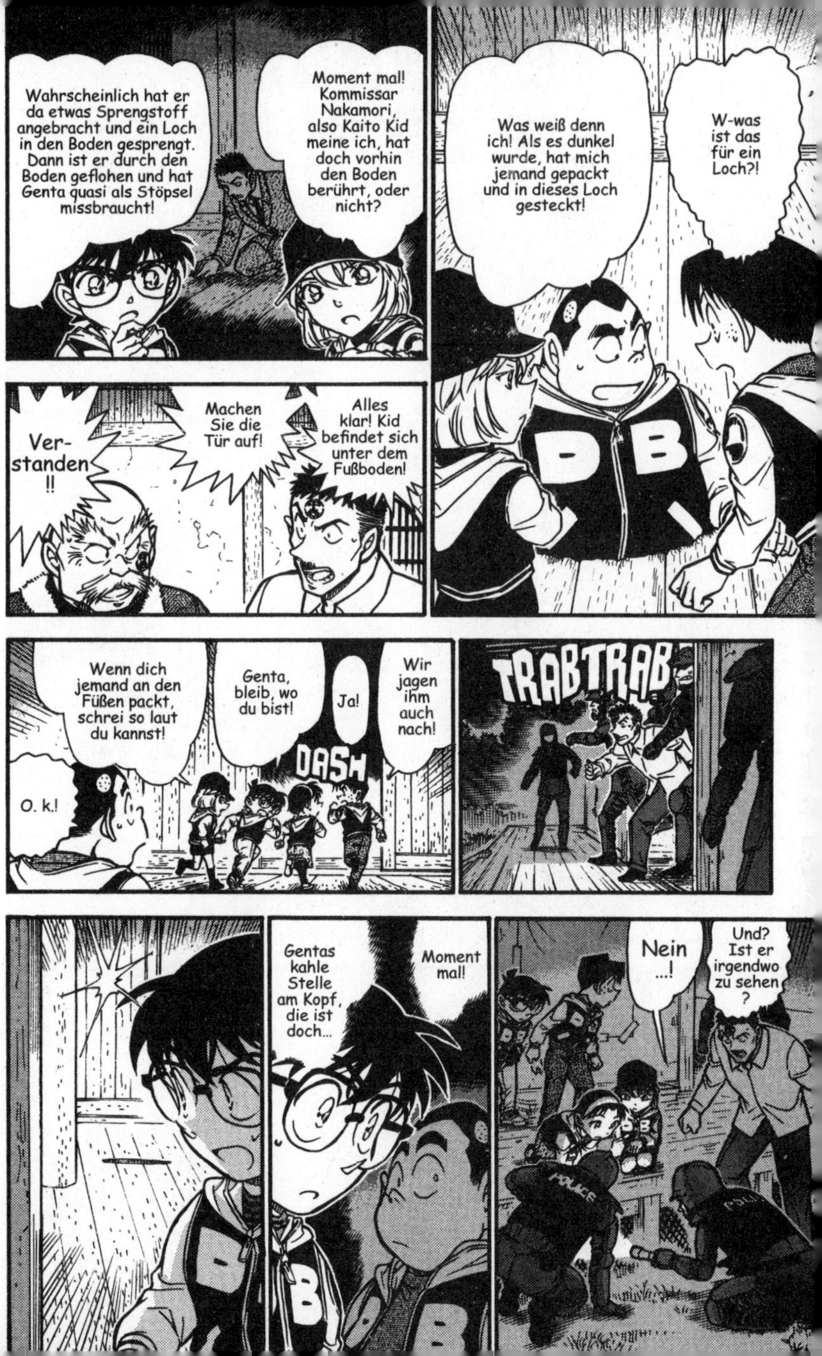
W-was ist das für ein Loch?!
Was weiß denn ich! Als es dunkel wurde, hat mich jemand gepackt und in dieses Loch gesteckt!
Moment mal! Kommissar Nakamori, also Kaito Kid meine ich, hat doch vorhin den Boden berührt, oder nicht?
Wahrscheinlich hat er da etwas Sprengstoff angebracht und ein Loch in den Boden gesprengt. Dann ist er durch den Boden geflohen und hat Genta quasi als Stöpsel missbraucht!
Alles klar! Kid befindet sich unter dem Fußboden!
Machen Sie die Tür auf!
Ver-standen !!
TRABTRAB
Wir jagen ihm auch nach!
Ja!
Genta, bleib, wo du bist!
Wenn dich jemand an den Füßen packt, schrei so laut du kannst!
O. k.!
DASH
Und? Ist er irgendwo zu sehen?
Nein ...!
Moment mal!
Gentas kahle Stelle am Kopf, die ist doch...

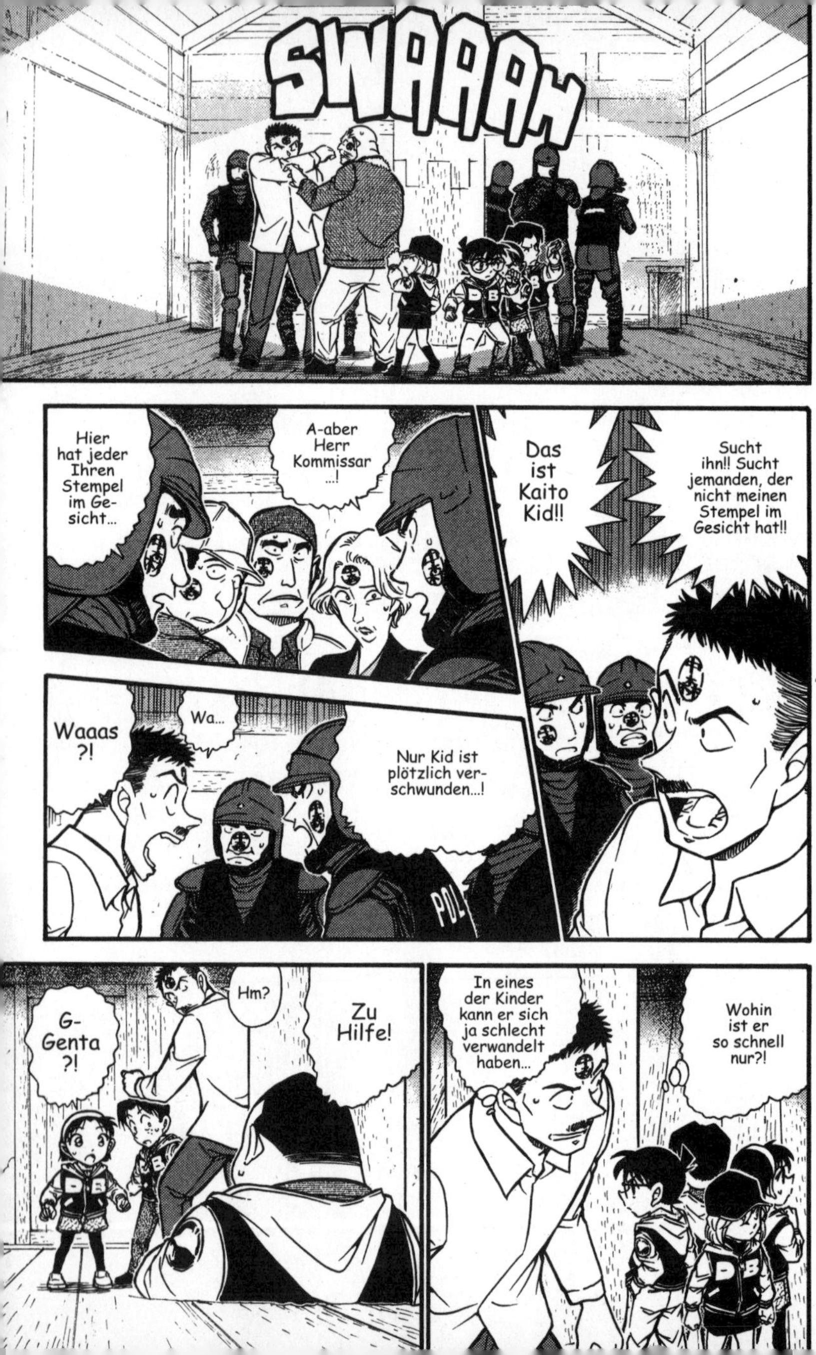
SWAAAAH
Sucht ihn!! Sucht jemanden, der nicht meinen Stempel im Gesicht hat!!
Das ist Kaito Kid!!
A-aber Herr Kommissar ...!
Hier hat jeder Ihren Stempel im Gesicht...
Nur Kid ist plötzlich verschwunden...!
Wa...
Waaas ?!
Wohin ist er so schnell nur?!
In eines der Kinder kann er sich ja schlecht verwandelt haben...
Zu Hilfe!
Hm?
G-Genta ?!

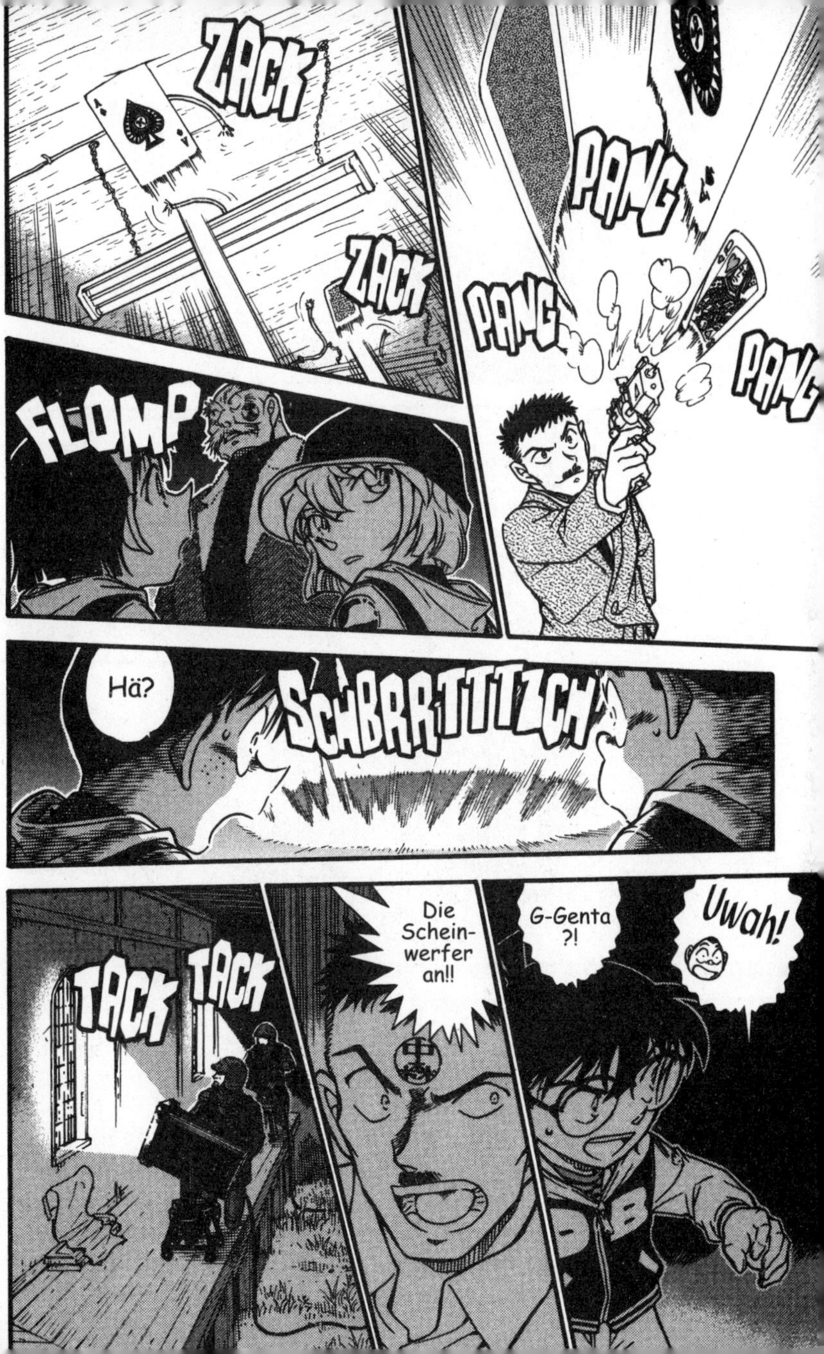
PANG
PANG
PANG
ZACK
ZACK
FLOMP
SCHBRRTTTTZCH
Hä?
Uwah!
G-Genta?!
Die Schein-werfer an!!
TACK TACK

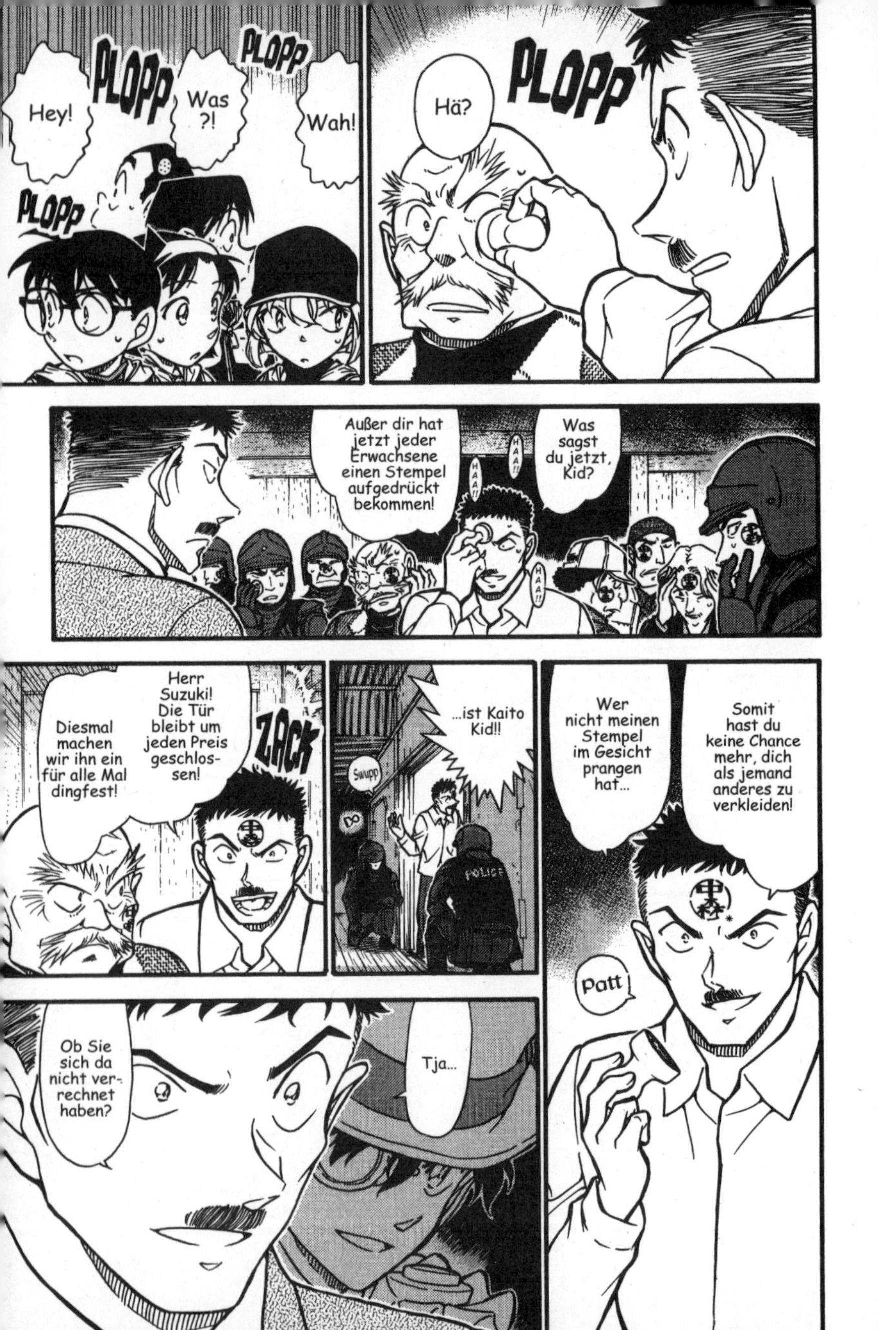
PLOPP
Hä?
Wah!
PLOPP
Was ?!
PLOPP
Hey!
PLOPP
Was sagst du jetzt, Kid?
Außer dir hat jetzt jeder Erwachsene einen Stempel aufgedrückt bekommen!
HAA!!
HAA!!
HAA!!
Somit hast du keine Chance mehr, dich als jemand anderes zu verkleiden!
Wer nicht meinen Stempel im Gesicht prangen hat...
Patt
...ist Kaito Kid!!
Swupp
ZACK
Herr Suzuki! Die Tür bleibt um jeden Preis geschlossen!
Diesmal machen wir ihn ein für alle Mal dingfest!
Tja...
Ob Sie sich da nicht verrechnet haben?

*Nakamori

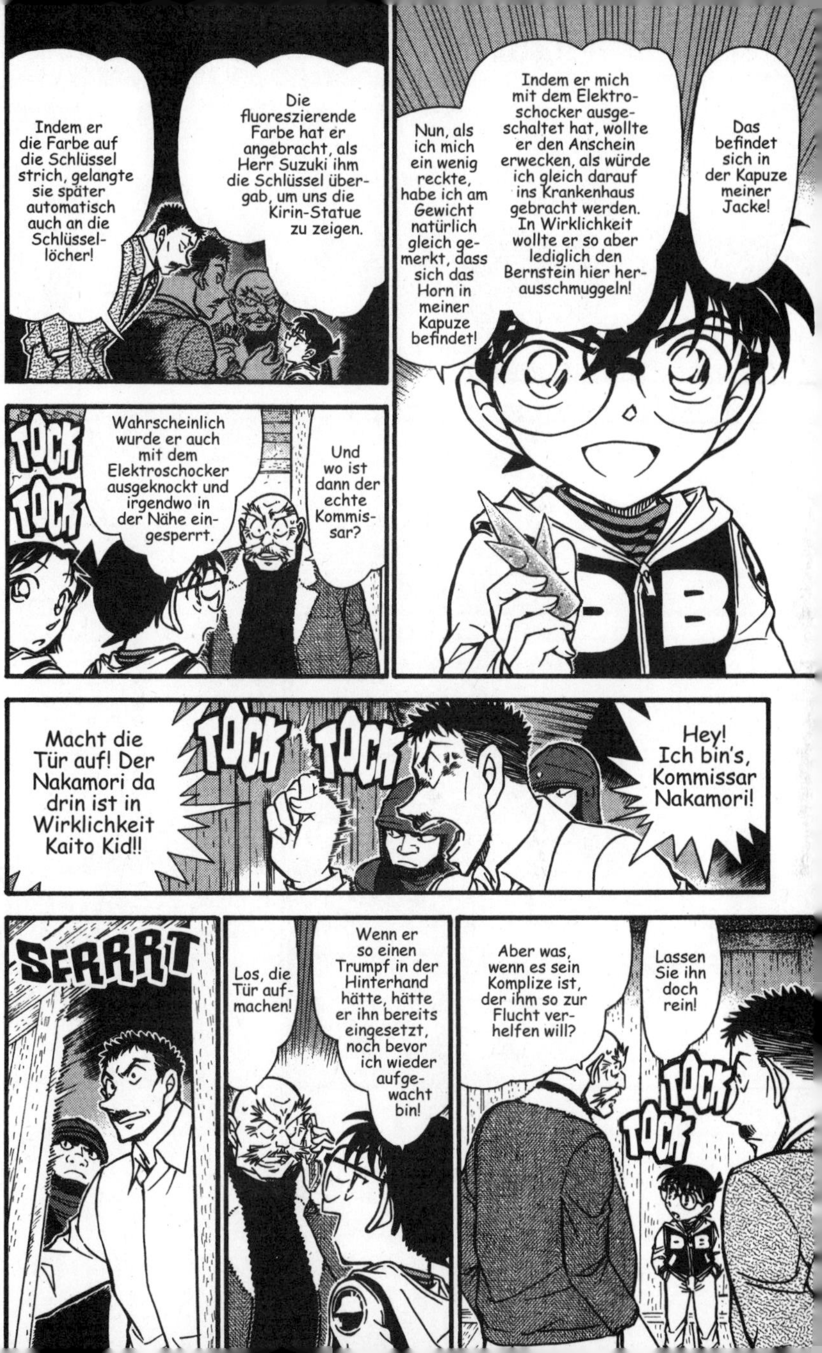
Das befindet sich in der Kapuze meiner Jacke!
Indem er mich mit dem Elektroschocker ausgeschaltet hat, wollte er den Anschein erwecken, als würde ich gleich darauf ins Krankenhaus gebracht werden. In Wirklichkeit wollte er so aber lediglich den Bernstein hier herausschmuggeln!
Nun, als ich mich ein wenig reckte, habe ich am Gewicht natürlich gleich gemerkt, dass sich das Horn in meiner Kapuze befindet!
Die fluoreszierende Farbe hat er angebracht, als Herr Suzuki ihm die Schlüssel übergab, um uns die Kirin-Statue zu zeigen.
Indem er die Farbe auf die Schlüssel strich, gelangte sie später automatisch auch an die Schlüssellöcher!
Und wo ist dann der echte Kommissar?
Wahrscheinlich wurde er auch mit dem Elektroschocker ausgeknockt und irgendwo in der Nähe eingesperrt.
TOCK TOCK
Hey! Ich bin's, Kommissar Nakamori!
TOCK TOCK
Macht die Tür auf! Der Nakamori da drin ist in Wirklichkeit Kaito Kid!!
Lassen Sie ihn doch rein!
TOCK TOCK
Aber was, wenn es sein Komplize ist, der ihm so zur Flucht verhelfen will?
Wenn er so einen Trumpf in der Hinterhand hätte, hätte er ihn bereits eingesetzt, noch bevor ich wieder aufgewacht bin!
Los, die Tür aufmachen!
SFRRRT

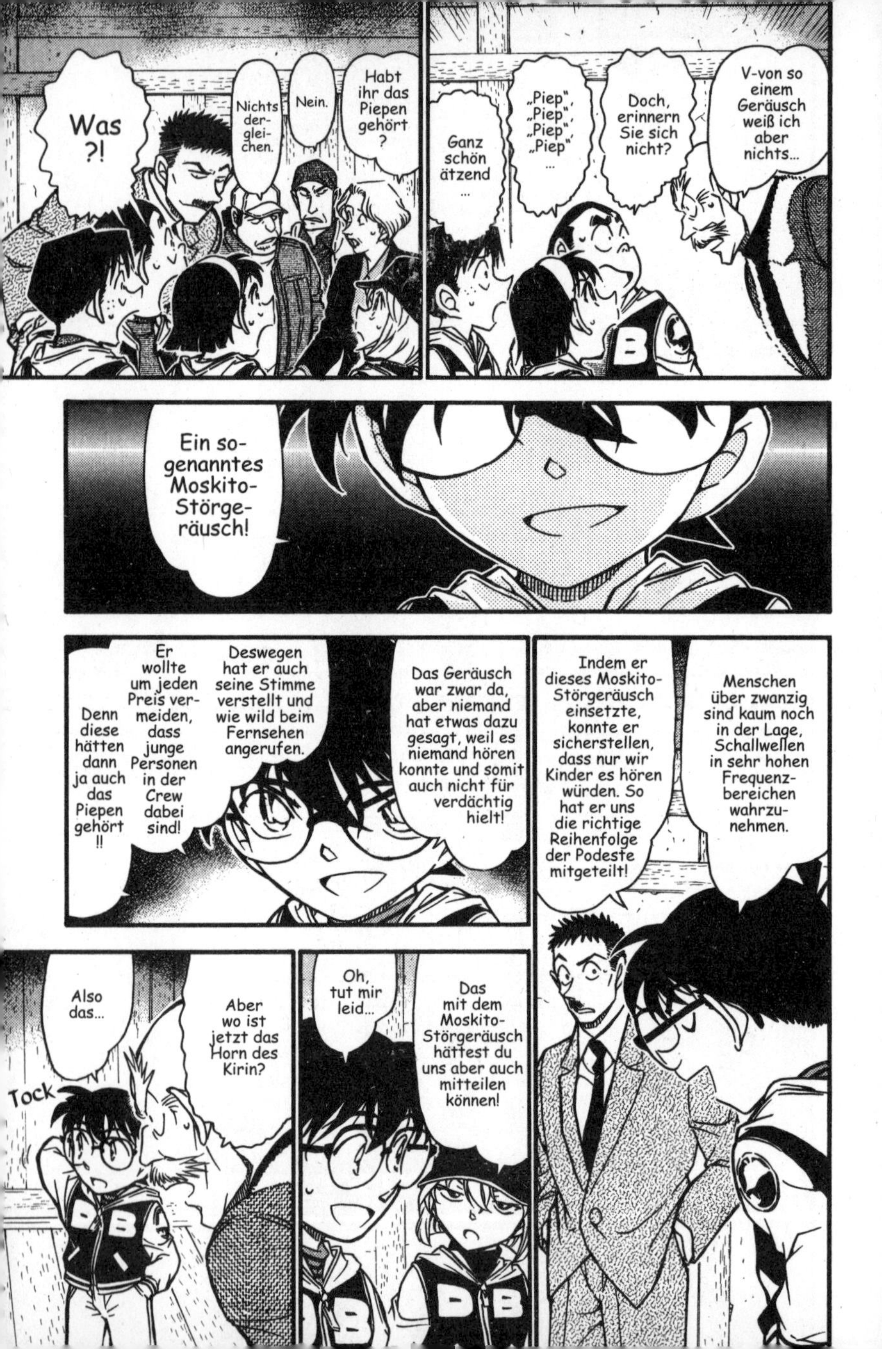
V-von so einem Geräusch weiß ich aber nichts...
Doch, erinnern Sie sich nicht?
„Piep", „Piep", „Piep", „Piep" ...
Ganz schön ätzend ...
Habt ihr das Piepen gehört?
Nein.
Nichts dergleichen.
Was?!
Ein sogenanntes Moskito-Störgeräusch!
Menschen über zwanzig sind kaum noch in der Lage, Schallwellen in sehr hohen Frequenzbereichen wahrzunehmen.
Indem er dieses Moskito-Störgeräusch einsetzte, konnte er sicherstellen, dass nur wir Kinder es hören würden. So hat er uns die richtige Reihenfolge der Podeste mitgeteilt!
Das Geräusch war zwar da, aber niemand hat etwas dazu gesagt, weil es niemand hören konnte und somit auch nicht für verdächtig hielt!
Deswegen hat er auch seine Stimme verstellt und wie wild beim Fernsehen angerufen.
Er wollte um jeden Preis vermeiden, dass junge Personen in der Crew dabei sind!
Denn diese hätten dann ja auch das Piepen gehört!!
Das mit dem Moskito-Störgeräusch hättest du uns aber auch mitteilen können!
Oh, tut mir leid...
Aber wo ist jetzt das Horn des Kirin?
Also das...
Tock

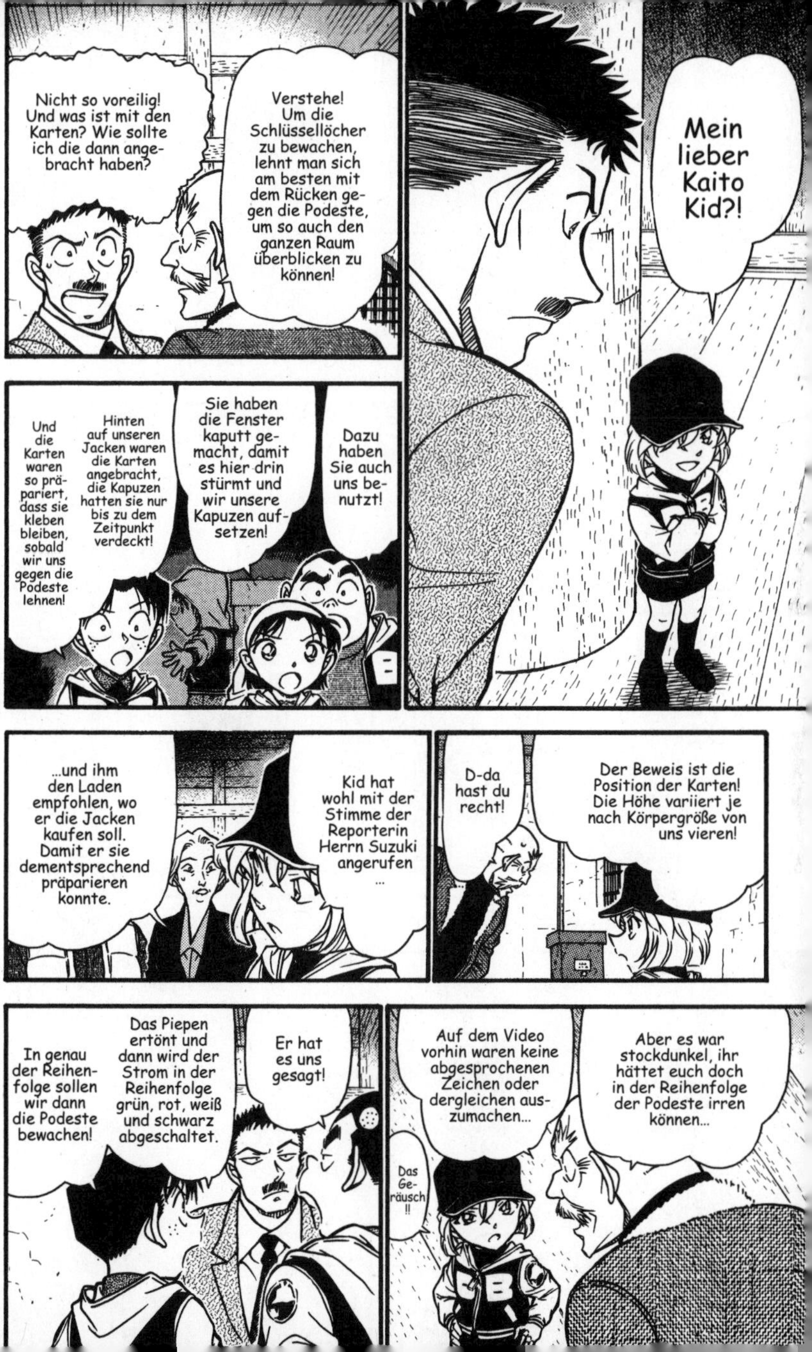

Mein lieber Kaito Kid?!
Verstehe! Um die Schlüssellöcher zu bewachen, lehnt man sich am besten mit dem Rücken gegen die Podeste, um so auch den ganzen Raum überblicken zu können!
Nicht so voreilig! Und was ist mit den Karten? Wie sollte ich die dann angebracht haben?
Dazu haben Sie auch uns benutzt!
Sie haben die Fenster kaputt gemacht, damit es hier drin stürmt und wir unsere Kapuzen aufsetzen!
Hinten auf unseren Jacken waren die Karten angebracht, die Kapuzen hatten sie nur bis zu dem Zeitpunkt verdeckt!
Und die Karten waren so präpariert, dass sie kleben bleiben, sobald wir uns gegen die Podeste lehnen!
Der Beweis ist die Position der Karten! Die Höhe variiert je nach Körpergröße von uns vieren!
D-da hast du recht!
Kid hat wohl mit der Stimme der Reporterin Herrn Suzuki angerufen ...
...und ihm den Laden empfohlen, wo er die Jacken kaufen soll. Damit er sie dementsprechend präparieren konnte.
Aber es war stockdunkel, ihr hättet euch doch in der Reihenfolge der Podeste irren können...
Auf dem Video vorhin waren keine abgesprochenen Zeichen oder dergleichen auszumachen...
Das Geräusch!!
Er hat es uns gesagt!
Das Piepen ertönt und dann wird der Strom in der Reihenfolge grün, rot, weiß und schwarz abgeschaltet.
In genau der Reihenfolge sollen wir dann die Podeste bewachen!

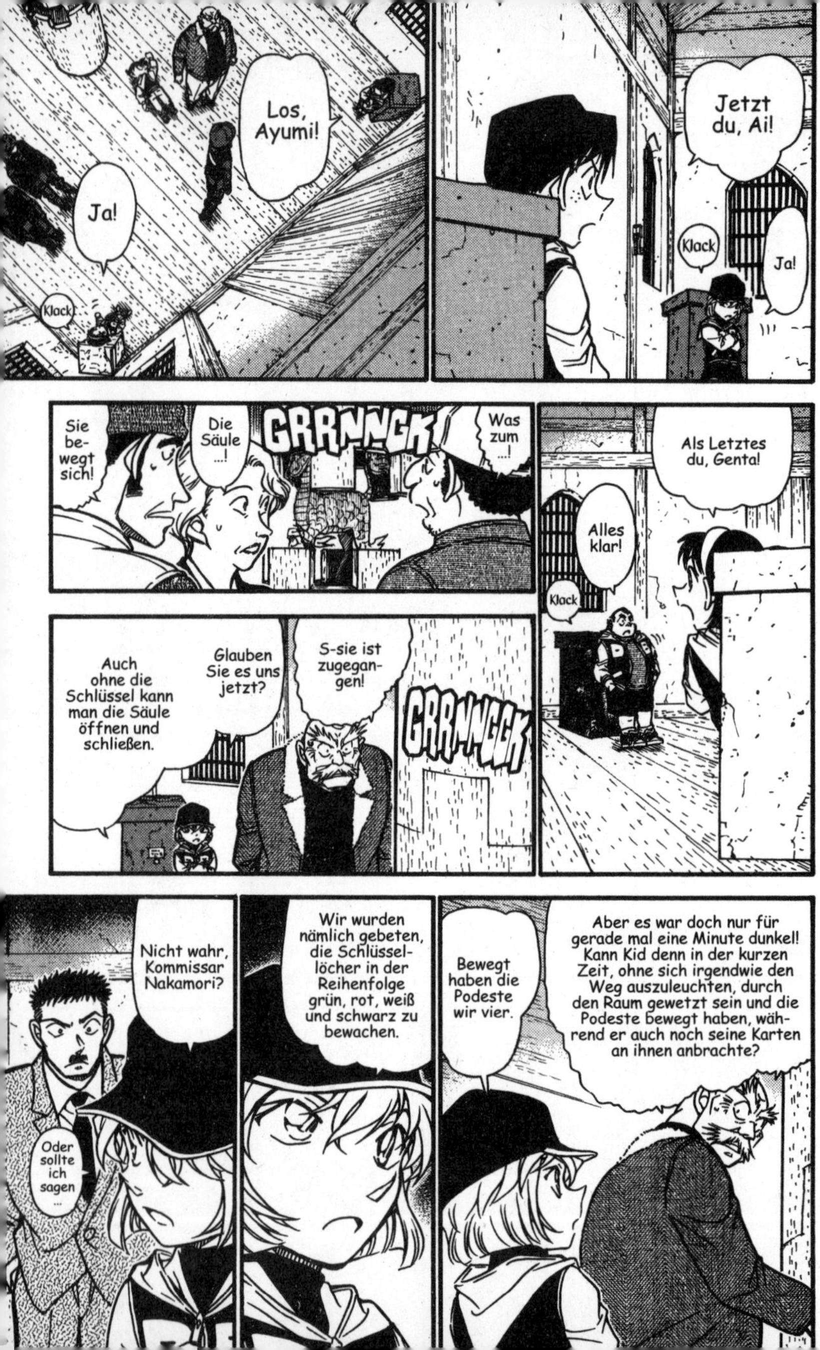
Jetzt du, Ai!
Ja!
Klack
Los, Ayumi!
Ja!
Klack
Als Letztes du, Genta!
Alles klar!
Klack
Was zum ...!
GRRNNGK
Die Säule ...!
Sie bewegt sich!
GRRNNGCK
S-sie ist zugegangen!
Glauben Sie es uns jetzt?
Auch ohne die Schlüssel kann man die Säule öffnen und schließen.
Aber es war doch nur für gerade mal eine Minute dunkel! Kann Kid denn in der kurzen Zeit, ohne sich irgendwie den Weg auszuleuchten, durch den Raum gewetzt sein und die Podeste bewegt haben, während er auch noch seine Karten an ihnen anbrachte?
Bewegt haben die Podeste wir vier.
Wir wurden nämlich gebeten, die Schlüssellöcher in der Reihenfolge grün, rot, weiß und schwarz zu bewachen.
Nicht wahr, Kommissar Nakamori?
Oder sollte ich sagen ...

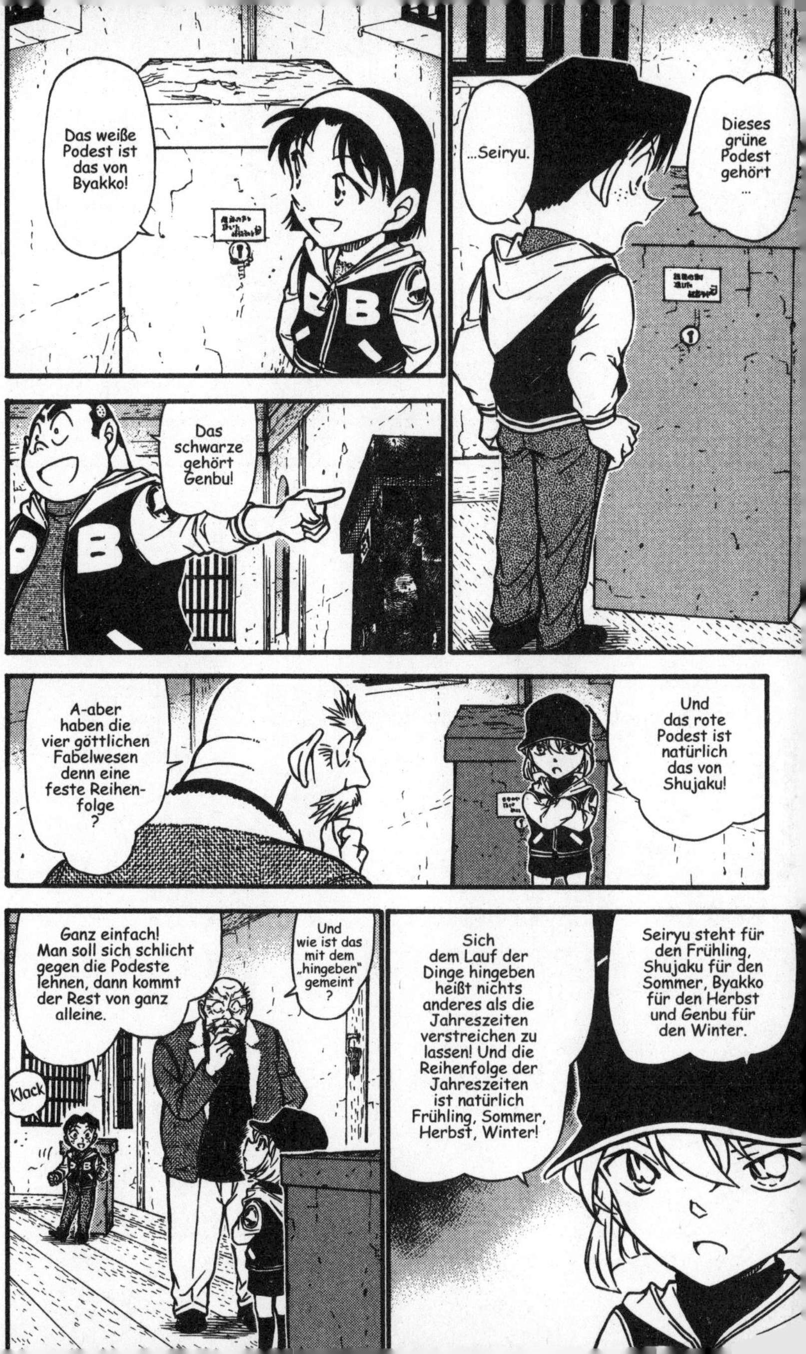
Dieses grüne Podest gehört ...
...Seiryu.
Das weiße Podest ist das von Byakko!
Das schwarze gehört Genbu!
Und das rote Podest ist natürlich das von Shujaku!
A-aber haben die vier göttlichen Fabelwesen denn eine feste Reihen-folge?
Seiryu steht für den Frühling, Shujaku für den Sommer, Byakko für den Herbst und Genbu für den Winter.
Sich dem Lauf der Dinge hingeben heißt nichts anderes als die Jahreszeiten verstreichen zu lassen! Und die Reihenfolge der Jahreszeiten ist natürlich Frühling, Sommer, Herbst, Winter!
Und wie ist das mit dem „hingeben“ gemeint?
Ganz einfach! Man soll sich schlicht gegen die Podeste lehnen, dann kommt der Rest von ganz alleine.
Klack

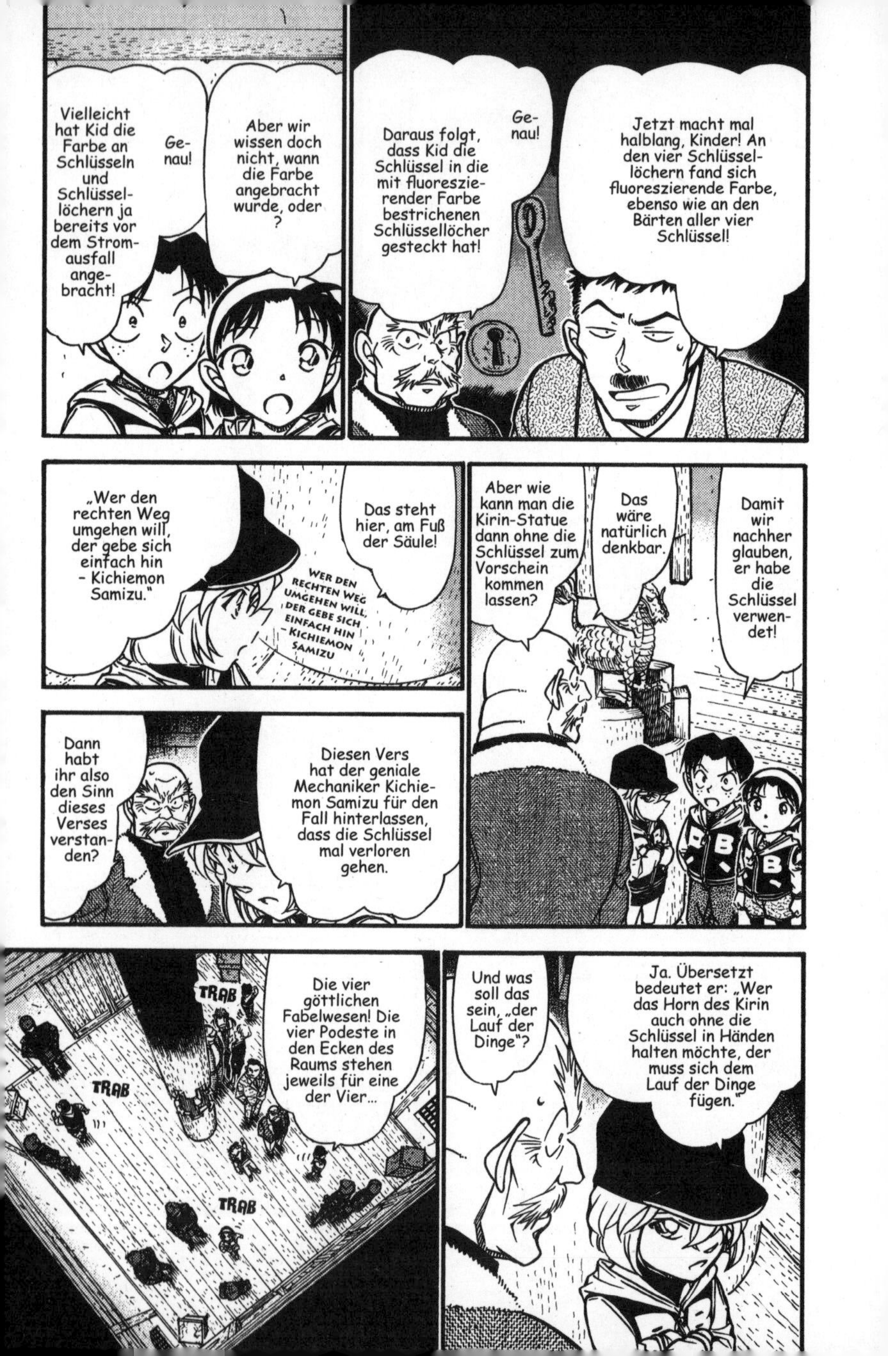
Jetzt macht mal halblang, Kinder! An den vier Schlüssellöchern fand sich fluoreszierende Farbe, ebenso wie an den Bärten aller vier Schlüssel!
Genau!
Daraus folgt, dass Kid die Schlüssel in die mit fluoreszierender Farbe bestrichenen Schlüssellöcher gesteckt hat!
Aber wir wissen doch nicht, wann die Farbe angebracht wurde, oder?
Genau!
Vielleicht hat Kid die Farbe an Schlüsseln und Schlüssellöchern ja bereits vor dem Stromausfall angebracht!
Damit wir nachher glauben, er habe die Schlüssel verwendet!
Das wäre natürlich denkbar.
Aber wie kann man die Kirin-Statue dann ohne die Schlüssel zum Vorschein kommen lassen?
Das steht hier, am Fuß der Säule!
WER DEN RECHTEN WEG UMGEHEN WILL, DER GEBE SICH EINFACH HIN – KICHIEMON SAMIZU
„Wer den rechten Weg umgehen will, der gebe sich einfach hin – Kichiemon Samizu.“
Diesen Vers hat der geniale Mechaniker Kichiemon Samizu für den Fall hinterlassen, dass die Schlüssel mal verloren gehen.
Dann habt ihr also den Sinn dieses Verses verstanden?
Ja. Übersetzt bedeutet er: „Wer das Horn des Kirin auch ohne die Schlüssel in Händen halten möchte, der muss sich dem Lauf der Dinge fügen.“
Und was soll das sein, „der Lauf der Dinge“?
Die vier göttlichen Fabelwesen! Die vier Podeste in den Ecken des Raums stehen jeweils für eine der Vier...
TRAB
TRAB
TRAB

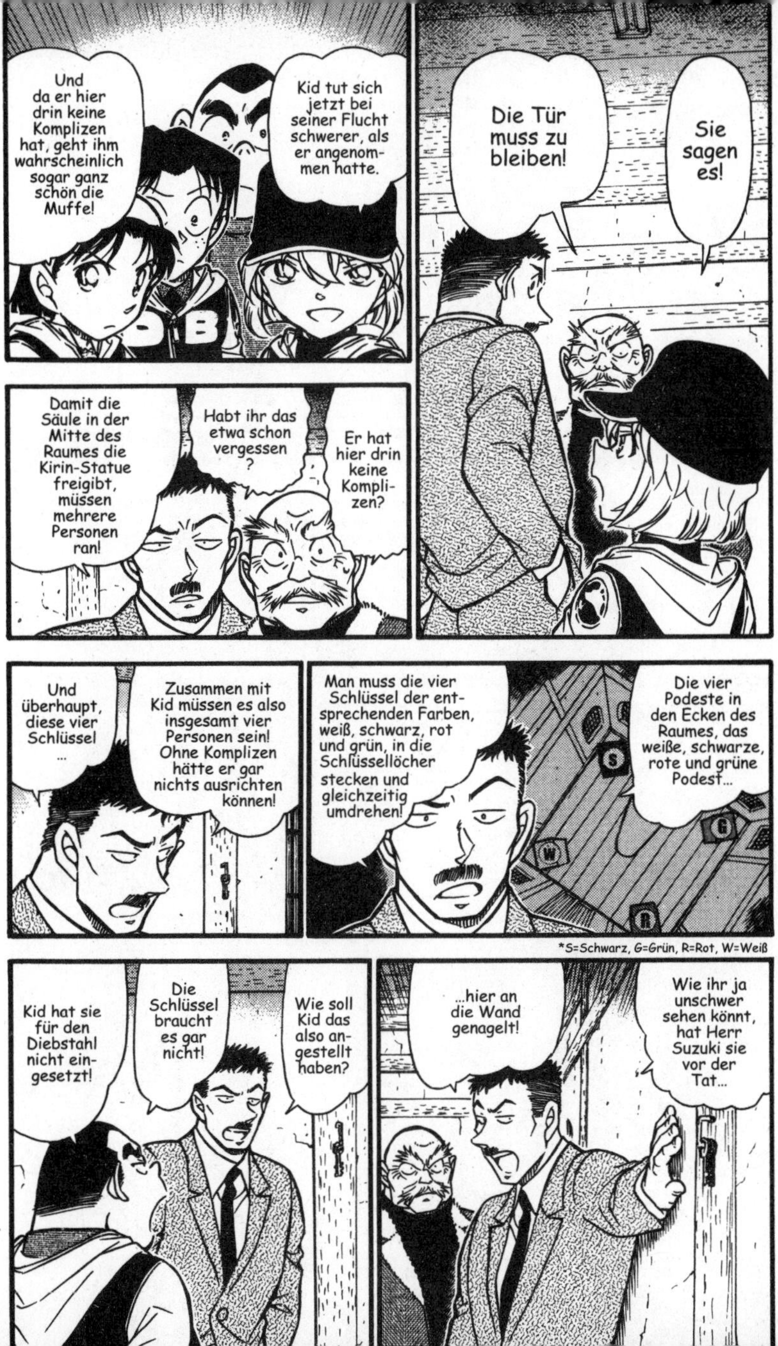
Sie sagen es!
Die Tür muss zu bleiben!
Kid tut sich jetzt bei seiner Flucht schwerer, als er angenommen hatte.
Und da er hier drin keine Komplizen hat, geht ihm wahrscheinlich sogar ganz schön die Muffe!
Er hat hier drin keine Kompli-zen?
Habt ihr das etwa schon vergessen ?
Damit die Säule in der Mitte des Raumes die Kirin-Statue freigibt, müssen mehrere Personen ran!
Die vier Podeste in den Ecken des Raumes, das weiße, schwarze, rote und grüne Podest...
Man muss die vier Schlüssel der ent-sprechenden Farben, weiß, schwarz, rot und grün, in die Schlüssellöcher stecken und gleichzeitig umdrehen!
Zusammen mit Kid müssen es also insgesamt vier Personen sein! Ohne Komplizen hätte er gar nichts ausrichten können!
Und überhaupt, diese vier Schlüssel ...
*S=Schwarz, G=Grün, R=Rot, W=Weiß
Wie ihr ja unschwer sehen könnt, hat Herr Suzuki sie vor der Tat...
...hier an die Wand genagelt!
Wie soll Kid das also an-gestellt haben?
Die Schlüssel braucht es gar nicht!
Kid hat sie für den Diebstahl nicht ein-gesetzt!

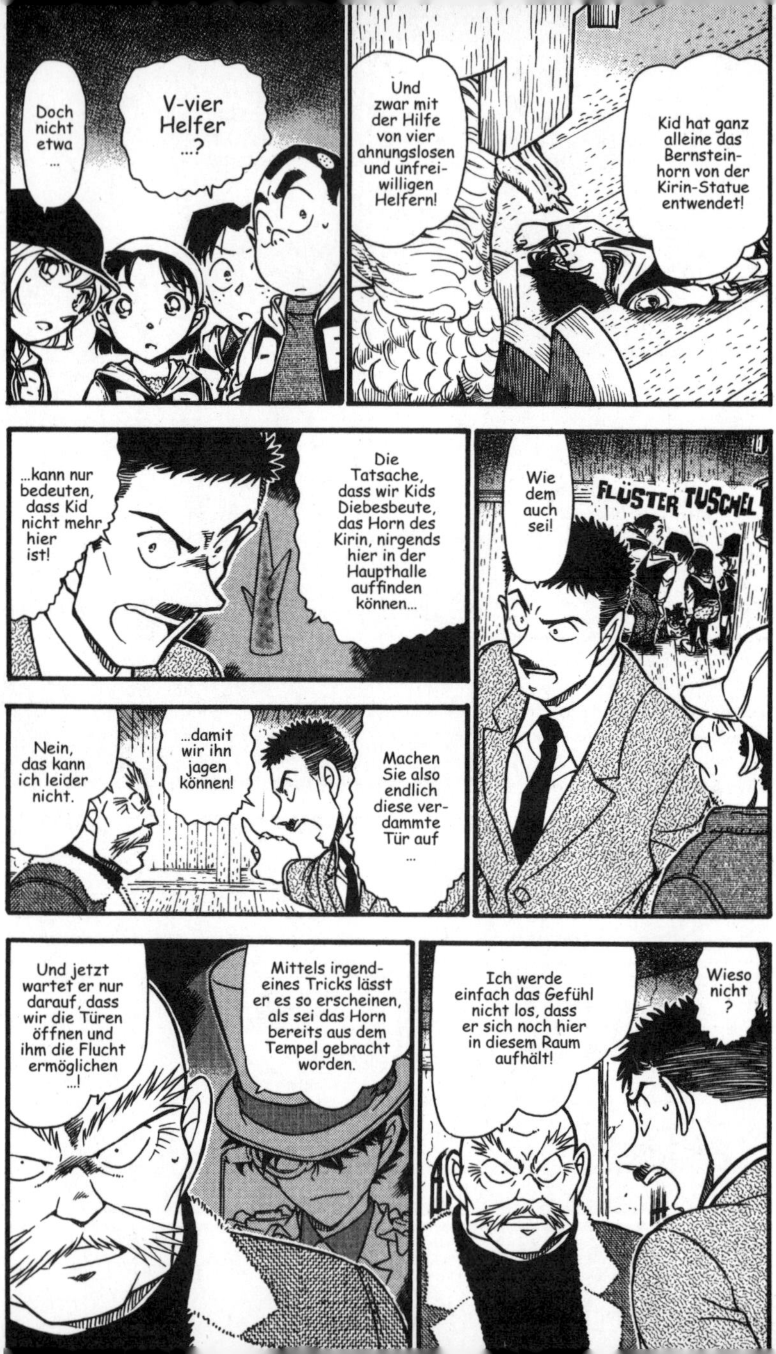
Kid hat ganz alleine das Bernsteinhorn von der Kirin-Statue entwendet!
Und zwar mit der Hilfe von vier ahnungslosen und unfreiwilligen Helfern!
V-vier Helfer ...?
Doch nicht etwa ...
Wie dem auch sei!
FLÜSTER TUSCHEL
Die Tatsache, dass wir Kids Diebesbeute, das Horn des Kirin, nirgends hier in der Haupthalle auffinden können...
...kann nur bedeuten, dass Kid nicht mehr hier ist!
Machen Sie also endlich diese verdammte Tür auf ...
...damit wir ihn jagen können!
Nein, das kann ich leider nicht.
Wieso nicht ?
Ich werde einfach das Gefühl nicht los, dass er sich noch hier in diesem Raum aufhält!
Mittels irgendeines Tricks lässt er es so erscheinen, als sei das Horn bereits aus dem Tempel gebracht worden.
Und jetzt wartet er nur darauf, dass wir die Türen öffnen und ihm die Flucht ermöglichen ...!

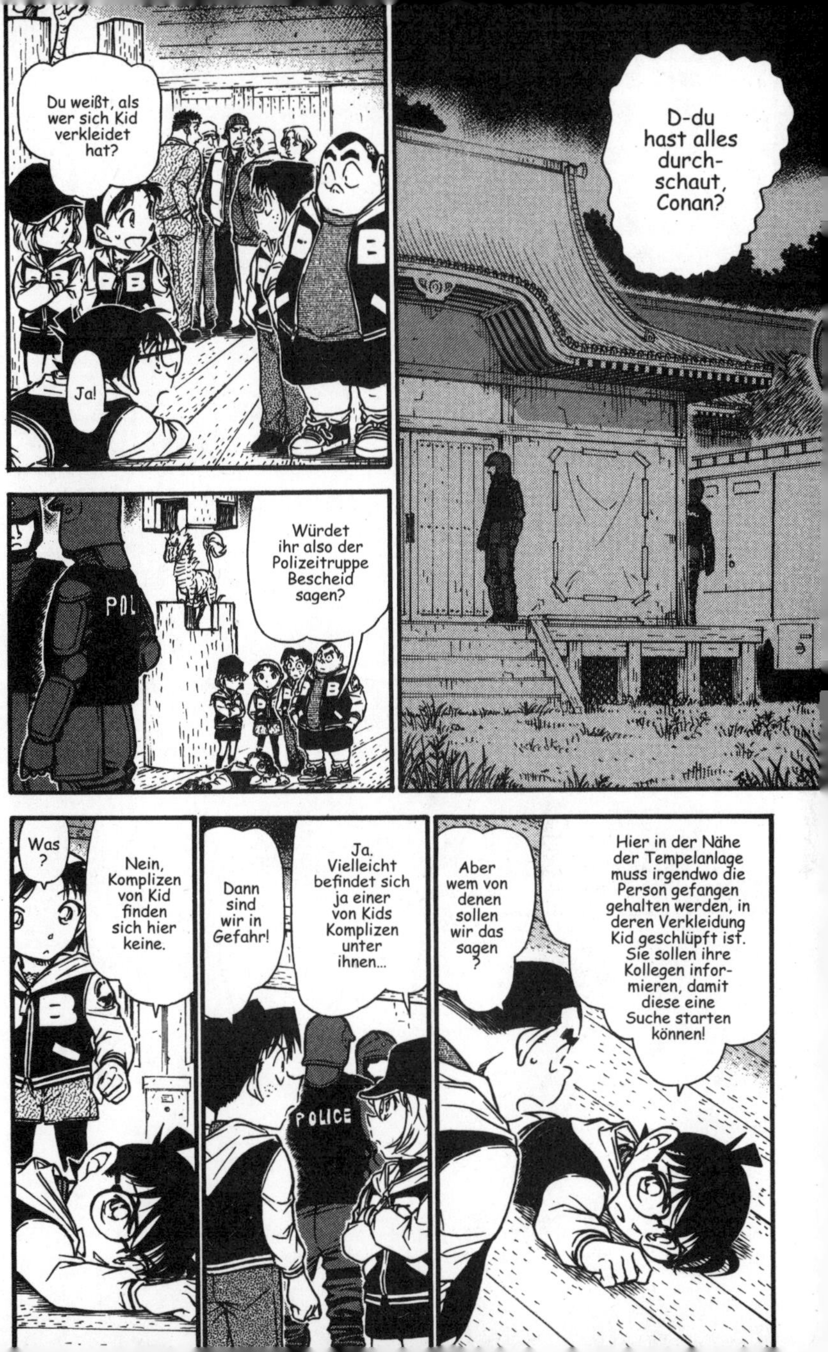
D-du hast alles durchschaut, Conan?
Du weißt, als wer sich Kid verkleidet hat?
Ja!
Würdet ihr also der Polizeitruppe Bescheid sagen?
Hier in der Nähe der Tempelanlage muss irgendwo die Person gefangen gehalten werden, in deren Verkleidung Kid geschlüpft ist. Sie sollen ihre Kollegen informieren, damit diese eine Suche starten können!
Aber wem von denen sollen wir das sagen?
Ja. Vielleicht befindet sich ja einer von Kids Komplizen unter ihnen...
Dann sind wir in Gefahr!
Nein, Komplizen von Kid finden sich hier keine.
Was?

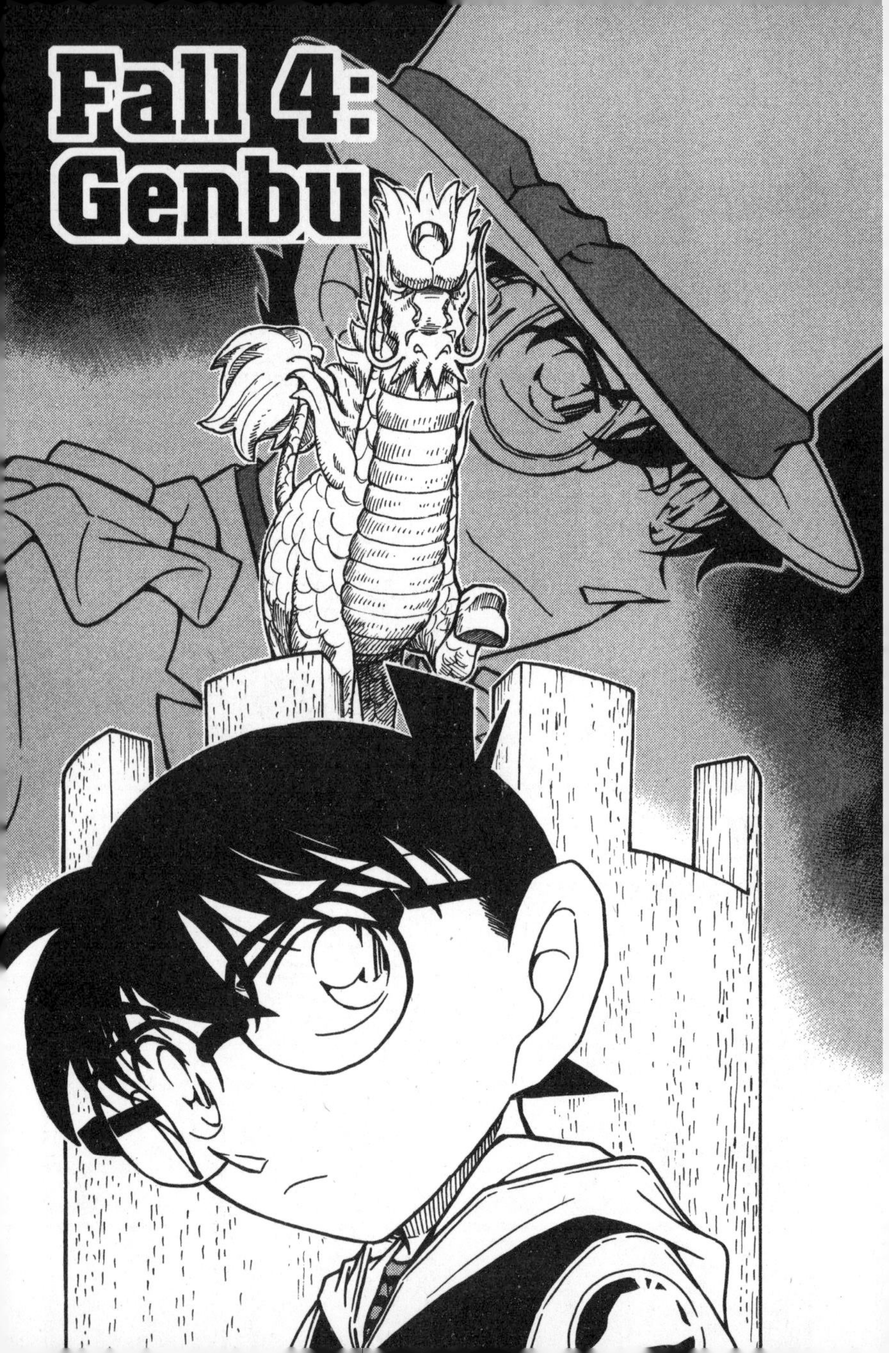
Fall 4:
Genbu

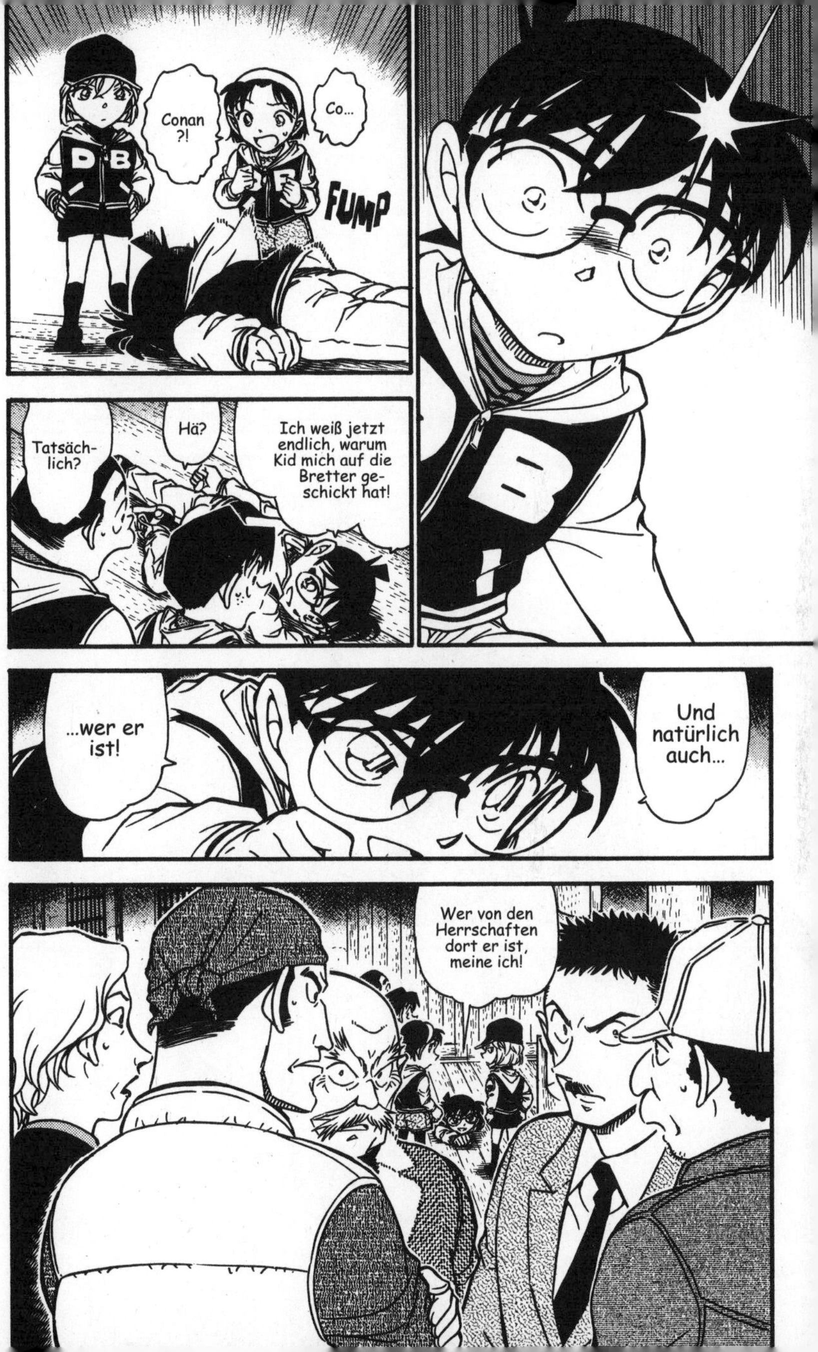

Co...
Conan ?!
FUMP
Ich weiß jetzt endlich, warum Kid mich auf die Bretter geschickt hat!
Hä?
Tatsäch-lich?
Und natürlich auch...
...wer er ist!
Wer von den Herrschaften dort er ist, meine ich!

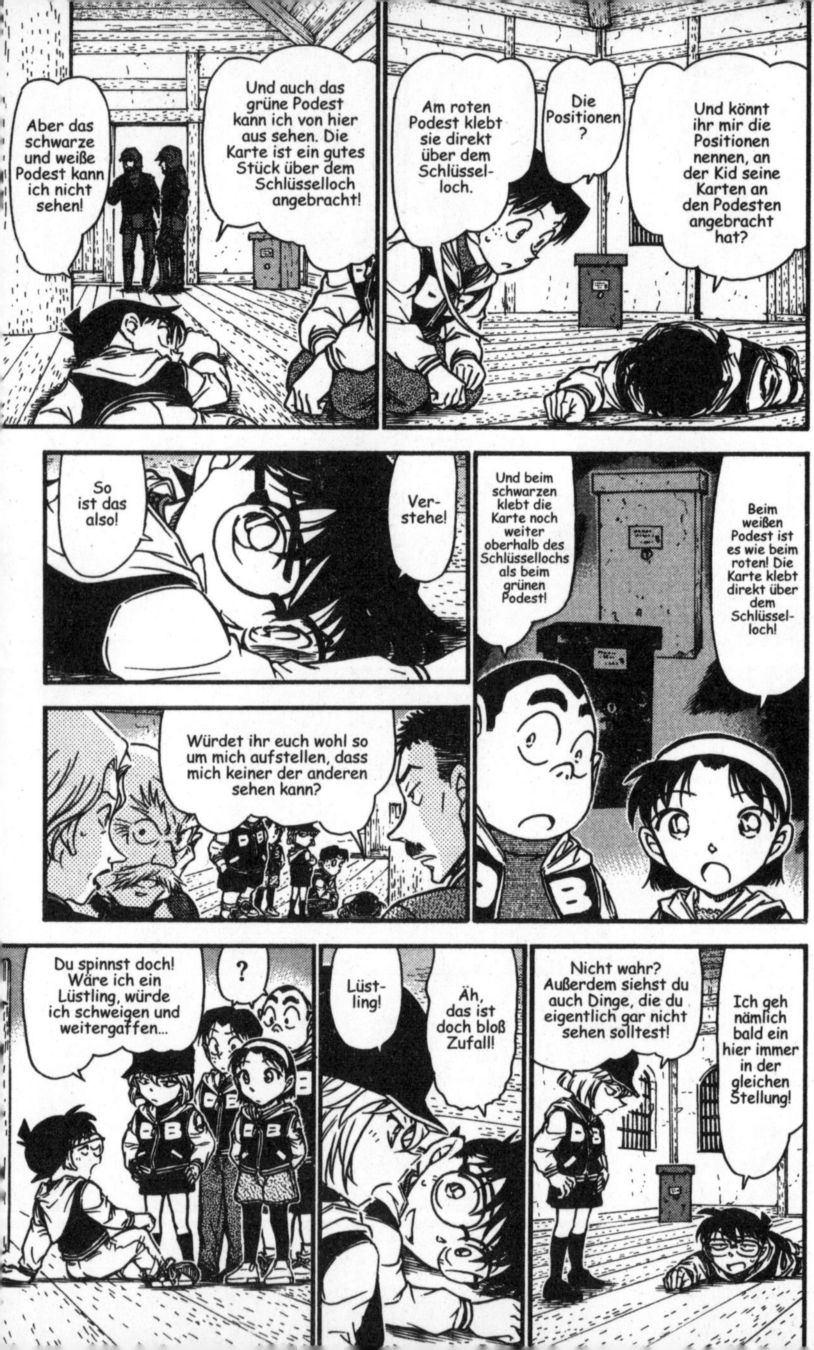
Und könnt ihr mir die Positionen nennen, an der Kid seine Karten an den Podesten angebracht hat?
Die Positionen?
Am roten Podest klebt sie direkt über dem Schlüssel-loch.
Und auch das grüne Podest kann ich von hier aus sehen. Die Karte ist ein gutes Stück über dem Schlüsselloch angebracht!
Aber das schwarze und weiße Podest kann ich nicht sehen!
Beim weißen Podest ist es wie beim roten! Die Karte klebt direkt über dem Schlüssel-loch!
Und beim schwarzen klebt die Karte noch weiter oberhalb des Schlüssellochs als beim grünen Podest!
Ver-stehe!
So ist das also!
Würdet ihr euch wohl so um mich aufstellen, dass mich keiner der anderen sehen kann?
Ich geh nämlich bald ein hier immer in der gleichen Stellung!
Nicht wahr? Außerdem siehst du auch Dinge, die du eigentlich gar nicht sehen solltest!
Äh, das ist doch bloß Zufall!
Lüst-ling!
?
Du spinnst doch! Wäre ich ein Lüstling, würde ich schweigen und weitergaffen...

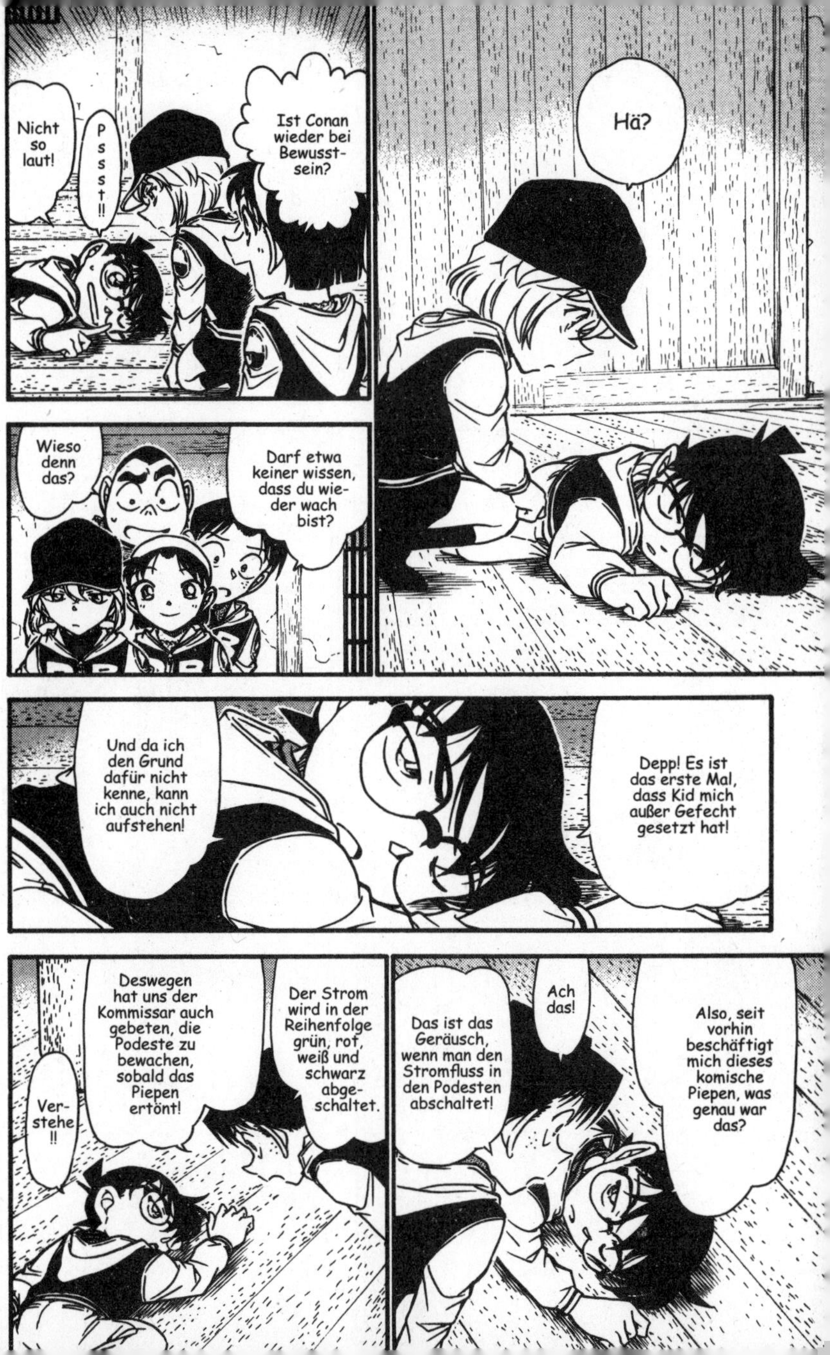
Hä?
Ist Conan wieder bei Bewusstsein?
Psssst!!
Nicht so laut!
Darf etwa keiner wissen, dass du wieder wach bist?
Wieso denn das?
Depp! Es ist das erste Mal, dass Kid mich außer Gefecht gesetzt hat!
Und da ich den Grund dafür nicht kenne, kann ich auch nicht aufstehen!
Also, seit vorhin beschäftigt mich dieses komische Piepen, was genau war das?
Ach das!
Das ist das Geräusch, wenn man den Stromfluss in den Podesten abschaltet!
Der Strom wird in der Reihenfolge grün, rot, weiß und schwarz abgeschaltet.
Deswegen hat uns der Kommissar auch gebeten, die Podeste zu bewachen, sobald das Piepen ertönt!
Verstehe!!

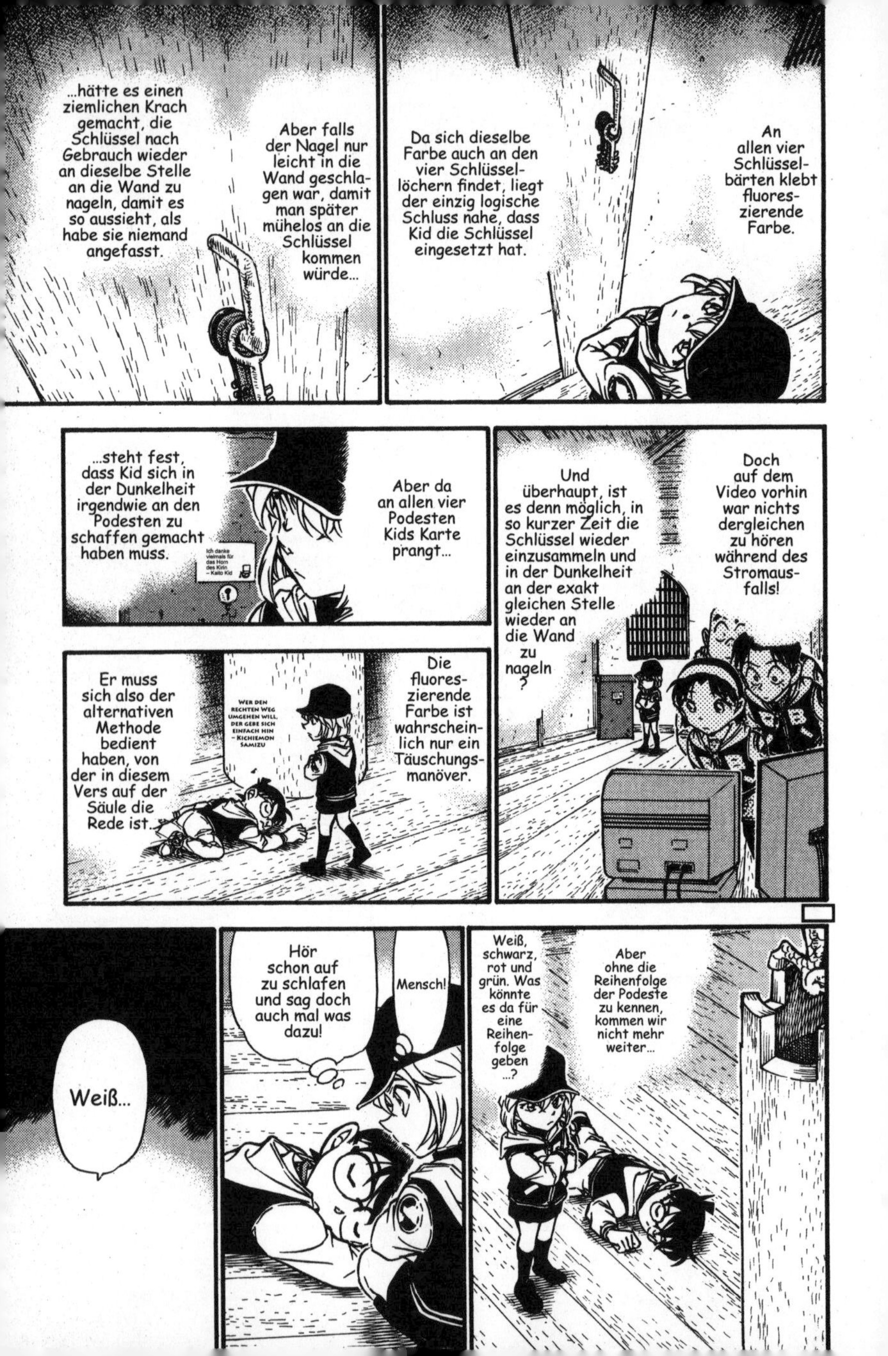

An allen vier Schlüsselbärten klebt fluoreszierende Farbe.
Da sich dieselbe Farbe auch an den vier Schlüssellöchern findet, liegt der einzig logische Schluss nahe, dass Kid die Schlüssel eingesetzt hat.
Aber falls der Nagel nur leicht in die Wand geschlagen war, damit man später mühelos an die Schlüssel kommen würde...
...hätte es einen ziemlichen Krach gemacht, die Schlüssel nach Gebrauch wieder an dieselbe Stelle an die Wand zu nageln, damit es so aussieht, als habe sie niemand angefasst.
Doch auf dem Video vorhin war nichts dergleichen zu hören während des Stromausfalls!
Und überhaupt, ist es denn möglich, in so kurzer Zeit die Schlüssel wieder einzusammeln und in der Dunkelheit an der exakt gleichen Stelle wieder an die Wand zu nageln?
Aber da an allen vier Podesten Kids Karte prangt...
...steht fest, dass Kid sich in der Dunkelheit irgendwie an den Podesten zu schaffen gemacht haben muss.
Ich danke vielmals für das Horn des Kirin – Kaito Kid
Die fluoreszierende Farbe ist wahrscheinlich nur ein Täuschungsmanöver.
Er muss sich also der alternativen Methode bedient haben, von der in diesem Vers auf der Säule die Rede ist...
Wer den rechten Weg umgehen will, der gebe sich einfach hin – Kichiemon Samizu
Aber ohne die Reihenfolge der Podeste zu kennen, kommen wir nicht mehr weiter...
Weiß, schwarz, rot und grün. Was könnte es da für eine Reihenfolge geben ...?
Mensch!
Hör schon auf zu schlafen und sag doch auch mal was dazu!
Weiß...

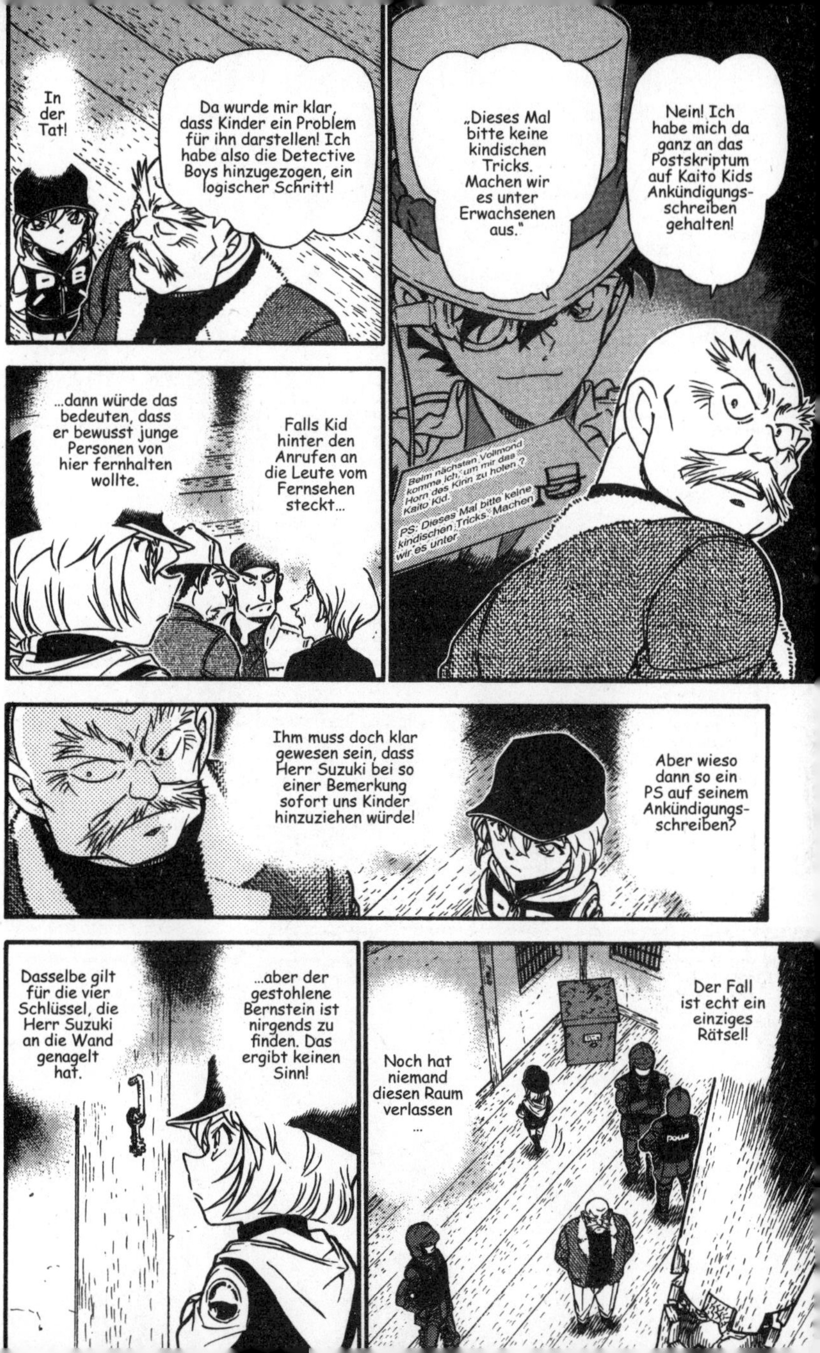
Nein! Ich habe mich da ganz an das Postskriptum auf Kaito Kids Ankündigungs-schreiben gehalten!
„Dieses Mal bitte keine kindischen Tricks. Machen wir es unter Erwachsenen aus."
Beim nächsten Vollmond komme ich, um mir das Horn des Kirin zu holen. Kaito Kid.
PS: Dieses Mal bitte keine kindischen Tricks. Machen wir es unter
Da wurde mir klar, dass Kinder ein Problem für ihn darstellen! Ich habe also die Detective Boys hinzugezogen, ein logischer Schritt!
In der Tat!
Falls Kid hinter den Anrufen an die Leute vom Fernsehen steckt...
...dann würde das bedeuten, dass er bewusst junge Personen von hier fernhalten wollte.
Aber wieso dann so ein PS auf seinem Ankündigungs-schreiben?
Ihm muss doch klar gewesen sein, dass Herr Suzuki bei so einer Bemerkung sofort uns Kinder hinzuziehen würde!
Der Fall ist echt ein einziges Rätsel!
Noch hat niemand diesen Raum verlassen ...
...aber der gestohlene Bernstein ist nirgends zu finden. Das ergibt keinen Sinn!
Dasselbe gilt für die vier Schlüssel, die Herr Suzuki an die Wand genagelt hat.

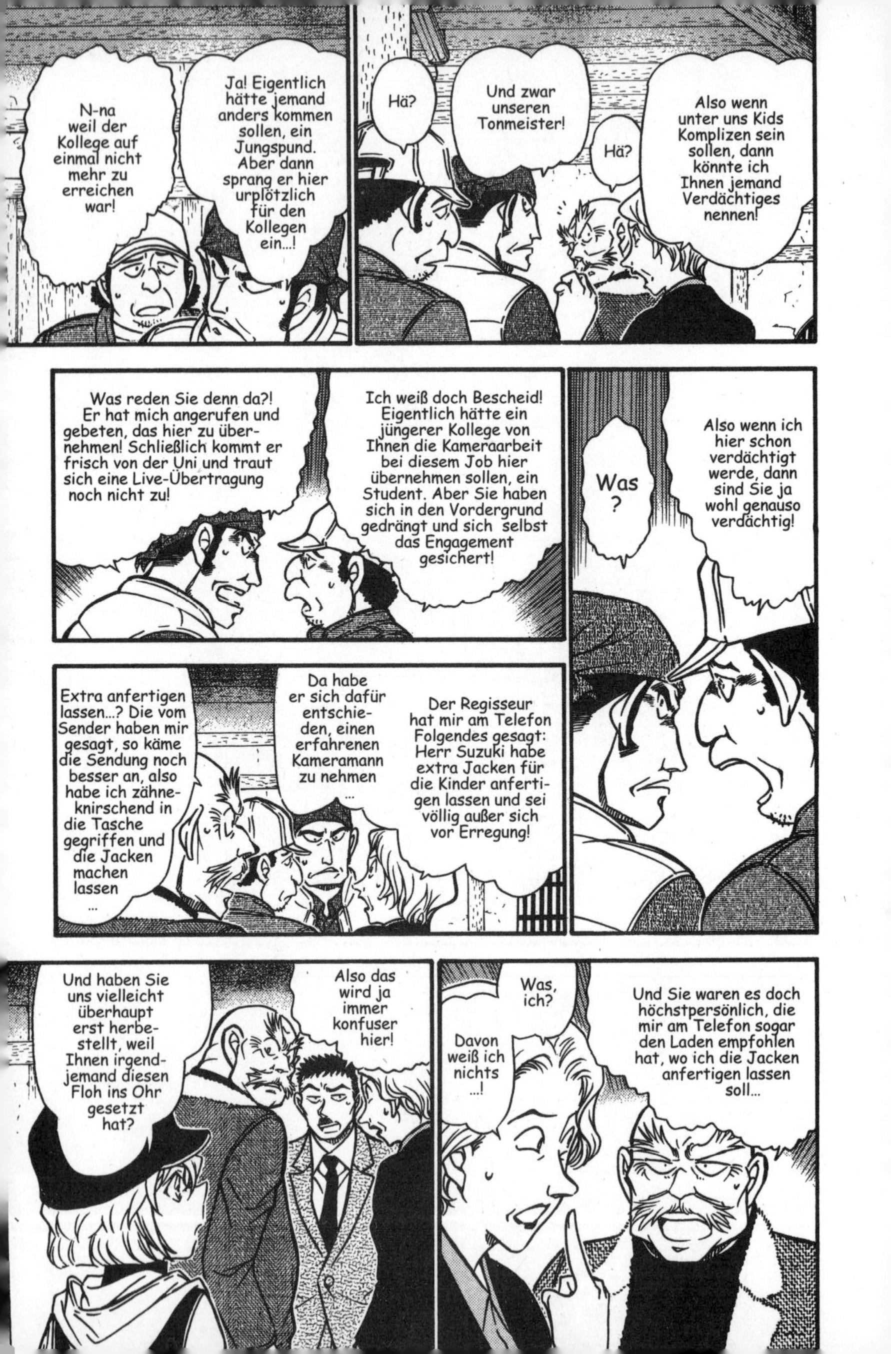
Also wenn unter uns Kids Komplizen sein sollen, dann könnte ich Ihnen jemand Verdächtiges nennen!
Hä?
Und zwar unseren Tonmeister!
Hä?
Ja! Eigentlich hätte jemand anders kommen sollen, ein Jungspund. Aber dann sprang er hier urplötzlich für den Kollegen ein...!
N-na weil der Kollege auf einmal nicht mehr zu erreichen war!
Also wenn ich hier schon verdächtigt werde, dann sind Sie ja wohl genauso verdächtig!
Was ?
Ich weiß doch Bescheid! Eigentlich hätte ein jüngerer Kollege von Ihnen die Kameraarbeit bei diesem Job hier übernehmen sollen, ein Student. Aber Sie haben sich in den Vordergrund gedrängt und sich selbst das Engagement gesichert!
Was reden Sie denn da?! Er hat mich angerufen und gebeten, das hier zu übernehmen! Schließlich kommt er frisch von der Uni und traut sich eine Live-Übertragung noch nicht zu!
Der Regisseur hat mir am Telefon Folgendes gesagt: Herr Suzuki habe extra Jacken für die Kinder anfertigen lassen und sei völlig außer sich vor Erregung!
Da habe er sich dafür entschieden, einen erfahrenen Kameramann zu nehmen ...
Extra anfertigen lassen...? Die vom Sender haben mir gesagt, so käme die Sendung noch besser an, also habe ich zähneknirschend in die Tasche gegriffen und die Jacken machen lassen ...
Und Sie waren es doch höchstpersönlich, die mir am Telefon sogar den Laden empfohlen hat, wo ich die Jacken anfertigen lassen soll...
Was, ich?
Davon weiß ich nichts ...!
Also das wird ja immer konfuser hier!
Und haben Sie uns vielleicht überhaupt erst herbestellt, weil Ihnen irgendjemand diesen Floh ins Ohr gesetzt hat?

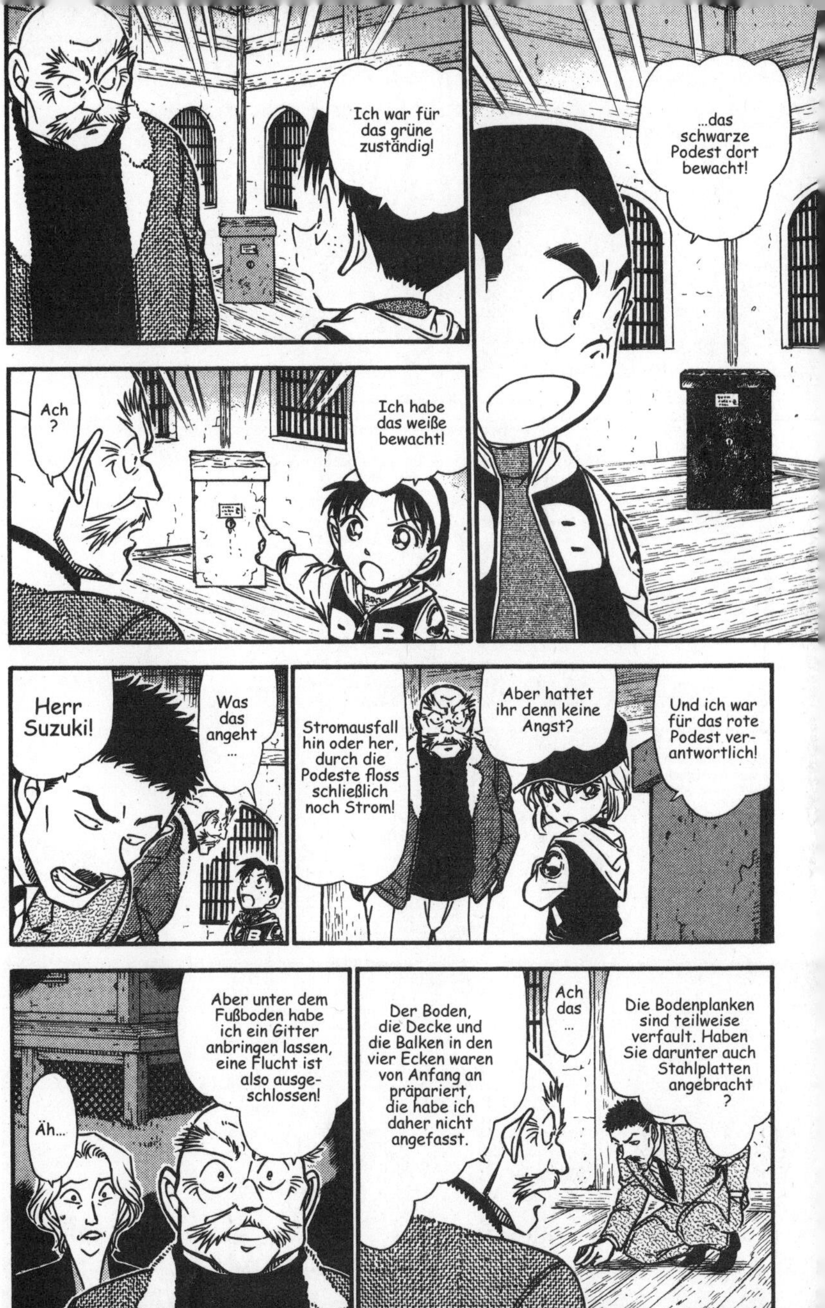

...das schwarze Podest dort bewacht!
Ich war für das grüne zuständig!
Ich habe das weiße bewacht!
Ach?
Und ich war für das rote Podest verantwortlich!
Aber hattet ihr denn keine Angst?
Stromausfall hin oder her, durch die Podeste floss schließlich noch Strom!
Was das angeht ...
Herr Suzuki!
Die Bodenplanken sind teilweise verfault. Haben Sie darunter auch Stahlplatten angebracht?
Ach das ...
Der Boden, die Decke und die Balken in den vier Ecken waren von Anfang an präpariert, die habe ich daher nicht angefasst.
Aber unter dem Fußboden habe ich ein Gitter anbringen lassen, eine Flucht ist also ausgeschlossen!
Äh...

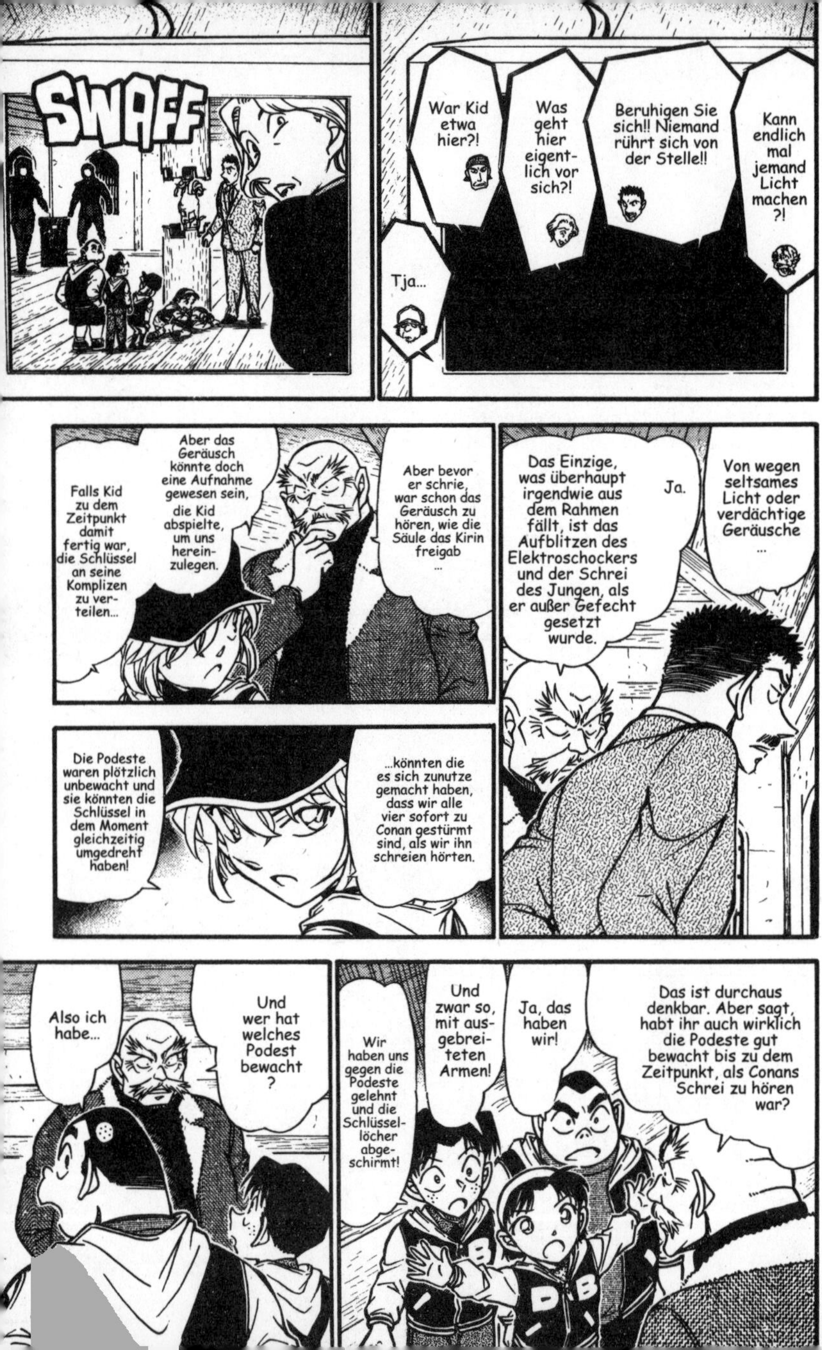

Kann endlich mal jemand Licht machen?!
Beruhigen Sie sich!! Niemand rührt sich von der Stelle!!
Was geht hier eigentlich vor sich?!
War Kid etwa hier?!
Tja...
SWAFF
Von wegen seltsames Licht oder verdächtige Geräusche ...
Ja.
Das Einzige, was überhaupt irgendwie aus dem Rahmen fällt, ist das Aufblitzen des Elektroschockers und der Schrei des Jungen, als er außer Gefecht gesetzt wurde.
Aber bevor er schrie, war schon das Geräusch zu hören, wie die Säule das Kirin freigab ...
Aber das Geräusch könnte doch eine Aufnahme gewesen sein,
die Kid abspielte, um uns hereinzulegen.
Falls Kid zu dem Zeitpunkt damit fertig war, die Schlüssel an seine Komplizen zu verteilen...
...könnten die es sich zunutze gemacht haben, dass wir alle vier sofort zu Conan gestürmt sind, als wir ihn schreien hörten.
Die Podeste waren plötzlich unbewacht und sie könnten die Schlüssel in dem Moment gleichzeitig umgedreht haben!
Das ist durchaus denkbar. Aber sagt, habt ihr auch wirklich die Podeste gut bewacht bis zu dem Zeitpunkt, als Conans Schrei zu hören war?
Ja, das haben wir!
Und zwar so, mit ausgebreiteten Armen!
Wir haben uns gegen die Podeste gelehnt und die Schlüssellöcher abgeschirmt!
Und wer hat welches Podest bewacht ?
Also ich habe...

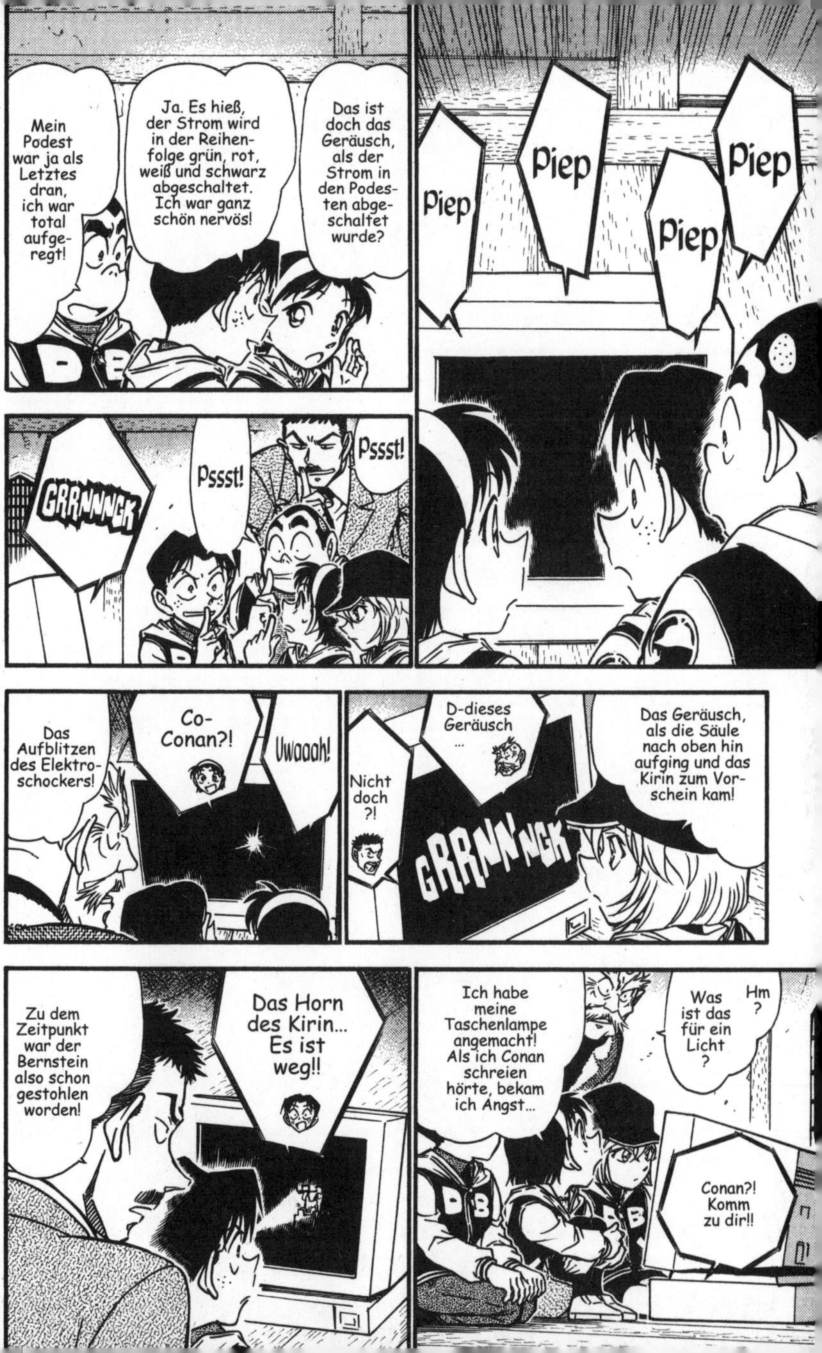
Piep
Piep
Piep
Piep
Das ist doch das Geräusch, als der Strom in den Podesten abgeschaltet wurde?
Ja. Es hieß, der Strom wird in der Reihenfolge grün, rot, weiß und schwarz abgeschaltet. Ich war ganz schön nervös!
Mein Podest war ja als Letztes dran, ich war total aufgeregt!
Pssst!
Pssst!
GRRNNNGK
Das Geräusch, als die Säule nach oben hin aufging und das Kirin zum Vorschein kam!
D-dieses Geräusch ...
Nicht doch ?!
GRRNNNGK
Uwaaah!
Co-Conan?!
Das Aufblitzen des Elektroschockers!
Hm ?
Was ist das für ein Licht ?
Ich habe meine Taschenlampe angemacht! Als ich Conan schreien hörte, bekam ich Angst...
Conan?! Komm zu dir!!
Das Horn des Kirin... Es ist weg!!
Zu dem Zeitpunkt war der Bernstein also schon gestohlen worden!

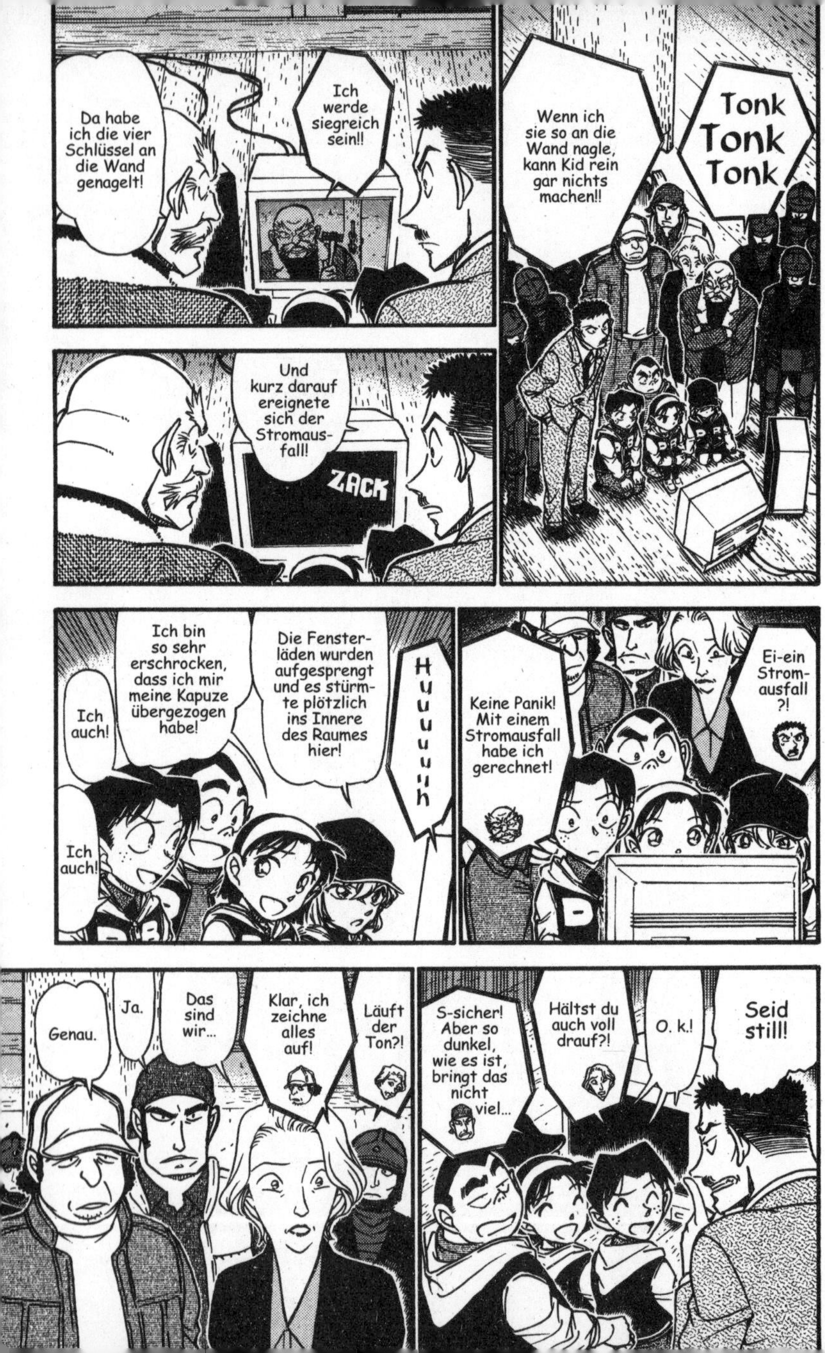
Tonk Tonk Tonk
Wenn ich sie so an die Wand nagle, kann Kid rein gar nichts machen!!
Ich werde siegreich sein!!
Da habe ich die vier Schlüssel an die Wand genagelt!
Und kurz darauf ereignete sich der Stromausfall!
ZACK
Ei-ein Stromausfall?!
Keine Panik! Mit einem Stromausfall habe ich gerechnet!
Huuuuuuuh
Die Fensterläden wurden aufgesprengt und es stürmte plötzlich ins Innere des Raumes hier!
Ich bin so sehr erschrocken, dass ich mir meine Kapuze übergezogen habe!
Ich auch!
Ich auch!
Seid still!
O. k.!
Hältst du auch voll drauf?!
S-sicher! Aber so dunkel, wie es ist, bringt das nicht viel...
Läuft der Ton?!
Klar, ich zeichne alles auf!
Das sind wir...
Ja.
Genau.

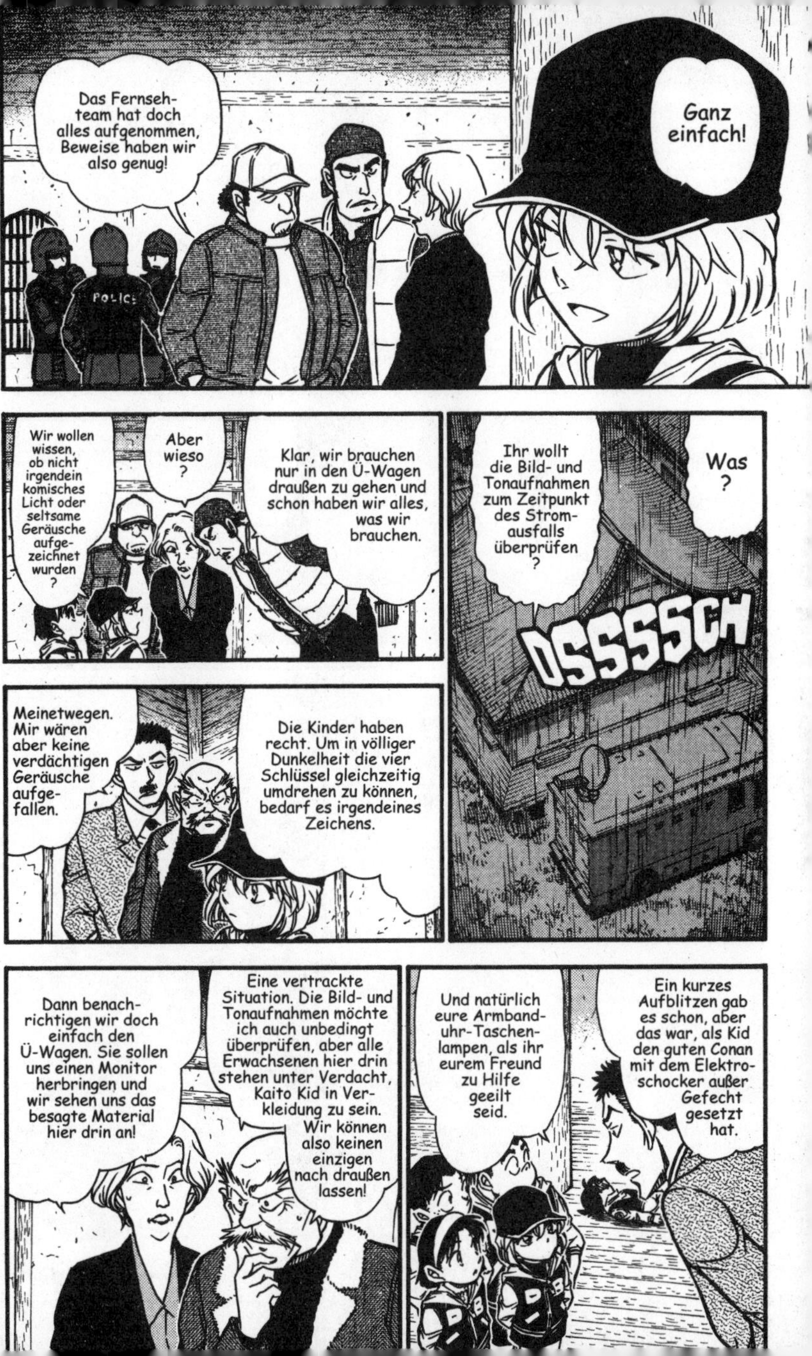
Ganz einfach!
Das Fernseh-team hat doch alles aufgenommen, Beweise haben wir also genug!
Was?
Ihr wollt die Bild- und Tonaufnahmen zum Zeitpunkt des Strom-ausfalls überprüfen?
OSSSSCH
Klar, wir brauchen nur in den Ü-Wagen draußen zu gehen und schon haben wir alles, was wir brauchen.
Aber wieso?
Wir wollen wissen, ob nicht irgendein komisches Licht oder seltsame Geräusche aufge-zeichnet wurden?
Die Kinder haben recht. Um in völliger Dunkelheit die vier Schlüssel gleichzeitig umdrehen zu können, bedarf es irgendeines Zeichens.
Meinetwegen. Mir wären aber keine verdächtigen Geräusche aufge-fallen.
Ein kurzes Aufblitzen gab es schon, aber das war, als Kid den guten Conan mit dem Elektro-schocker außer Gefecht gesetzt hat.
Und natürlich eure Armband-uhr-Taschen-lampen, als ihr eurem Freund zu Hilfe geeilt seid.
Eine vertrackte Situation. Die Bild- und Tonaufnahmen möchte ich auch unbedingt überprüfen, aber alle Erwachsenen hier drin stehen unter Verdacht, Kaito Kid in Ver-kleidung zu sein.
Wir können also keinen einzigen nach draußen lassen!
Dann benach-richtigen wir doch einfach den Ü-Wagen. Sie sollen uns einen Monitor herbringen und wir sehen uns das besagte Material hier drin an!

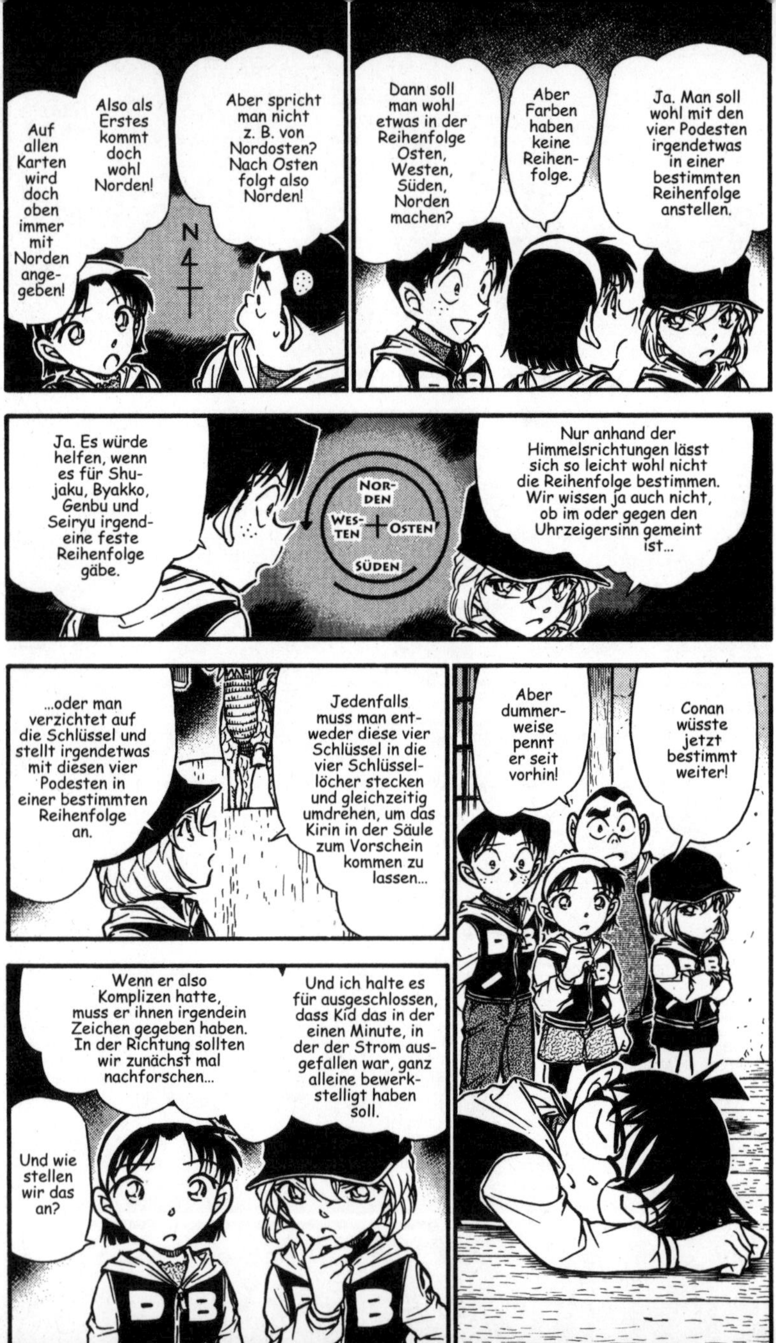
Ja. Man soll wohl mit den vier Podesten irgendetwas in einer bestimmten Reihenfolge anstellen.
Aber Farben haben keine Reihenfolge.
Dann soll man wohl etwas in der Reihenfolge Osten, Westen, Süden, Norden machen?
Aber spricht man nicht z. B. von Nordosten? Nach Osten folgt also Norden!
Also als Erstes kommt doch wohl Norden!
Auf allen Karten wird doch oben immer mit Norden angegeben!
N
Nur anhand der Himmelsrichtungen lässt sich so leicht wohl nicht die Reihenfolge bestimmen. Wir wissen ja auch nicht, ob im oder gegen den Uhrzeigersinn gemeint ist...
NORDEN
WESTEN
OSTEN
SÜDEN
Ja. Es würde helfen, wenn es für Shujaku, Byakko, Genbu und Seiryu irgendeine feste Reihenfolge gäbe.
Conan wüsste jetzt bestimmt weiter!
Aber dummerweise pennt er seit vorhin!
Jedenfalls muss man entweder diese vier Schlüssel in die vier Schlüssellöcher stecken und gleichzeitig umdrehen, um das Kirin in der Säule zum Vorschein kommen zu lassen...
...oder man verzichtet auf die Schlüssel und stellt irgendetwas mit diesen vier Podesten in einer bestimmten Reihenfolge an.
Und ich halte es für ausgeschlossen, dass Kid das in der einen Minute, in der der Strom ausgefallen war, ganz alleine bewerkstelligt haben soll.
Wenn er also Komplizen hatte, muss er ihnen irgendein Zeichen gegeben haben. In der Richtung sollten wir zunächst mal nachforschen...
Und wie stellen wir das an?

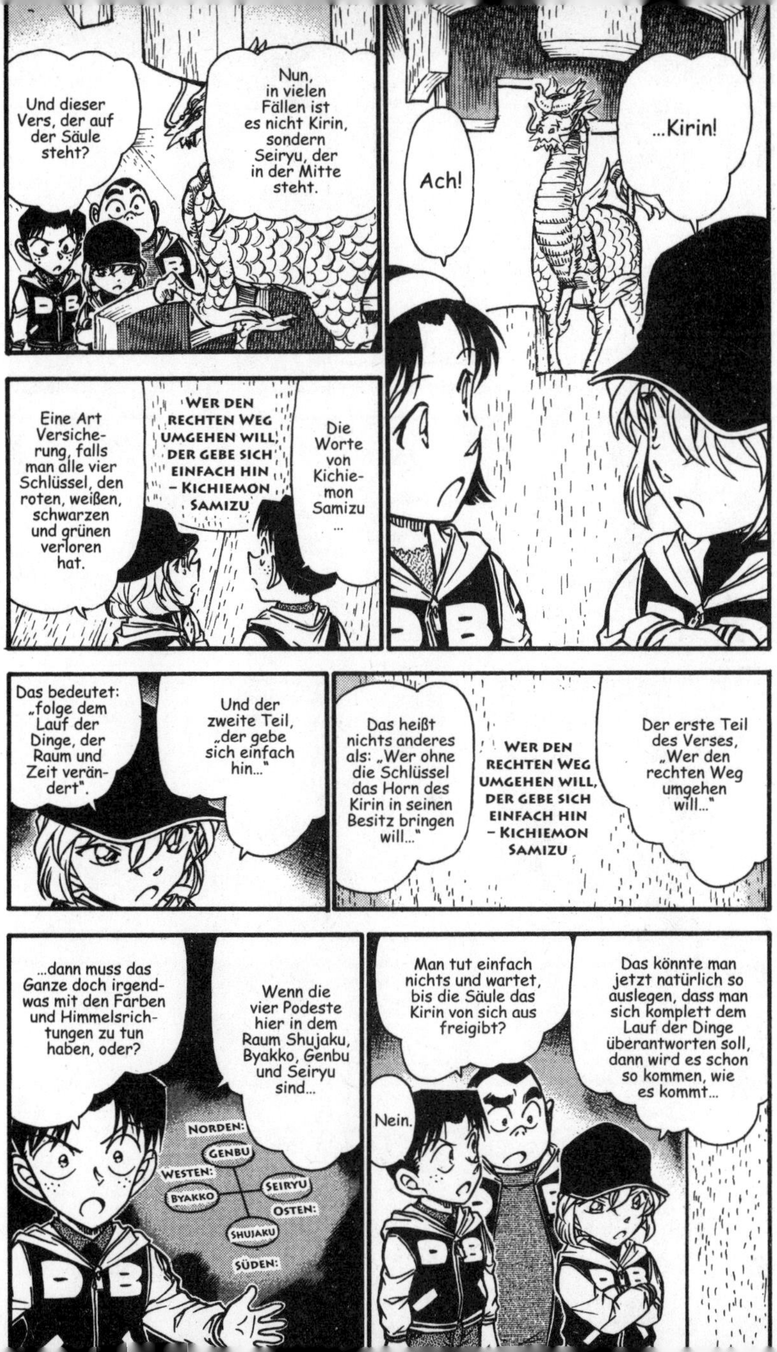
...Kirin!
Ach!
Nun, in vielen Fällen ist es nicht Kirin, sondern Seiryu, der in der Mitte steht.
Und dieser Vers, der auf der Säule steht?
Die Worte von Kichiemon Samizu ...
WER DEN RECHTEN WEG UMGEHEN WILL, DER GEBE SICH EINFACH HIN – KICHIEMON SAMIZU
Eine Art Versicherung, falls man alle vier Schlüssel, den roten, weißen, schwarzen und grünen verloren hat.
Der erste Teil des Verses, „Wer den rechten Weg umgehen will...“
WER DEN RECHTEN WEG UMGEHEN WILL, DER GEBE SICH EINFACH HIN – KICHIEMON SAMIZU
Das heißt nichts anderes als: „Wer ohne die Schlüssel das Horn des Kirin in seinen Besitz bringen will...“
Und der zweite Teil, „der gebe sich einfach hin...“
Das bedeutet: „folge dem Lauf der Dinge, der Raum und Zeit verändert“.
Das könnte man jetzt natürlich so auslegen, dass man sich komplett dem Lauf der Dinge überantworten soll, dann wird es schon so kommen, wie es kommt...
Man tut einfach nichts und wartet, bis die Säule das Kirin von sich aus freigibt?
Nein.
Wenn die vier Podeste hier in dem Raum Shujaku, Byakko, Genbu und Seiryu sind...
...dann muss das Ganze doch irgendwas mit den Farben und Himmelsrichtungen zu tun haben, oder?
NORDEN:
GENBU
WESTEN:
BYAKKO
SEIRYU
OSTEN:
SHUJAKU
SÜDEN:

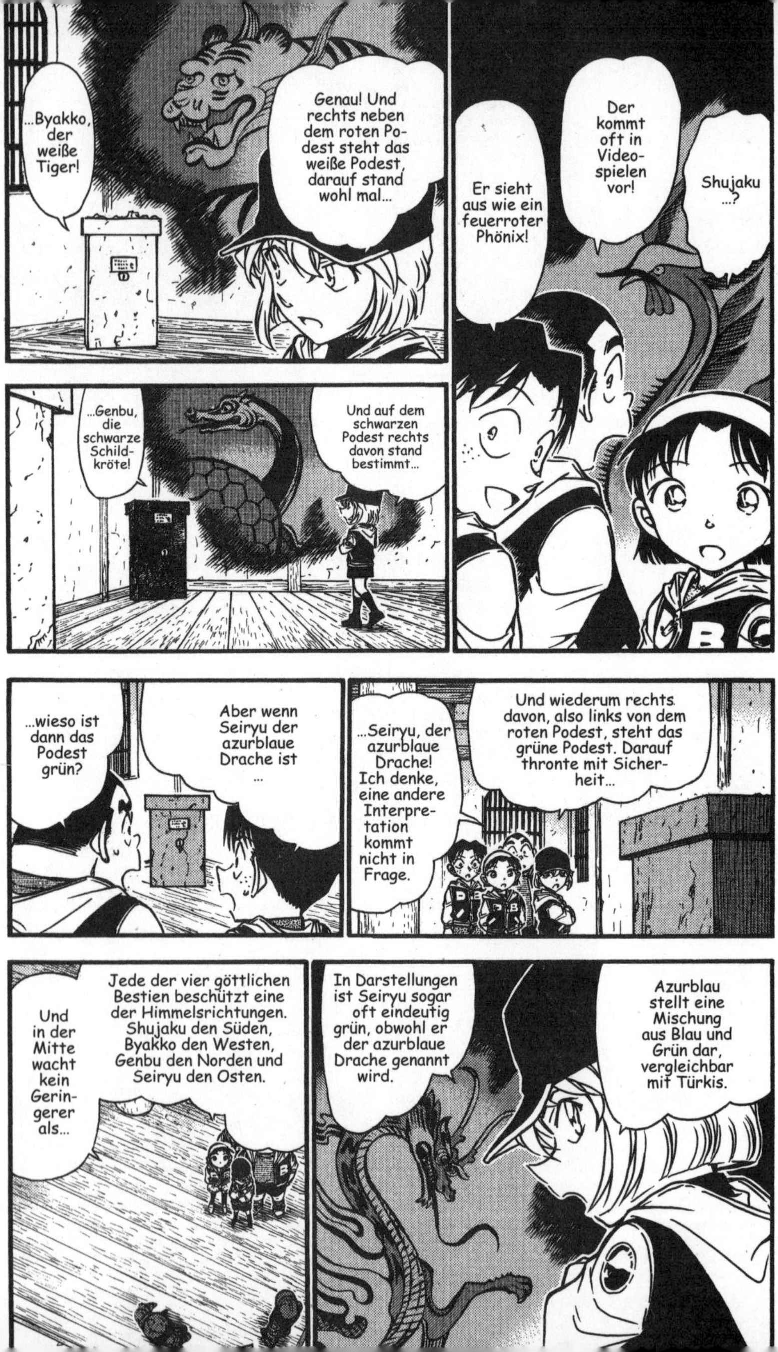
Shujaku ...?
Der kommt oft in Videospielen vor!
Er sieht aus wie ein feuerroter Phönix!
Genau! Und rechts neben dem roten Podest steht das weiße Podest, darauf stand wohl mal...
...Byakko, der weiße Tiger!
Und auf dem schwarzen Podest rechts davon stand bestimmt...
...Genbu, die schwarze Schildkröte!
Und wiederum rechts davon, also links von dem roten Podest, steht das grüne Podest. Darauf thronte mit Sicherheit...
...Seiryu, der azurblaue Drache! Ich denke, eine andere Interpretation kommt nicht in Frage.
Aber wenn Seiryu der azurblaue Drache ist ...
...wieso ist dann das Podest grün?
Azurblau stellt eine Mischung aus Blau und Grün dar, vergleichbar mit Türkis.
In Darstellungen ist Seiryu sogar oft eindeutig grün, obwohl er der azurblaue Drache genannt wird.
Jede der vier göttlichen Bestien beschützt eine der Himmelsrichtungen. Shujaku den Süden, Byakko den Westen, Genbu den Norden und Seiryu den Osten.
Und in der Mitte wacht kein Geringerer als...

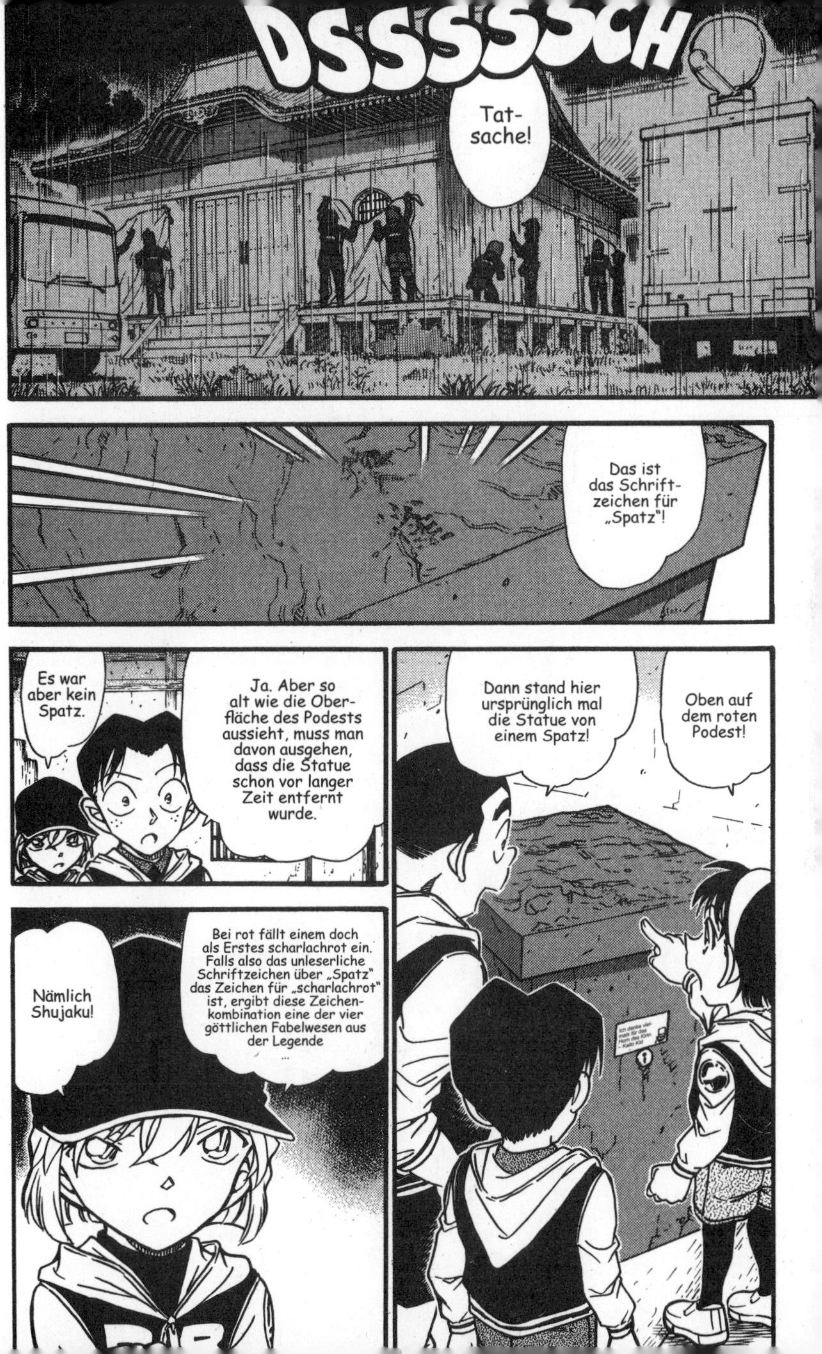
DSSSSSCH
Tat-sache!
Das ist das Schriftzeichen für „Spatz"!
Oben auf dem roten Podest!
Dann stand hier ursprünglich mal die Statue von einem Spatz!
Ja. Aber so alt wie die Oberfläche des Podests aussieht, muss man davon ausgehen, dass die Statue schon vor langer Zeit entfernt wurde.
Es war aber kein Spatz.
Bei rot fällt einem doch als Erstes scharlachrot ein. Falls also das unleserliche Schriftzeichen über „Spatz" das Zeichen für „scharlachrot" ist, ergibt diese Zeichenkombination eine der vier göttlichen Fabelwesen aus der Legende ...
Nämlich Shujaku!

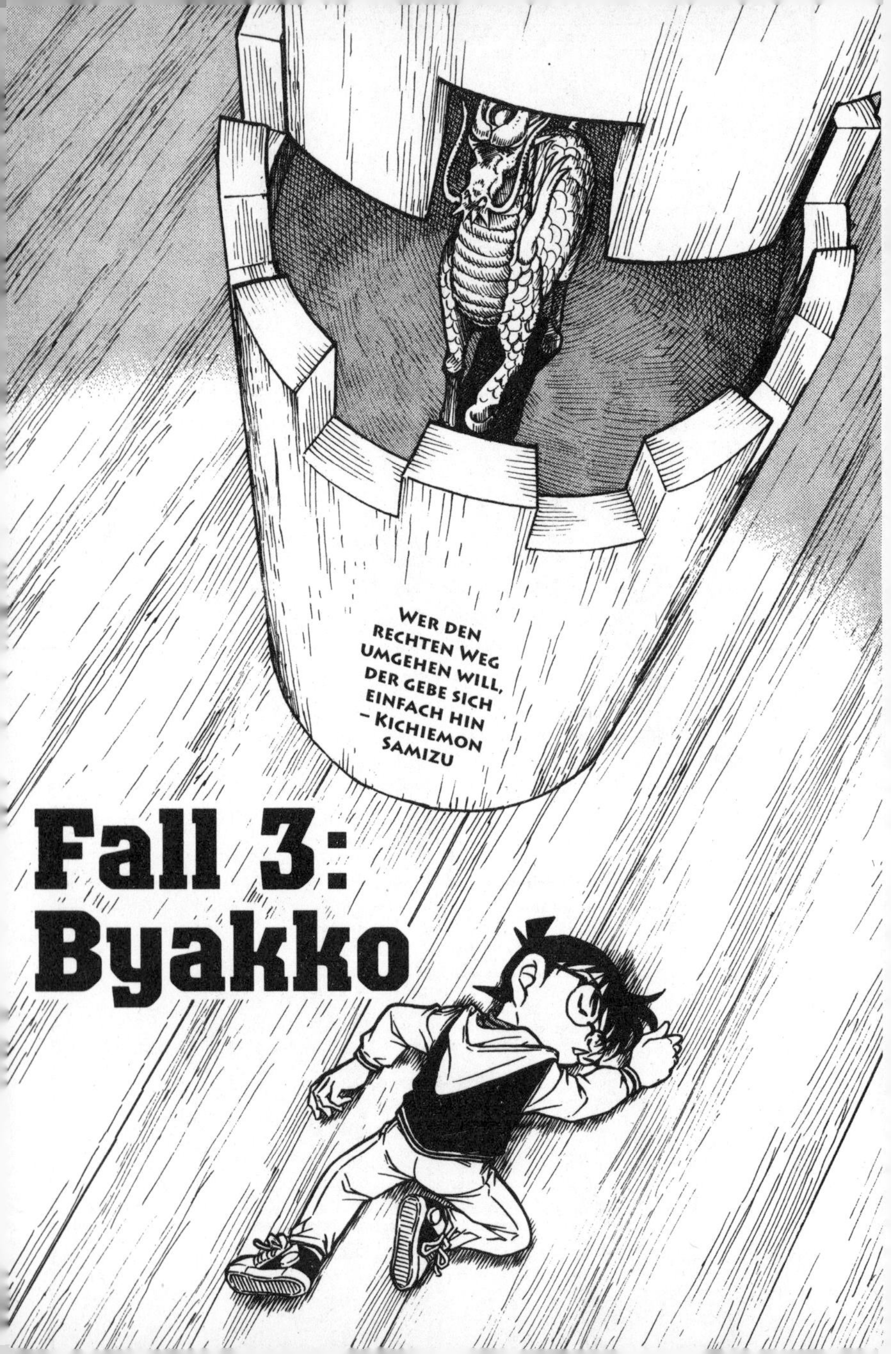
WER DEN RECHTEN WEG UMGEHEN WILL, DER GEBE SICH EINFACH HIN – KICHIEMON SAMIZU
Fall 3: Byakko

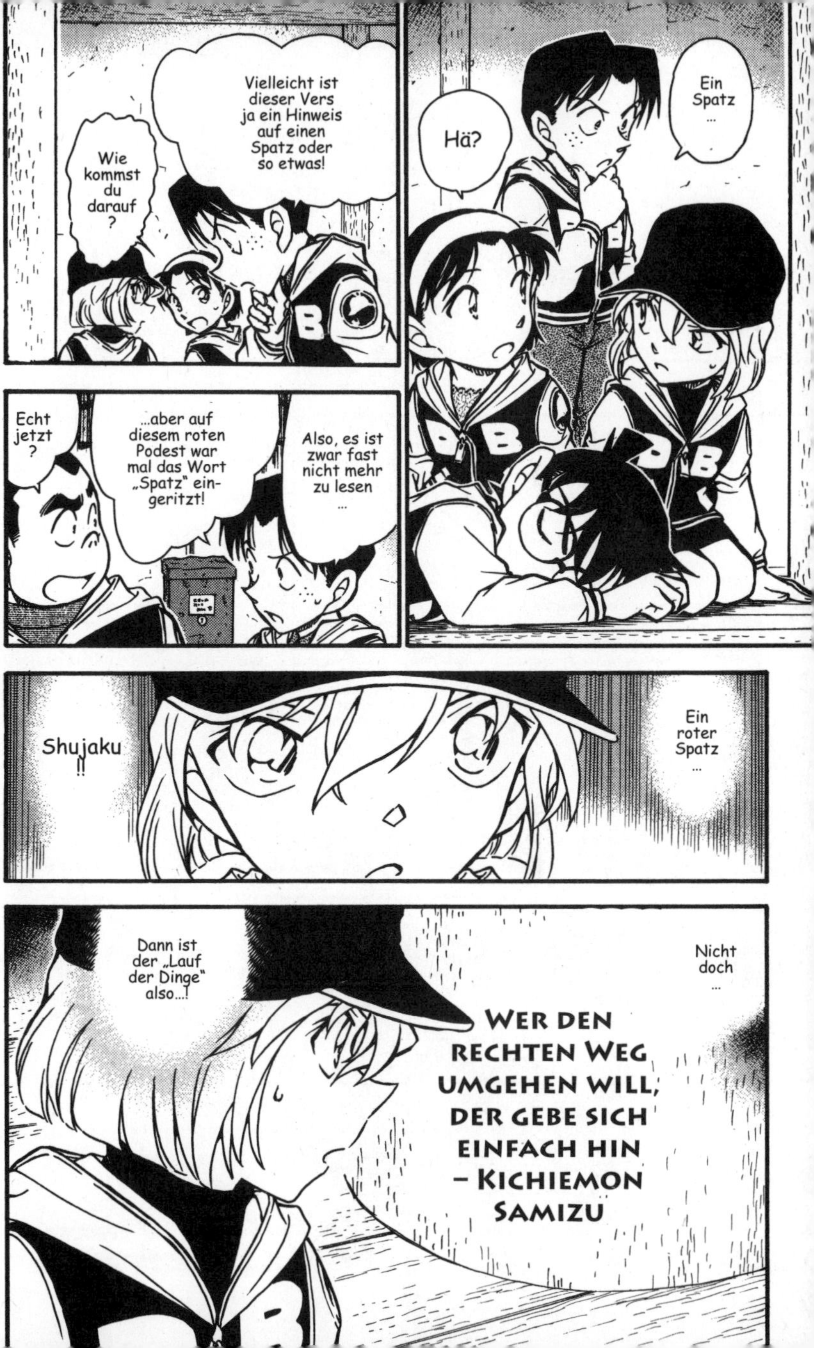
Ein Spatz ...
Hä?
Vielleicht ist dieser Vers ja ein Hinweis auf einen Spatz oder so etwas!
Wie kommst du darauf ?
Also, es ist zwar fast nicht mehr zu lesen ...
...aber auf diesem roten Podest war mal das Wort „Spatz“ eingeritzt!
Echt jetzt ?
Ein roter Spatz ...
Shujaku !!
Nicht doch ...
Dann ist der „Lauf der Dinge“ also...!
Wer den rechten Weg umgehen will, der gebe sich einfach hin – Kichiemon Samizu

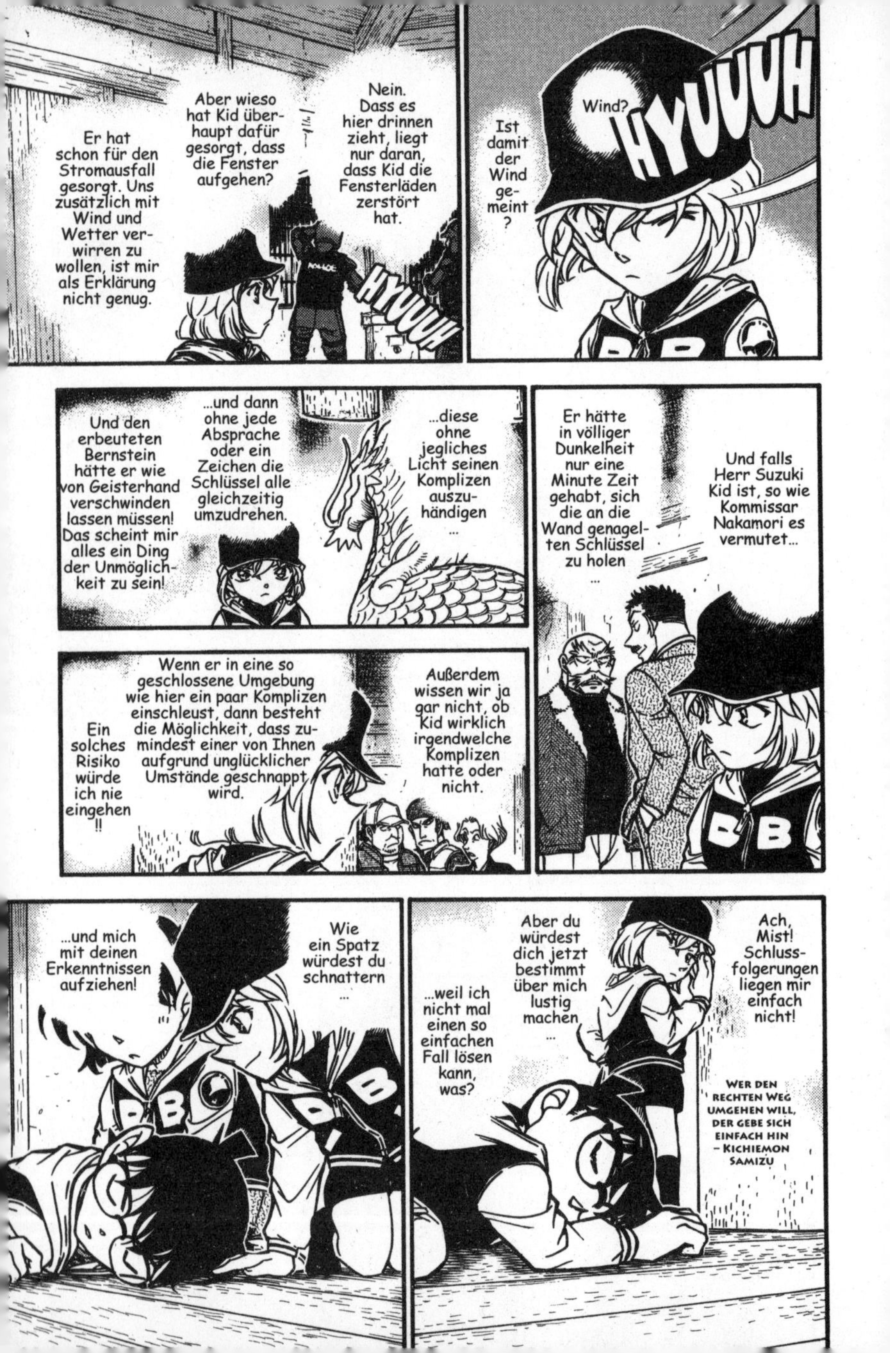

HYUUUH
Wind?
Ist damit der Wind gemeint?
Nein. Dass es hier drinnen zieht, liegt nur daran, dass Kid die Fensterläden zerstört hat.
HYUUUH
Aber wieso hat Kid überhaupt dafür gesorgt, dass die Fenster aufgehen?
Er hat schon für den Stromausfall gesorgt. Uns zusätzlich mit Wind und Wetter verwirren zu wollen, ist mir als Erklärung nicht genug.
Und falls Herr Suzuki Kid ist, so wie Kommissar Nakamori es vermutet...
Er hätte in völliger Dunkelheit nur eine Minute Zeit gehabt, sich die an die Wand genagelten Schlüssel zu holen ...
...diese ohne jegliches Licht seinen Komplizen auszuhändigen ...
...und dann ohne jede Absprache oder ein Zeichen die Schlüssel alle gleichzeitig umzudrehen.
Und den erbeuteten Bernstein hätte er wie von Geisterhand verschwinden lassen müssen! Das scheint mir alles ein Ding der Unmöglichkeit zu sein!
Außerdem wissen wir ja gar nicht, ob Kid wirklich irgendwelche Komplizen hatte oder nicht.
Wenn er in eine so geschlossene Umgebung wie hier ein paar Komplizen einschleust, dann besteht die Möglichkeit, dass zumindest einer von Ihnen aufgrund unglücklicher Umstände geschnappt wird.
Ein solches Risiko würde ich nie eingehen !!
Ach, Mist! Schlussfolgerungen liegen mir einfach nicht!
Aber du würdest dich jetzt bestimmt über mich lustig machen ...
...weil ich nicht mal einen so einfachen Fall lösen kann, was?
WER DEN RECHTEN WEG UMGEHEN WILL, DER GEBE SICH EINFACH HIN – KICHIEMON SAMIZU
Wie ein Spatz würdest du schnattern ...
...und mich mit deinen Erkenntnissen aufziehen!

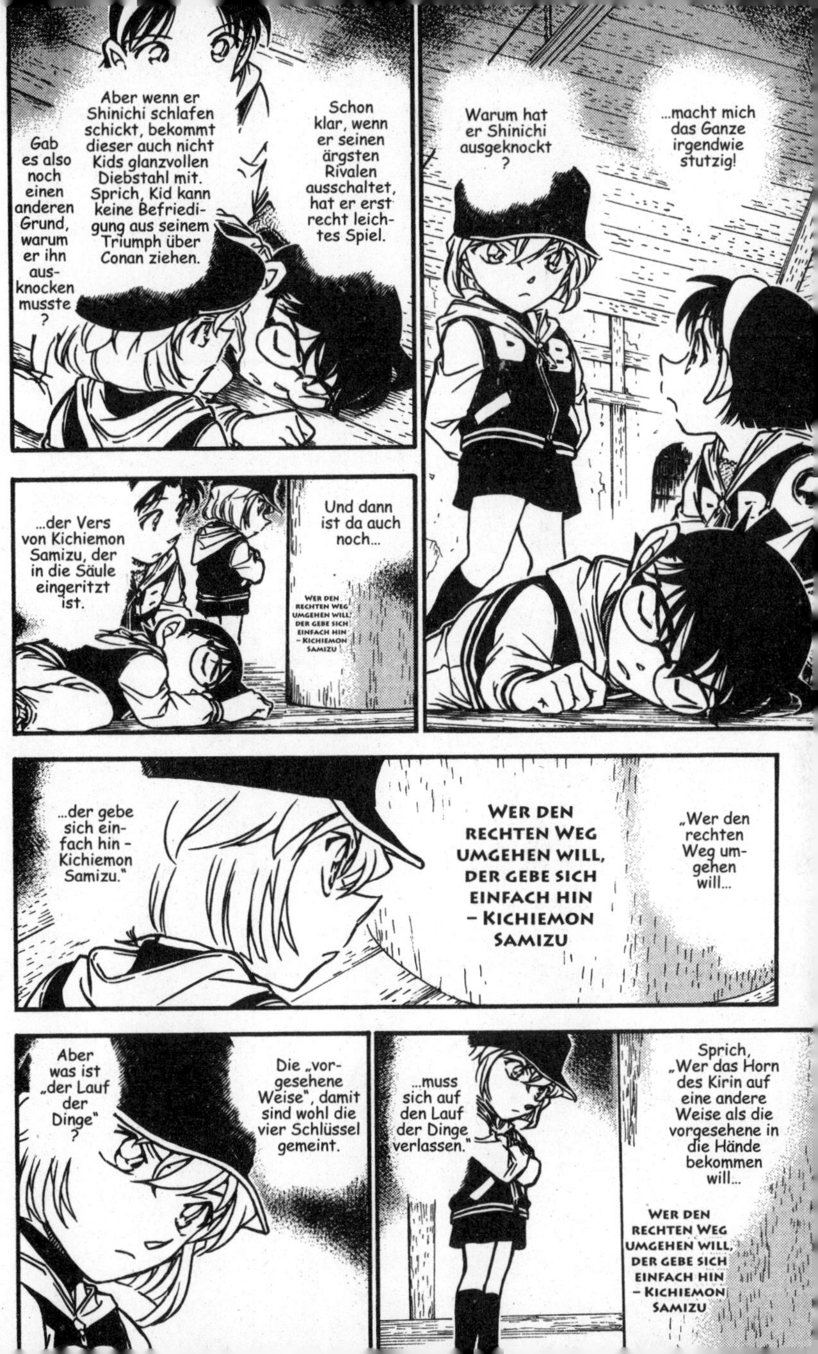

...macht mich das Ganze irgendwie stutzig!
Warum hat er Shinichi ausgeknockt?
Schon klar, wenn er seinen ärgsten Rivalen ausschaltet, hat er erst recht leichtes Spiel.
Aber wenn er Shinichi schlafen schickt, bekommt dieser auch nicht Kids glanzvollen Diebstahl mit. Sprich, Kid kann keine Befriedigung aus seinem Triumph über Conan ziehen.
Gab es also noch einen anderen Grund, warum er ihn ausknocken musste?
Und dann ist da auch noch...
...der Vers von Kichiemon Samizu, der in die Säule eingeritzt ist.
Wer den rechten Weg umgehen will, der gebe sich einfach hin – Kichiemon Samizu
„Wer den rechten Weg umgehen will...
Wer den rechten Weg umgehen will, der gebe sich einfach hin – Kichiemon Samizu
...der gebe sich einfach hin – Kichiemon Samizu."
Wer den rechten Weg umgehen will, der gebe sich einfach hin – Kichiemon Samizu
Sprich, „Wer das Horn des Kirin auf eine andere Weise als die vorgesehene in die Hände bekommen will...
...muss sich auf den Lauf der Dinge verlassen."
Die „vorgesehene Weise", damit sind wohl die vier Schlüssel gemeint.
Aber was ist „der Lauf der Dinge"?

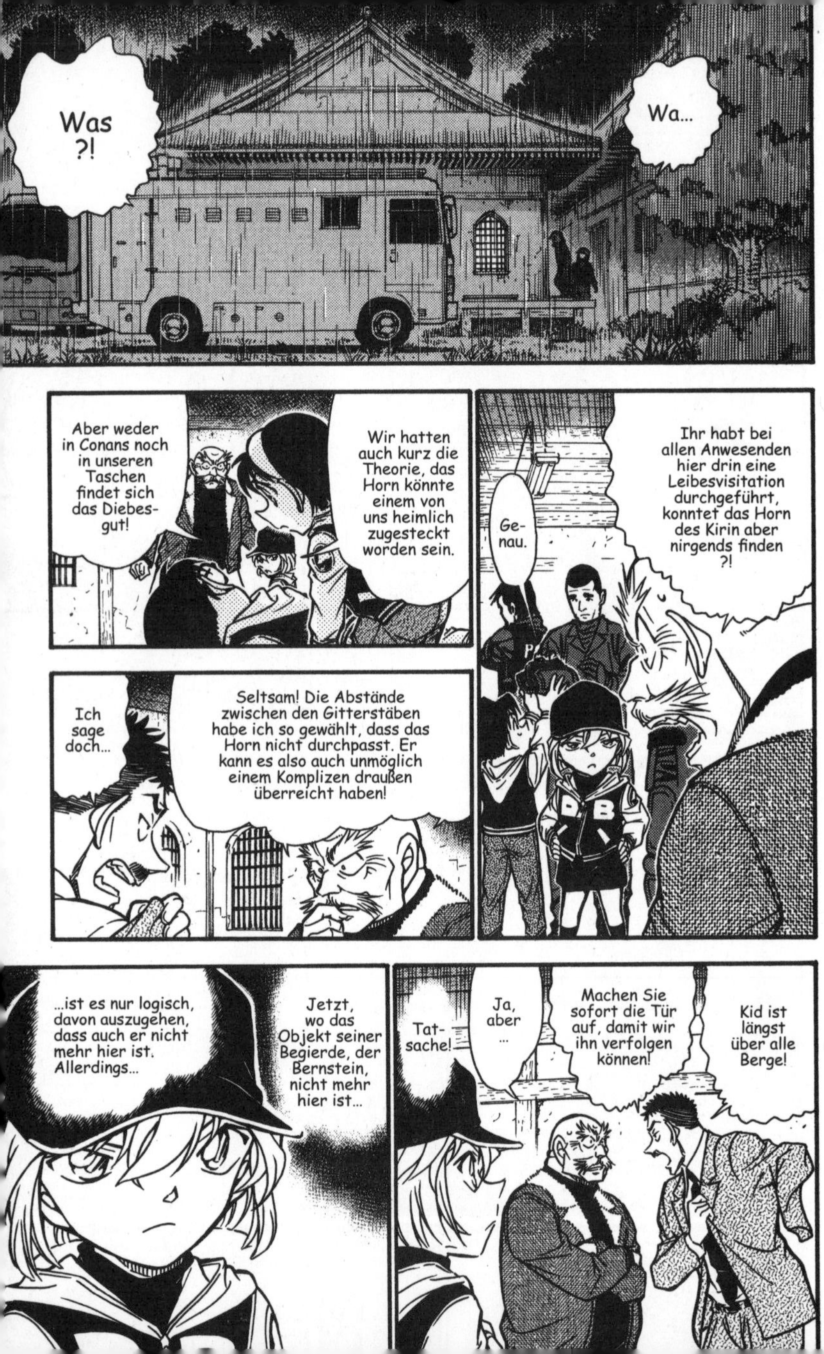
Wa...
Was ?!
Ihr habt bei allen Anwesenden hier drin eine Leibesvisitation durchgeführt, konntet das Horn des Kirin aber nirgends finden ?!
Ge- nau.
Wir hatten auch kurz die Theorie, das Horn könnte einem von uns heimlich zugesteckt worden sein.
Aber weder in Conans noch in unseren Taschen findet sich das Diebes- gut!
Seltsam! Die Abstände zwischen den Gitterstäben habe ich so gewählt, dass das Horn nicht durchpasst. Er kann es also auch unmöglich einem Komplizen draußen überreicht haben!
Ich sage doch...
Kid ist längst über alle Berge!
Machen Sie sofort die Tür auf, damit wir ihn verfolgen können!
Ja, aber ...
Tat- sache!
Jetzt, wo das Objekt seiner Begierde, der Bernstein, nicht mehr hier ist...
...ist es nur logisch, davon auszugehen, dass auch er nicht mehr hier ist. Allerdings...

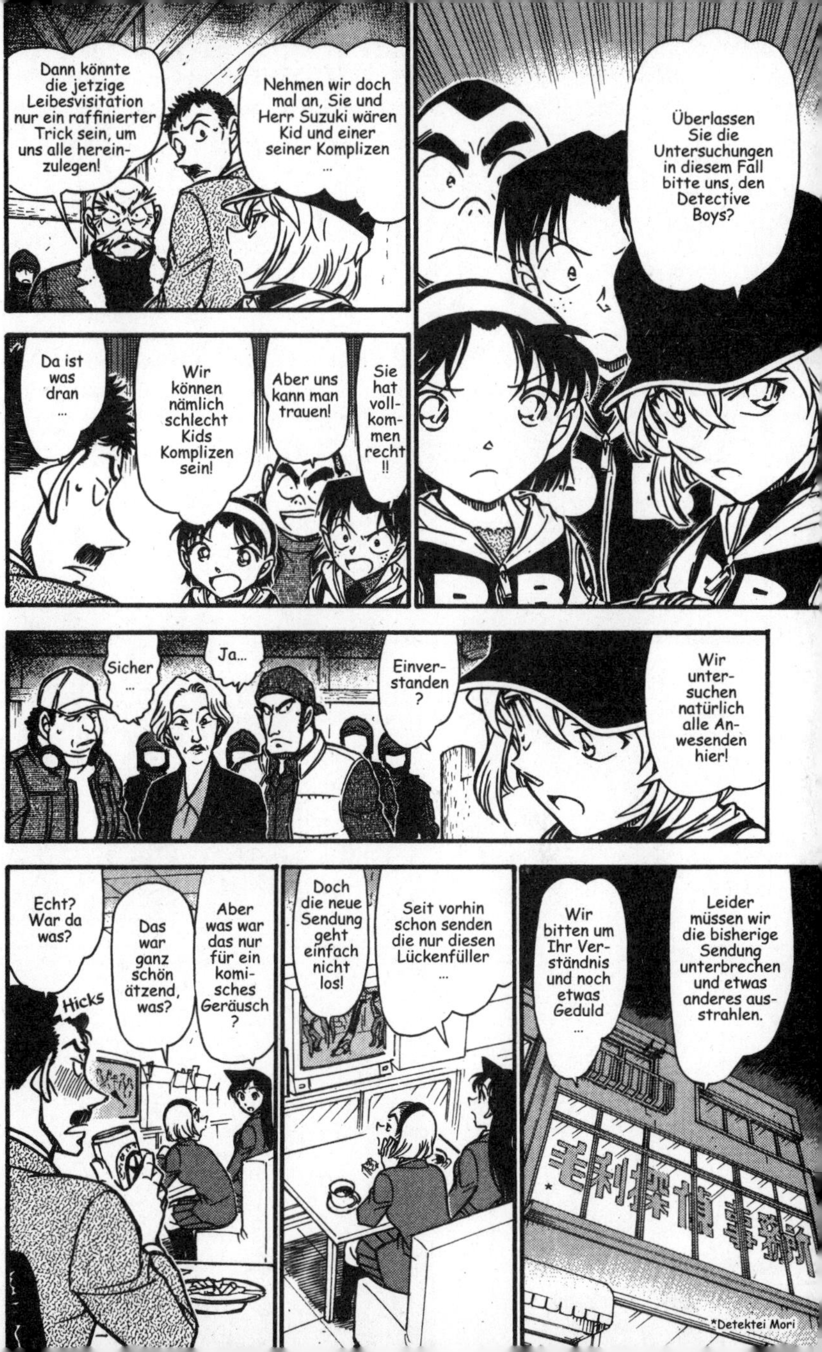
Nehmen wir doch mal an, Sie und Herr Suzuki wären Kid und einer seiner Komplizen ...
Dann könnte die jetzige Leibesvisitation nur ein raffinierter Trick sein, um uns alle herein-zulegen!
Sie hat voll-kommen recht !!
Aber uns kann man trauen!
Wir können nämlich schlecht Kids Komplizen sein!
Da ist was dran ...
Überlassen Sie die Untersuchungen in diesem Fall bitte uns, den Detective Boys?
Wir unter-suchen natürlich alle An-wesenden hier!
Einver-standen ?
Ja...
Sicher ...
Leider müssen wir die bisherige Sendung unterbrechen und etwas anderes aus-strahlen.
Wir bitten um Ihr Ver-ständnis und noch etwas Geduld ...
毛利探偵事務所
*Detektei Mori
Seit vorhin schon senden die nur diesen Lückenfüller ...
Doch die neue Sendung geht einfach nicht los!
Aber was war das nur für ein komi-sches Geräusch ?
Das war ganz schön ätzend, was?
Echt? War da was?
Hicks

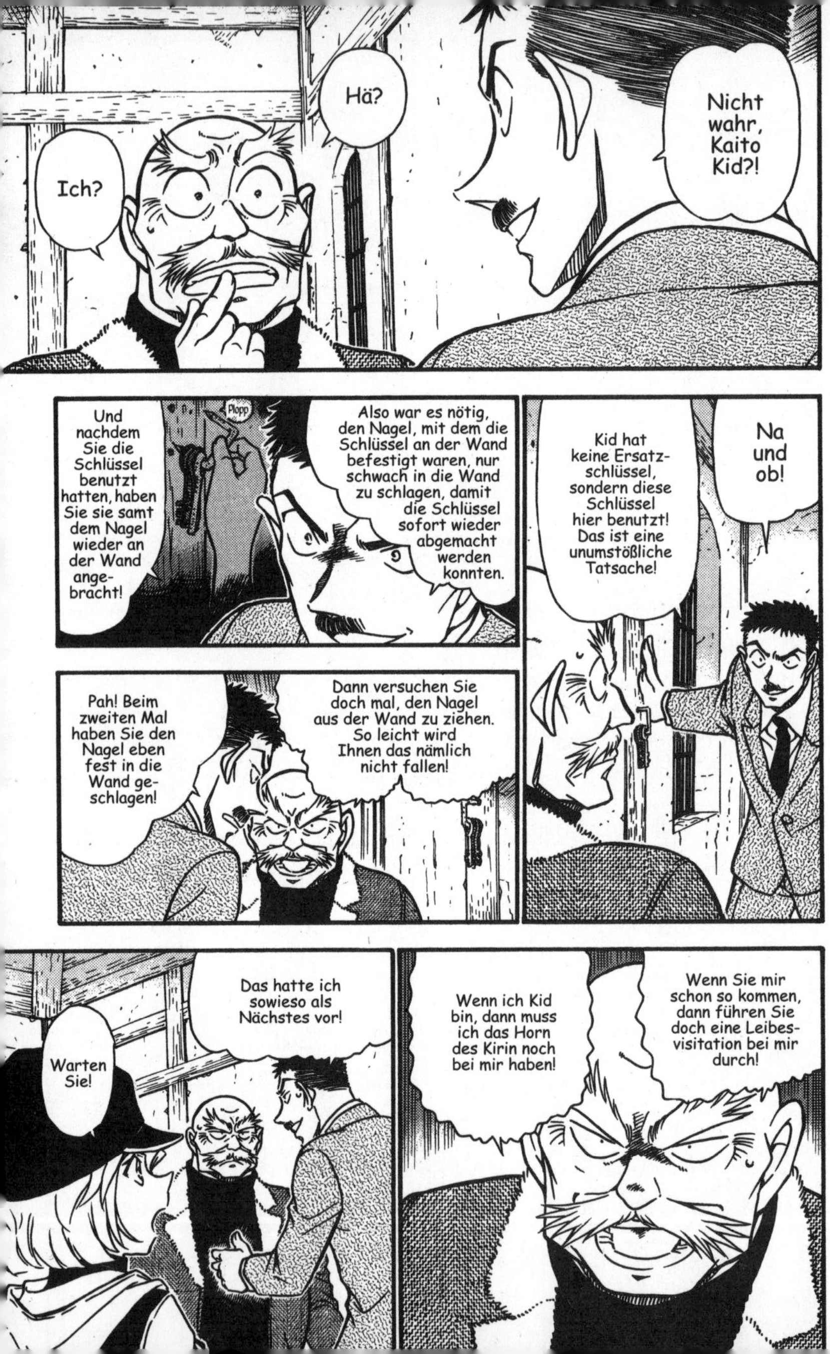

Nicht wahr, Kaito Kid?!
Hä?
Ich?
Na und ob!
Kid hat keine Ersatzschlüssel, sondern diese Schlüssel hier benutzt! Das ist eine unumstößliche Tatsache!
Also war es nötig, den Nagel, mit dem die Schlüssel an der Wand befestigt waren, nur schwach in die Wand zu schlagen, damit die Schlüssel sofort wieder abgemacht werden konnten.
Plopp
Und nachdem Sie die Schlüssel benutzt hatten, haben Sie sie samt dem Nagel wieder an der Wand angebracht!
Dann versuchen Sie doch mal, den Nagel aus der Wand zu ziehen. So leicht wird Ihnen das nämlich nicht fallen!
Pah! Beim zweiten Mal haben Sie den Nagel eben fest in die Wand geschlagen!
Wenn Sie mir schon so kommen, dann führen Sie doch eine Leibesvisitation bei mir durch!
Wenn ich Kid bin, dann muss ich das Horn des Kirin noch bei mir haben!
Das hatte ich sowieso als Nächstes vor!
Warten Sie!

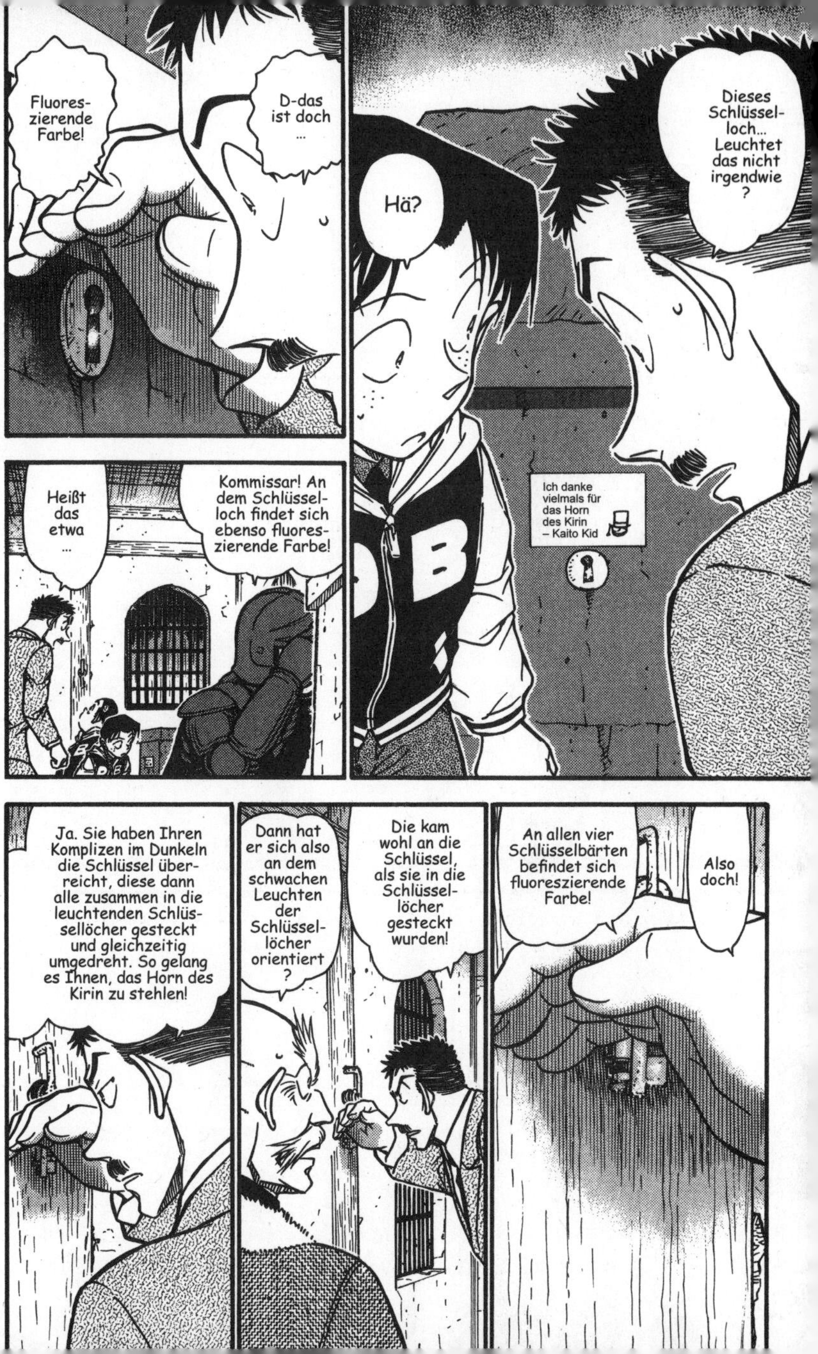

Dieses Schlüsselloch... Leuchtet das nicht irgendwie?
Hä?
Ich danke vielmals für das Horn des Kirin – Kaito Kid
D-das ist doch ...
Fluoreszierende Farbe!
Kommissar! An dem Schlüsselloch findet sich ebenso fluoreszierende Farbe!
Heißt das etwa ...
Also doch!
An allen vier Schlüsselbärten befindet sich fluoreszierende Farbe!
Die kam wohl an die Schlüssel, als sie in die Schlüssellöcher gesteckt wurden!
Dann hat er sich also an dem schwachen Leuchten der Schlüssellöcher orientiert?
Ja. Sie haben Ihren Komplizen im Dunkeln die Schlüssel überreicht, diese dann alle zusammen in die leuchtenden Schlüssellöcher gesteckt und gleichzeitig umgedreht. So gelang es Ihnen, das Horn des Kirin zu stehlen!

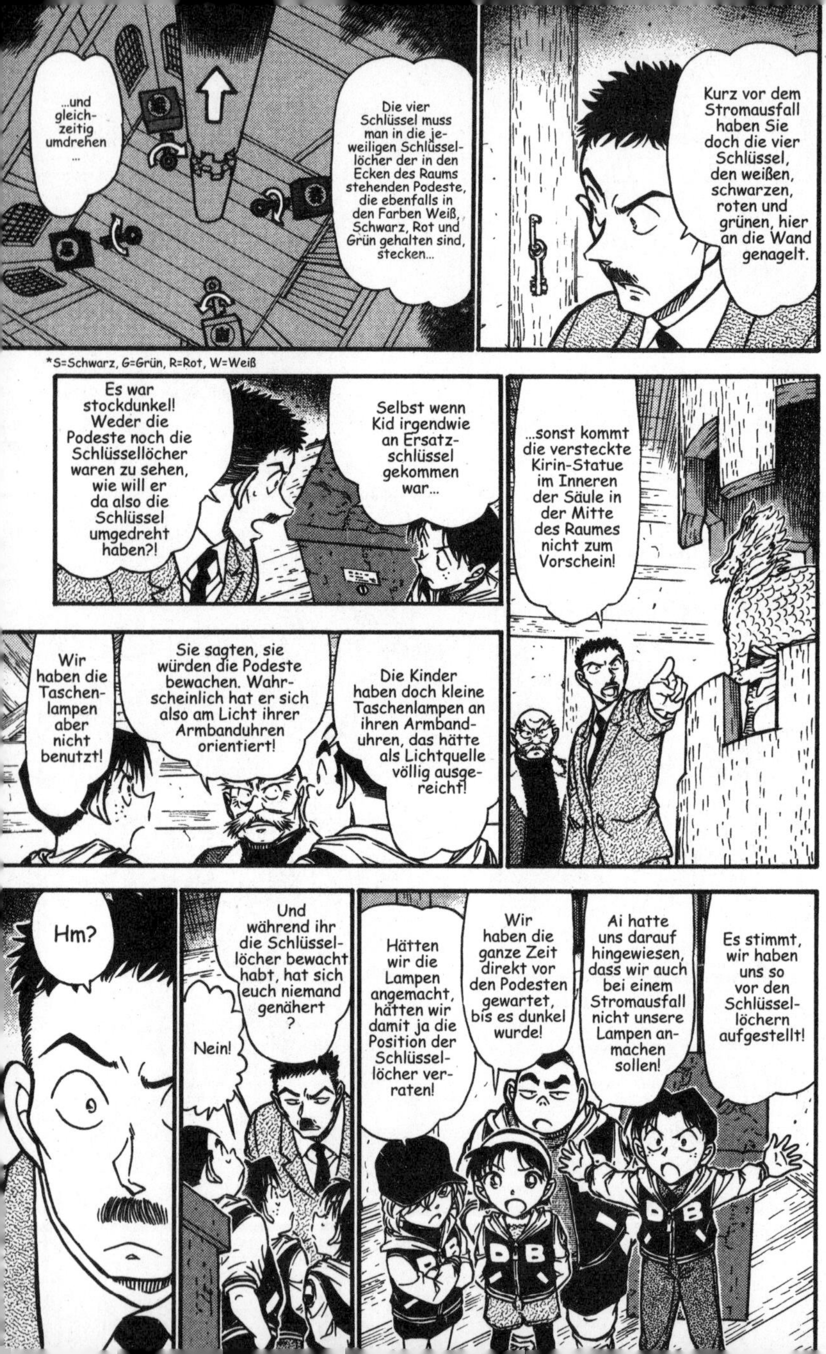

*S=Schwarz, G=Grün, R=Rot, W=Weiß

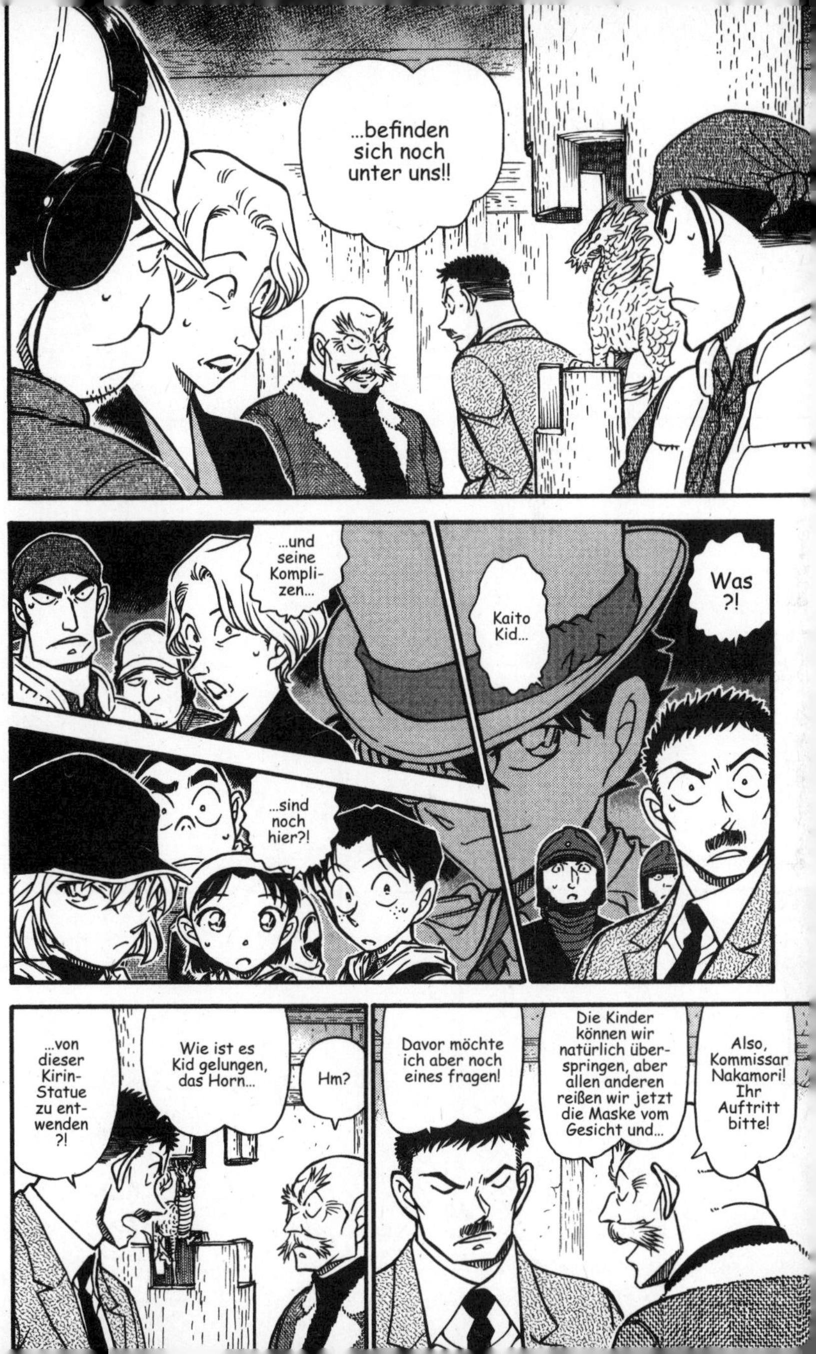
...befinden sich noch unter uns!!
Was ?!
Kaito Kid...
...und seine Komplizen...
...sind noch hier?!
Also, Kommissar Nakamori! Ihr Auftritt bitte!
Die Kinder können wir natürlich überspringen, aber allen anderen reißen wir jetzt die Maske vom Gesicht und...
Davor möchte ich aber noch eines fragen!
Hm?
Wie ist es Kid gelungen, das Horn...
...von dieser Kirin-Statue zu entwenden ?!

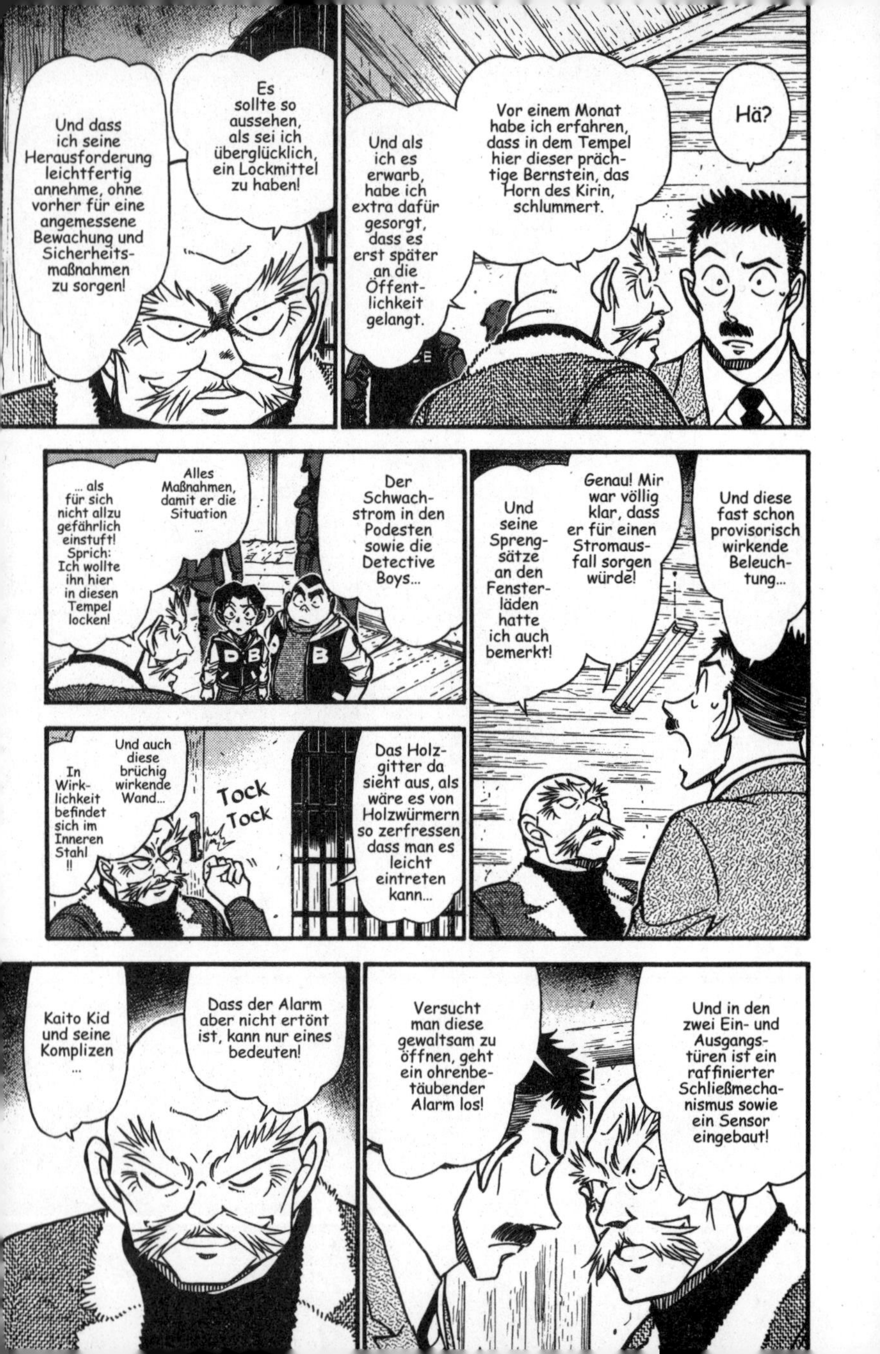
Hä?
Vor einem Monat habe ich erfahren, dass in dem Tempel hier dieser prächtige Bernstein, das Horn des Kirin, schlummert.
Und als ich es erwarb, habe ich extra dafür gesorgt, dass es erst später an die Öffentlichkeit gelangt.
Es sollte so aussehen, als sei ich überglücklich, ein Lockmittel zu haben!
Und dass ich seine Herausforderung leichtfertig annehme, ohne vorher für eine angemessene Bewachung und Sicherheitsmaßnahmen zu sorgen!
Und diese fast schon provisorisch wirkende Beleuchtung...
Genau! Mir war völlig klar, dass er für einen Stromausfall sorgen würde!
Und seine Sprengsätze an den Fensterläden hatte ich auch bemerkt!
Der Schwachstrom in den Podesten sowie die Detective Boys...
Alles Maßnahmen, damit er die Situation ...
... als für sich nicht allzu gefährlich einstuft! Sprich: Ich wollte ihn hier in diesen Tempel locken!
Das Holzgitter da sieht aus, als wäre es von Holzwürmern so zerfressen dass man es leicht eintreten kann...
Tock Tock
Und auch diese brüchig wirkende Wand...
In Wirklichkeit befindet sich im Inneren Stahl !!
Und in den zwei Ein- und Ausgangstüren ist ein raffinierter Schließmechanismus sowie ein Sensor eingebaut!
Versucht man diese gewaltsam zu öffnen, geht ein ohrenbetäubender Alarm los!
Dass der Alarm aber nicht ertönt ist, kann nur eines bedeuten!
Kaito Kid und seine Komplizen ...

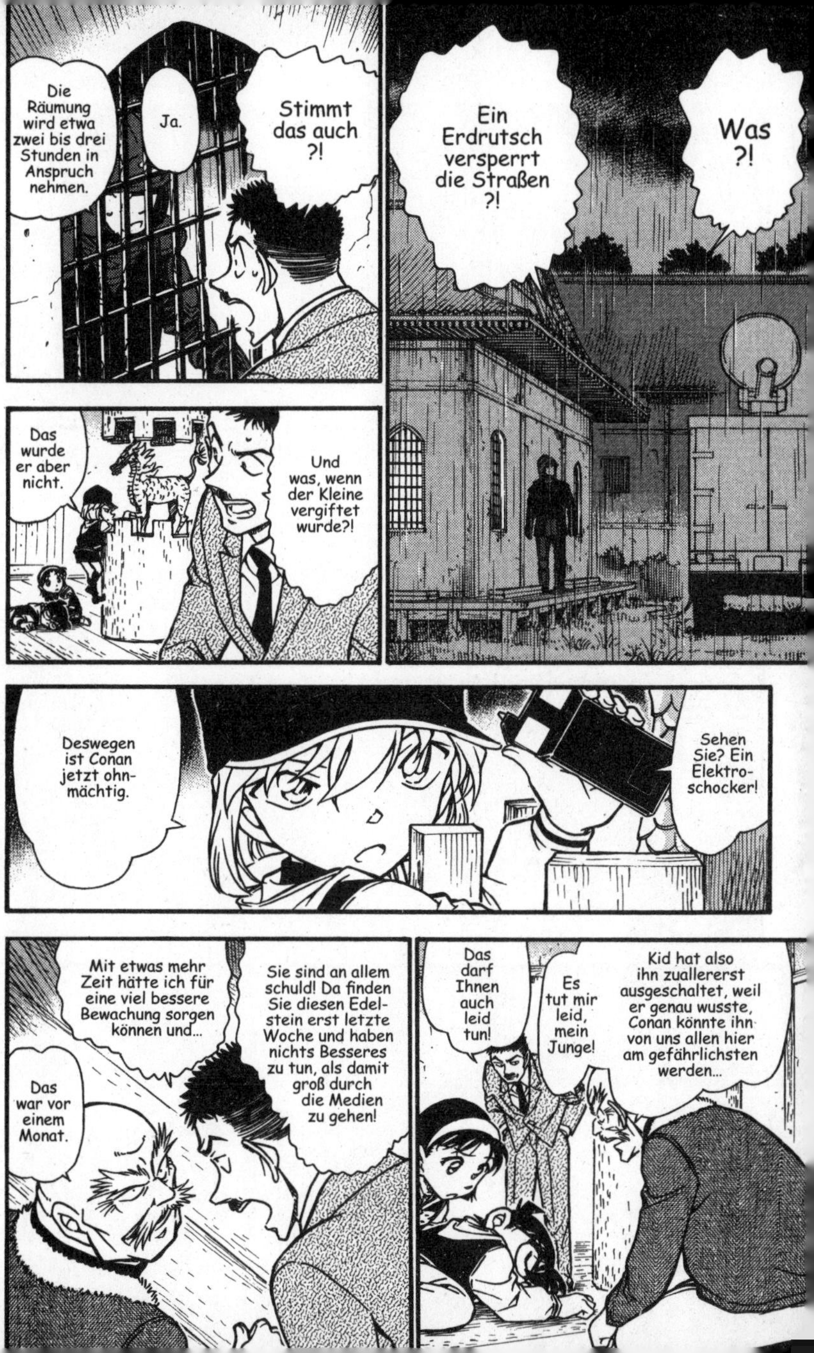
Was ?!
Ein Erdrutsch versperrt die Straßen ?!
Stimmt das auch ?!
Ja.
Die Räumung wird etwa zwei bis drei Stunden in Anspruch nehmen.
Und was, wenn der Kleine vergiftet wurde?!
Das wurde er aber nicht.
Sehen Sie? Ein Elektro-schocker!
Deswegen ist Conan jetzt ohn-mächtig.
Kid hat also ihn zuallererst ausgeschaltet, weil er genau wusste, Conan könnte ihn von uns allen hier am gefährlichsten werden...
Es tut mir leid, mein Junge!
Das darf Ihnen auch leid tun!
Sie sind an allem schuld! Da finden Sie diesen Edel-stein erst letzte Woche und haben nichts Besseres zu tun, als damit groß durch die Medien zu gehen!
Mit etwas mehr Zeit hätte ich für eine viel bessere Bewachung sorgen können und...
Das war vor einem Monat.

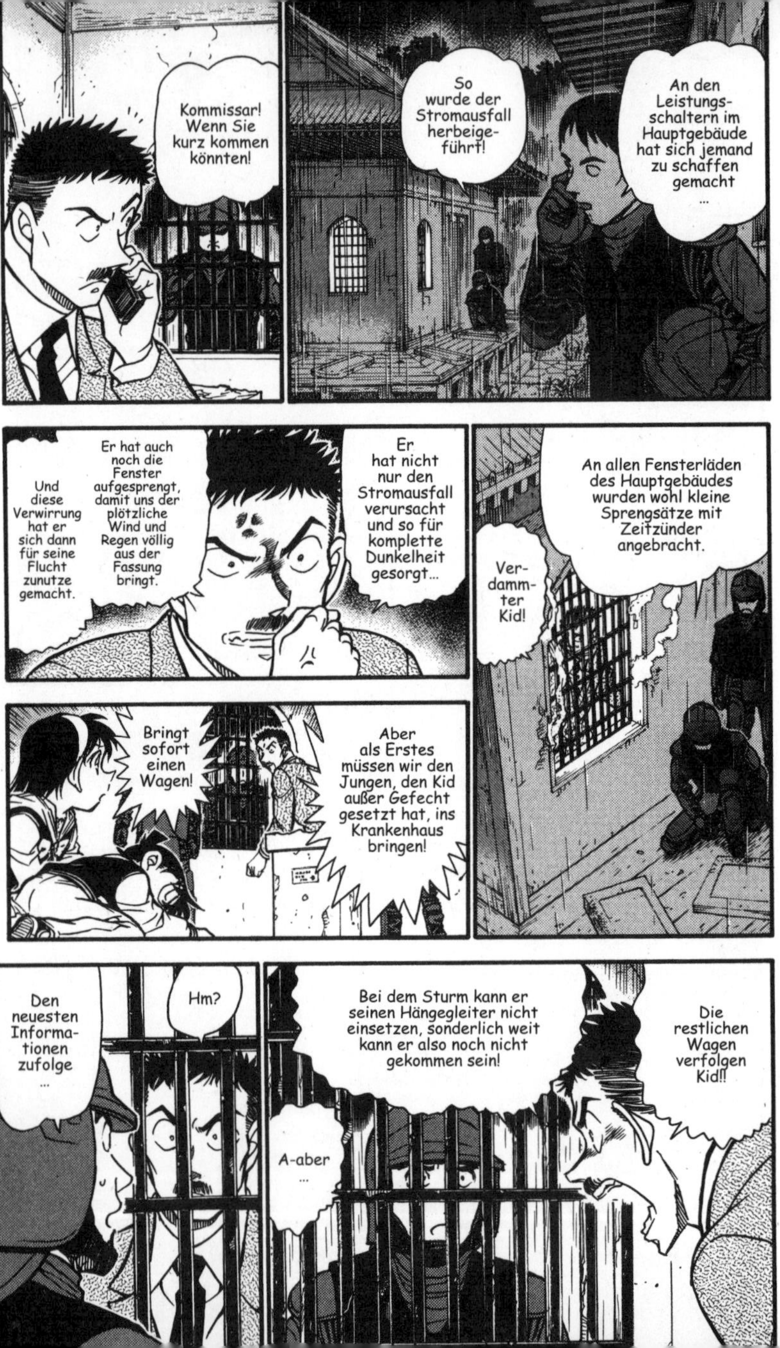
An den Leistungsschaltern im Hauptgebäude hat sich jemand zu schaffen gemacht ...
So wurde der Stromausfall herbeigeführt!
Kommissar! Wenn Sie kurz kommen könnten!
An allen Fensterläden des Hauptgebäudes wurden wohl kleine Sprengsätze mit Zeitzünder angebracht.
Verdammter Kid!
Er hat nicht nur den Stromausfall verursacht und so für komplette Dunkelheit gesorgt...
Er hat auch noch die Fenster aufgesprengt, damit uns der plötzliche Wind und Regen völlig aus der Fassung bringt.
Und diese Verwirrung hat er sich dann für seine Flucht zunutze gemacht.
Aber als Erstes müssen wir den Jungen, den Kid außer Gefecht gesetzt hat, ins Krankenhaus bringen!
Bringt sofort einen Wagen!
Die restlichen Wagen verfolgen Kid!!
Bei dem Sturm kann er seinen Hängegleiter nicht einsetzen, sonderlich weit kann er also noch nicht gekommen sein!
A-aber ...
Hm?
Den neuesten Informationen zufolge ...

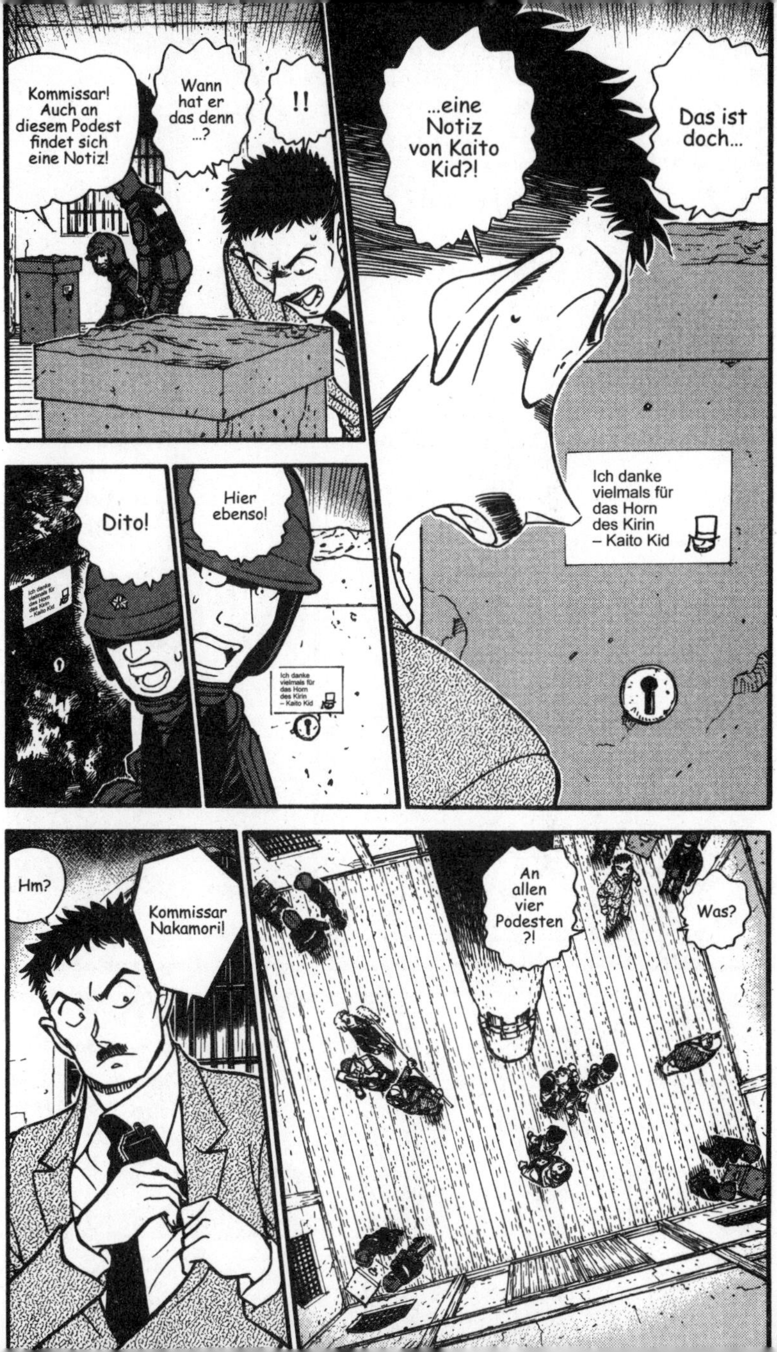
Das ist doch...
...eine Notiz von Kaito Kid?!
!!
Wann hat er das denn ...?
Kommissar! Auch an diesem Podest findet sich eine Notiz!
Ich danke vielmals für das Horn des Kirin – Kaito Kid
Hier ebenso!
Ich danke vielmals für das Horn des Kirin – Kaito Kid
Dito!
Ich danke vielmals für das Horn des Kirin – Kaito Kid
Was?
An allen vier Podesten ?!
Kommissar Nakamori!
Hm?

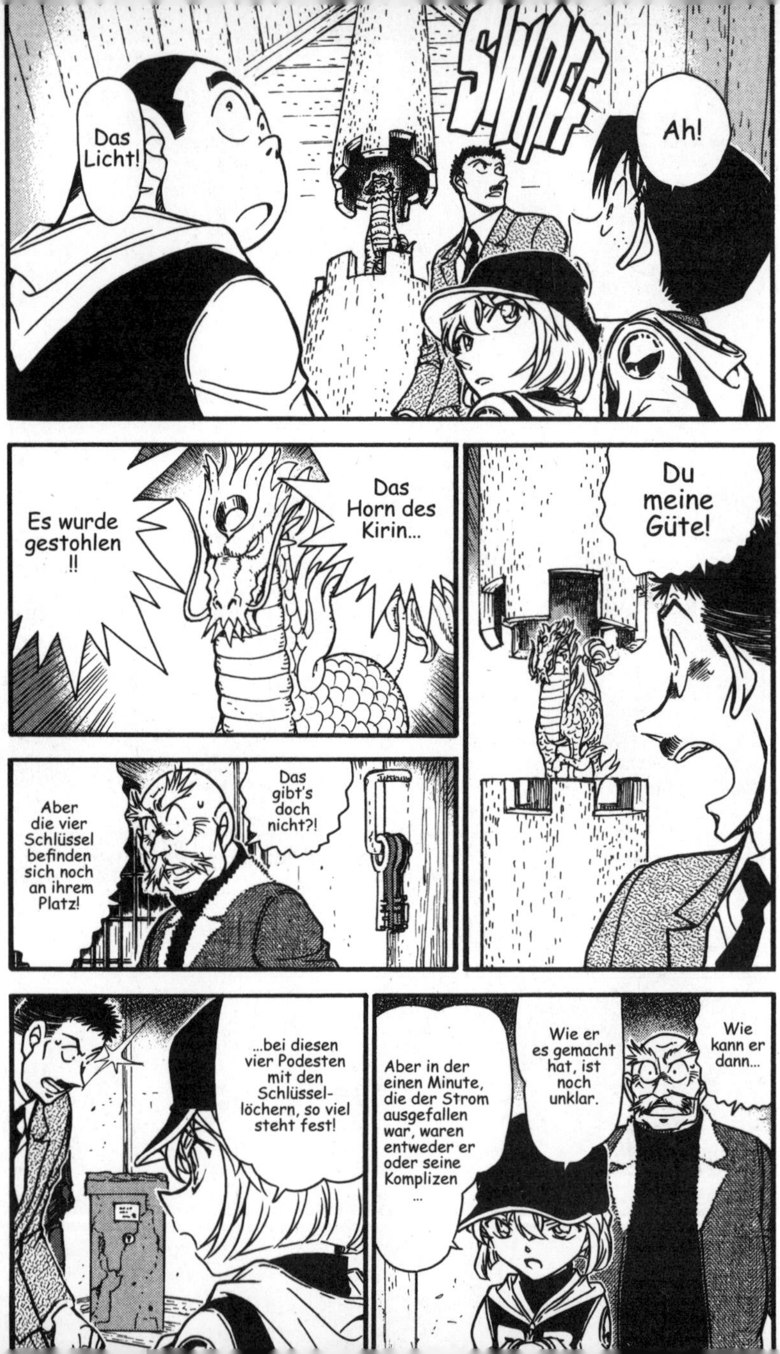
Ah!
Das Licht!
Du meine Güte!
Das Horn des Kirin...
Es wurde gestohlen !!
Das gibt's doch nicht?!
Aber die vier Schlüssel befinden sich noch an ihrem Platz!
Wie kann er dann...
Wie er es gemacht hat, ist noch unklar.
Aber in der einen Minute, die der Strom ausgefallen war, waren entweder er oder seine Komplizen ...
...bei diesen vier Podesten mit den Schlüssellöchern, so viel steht fest!

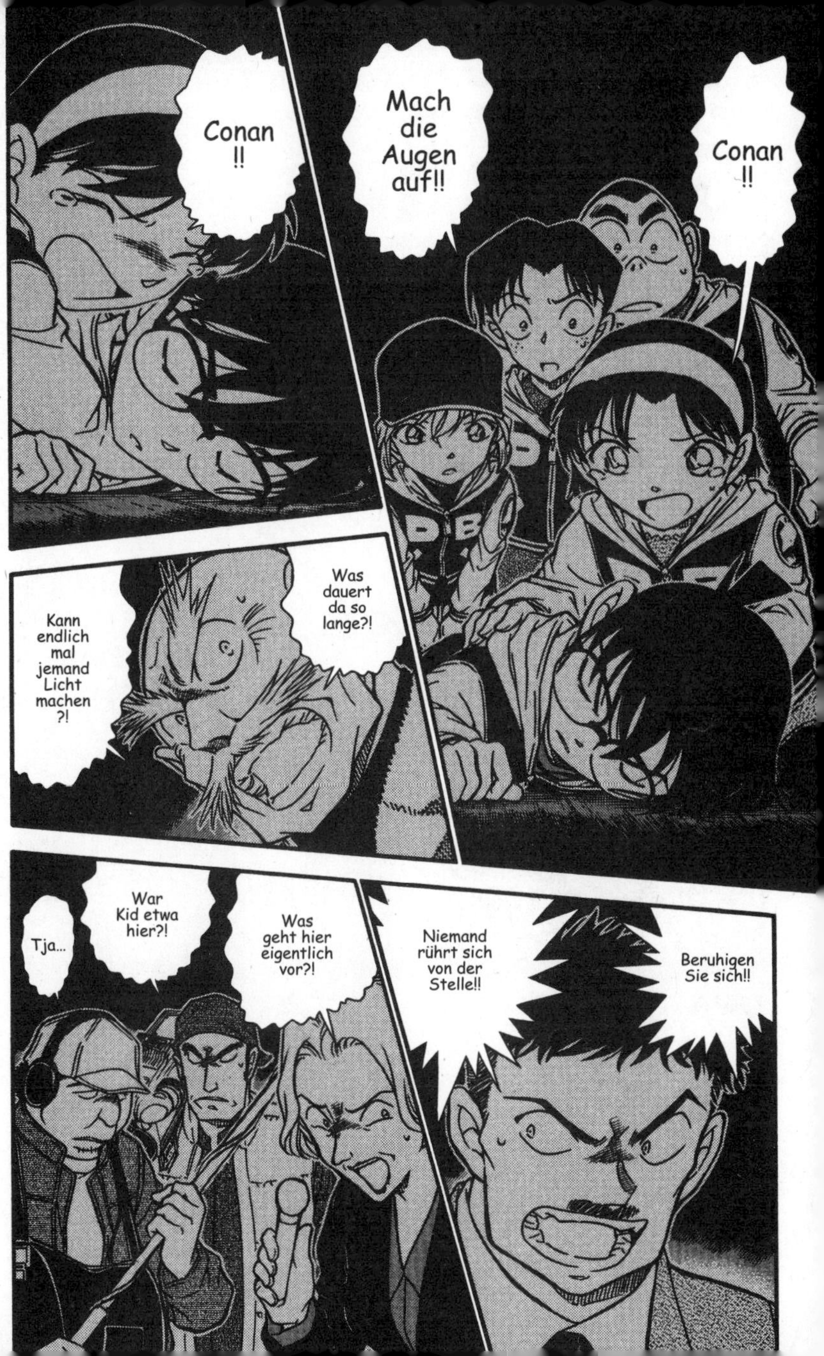

Conan !!
Mach die Augen auf!!
Conan !!
Was dauert da so lange?!
Kann endlich mal jemand Licht machen ?!
Beruhigen Sie sich!!
Niemand rührt sich von der Stelle!!
Was geht hier eigentlich vor?!
War Kid etwa hier?!
Tja...

Fall 2: Shujaku

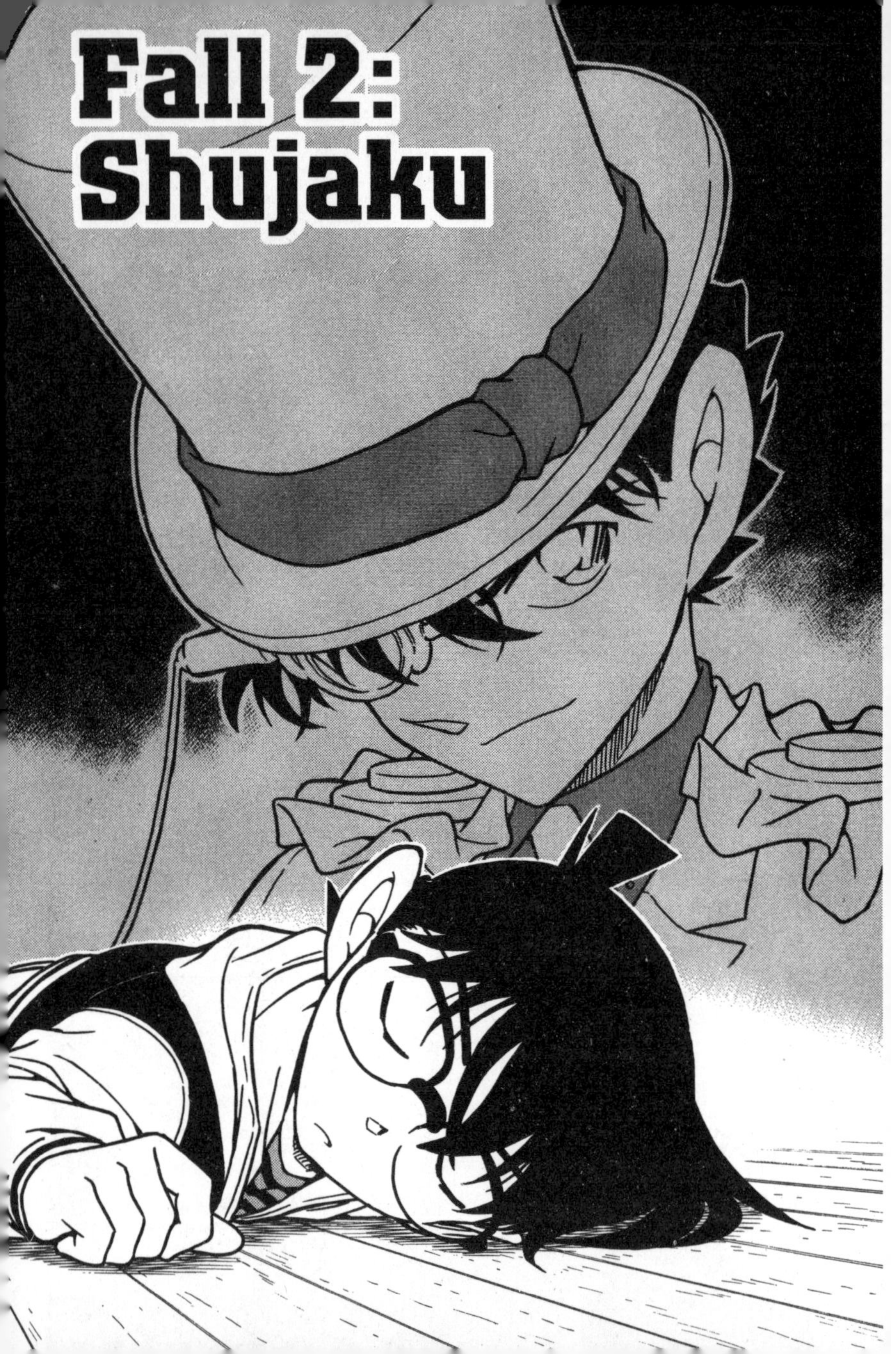

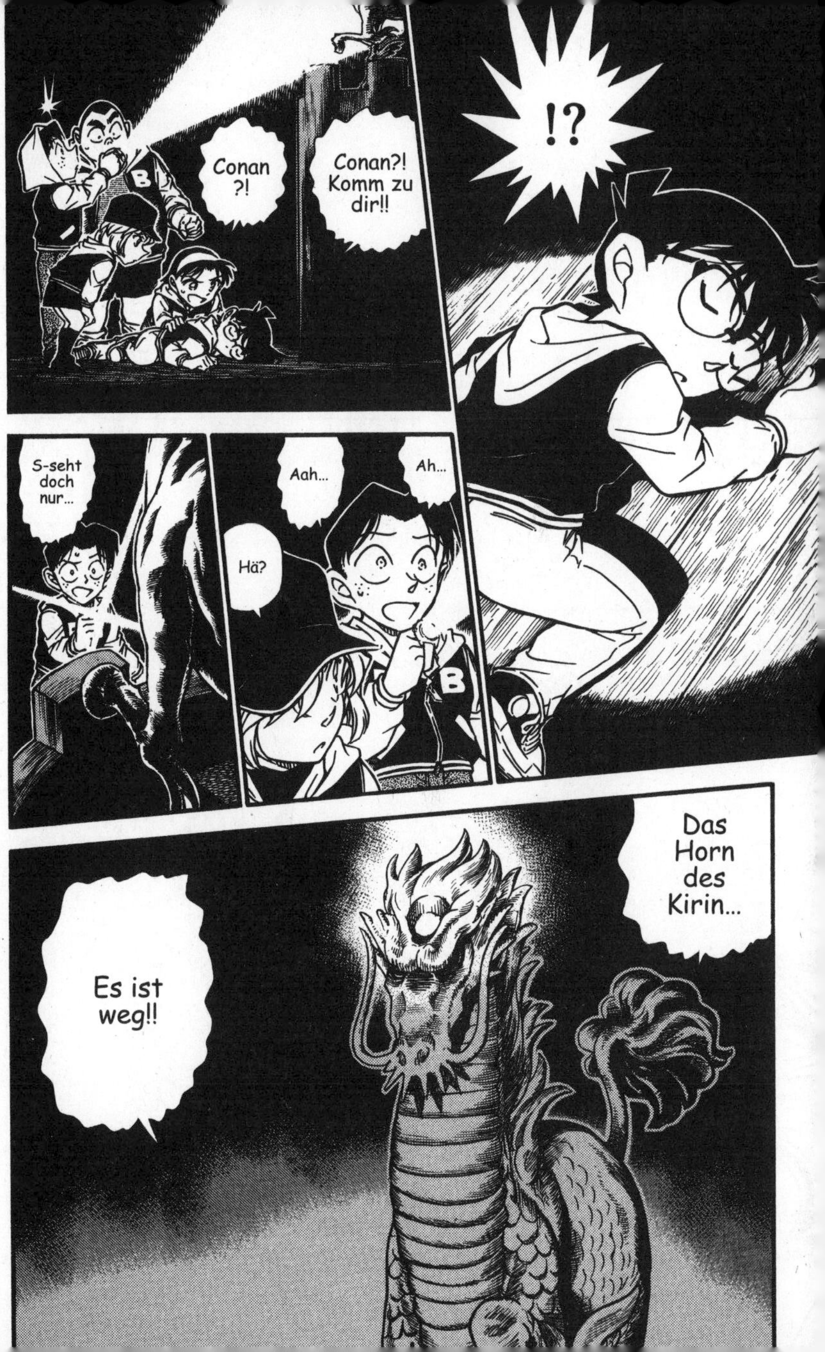
!?
Conan?! Komm zu dir!!
Conan ?!
Ah...
Aah...
Hä?
S-seht doch nur...
Das Horn des Kirin...
Es ist weg!!

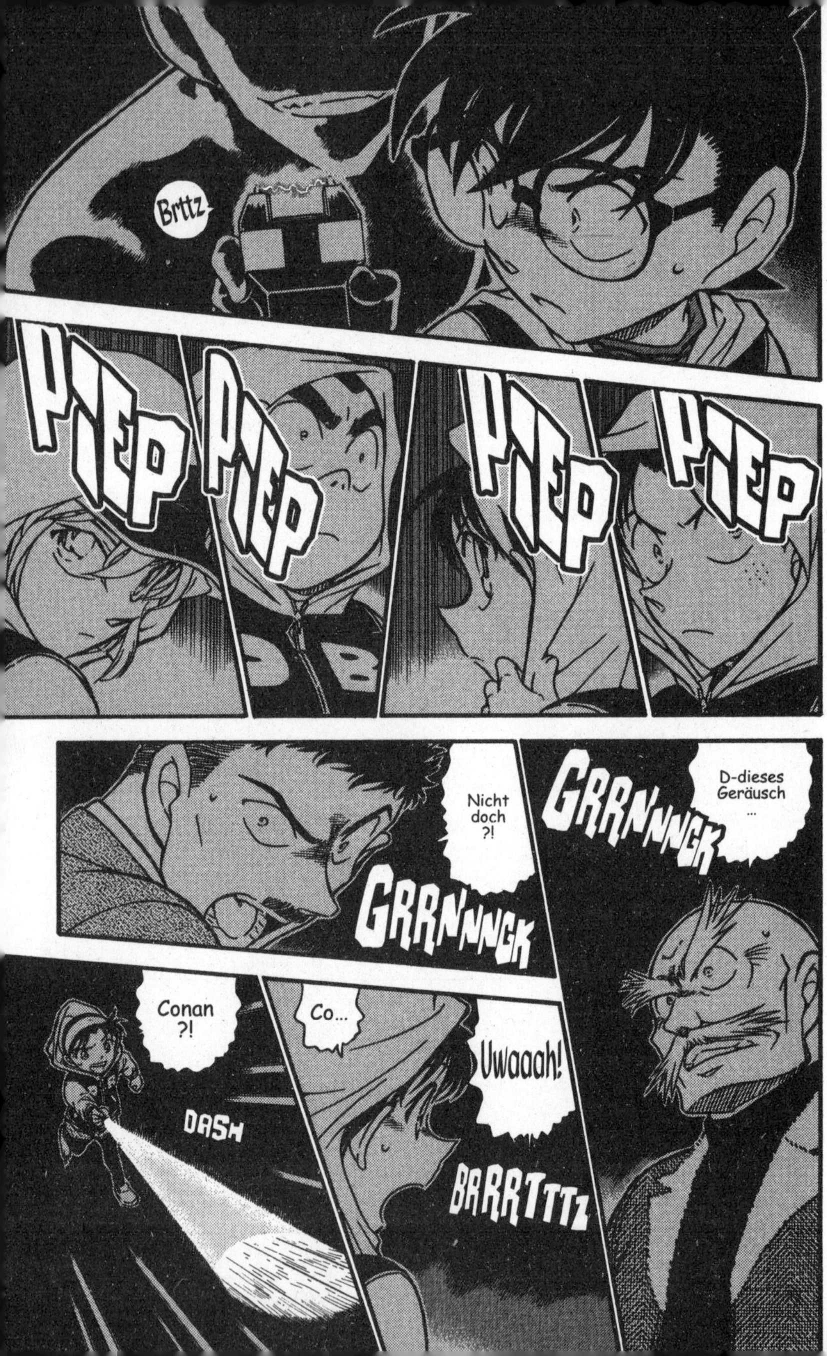

Brttz
PIEP
PIEP
PIEP
PIEP
D-dieses Geräusch ...
GRRNNNGK
Nicht doch ?!
GRRNNNGK
Uwaaah!
BRRRTTTZ
Co...
Conan ?!
DASH

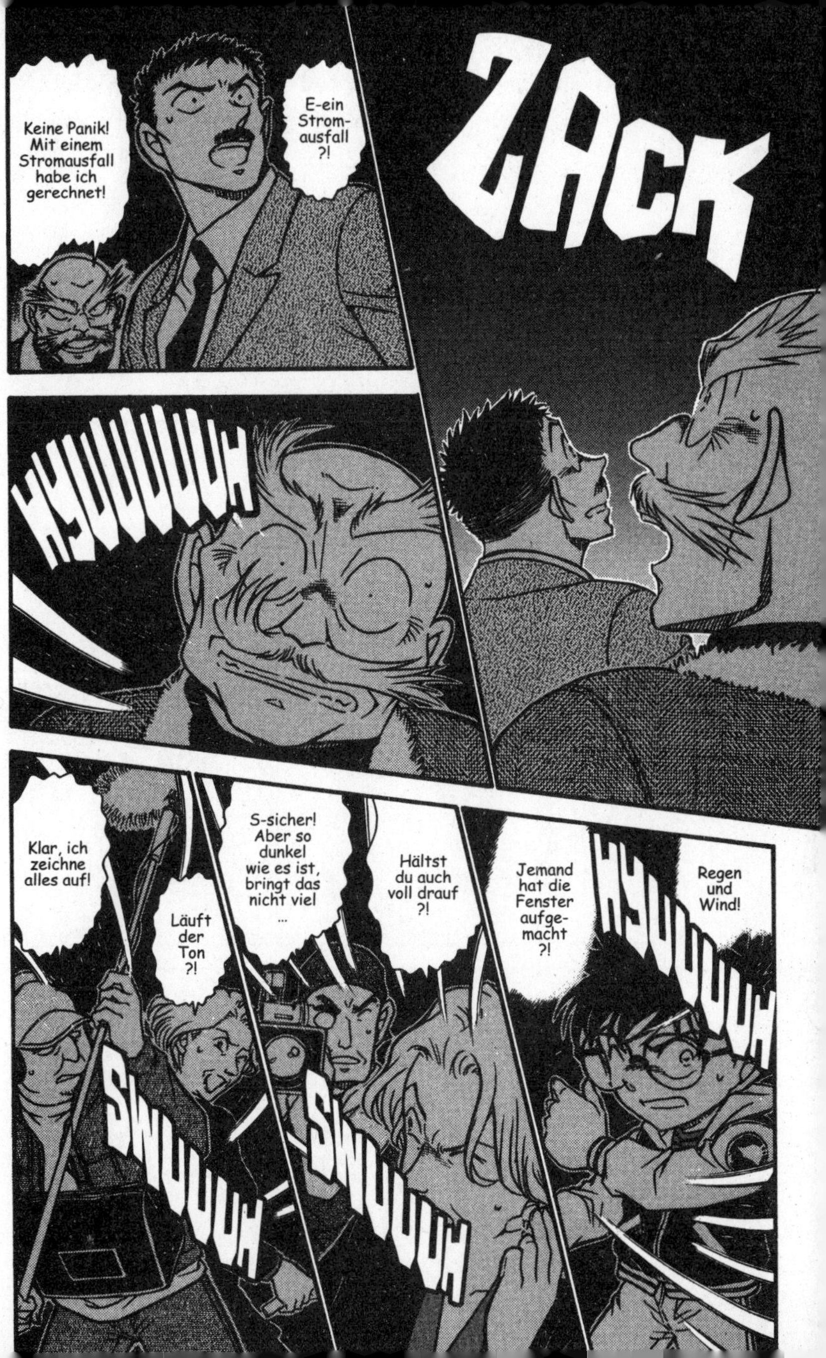
ZACK
E-ein Stromausfall ?!
Keine Panik! Mit einem Stromausfall habe ich gerechnet!
HYUUUUUUH
Regen und Wind!
Jemand hat die Fenster aufgemacht ?!
HYUUUUUUH
Hältst du auch voll drauf ?!
S-sicher! Aber so dunkel wie es ist, bringt das nicht viel ...
SWUUUUH
Läuft der Ton ?!
Klar, ich zeichne alles auf!
SWUUUUH

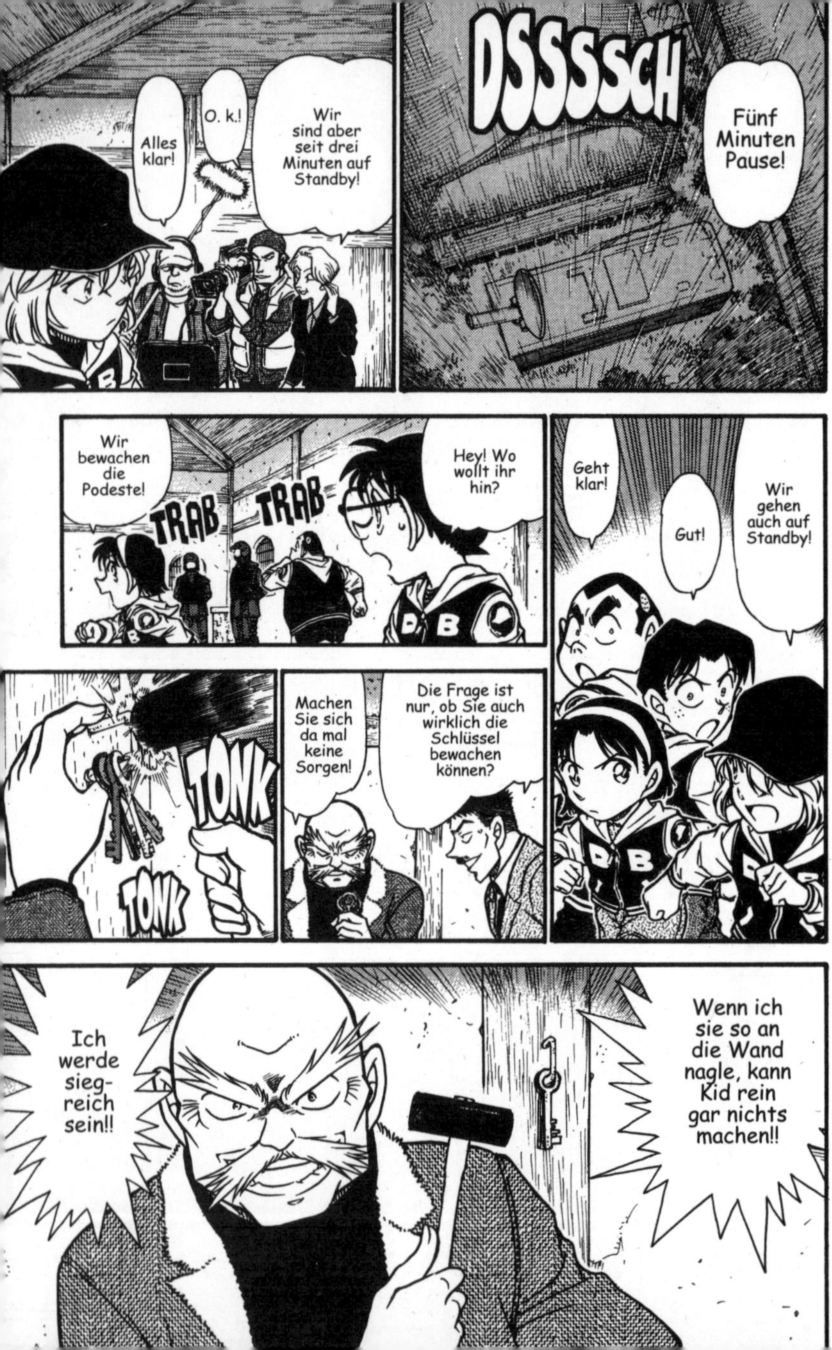
DSSSSCH
Fünf Minuten Pause!
Wir sind aber seit drei Minuten auf Standby!
O. k.!
Alles klar!
Wir gehen auch auf Standby!
Gut!
Geht klar!
Hey! Wo wollt ihr hin?
TRAB
TRAB
Wir bewachen die Podeste!
Die Frage ist nur, ob Sie auch wirklich die Schlüssel bewachen können?
Machen Sie sich da mal keine Sorgen!
TONK
TONK
Wenn ich sie so an die Wand nagle, kann Kid rein gar nichts machen!!
Ich werde sieg-reich sein!!

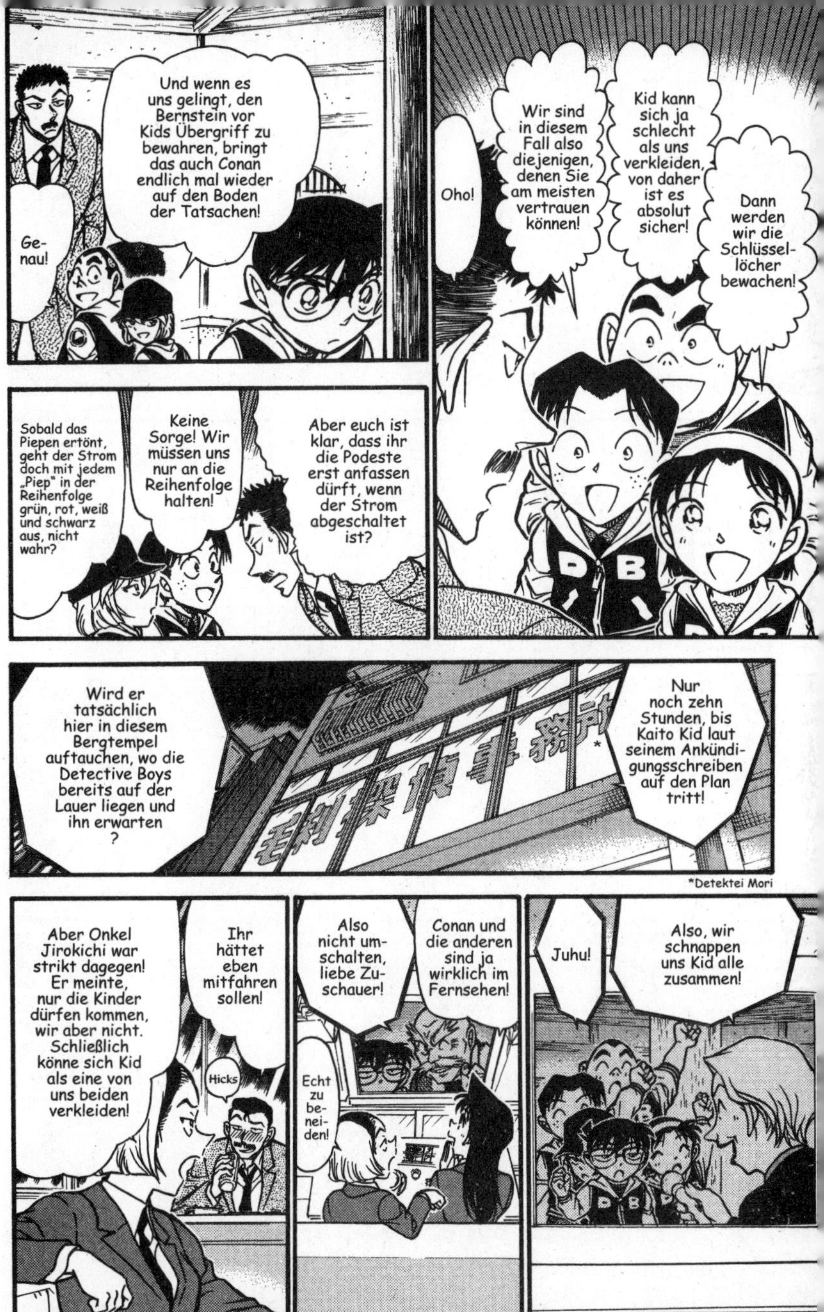
Dann werden wir die Schlüssellöcher bewachen!
Kid kann sich ja schlecht als uns verkleiden, von daher ist es absolut sicher!
Wir sind in diesem Fall also diejenigen, denen Sie am meisten vertrauen können!
Oho!
Und wenn es uns gelingt, den Bernstein vor Kids Übergriff zu bewahren, bringt das auch Conan endlich mal wieder auf den Boden der Tatsachen!
Genau!
Aber euch ist klar, dass ihr die Podeste erst anfassen dürft, wenn der Strom abgeschaltet ist?
Keine Sorge! Wir müssen uns nur an die Reihenfolge halten!
Sobald das Piepen ertönt, geht der Strom doch mit jedem „Piep“ in der Reihenfolge grün, rot, weiß und schwarz aus, nicht wahr?
Nur noch zehn Stunden, bis Kaito Kid laut seinem Ankündigungsschreiben auf den Plan tritt!
毛利探偵事務所 *
Wird er tatsächlich hier in diesem Bergtempel auftauchen, wo die Detective Boys bereits auf der Lauer liegen und ihn erwarten?
*Detektei Mori
Also, wir schnappen uns Kid alle zusammen!
Juhu!
Conan und die anderen sind ja wirklich im Fernsehen!
Also nicht umschalten, liebe Zuschauer!
Echt zu beneiden!
Ihr hättet eben mitfahren sollen!
Hicks
Aber Onkel Jirokichi war strikt dagegen! Er meinte, nur die Kinder dürfen kommen, wir aber nicht. Schließlich könne sich Kid als eine von uns beiden verkleiden!

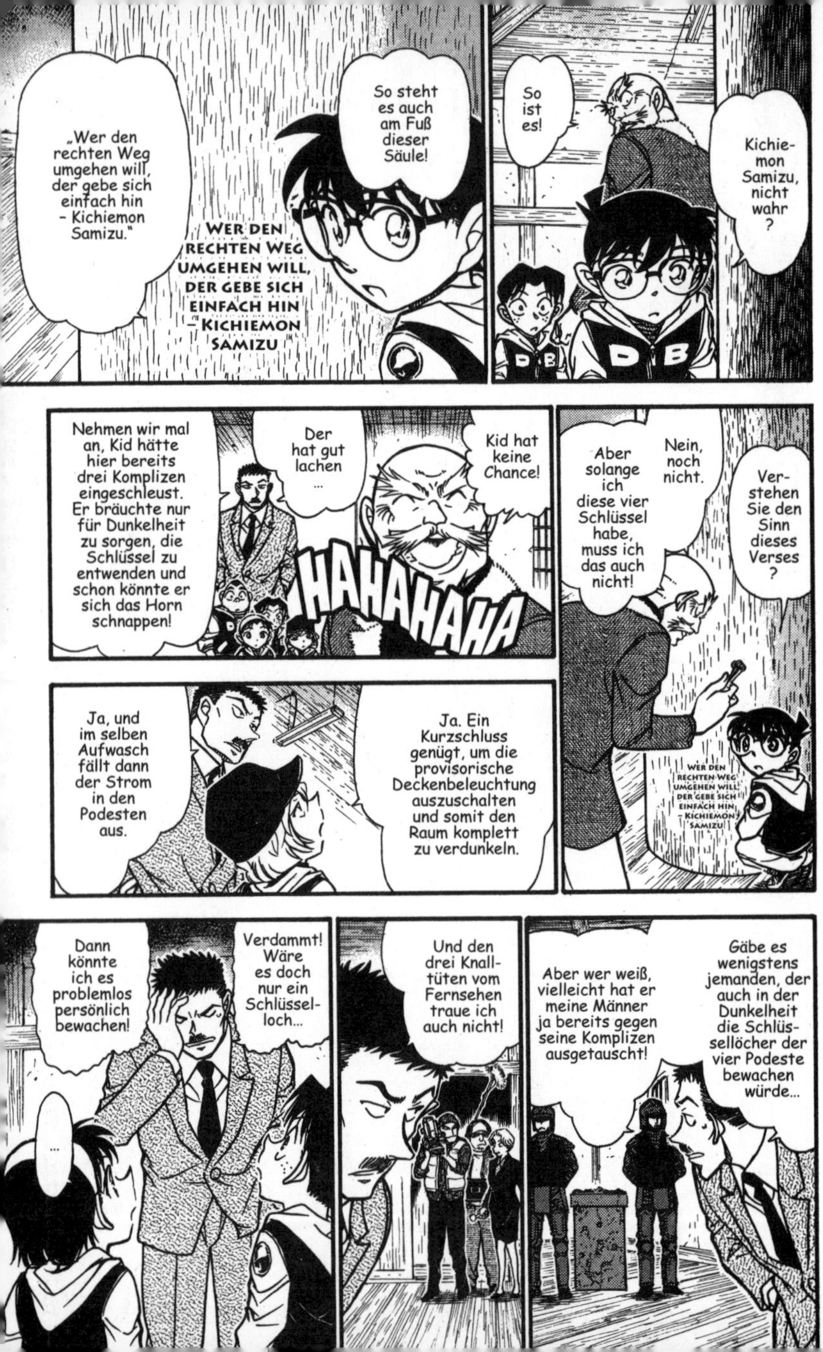

Kichiemon Samizu, nicht wahr?
So ist es!
So steht es auch am Fuß dieser Säule!
WER DEN RECHTEN WEG UMGEHEN WILL, DER GEBE SICH EINFACH HIN – KICHIEMON SAMIZU
„Wer den rechten Weg umgehen will, der gebe sich einfach hin – Kichiemon Samizu."
Verstehen Sie den Sinn dieses Verses?
Nein, noch nicht.
Aber solange ich diese vier Schlüssel habe, muss ich das auch nicht!
WER DEN RECHTEN WEG UMGEHEN WILL, DER GEBE SICH EINFACH HIN – KICHIEMON SAMIZU
Kid hat keine Chance!
HAHAHAHAHA
Der hat gut lachen ...
Nehmen wir mal an, Kid hätte hier bereits drei Komplizen eingeschleust. Er bräuchte nur für Dunkelheit zu sorgen, die Schlüssel zu entwenden und schon könnte er sich das Horn schnappen!
Ja. Ein Kurzschluss genügt, um die provisorische Deckenbeleuchtung auszuschalten und somit den Raum komplett zu verdunkeln.
Ja, und im selben Aufwasch fällt dann der Strom in den Podesten aus.
Gäbe es wenigstens jemanden, der auch in der Dunkelheit die Schlüssellöcher der vier Podeste bewachen würde...
Aber wer weiß, vielleicht hat er meine Männer ja bereits gegen seine Komplizen ausgetauscht!
Und den drei Knalltüten vom Fernsehen traue ich auch nicht!
Verdammt! Wäre es doch nur ein Schlüsselloch...
Dann könnte ich es problemlos persönlich bewachen!
...

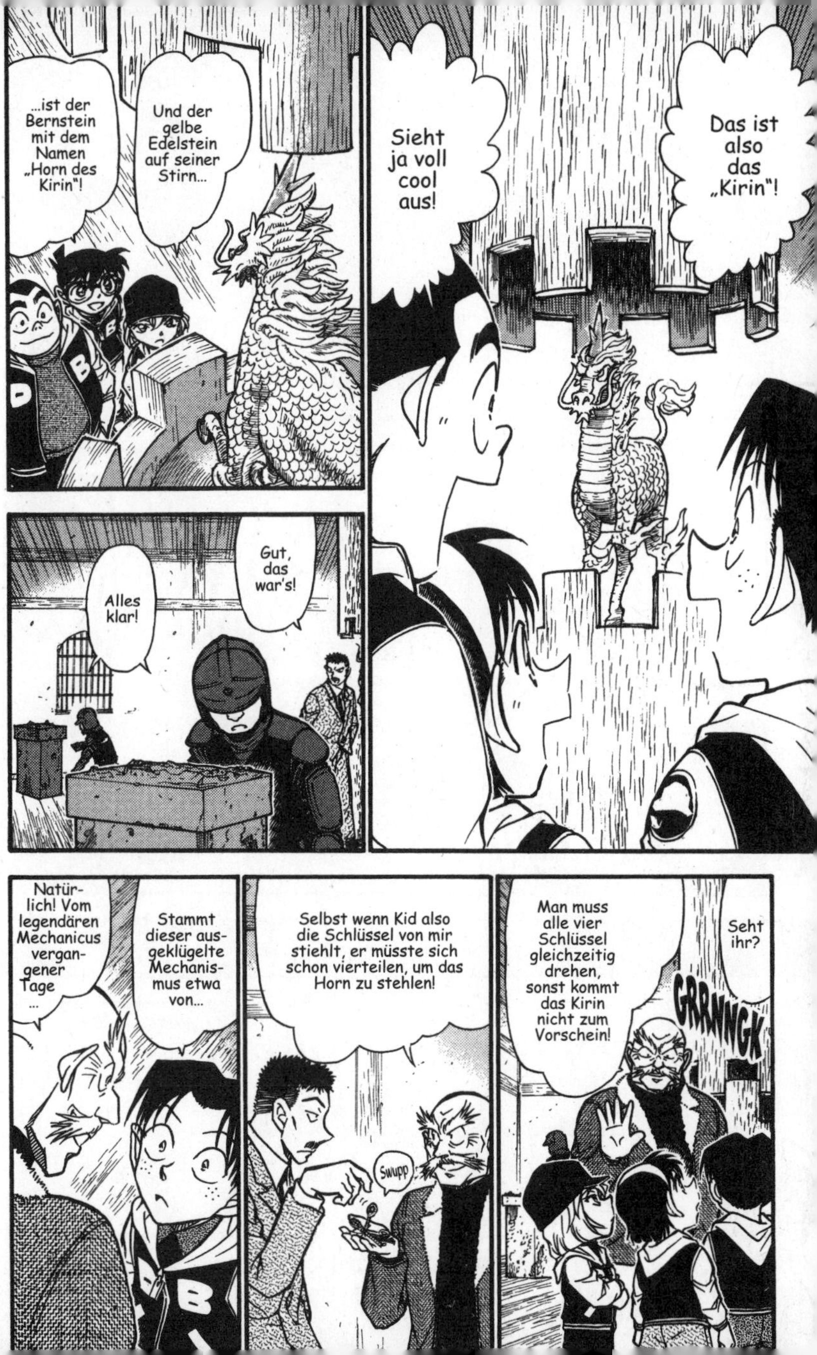

Das ist also das „Kirin"!
Sieht ja voll cool aus!
Und der gelbe Edelstein auf seiner Stirn...
...ist der Bernstein mit dem Namen „Horn des Kirin"!
Gut, das war's!
Alles klar!
Seht ihr?
GRRNNGK
Man muss alle vier Schlüssel gleichzeitig drehen, sonst kommt das Kirin nicht zum Vorschein!
Selbst wenn Kid also die Schlüssel von mir stiehlt, er müsste sich schon vierteilen, um das Horn zu stehlen!
Swupp
Stammt dieser ausgeklügelte Mechanismus etwa von...
Natürlich! Vom legendären Mechanicus vergangener Tage ...

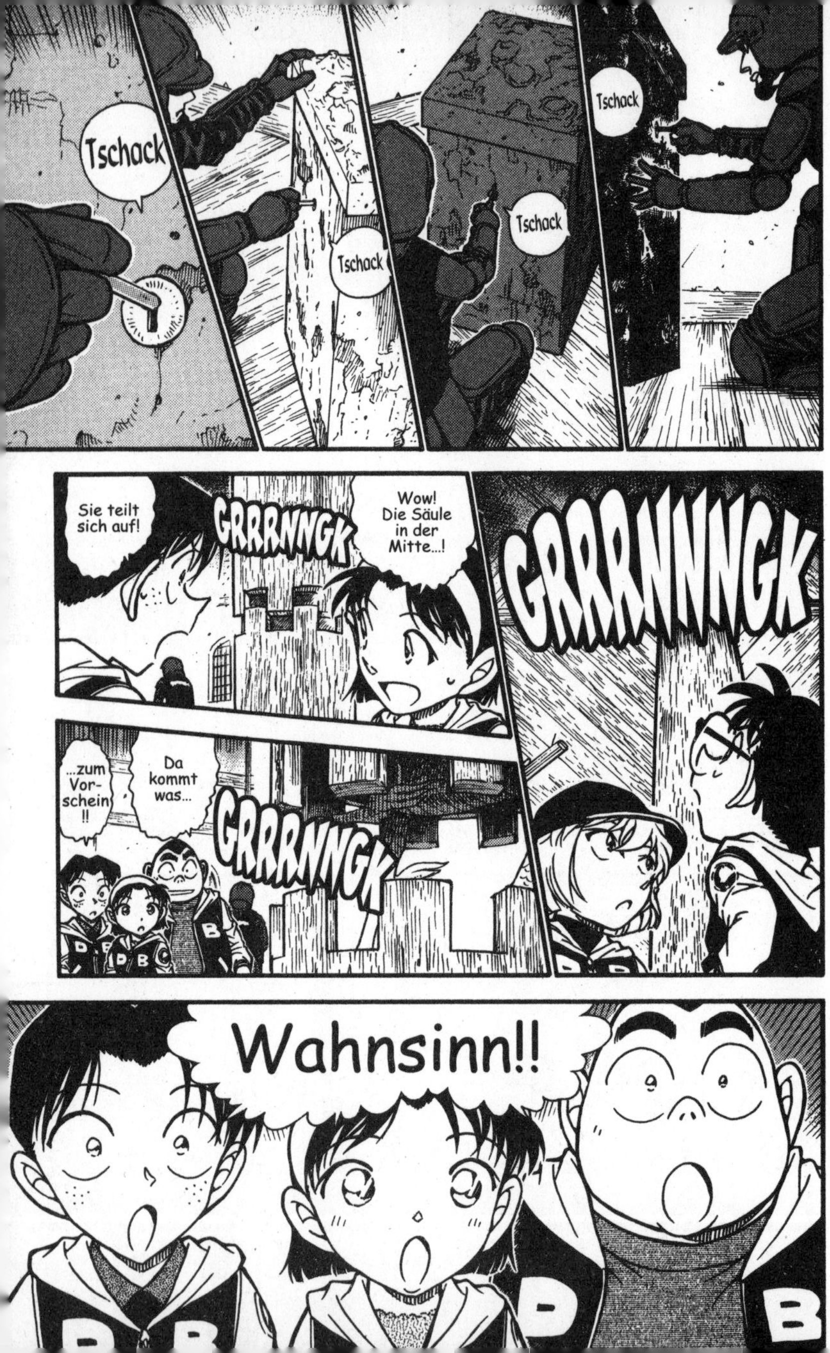
Tschack
Tschack
Tschack
Tschack
Wow! Die Säule in der Mitte...!
GRRRNNGK
Sie teilt sich auf!
GRRRNNNGK
Da kommt was...
...zum Vor-schein!!
GRRRNNGK
Wahnsinn!!

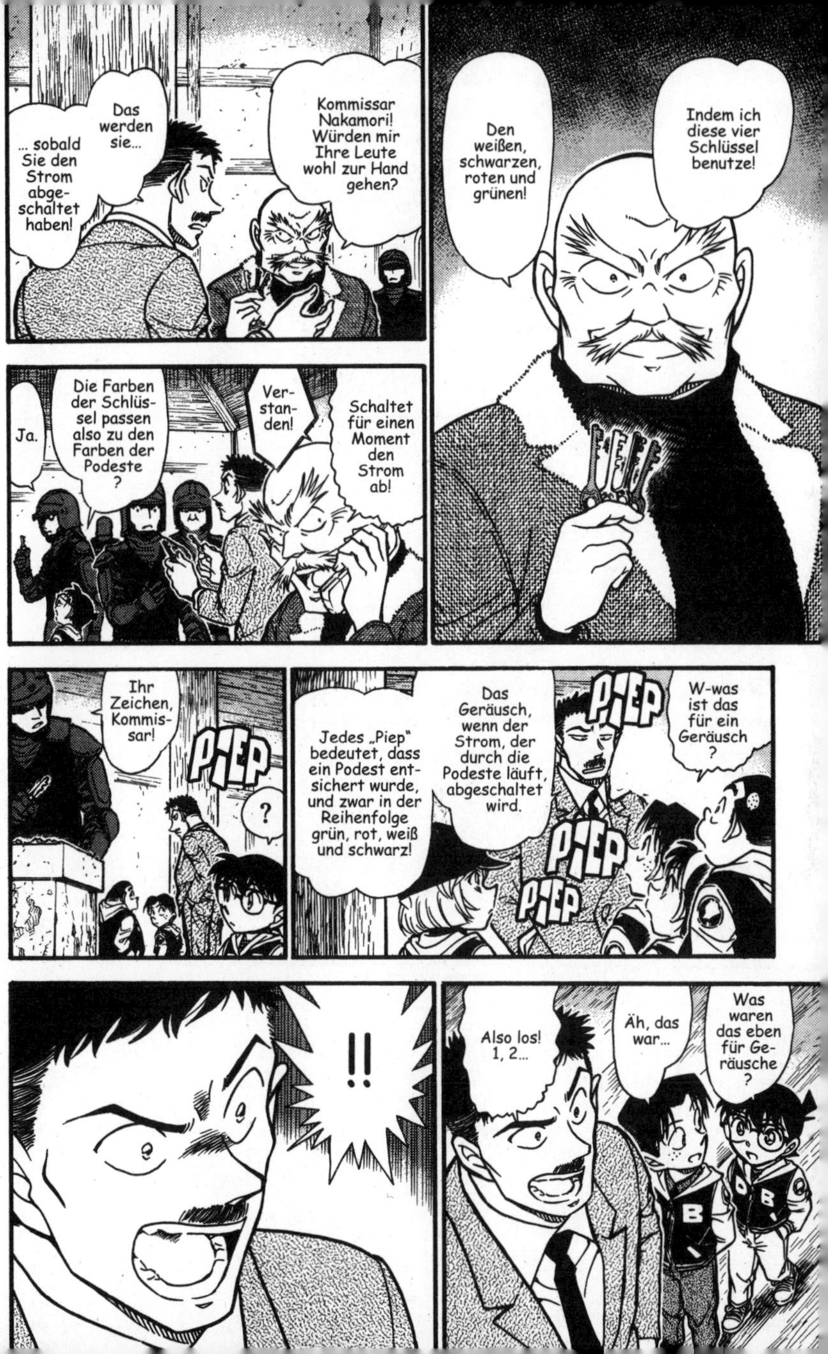
Indem ich diese vier Schlüssel benutze!
Den weißen, schwarzen, roten und grünen!
Kommissar Nakamori! Würden mir Ihre Leute wohl zur Hand gehen?
Das werden sie...
... sobald Sie den Strom abgeschaltet haben!
Schaltet für einen Moment den Strom ab!
Verstanden!
Die Farben der Schlüssel passen also zu den Farben der Podeste?
Ja.
W-was ist das für ein Geräusch?
PIEP
Das Geräusch, wenn der Strom, der durch die Podeste läuft, abgeschaltet wird.
PIEP
PIEP
Jedes „Piep“ bedeutet, dass ein Podest entsichert wurde, und zwar in der Reihenfolge grün, rot, weiß und schwarz!
Ihr Zeichen, Kommissar!
PIEP
?
Was waren das eben für Geräusche?
Äh, das war...
Also los! 1, 2...
!!

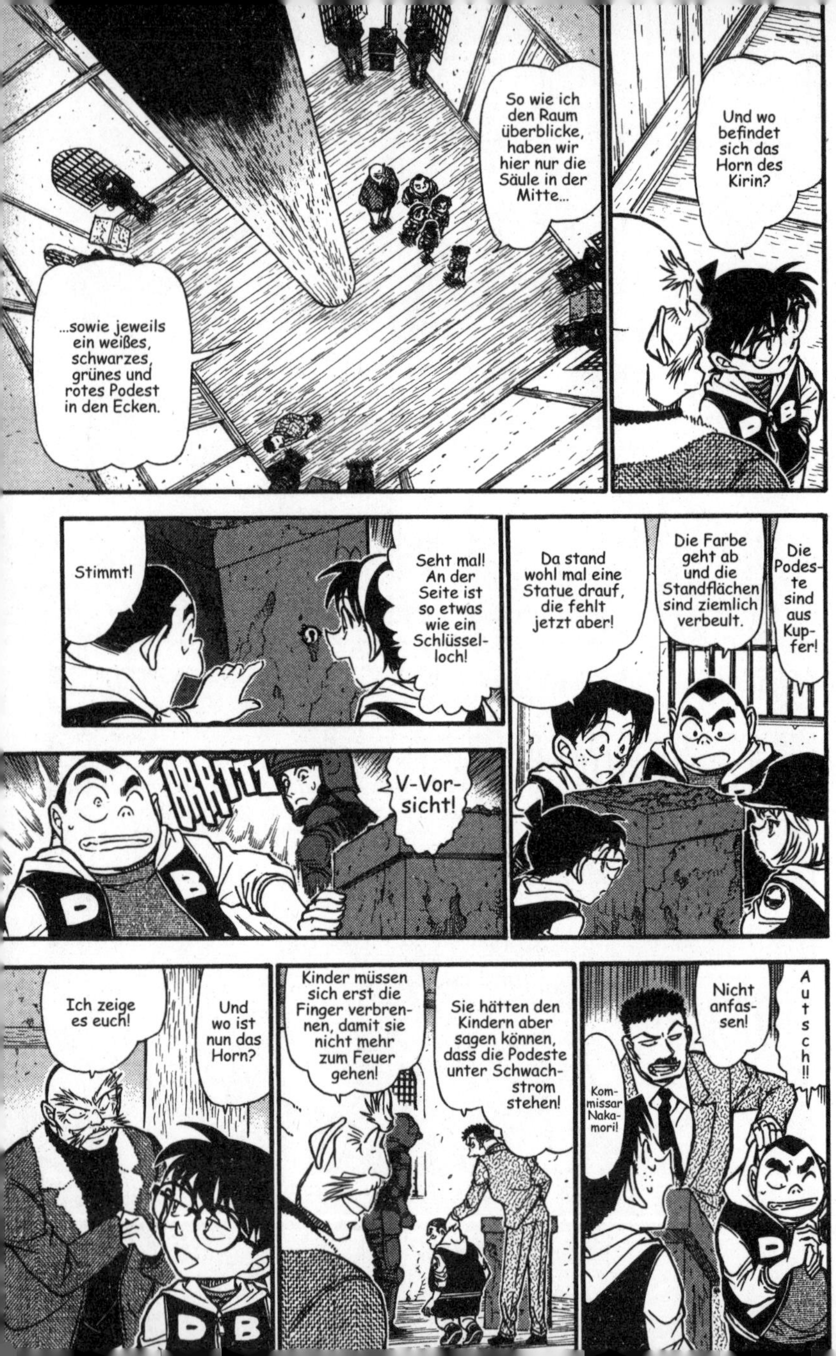
Und wo befindet sich das Horn des Kirin?
So wie ich den Raum überblicke, haben wir hier nur die Säule in der Mitte...
...sowie jeweils ein weißes, schwarzes, grünes und rotes Podest in den Ecken.
Die Podeste sind aus Kupfer!
Die Farbe geht ab und die Standflächen sind ziemlich verbeult.
Da stand wohl mal eine Statue drauf, die fehlt jetzt aber!
Seht mal! An der Seite ist so etwas wie ein Schlüsselloch!
Stimmt!
V-Vorsicht!
BRRTT!
Autsch!!
Nicht anfassen!
Kommissar Nakamori!
Sie hätten den Kindern aber sagen können, dass die Podeste unter Schwachstrom stehen!
Kinder müssen sich erst die Finger verbrennen, damit sie nicht mehr zum Feuer gehen!
Und wo ist nun das Horn?
Ich zeige es euch!

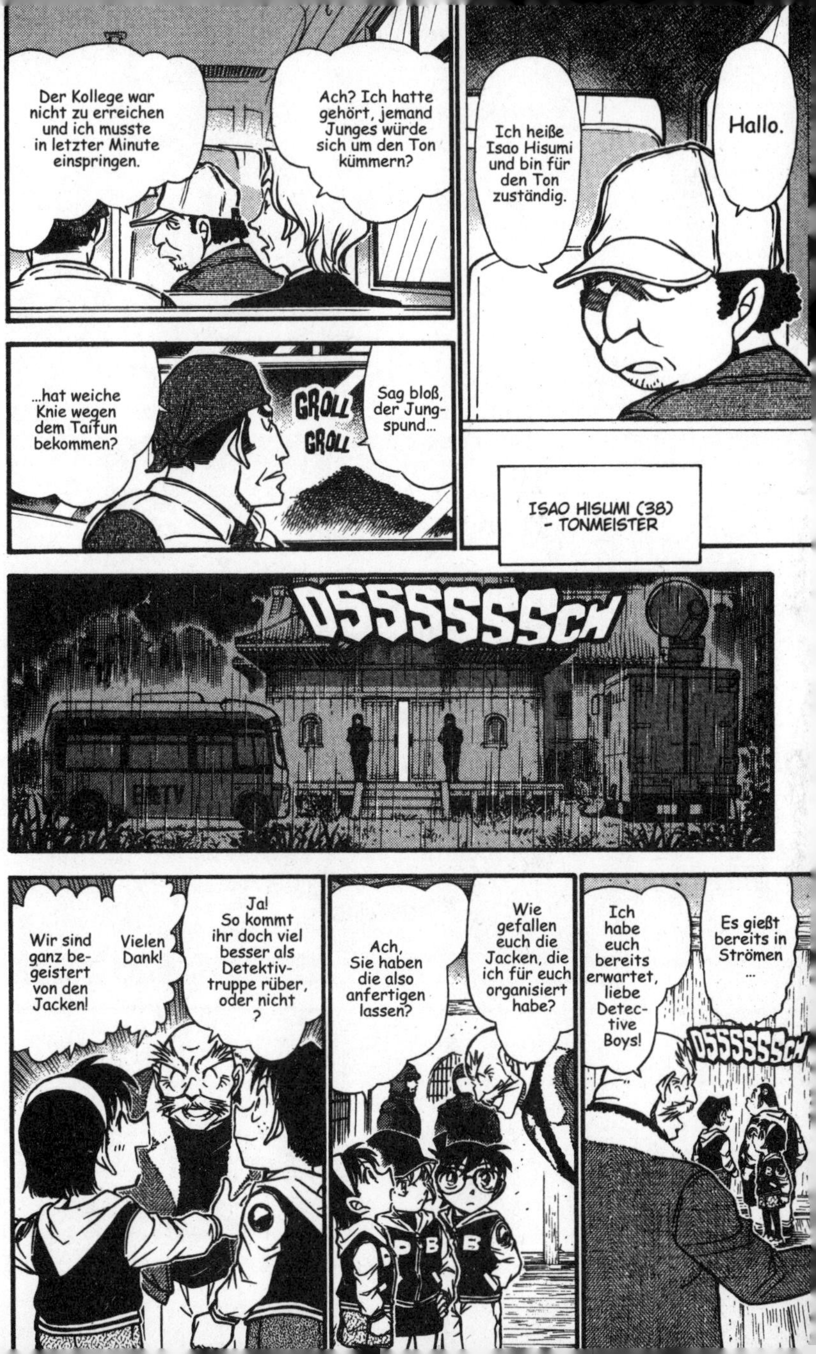
Hallo.
Ich heiße Isao Hisumi und bin für den Ton zuständig.
Ach? Ich hatte gehört, jemand Junges würde sich um den Ton kümmern?
Der Kollege war nicht zu erreichen und ich musste in letzter Minute einspringen.
ISAO HISUMI (38) - TONMEISTER
Sag bloß, der Jung-spund...
GROLL GROLL
...hat weiche Knie wegen dem Taifun bekommen?
DSSSSSSCH
Es gießt bereits in Strömen ...
DSSSSSSCH
Ich habe euch bereits erwartet, liebe Detec-tive Boys!
Wie gefallen euch die Jacken, die ich für euch organisiert habe?
Ach, Sie haben die also anfertigen lassen?
Ja! So kommt ihr doch viel besser als Detektiv-truppe rüber, oder nicht ?
Vielen Dank!
Wir sind ganz be-geistert von den Jacken!

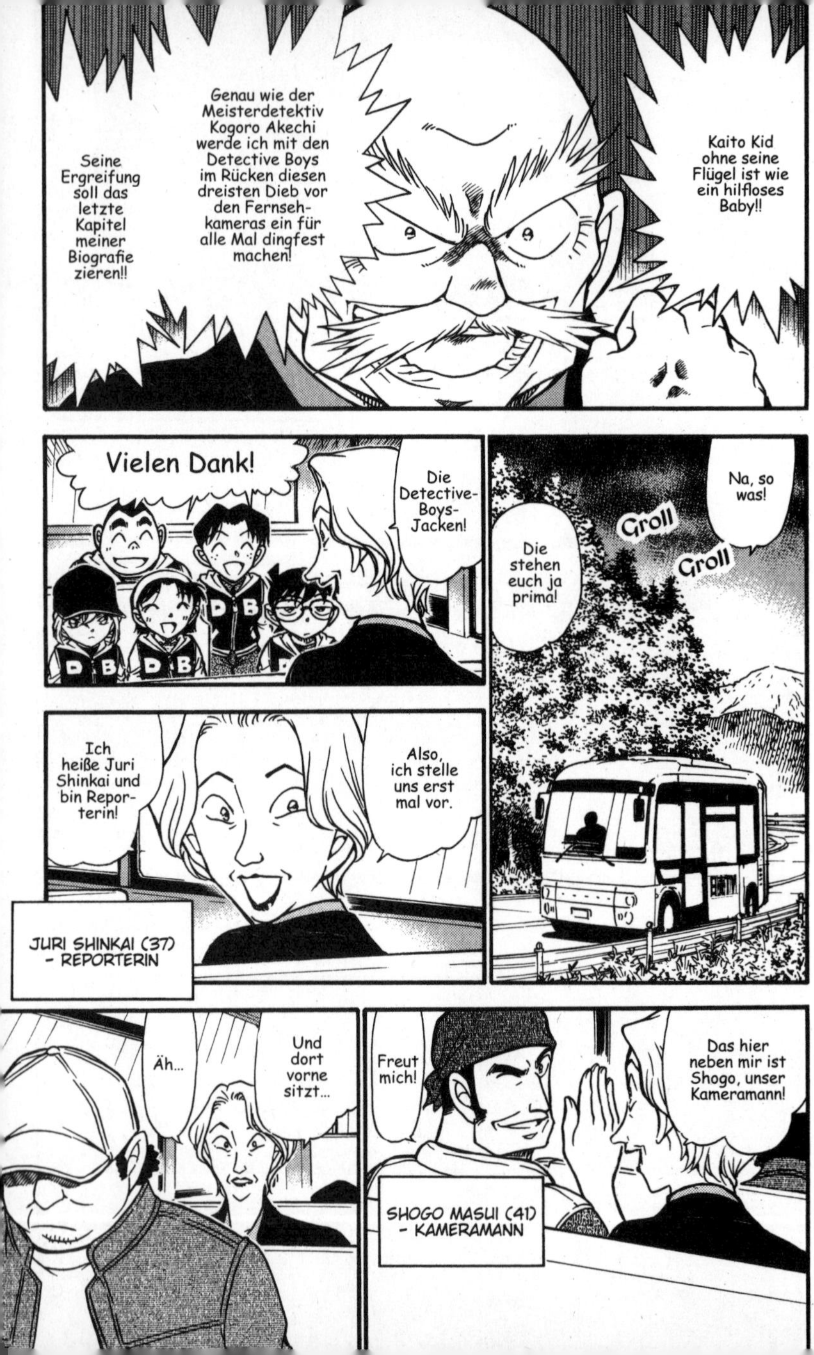
Kaito Kid ohne seine Flügel ist wie ein hilfloses Baby!!
Genau wie der Meisterdetektiv Kogoro Akechi werde ich mit den Detective Boys im Rücken diesen dreisten Dieb vor den Fernsehkameras ein für alle Mal dingfest machen!
Seine Ergreifung soll das letzte Kapitel meiner Biografie zieren!!
Na, so was!
Groll
Groll
Die stehen euch ja prima!
Die Detective-Boys-Jacken!
Vielen Dank!
Also, ich stelle uns erst mal vor.
Ich heiße Juri Shinkai und bin Reporterin!
JURI SHINKAI (37) - REPORTERIN
Das hier neben mir ist Shogo, unser Kameramann!
Freut mich!
SHOGO MASUI (41) - KAMERAMANN
Und dort vorne sitzt...
Äh...

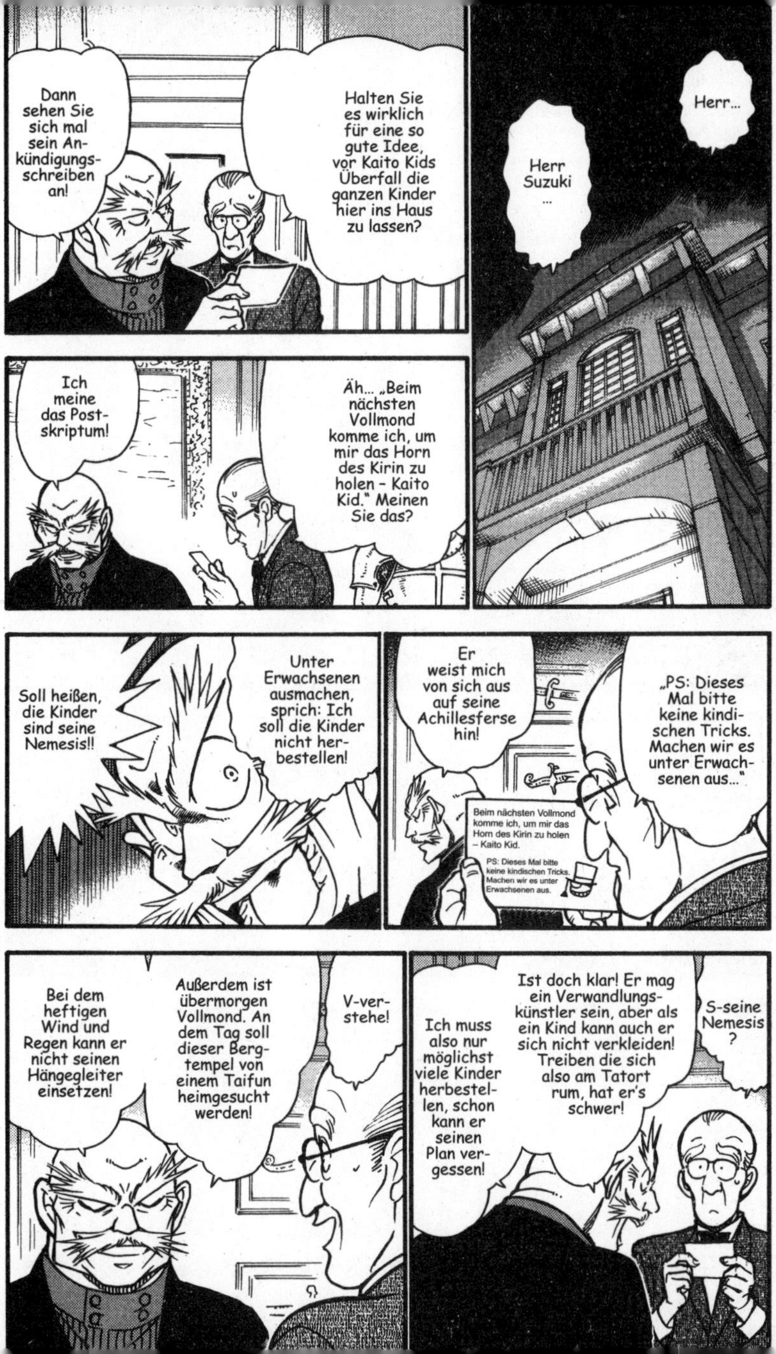
Herr...
Herr Suzuki ...
Halten Sie es wirklich für eine so gute Idee, vor Kaito Kids Überfall die ganzen Kinder hier ins Haus zu lassen?
Dann sehen Sie sich mal sein Ankündigungsschreiben an!
Äh... „Beim nächsten Vollmond komme ich, um mir das Horn des Kirin zu holen – Kaito Kid.“ Meinen Sie das?
Ich meine das Postskriptum!
„PS: Dieses Mal bitte keine kindischen Tricks. Machen wir es unter Erwachsenen aus...“
Er weist mich von sich aus auf seine Achillesferse hin!
Beim nächsten Vollmond komme ich, um mir das Horn des Kirin zu holen – Kaito Kid.
PS: Dieses Mal bitte keine kindischen Tricks. Machen wir es unter Erwachsenen aus.
Unter Erwachsenen ausmachen, sprich: Ich soll die Kinder nicht herbestellen!
Soll heißen, die Kinder sind seine Nemesis!!
S-seine Nemesis?
Ist doch klar! Er mag ein Verwandlungskünstler sein, aber als ein Kind kann auch er sich nicht verkleiden! Treiben die sich also am Tatort rum, hat er's schwer!
Ich muss also nur möglichst viele Kinder herbestellen, schon kann er seinen Plan vergessen!
V-verstehe!
Außerdem ist übermorgen Vollmond. An dem Tag soll dieser Bergtempel von einem Taifun heimgesucht werden!
Bei dem heftigen Wind und Regen kann er nicht seinen Hängegleiter einsetzen!

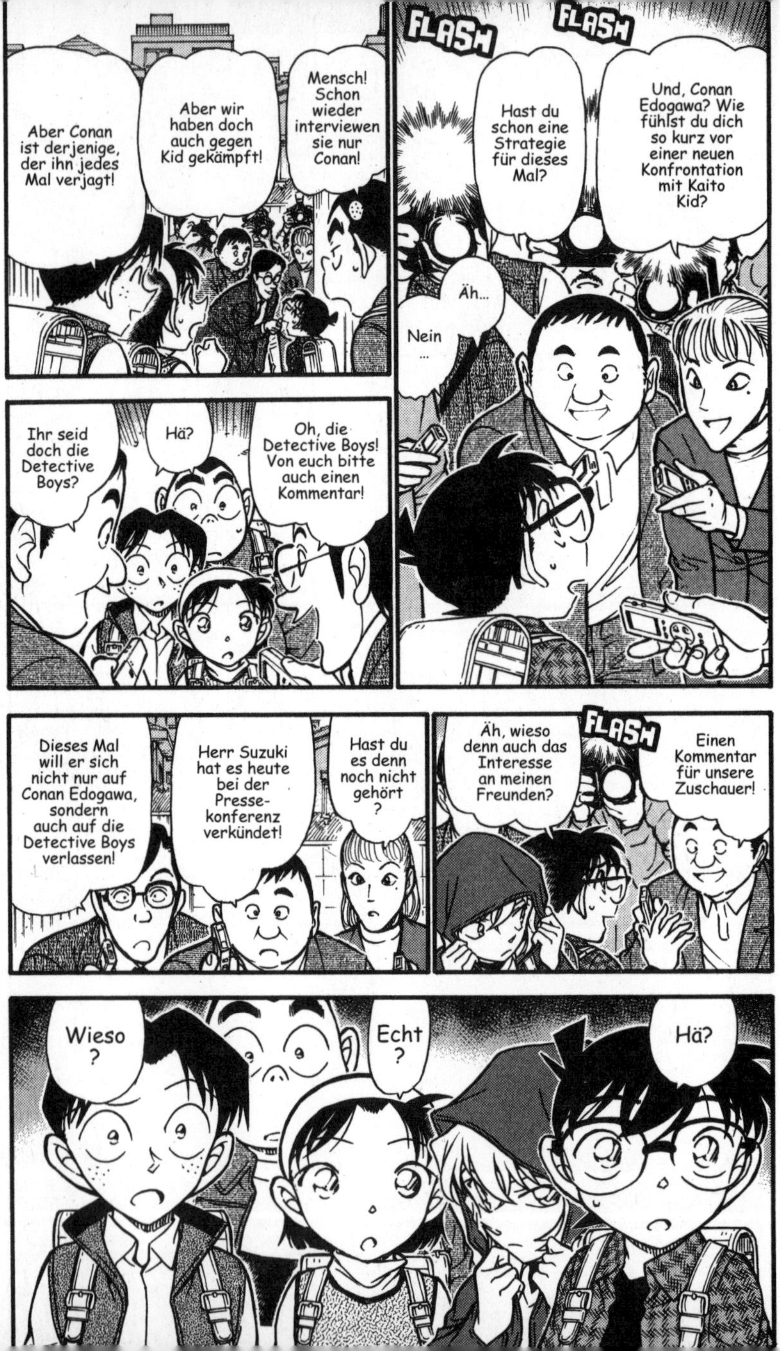
FLASH
FLASH
Und, Conan Edogawa? Wie fühlst du dich so kurz vor einer neuen Konfrontation mit Kaito Kid?
Hast du schon eine Strategie für dieses Mal?
Äh...
Nein ...
Mensch! Schon wieder interviewen sie nur Conan!
Aber wir haben doch auch gegen Kid gekämpft!
Aber Conan ist derjenige, der ihn jedes Mal verjagt!
Oh, die Detective Boys! Von euch bitte auch einen Kommentar!
Hä?
Ihr seid doch die Detective Boys?
Einen Kommentar für unsere Zuschauer!
FLASH
Äh, wieso denn auch das Interesse an meinen Freunden?
Hast du es denn noch nicht gehört?
Herr Suzuki hat es heute bei der Presse-konferenz verkündet!
Dieses Mal will er sich nicht nur auf Conan Edogawa, sondern auch auf die Detective Boys verlassen!
Hä?
Echt?
Wieso?

Fall 1: Seiryu

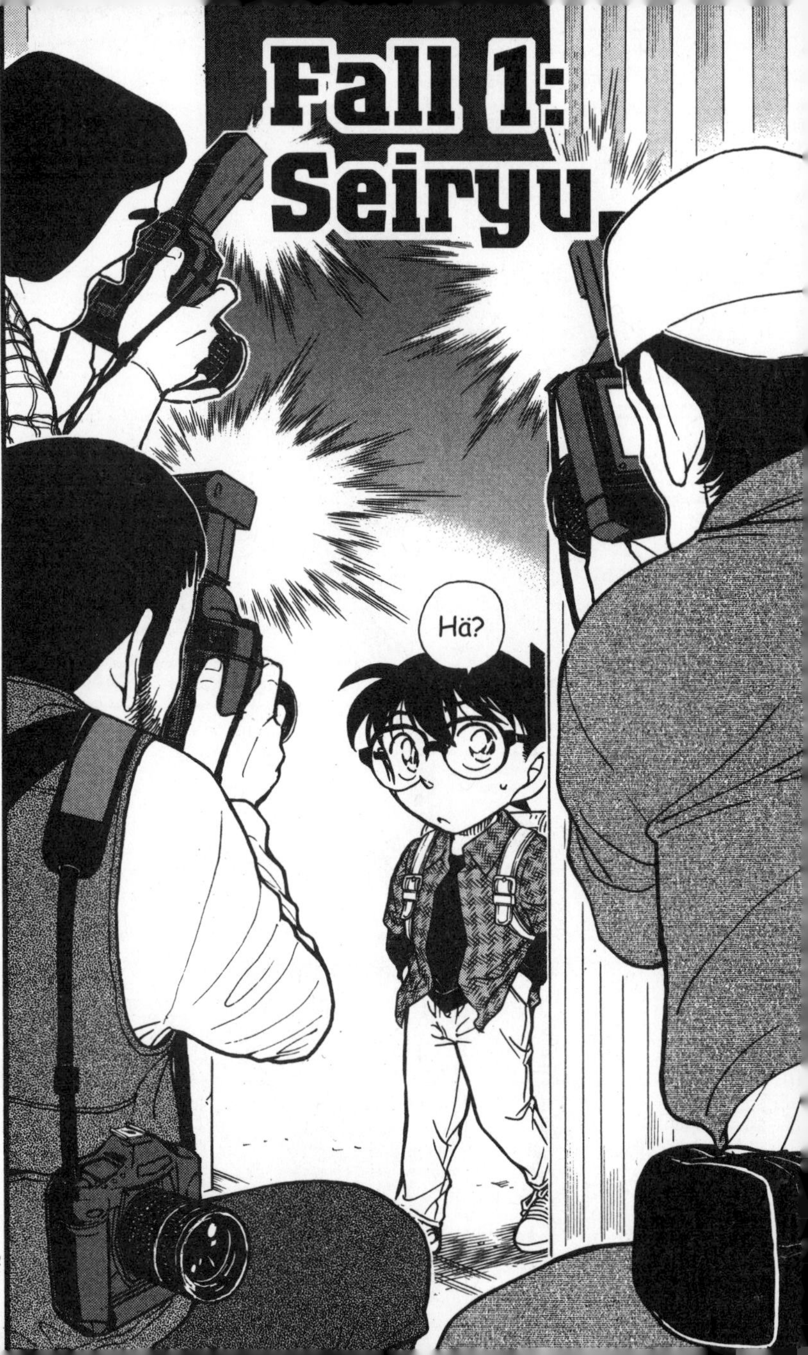

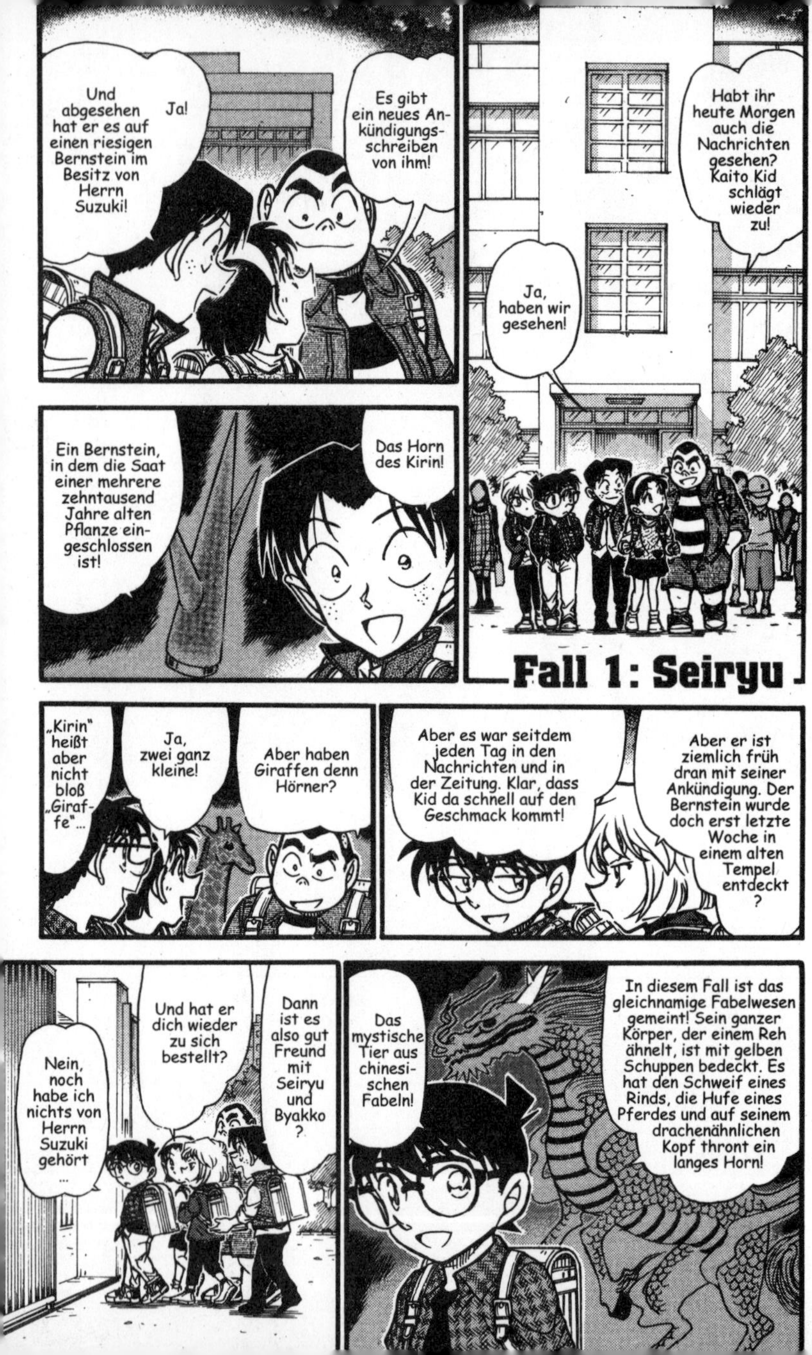
Habt ihr heute Morgen auch die Nachrichten gesehen? Kaito Kid schlägt wieder zu!
Ja, haben wir gesehen!
Fall 1: Seiryu
Es gibt ein neues Ankündigungsschreiben von ihm!
Ja!
Und abgesehen hat er es auf einen riesigen Bernstein im Besitz von Herrn Suzuki!
Das Horn des Kirin!
Ein Bernstein, in dem die Saat einer mehrere zehntausend Jahre alten Pflanze eingeschlossen ist!
Aber er ist ziemlich früh dran mit seiner Ankündigung. Der Bernstein wurde doch erst letzte Woche in einem alten Tempel entdeckt ?
Aber es war seitdem jeden Tag in den Nachrichten und in der Zeitung. Klar, dass Kid da schnell auf den Geschmack kommt!
Aber haben Giraffen denn Hörner?
Ja, zwei ganz kleine!
„Kirin" heißt aber nicht bloß „Giraffe"...
In diesem Fall ist das gleichnamige Fabelwesen gemeint! Sein ganzer Körper, der einem Reh ähnelt, ist mit gelben Schuppen bedeckt. Es hat den Schweif eines Rinds, die Hufe eines Pferdes und auf seinem drachenähnlichen Kopf thront ein langes Horn!
Das mystische Tier aus chinesischen Fabeln!
Dann ist es also gut Freund mit Seiryu und Byakko ?
Und hat er dich wieder zu sich bestellt?
Nein, noch habe ich nichts von Herrn Suzuki gehört ...

DETEKTIV CONAN vs. Kaito KID

CONAN vs. KAITO KID

FALL-AKTE 004

Kaitos wundersamer Spaziergang durch die Luft

BAND 44 | **Fall 7** Blaues Wunder | **Fall 8** Blankes Entsetzen | **Fall 9** Bloßes Schaudern | **Fall 10** Beherzte Flucht

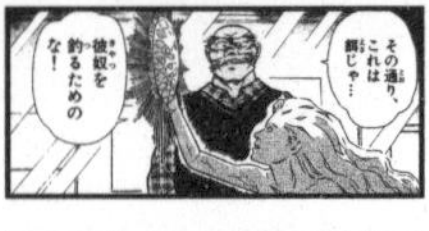

怪盗キッド に告ぐ!!

Jirokichi hat die Welt bereist und zahlreiche Abenteuer erlebt, doch jetzt kehrt er nach zehn Jahren wieder nach Japan zurück, um Kaito Kid zu schnappen. In einer Zeitung fordert er Kid öffentlich heraus und als Köder wirft er das Riesenjuwel „Blue Wonder“, das er von seinen Reisen mitgebracht hat, in die Waagschale! Als Antwort schickt ihm Kid eine SMS, in der er nicht nur das Datum, sondern auch die Uhrzeit seines Raubs ankündigt, und darüber hinaus tönt er, schon mal am Vorabend die Lage zu sondieren! Und im PS gibt er mit seinen Worten dann auch noch ein Rätsel auf ... Diese Konfrontation des Jahrhunderts will sich natürlich niemand entgehen lassen, und so kommen zahlreiche Schaulustige. Diese staunen dann nicht schlecht, als Kid plötzlich über ihren Köpfen auftaucht und einen Spaziergang am Himmel vollführt!

Jirokichi Suzuki und Kaito Kid prallen das erste Mal aufeinander!

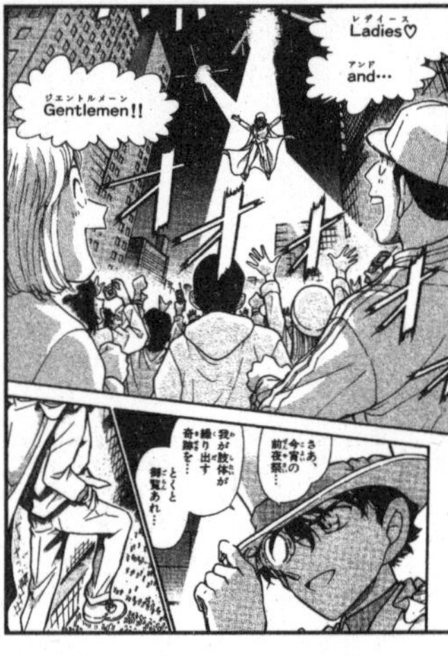

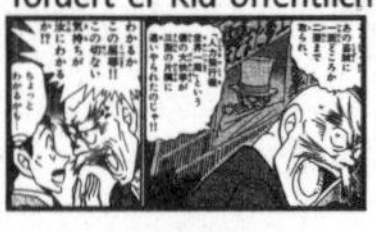

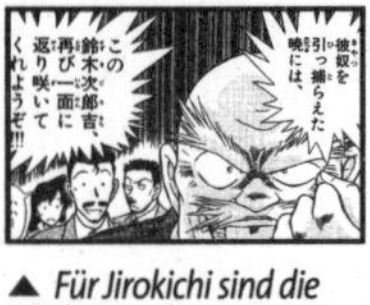

▲ *Für Jirokichi sind die Titelseiten der Zeitungen die Bestätigung, dass er die Nr. 1 ist!*

Jirokichi Suzuki und Kaito Kid prallen das erste Mal aufeinander!

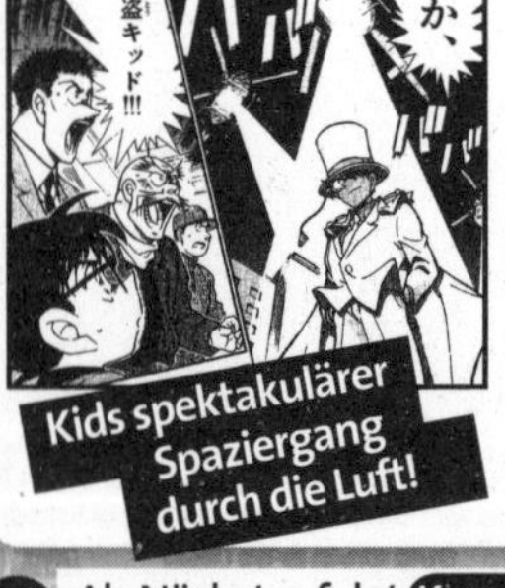

Kids spektakulärer Spaziergang durch die Luft!

Die rätselhaften Worte in Kaito Kids SMS war die Ankündigung, dass er bis zum Museum, in dem das Juwel „Blue Wonder“ ausgestellt wird, einen Spaziergang durch die Luft machen wird! Bei seiner Besichtigung am Vorabend hatte Kid Conan bemerkt und konnte ihm entwischen, und am Tag des Raubs dann erscheint Kaito Kid erneut vor den Augen von Conan & Co. und beginnt damit, durch die Luft zu spazieren! Kann Conan den Trick durchschauen und Kid schnappen?!

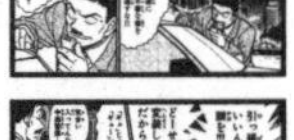

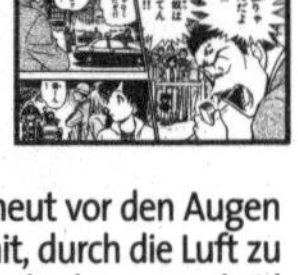

Wie angekündigt, spaziert Kid durch die Luft – wie wird Conan reagieren?!

◀ Als Nächstes folgt **Kaito Kid gegen die Detective Boys**!
Die Kinderdetektive liefern sich ein spannendes Duell mit dem Meisterdieb!

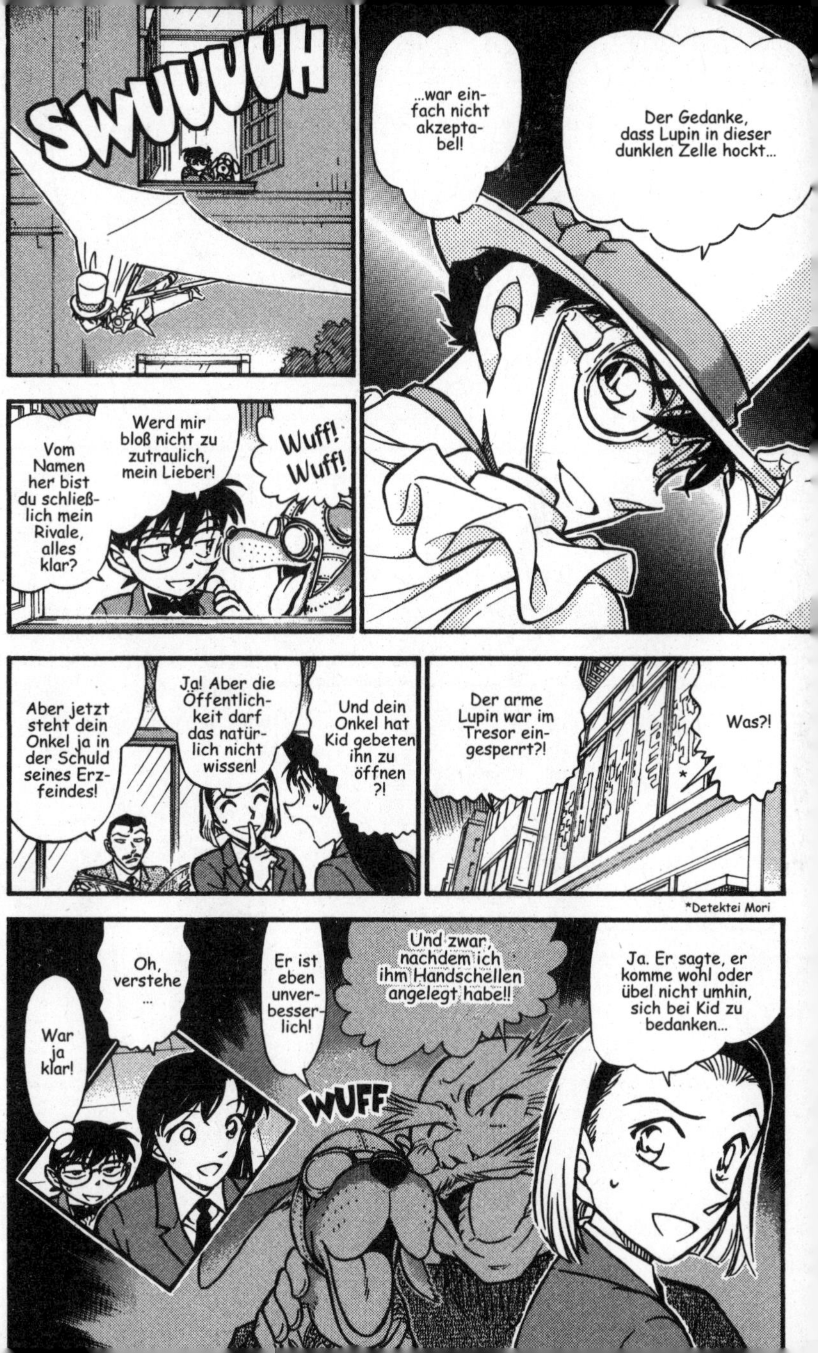
Der Gedanke, dass Lupin in dieser dunklen Zelle hockt...
...war einfach nicht akzeptabel!
SWUUUUH
Wuff! Wuff!
Werd mir bloß nicht zu zutraulich, mein Lieber!
Vom Namen her bist du schließlich mein Rivale, alles klar?
Was?!
Der arme Lupin war im Tresor eingesperrt?!
*
Und dein Onkel hat Kid gebeten ihn zu öffnen?!
Ja! Aber die Öffentlichkeit darf das natürlich nicht wissen!
Aber jetzt steht dein Onkel ja in der Schuld seines Erzfeindes!
*Detektei Mori
Ja. Er sagte, er komme wohl oder übel nicht umhin, sich bei Kid zu bedanken...
Und zwar, nachdem ich ihm Handschellen angelegt habe!!
WUFF
Er ist eben unverbesserlich!
Oh, verstehe ...
War ja klar!

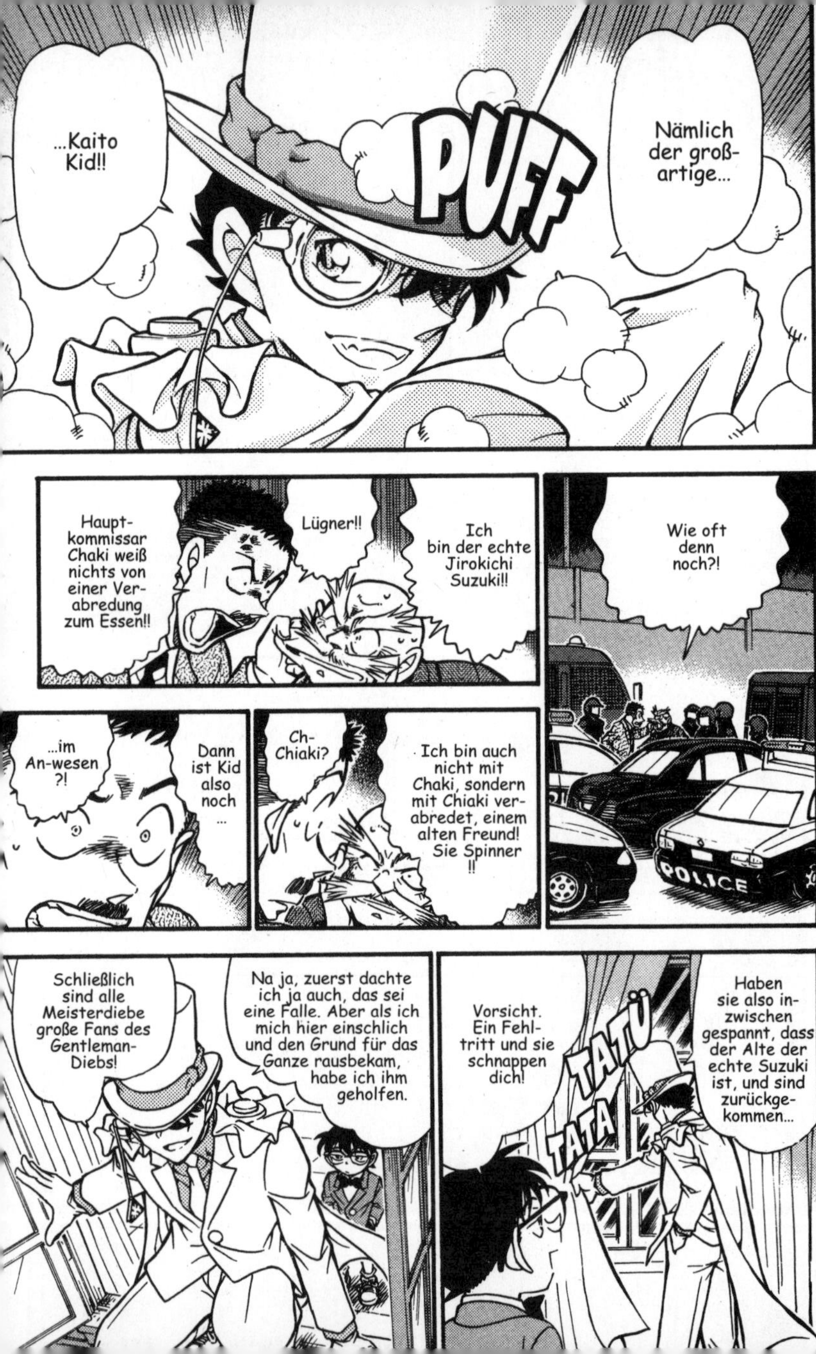
Nämlich der groß-artige...
PUFF
...Kaito Kid!!
Wie oft denn noch?!
Ich bin der echte Jirokichi Suzuki!!
Lügner!!
Haupt-kommissar Chaki weiß nichts von einer Ver-abredung zum Essen!!
Ich bin auch nicht mit Chaki, sondern mit Chiaki ver-abredet, einem alten Freund! Sie Spinner !!
Ch-Chiaki?
Dann ist Kid also noch ...
...im An-wesen ?!
POLICE
Haben sie also in-zwischen gespannt, dass der Alte der echte Suzuki ist, und sind zurückge-kommen...
TATÜ
TATA
Vorsicht. Ein Fehl-tritt und sie schnappen dich!
Na ja, zuerst dachte ich ja auch, das sei eine Falle. Aber als ich mich hier einschlich und den Grund für das Ganze rausbekam, habe ich ihm geholfen.
Schließlich sind alle Meisterdiebe große Fans des Gentleman-Diebs!

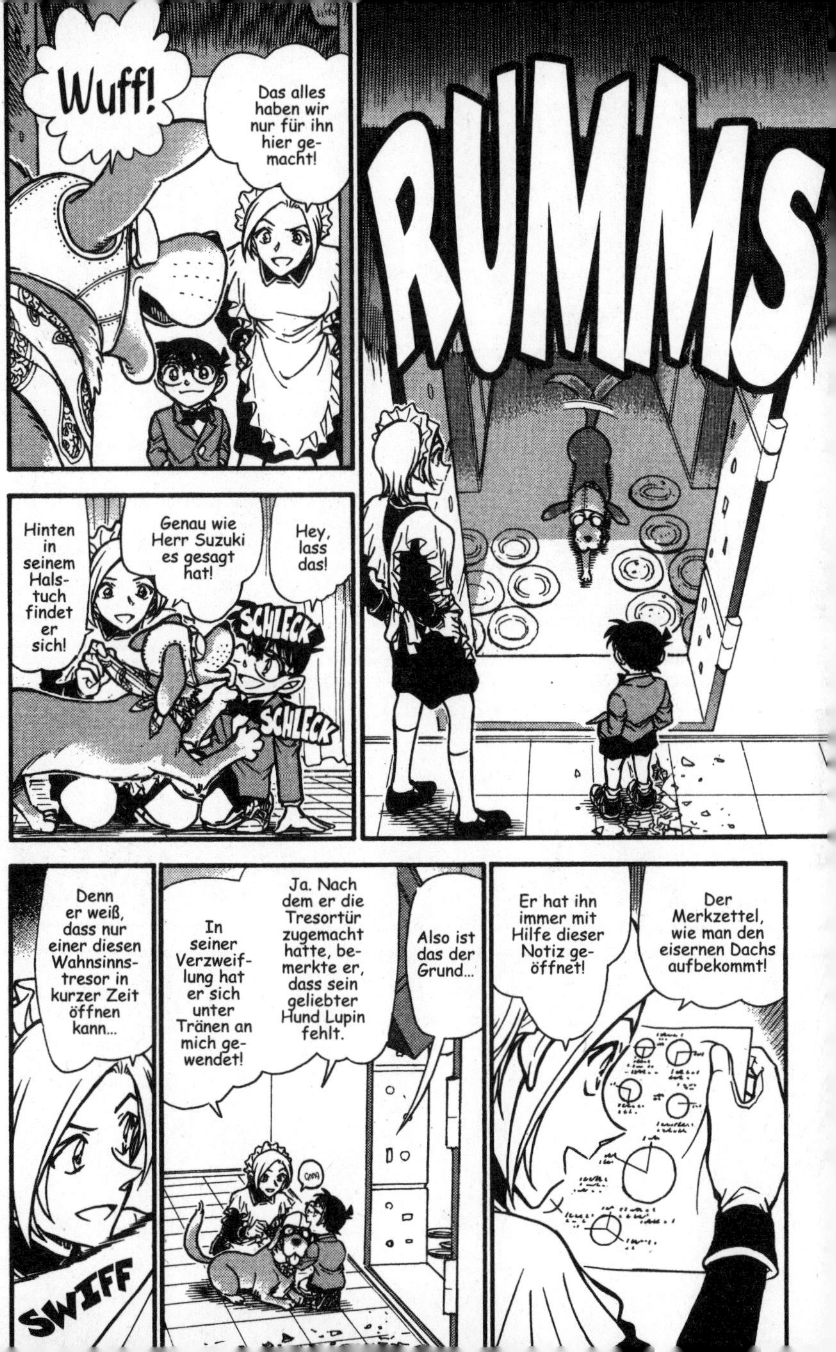

RUMMS
Das alles haben wir nur für ihn hier gemacht!
Wuff!
Hey, lass das!
Genau wie Herr Suzuki es gesagt hat!
Hinten in seinem Halstuch findet er sich!
SCHLECK
SCHLECK
Der Merkzettel, wie man den eisernen Dachs aufbekommt!
Er hat ihn immer mit Hilfe dieser Notiz geöffnet!
Also ist das der Grund...
Ja. Nach dem er die Tresortür zugemacht hatte, bemerkte er, dass sein geliebter Hund Lupin fehlt.
In seiner Verzweiflung hat er sich unter Tränen an mich gewendet!
Denn er weiß, dass nur einer diesen Wahnsinnstresor in kurzer Zeit öffnen kann...
SWIFF

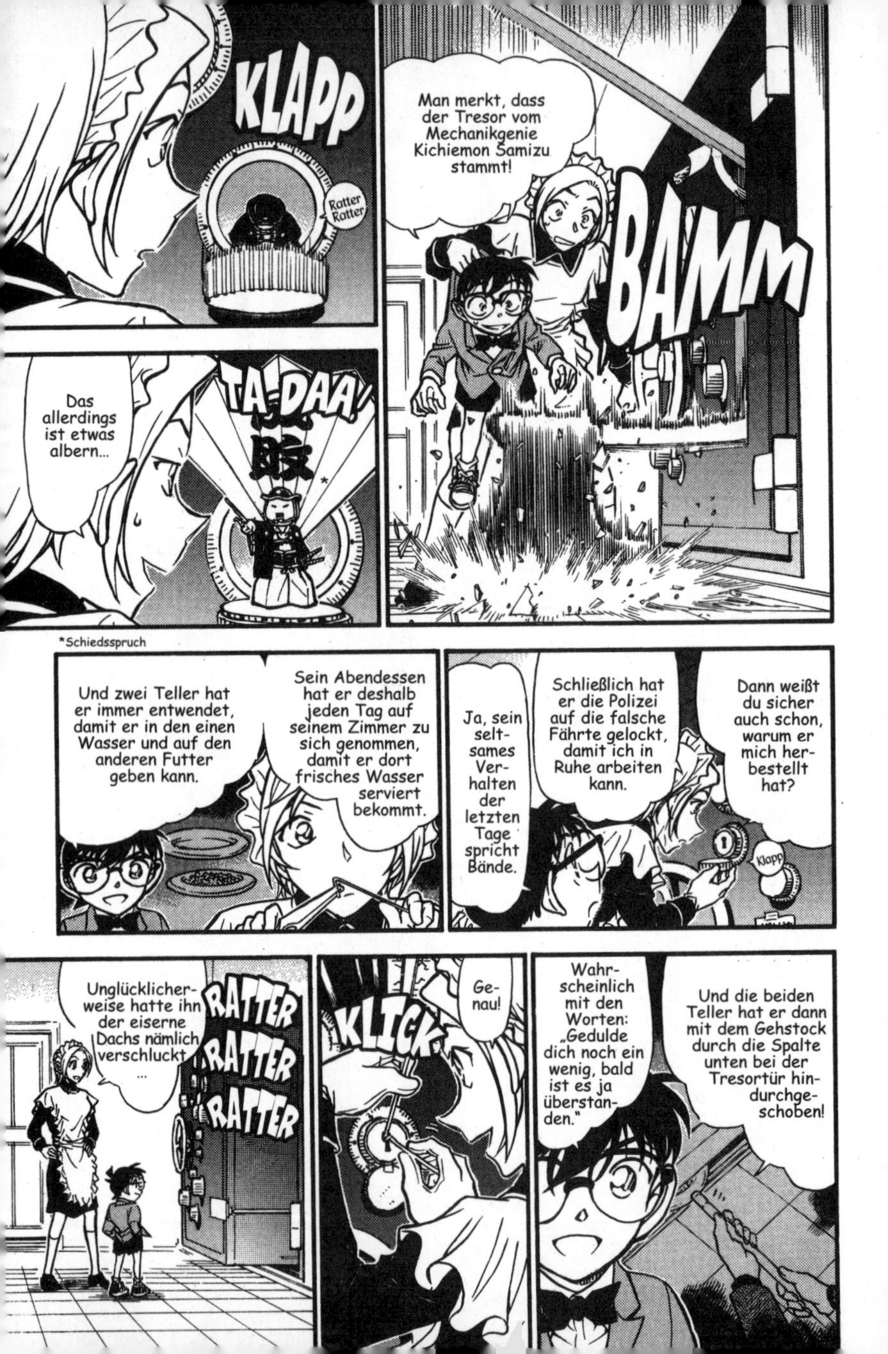

*Schiedsspruch

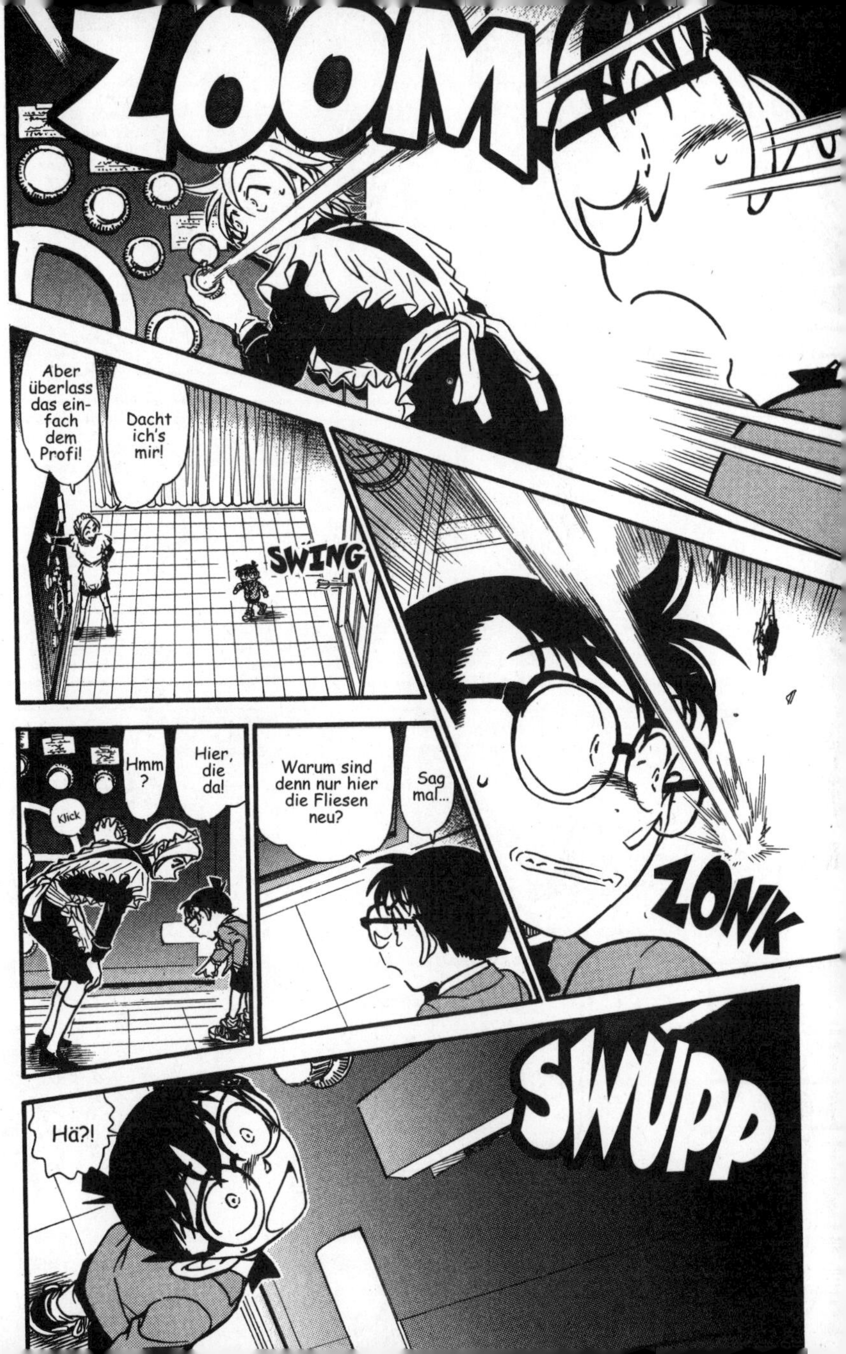
ZOOM
ZONK
Dacht ich's mir!
Aber überlass das ein-fach dem Profi!
SWING
Sag mal...
Warum sind denn nur hier die Fliesen neu?
Hier, die da!
Hmm?
Klick
SWUPP
Hä?!

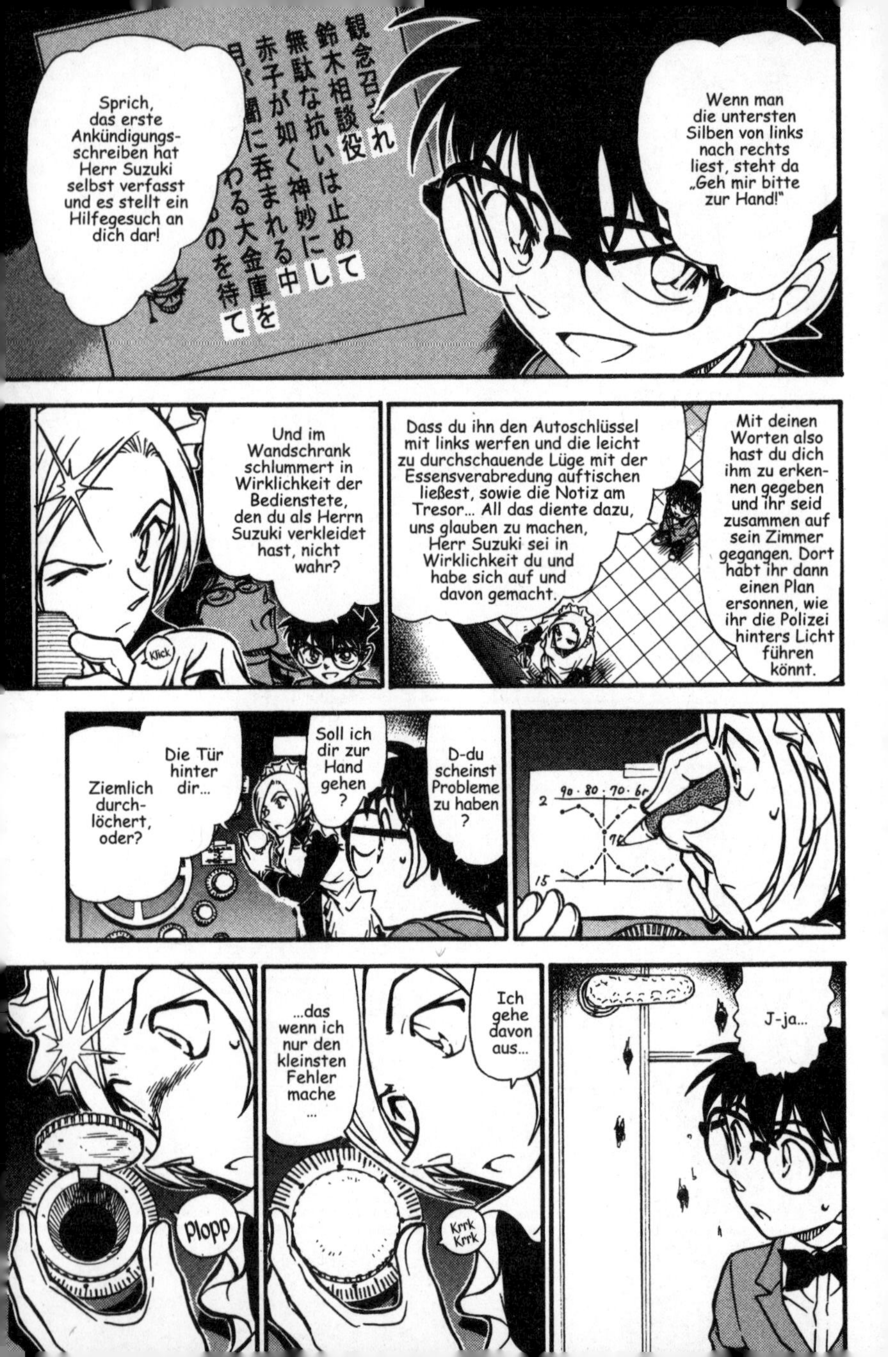

Wenn man die untersten Silben von links nach rechts liest, steht da „Geh mir bitte zur Hand!“
観念召され
鈴木相談役
無駄な抗いは止めて
赤子が如く神妙にして
闇に呑まれる中
わる大金庫を
のを待て
Sprich, das erste Ankündigungs-schreiben hat Herr Suzuki selbst verfasst und es stellt ein Hilfegesuch an dich dar!
Mit deinen Worten also hast du dich ihm zu erken-nen gegeben und ihr seid zusammen auf sein Zimmer gegangen. Dort habt ihr dann einen Plan ersonnen, wie ihr die Polizei hinters Licht führen könnt.
Dass du ihn den Autoschlüssel mit links werfen und die leicht zu durchschauende Lüge mit der Essensverabredung auftischen ließest, sowie die Notiz am Tresor… All das diente dazu, uns glauben zu machen, Herr Suzuki sei in Wirklichkeit du und habe sich auf und davon gemacht.
Und im Wandschrank schlummert in Wirklichkeit der Bedienstete, den du als Herrn Suzuki verkleidet hast, nicht wahr?
Klick
D-du scheinst Probleme zu haben?
Soll ich dir zur Hand gehen?
Die Tür hinter dir…
Ziemlich durch-löchert, oder?
J-ja…
Ich gehe davon aus…
…das wenn ich nur den kleinsten Fehler mache …
Krrk Krrk
Plopp

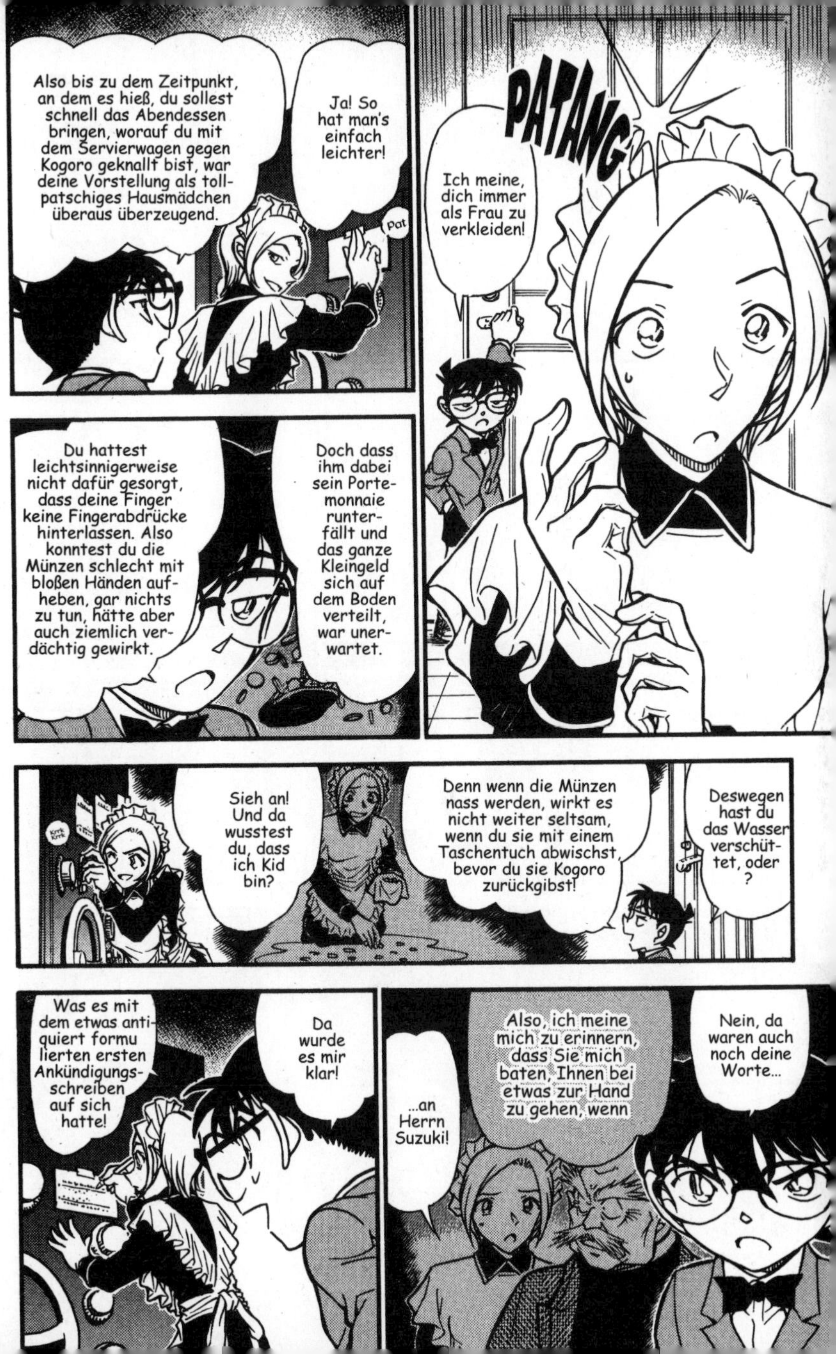
PATANG
Ich meine, dich immer als Frau zu verkleiden!
Ja! So hat man's einfach leichter!
Pat
Also bis zu dem Zeitpunkt, an dem es hieß, du sollest schnell das Abendessen bringen, worauf du mit dem Servierwagen gegen Kogoro geknallt bist, war deine Vorstellung als tollpatschiges Hausmädchen überaus überzeugend.
Doch dass ihm dabei sein Portemonnaie runterfällt und das ganze Kleingeld sich auf dem Boden verteilt, war unerwartet.
Du hattest leichtsinnigerweise nicht dafür gesorgt, dass deine Finger keine Fingerabdrücke hinterlassen. Also konntest du die Münzen schlecht mit bloßen Händen aufheben, gar nichts zu tun, hätte aber auch ziemlich verdächtig gewirkt.
Deswegen hast du das Wasser verschüttet, oder?
Denn wenn die Münzen nass werden, wirkt es nicht weiter seltsam, wenn du sie mit einem Taschentuch abwischst, bevor du sie Kogoro zurückgibst!
Sieh an! Und da wusstest du, dass ich Kid bin?
Nein, da waren auch noch deine Worte...
Also, ich meine mich zu erinnern, dass Sie mich baten, Ihnen bei etwas zur Hand zu gehen, wenn
...an Herrn Suzuki!
Da wurde es mir klar!
Was es mit dem etwas antiquiert formulierten ersten Ankündigungsschreiben auf sich hatte!

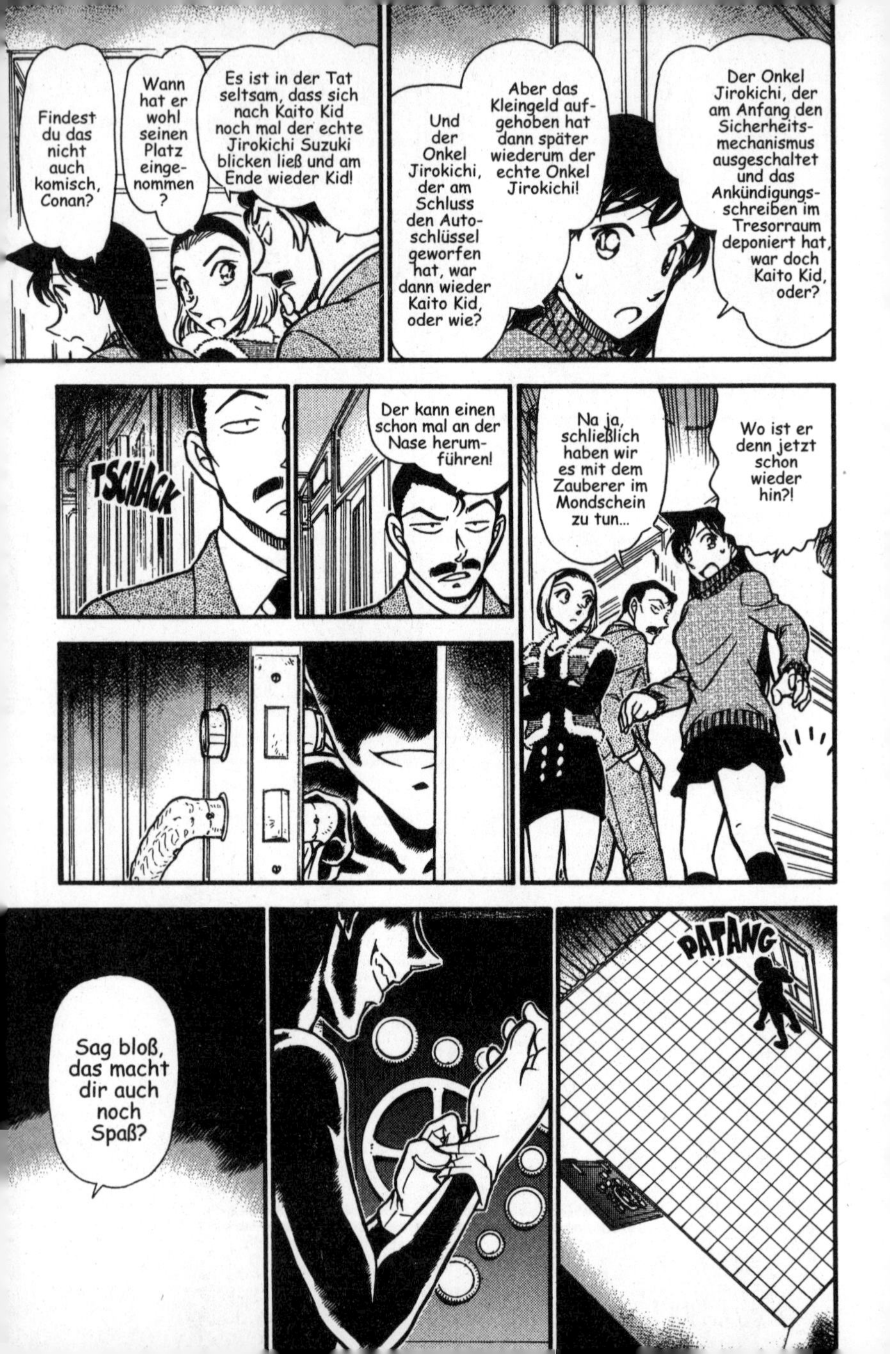

Der Onkel Jirokichi, der am Anfang den Sicherheitsmechanismus ausgeschaltet und das Ankündigungsschreiben im Tresorraum deponiert hat, war doch Kaito Kid, oder?
Aber das Kleingeld aufgehoben hat dann später wiederum der echte Onkel Jirokichi!
Und der Onkel Jirokichi, der am Schluss den Autoschlüssel geworfen hat, war dann wieder Kaito Kid, oder wie?
Es ist in der Tat seltsam, dass sich nach Kaito Kid noch mal der echte Jirokichi Suzuki blicken ließ und am Ende wieder Kid!
Wann hat er wohl seinen Platz eingenommen?
Findest du das nicht auch komisch, Conan?
Wo ist er denn jetzt schon wieder hin?!
Na ja, schließlich haben wirs es mit dem Zauberer im Mondschein zu tun...
Der kann einen schon mal an der Nase herumführen!
TSCHACK
PATANG
Sag bloß, das macht dir auch noch Spaß?

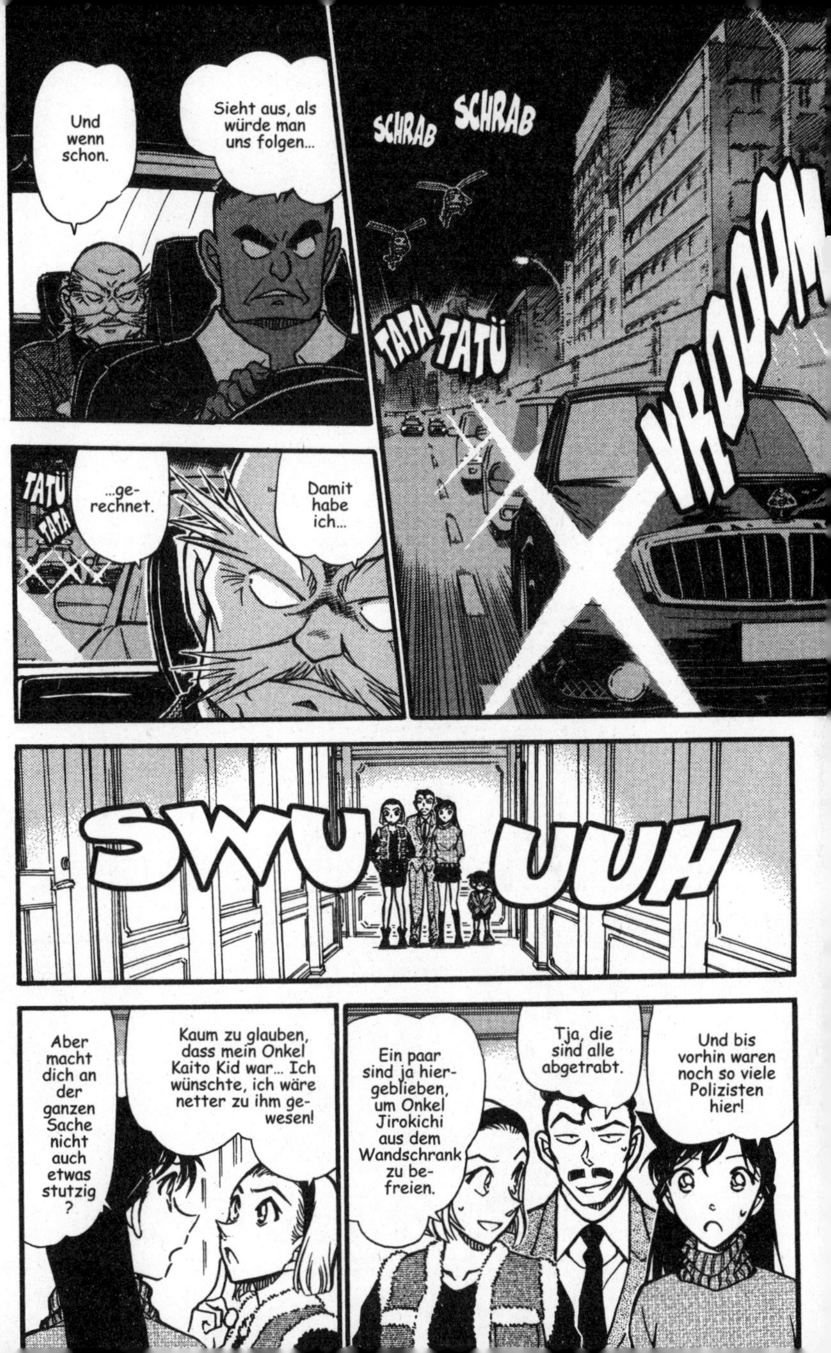
SCHRAB
SCHRAB
VROOOM
TATA TATÜ
Sieht aus, als würde man uns folgen...
Und wenn schon.
Damit habe ich...
...gerechnet.
TATÜ TATA
SWU UUH
Und bis vorhin waren noch so viele Polizisten hier!
Tja, die sind alle abgetrabt.
Ein paar sind ja hiergeblieben, um Onkel Jirokichi aus dem Wandschrank zu befreien.
Kaum zu glauben, dass mein Onkel Kaito Kid war... Ich wünschte, ich wäre netter zu ihm gewesen!
Aber macht dich an der ganzen Sache nicht auch etwas stutzig?

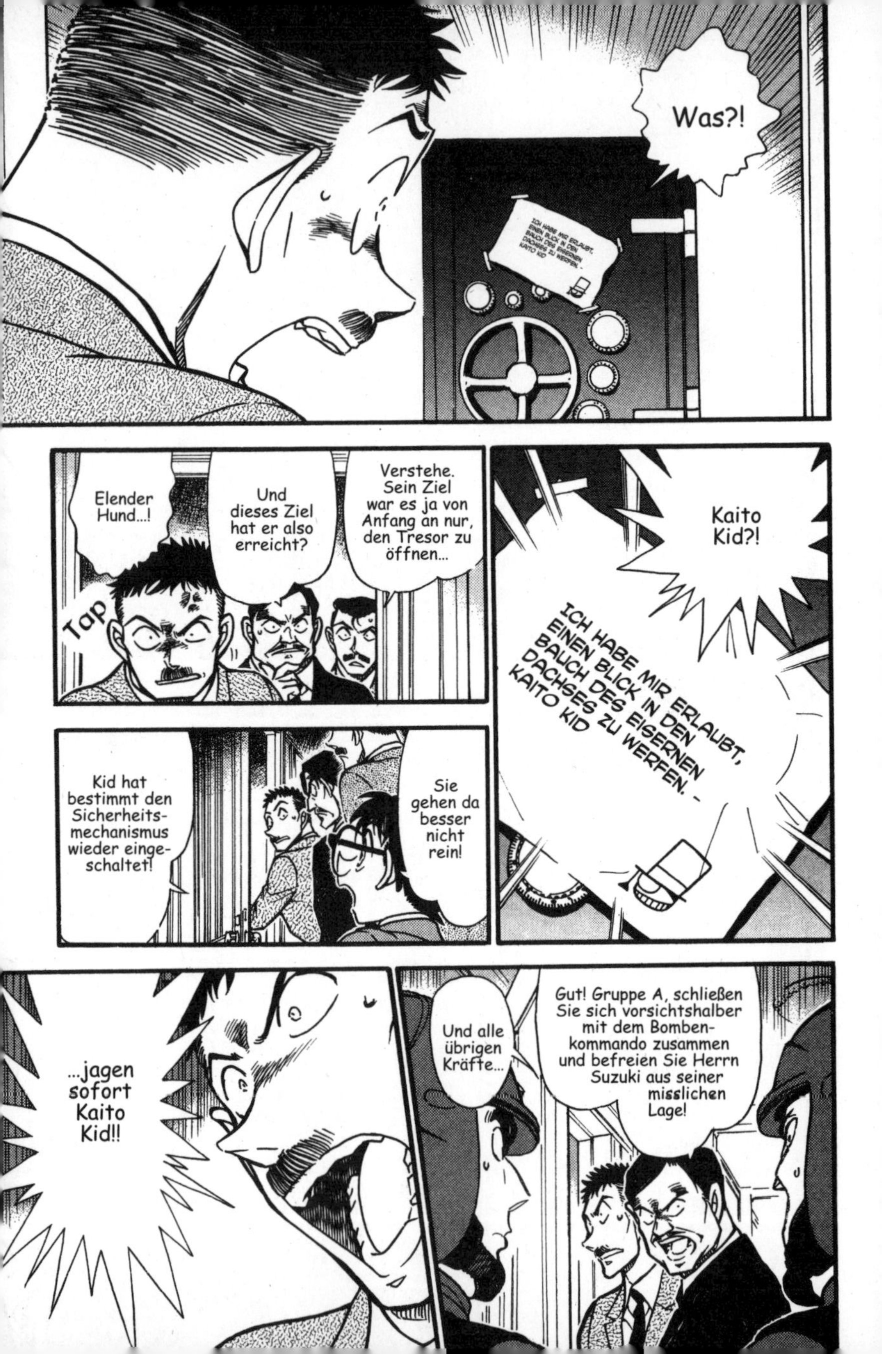
Was?!
Kaito Kid?!
ICH HABE MIR ERLAUBT, EINEN BLICK IN DEN BAUCH DES EISERNEN DACHSES ZU WERFEN. - KAITO KID
Verstehe. Sein Ziel war es ja von Anfang an nur, den Tresor zu öffnen...
Und dieses Ziel hat er also erreicht?
Elender Hund...!
Tap
Sie gehen da besser nicht rein!
Kid hat bestimmt den Sicherheitsmechanismus wieder eingeschaltet!
Gut! Gruppe A, schließen Sie sich vorsichtshalber mit dem Bombenkommando zusammen und befreien Sie Herrn Suzuki aus seiner misslichen Lage!
Und alle übrigen Kräfte...
...jagen sofort Kaito Kid!!

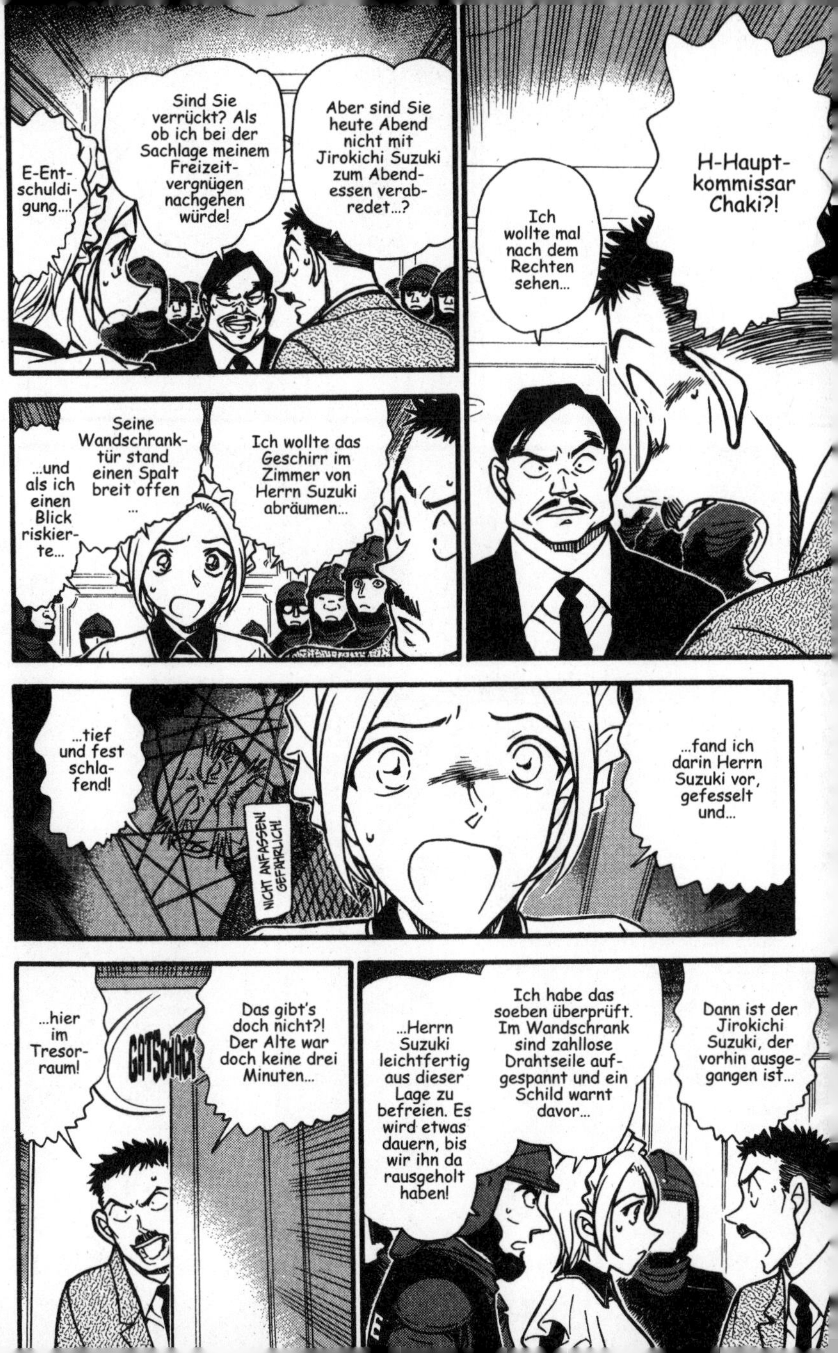

H-Hauptkommissar Chaki?!
Ich wollte mal nach dem Rechten sehen...
Aber sind Sie heute Abend nicht mit Jirokichi Suzuki zum Abendessen verabredet...?
Sind Sie verrückt? Als ob ich bei der Sachlage meinem Freizeitvergnügen nachgehen würde!
E-Entschuldigung...!
Ich wollte das Geschirr im Zimmer von Herrn Suzuki abräumen...
Seine Wandschranktür stand einen Spalt breit offen ...
...und als ich einen Blick riskierte...
...fand ich darin Herrn Suzuki vor, gefesselt und...
NICHT ANFASSEN! GEFÄHRLICH!
...tief und fest schlafend!
Dann ist der Jirokichi Suzuki, der vorhin ausgegangen ist...
Ich habe das soeben überprüft. Im Wandschrank sind zahllose Drahtseile aufgespannt und ein Schild warnt davor...
...Herrn Suzuki leichtfertig aus dieser Lage zu befreien. Es wird etwas dauern, bis wir ihn da rausgeholt haben!
Das gibt's doch nicht?! Der Alte war doch keine drei Minuten...
GATSCHACK
...hier im Tresorraum!

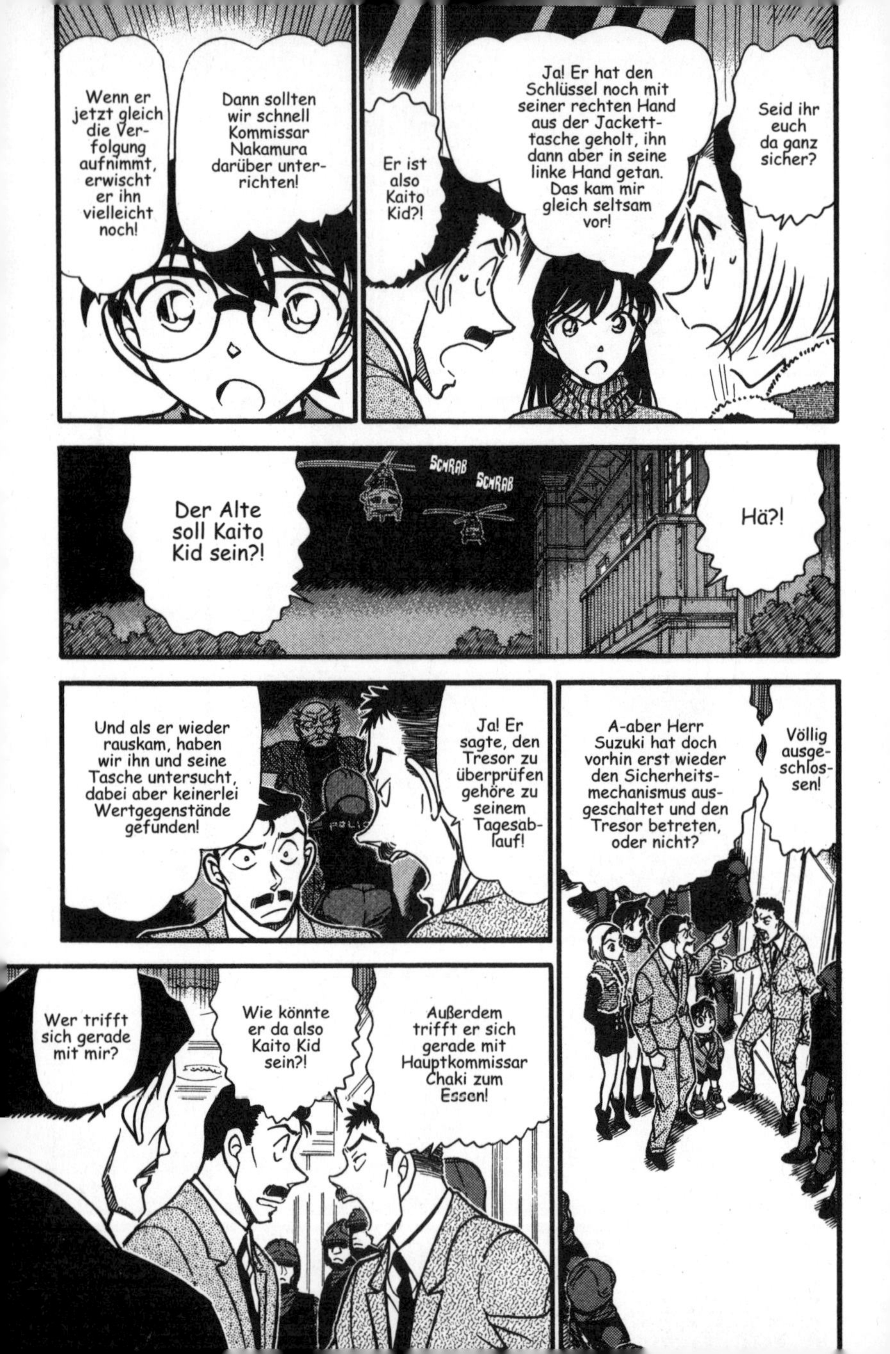

Seid ihr euch da ganz sicher?
Ja! Er hat den Schlüssel noch mit seiner rechten Hand aus der Jackett-tasche geholt, ihn dann aber in seine linke Hand getan. Das kam mir gleich seltsam vor!
Er ist also Kaito Kid?!
Dann sollten wir schnell Kommissar Nakamura darüber unter-richten!
Wenn er jetzt gleich die Ver-folgung aufnimmt, erwischt er ihn vielleicht noch!
SCHRAB SCHRAB
Hä?!
Der Alte soll Kaito Kid sein?!
Völlig ausge-schlos-sen!
A-aber Herr Suzuki hat doch vorhin erst wieder den Sicherheits-mechanismus aus-geschaltet und den Tresor betreten, oder nicht?
Ja! Er sagte, den Tresor zu überprüfen gehöre zu seinem Tagesab-lauf!
Und als er wieder rauskam, haben wir ihn und seine Tasche untersucht, dabei aber keinerlei Wertgegenstände gefunden!
Außerdem trifft er sich gerade mit Hauptkommissar Chaki zum Essen!
Wie könnte er da also Kaito Kid sein?!
Wer trifft sich gerade mit mir?

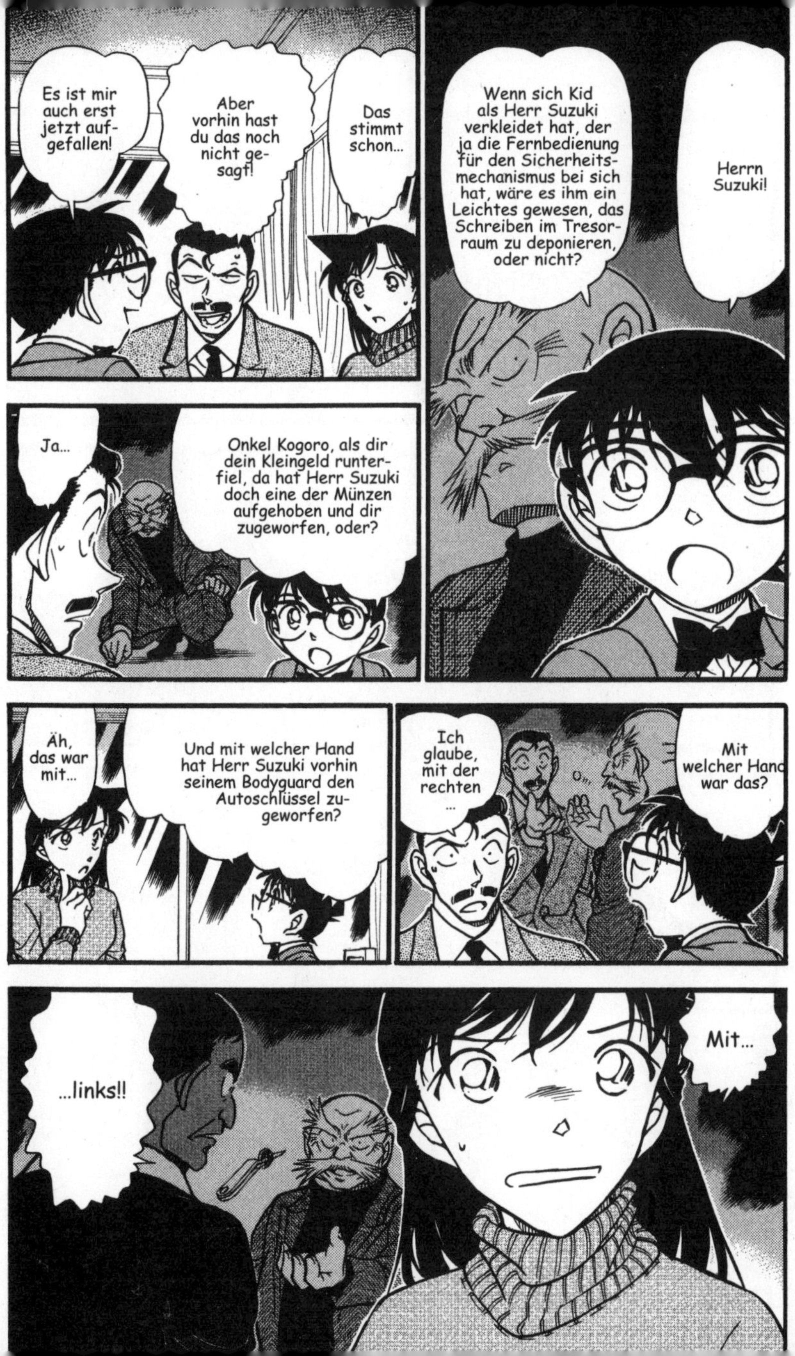

Herrn Suzuki!
Wenn sich Kid als Herr Suzuki verkleidet hat, der ja die Fernbedienung für den Sicherheits-mechanismus bei sich hat, wäre es ihm ein Leichtes gewesen, das Schreiben im Tresor-raum zu deponieren, oder nicht?
Das stimmt schon...
Aber vorhin hast du das noch nicht ge-sagt!
Es ist mir auch erst jetzt auf-gefallen!
Onkel Kogoro, als dir dein Kleingeld runter-fiel, da hat Herr Suzuki doch eine der Münzen aufgehoben und dir zugeworfen, oder?
Ja...
Mit welcher Hand war das?
Ich glaube, mit der rechten ...
Und mit welcher Hand hat Herr Suzuki vorhin seinem Bodyguard den Autoschlüssel zu-geworfen?
Äh, das war mit...
Mit...
...links!!

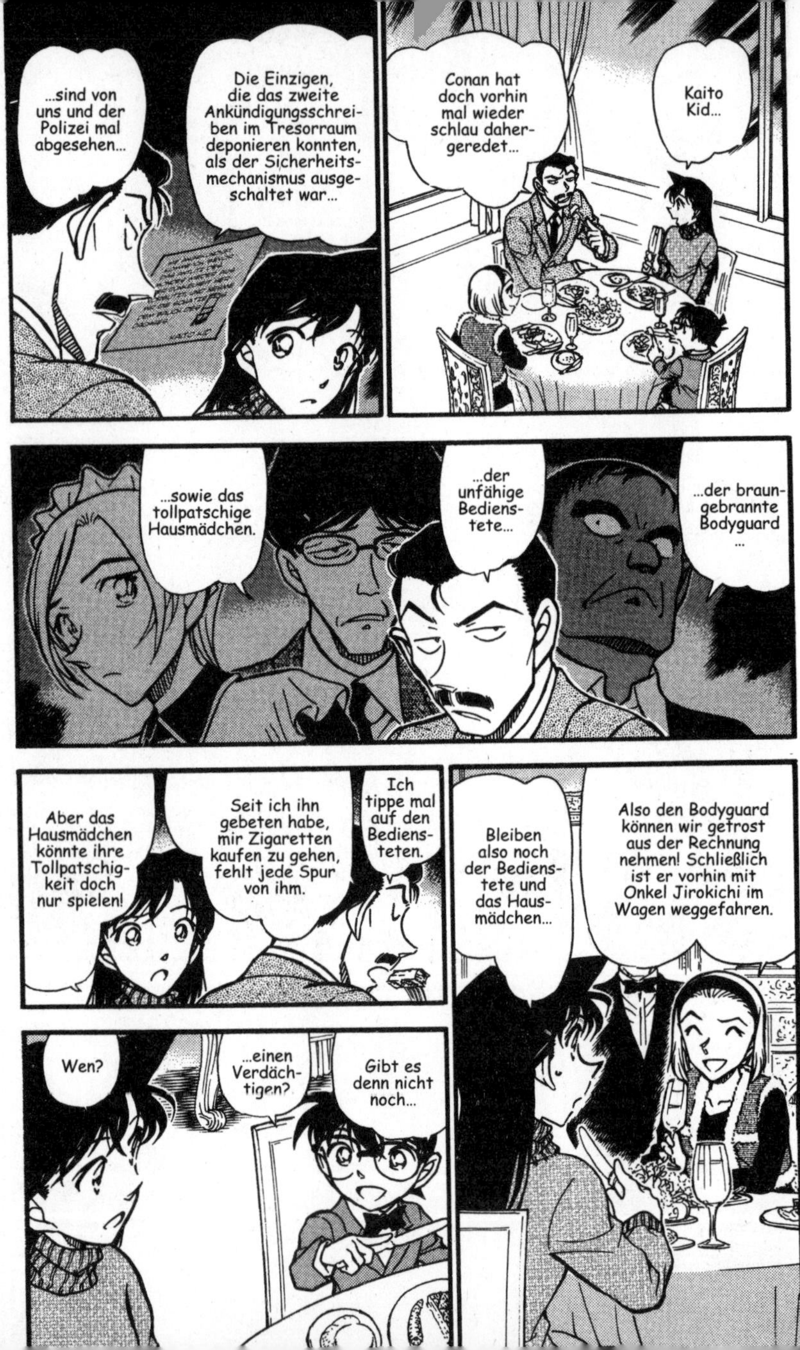
Kaito Kid...
Conan hat doch vorhin mal wieder schlau daher-geredet...
Die Einzigen, die das zweite Ankündigungsschrei-ben im Tresorraum deponieren konnten, als der Sicherheits-mechanismus ausge-schaltet war...
...sind von uns und der Polizei mal abgesehen...
...der braun-gebrannte Bodyguard ...
...der unfähige Bediens-tete...
...sowie das tollpatschige Hausmädchen.
Also den Bodyguard können wir getrost aus der Rechnung nehmen! Schließlich ist er vorhin mit Onkel Jirokichi im Wagen weggefahren.
Bleiben also noch der Bediens-tete und das Haus-mädchen...
Ich tippe mal auf den Bediens-teten.
Seit ich ihn gebeten habe, mir Zigaretten kaufen zu gehen, fehlt jede Spur von ihm.
Aber das Hausmädchen könnte ihre Tollpatschig-keit doch nur spielen!
Gibt es denn nicht noch...
...einen Verdäch-tigen?
Wen?

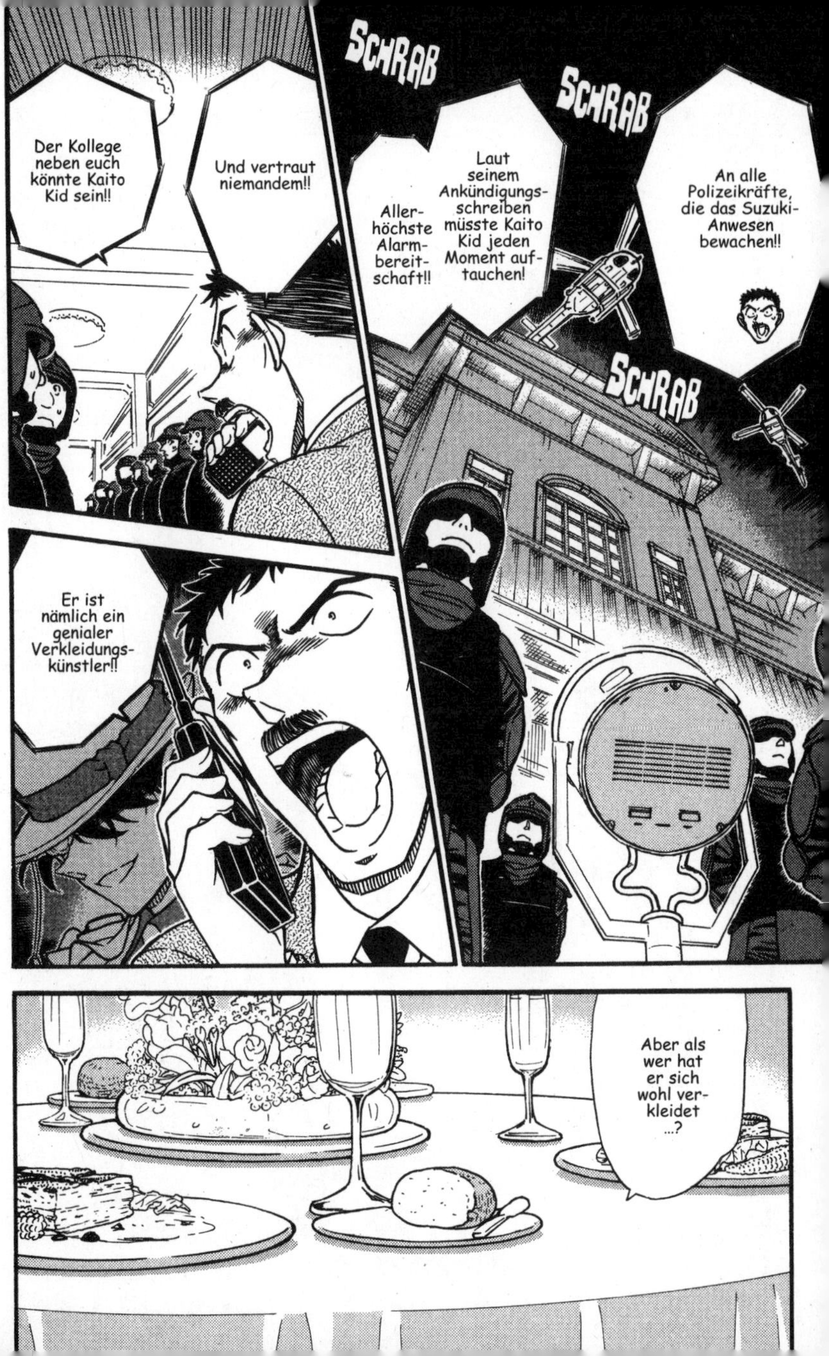
An alle Polizeikräfte, die das Suzuki-Anwesen bewachen!!
SCHRAB
SCHRAB
Laut seinem Ankündigungsschreiben müsste Kaito Kid jeden Moment auftauchen!
Allerhöchste Alarmbereitschaft!!
SCHRAB
Und vertraut niemandem!!
Der Kollege neben euch könnte Kaito Kid sein!!
Er ist nämlich ein genialer Verkleidungskünstler!!
Aber als wer hat er sich wohl verkleidet ...?

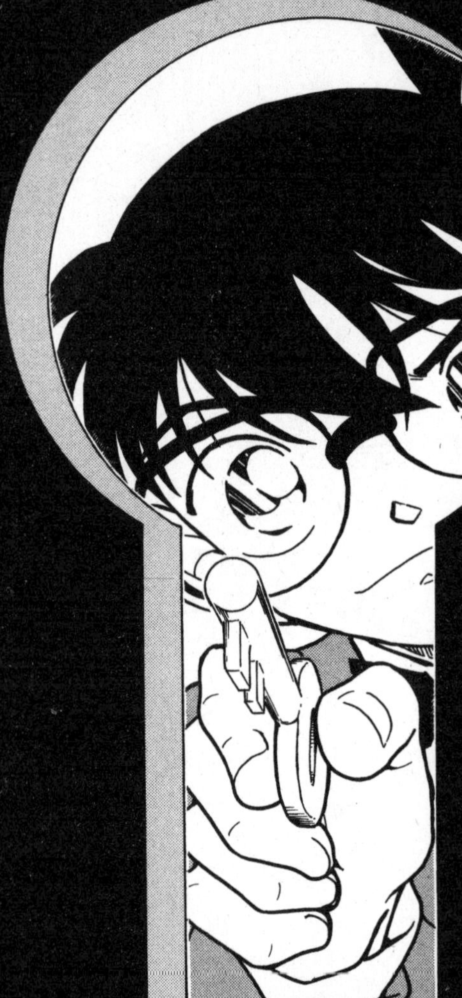

Fall 3: Wieder frei

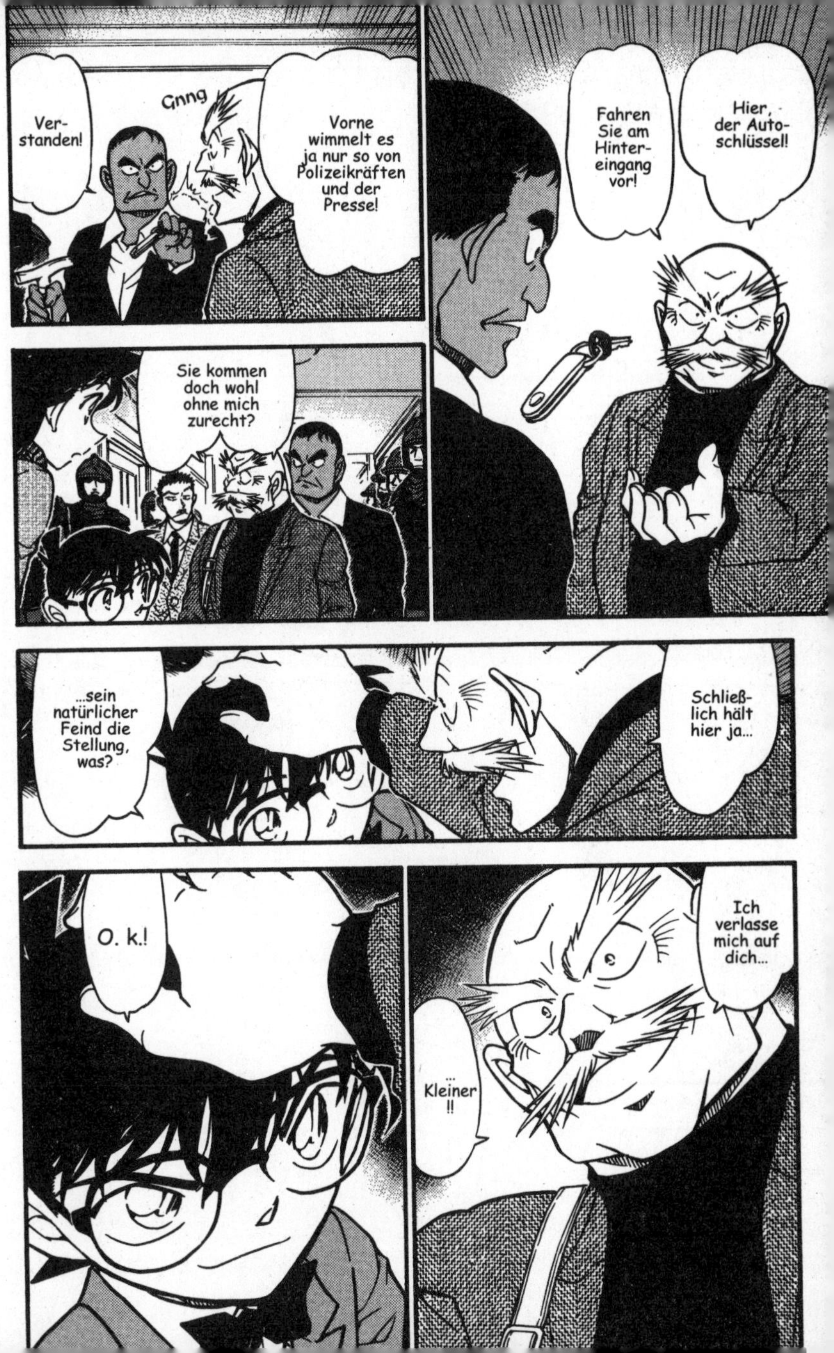
Hier, der Autoschlüssel!
Fahren Sie am Hintereingang vor!
Vorne wimmelt es ja nur so von Polizeikräften und der Presse!
Gnng
Verstanden!
Sie kommen doch wohl ohne mich zurecht?
Schließlich hält hier ja...
...sein natürlicher Feind die Stellung, was?
Ich verlasse mich auf dich...
...Kleiner!!
O. k.!

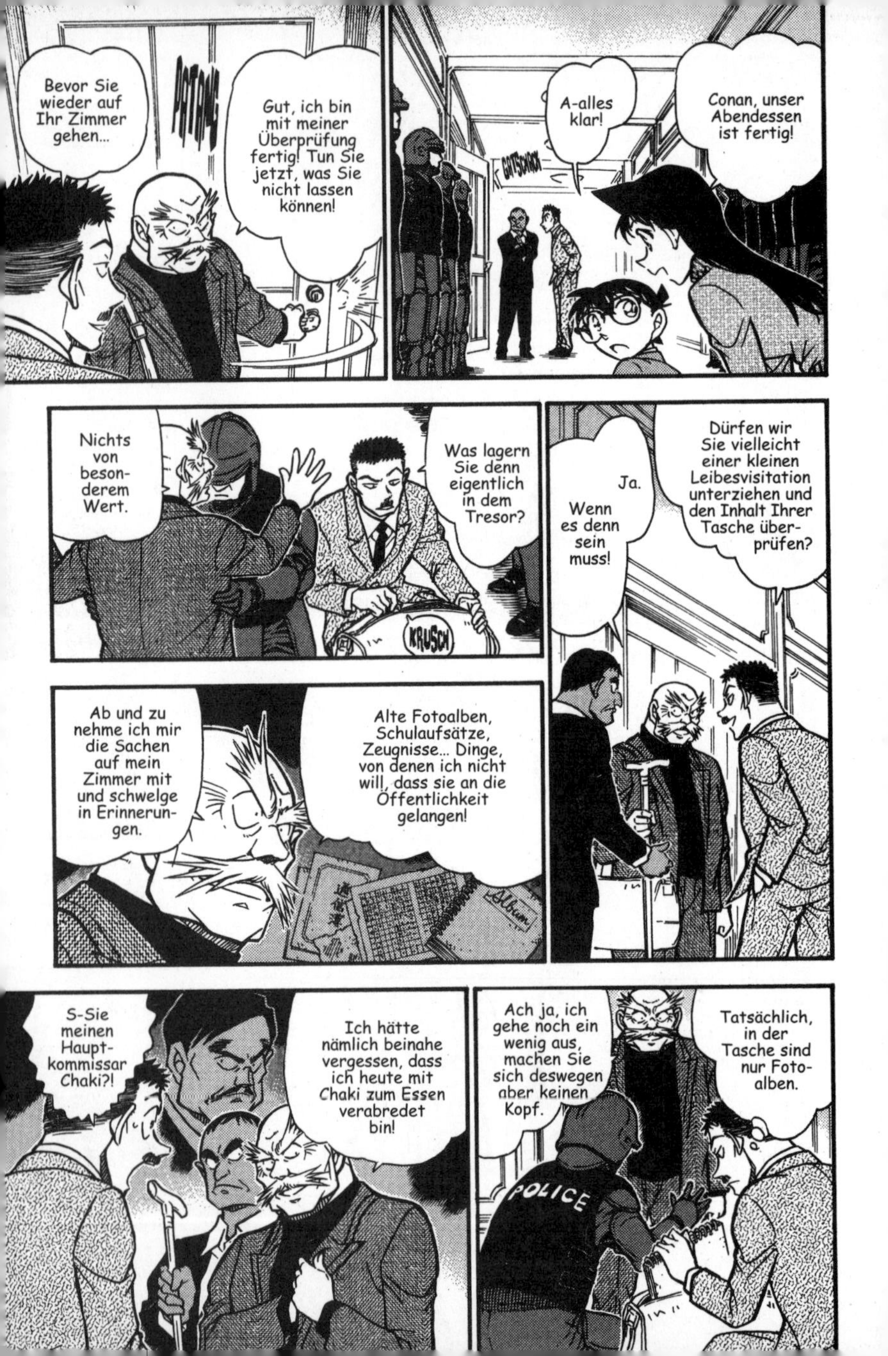

Conan, unser Abendessen ist fertig!
A-alles klar!
GATSCHACK
Gut, ich bin mit meiner Überprüfung fertig! Tun Sie jetzt, was Sie nicht lassen können!
PATANG
Bevor Sie wieder auf Ihr Zimmer gehen...
Dürfen wir Sie vielleicht einer kleinen Leibesvisitation unterziehen und den Inhalt Ihrer Tasche überprüfen?
Ja.
Wenn es denn sein muss!
Was lagern Sie denn eigentlich in dem Tresor?
Nichts von besonderem Wert.
KRUSCH
Alte Fotoalben, Schulaufsätze, Zeugnisse... Dinge, von denen ich nicht will, dass sie an die Öffentlichkeit gelangen!
Ab und zu nehme ich mir die Sachen auf mein Zimmer mit und schwelge in Erinnerungen.
Tatsächlich, in der Tasche sind nur Fotoalben.
Ach ja, ich gehe noch ein wenig aus, machen Sie sich deswegen aber keinen Kopf.
POLICE
Ich hätte nämlich beinahe vergessen, dass ich heute mit Chaki zum Essen verabredet bin!
S-Sie meinen Hauptkommissar Chaki?!

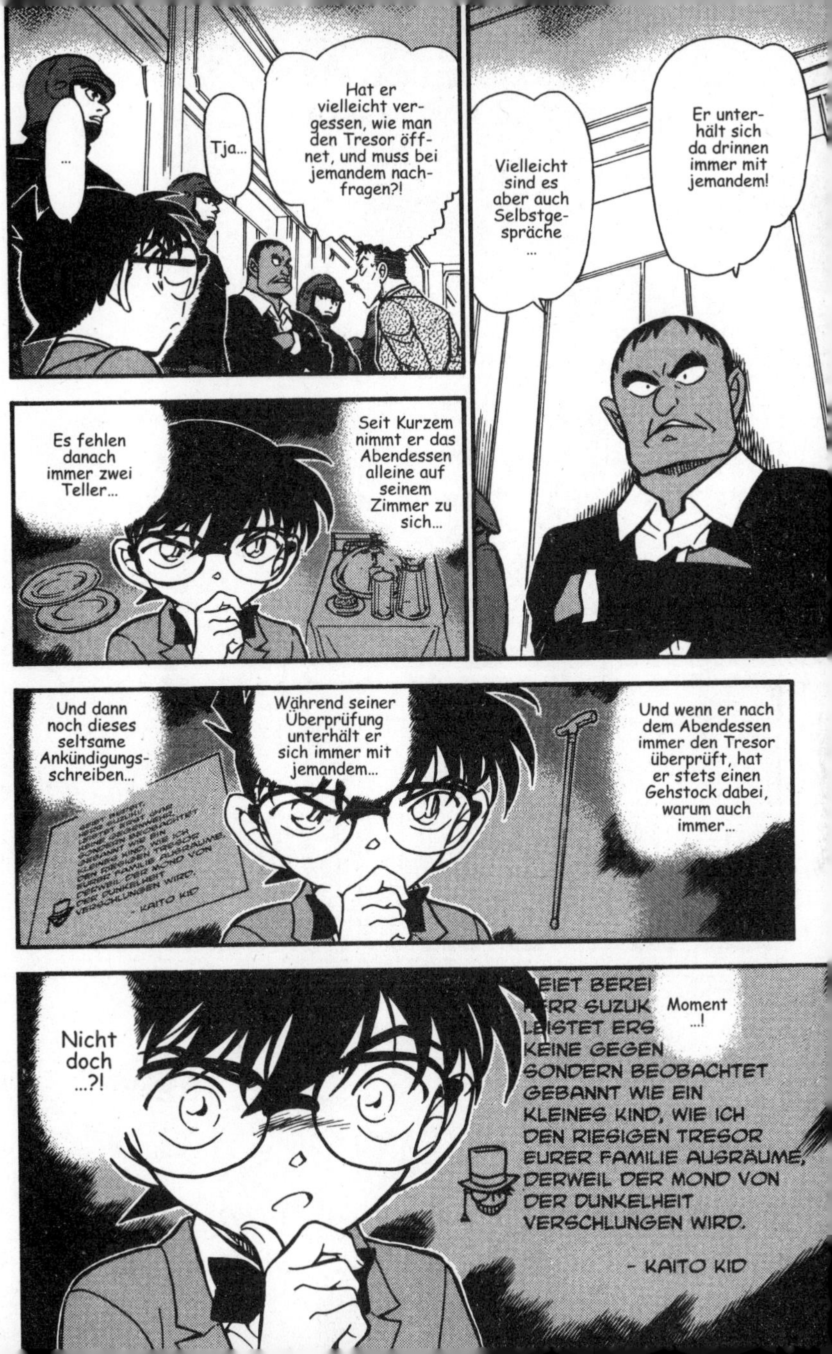
Er unterhält sich da drinnen immer mit jemandem!
Vielleicht sind es aber auch Selbstgespräche ...
Hat er vielleicht vergessen, wie man den Tresor öffnet, und muss bei jemandem nachfragen?!
Tja...
...
Seit Kurzem nimmt er das Abendessen alleine auf seinem Zimmer zu sich...
Es fehlen danach immer zwei Teller...
Und wenn er nach dem Abendessen immer den Tresor überprüft, hat er stets einen Gehstock dabei, warum auch immer...
Während seiner Überprüfung unterhält er sich immer mit jemandem...
Und dann noch dieses seltsame Ankündigungsschreiben...
Moment ...!
SONDERN BEOBACHTET GEBANNT WIE EIN KLEINES KIND, WIE ICH DEN RIESIGEN TRESOR EURER FAMILIE AUSRÄUME, DERWEIL DER MOND VON DER DUNKELHEIT VERSCHLUNGEN WIRD.
- KAITO KID
Nicht doch ...?!

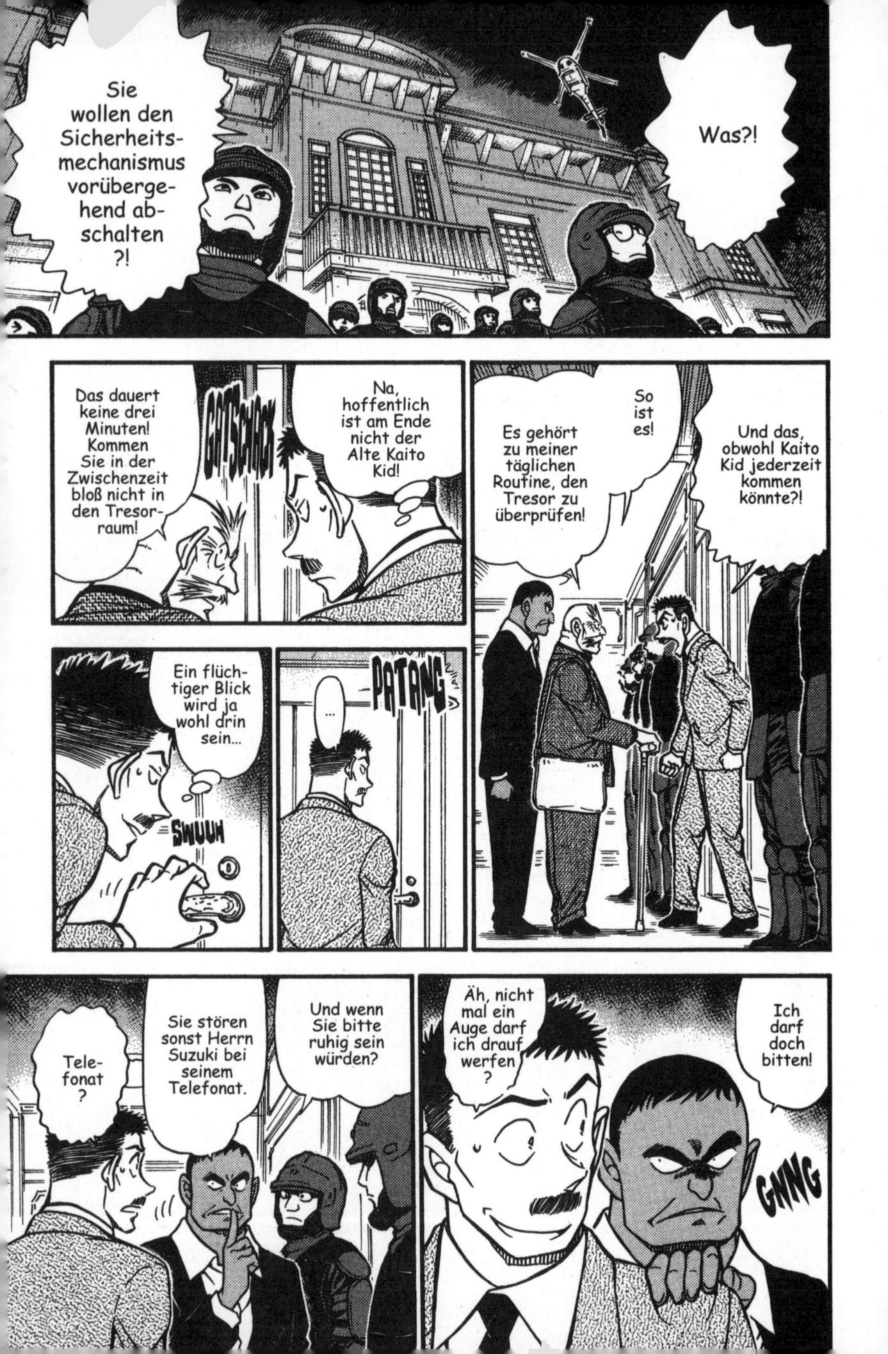
Was?!
Sie wollen den Sicherheits-mechanismus vorüberge-hend ab-schalten ?!
Und das, obwohl Kaito Kid jederzeit kommen könnte?!
So ist es!
Es gehört zu meiner täglichen Routine, den Tresor zu überprüfen!
Na, hoffentlich ist am Ende nicht der Alte Kaito Kid!
GATSCHACK
Das dauert keine drei Minuten! Kommen Sie in der Zwischenzeit bloß nicht in den Tresor-raum!
PATANG
...
Ein flüch-tiger Blick wird ja wohl drin sein...
SWUUH
Ich darf doch bitten!
Äh, nicht mal ein Auge darf ich drauf werfen ?
GNNG
Und wenn Sie bitte ruhig sein würden?
Sie stören sonst Herrn Suzuki bei seinem Telefonat.
Tele-fonat ?

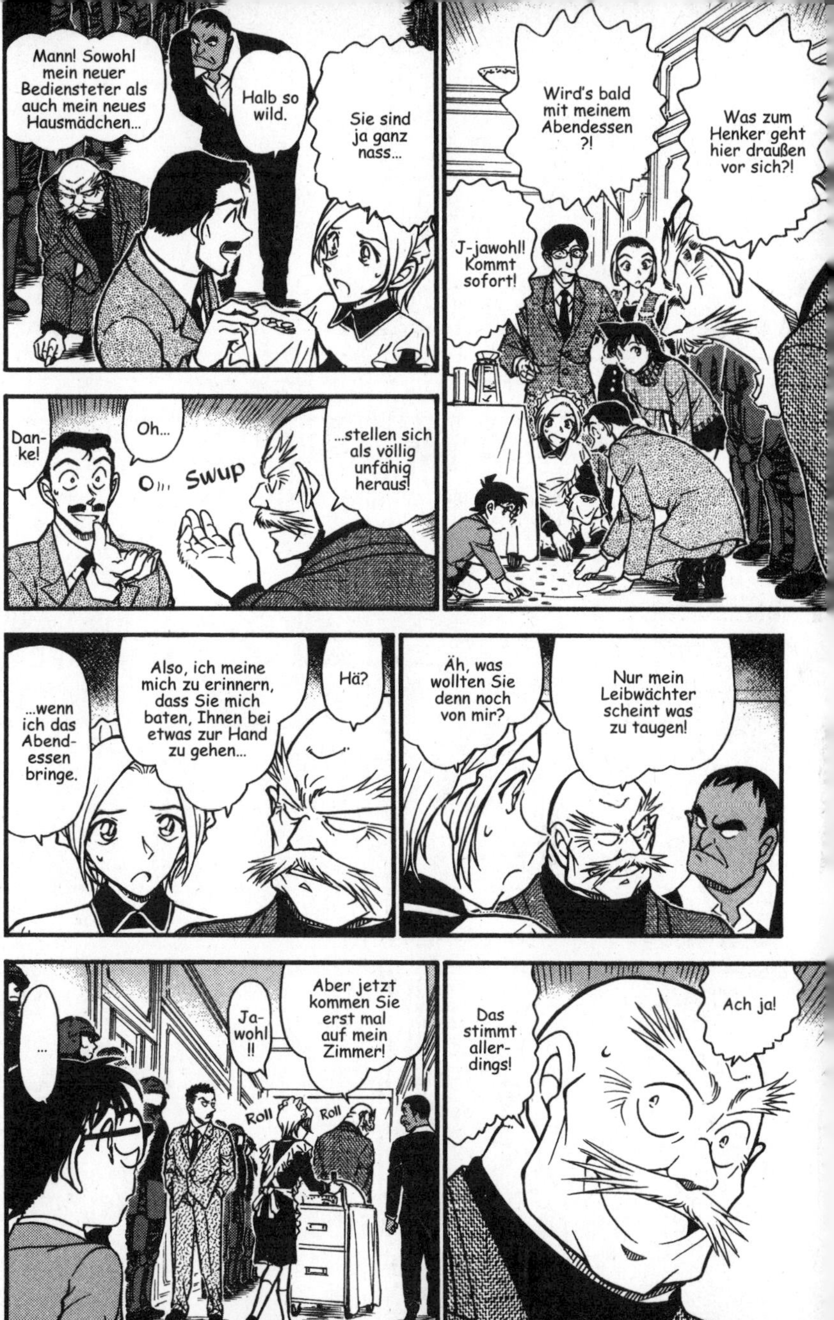
Was zum Henker geht hier draußen vor sich?!
Wird's bald mit meinem Abendessen ?!
J-jawohl! Kommt sofort!
Sie sind ja ganz nass...
Halb so wild.
Mann! Sowohl mein neuer Bediensteter als auch mein neues Hausmädchen...
...stellen sich als völlig unfähig heraus!
Swup
Oh...
Dan-ke!
Nur mein Leibwächter scheint was zu taugen!
Äh, was wollten Sie denn noch von mir?
Hä?
Also, ich meine mich zu erinnern, dass Sie mich baten, Ihnen bei etwas zur Hand zu gehen...
...wenn ich das Abend-essen bringe.
Ach ja!
Das stimmt allerdings!
Aber jetzt kommen Sie erst mal auf mein Zimmer!
Ja-wohl!!
Roll
Roll
...

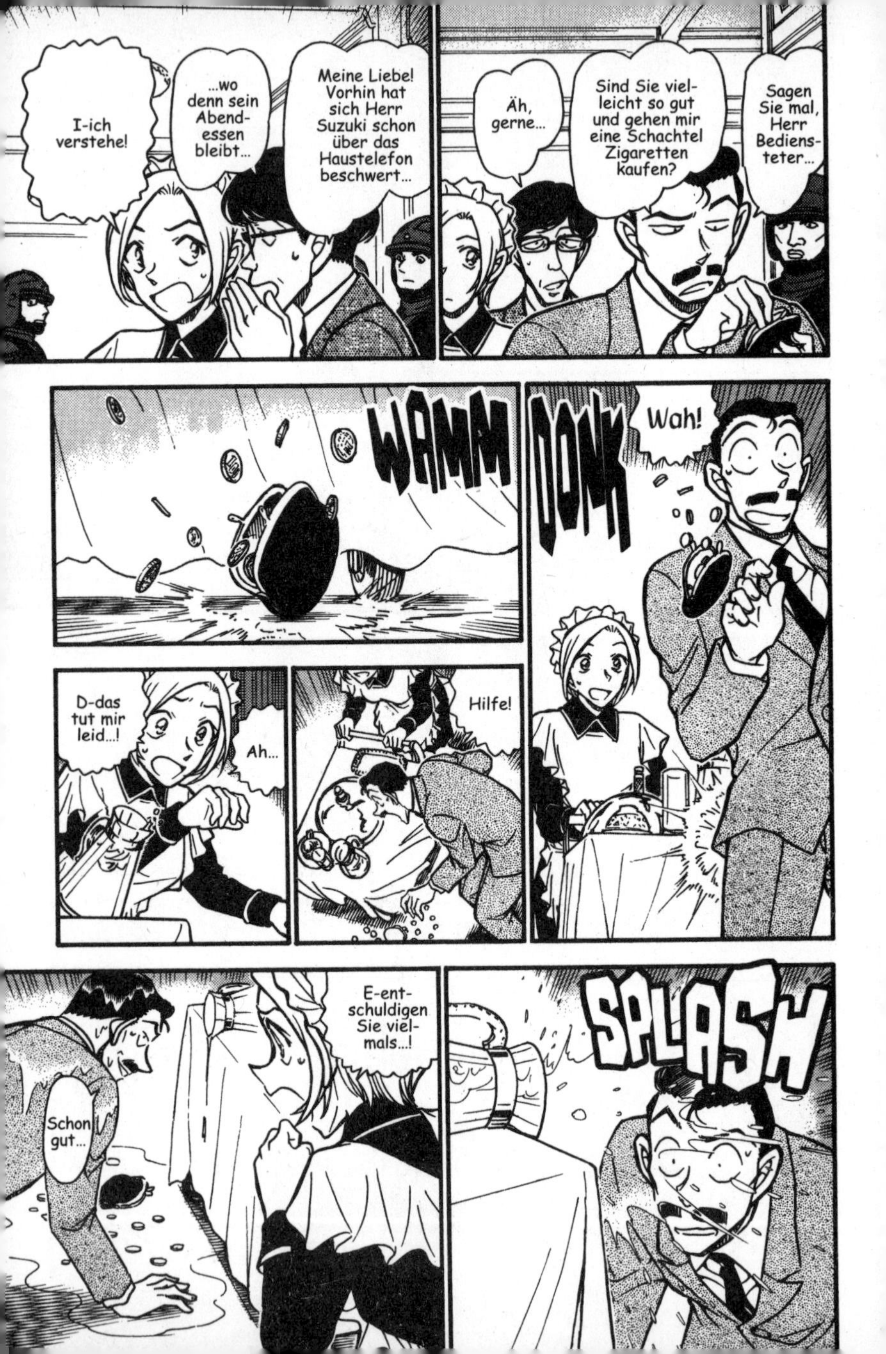
Sagen Sie mal, Herr Bediensteter...
Sind Sie vielleicht so gut und gehen mir eine Schachtel Zigaretten kaufen?
Äh, gerne...
Meine Liebe! Vorhin hat sich Herr Suzuki schon über das Haustelefon beschwert...
...wo denn sein Abendessen bleibt...
I-ich verstehe!
Wah!
DONK
WAMM
Hilfe!
Ah...
D-das tut mir leid...!
SPLASH
E-entschuldigen Sie vielmals...!
Schon gut...

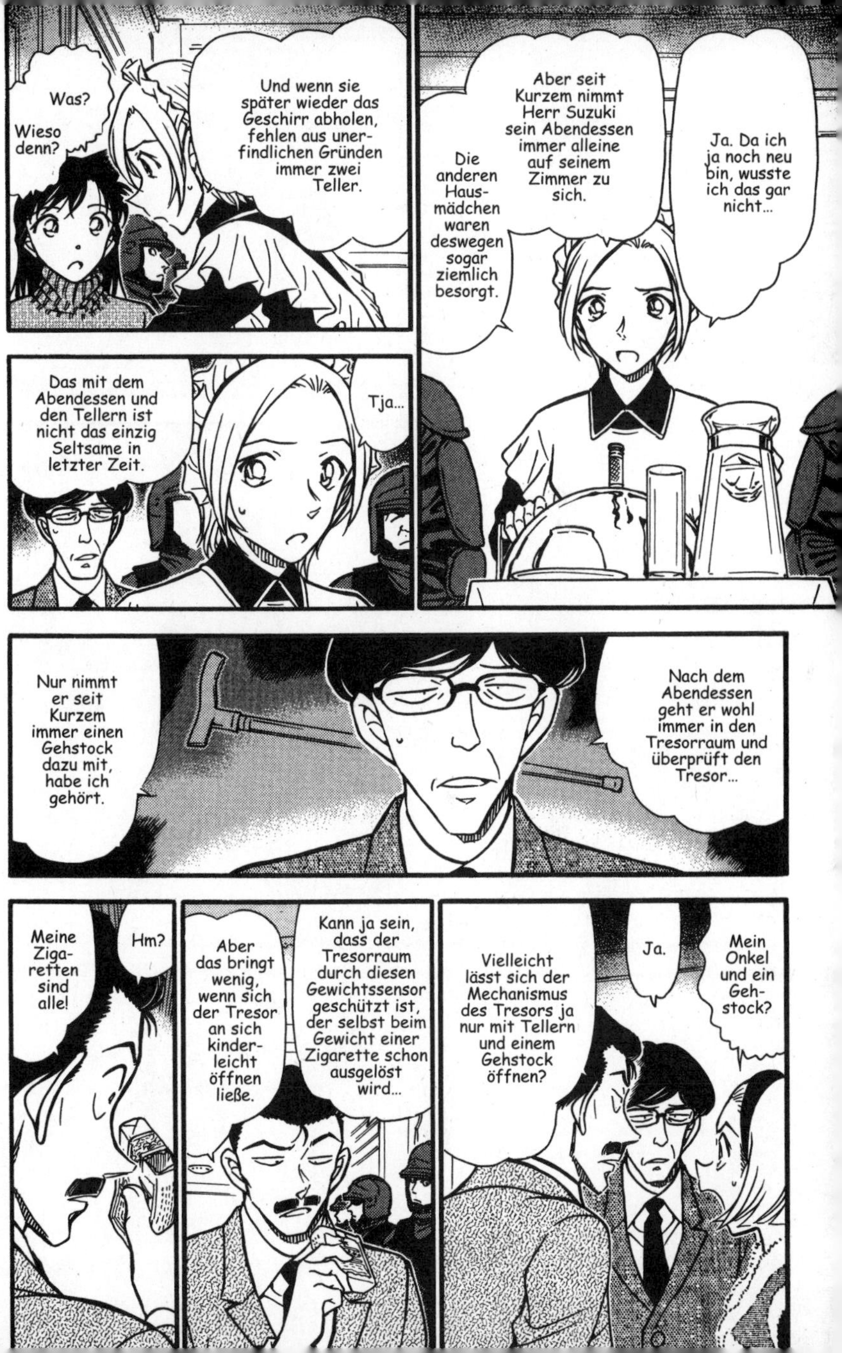
Ja. Da ich ja noch neu bin, wusste ich das gar nicht...
Aber seit Kurzem nimmt Herr Suzuki sein Abendessen immer alleine auf seinem Zimmer zu sich.
Die anderen Hausmädchen waren deswegen sogar ziemlich besorgt.
Und wenn sie später wieder das Geschirr abholen, fehlen aus unerfindlichen Gründen immer zwei Teller.
Was? Wieso denn?
Tja...
Das mit dem Abendessen und den Tellern ist nicht das einzig Seltsame in letzter Zeit.
Nach dem Abendessen geht er wohl immer in den Tresorraum und überprüft den Tresor...
Nur nimmt er seit Kurzem immer einen Gehstock dazu mit, habe ich gehört.
Mein Onkel und ein Gehstock?
Ja.
Vielleicht lässt sich der Mechanismus des Tresors ja nur mit Tellern und einem Gehstock öffnen?
Kann ja sein, dass der Tresorraum durch diesen Gewichtssensor geschützt ist, der selbst beim Gewicht einer Zigarette schon ausgelöst wird...
Aber das bringt wenig, wenn sich der Tresor an sich kinderleicht öffnen ließe.
Hm?
Meine Zigaretten sind alle!

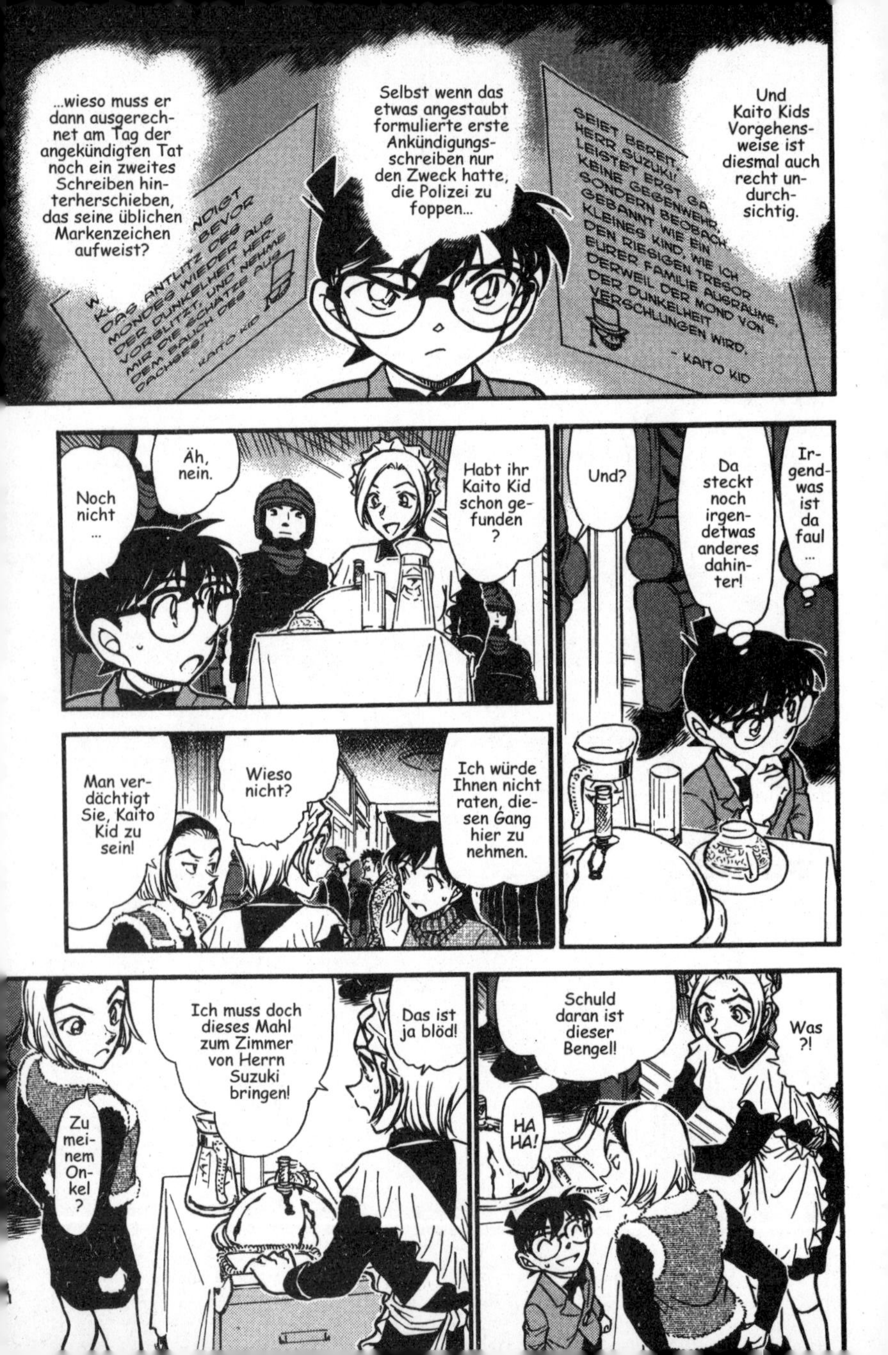
Und Kaito Kids Vorgehensweise ist diesmal auch recht undurchsichtig.
Selbst wenn das etwas angestaubt formulierte erste Ankündigungsschreiben nur den Zweck hatte, die Polizei zu foppen...
...wieso muss er dann ausgerechnet am Tag der angekündigten Tat noch ein zweites Schreiben hinterherschieben, das seine üblichen Markenzeichen aufweist?
SEIET BEREIT, HERR SUZUKI! LEISTET ERST GA KEINE GEGENWEHR, SONDERN BEOBACH GEBANNT WIE EIN KLEINES KIND, WIE ICH DEN RIESIGEN TRESOR EURER FAMILIE AUSRÄUME, DERWEIL DER MOND VON DER DUNKELHEIT VERSCHLUNGEN WIRD.
- KAITO KID
DAS ANTLITZ DES MONDES WIEDER AUS DER DUNKELHEIT HERVORBLITZT, UND NEHME MIR DIE SCHÄTZE AUS DEM BAUCH DES DACHSES!
- KAITO KID
Irgendwas ist da faul...
Da steckt noch irgendetwas anderes dahinter!
Und?
Habt ihr Kaito Kid schon gefunden?
Äh, nein.
Noch nicht...
Ich würde Ihnen nicht raten, diesen Gang hier zu nehmen.
Wieso nicht?
Man verdächtigt Sie, Kaito Kid zu sein!
Was?!
Schuld daran ist dieser Bengel!
HA HA!
Das ist ja blöd!
Ich muss doch dieses Mahl zum Zimmer von Herrn Suzuki bringen!
Zu meinem Onkel?

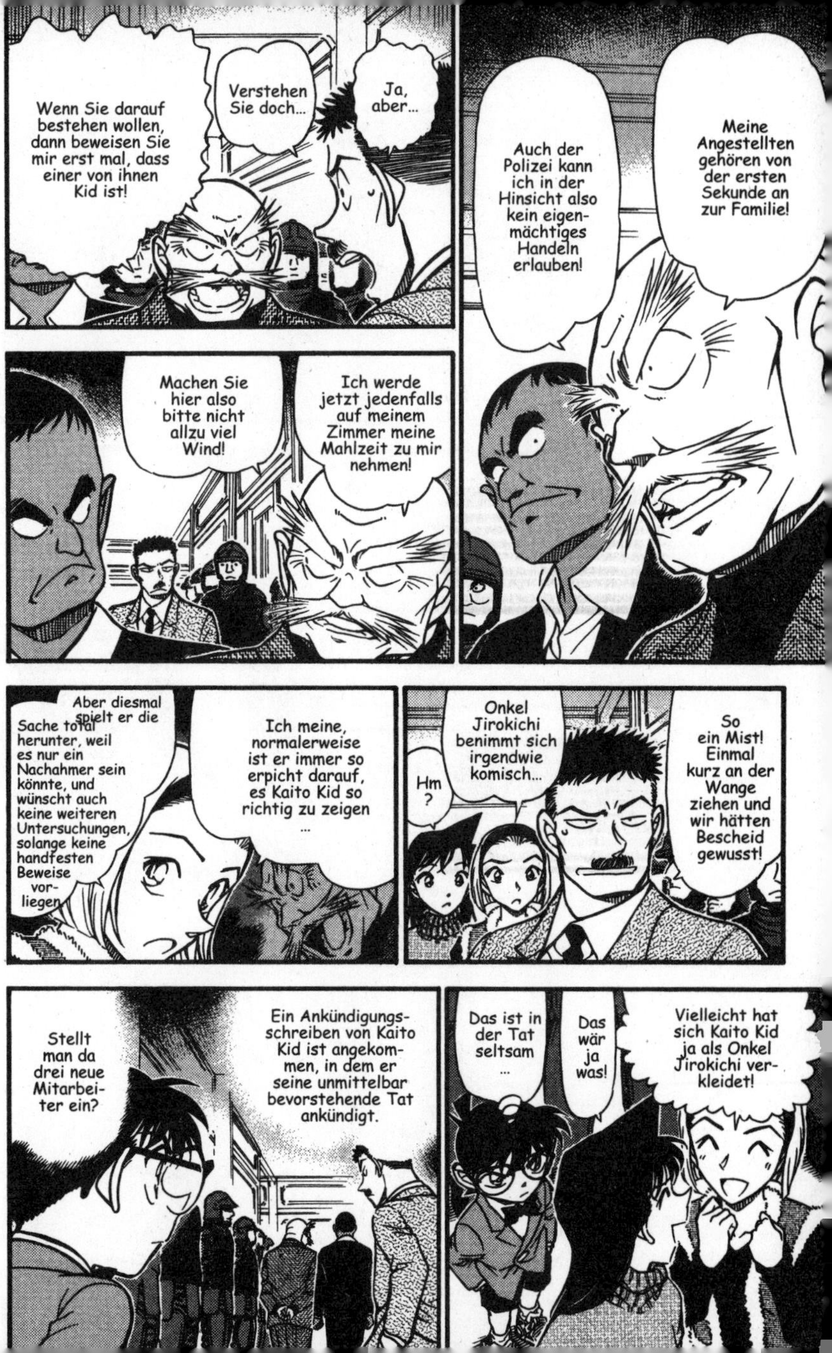
Meine Angestellten gehören von der ersten Sekunde an zur Familie!
Auch der Polizei kann ich in der Hinsicht also kein eigenmächtiges Handeln erlauben!
Ja, aber...
Verstehen Sie doch...
Wenn Sie darauf bestehen wollen, dann beweisen Sie mir erst mal, dass einer von ihnen Kid ist!
Ich werde jetzt jedenfalls auf meinem Zimmer meine Mahlzeit zu mir nehmen!
Machen Sie hier also bitte nicht allzu viel Wind!
So ein Mist! Einmal kurz an der Wange ziehen und wir hätten Bescheid gewusst!
Onkel Jirokichi benimmt sich irgendwie komisch...
Hm?
Ich meine, normalerweise ist er immer so erpicht darauf, es Kaito Kid so richtig zu zeigen ...
Aber diesmal spielt er die Sache total herunter, weil es nur ein Nachahmer sein könnte, und wünscht auch keine weiteren Untersuchungen, solange keine handfesten Beweise vorliegen.
Vielleicht hat sich Kaito Kid ja als Onkel Jirokichi verkleidet!
Das wär ja was!
Das ist in der Tat seltsam ...
Ein Ankündigungsschreiben von Kaito Kid ist angekommen, in dem er seine unmittelbar bevorstehende Tat ankündigt.
Stellt man da drei neue Mitarbeiter ein?

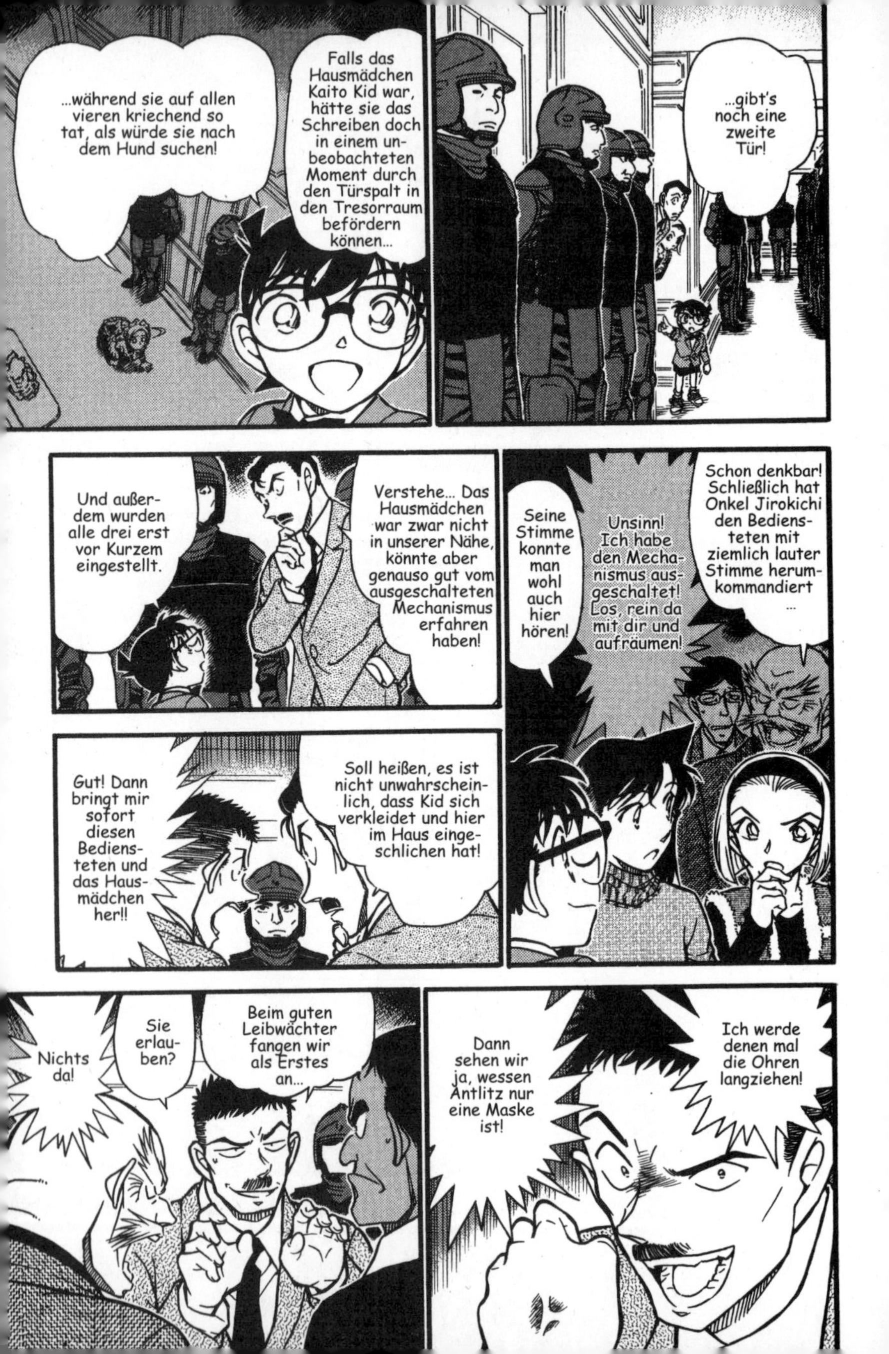

...gibt's noch eine zweite Tür!
Falls das Hausmädchen Kaito Kid war, hätte sie das Schreiben doch in einem unbeobachteten Moment durch den Türspalt in den Tresorraum befördern können...
...während sie auf allen vieren kriechend so tat, als würde sie nach dem Hund suchen!
Verstehe... Das Hausmädchen war zwar nicht in unserer Nähe, könnte aber genauso gut vom ausgeschalteten Mechanismus erfahren haben!
Und außerdem wurden alle drei erst vor Kurzem eingestellt.
Seine Stimme konnte man wohl auch hier hören!
Unsinn! Ich habe den Mechanismus ausgeschaltet! Los, rein da mit dir und aufräumen!
Schon denkbar! Schließlich hat Onkel Jirokichi den Bediensteten mit ziemlich lauter Stimme herumkommandiert ...
Soll heißen, es ist nicht unwahrscheinlich, dass Kid sich verkleidet und hier im Haus eingeschlichen hat!
Gut! Dann bringt mir sofort diesen Bediensteten und das Hausmädchen her!!
Ich werde denen mal die Ohren langziehen!
Dann sehen wir ja, wessen Antlitz nur eine Maske ist!
Beim guten Leibwächter fangen wir als Erstes an...
Sie erlauben?
Nichts da!

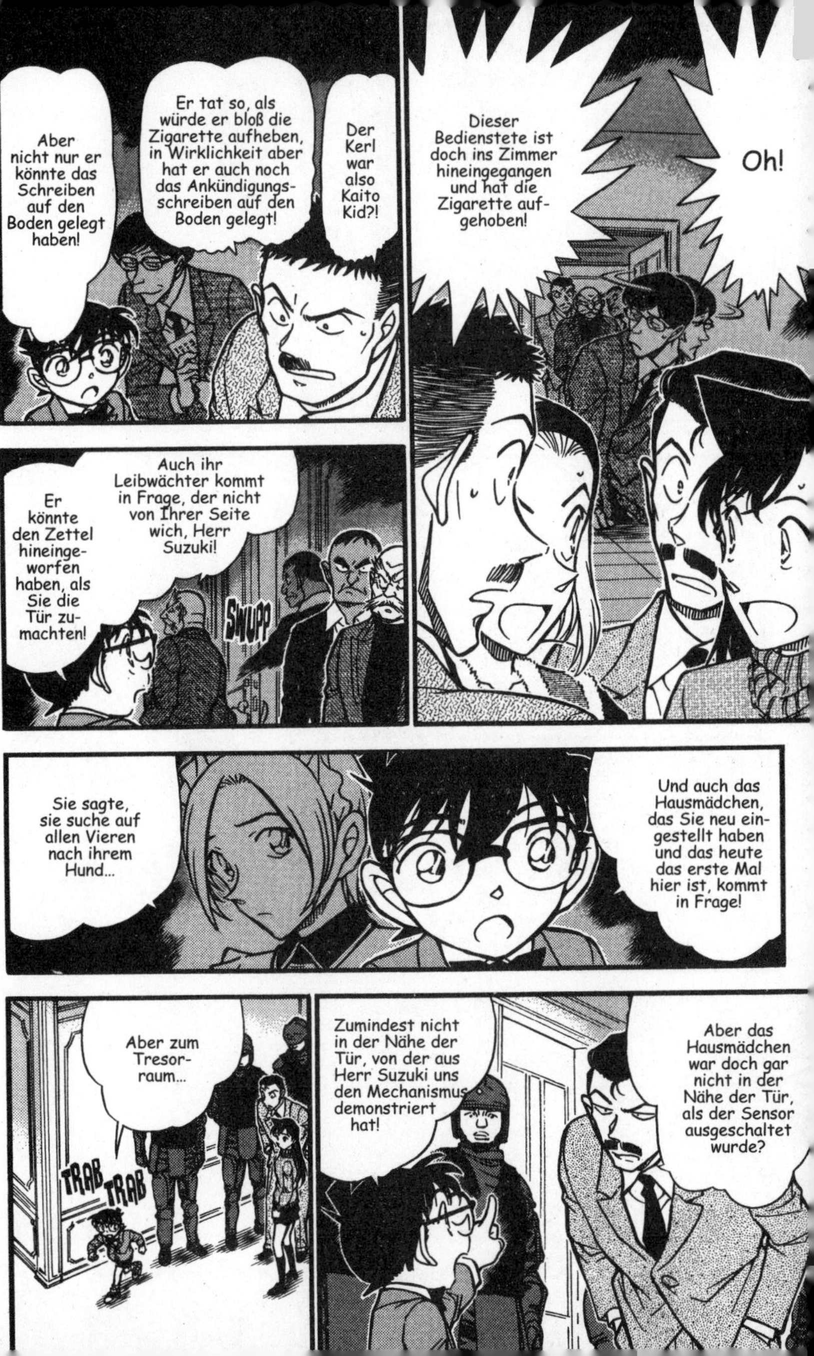
Oh!
Dieser Bedienstete ist doch ins Zimmer hineingegangen und hat die Zigarette aufgehoben!
Der Kerl war also Kaito Kid?!
Er tat so, als würde er bloß die Zigarette aufheben, in Wirklichkeit aber hat er auch noch das Ankündigungsschreiben auf den Boden gelegt!
Aber nicht nur er könnte das Schreiben auf den Boden gelegt haben!
Auch ihr Leibwächter kommt in Frage, der nicht von Ihrer Seite wich, Herr Suzuki!
SWUPP
Er könnte den Zettel hineingeworfen haben, als Sie die Tür zumachten!
Und auch das Hausmädchen, das Sie neu eingestellt haben und das heute das erste Mal hier ist, kommt in Frage!
Sie sagte, sie suche auf allen Vieren nach ihrem Hund...
Aber das Hausmädchen war doch gar nicht in der Nähe der Tür, als der Sensor ausgeschaltet wurde?
Zumindest nicht in der Nähe der Tür, von der aus Herr Suzuki uns den Mechanismus demonstriert hat!
Aber zum Tresorraum...
TRAB TRAB

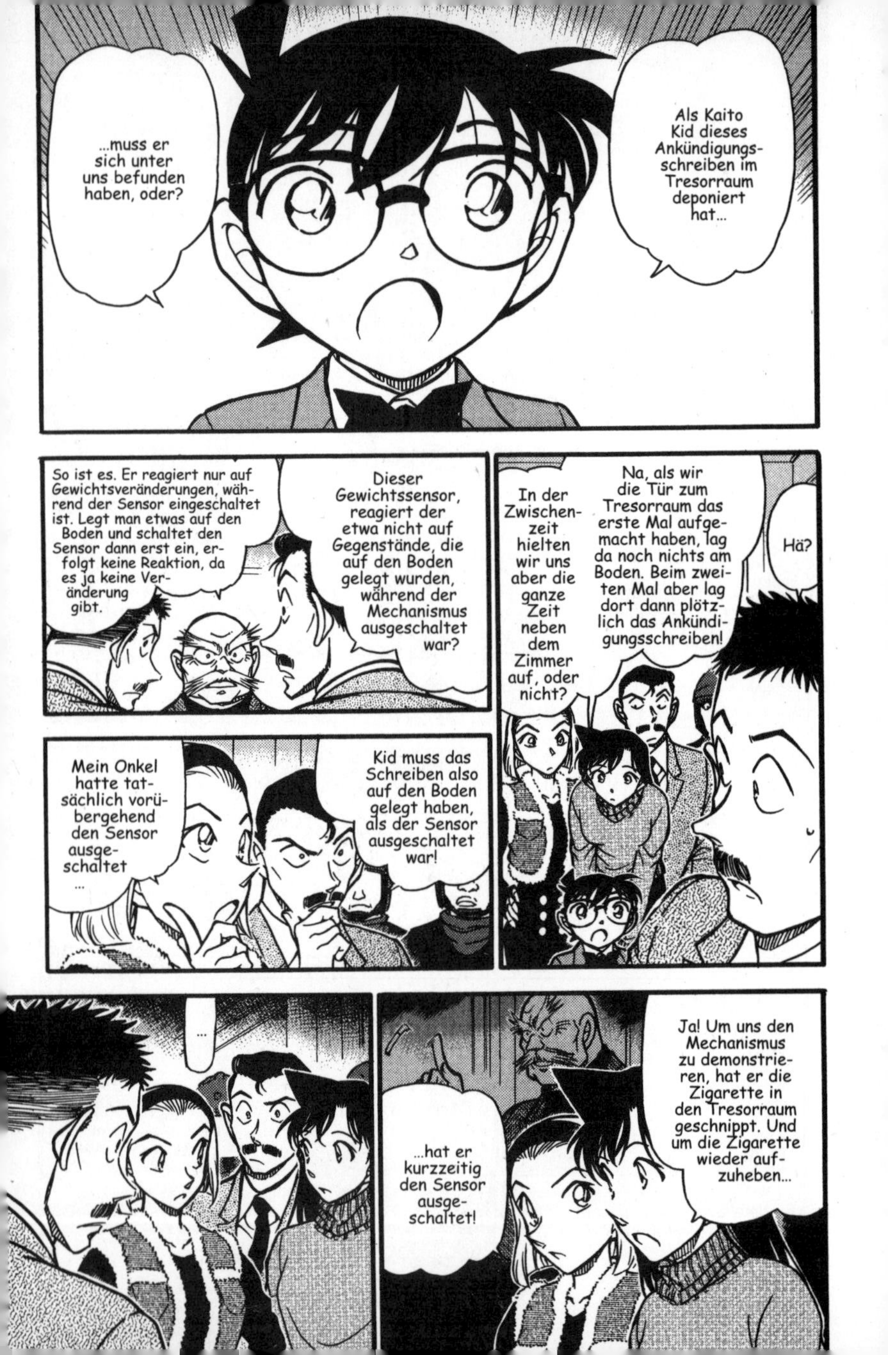
Als Kaito Kid dieses Ankündigungsschreiben im Tresorraum deponiert hat...
...muss er sich unter uns befunden haben, oder?
Hä?
Na, als wir die Tür zum Tresorraum das erste Mal aufgemacht haben, lag da noch nichts am Boden. Beim zweiten Mal aber lag dort dann plötzlich das Ankündigungsschreiben!
In der Zwischenzeit hielten wir uns aber die ganze Zeit neben dem Zimmer auf, oder nicht?
Dieser Gewichtssensor, reagiert der etwa nicht auf Gegenstände, die auf den Boden gelegt wurden, während der Mechanismus ausgeschaltet war?
So ist es. Er reagiert nur auf Gewichtsveränderungen, während der Sensor eingeschaltet ist. Legt man etwas auf den Boden und schaltet den Sensor dann erst ein, erfolgt keine Reaktion, da es ja keine Veränderung gibt.
Kid muss das Schreiben also auf den Boden gelegt haben, als der Sensor ausgeschaltet war!
Mein Onkel hatte tatsächlich vorübergehend den Sensor ausgeschaltet ...
Ja! Um uns den Mechanismus zu demonstrieren, hat er die Zigarette in den Tresorraum geschnippt. Und um die Zigarette wieder aufzuheben...
...hat er kurzzeitig den Sensor ausgeschaltet!
...

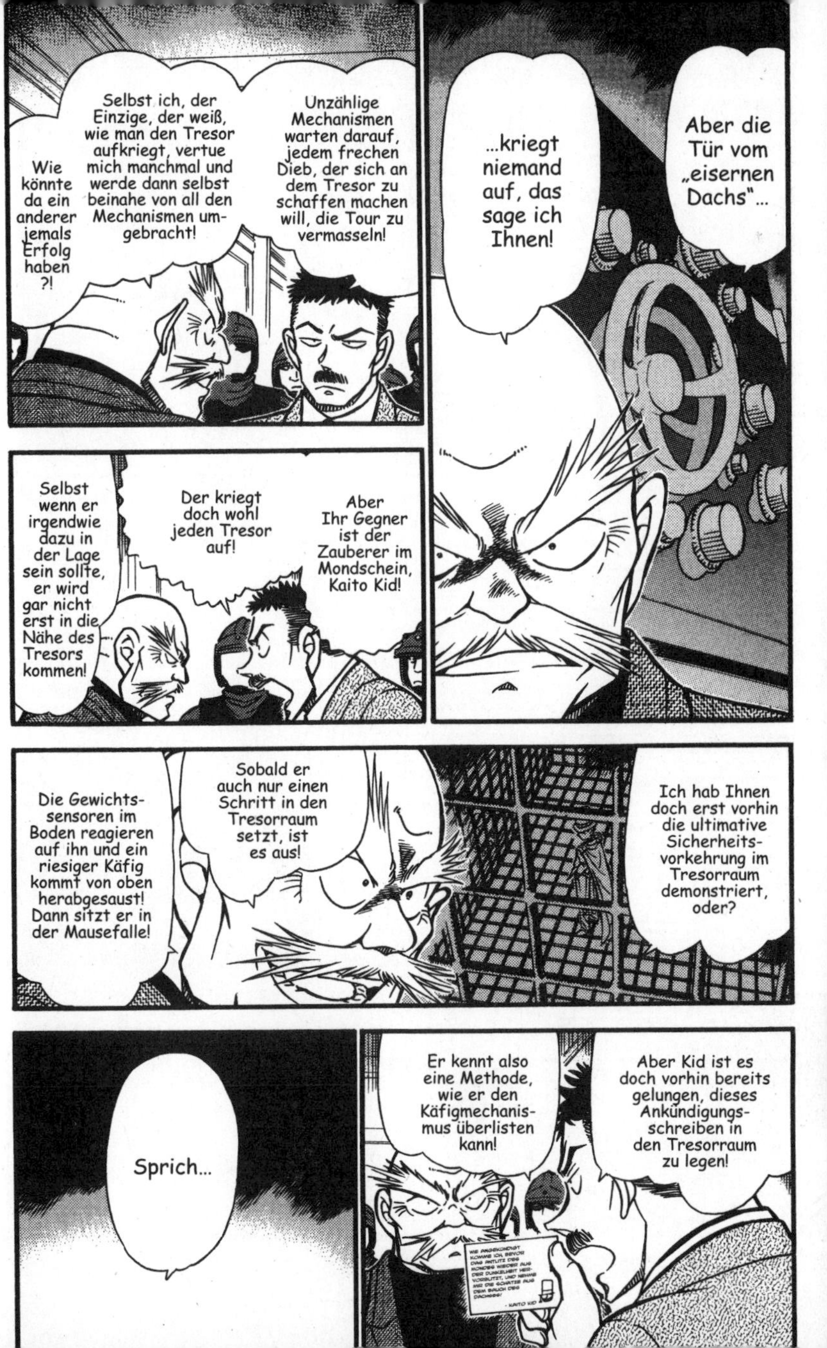
Aber die Tür vom „eisernen Dachs"...
...kriegt niemand auf, das sage ich Ihnen!
Unzählige Mechanismen warten darauf, jedem frechen Dieb, der sich an dem Tresor zu schaffen machen will, die Tour zu vermasseln!
Selbst ich, der Einzige, der weiß, wie man den Tresor aufkriegt, vertue mich manchmal und werde dann selbst beinahe von all den Mechanismen umgebracht!
Wie könnte da ein anderer jemals Erfolg haben?!
Aber Ihr Gegner ist der Zauberer im Mondschein, Kaito Kid!
Der kriegt doch wohl jeden Tresor auf!
Selbst wenn er irgendwie dazu in der Lage sein sollte, er wird gar nicht erst in die Nähe des Tresors kommen!
Ich hab Ihnen doch erst vorhin die ultimative Sicherheitsvorkehrung im Tresorraum demonstriert, oder?
Sobald er auch nur einen Schritt in den Tresorraum setzt, ist es aus!
Die Gewichtssensoren im Boden reagieren auf ihn und ein riesiger Käfig kommt von oben herabgesaust! Dann sitzt er in der Mausefalle!
Aber Kid ist es doch vorhin bereits gelungen, dieses Ankündigungsschreiben in den Tresorraum zu legen!
Er kennt also eine Methode, wie er den Käfigmechanismus überlisten kann!
WIE ANGEKÜNDIGT KOMME ICH, BEVOR DAS ANTLITZ DES MONDES WIEDER AUS DER DUNKELHEIT HERVORBLITZT, UND NEHME MIR DIE SCHÄTZE AUS DEM BAUCH DES DACHSES!
- KAITO KID
Sprich...

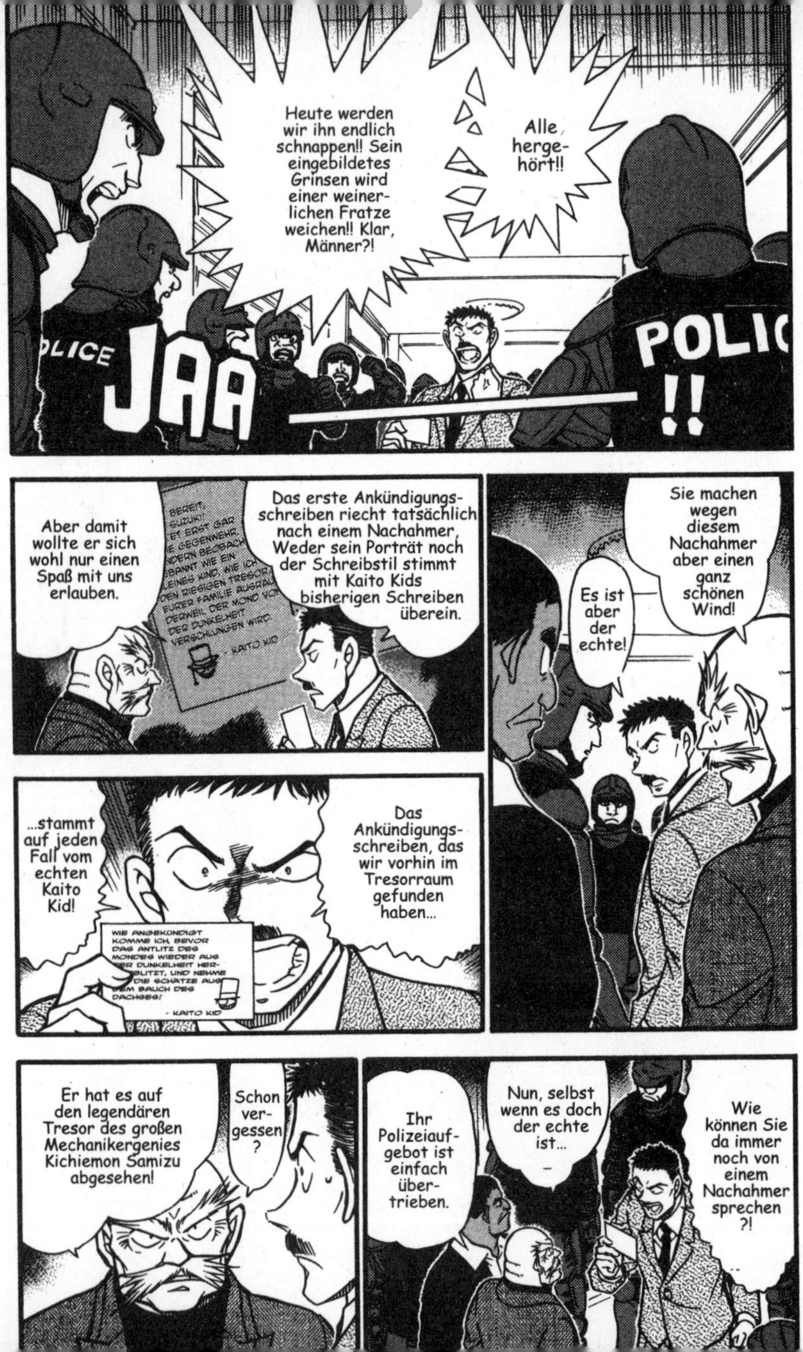

Alle hergehört!!
Heute werden wir ihn endlich schnappen!! Sein eingebildetes Grinsen wird einer weinerlichen Fratze weichen!! Klar, Männer?!
JAA
POLICE
POLIC
!!
Sie machen wegen diesem Nachahmer aber einen ganz schönen Wind!
Es ist aber der echte!
Das erste Ankündigungsschreiben riecht tatsächlich nach einem Nachahmer, Weder sein Porträt noch der Schreibstil stimmt mit Kaito Kids bisherigen Schreiben überein.
Aber damit wollte er sich wohl nur einen Spaß mit uns erlauben.
Das Ankündigungsschreiben, das wir vorhin im Tresorraum gefunden haben...
...stammt auf jeden Fall vom echten Kaito Kid!
Wie können Sie da immer noch von einem Nachahmer sprechen?!
Nun, selbst wenn es doch der echte ist...
Ihr Polizeiaufgebot ist einfach übertrieben.
Schon vergessen?
Er hat es auf den legendären Tresor des großen Mechanikergenies Kichiemon Samizu abgesehen!

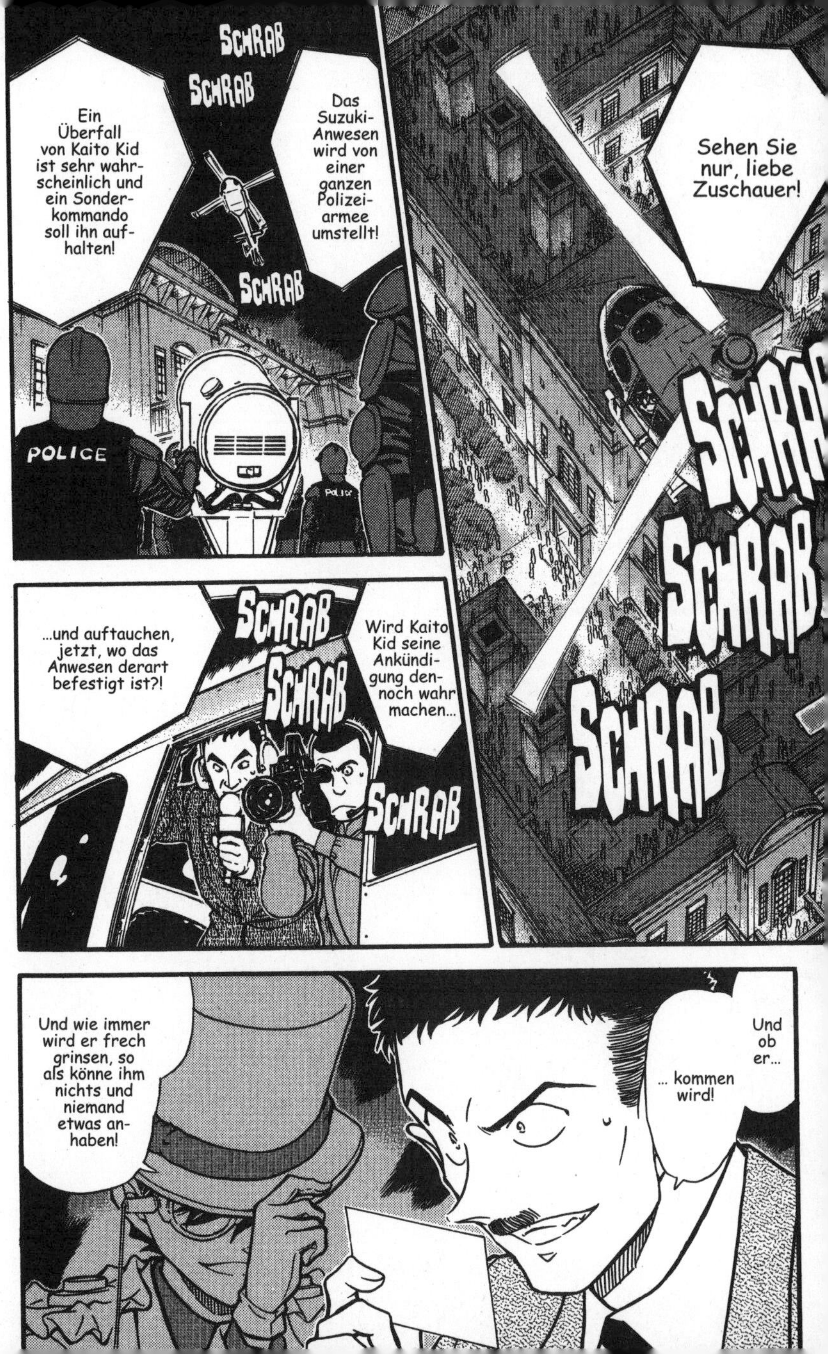
Sehen Sie nur, liebe Zuschauer!
SCHRAB
SCHRAB
SCHRAB
SCHRAB
SCHRAB
Das Suzuki-Anwesen wird von einer ganzen Polizeiarmee umstellt!
Ein Überfall von Kaito Kid ist sehr wahrscheinlich und ein Sonderkommando soll ihn aufhalten!
SCHRAB
POLICE
Wird Kaito Kid seine Ankündigung dennoch wahr machen...
SCHRAB
SCHRAB
...und auftauchen, jetzt, wo das Anwesen derart befestigt ist?!
SCHRAB
Und ob er...
... kommen wird!
Und wie immer wird er frech grinsen, so als könne ihm nichts und niemand etwas anhaben!

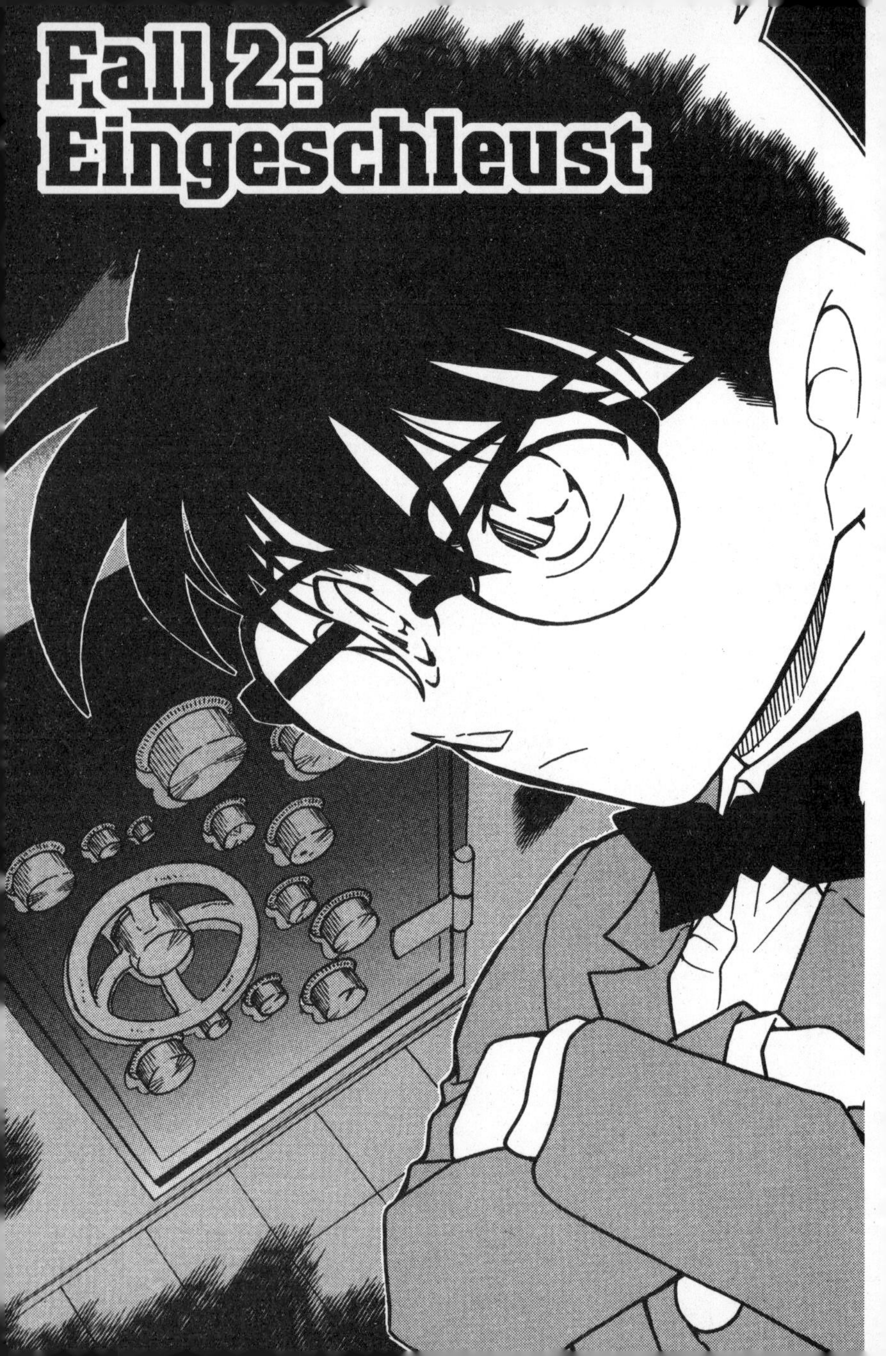
Fall 2:
Eingeschleust

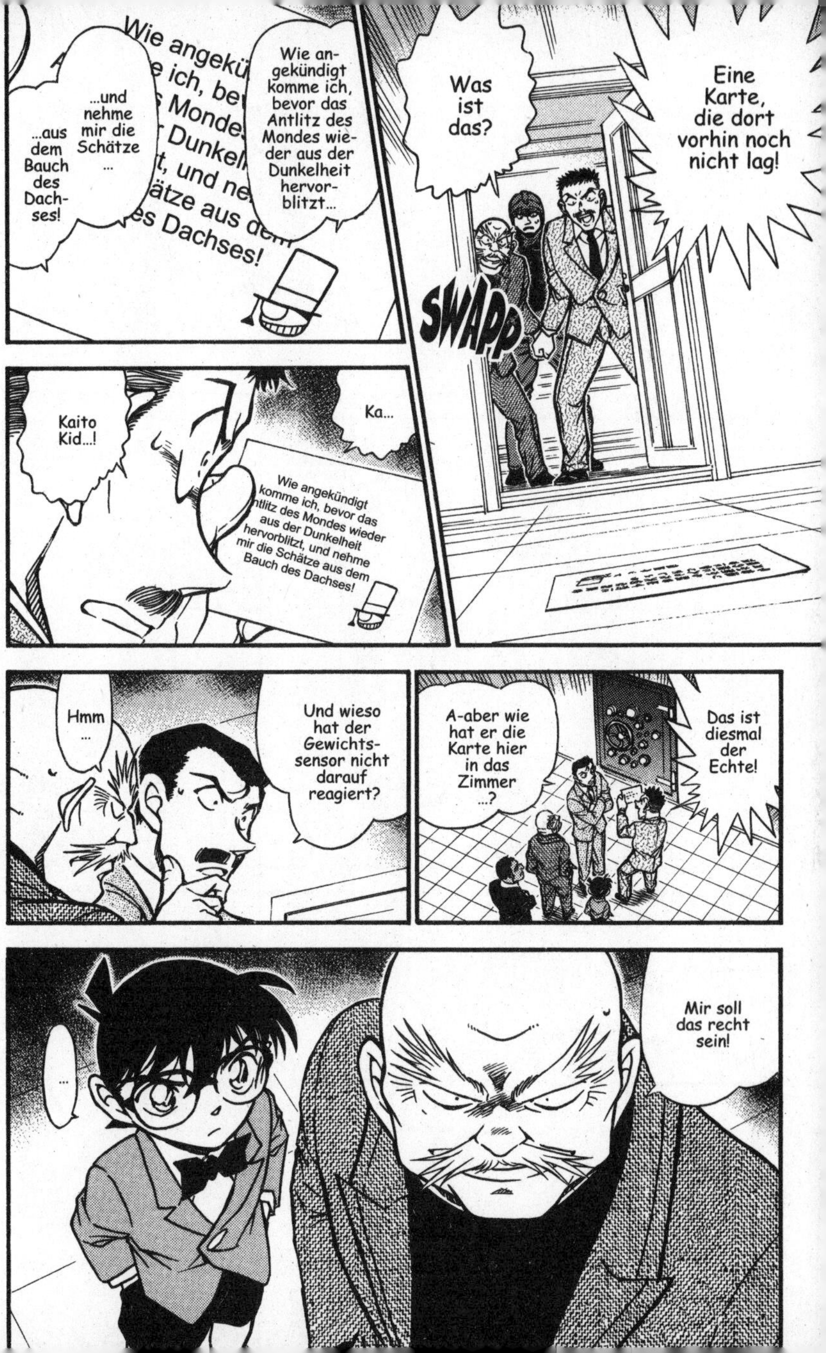
Eine Karte, die dort vorhin noch nicht lag!
Was ist das?
SWAPP
Wie angekündigt komme ich, bevor das Antlitz des Mondes wieder aus der Dunkelheit hervorblitzt...
...und nehme mir die Schätze ...
...aus dem Bauch des Dachses!
Ka...
Kaito Kid...!
Wie angekündigt komme ich, bevor das Antlitz des Mondes wieder aus der Dunkelheit hervorblitzt, und nehme mir die Schätze aus dem Bauch des Dachses!
Das ist diesmal der Echte!
A-aber wie hat er die Karte hier in das Zimmer ...?
Und wieso hat der Gewichtssensor nicht darauf reagiert?
Hmm ...
Mir soll das recht sein!
...

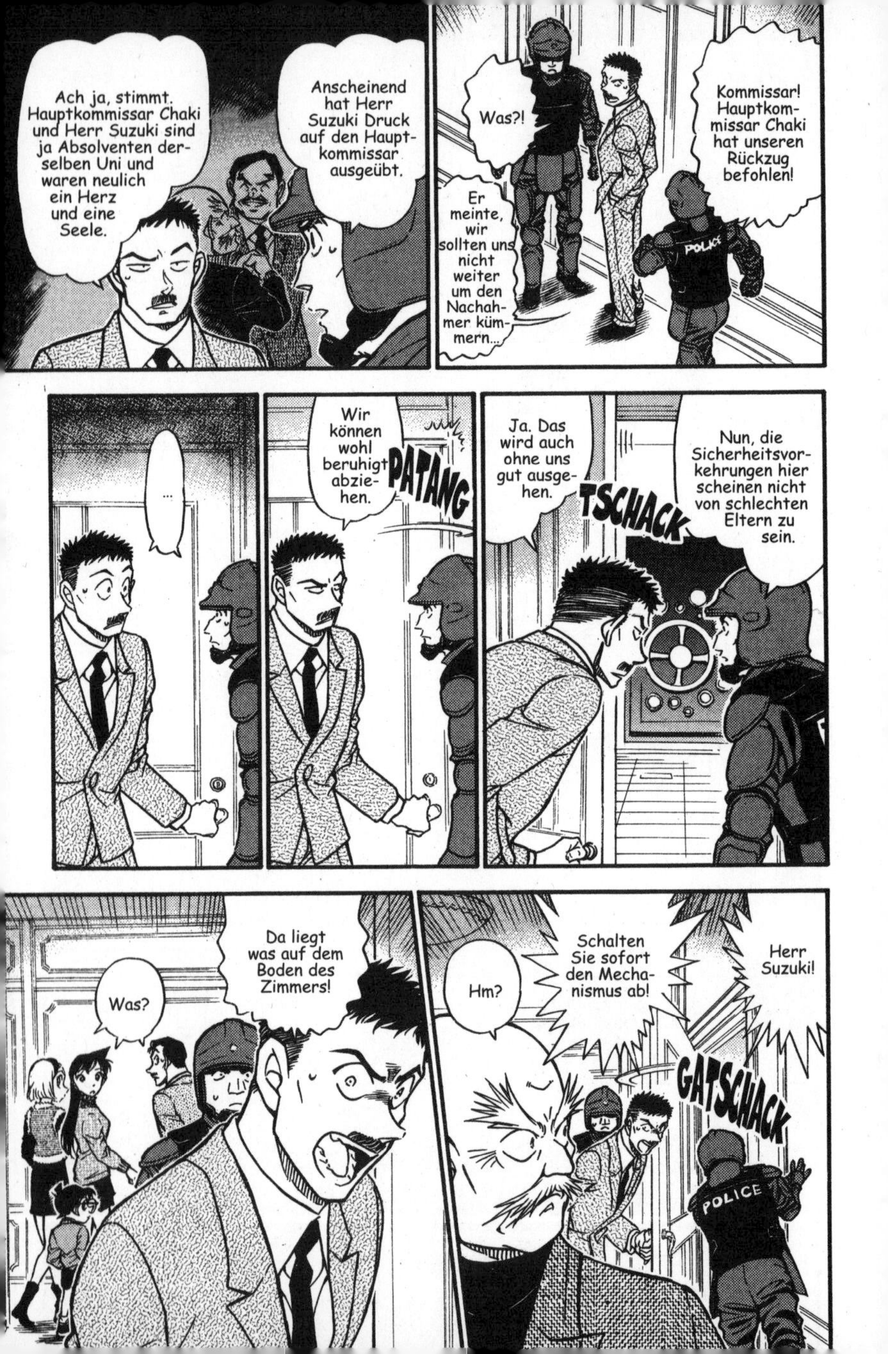

Kommissar! Hauptkommissar Chaki hat unseren Rückzug befohlen!
Was?!
Er meinte, wir sollten uns nicht weiter um den Nachahmer kümmern...
Anscheinend hat Herr Suzuki Druck auf den Hauptkommissar ausgeübt.
Ach ja, stimmt. Hauptkommissar Chaki und Herr Suzuki sind ja Absolventen derselben Uni und waren neulich ein Herz und eine Seele.
Nun, die Sicherheitsvorkehrungen hier scheinen nicht von schlechten Eltern zu sein.
Ja. Das wird auch ohne uns gut ausgehen.
TSCHACK
Wir können wohl beruhigt abziehen.
PATANG
...
Herr Suzuki!
Schalten Sie sofort den Mechanismus ab!
GATSCHACK
Hm?
Da liegt was auf dem Boden des Zimmers!
Was?

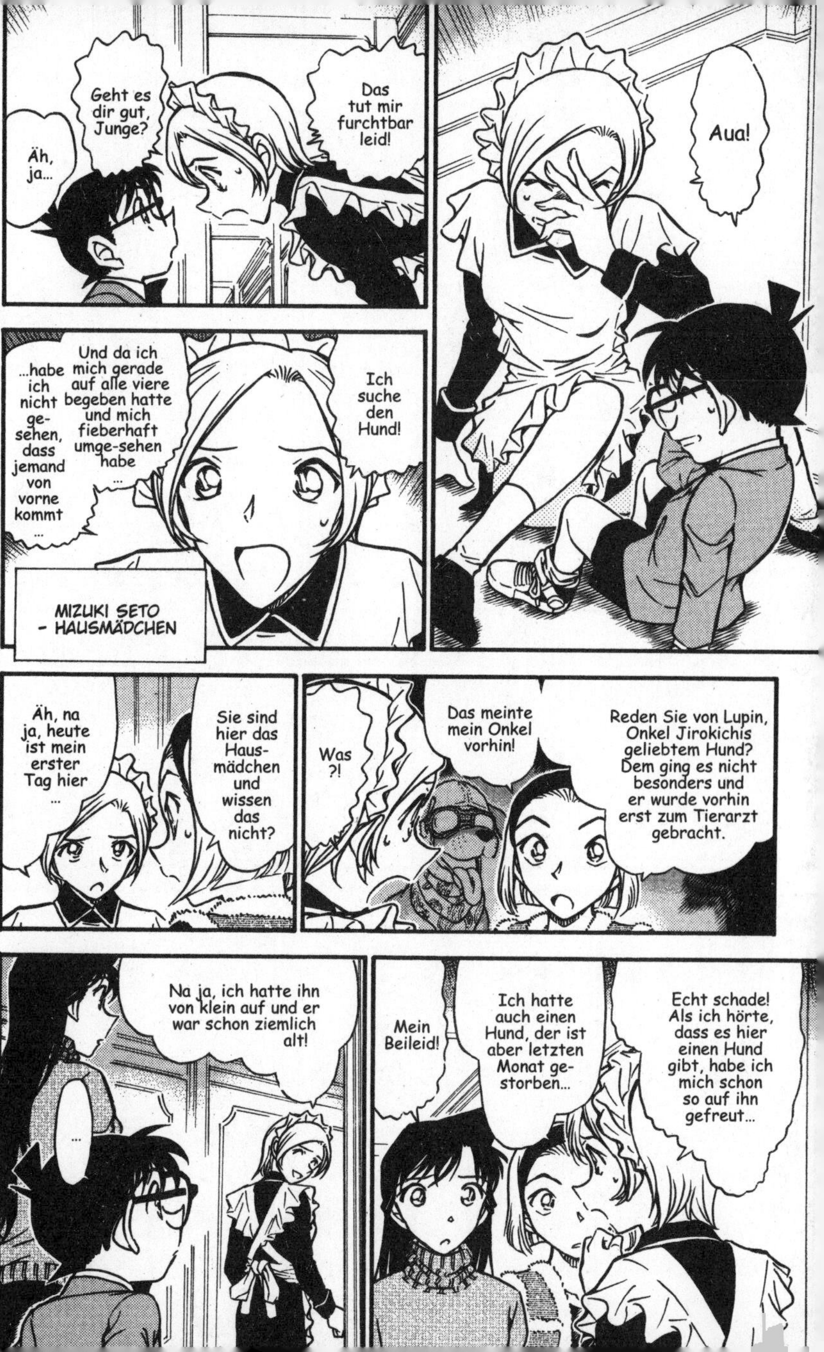
Aua!
Das tut mir furchtbar leid!
Geht es dir gut, Junge?
Äh, ja...
Ich suche den Hund!
Und da ich mich gerade auf alle viere begeben hatte und mich fieberhaft umge-sehen habe ...
...habe ich nicht ge-sehen, dass jemand von vorne kommt ...
MIZUKI SETO - HAUSMÄDCHEN
Reden Sie von Lupin, Onkel Jirokichis geliebtem Hund? Dem ging es nicht besonders und er wurde vorhin erst zum Tierarzt gebracht.
Das meinte mein Onkel vorhin!
Was ?!
Sie sind hier das Haus-mädchen und wissen das nicht?
Äh, na ja, heute ist mein erster Tag hier ...
Echt schade! Als ich hörte, dass es hier einen Hund gibt, habe ich mich schon so auf ihn gefreut...
Ich hatte auch einen Hund, der ist aber letzten Monat ge-storben...
Mein Beileid!
Na ja, ich hatte ihn von klein auf und er war schon ziemlich alt!
...

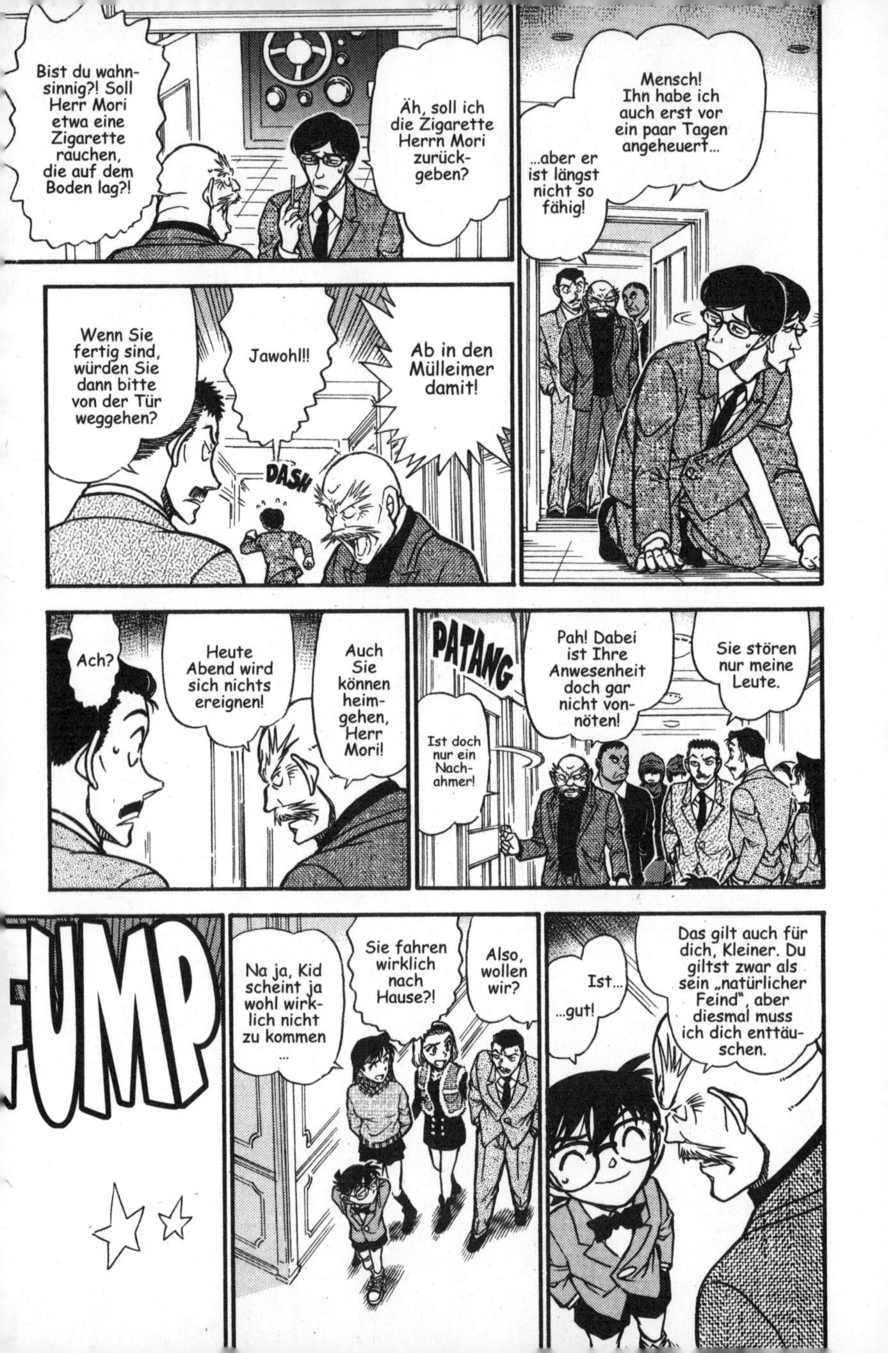
Mensch! Ihn habe ich auch erst vor ein paar Tagen angeheuert...
...aber er ist längst nicht so fähig!
Äh, soll ich die Zigarette Herrn Mori zurückgeben?
Bist du wahnsinnig?! Soll Herr Mori etwa eine Zigarette rauchen, die auf dem Boden lag?!
Ab in den Mülleimer damit!
Jawohl!!
DASH
Wenn Sie fertig sind, würden Sie dann bitte von der Tür weggehen?
Sie stören nur meine Leute.
Pah! Dabei ist Ihre Anwesenheit doch gar nicht vonnöten!
Ist doch nur ein Nachahmer!
PATANG
Auch Sie können heimgehen, Herr Mori!
Heute Abend wird sich nichts ereignen!
Ach?
Das gilt auch für dich, Kleiner. Du giltst zwar als sein „natürlicher Feind", aber diesmal muss ich dich enttäuschen.
Ist...
...gut!
Also, wollen wir?
Sie fahren wirklich nach Hause?!
Na ja, Kid scheint ja wohl wirklich nicht zu kommen ...
FUMP

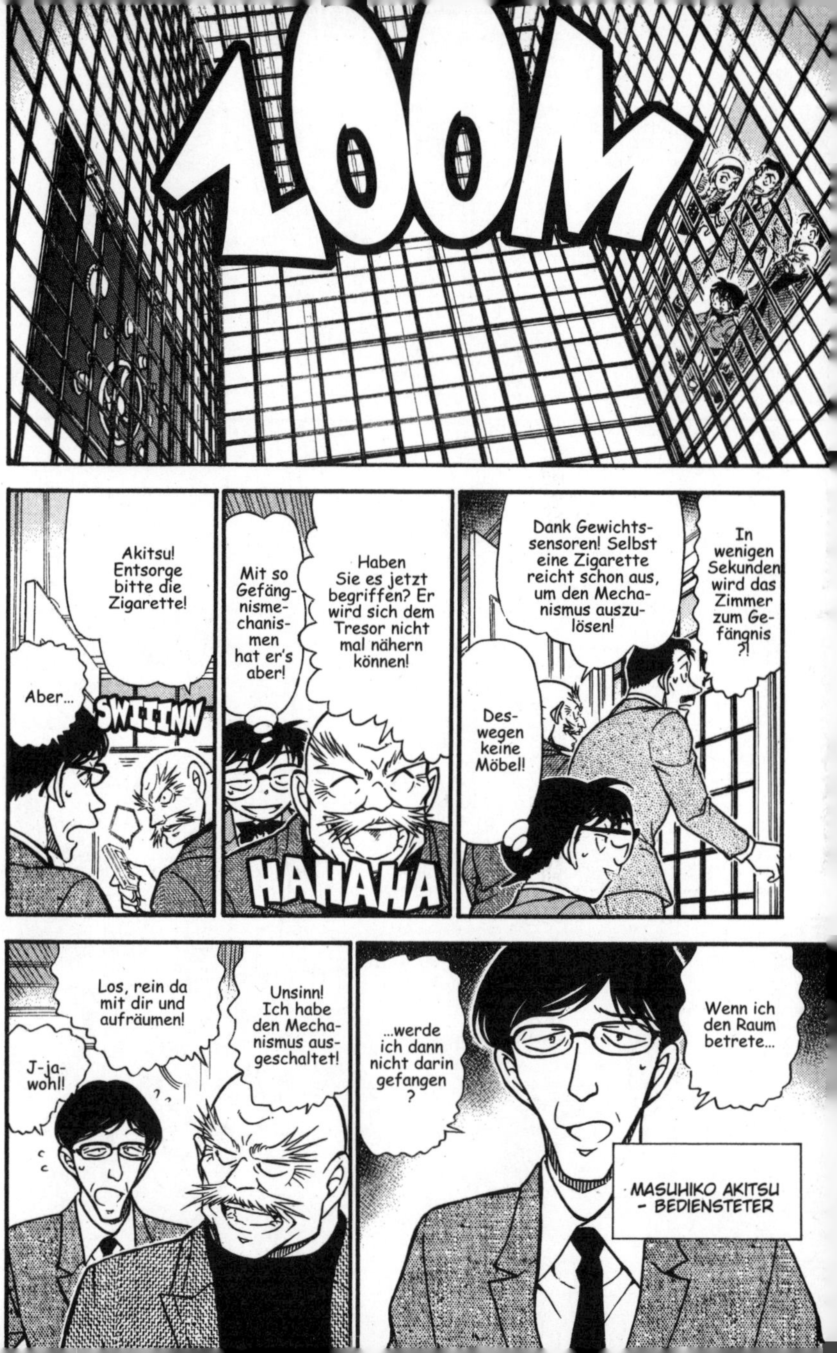
ZOOM
In wenigen Sekunden wird das Zimmer zum Gefängnis ?!
Dank Gewichtssensoren! Selbst eine Zigarette reicht schon aus, um den Mechanismus auszulösen!
Deswegen keine Möbel!
Haben Sie es jetzt begriffen? Er wird sich dem Tresor nicht mal nähern können!
Mit so Gefängnismechanismen hat er's aber!
HAHAHA
Akitsu! Entsorge bitte die Zigarette!
Aber...
SWIIINN
Wenn ich den Raum betrete...
...werde ich dann nicht darin gefangen ?
MASUHIKO AKITSU – BEDIENSTETER
Unsinn! Ich habe den Mechanismus ausgeschaltet!
Los, rein da mit dir und aufräumen!
J-jawohl!

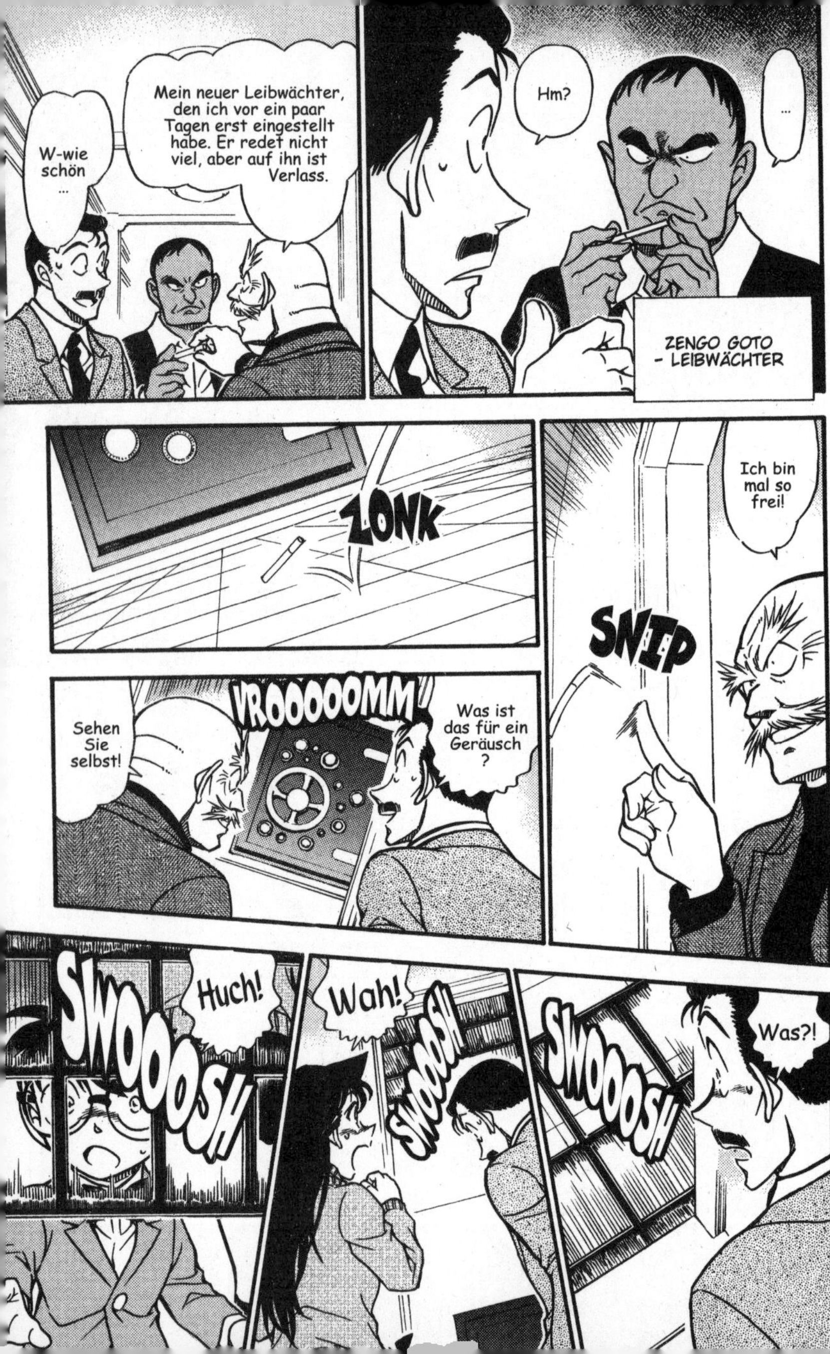
...
Hm?
ZENGO GOTO - LEIBWÄCHTER
Mein neuer Leibwächter, den ich vor ein paar Tagen erst eingestellt habe. Er redet nicht viel, aber auf ihn ist Verlass.
W-wie schön ...
Ich bin mal so frei!
SNIP
ZONK
Was ist das für ein Geräusch ?
VROOOOOMM
Sehen Sie selbst!
Was?!
SWOOOSH
Wah!
SWOOOSH
Huch!
SWOOOSH

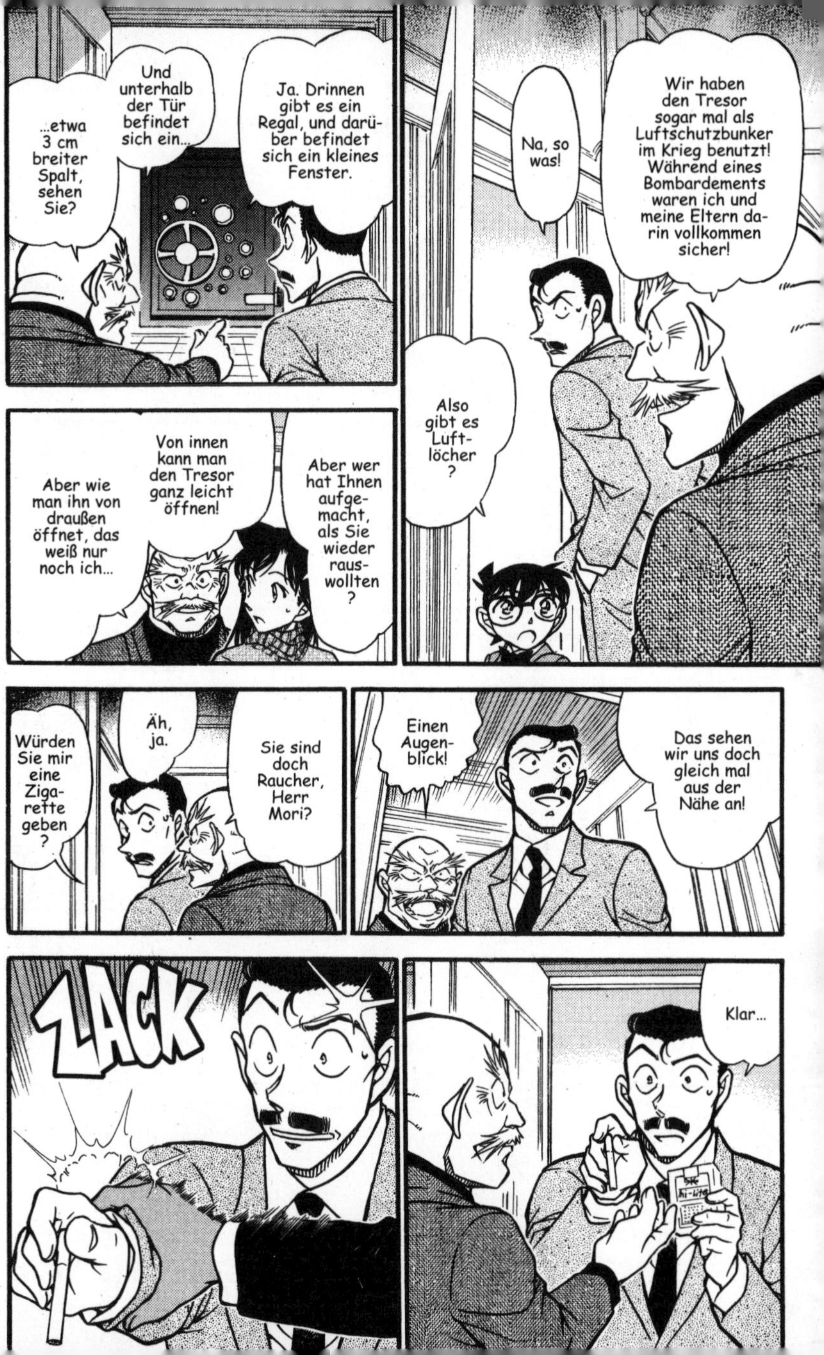
Wir haben den Tresor sogar mal als Luftschutzbunker im Krieg benutzt! Während eines Bombardements waren ich und meine Eltern darin vollkommen sicher!
Na, so was!
Also gibt es Luftlöcher?
Ja. Drinnen gibt es ein Regal, und darüber befindet sich ein kleines Fenster.
Und unterhalb der Tür befindet sich ein...
...etwa 3 cm breiter Spalt, sehen Sie?
Aber wer hat Ihnen aufgemacht, als Sie wieder rauswollten?
Von innen kann man den Tresor ganz leicht öffnen!
Aber wie man ihn von draußen öffnet, das weiß nur noch ich...
Das sehen wir uns doch gleich mal aus der Nähe an!
Einen Augenblick!
Sie sind doch Raucher, Herr Mori?
Äh, ja.
Würden Sie mir eine Zigarette geben?
Klar...
ZACK

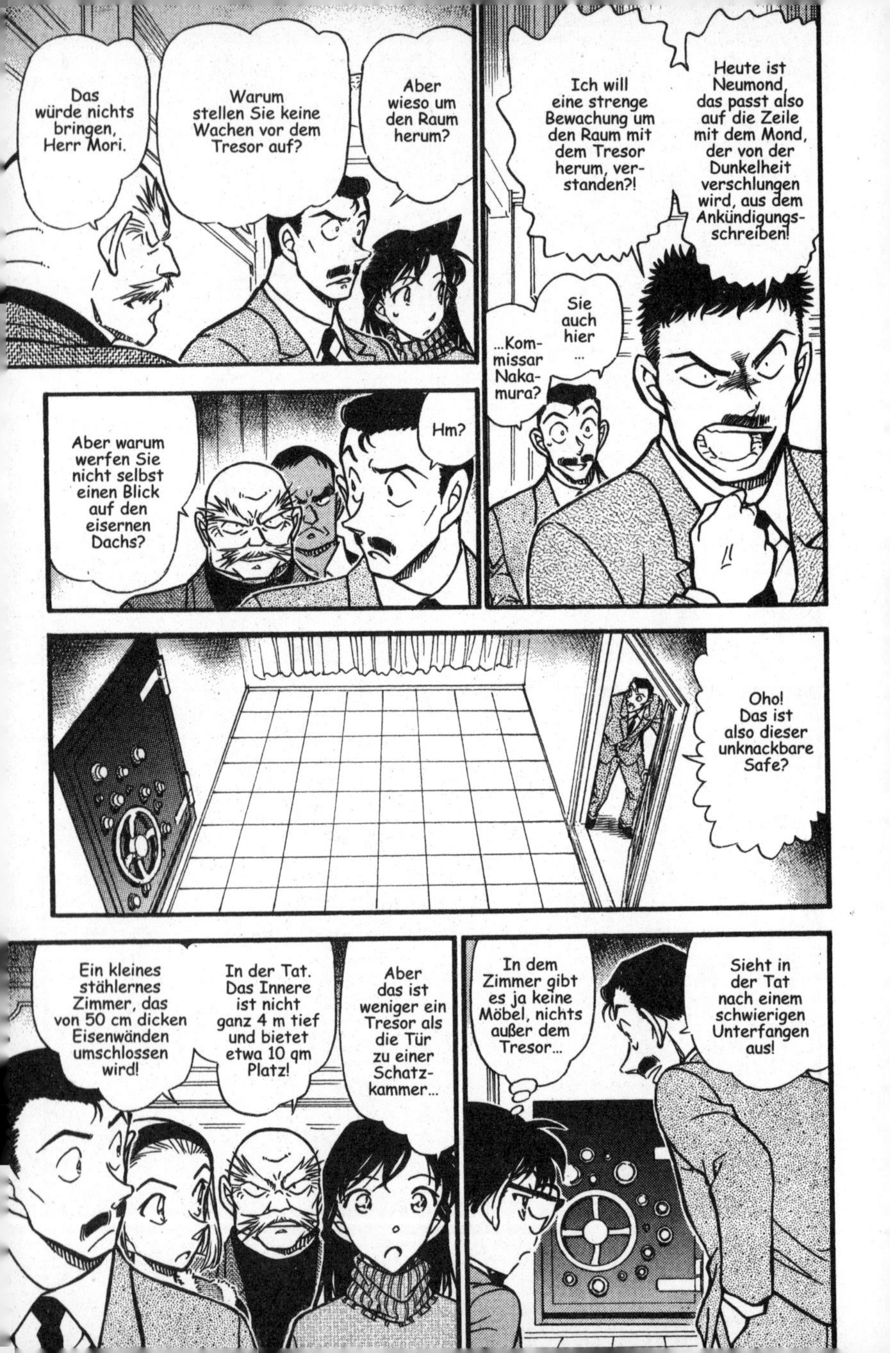
Heute ist Neumond, das passt also auf die Zeile mit dem Mond, der von der Dunkelheit verschlungen wird, aus dem Ankündigungs-schreiben!
Ich will eine strenge Bewachung um den Raum mit dem Tresor herum, ver-standen?!
Sie auch hier ...
...Kom-missar Naka-mura?
Aber wieso um den Raum herum?
Warum stellen Sie keine Wachen vor dem Tresor auf?
Das würde nichts bringen, Herr Mori.
Hm?
Aber warum werfen Sie nicht selbst einen Blick auf den eisernen Dachs?
Oho! Das ist also dieser unknackbare Safe?
Sieht in der Tat nach einem schwierigen Unterfangen aus!
In dem Zimmer gibt es ja keine Möbel, nichts außer dem Tresor...
Aber das ist weniger ein Tresor als die Tür zu einer Schatz-kammer...
In der Tat. Das Innere ist nicht ganz 4 m tief und bietet etwa 10 qm Platz!
Ein kleines stählernes Zimmer, das von 50 cm dicken Eisenwänden umschlossen wird!

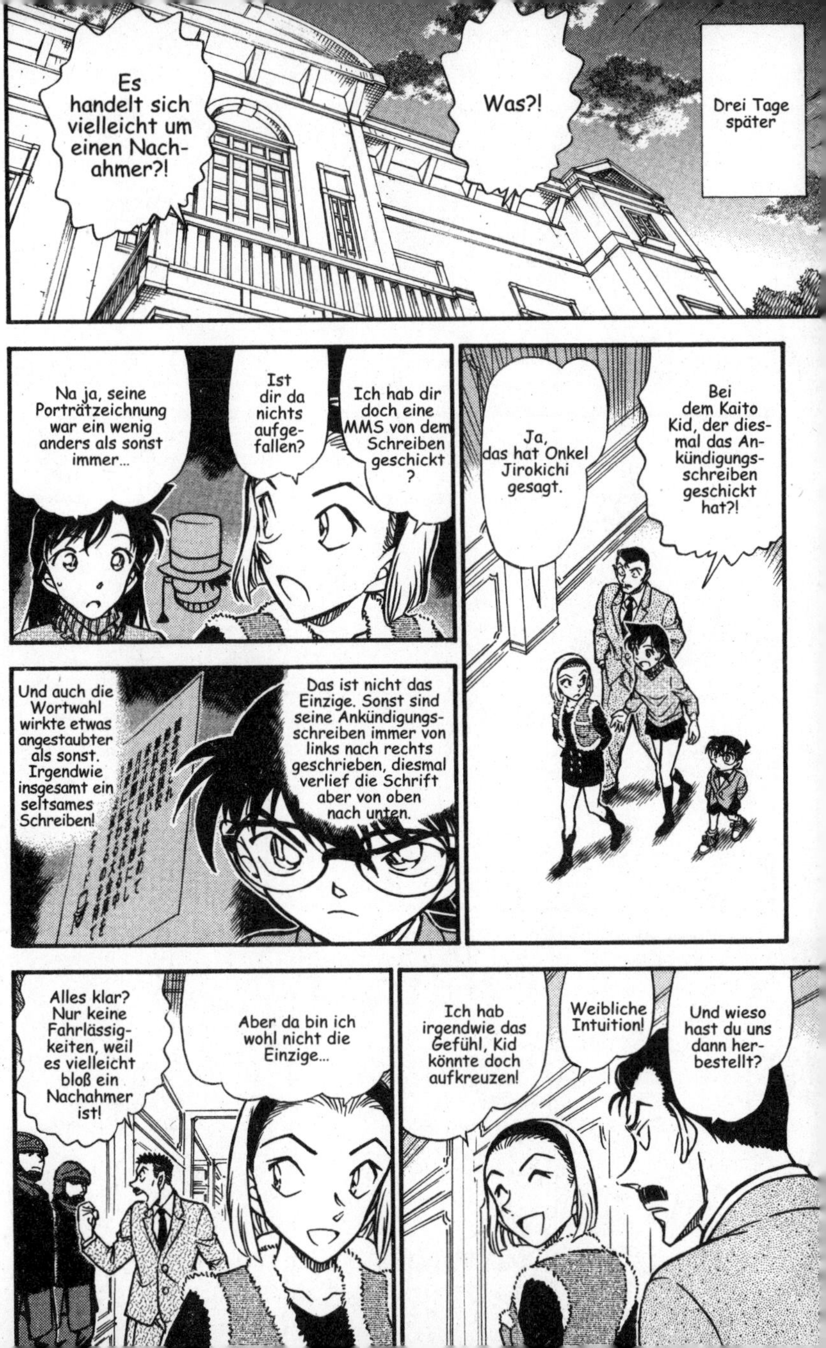
Drei Tage später
Was?!
Es handelt sich vielleicht um einen Nachahmer?!
Bei dem Kaito Kid, der diesmal das Ankündigungsschreiben geschickt hat?!
Ja, das hat Onkel Jirokichi gesagt.
Ich hab dir doch eine MMS von dem Schreiben geschickt?
Ist dir da nichts aufgefallen?
Na ja, seine Porträtzeichnung war ein wenig anders als sonst immer...
Das ist nicht das Einzige. Sonst sind seine Ankündigungsschreiben immer von links nach rechts geschrieben, diesmal verlief die Schrift aber von oben nach unten.
Und auch die Wortwahl wirkte etwas angestaubter als sonst. Irgendwie insgesamt ein seltsames Schreiben!
Und wieso hast du uns dann herbestellt?
Weibliche Intuition!
Ich hab irgendwie das Gefühl, Kid könnte doch aufkreuzen!
Aber da bin ich wohl nicht die Einzige...
Alles klar? Nur keine Fahrlässigkeiten, weil es vielleicht bloß ein Nachahmer ist!

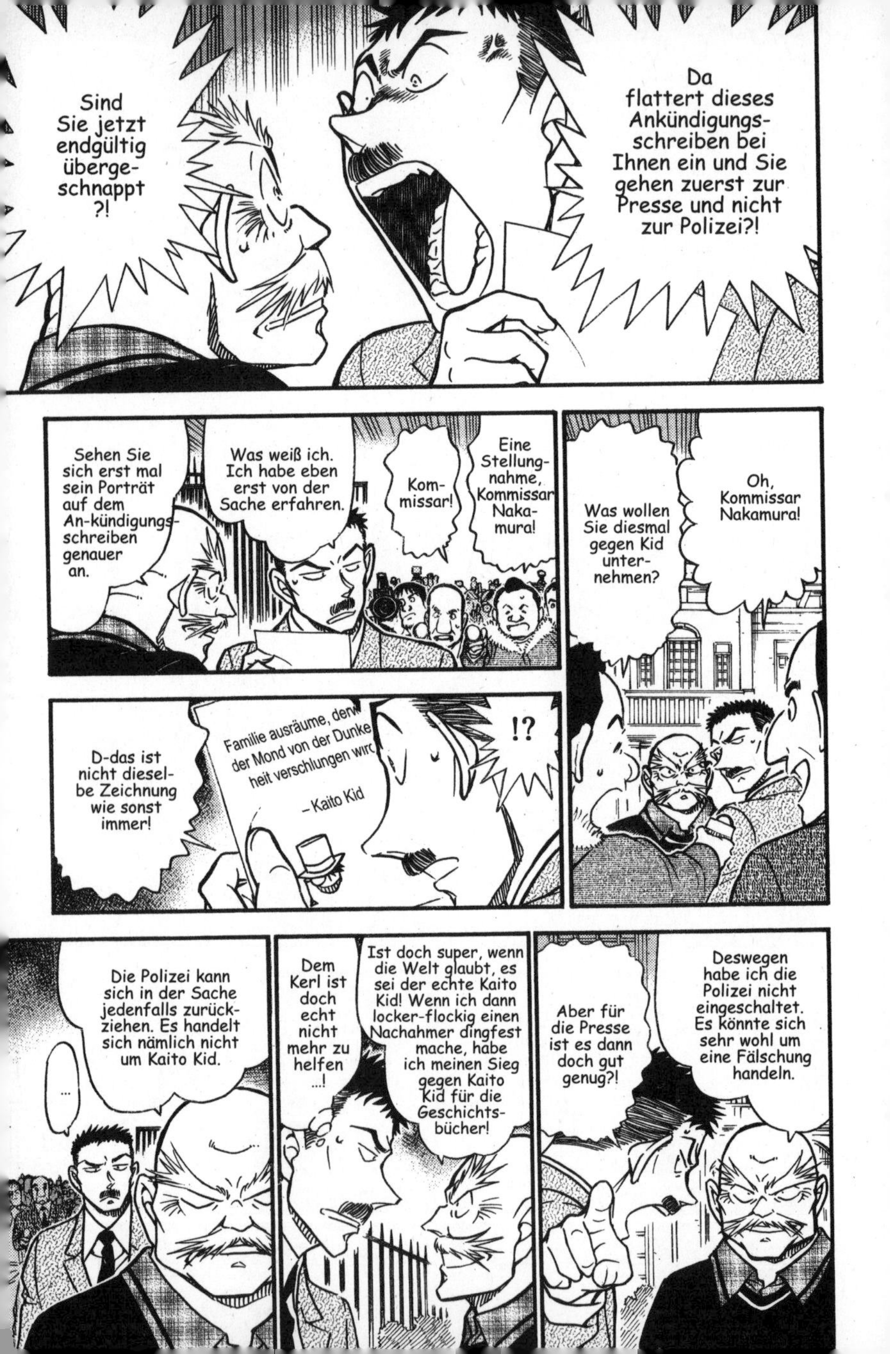
Da flattert dieses Ankündigungs-schreiben bei Ihnen ein und Sie gehen zuerst zur Presse und nicht zur Polizei?!
Sind Sie jetzt endgültig überge-schnappt ?!
Oh, Kommissar Nakamura!
Was wollen Sie diesmal gegen Kid unter-nehmen?
Eine Stellung-nahme, Kommissar Naka-mura!
Kom-missar!
Was weiß ich. Ich habe eben erst von der Sache erfahren.
Sehen Sie sich erst mal sein Porträt auf dem An-kündigungs-schreiben genauer an.
Familie ausräume, derw
der Mond von der Dunke
heit verschlungen wird
– Kaito Kid
!?
D-das ist nicht diesel-be Zeichnung wie sonst immer!
Deswegen habe ich die Polizei nicht eingeschaltet. Es könnte sich sehr wohl um eine Fälschung handeln.
Aber für die Presse ist es dann doch gut genug?!
Ist doch super, wenn die Welt glaubt, es sei der echte Kaito Kid! Wenn ich dann locker-flockig einen Nachahmer dingfest mache, habe ich meinen Sieg gegen Kaito Kid für die Geschichts-bücher!
Dem Kerl ist doch echt nicht mehr zu helfen ...!
Die Polizei kann sich in der Sache jedenfalls zurück-ziehen. Es handelt sich nämlich nicht um Kaito Kid.
...

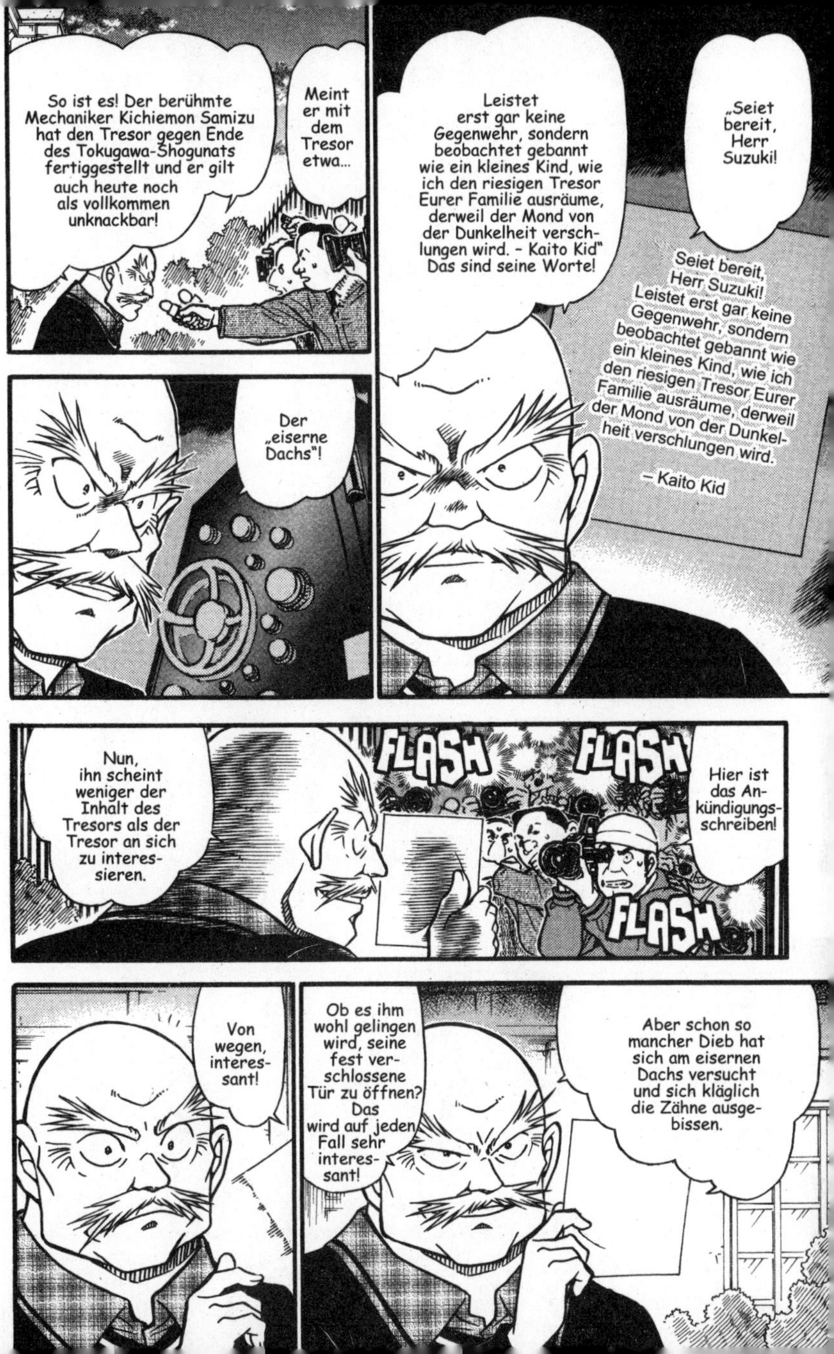
„Seiet bereit, Herr Suzuki!
Leistet erst gar keine Gegenwehr, sondern beobachtet gebannt wie ein kleines Kind, wie ich den riesigen Tresor Eurer Familie ausräume, derweil der Mond von der Dunkelheit verschlungen wird. – Kaito Kid" Das sind seine Worte!
Seiet bereit, Herr Suzuki! Leistet erst gar keine Gegenwehr, sondern beobachtet gebannt wie ein kleines Kind, wie ich den riesigen Tresor Eurer Familie ausräume, derweil der Mond von der Dunkelheit verschlungen wird.
– Kaito Kid
Meint er mit dem Tresor etwa…
So ist es! Der berühmte Mechaniker Kichiemon Samizu hat den Tresor gegen Ende des Tokugawa-Shogunats fertiggestellt und er gilt auch heute noch als vollkommen unknackbar!
Der „eiserne Dachs"!
Hier ist das Ankündigungsschreiben!
FLASH
FLASH
FLASH
Nun, ihn scheint weniger der Inhalt des Tresors als der Tresor an sich zu interessieren.
Aber schon so mancher Dieb hat sich am eisernen Dachs versucht und sich kläglich die Zähne ausgebissen.
Ob es ihm wohl gelingen wird, seine fest verschlossene Tür zu öffnen? Das wird auf jeden Fall sehr interessant!
Von wegen, interessant!

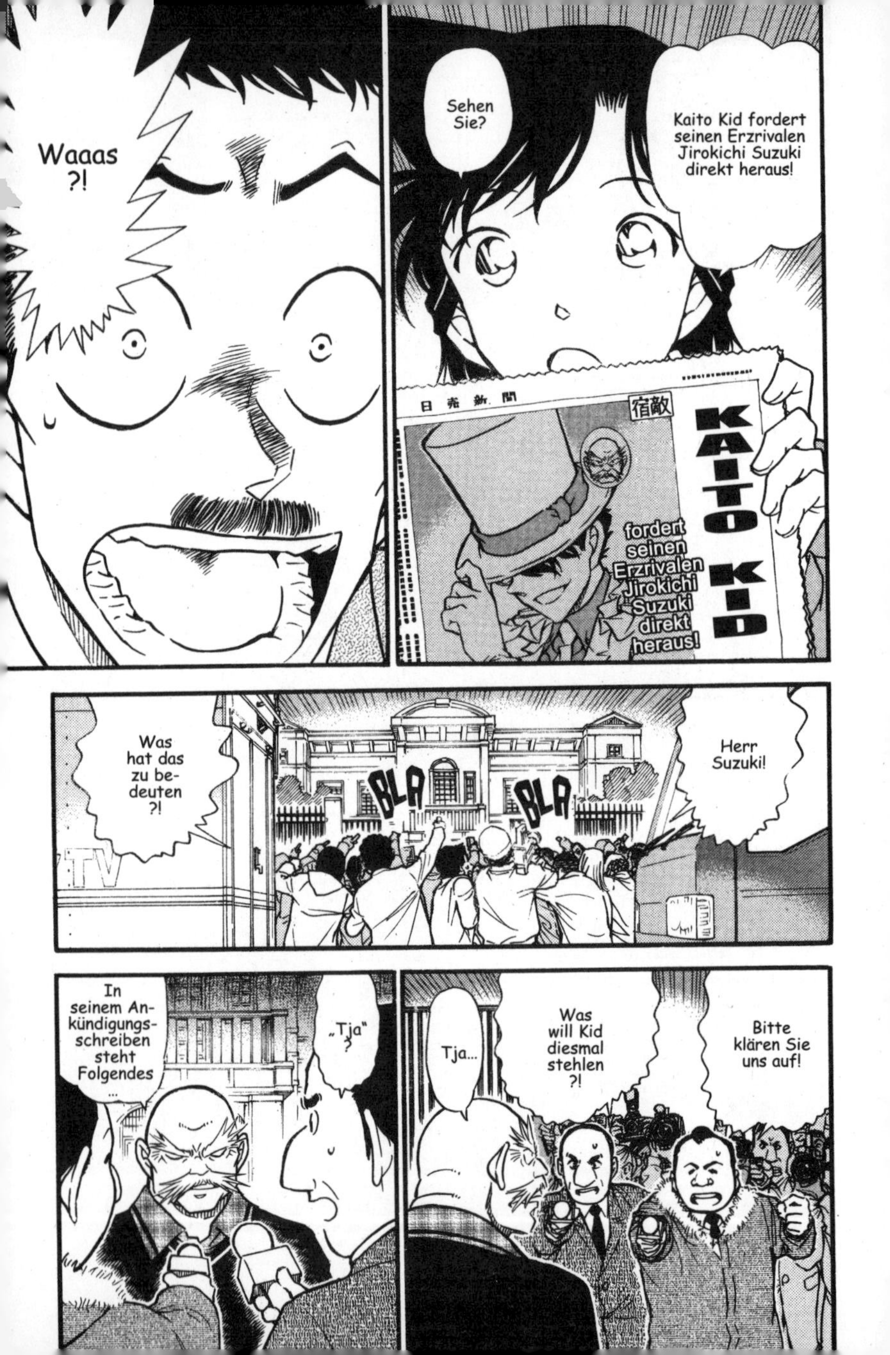

Kaito Kid fordert seinen Erzrivalen Jirokichi Suzuki direkt heraus!
Sehen Sie?
日売新聞
宿敵
KAITO KID
fordert seinen Erzrivalen Jirokichi Suzuki direkt heraus!
Waaas ?!
Herr Suzuki!
BLA
BLA
Was hat das zu be-deuten ?!
TV
Bitte klären Sie uns auf!
Was will Kid diesmal stehlen ?!
Tja...
„Tja“ ?
In seinem Ankündigungs-schreiben steht Folgendes ...

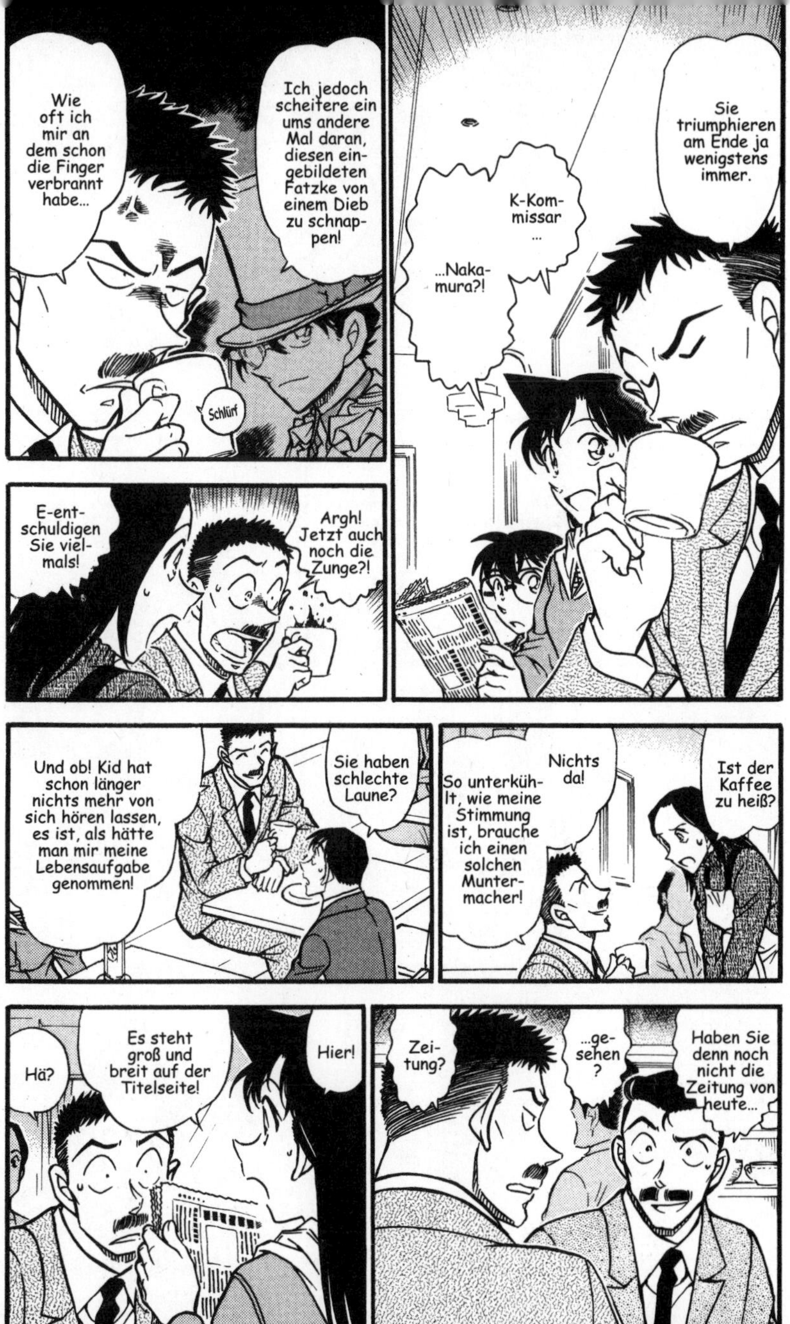
Sie triumphieren am Ende ja wenigstens immer.
K-Kommissar ...
...Nakamura?!
Ich jedoch scheitere ein ums andere Mal daran, diesen eingebildeten Fatzke von einem Dieb zu schnappen!
Wie oft ich mir an dem schon die Finger verbrannt habe...
Schlürf
Argh! Jetzt auch noch die Zunge?!
E-entschuldigen Sie vielmals!
Ist der Kaffee zu heiß?
Nichts da!
So unterkühlt, wie meine Stimmung ist, brauche ich einen solchen Muntermacher!
Sie haben schlechte Laune?
Und ob! Kid hat schon länger nichts mehr von sich hören lassen, es ist, als hätte man mir meine Lebensaufgabe genommen!
Haben Sie denn noch nicht die Zeitung von heute...
...gesehen?
Zeitung?
Hier!
Es steht groß und breit auf der Titelseite!
Hä?

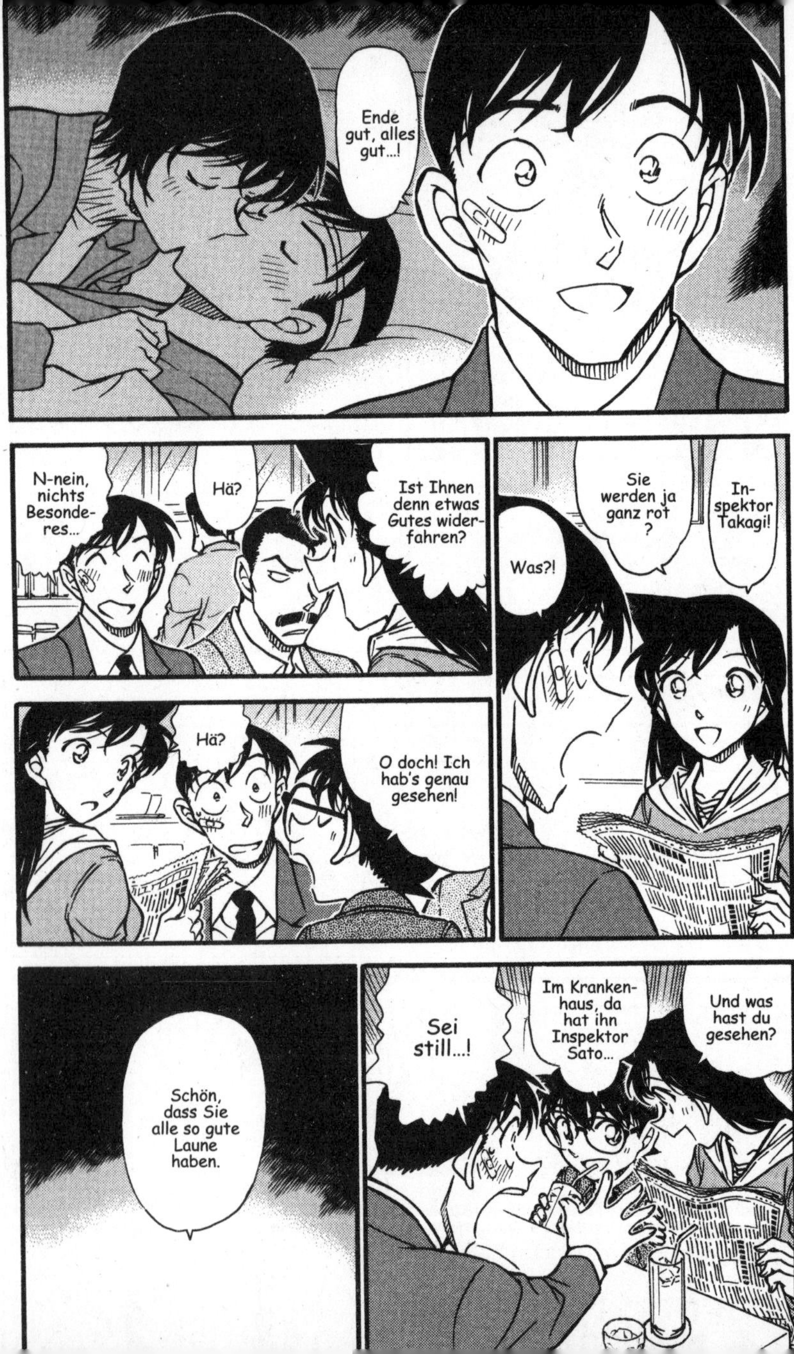
Ende gut, alles gut...!
Inspektor Takagi!
Sie werden ja ganz rot?
Was?!
Ist Ihnen denn etwas Gutes widerfahren?
Hä?
N-nein, nichts Besonderes...
O doch! Ich hab's genau gesehen!
Hä?
Und was hast du gesehen?
Im Krankenhaus, da hat ihn Inspektor Sato...
Sei still...!
Schön, dass Sie alle so gute Laune haben.

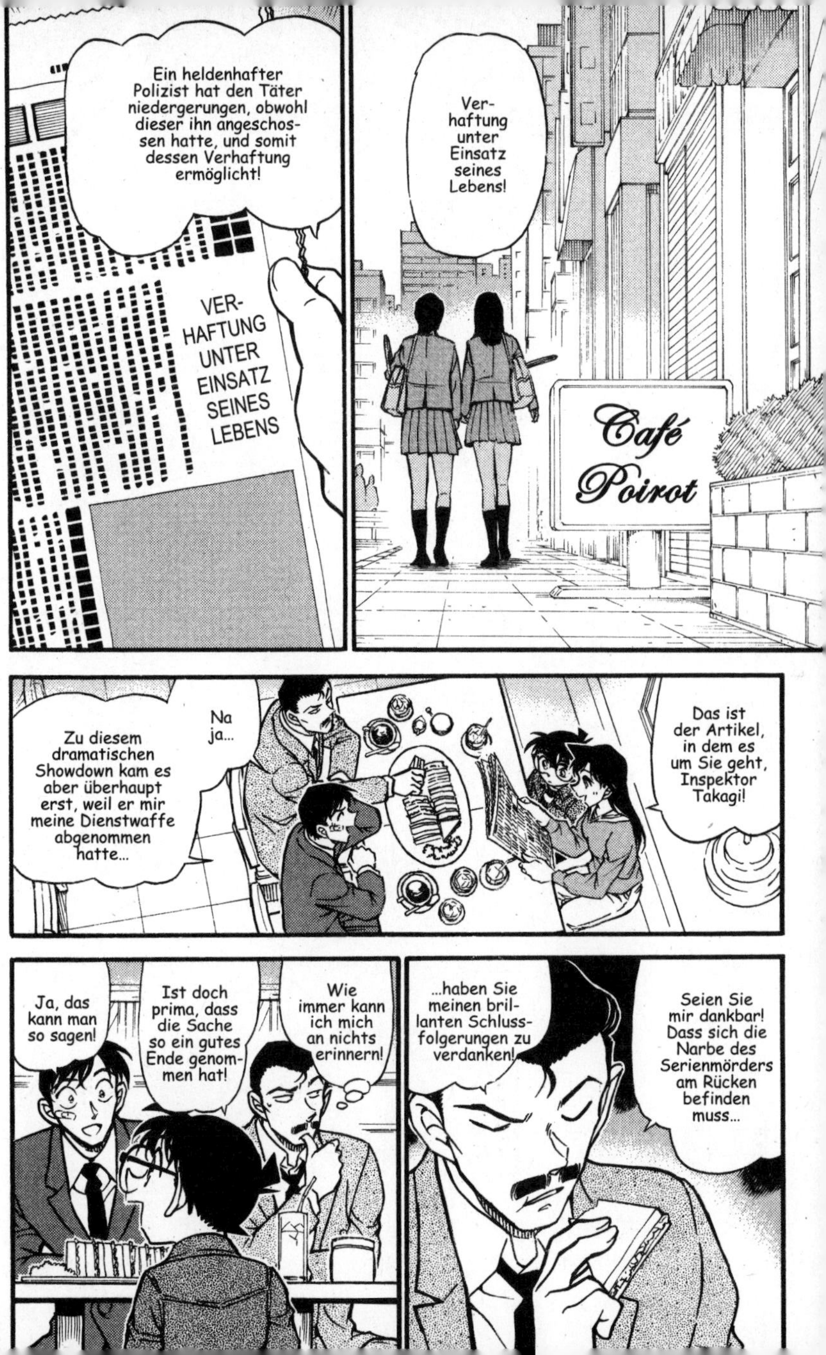
Verhaftung unter Einsatz seines Lebens!
Café Poirot
Ein heldenhafter Polizist hat den Täter niedergerungen, obwohl dieser ihn angeschossen hatte, und somit dessen Verhaftung ermöglicht!
VERHAFTUNG UNTER EINSATZ SEINES LEBENS
Das ist der Artikel, in dem es um Sie geht, Inspektor Takagi!
Na ja...
Zu diesem dramatischen Showdown kam es aber überhaupt erst, weil er mir meine Dienstwaffe abgenommen hatte...
Seien Sie mir dankbar! Dass sich die Narbe des Serienmörders am Rücken befinden muss...
...haben Sie meinen brillanten Schlussfolgerungen zu verdanken!
Wie immer kann ich mich an nichts erinnern!
Ist doch prima, dass die Sache so ein gutes Ende genommen hat!
Ja, das kann man so sagen!

Fall 1: Der eiserne Dachs

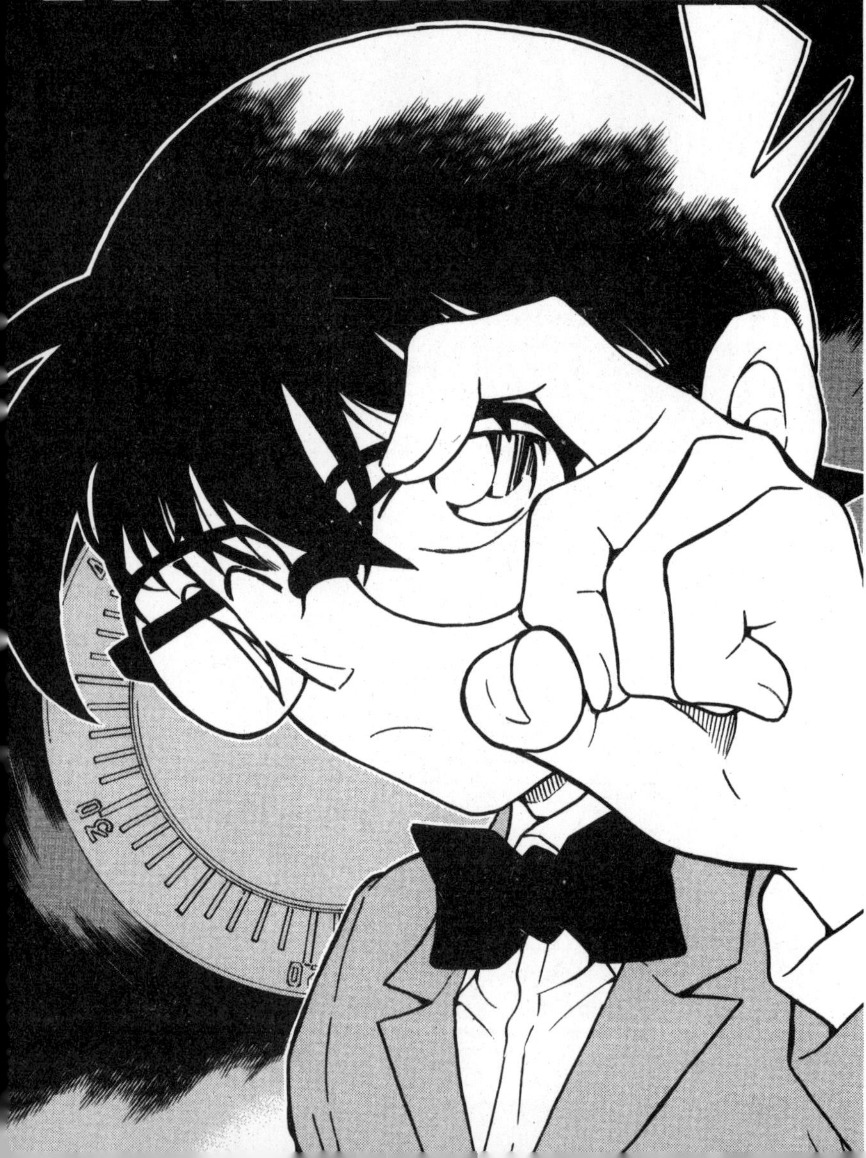

DETEKTIV CONAN vs. Kaito KID

CONAN vs. KAITO KID

FALL-AKTE 003

Die Zusammenkunft der Meisterdetektive

BAND 30 | **Fall 4** Die Zusammenkunft | **Fall 5** Tragödie | **Fall 6** Heimlicher Mord | **Fall 7** Der Clou

Kid stellt sieben Meisterdetektiven eine Falle?!

Japans Meisterdetektive versammeln sich im Anwesen eines Superreichen!

Japans berühmteste Detektive erreicht eines Tages jeweils ein Einladungsschreiben mit folgendem Text: „Ich erlaube mir, Sie zu einem Diner einzuladen, da ich gerne Ihre legendäre Weisheit in Anspruch nehmen möchte." Und obendrein liegt dem Schreiben auch noch ein Scheck über 2 Millionen Yen bei! Veranstaltungsort ist die „Villa Abenddämmerung" tief in den Bergen. Neben Kogoro, Conan und Saguru Hakuba, einem jungen Detektiv, finden sich insgesamt sieben höchst unterschiedliche Detektive ein. Bei dem Diner eröffnet dann auch der Veranstalter des Abends, der in einen Umhang gehüllt ist, dass irgendwo im Anwesen ein Schatz versteckt ist und die Anwesenden ihn doch unter Einsatz ihres Lebens suchen sollen – im nächsten Augenblick explodieren die Autos der Detektive! Als sie dem Veranstalter die Maske herunterreißen, stellt sich dieser als Schaufensterpuppe mit einem Lautsprecher heraus. Die Detektive machen sich über das Ganze lustig und tun es als Schaumschlägerei ab, doch dann wird plötzlich einer von ihnen ermordet ...!

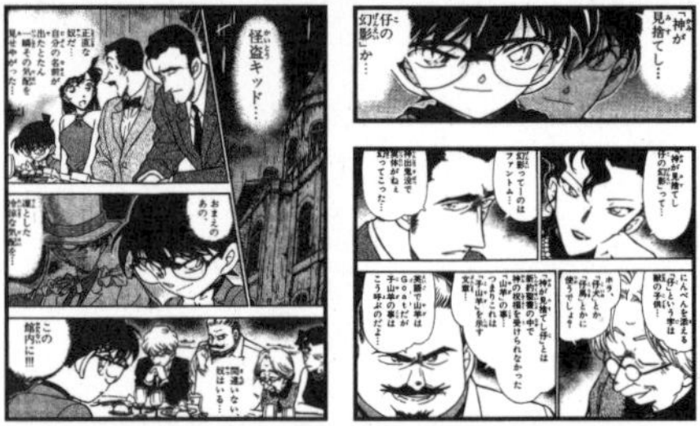

▲ *Kaito Kid ist der Absender der Einladung, deren Rätsel die Meisterdetektive gelüftet haben!*

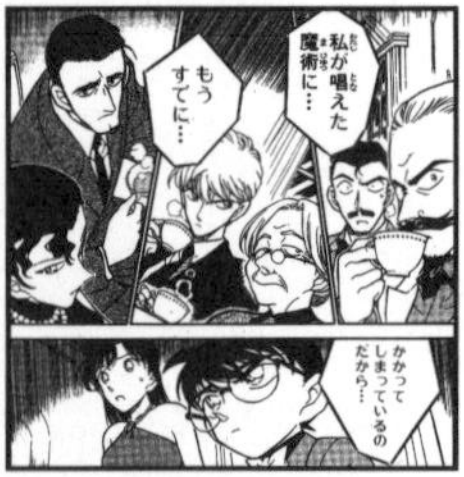

▲ *Genau wie es der Veranstalter angekündigt hat, fällt einer der Detektive während des Abendessens einem Giftanschlag zum Opfer!*

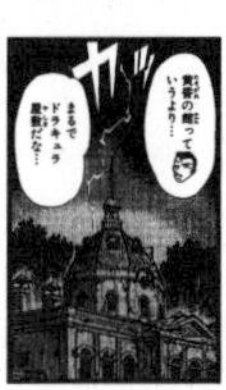

Unter den Detektiven kommt es zum Zwist ...!

Ursprünglich wurde die Villa Abenddämmerung von dem superreichen Renya Karasuma erbaut, der mit 99 Jahren das Zeitliche segnete. Doch vor 40 Jahren wurde dieses prachtvolle Anwesen auch Schauplatz einer schlimmen Tragödie, bei der acht Personen ums Leben kamen. Die versammelten Detektive werden zusehends von Misstrauen getrieben und beginnen, sich gegenseitig zu verdächtigen, bis der Abend schließlich das nächste Opfer fordert, und dann noch eines ... bis schließlich auch Kogoros Leben in Gefahr ist!

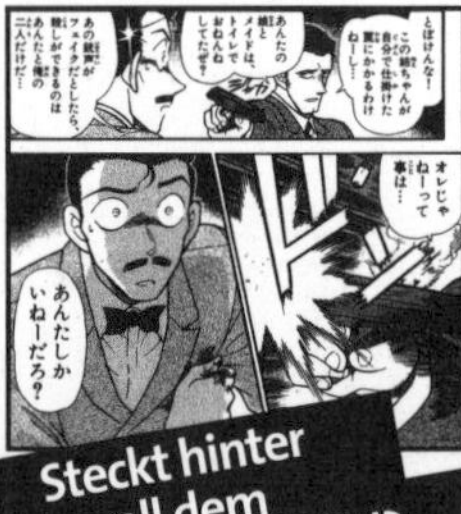

Steckt hinter all dem wirklich Kid?

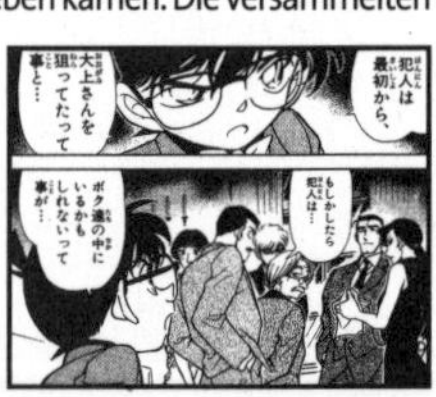

◀ Als Nächstes folgt **KAITO KID GEGEN DEN SICHERSTEN TRESOR DER WELT** !
Kid versucht sich an Jirokichi Suzukis Tresor, der als nicht zu knacken gilt!

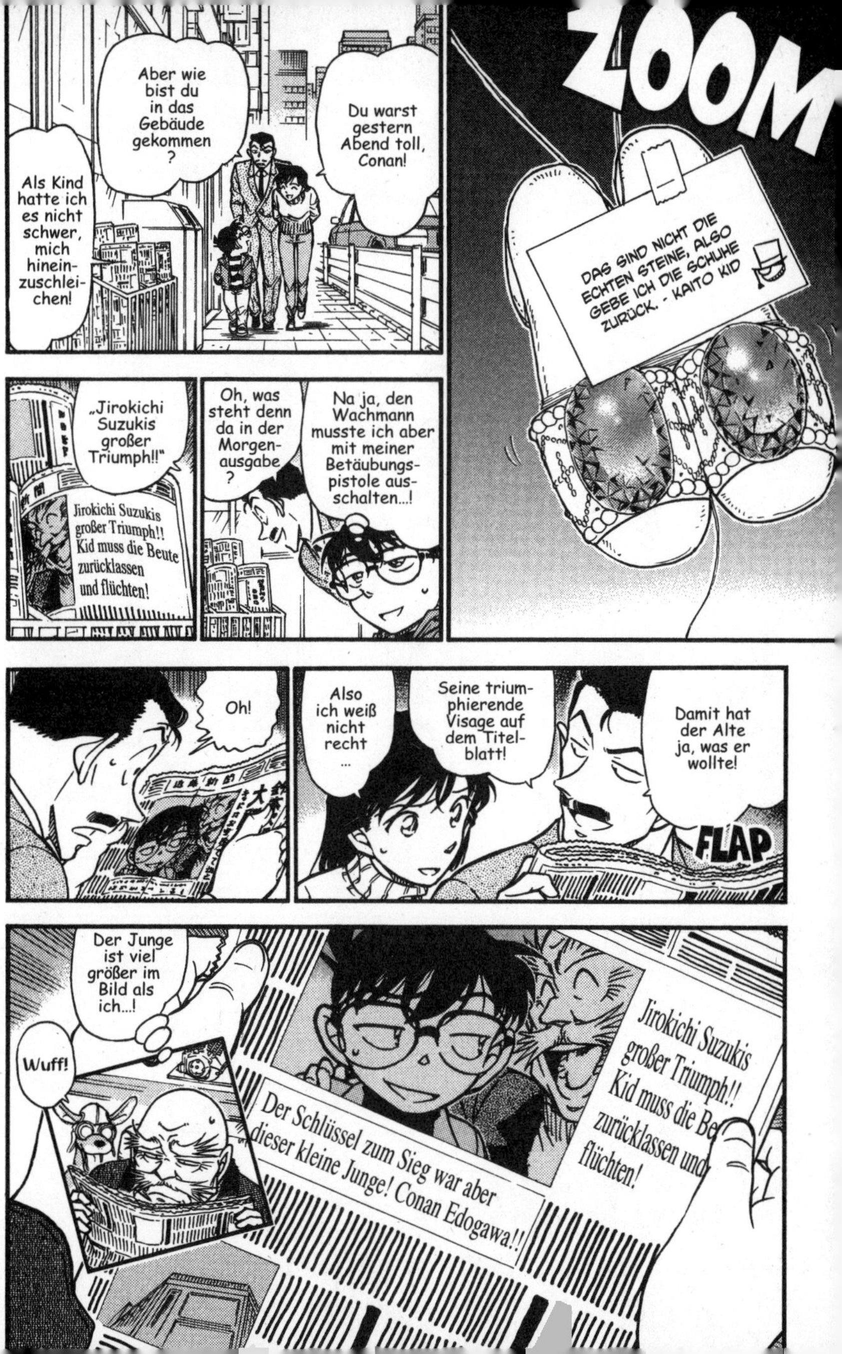
ZOOM
DAS SIND NICHT DIE ECHTEN STEINE, ALSO GEBE ICH DIE SCHUHE ZURÜCK. - KAITO KID
Du warst gestern Abend toll, Conan!
Aber wie bist du in das Gebäude gekommen?
Als Kind hatte ich es nicht schwer, mich hineinzuschleichen!
Na ja, den Wachmann musste ich aber mit meiner Betäubungspistole ausschalten...!
Oh, was steht denn da in der Morgenausgabe?
„Jirokichi Suzukis großer Triumph!!"
Jirokichi Suzukis großer Triumph!! Kid muss die Beute zurücklassen und flüchten!
Damit hat der Alte ja, was er wollte!
FLAP
Seine triumphierende Visage auf dem Titelblatt!
Also ich weiß nicht recht ...
Oh!
Jirokichi Suzukis großer Triumph!! Kid muss die Be zurücklassen und flüchten!
Der Schlüssel zum Sieg war aber dieser kleine Junge! Conan Edogawa!!
Der Junge ist viel größer im Bild als ich...!
Wuff!

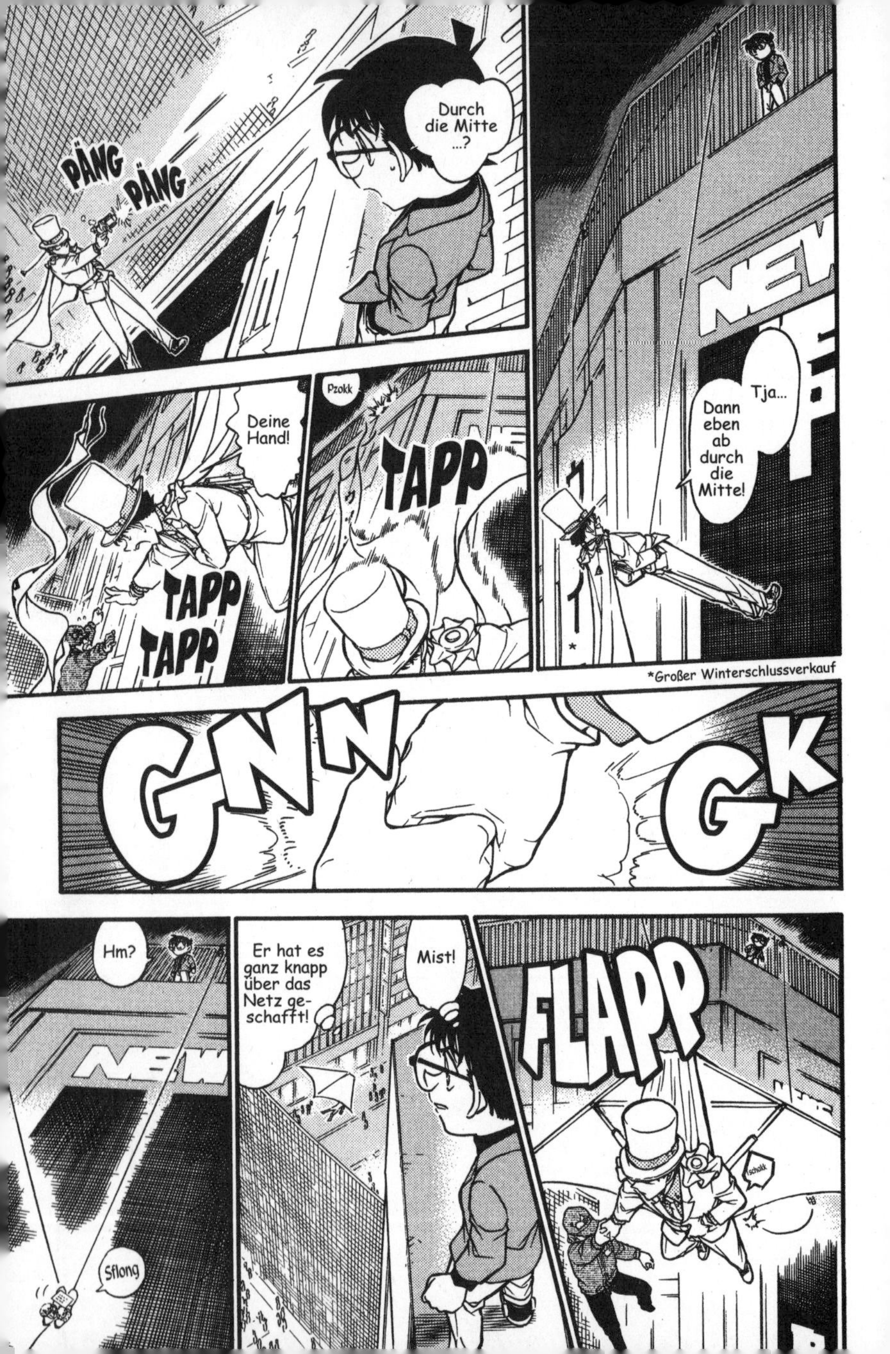

*Großer Winterschlussverkauf

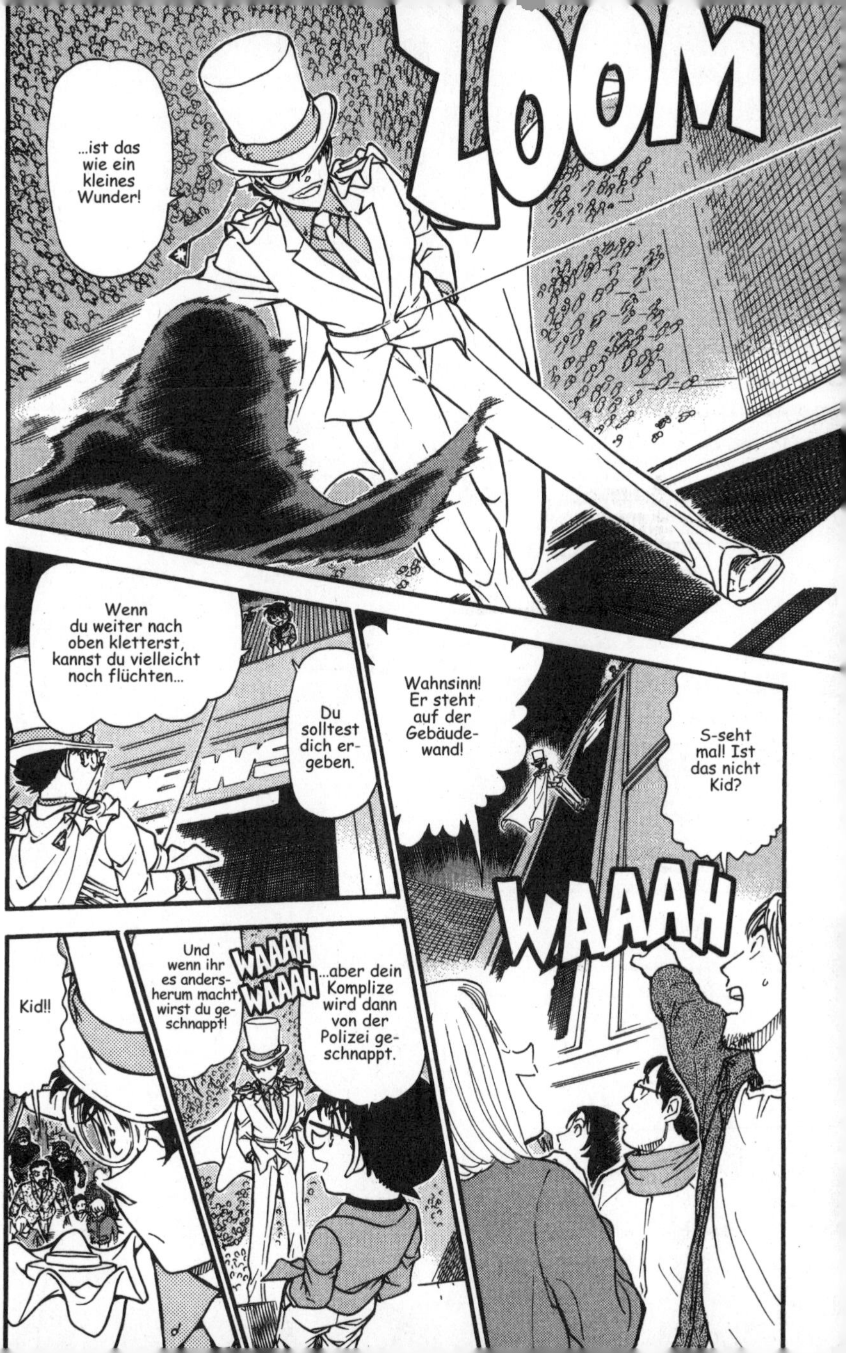
LOOM
...ist das wie ein kleines Wunder!
S-seht mal! Ist das nicht Kid?
Wahnsinn! Er steht auf der Gebäude-wand!
WAAAH
Du solltest dich er-geben.
Wenn du weiter nach oben kletterst, kannst du vielleicht noch flüchten...
...aber dein Komplize wird dann von der Polizei ge-schnappt.
WAAAH WAAAH
Und wenn ihr es anders-herum macht, wirst du ge-schnappt!
Kid!!

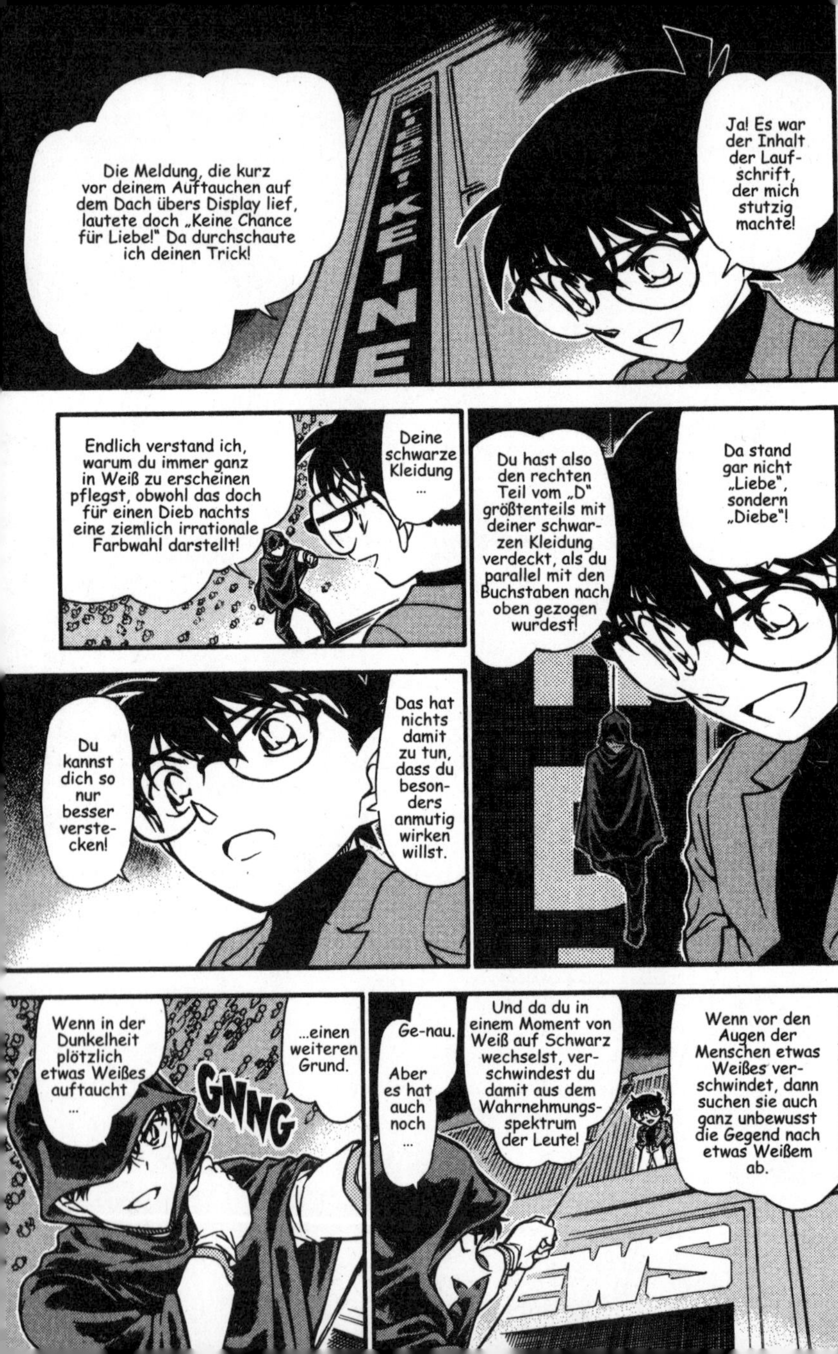
Ja! Es war der Inhalt der Laufschrift, der mich stutzig machte!
Die Meldung, die kurz vor deinem Auftauchen auf dem Dach übers Display lief, lautete doch „Keine Chance für Liebe!" Da durchschaute ich deinen Trick!
KEINE
Da stand gar nicht „Liebe", sondern „Diebe"!
Du hast also den rechten Teil vom „D" größtenteils mit deiner schwarzen Kleidung verdeckt, als du parallel mit den Buchstaben nach oben gezogen wurdest!
Deine schwarze Kleidung ...
Endlich verstand ich, warum du immer ganz in Weiß zu erscheinen pflegst, obwohl das doch für einen Dieb nachts eine ziemlich irrationale Farbwahl darstellt!
Das hat nichts damit zu tun, dass du besonders anmutig wirken willst.
Du kannst dich so nur besser verstecken!
Wenn vor den Augen der Menschen etwas Weißes verschwindet, dann suchen sie auch ganz unbewusst die Gegend nach etwas Weißem ab.
Und da du in einem Moment von Weiß auf Schwarz wechselst, verschwindest du damit aus dem Wahrnehmungsspektrum der Leute!
Ge-nau.
Aber es hat auch noch ...
...einen weiteren Grund.
GNNG
Wenn in der Dunkelheit plötzlich etwas Weißes auftaucht ...

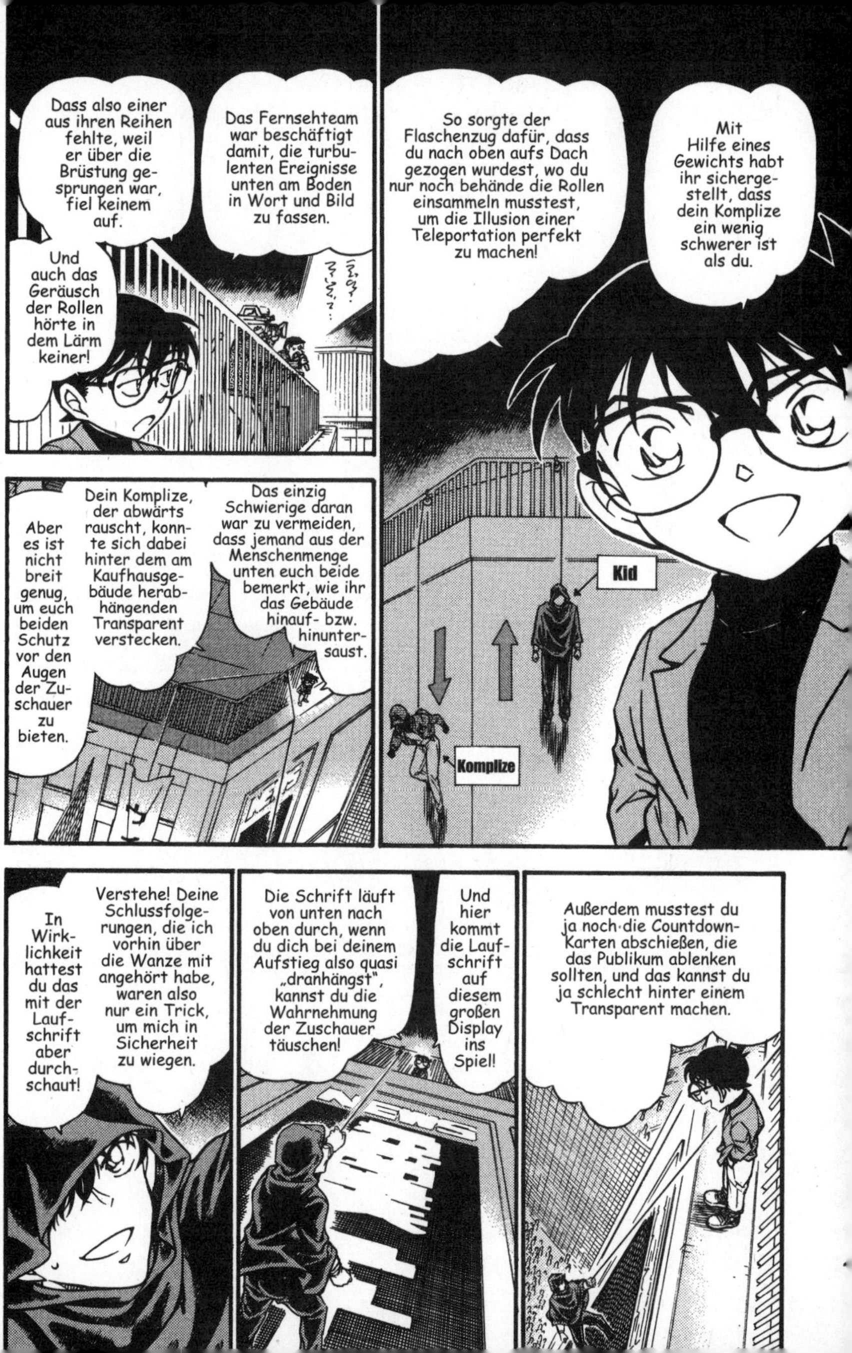
Mit Hilfe eines Gewichts habt ihr sichergestellt, dass dein Komplize ein wenig schwerer ist als du.
So sorgte der Flaschenzug dafür, dass du nach oben aufs Dach gezogen wurdest, wo du nur noch behände die Rollen einsammeln musstest, um die Illusion einer Teleportation perfekt zu machen!
Kid
Komplize
Das Fernsehteam war beschäftigt damit, die turbulenten Ereignisse unten am Boden in Wort und Bild zu fassen.
Dass also einer aus ihren Reihen fehlte, weil er über die Brüstung gesprungen war, fiel keinem auf.
Und auch das Geräusch der Rollen hörte in dem Lärm keiner!
Das einzig Schwierige daran war zu vermeiden, dass jemand aus der Menschenmenge unten euch beide bemerkt, wie ihr das Gebäude hinauf- bzw. hinuntersaust.
Dein Komplize, der abwärts rauscht, konnte sich dabei hinter dem am Kaufhausgebäude herabhängenden Transparent verstecken.
Aber es ist nicht breit genug, um euch beiden Schutz vor den Augen der Zuschauer zu bieten.
Außerdem musstest du ja noch die Countdown-Karten abschießen, die das Publikum ablenken sollten, und das kannst du ja schlecht hinter einem Transparent machen.
Und hier kommt die Laufschrift auf diesem großen Display ins Spiel!
Die Schrift läuft von unten nach oben durch, wenn du dich bei deinem Aufstieg also quasi „dranhängst", kannst du die Wahrnehmung der Zuschauer täuschen!
Verstehe! Deine Schlussfolgerungen, die ich vorhin über die Wanze mit angehört habe, waren also nur ein Trick, um mich in Sicherheit zu wiegen.
In Wirklichkeit hattest du das mit der Laufschrift aber durchschaut!

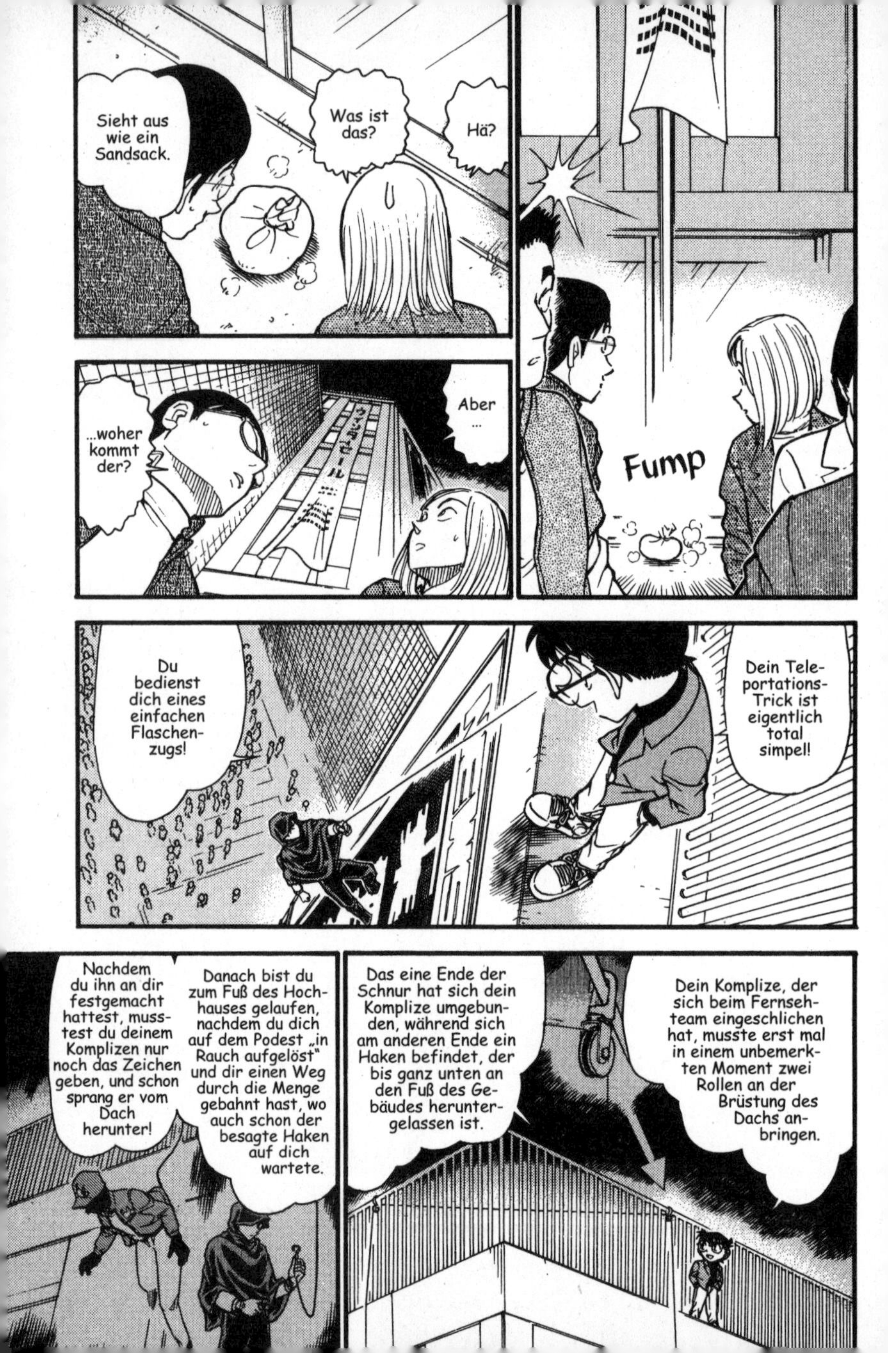
Fump
Hä?
Was ist das?
Sieht aus wie ein Sandsack.
Aber ...
...woher kommt der?
Dein Teleportations-Trick ist eigentlich total simpel!
Du bedienst dich eines einfachen Flaschenzugs!
Dein Komplize, der sich beim Fernsehteam eingeschlichen hat, musste erst mal in einem unbemerkten Moment zwei Rollen an der Brüstung des Dachs anbringen.
Das eine Ende der Schnur hat sich dein Komplize umgebunden, während sich am anderen Ende ein Haken befindet, der bis ganz unten an den Fuß des Gebäudes heruntergelassen ist.
Danach bist du zum Fuß des Hochhauses gelaufen, nachdem du dich auf dem Podest „in Rauch aufgelöst“ und dir einen Weg durch die Menge gebahnt hast, wo auch schon der besagte Haken auf dich wartete.
Nachdem du ihn an dir festgemacht hattest, musstest du deinem Komplizen nur noch das Zeichen geben, und schon sprang er vom Dach herunter!

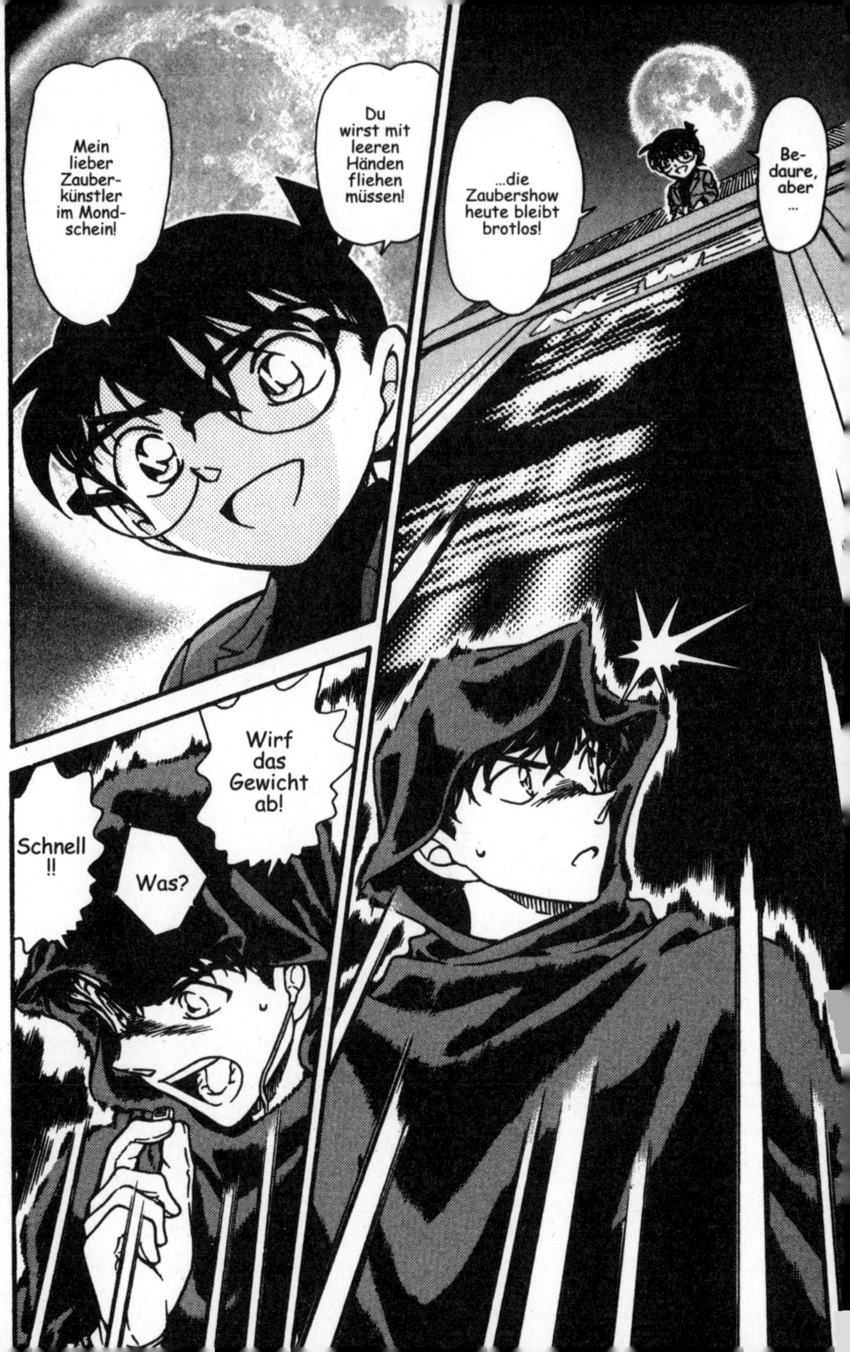

Be-daure, aber ...
...die Zaubershow heute bleibt brotlos!
Du wirst mit leeren Händen fliehen müssen!
Mein lieber Zauber-künstler im Mond-schein!
Wirf das Gewicht ab!
Was?
Schnell !!

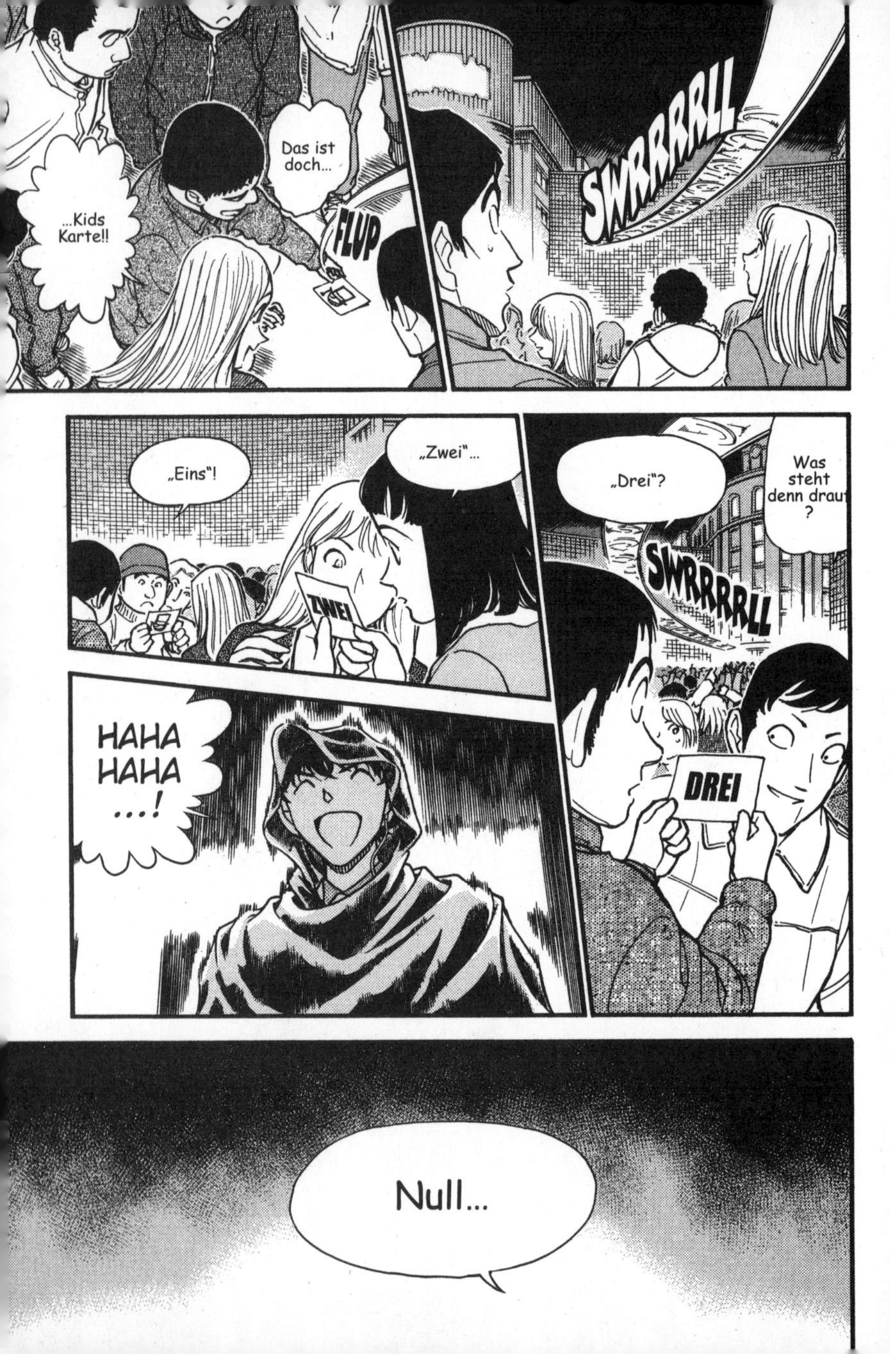
SWRRRRLL
FLUP
Das ist doch...
...Kids Karte!!
Was steht denn drau ?
„Drei"?
SWRRRRLL
DREI
„Zwei"...
„Eins"!
ZWEI
HAHA HAHA ...!
Null...

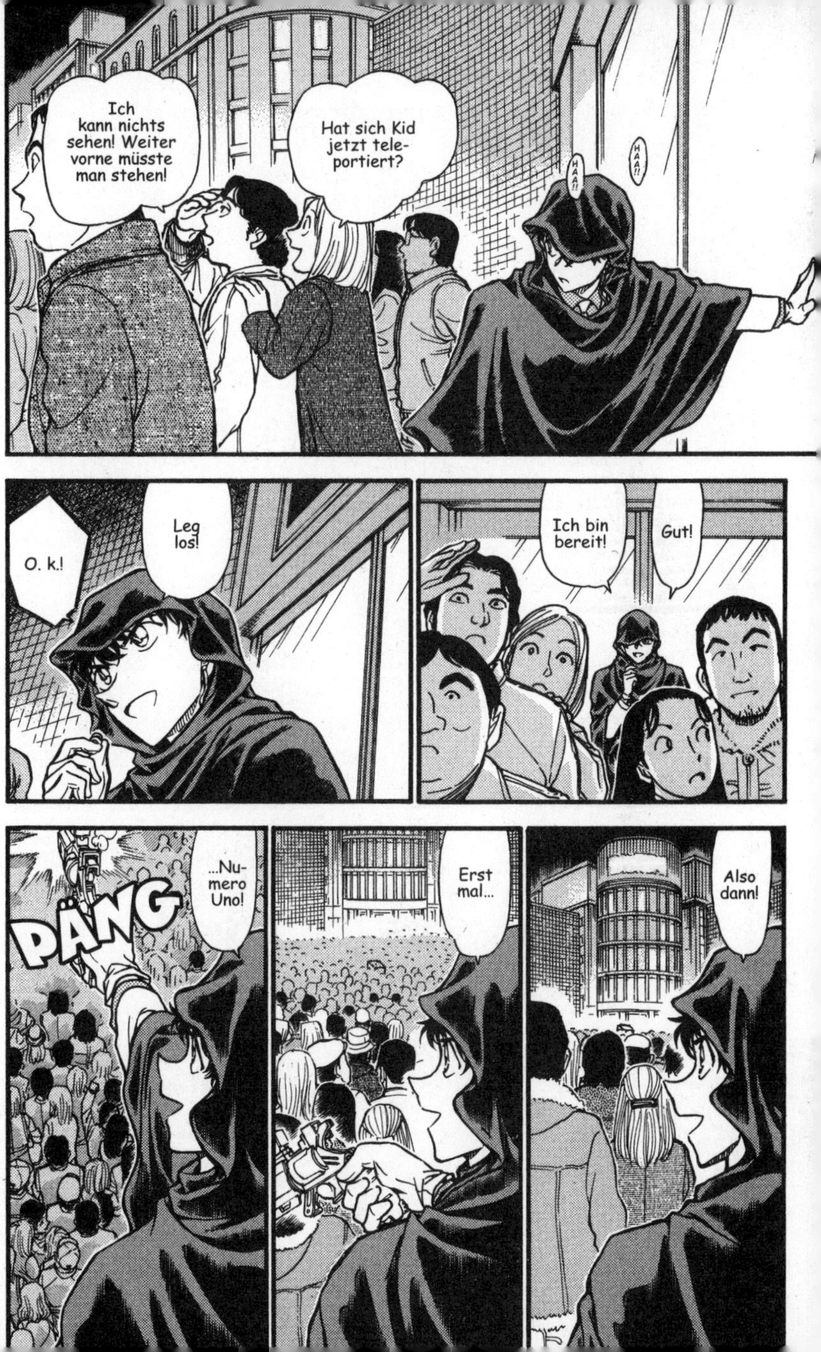

HAA!!
HAA!!
Hat sich Kid jetzt tele-portiert?
Ich kann nichts sehen! Weiter vorne müsste man stehen!
Gut!
Ich bin bereit!
Leg los!
O. k.!
Also dann!
Erst mal...
...Numero Uno!
PÄNG

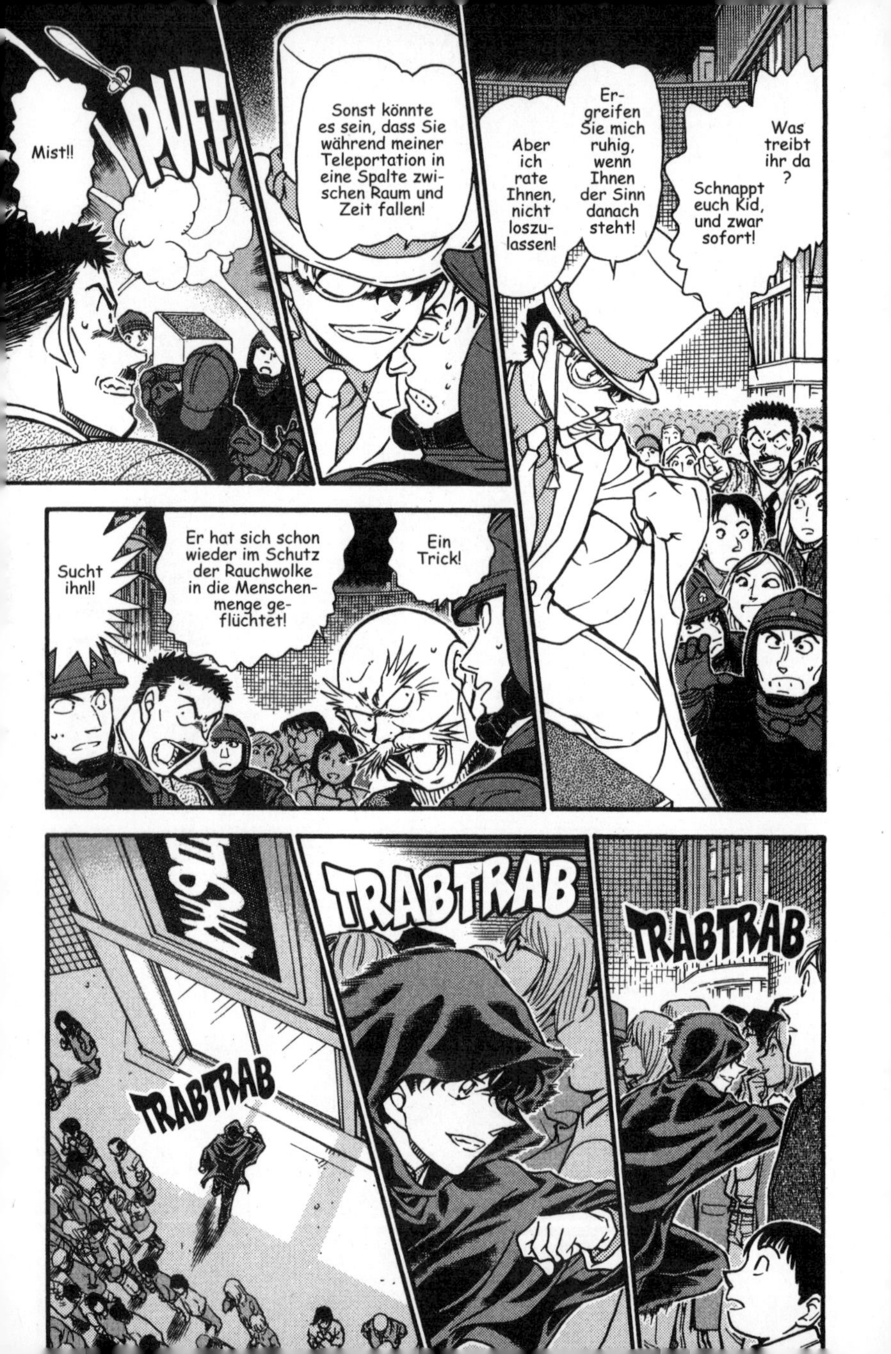

Was treibt ihr da?
Schnappt euch Kid, und zwar sofort!
Ergreifen Sie mich ruhig, wenn Ihnen der Sinn danach steht!
Aber ich rate Ihnen, nicht loszulassen!
Sonst könnte es sein, dass Sie während meiner Teleportation in eine Spalte zwischen Raum und Zeit fallen!
PUFF
Mist!!
Ein Trick!
Er hat sich schon wieder im Schutz der Rauchwolke in die Menschenmenge geflüchtet!
Sucht ihn!!
TRABTRAB
TRABTRAB
TRABTRAB

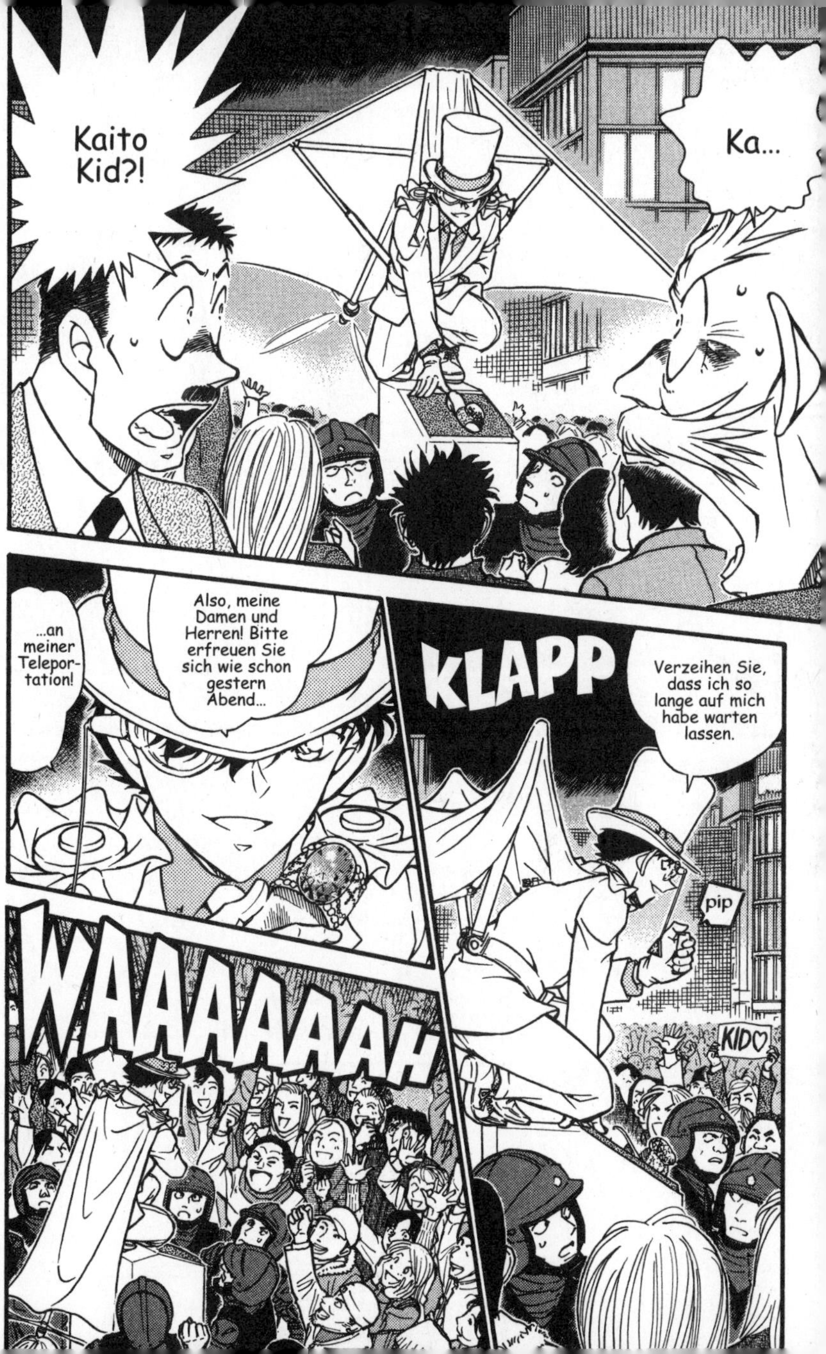

Ka...
Kaito Kid?!
KLAPP
Verzeihen Sie, dass ich so lange auf mich habe warten lassen.
pip
Also, meine Damen und Herren! Bitte erfreuen Sie sich wie schon gestern Abend...
...an meiner Teleportation!
KID♡
WAAAAAAAH

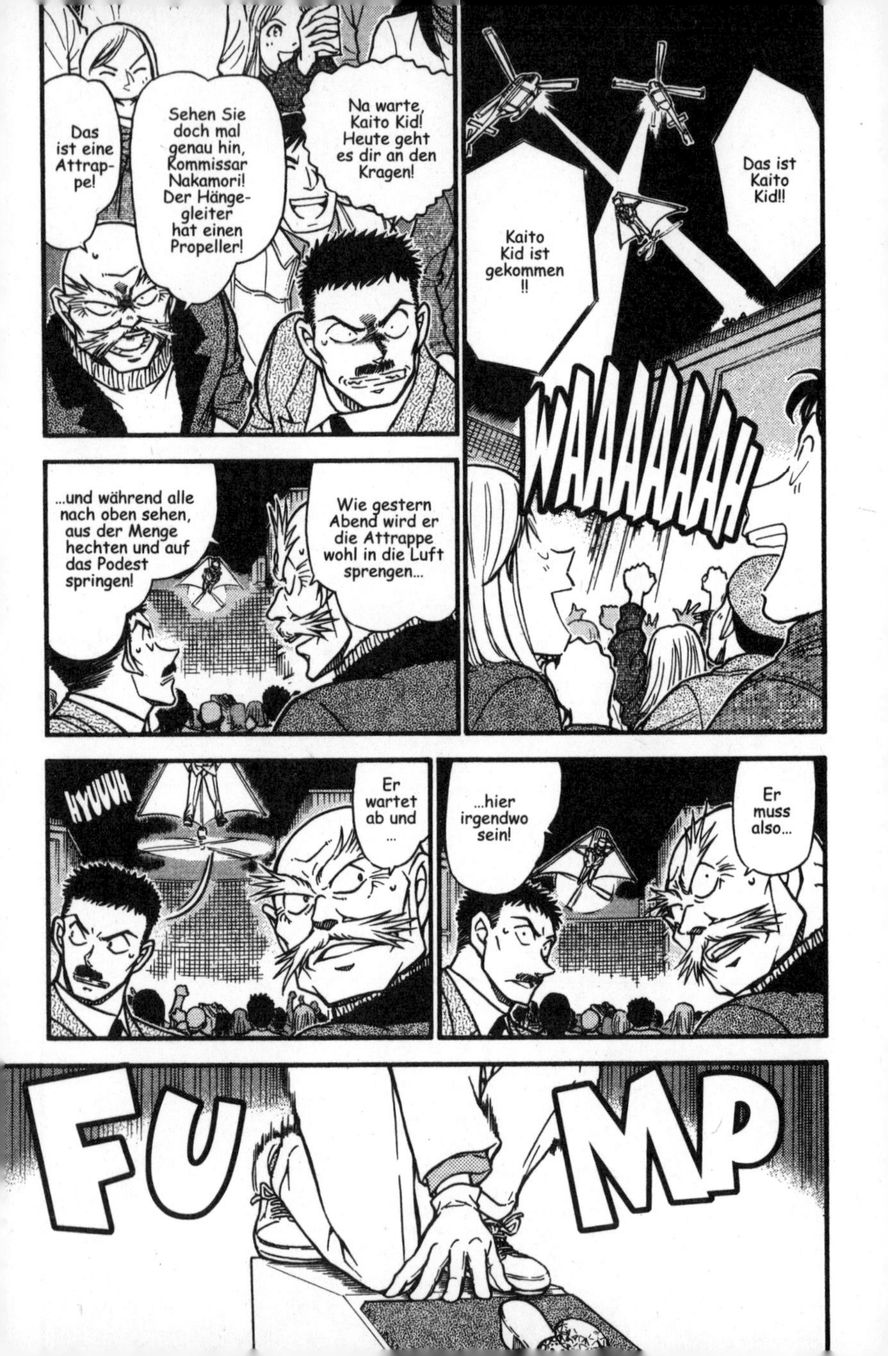
Das ist Kaito Kid!!
Kaito Kid ist gekommen !!
WAAAAAAAH
Na warte, Kaito Kid! Heute geht es dir an den Kragen!
Sehen Sie doch mal genau hin, Kommissar Nakamori! Der Hängegleiter hat einen Propeller!
Das ist eine Attrappe!
Wie gestern Abend wird er die Attrappe wohl in die Luft sprengen...
...und während alle nach oben sehen, aus der Menge hechten und auf das Podest springen!
Er muss also...
...hier irgendwo sein!
Er wartet ab und ...
HYUUUH
FUMP

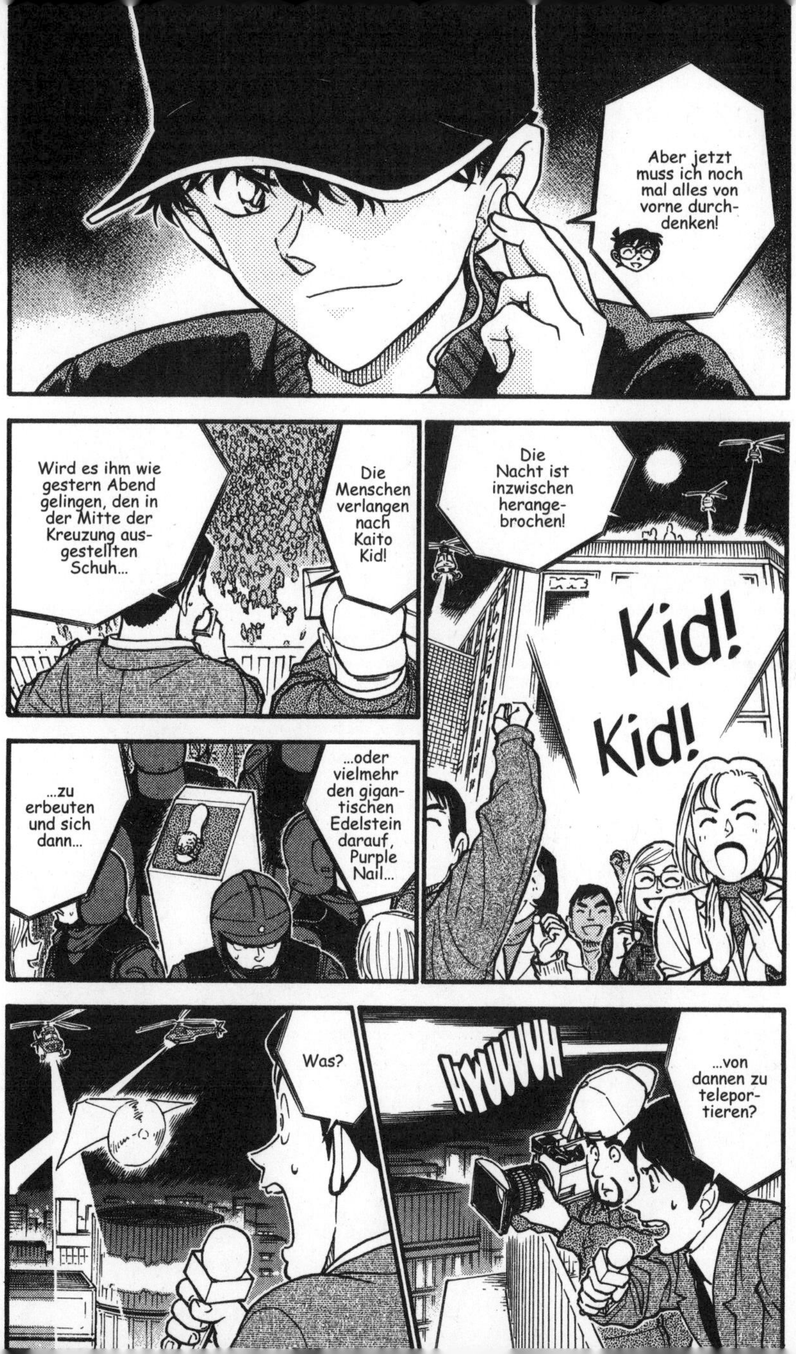
Aber jetzt muss ich noch mal alles von vorne durchdenken!
Die Nacht ist inzwischen herangebrochen!
Kid!
Kid!
Die Menschen verlangen nach Kaito Kid!
Wird es ihm wie gestern Abend gelingen, den in der Mitte der Kreuzung ausgestellten Schuh...
...oder vielmehr den gigantischen Edelstein darauf, Purple Nail...
...zu erbeuten und sich dann...
...von dannen zu teleportieren?
HYUUUUH
Was?

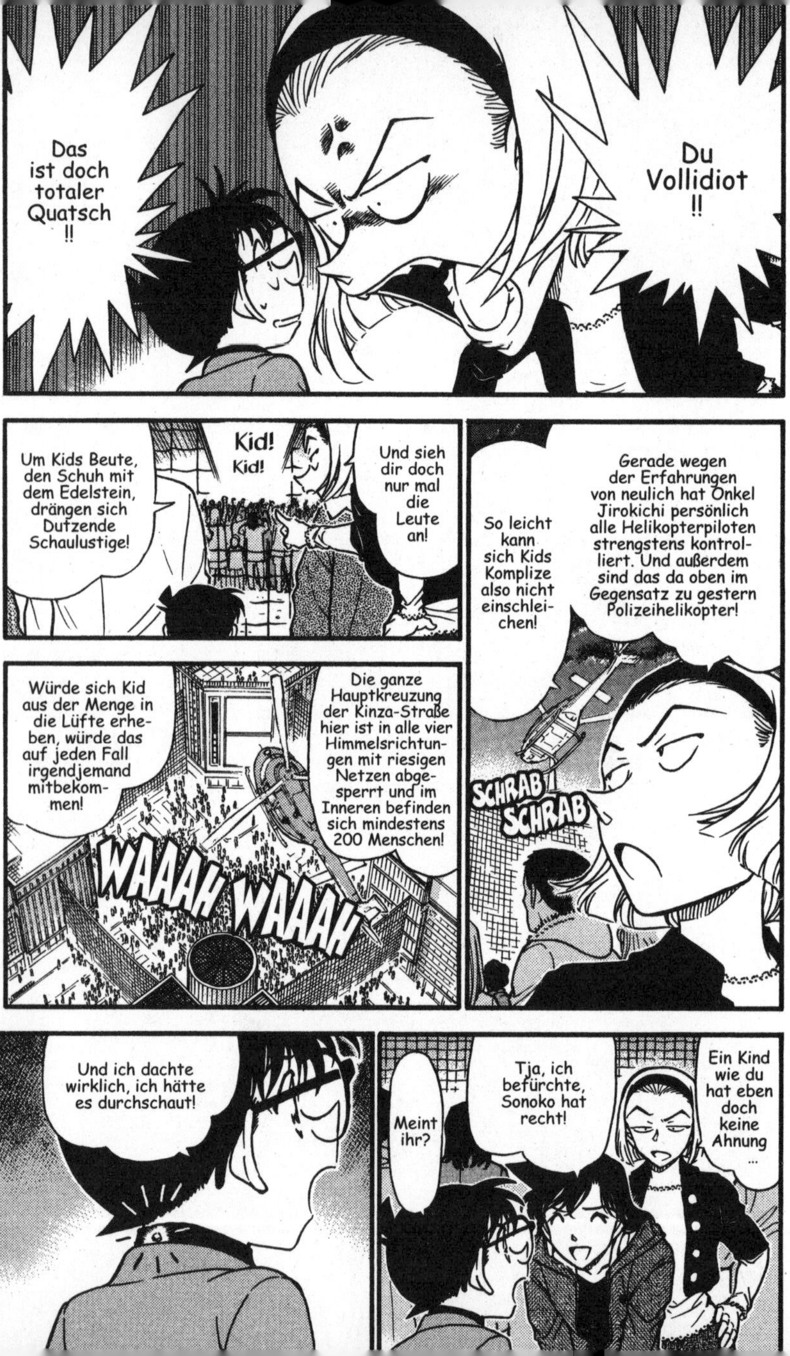
Du Vollidiot !!
Das ist doch totaler Quatsch !!
Gerade wegen der Erfahrungen von neulich hat Onkel Jirokichi persönlich alle Helikopterpiloten strengstens kontrolliert. Und außerdem sind das da oben im Gegensatz zu gestern Polizeihelikopter!
So leicht kann sich Kids Komplize also nicht einschleichen!
SCHRAB SCHRAB
Und sieh dir doch nur mal die Leute an!
Kid! Kid!
Um Kids Beute, den Schuh mit dem Edelstein, drängen sich Dutzende Schaulustige!
Die ganze Hauptkreuzung der Kinza-Straße hier ist in alle vier Himmelsrichtungen mit riesigen Netzen abgesperrt und im Inneren befinden sich mindestens 200 Menschen!
Würde sich Kid aus der Menge in die Lüfte erheben, würde das auf jeden Fall irgendjemand mitbekommen!
WAAAH WAAAH
Ein Kind wie du hat eben doch keine Ahnung ...
Tja, ich befürchte, Sonoko hat recht!
Meint ihr?
Und ich dachte wirklich, ich hätte es durchschaut!

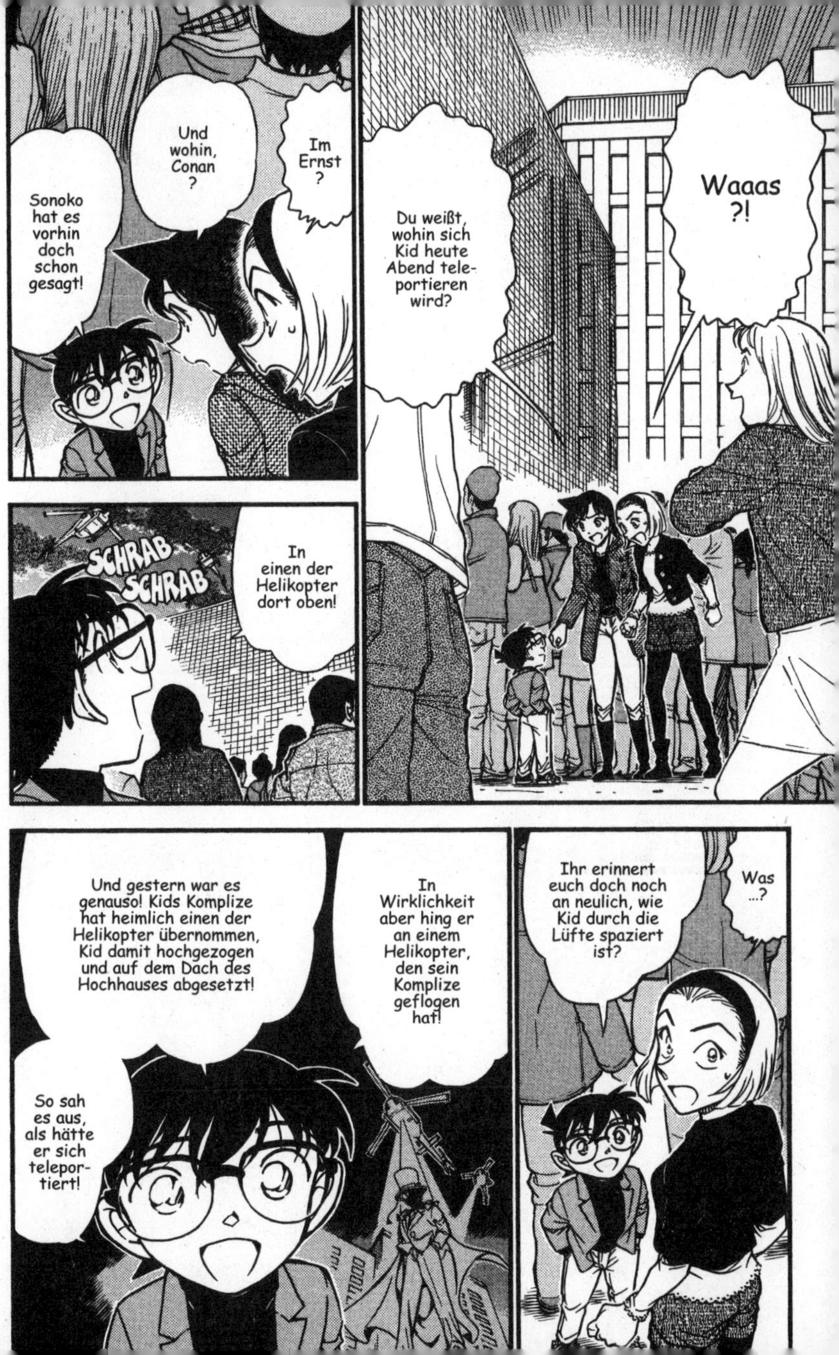

Waaas ?!
Du weißt, wohin sich Kid heute Abend teleportieren wird?
Im Ernst ?
Und wohin, Conan ?
Sonoko hat es vorhin doch schon gesagt!
SCHRAB SCHRAB
In einen der Helikopter dort oben!
Was ...?
Ihr erinnert euch doch noch an neulich, wie Kid durch die Lüfte spaziert ist?
In Wirklichkeit aber hing er an einem Helikopter, den sein Komplize geflogen hat!
Und gestern war es genauso! Kids Komplize hat heimlich einen der Helikopter übernommen, Kid damit hochgezogen und auf dem Dach des Hochhauses abgesetzt!
So sah es aus, als hätte er sich teleportiert!

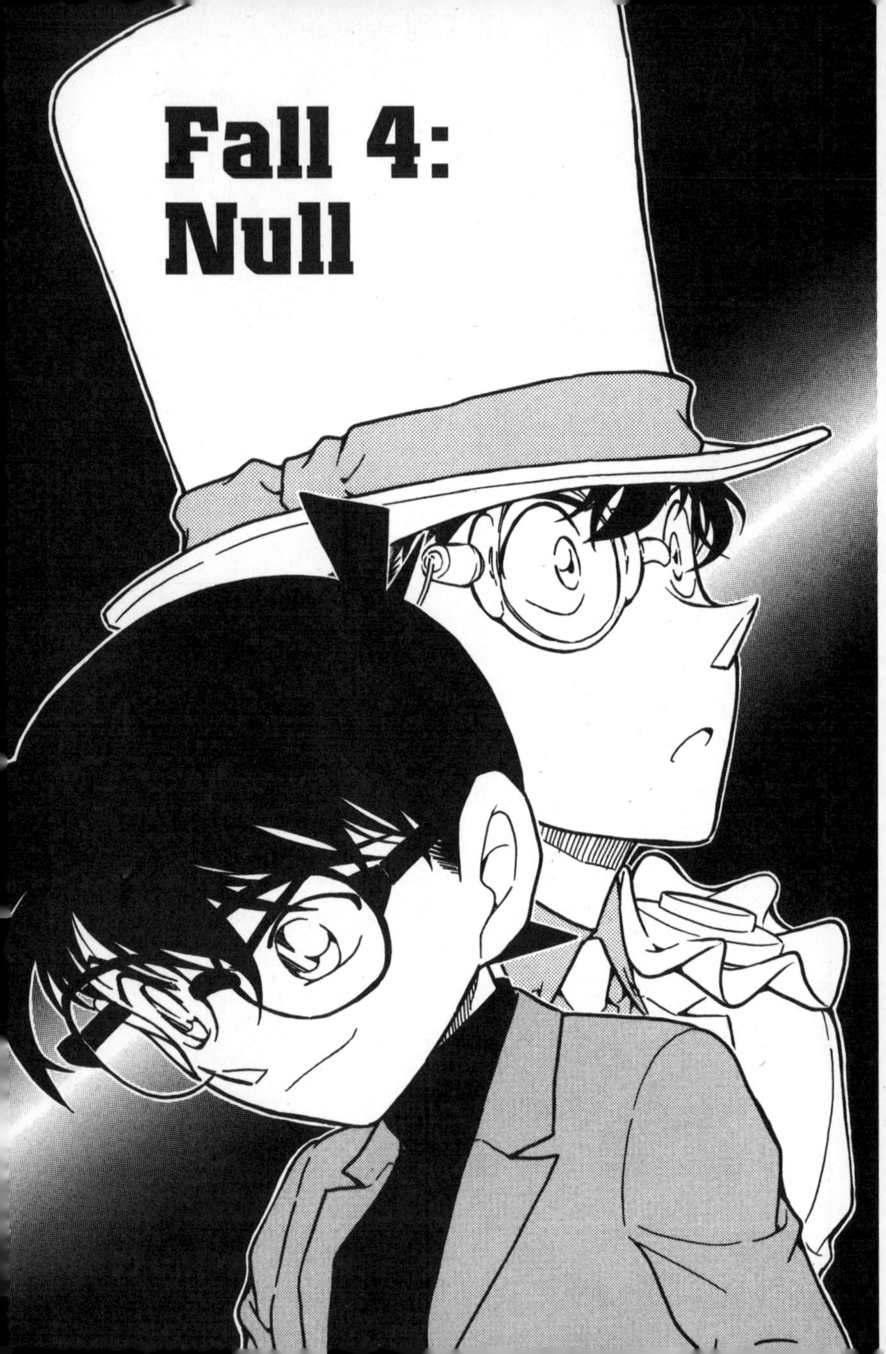
Fall 4:
Null

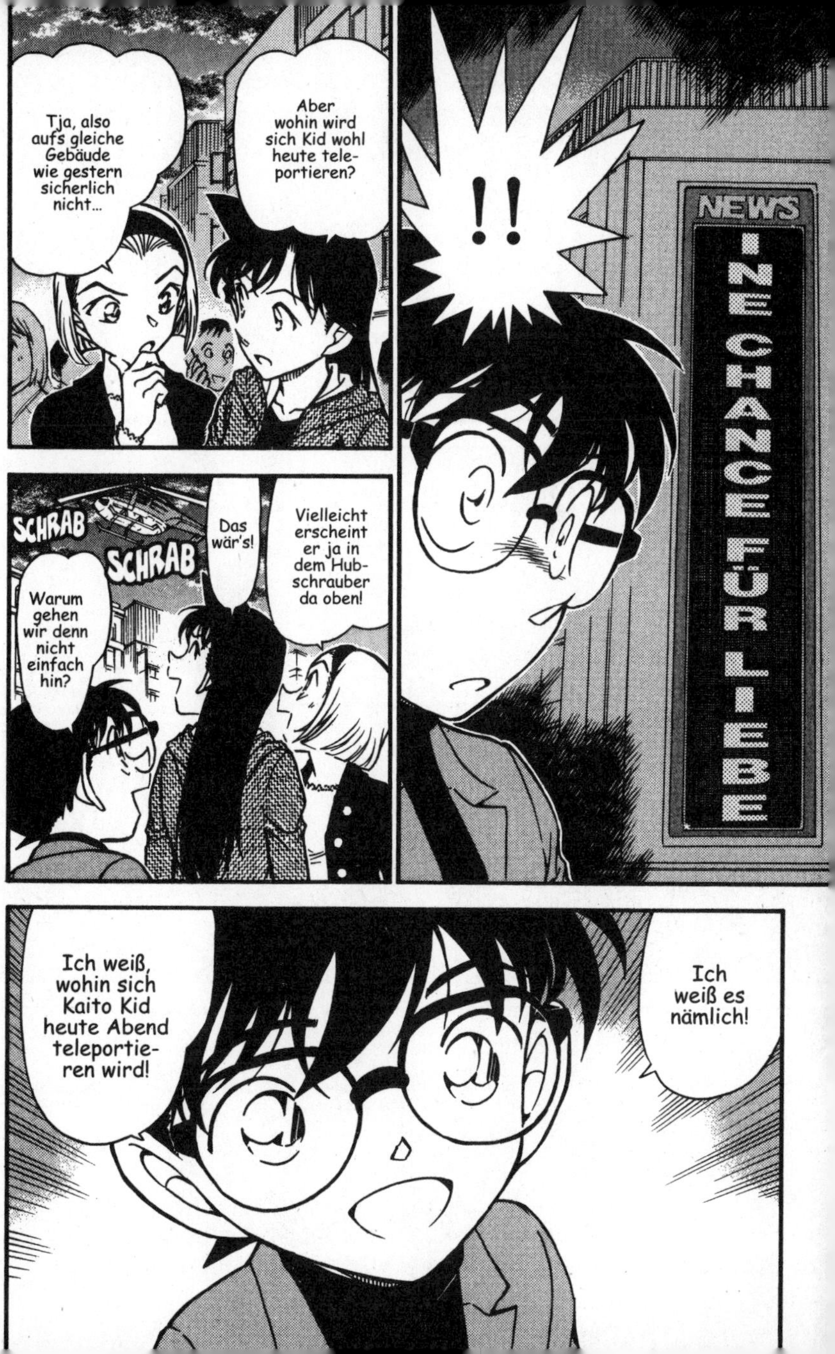

Aber wohin wird sich Kid wohl heute teleportieren?
Tja, also aufs gleiche Gebäude wie gestern sicherlich nicht...
!!
NEWS
INE CHANCE FÜR LIEBE
Vielleicht erscheint er ja in dem Hubschrauber da oben!
Das wär's!
SCHRAB
SCHRAB
Warum gehen wir denn nicht einfach hin?
Ich weiß es nämlich!
Ich weiß, wohin sich Kaito Kid heute Abend teleportieren wird!

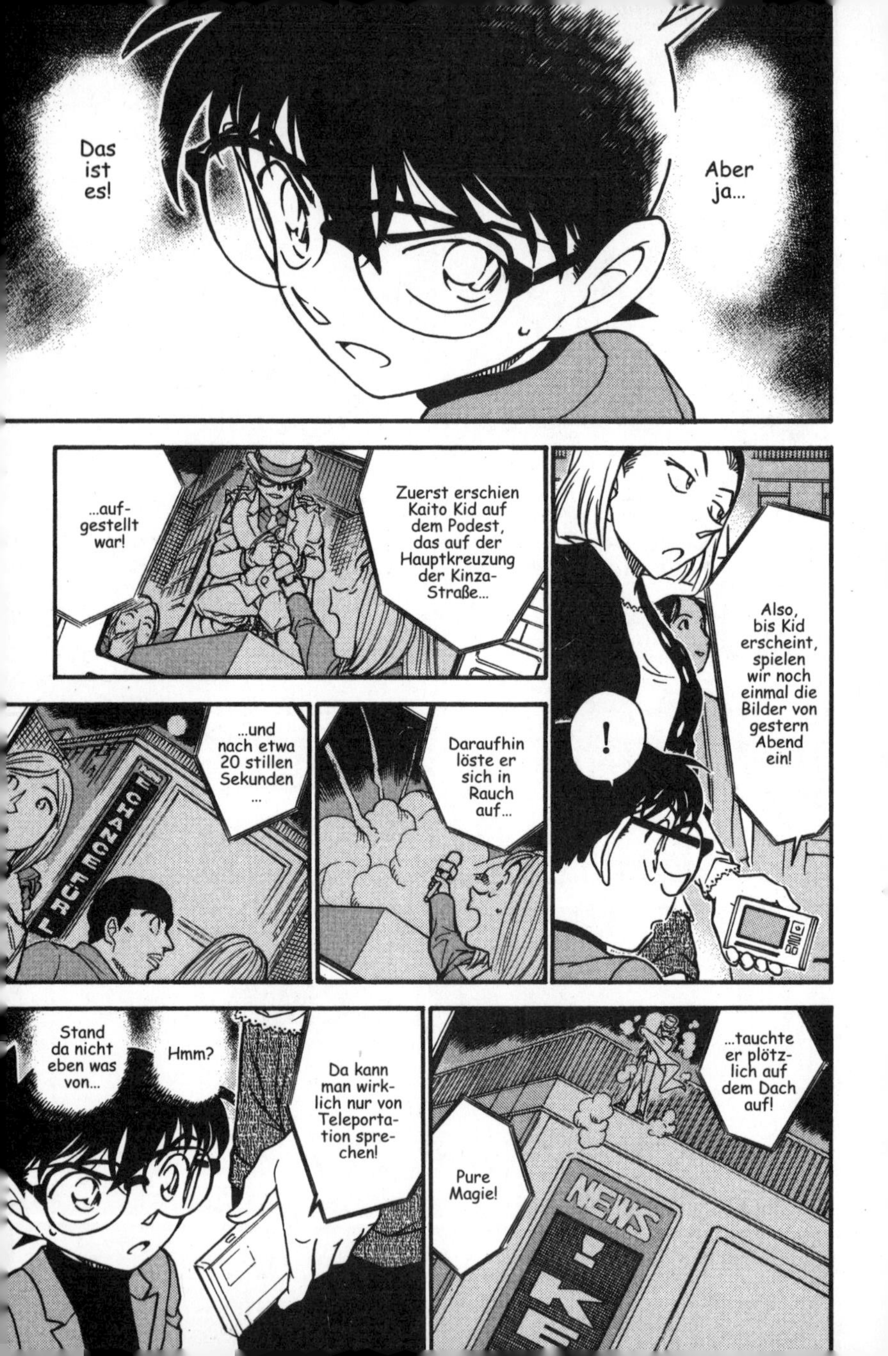
Aber ja...
Das ist es!
Also, bis Kid erscheint, spielen wir noch einmal die Bilder von gestern Abend ein!
!
Zuerst erschien Kaito Kid auf dem Podest, das auf der Hauptkreuzung der Kinza-Straße...
...aufgestellt war!
Daraufhin löste er sich in Rauch auf...
...und nach etwa 20 stillen Sekunden ...
...tauchte er plötzlich auf dem Dach auf!
Pure Magie!
Da kann man wirklich nur von Teleportation sprechen!
Hmm?
Stand da nicht eben was von...
NEWS

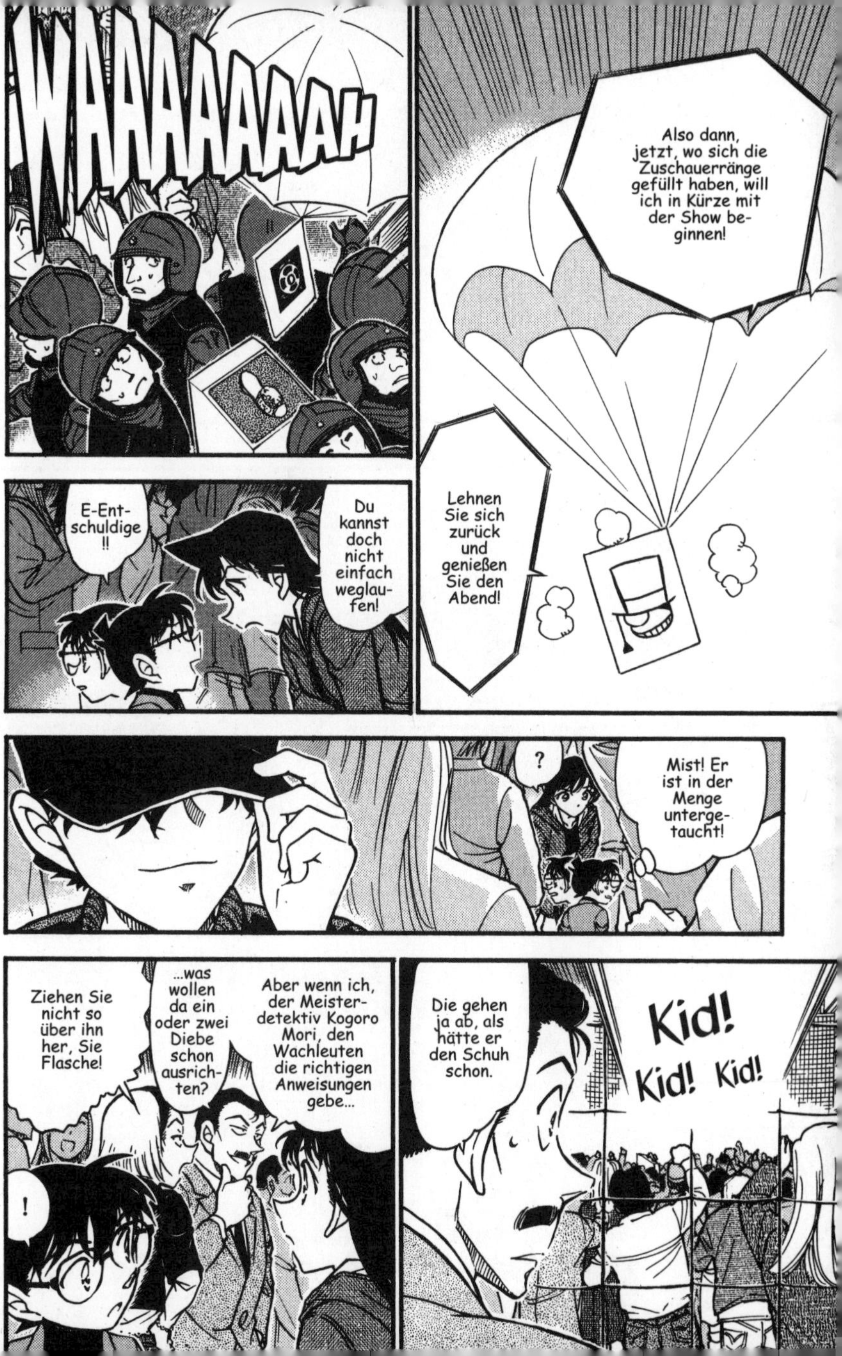
Also dann, jetzt, wo sich die Zuschauerränge gefüllt haben, will ich in Kürze mit der Show beginnen!
Lehnen Sie sich zurück und genießen Sie den Abend!
WAAAAAAAAH
Du kannst doch nicht einfach weglaufen!
E-Entschuldige!!
Mist! Er ist in der Menge untergetaucht!
?
Kid!
Kid! Kid!
Die gehen ja ab, als hätte er den Schuh schon.
Aber wenn ich, der Meisterdetektiv Kogoro Mori, den Wachleuten die richtigen Anweisungen gebe...
...was wollen da ein oder zwei Diebe schon ausrichten?
Ziehen Sie nicht so über ihn her, Sie Flasche!
!

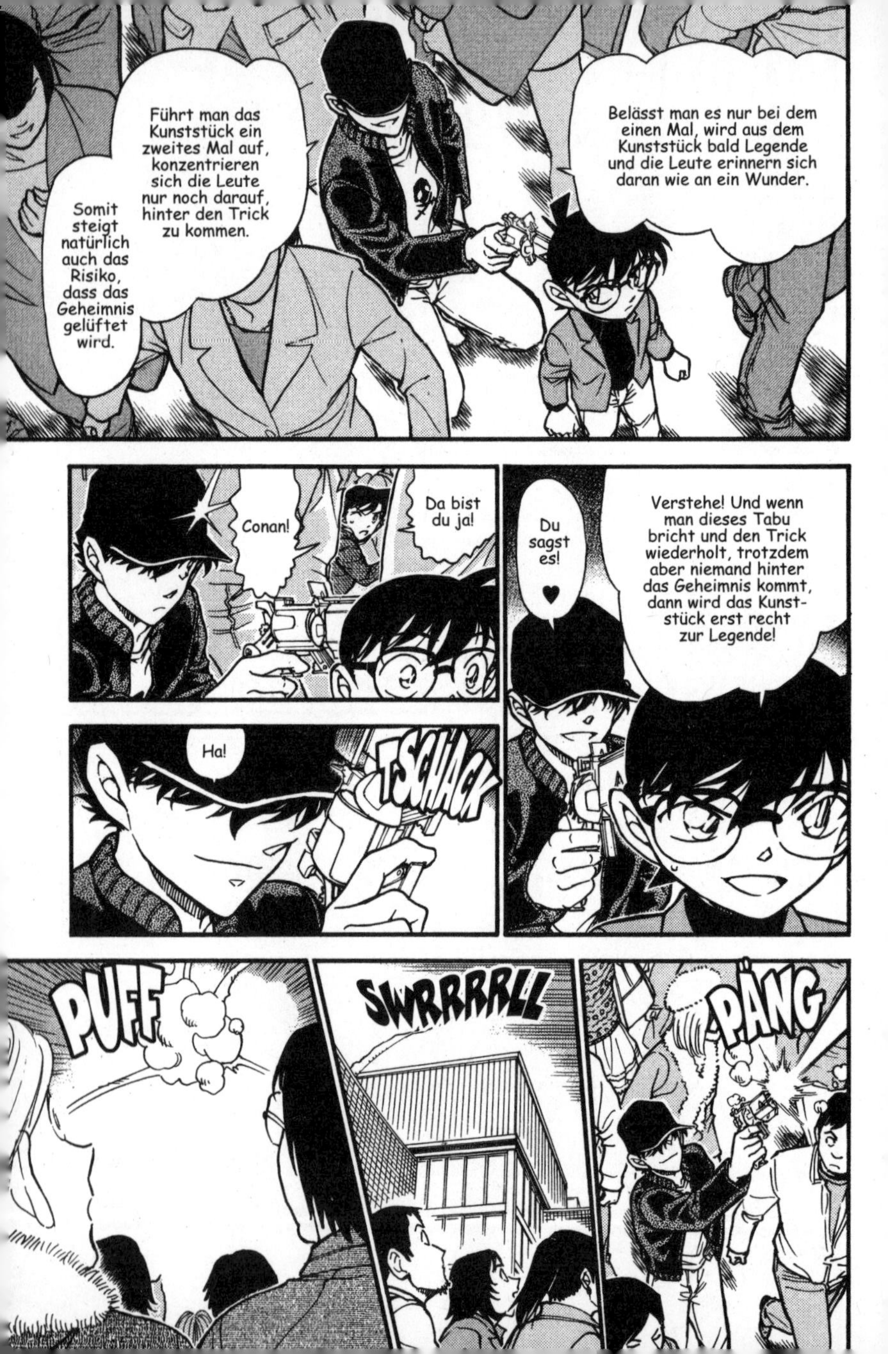
Belässt man es nur bei dem einen Mal, wird aus dem Kunststück bald Legende und die Leute erinnern sich daran wie an ein Wunder.
Führt man das Kunststück ein zweites Mal auf, konzentrieren sich die Leute nur noch darauf, hinter den Trick zu kommen.
Somit steigt natürlich auch das Risiko, dass das Geheimnis gelüftet wird.
Verstehe! Und wenn man dieses Tabu bricht und den Trick wiederholt, trotzdem aber niemand hinter das Geheimnis kommt, dann wird das Kunststück erst recht zur Legende!
Du sagst es! ♥
Da bist du ja!
Conan!
Ha!
TSCHACK
PÄNG
SWRRRRLL
PUFF

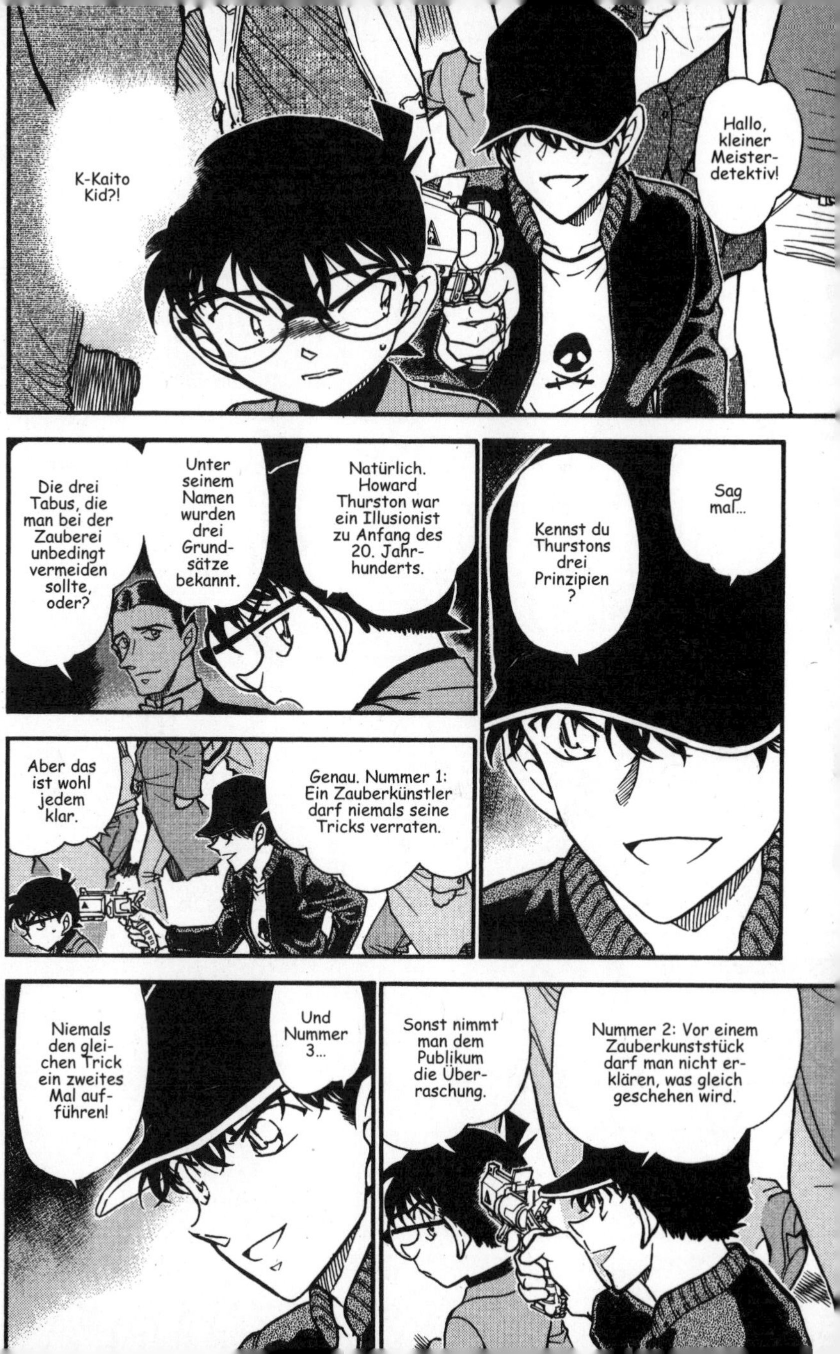
Hallo, kleiner Meisterdetektiv!
K-Kaito Kid?!
Sag mal...
Kennst du Thurstons drei Prinzipien?
Natürlich. Howard Thurston war ein Illusionist zu Anfang des 20. Jahrhunderts.
Unter seinem Namen wurden drei Grundsätze bekannt.
Die drei Tabus, die man bei der Zauberei unbedingt vermeiden sollte, oder?
Genau. Nummer 1: Ein Zauberkünstler darf niemals seine Tricks verraten.
Aber das ist wohl jedem klar.
Nummer 2: Vor einem Zauberkunststück darf man nicht erklären, was gleich geschehen wird.
Sonst nimmt man dem Publikum die Überraschung.
Und Nummer 3...
Niemals den gleichen Trick ein zweites Mal aufführen!

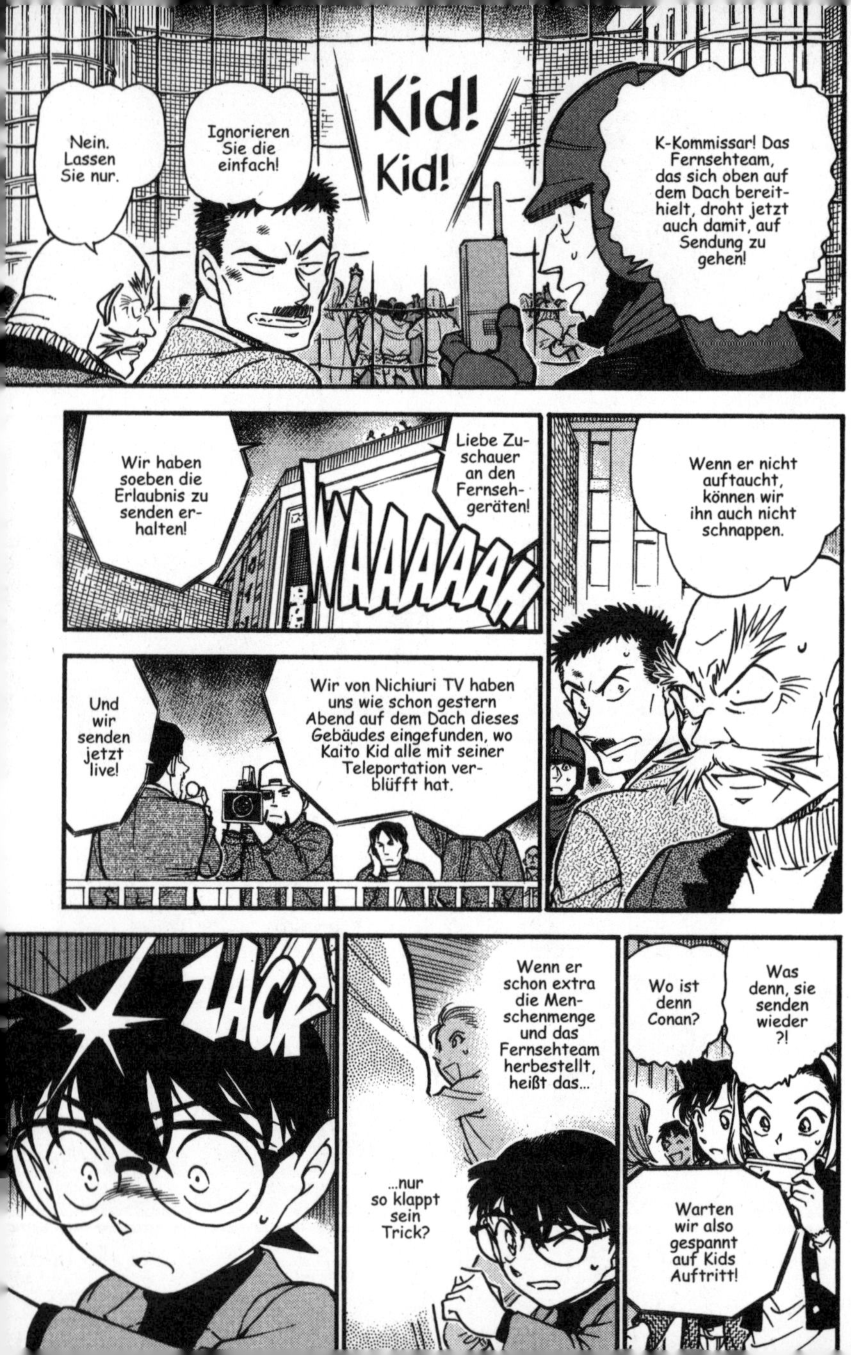
K-Kommissar! Das Fernsehteam, das sich oben auf dem Dach bereithielt, droht jetzt auch damit, auf Sendung zu gehen!
Kid!
Kid!
Ignorieren Sie die einfach!
Nein. Lassen Sie nur.
Wenn er nicht auftaucht, können wir ihn auch nicht schnappen.
Liebe Zuschauer an den Fernsehgeräten!
WAAAAAAH
Wir haben soeben die Erlaubnis zu senden erhalten!
Wir von Nichiuri TV haben uns wie schon gestern Abend auf dem Dach dieses Gebäudes eingefunden, wo Kaito Kid alle mit seiner Teleportation verblüfft hat.
Und wir senden jetzt live!
Was denn, sie senden wieder?!
Wo ist denn Conan?
Warten wir also gespannt auf Kids Auftritt!
Wenn er schon extra die Menschenmenge und das Fernsehteam herbestellt, heißt das...
...nur so klappt sein Trick?
ZACK

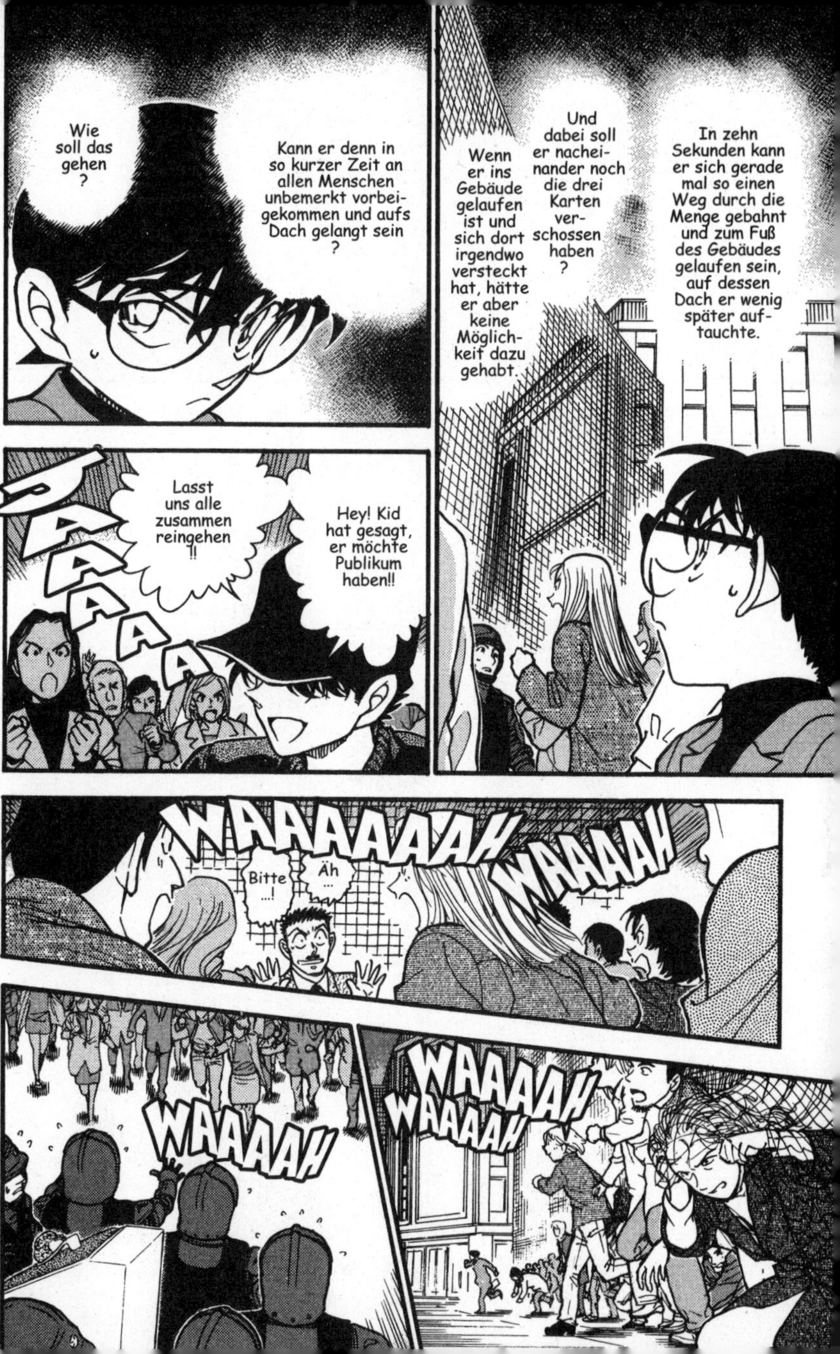

In zehn Sekunden kann er sich gerade mal so einen Weg durch die Menge gebahnt und zum Fuß des Gebäudes gelaufen sein, auf dessen Dach er wenig später auftauchte.
Und dabei soll er nacheinander noch die drei Karten verschossen haben?
Wenn er ins Gebäude gelaufen ist und sich dort irgendwo versteckt hat, hätte er aber keine Möglichkeit dazu gehabt.
Kann er denn in so kurzer Zeit an allen Menschen unbemerkt vorbeigekommen und aufs Dach gelangt sein?
Wie soll das gehen?
Hey! Kid hat gesagt, er möchte Publikum haben!!
Lasst uns alle zusammen reingehen!!
WAAAAAAAAH
WAAAAAH
Äh ...
Bitte ...!
WAAAAAH
WAAAAAH
WAAAAAH

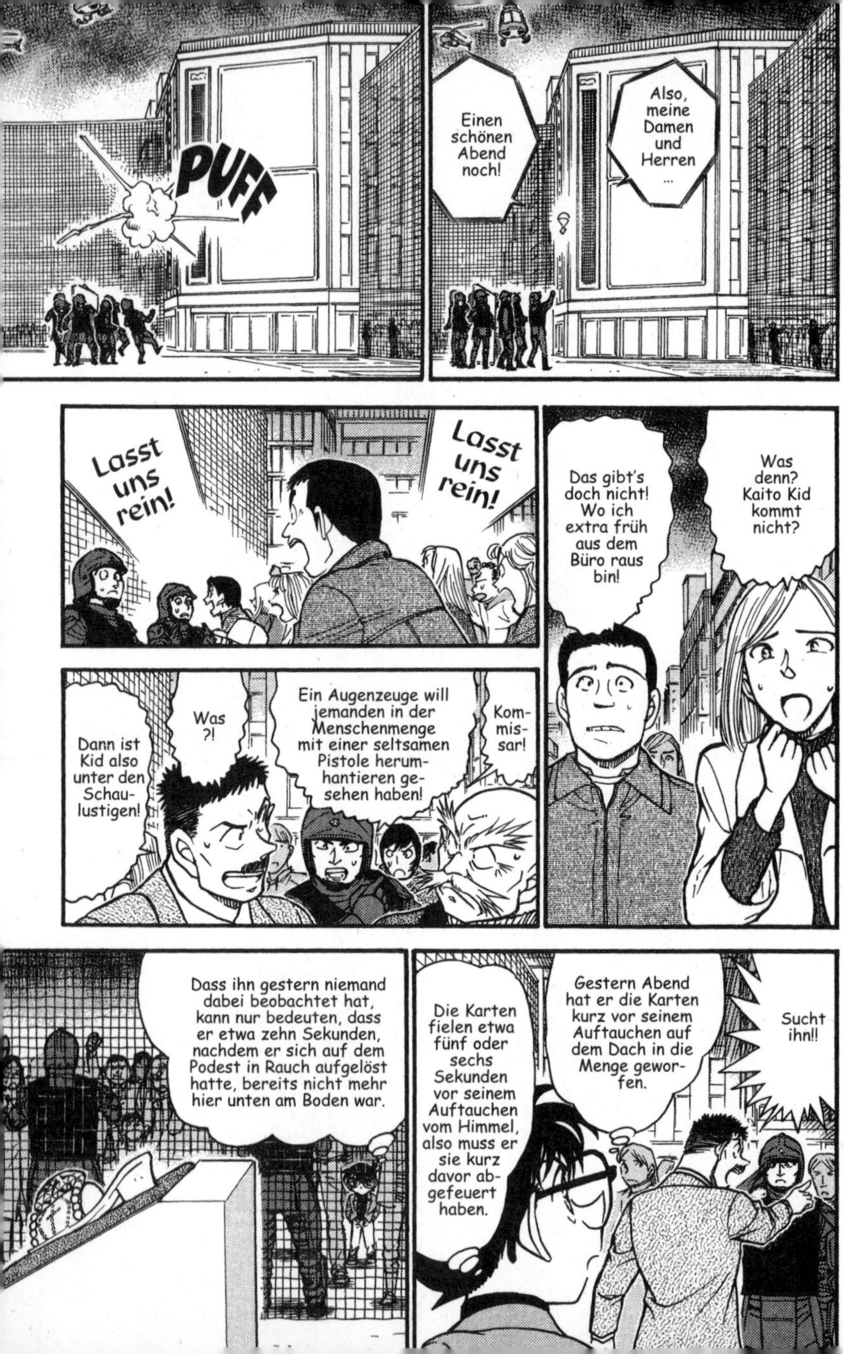
Also, meine Damen und Herren ...
Einen schönen Abend noch!
PUFF
Was denn? Kaito Kid kommt nicht?
Das gibt's doch nicht! Wo ich extra früh aus dem Büro raus bin!
Lasst uns rein!
Lasst uns rein!
Kommissar!
Ein Augenzeuge will jemanden in der Menschenmenge mit einer seltsamen Pistole herumhantieren gesehen haben!
Was ?!
Dann ist Kid also unter den Schaulustigen!
Sucht ihn!!
Gestern Abend hat er die Karten kurz vor seinem Auftauchen auf dem Dach in die Menge geworfen.
Die Karten fielen etwa fünf oder sechs Sekunden vor seinem Auftauchen vom Himmel, also muss er sie kurz davor abgefeuert haben.
Dass ihn gestern niemand dabei beobachtet hat, kann nur bedeuten, dass er etwa zehn Sekunden, nachdem er sich auf dem Podest in Rauch aufgelöst hatte, bereits nicht mehr hier unten am Boden war.

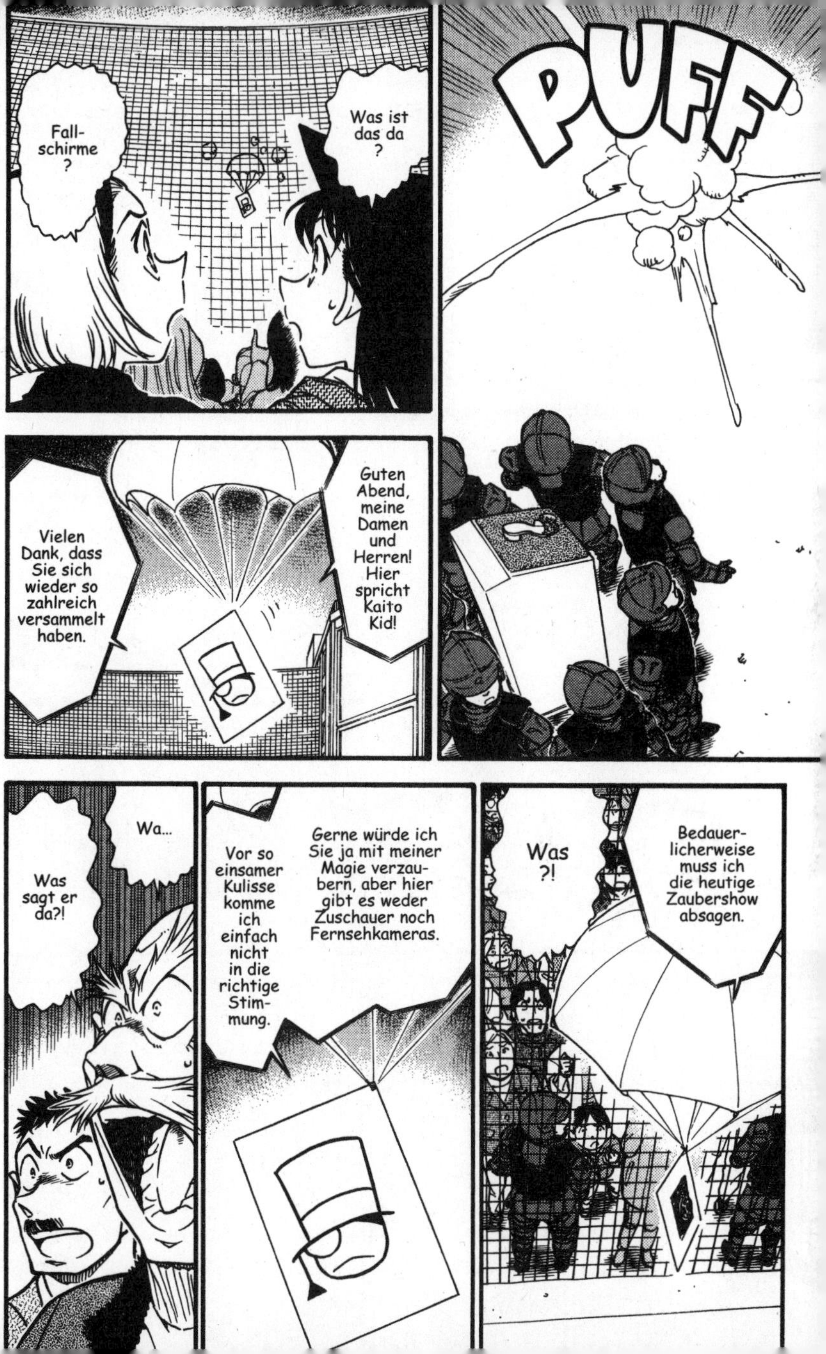
PUFF
Was ist das da ?
Fall-schirme ?
Guten Abend, meine Damen und Herren! Hier spricht Kaito Kid!
Vielen Dank, dass Sie sich wieder so zahlreich versammelt haben.
Bedauerlicherweise muss ich die heutige Zaubershow absagen.
Was ?!
Gerne würde ich Sie ja mit meiner Magie verzaubern, aber hier gibt es weder Zuschauer noch Fernsehkameras.
Vor so einsamer Kulisse komme ich einfach nicht in die richtige Stimmung.
Wa...
Was sagt er da?!

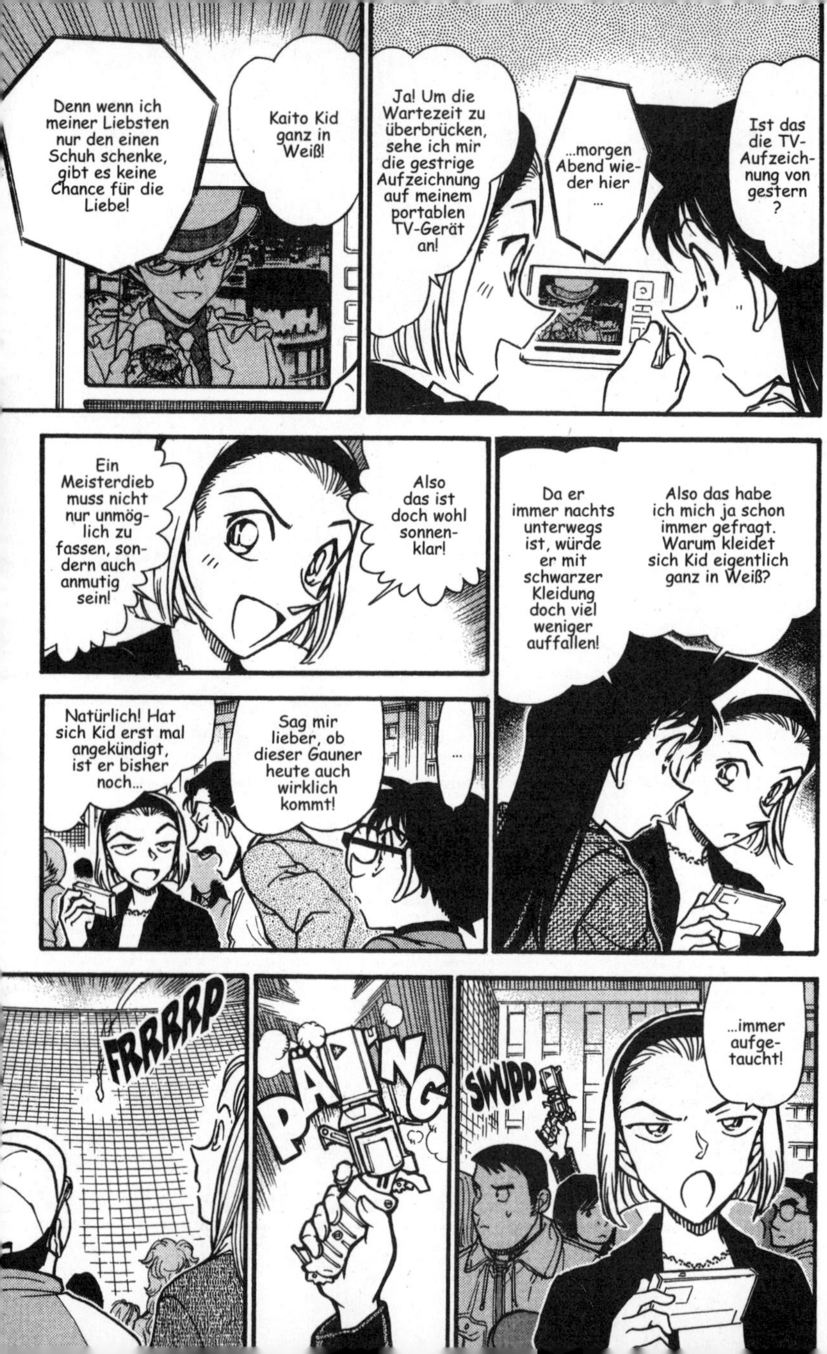

Ist das die TV-Aufzeichnung von gestern?
...morgen Abend wieder hier ...
Ja! Um die Wartezeit zu überbrücken, sehe ich mir die gestrige Aufzeichnung auf meinem portablen TV-Gerät an!
Kaito Kid ganz in Weiß!
Denn wenn ich meiner Liebsten nur den einen Schuh schenke, gibt es keine Chance für die Liebe!
Also das habe ich mich ja schon immer gefragt. Warum kleidet sich Kid eigentlich ganz in Weiß?
Da er immer nachts unterwegs ist, würde er mit schwarzer Kleidung doch viel weniger auffallen!
Also das ist doch wohl sonnenklar!
Ein Meisterdieb muss nicht nur unmöglich zu fassen, sondern auch anmutig sein!
...
Sag mir lieber, ob dieser Gauner heute auch wirklich kommt!
Natürlich! Hat sich Kid erst mal angekündigt, ist er bisher noch...
...immer aufgetaucht!
SWUPP
PÄNG
FRRRRP

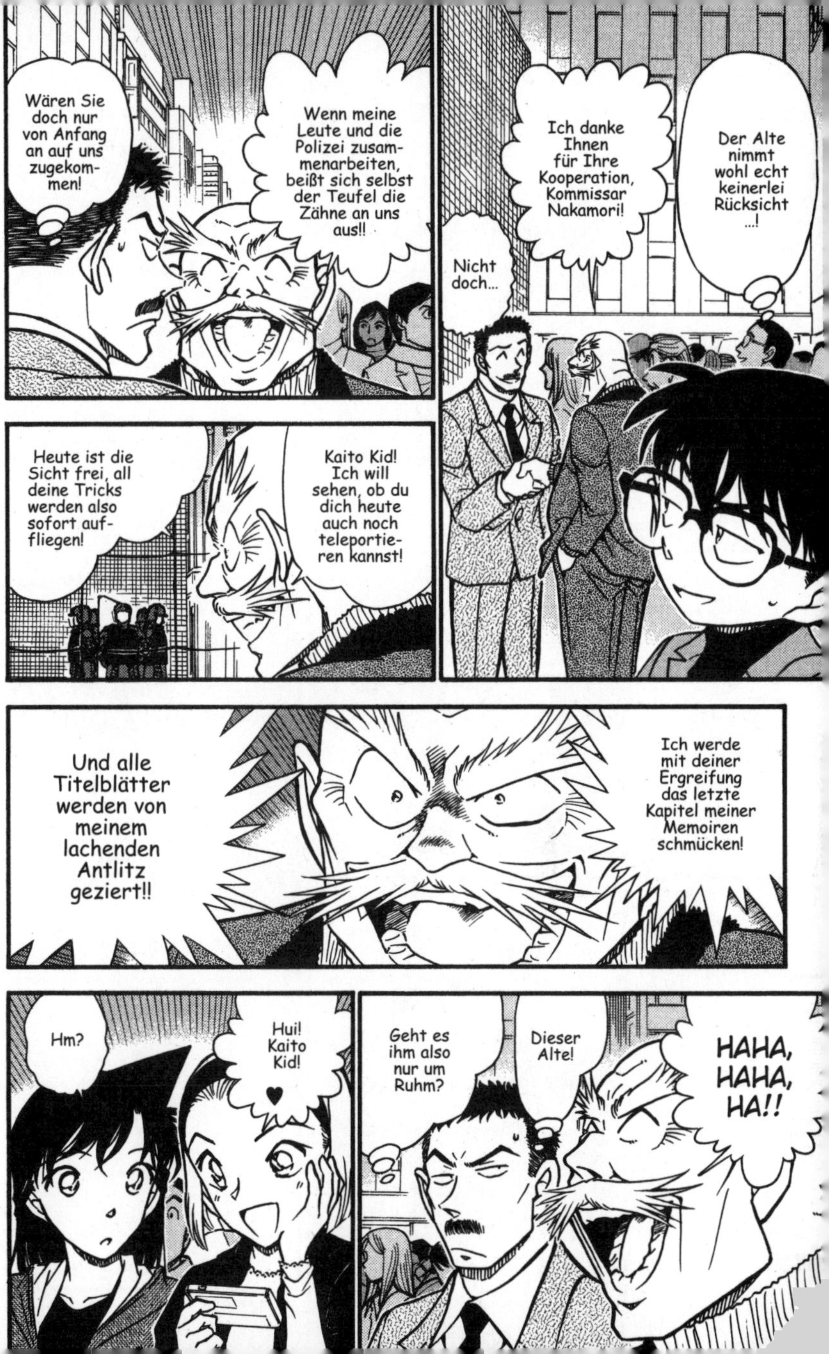

Ich danke Ihnen für Ihre Kooperation, Kommissar Nakamori!
Nicht doch...
Der Alte nimmt wohl echt keinerlei Rücksicht ...!
Wenn meine Leute und die Polizei zusammenarbeiten, beißt sich selbst der Teufel die Zähne an uns aus!!
Wären Sie doch nur von Anfang an auf uns zugekommen!
Kaito Kid! Ich will sehen, ob du dich heute auch noch teleportieren kannst!
Heute ist die Sicht frei, all deine Tricks werden also sofort auffliegen!
Ich werde mit deiner Ergreifung das letzte Kapitel meiner Memoiren schmücken!
Und alle Titelblätter werden von meinem lachenden Antlitz geziert!!
HAHA, HAHA, HA!!
Dieser Alte!
Geht es ihm also nur um Ruhm?
Hui! Kaito Kid! ♥
Hm?

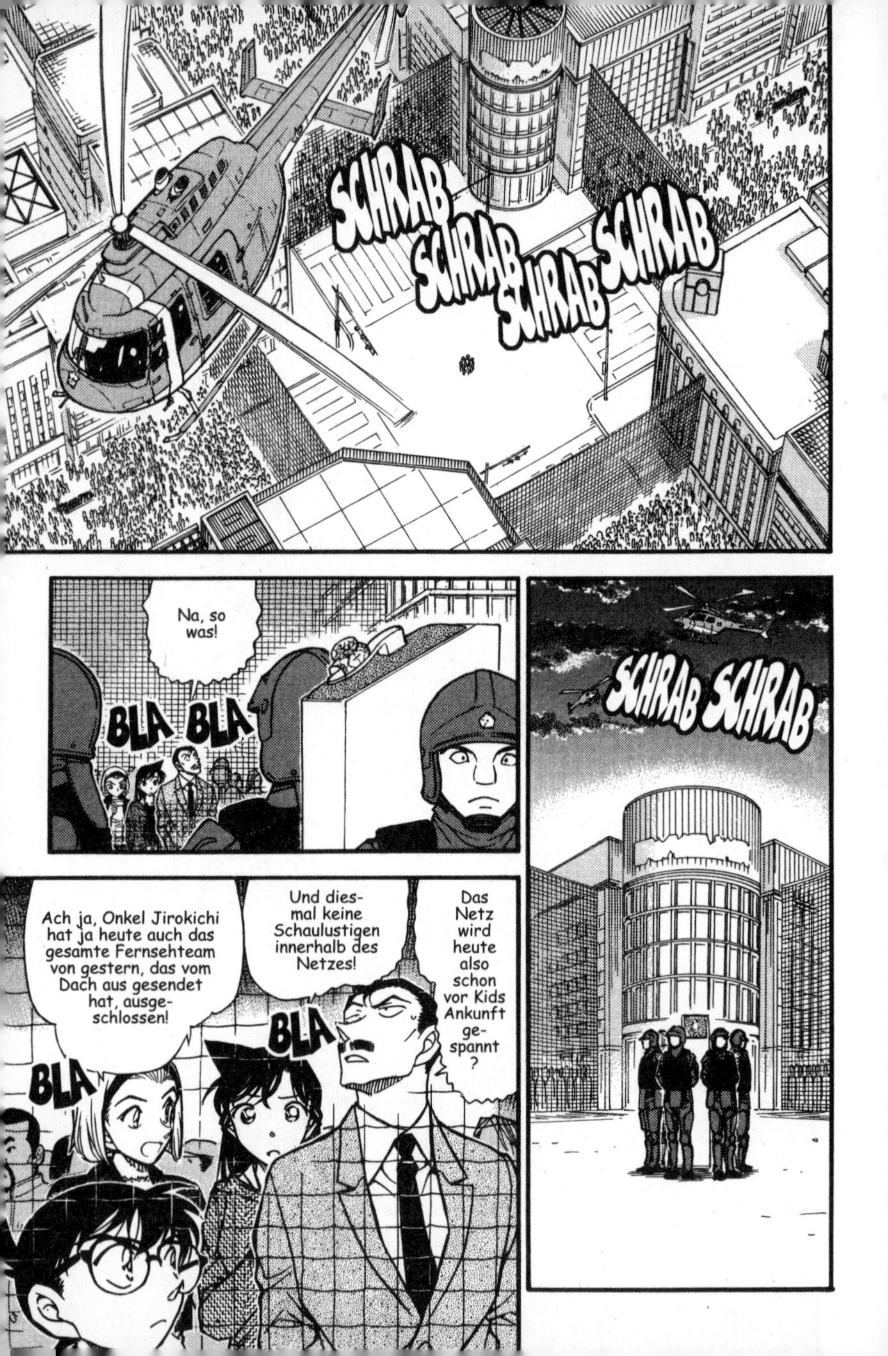
SCHRAB SCHRAB SCHRAB SCHRAB
SCHRAB SCHRAB
Na, so was!
BLA BLA
Das Netz wird heute also schon vor Kids Ankunft gespannt?
Und diesmal keine Schaulustigen innerhalb des Netzes!
BLA
Ach ja, Onkel Jirokichi hat ja heute auch das gesamte Fernsehteam von gestern, das vom Dach aus gesendet hat, ausgeschlossen!
BLA

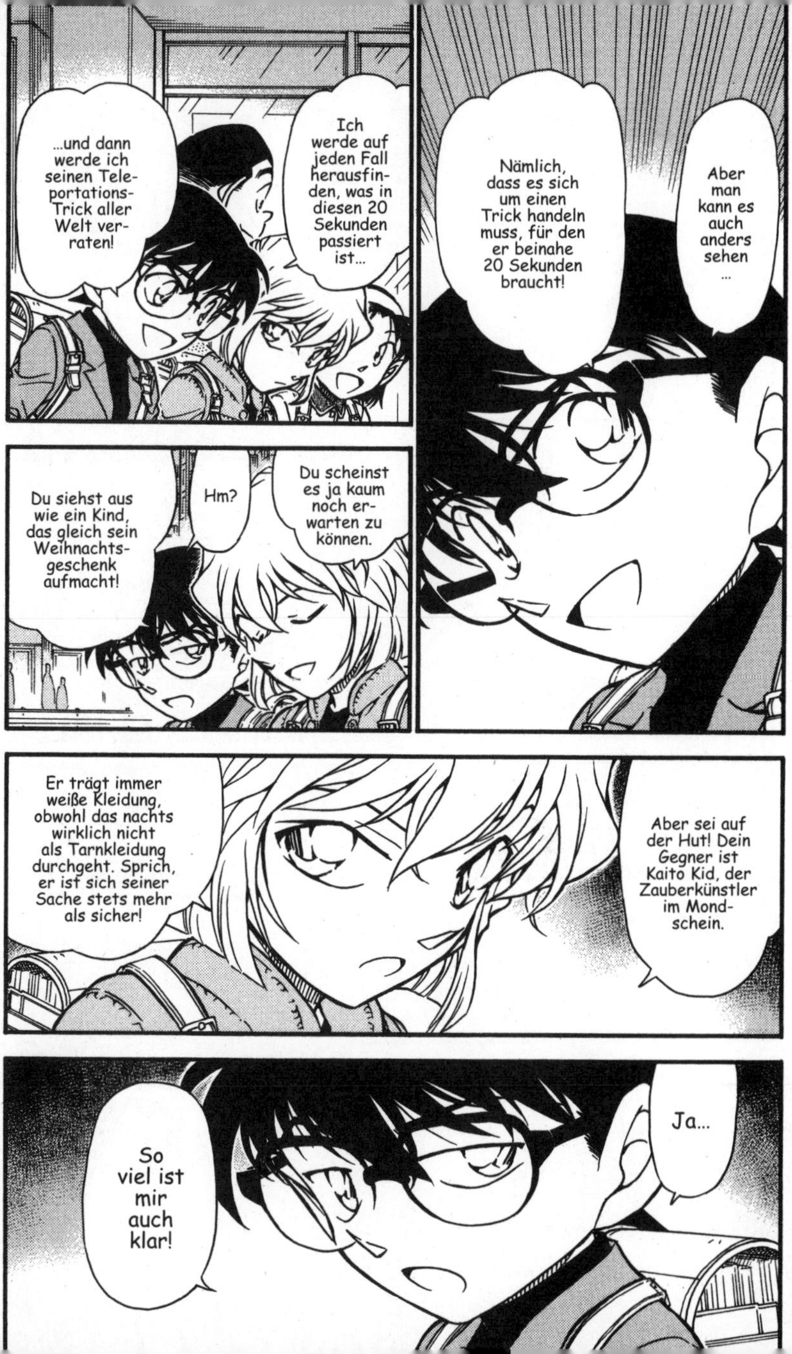
Aber man kann es auch anders sehen ...
Nämlich, dass es sich um einen Trick handeln muss, für den er beinahe 20 Sekunden braucht!
Ich werde auf jeden Fall herausfinden, was in diesen 20 Sekunden passiert ist...
...und dann werde ich seinen Teleportations-Trick aller Welt verraten!
Du scheinst es ja kaum noch erwarten zu können.
Hm?
Du siehst aus wie ein Kind, das gleich sein Weihnachtsgeschenk aufmacht!
Aber sei auf der Hut! Dein Gegner ist Kaito Kid, der Zauberkünstler im Mondschein.
Er trägt immer weiße Kleidung, obwohl das nachts wirklich nicht als Tarnkleidung durchgeht. Sprich, er ist sich seiner Sache stets mehr als sicher!
Ja...
So viel ist mir auch klar!

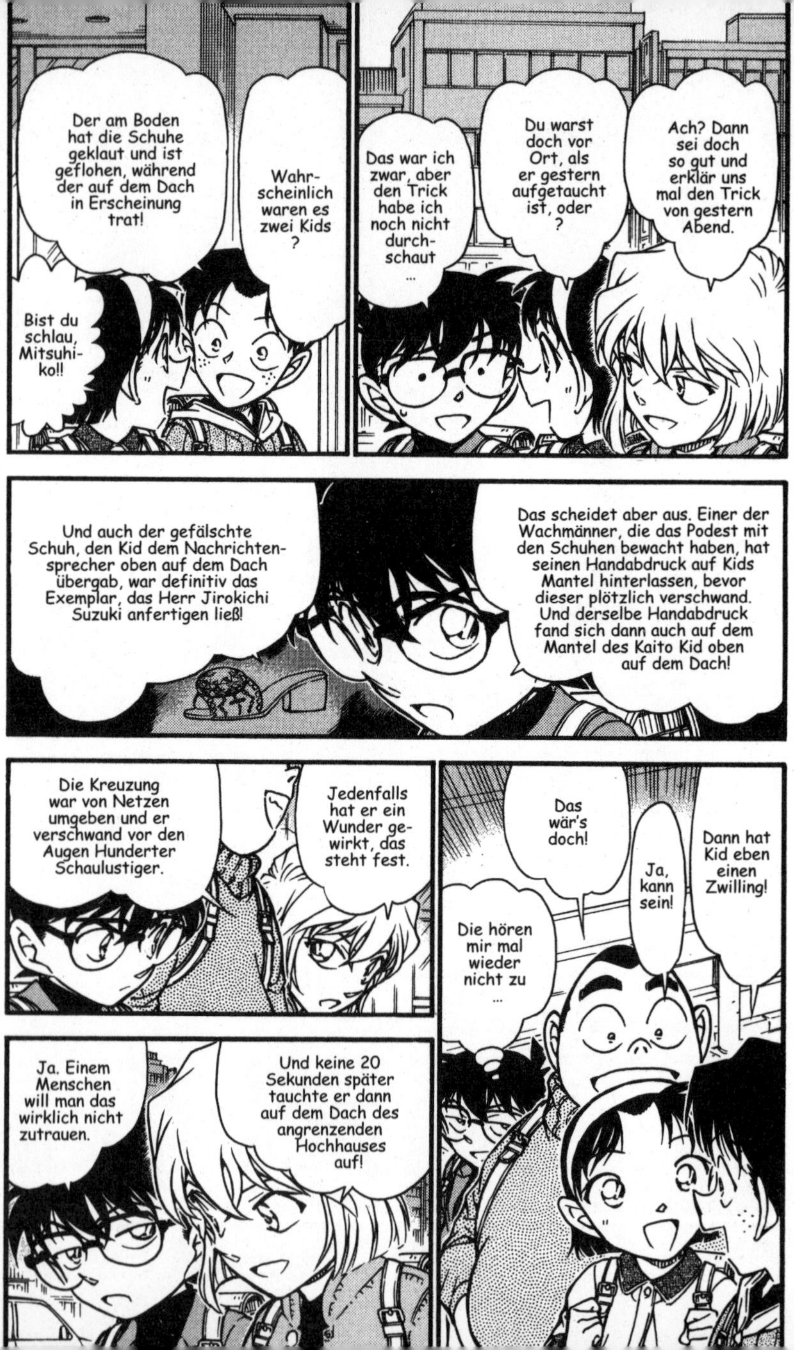
Ach? Dann sei doch so gut und erklär uns mal den Trick von gestern Abend.
Du warst doch vor Ort, als er gestern aufgetaucht ist, oder?
Das war ich zwar, aber den Trick habe ich noch nicht durchschaut ...
Wahrscheinlich waren es zwei Kids?
Der am Boden hat die Schuhe geklaut und ist geflohen, während der auf dem Dach in Erscheinung trat!
Bist du schlau, Mitsuhiko!!
Das scheidet aber aus. Einer der Wachmänner, die das Podest mit den Schuhen bewacht haben, hat seinen Handabdruck auf Kids Mantel hinterlassen, bevor dieser plötzlich verschwand. Und derselbe Handabdruck fand sich dann auch auf dem Mantel des Kaito Kid oben auf dem Dach!
Und auch der gefälschte Schuh, den Kid dem Nachrichtensprecher oben auf dem Dach übergab, war definitiv das Exemplar, das Herr Jirokichi Suzuki anfertigen ließ!
Jedenfalls hat er ein Wunder gewirkt, das steht fest.
Die Kreuzung war von Netzen umgeben und er verschwand vor den Augen Hunderter Schaulustiger.
Und keine 20 Sekunden später tauchte er dann auf dem Dach des angrenzenden Hochhauses auf!
Ja. Einem Menschen will man das wirklich nicht zutrauen.
Dann hat Kid eben einen Zwilling!
Ja, kann sein!
Das wär's doch!
Die hören mir mal wieder nicht zu ...

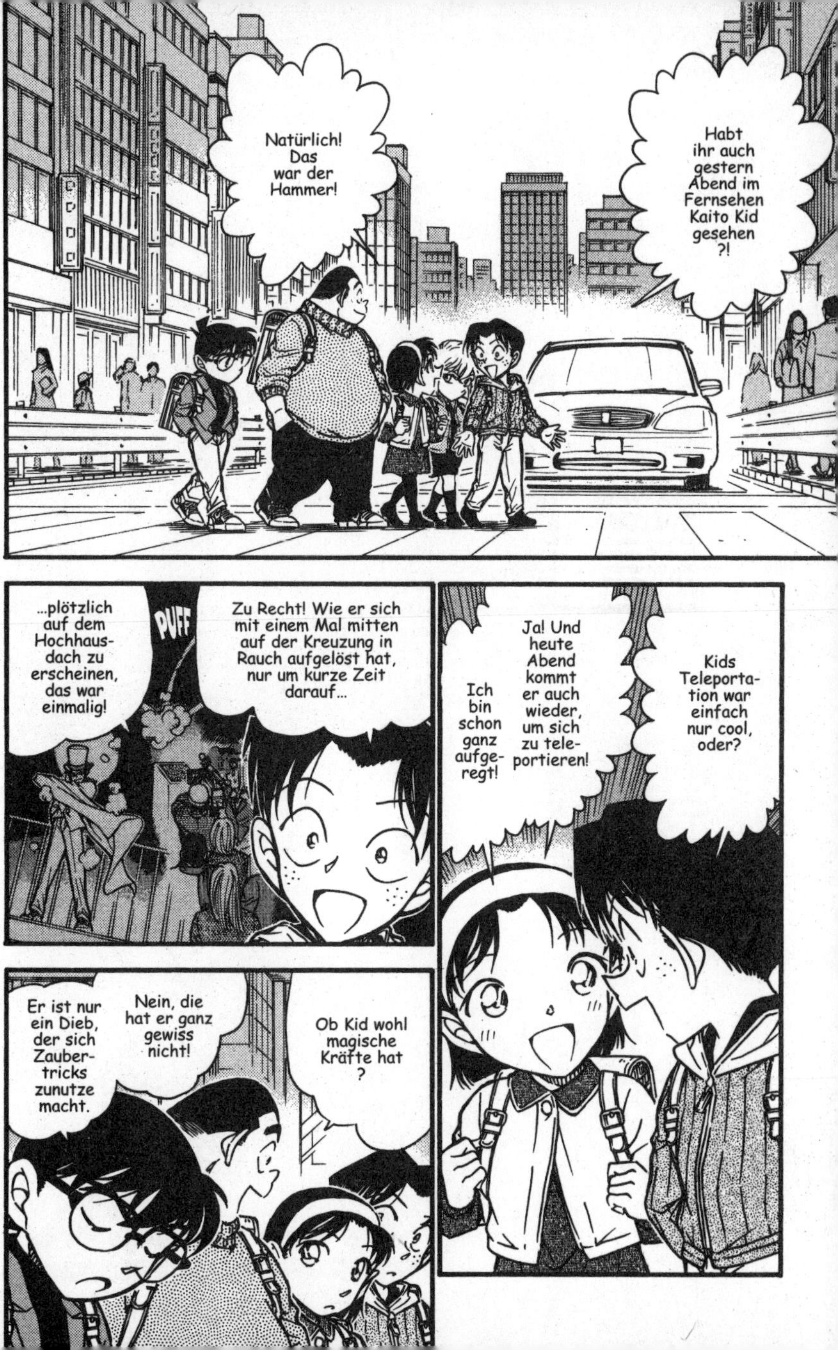

Habt ihr auch gestern Abend im Fernsehen Kaito Kid gesehen ?!
Natürlich! Das war der Hammer!
Kids Teleportation war einfach nur cool, oder?
Ja! Und heute Abend kommt er auch wieder, um sich zu teleportieren!
Ich bin schon ganz aufgeregt!
Zu Recht! Wie er sich mit einem Mal mitten auf der Kreuzung in Rauch aufgelöst hat, nur um kurze Zeit darauf...
PUFF
...plötzlich auf dem Hochhausdach zu erscheinen, das war einmalig!
Ob Kid wohl magische Kräfte hat ?
Nein, die hat er ganz gewiss nicht!
Er ist nur ein Dieb, der sich Zaubertricks zunutze macht.

Fall 3: Die drei Tabus

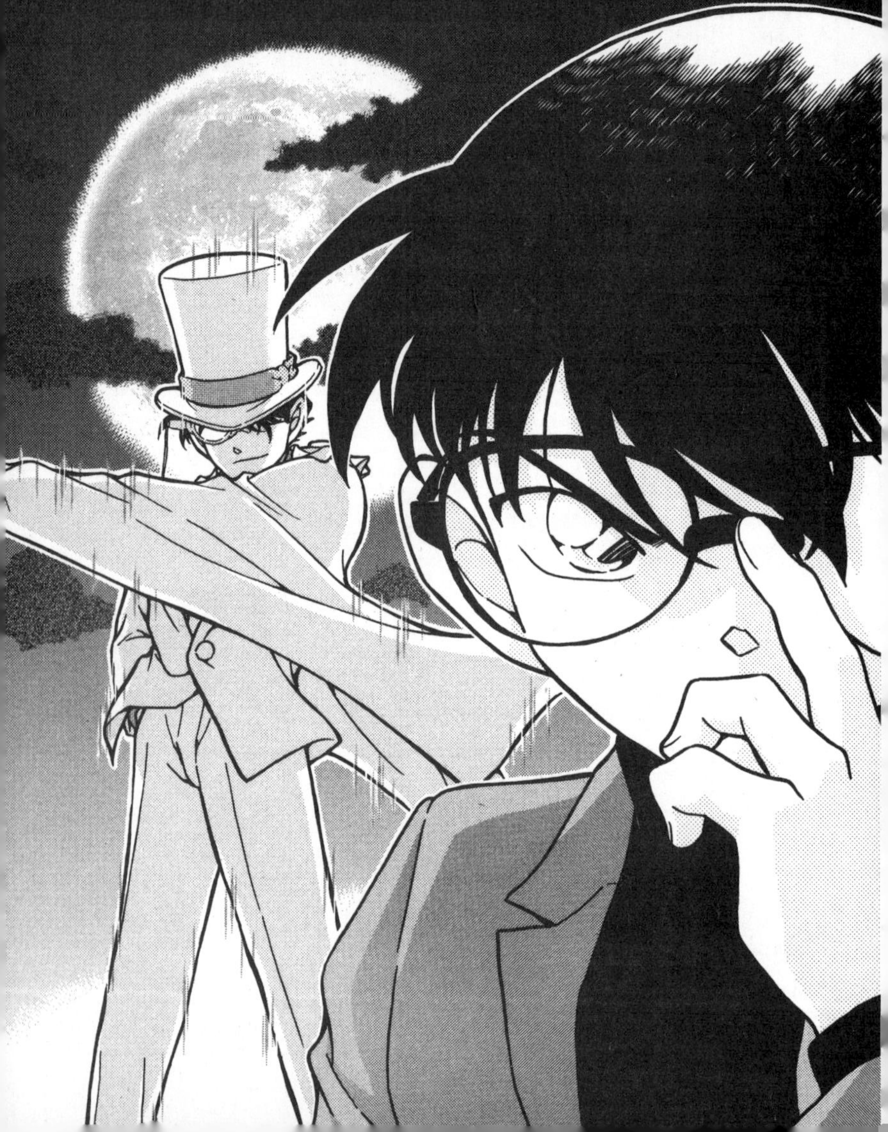

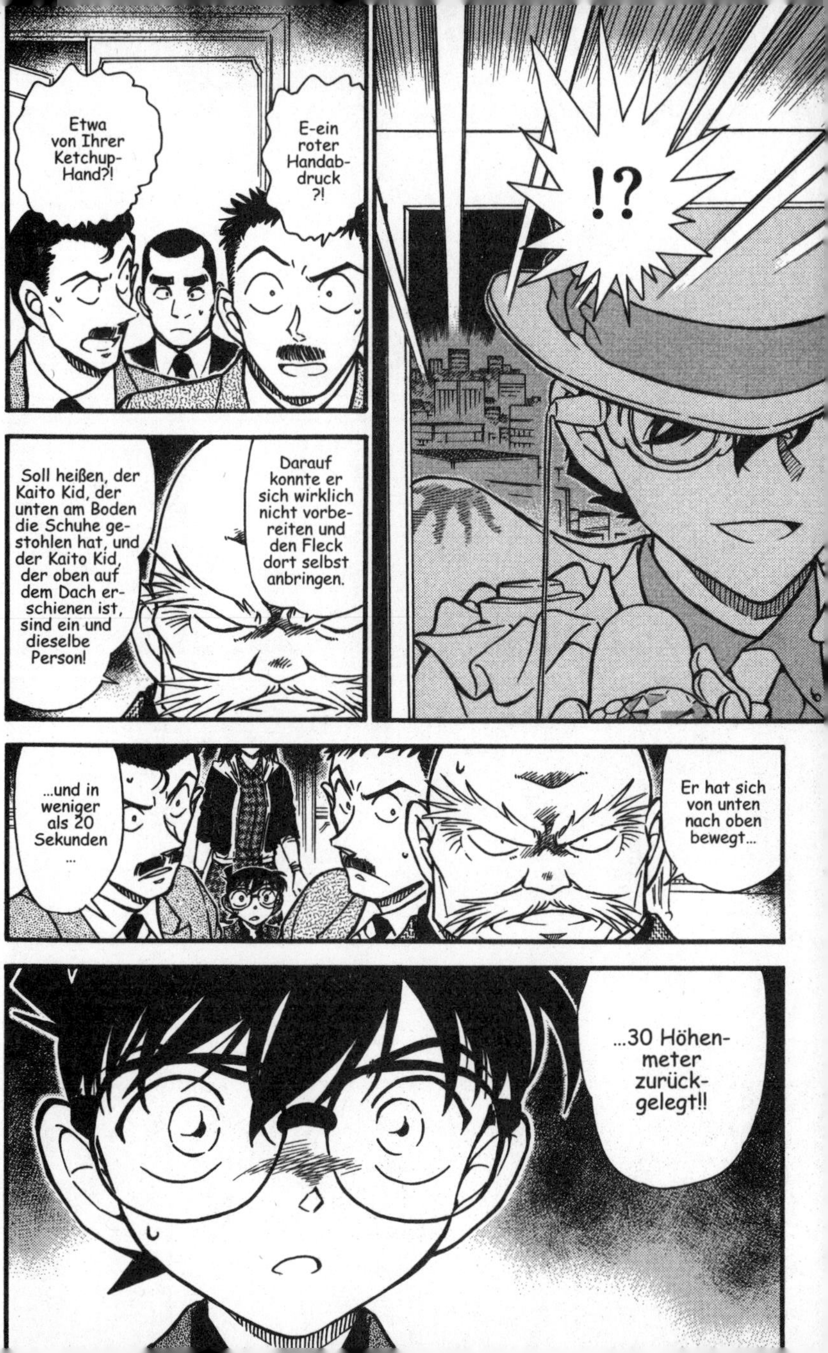
E-ein roter Handabdruck ?!
Etwa von Ihrer Ketchup-Hand?!
Darauf konnte er sich wirklich nicht vorbereiten und den Fleck dort selbst anbringen.
Soll heißen, der Kaito Kid, der unten am Boden die Schuhe gestohlen hat, und der Kaito Kid, der oben auf dem Dach erschienen ist, sind ein und dieselbe Person!
!?
Er hat sich von unten nach oben bewegt...
...und in weniger als 20 Sekunden ...
...30 Höhenmeter zurückgelegt!!

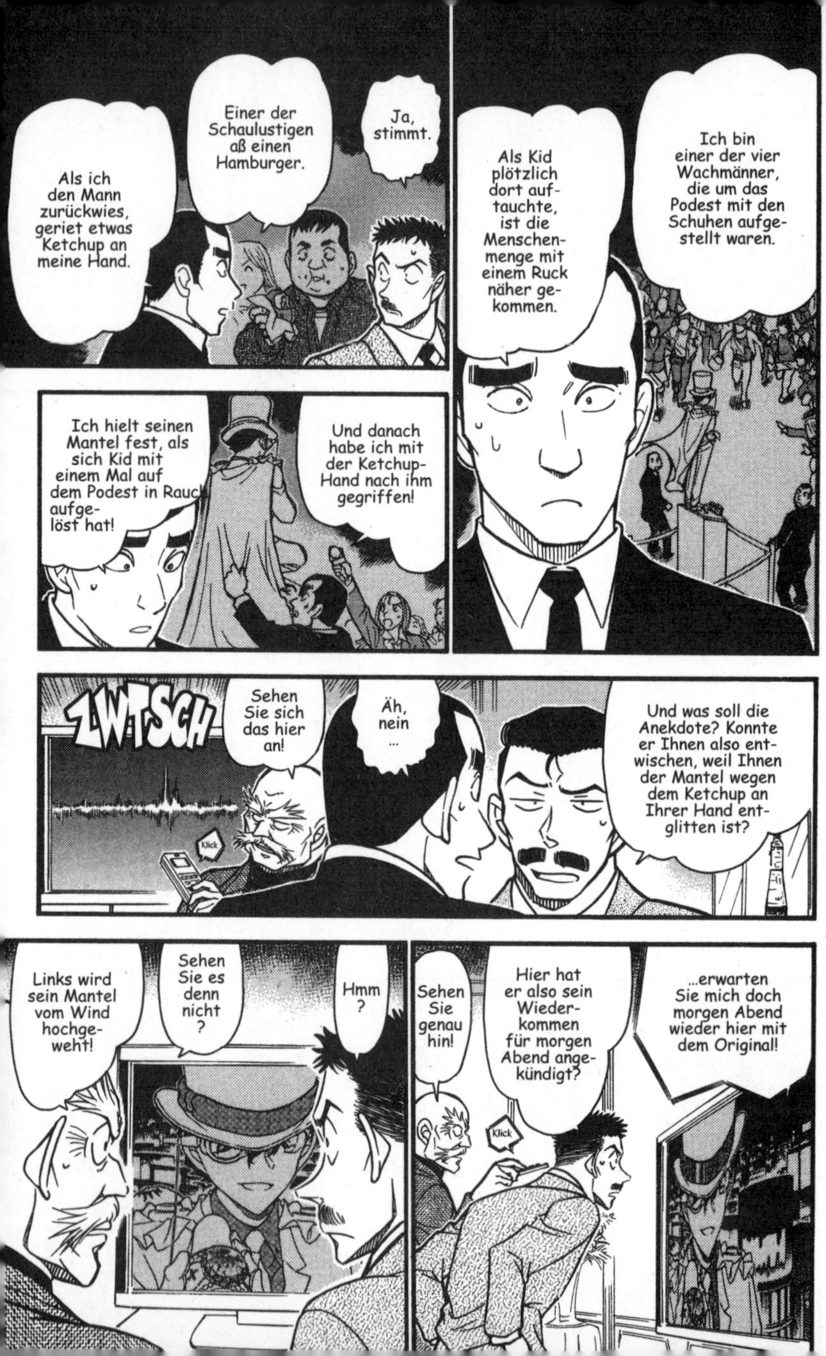
Ich bin einer der vier Wachmänner, die um das Podest mit den Schuhen aufgestellt waren.
Als Kid plötzlich dort auftauchte, ist die Menschenmenge mit einem Ruck näher gekommen.
Ja, stimmt.
Einer der Schaulustigen aß einen Hamburger.
Als ich den Mann zurückwies, geriet etwas Ketchup an meine Hand.
Und danach habe ich mit der Ketchup-Hand nach ihm gegriffen!
Ich hielt seinen Mantel fest, als sich Kid mit einem Mal auf dem Podest in Rauch aufgelöst hat!
Und was soll die Anekdote? Konnte er Ihnen also entwischen, weil Ihnen der Mantel wegen dem Ketchup an Ihrer Hand entglitten ist?
Äh, nein ...
Sehen Sie sich das hier an!
ZWTSCH
Klick
...erwarten Sie mich doch morgen Abend wieder hier mit dem Original!
Hier hat er also sein Wiederkommen für morgen Abend angekündigt?
Sehen Sie genau hin!
Klick
Hmm ?
Sehen Sie es denn nicht ?
Links wird sein Mantel vom Wind hochgeweht!

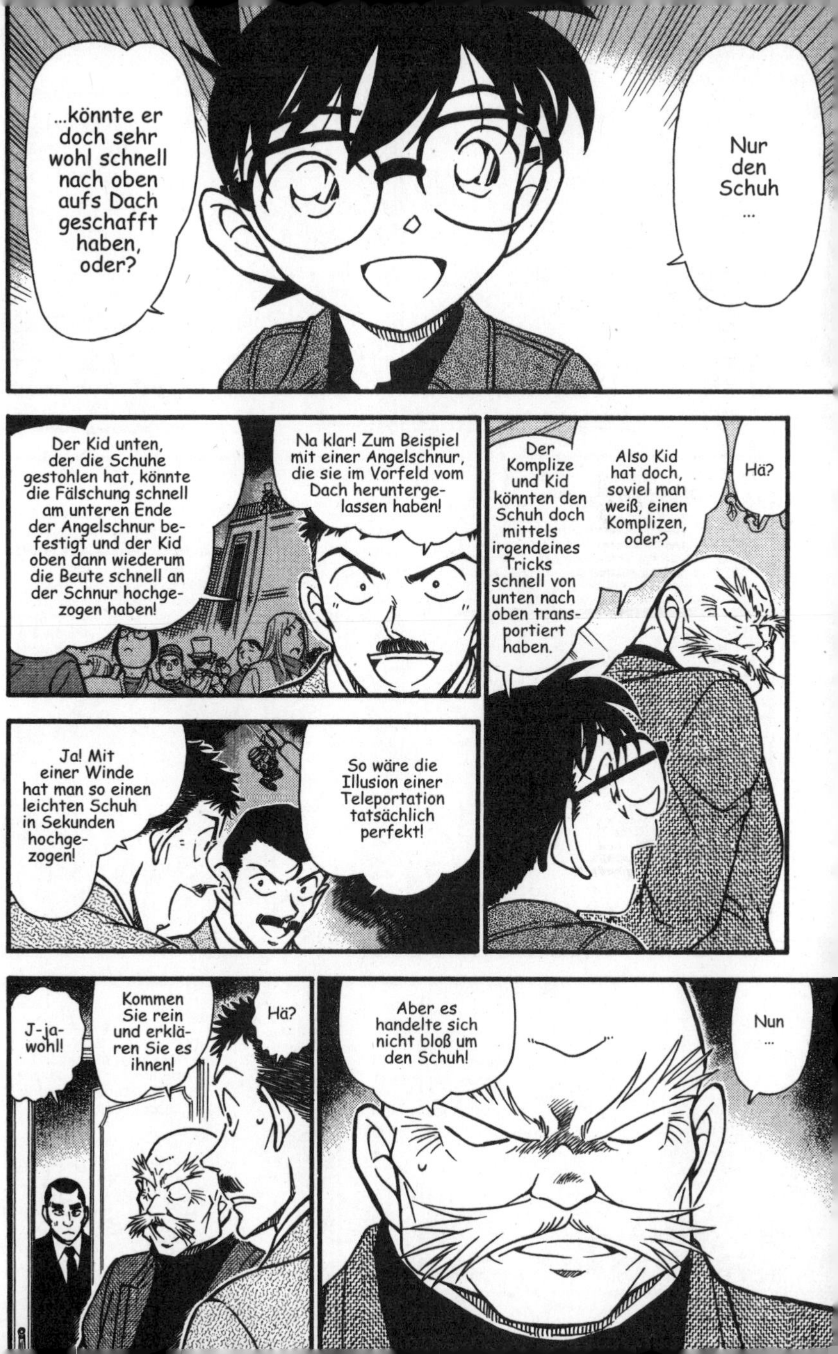
Nur den Schuh ...
...könnte er doch sehr wohl schnell nach oben aufs Dach geschafft haben, oder?
Hä?
Also Kid hat doch, soviel man weiß, einen Komplizen, oder?
Der Komplize und Kid könnten den Schuh doch mittels irgendeines Tricks schnell von unten nach oben transportiert haben.
Na klar! Zum Beispiel mit einer Angelschnur, die sie im Vorfeld vom Dach heruntergelassen haben!
Der Kid unten, der die Schuhe gestohlen hat, könnte die Fälschung schnell am unteren Ende der Angelschnur befestigt und der Kid oben dann wiederum die Beute schnell an der Schnur hochgezogen haben!
So wäre die Illusion einer Teleportation tatsächlich perfekt!
Ja! Mit einer Winde hat man so einen leichten Schuh in Sekunden hochgezogen!
Nun ...
Aber es handelte sich nicht bloß um den Schuh!
Hä?
Kommen Sie rein und erklären Sie es ihnen!
J-jawohl!

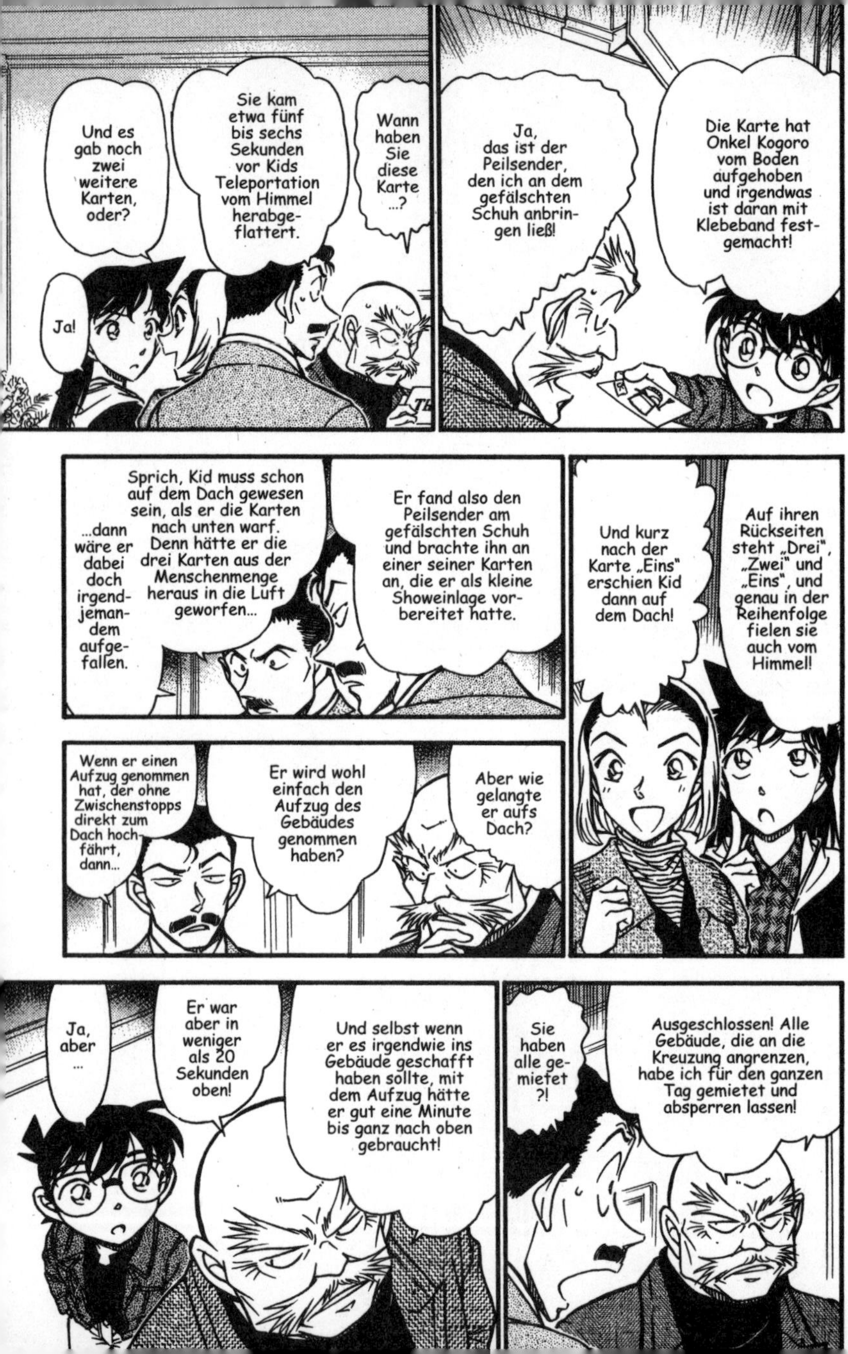
Die Karte hat Onkel Kogoro vom Boden aufgehoben und irgendwas ist daran mit Klebeband festgemacht!
Ja, das ist der Peilsender, den ich an dem gefälschten Schuh anbringen ließ!
Wann haben Sie diese Karte ...?
Sie kam etwa fünf bis sechs Sekunden vor Kids Teleportation vom Himmel herabgeflattert.
Und es gab noch zwei weitere Karten, oder?
Ja!
Auf ihren Rückseiten steht „Drei", „Zwei" und „Eins", und genau in der Reihenfolge fielen sie auch vom Himmel!
Und kurz nach der Karte „Eins" erschien Kid dann auf dem Dach!
Er fand also den Peilsender am gefälschten Schuh und brachte ihn an einer seiner Karten an, die er als kleine Showeinlage vorbereitet hatte.
Sprich, Kid muss schon auf dem Dach gewesen sein, als er die Karten nach unten warf. Denn hätte er die drei Karten aus der Menschenmenge heraus in die Luft geworfen...
...dann wäre er dabei doch irgendjemandem aufgefallen.
Aber wie gelangte er aufs Dach?
Er wird wohl einfach den Aufzug des Gebäudes genommen haben?
Wenn er einen Aufzug genommen hat, der ohne Zwischenstopps direkt zum Dach hochfährt, dann...
Ausgeschlossen! Alle Gebäude, die an die Kreuzung angrenzen, habe ich für den ganzen Tag gemietet und absperren lassen!
Sie haben alle gemietet ?!
Und selbst wenn er es irgendwie ins Gebäude geschafft haben sollte, mit dem Aufzug hätte er gut eine Minute bis ganz nach oben gebraucht!
Er war aber in weniger als 20 Sekunden oben!
Ja, aber ...

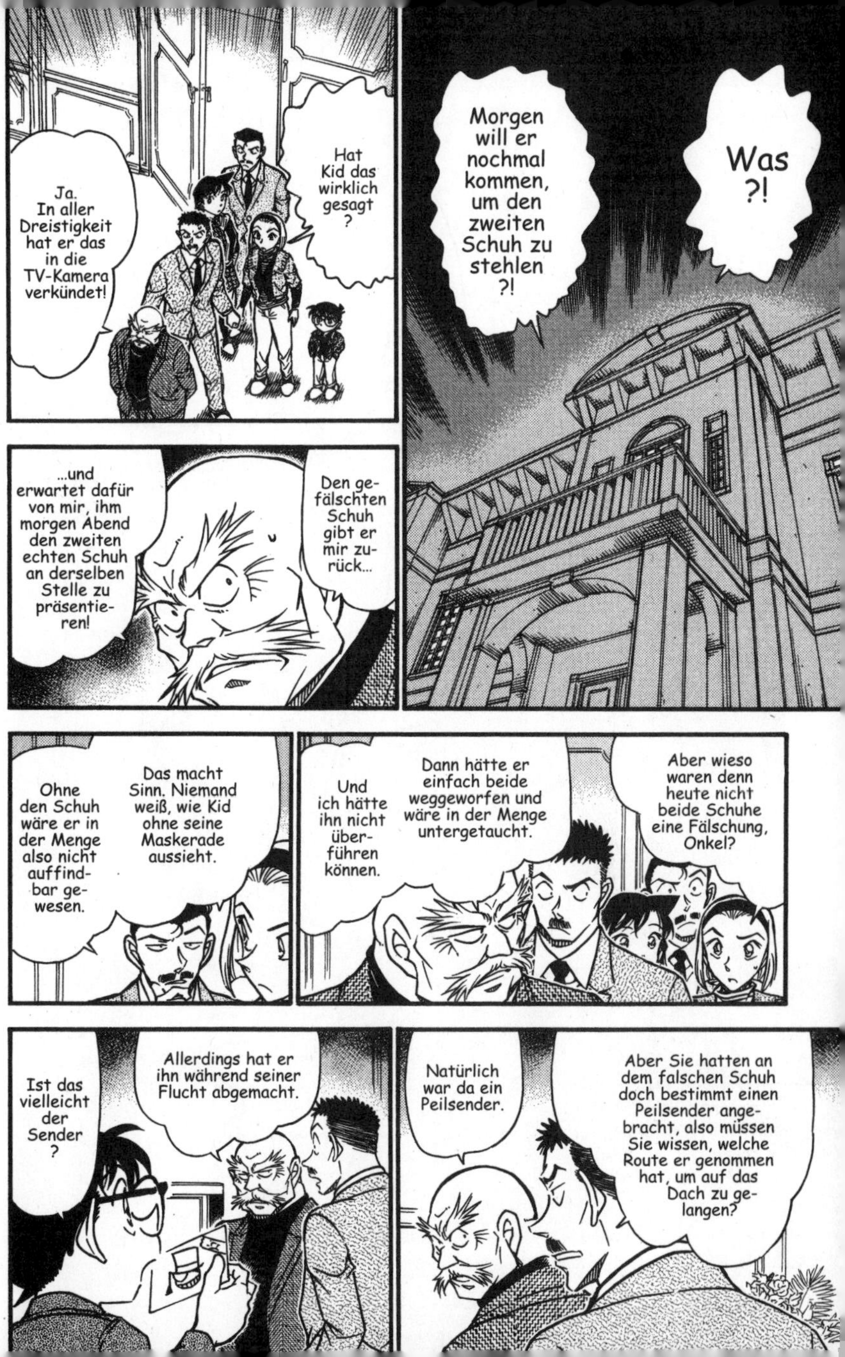
Was ?!
Morgen will er nochmal kommen, um den zweiten Schuh zu stehlen ?!
Hat Kid das wirklich gesagt ?
Ja. In aller Dreistigkeit hat er das in die TV-Kamera verkündet!
Den gefälschten Schuh gibt er mir zurück...
...und erwartet dafür von mir, ihm morgen Abend den zweiten echten Schuh an derselben Stelle zu präsentieren!
Aber wieso waren denn heute nicht beide Schuhe eine Fälschung, Onkel?
Dann hätte er einfach beide weggeworfen und wäre in der Menge untergetaucht.
Und ich hätte ihn nicht überführen können.
Das macht Sinn. Niemand weiß, wie Kid ohne seine Maskerade aussieht.
Ohne den Schuh wäre er in der Menge also nicht auffindbar gewesen.
Aber Sie hatten an dem falschen Schuh doch bestimmt einen Peilsender angebracht, also müssen Sie wissen, welche Route er genommen hat, um auf das Dach zu gelangen?
Natürlich war da ein Peilsender.
Allerdings hat er ihn während seiner Flucht abgemacht.
Ist das vielleicht der Sender ?

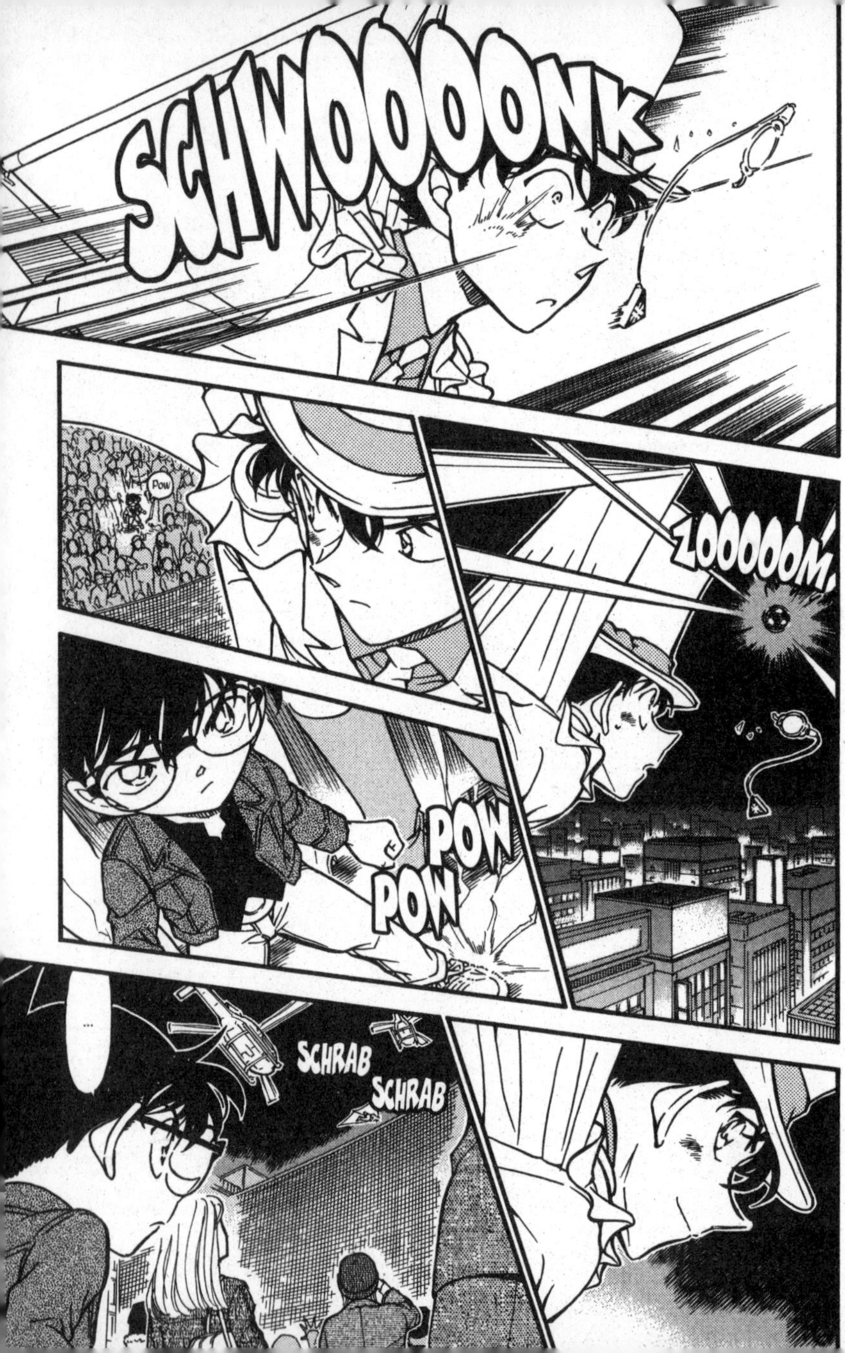
SCHWOOOOONK
POW
ZOOOOOM
POW
POW
...
SCHRAB
SCHRAB

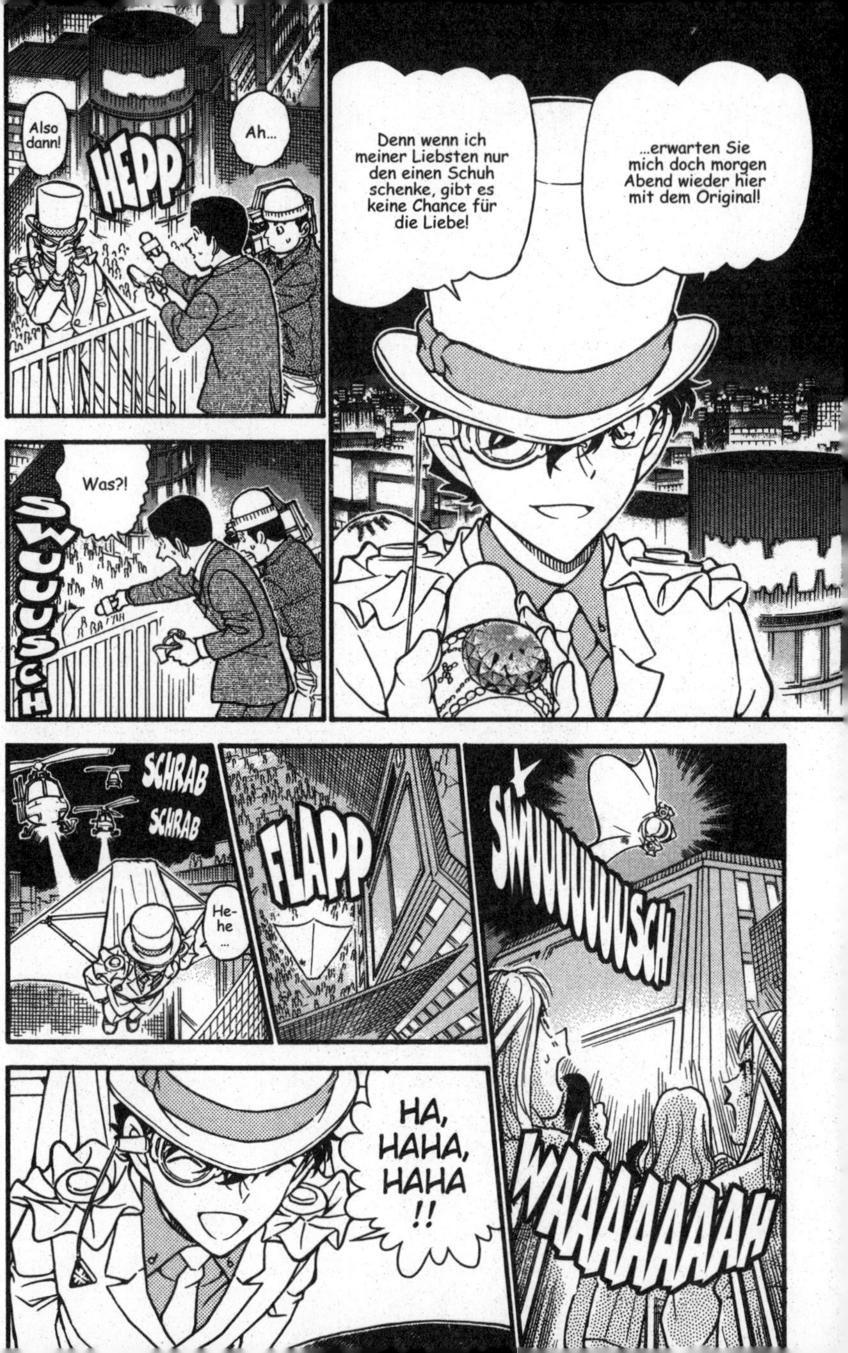

...erwarten Sie mich doch morgen Abend wieder hier mit dem Original!
Denn wenn ich meiner Liebsten nur den einen Schuh schenke, gibt es keine Chance für die Liebe!
Ah...
Also dann!
HEPP
Was?!
SWUUSCH
SWUUUUUUUSCH
WAAAAAAAH
FLAPP
SCHRAB
SCHRAB
He-he...
HA, HAHA, HAHA!!

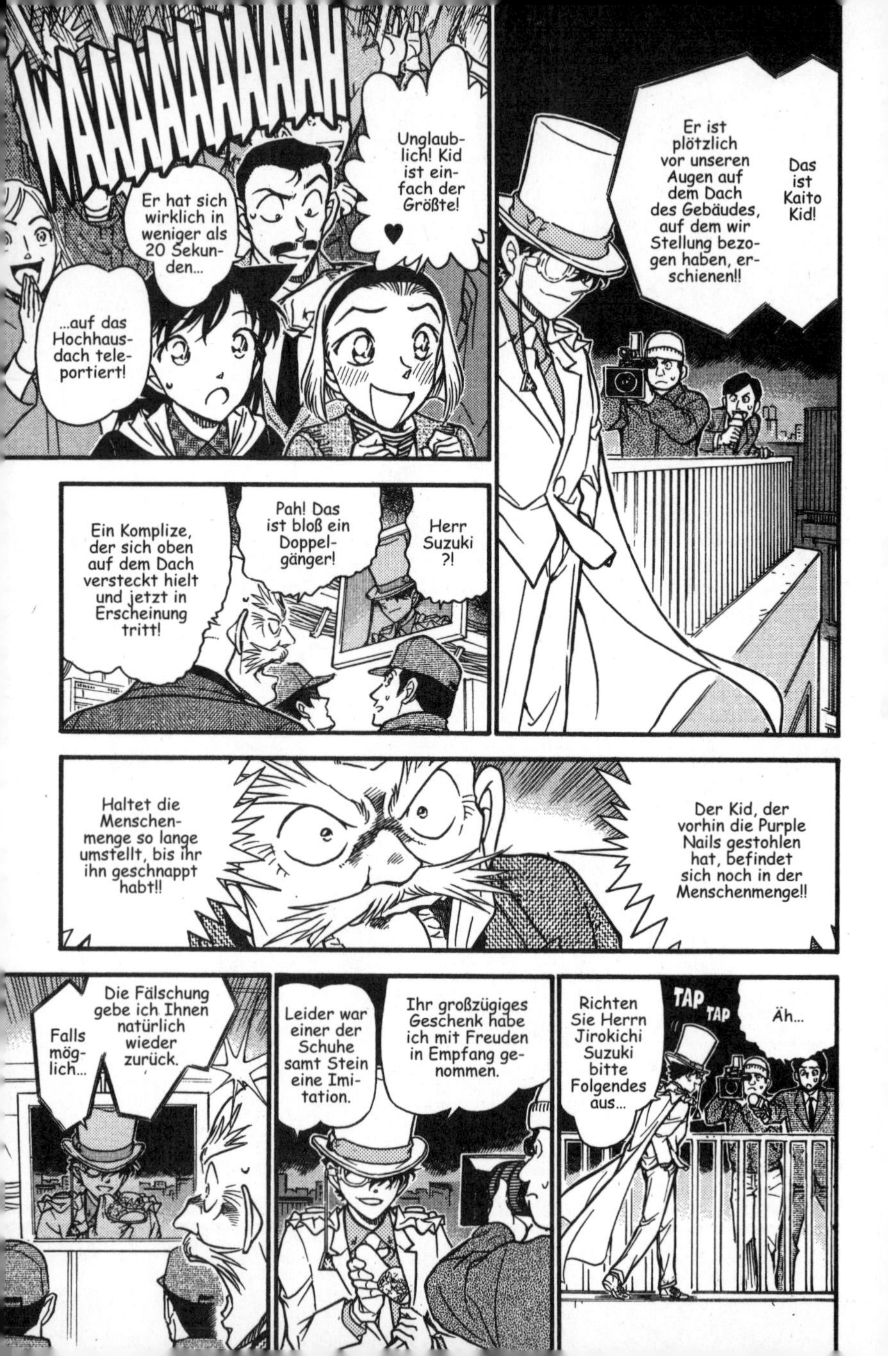
Das ist Kaito Kid!
Er ist plötzlich vor unseren Augen auf dem Dach des Gebäudes, auf dem wir Stellung bezogen haben, erschienen!!
WAAAAAAAAAAH
Unglaublich! Kid ist einfach der Größte!
Er hat sich wirklich in weniger als 20 Sekunden...
...auf das Hochhausdach teleportiert!
Herr Suzuki ?!
Pah! Das ist bloß ein Doppelgänger!
Ein Komplize, der sich oben auf dem Dach versteckt hielt und jetzt in Erscheinung tritt!
Der Kid, der vorhin die Purple Nails gestohlen hat, befindet sich noch in der Menschenmenge!!
Haltet die Menschenmenge so lange umstellt, bis ihr ihn geschnappt habt!!
Äh...
TAP TAP
Richten Sie Herrn Jirokichi Suzuki bitte Folgendes aus...
Ihr großzügiges Geschenk habe ich mit Freuden in Empfang genommen.
Leider war einer der Schuhe samt Stein eine Imitation.
Die Fälschung gebe ich Ihnen natürlich wieder zurück.
Falls möglich...

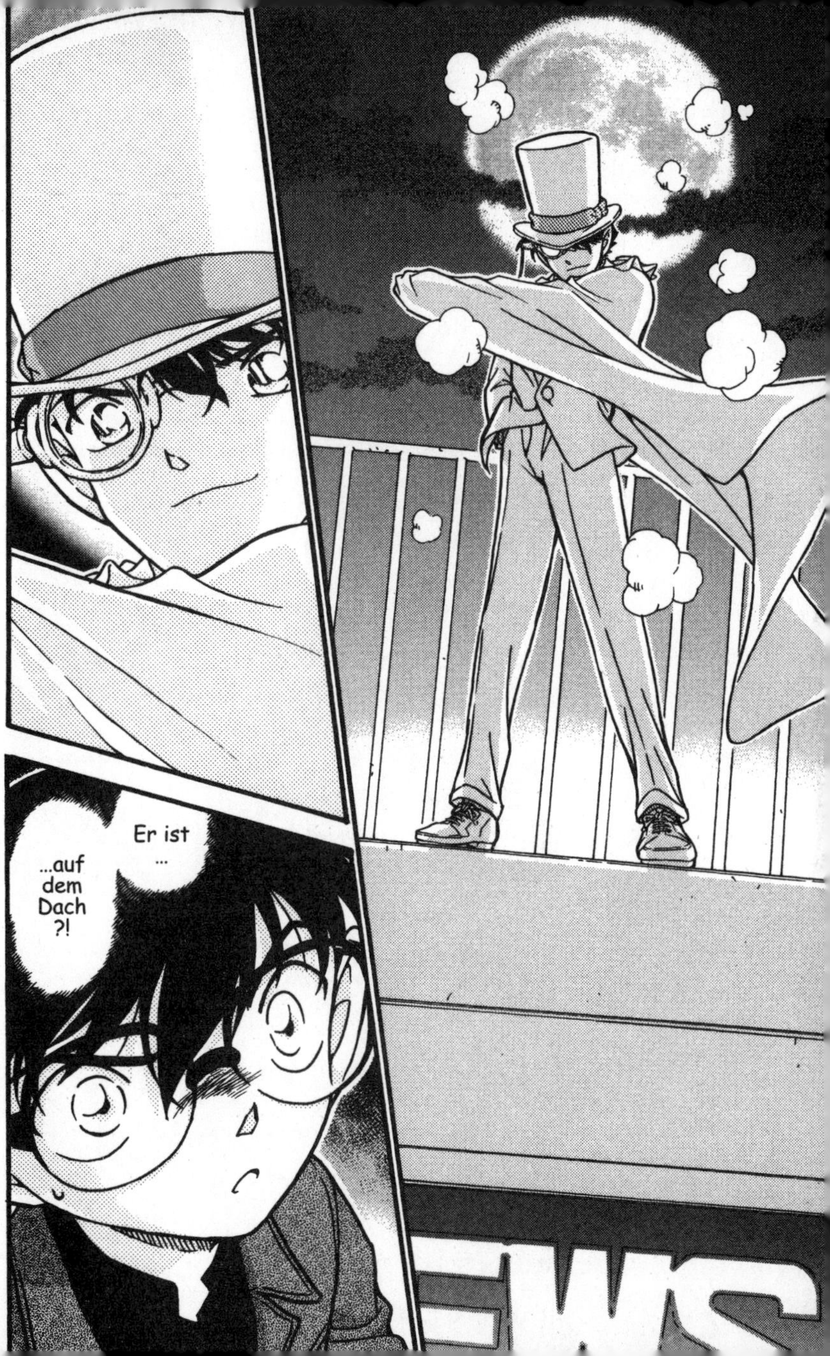
Er ist ...
...auf dem Dach ?!

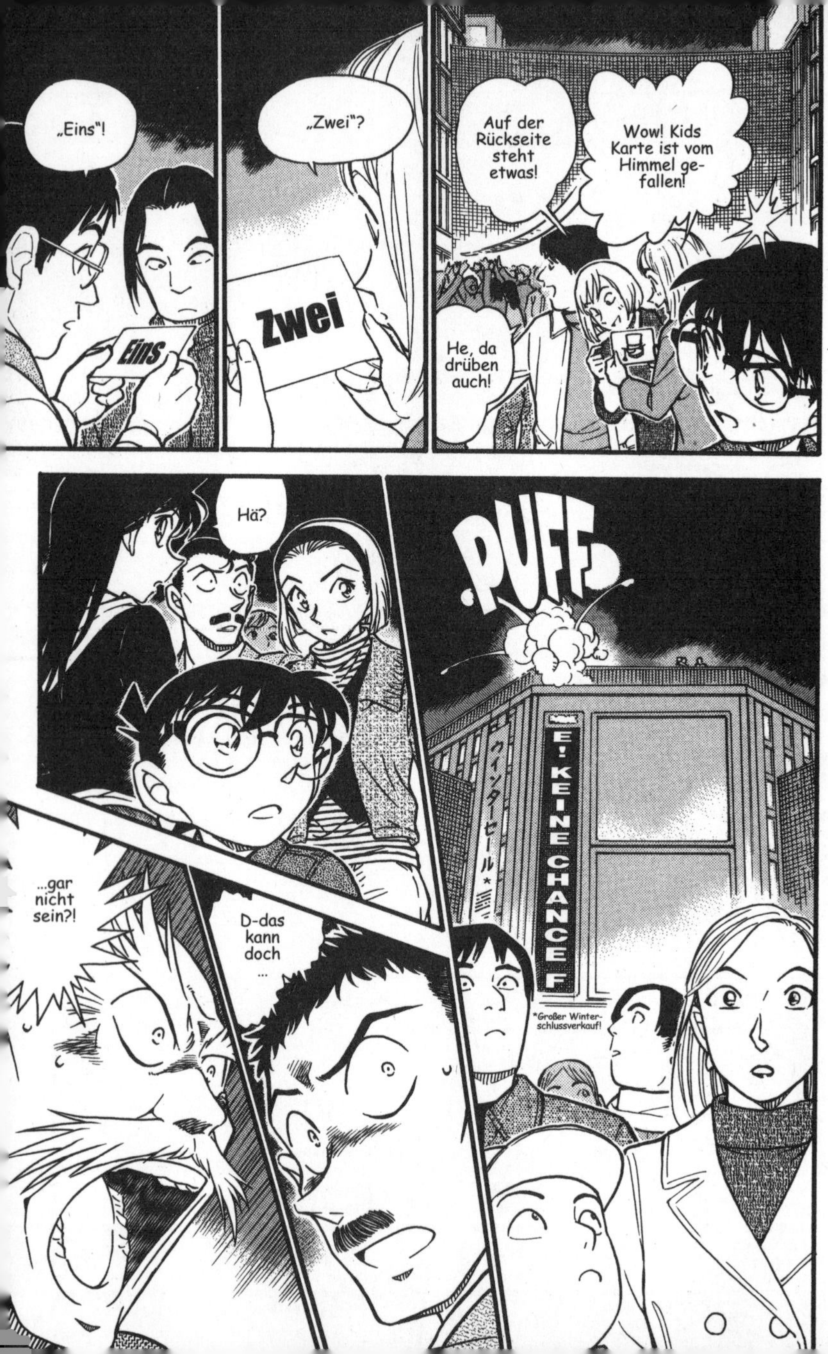
Wow! Kids Karte ist vom Himmel gefallen!
Auf der Rückseite steht etwas!
He, da drüben auch!
„Zwei"?
Zwei
„Eins"!
Eins
PUFF
E! KEINE CHANCE F
ウインターセール*
*Großer Winterschlussverkauf!
Hä?
D-das kann doch ...
...gar nicht sein?!

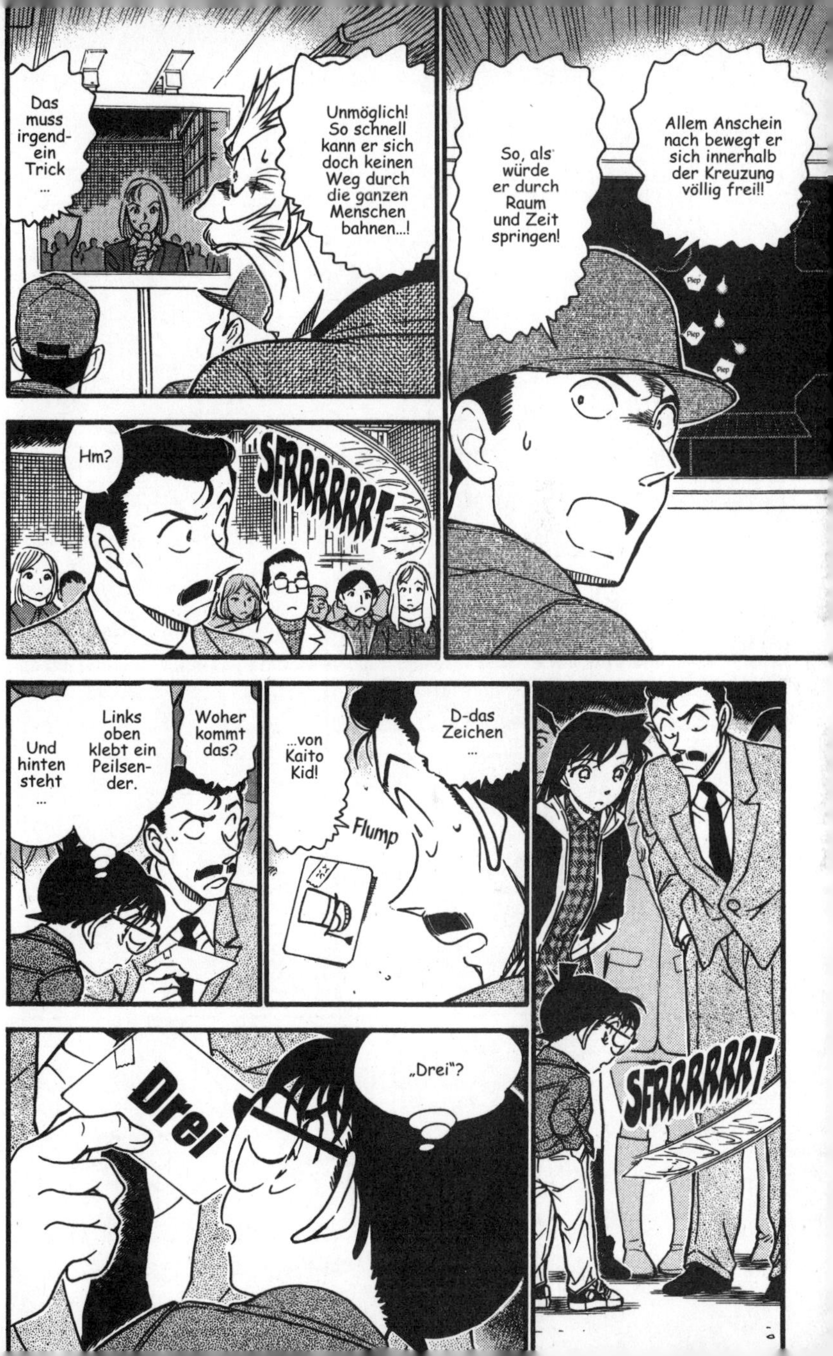
Allem Anschein nach bewegt er sich innerhalb der Kreuzung völlig frei!!
So, als würde er durch Raum und Zeit springen!
Unmöglich! So schnell kann er sich doch keinen Weg durch die ganzen Menschen bahnen...!
Das muss irgendein Trick ...
Hm?
SFRRRRRRT
SFRRRRRRT
D-das Zeichen ...
...von Kaito Kid!
Flump
Woher kommt das?
Links oben klebt ein Peilsender.
Und hinten steht ...
„Drei“?
Drei

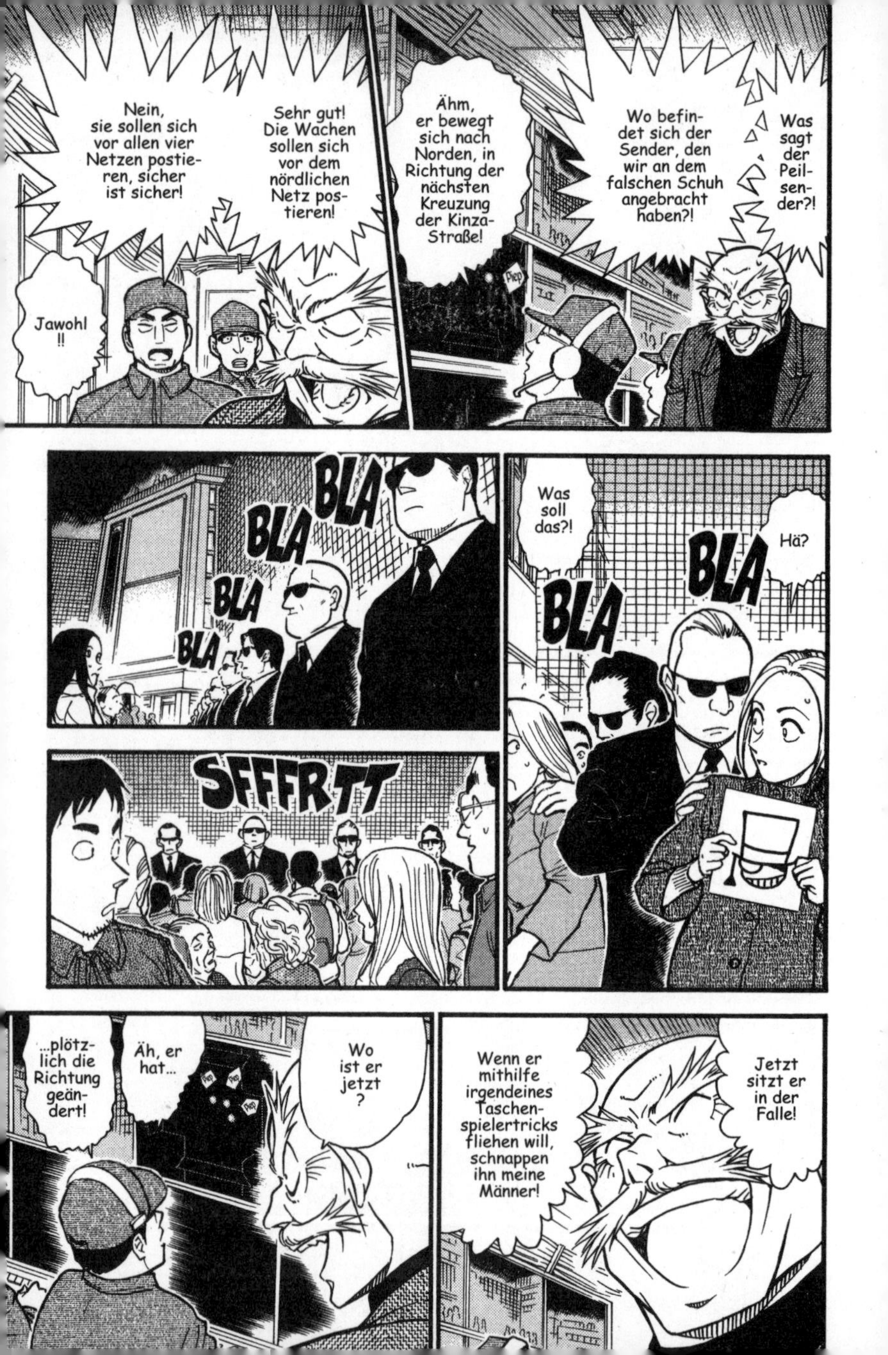

Was sagt der Peil-sender?!
Wo befin-det sich der Sender, den wir an dem falschen Schuh angebracht haben?!
Piep
Ähm, er bewegt sich nach Norden, in Richtung der nächsten Kreuzung der Kinza-Straße!
Sehr gut! Die Wachen sollen sich vor dem nördlichen Netz pos-tieren!
Nein, sie sollen sich vor allen vier Netzen postie-ren, sicher ist sicher!
Jawohl!!
Hä?
BLA
BLA
Was soll das?!
BLA
BLA
BLA
BLA
SFFFRTT
Jetzt sitzt er in der Falle!
Wenn er mithilfe irgendeines Taschen-spielertricks fliehen will, schnappen ihn meine Männer!
Wo ist er jetzt?
Äh, er hat...
...plötz-lich die Richtung geän-dert!

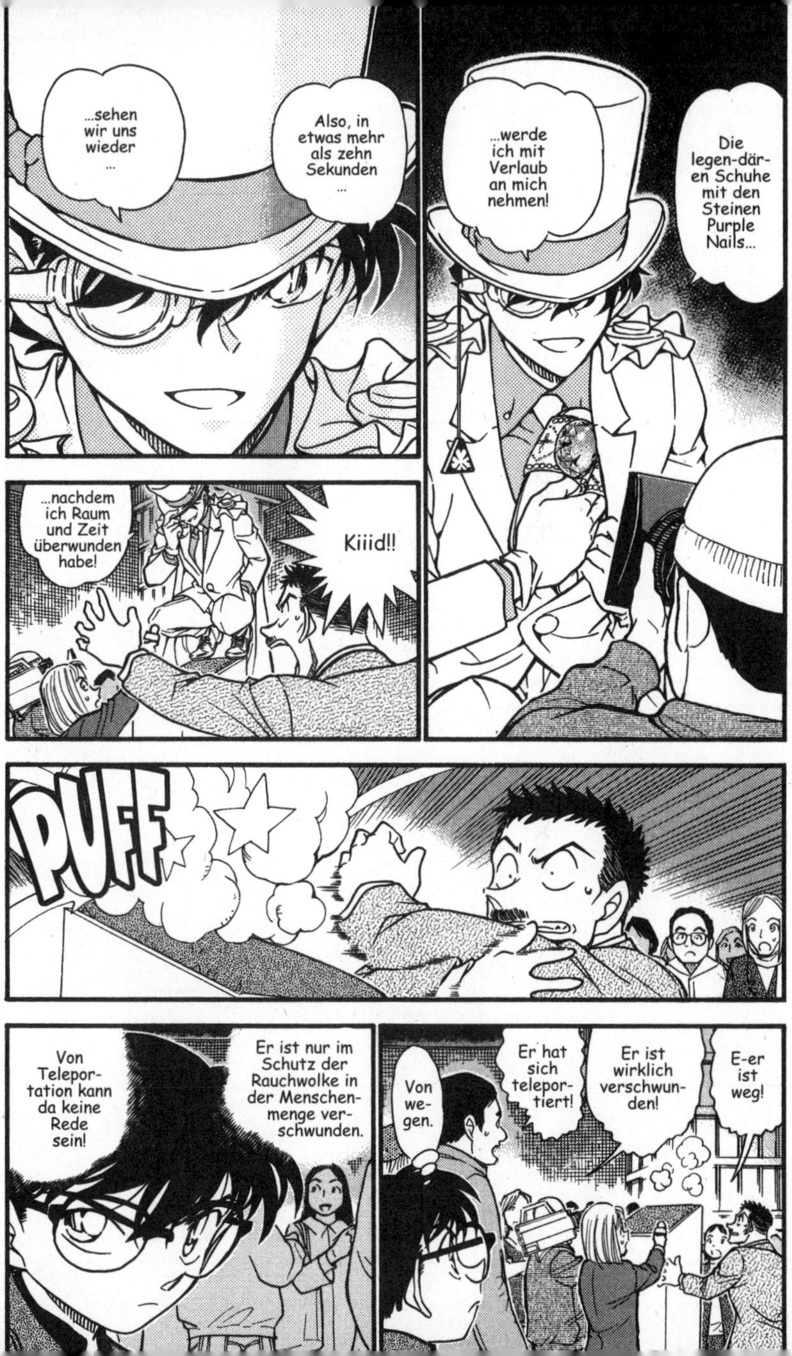

Die legen-där-en Schuhe mit den Steinen Purple Nails...
...werde ich mit Verlaub an mich nehmen!
Also, in etwas mehr als zehn Sekunden ...
...sehen wir uns wieder ...
...nachdem ich Raum und Zeit überwunden habe!
Kiiid!!
PUFF
E-er ist weg!
Er ist wirklich verschwun-den!
Er hat sich telepor-tiert!
Von we-gen.
Er ist nur im Schutz der Rauchwolke in der Menschen-menge ver-schwunden.
Von Telepor-tation kann da keine Rede sein!

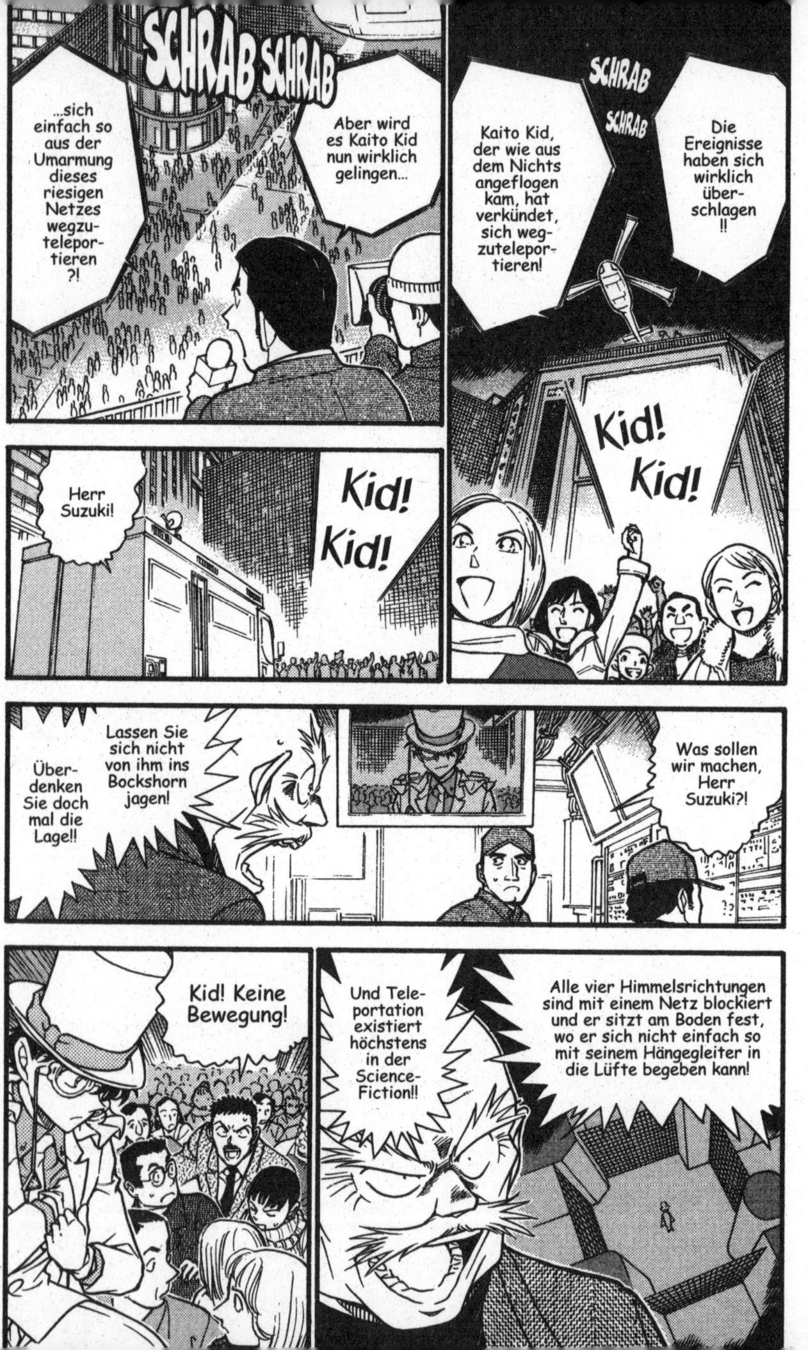
SCHRAB SCHRAB
Die Ereignisse haben sich wirklich über-schlagen!!
Kaito Kid, der wie aus dem Nichts angeflogen kam, hat verkündet, sich weg-zuteleportieren!
SCHRAB SCHRAB
Aber wird es Kaito Kid nun wirklich gelingen...
...sich einfach so aus der Umarmung dieses riesigen Netzes wegzu-teleportieren?!
Kid! Kid!
Kid! Kid!
Herr Suzuki!
Was sollen wir machen, Herr Suzuki?!
Lassen Sie sich nicht von ihm ins Bockshorn jagen!
Über-denken Sie doch mal die Lage!!
Alle vier Himmelsrichtungen sind mit einem Netz blockiert und er sitzt am Boden fest, wo er sich nicht einfach so mit seinem Hängegleiter in die Lüfte begeben kann!
Und Tele-portation existiert höchstens in der Science-Fiction!!
Kid! Keine Bewegung!

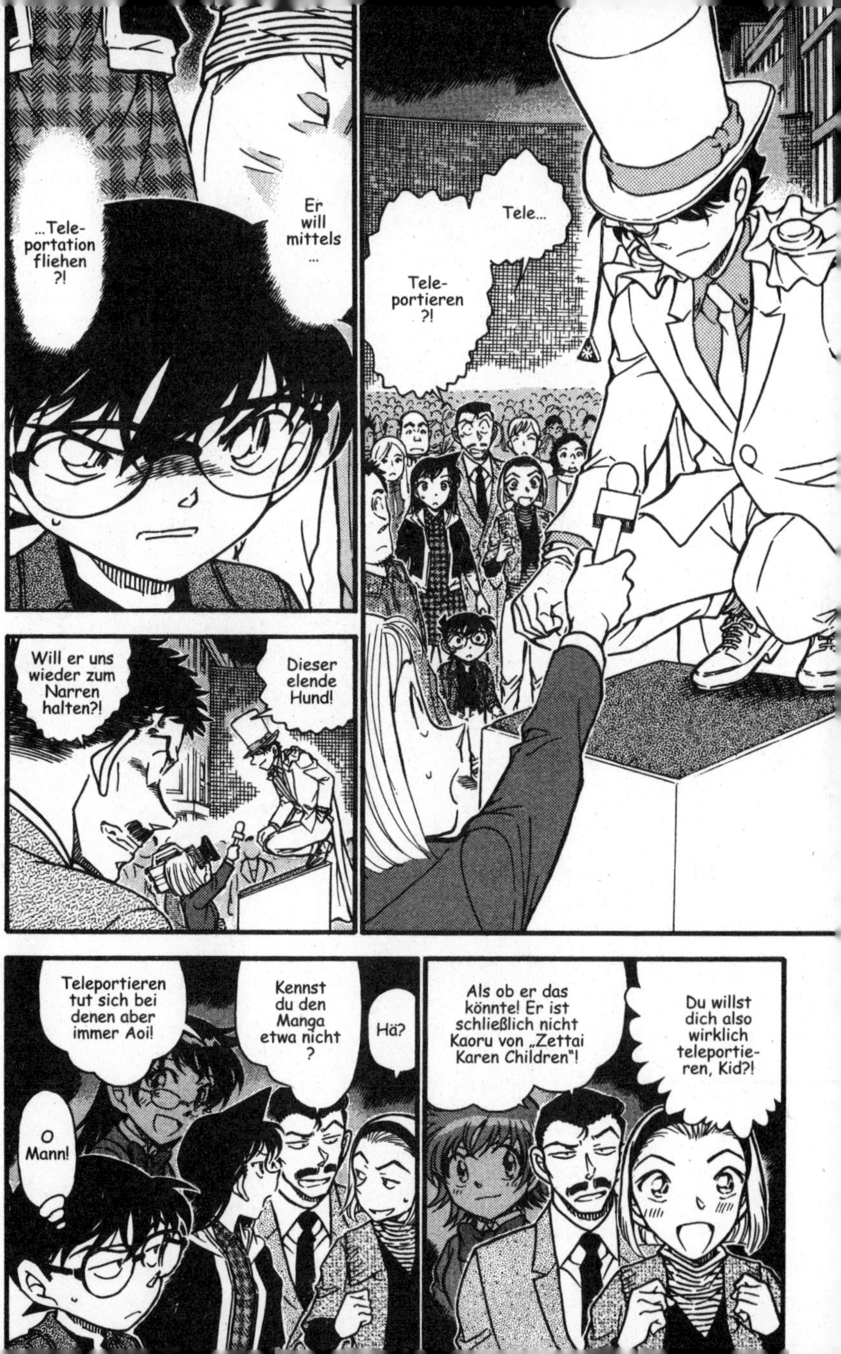
Tele...
Tele-
portieren
?!
Er
will
mittels
...
...Tele-
portation
fliehen
?!
Dieser
elende
Hund!
Will er uns
wieder zum
Narren
halten?!
Du willst
dich also
wirklich
teleportie-
ren, Kid?!
Als ob er das
könnte! Er ist
schließlich nicht
Kaoru von „Zettai
Karen Children"!
Hä?
Kennst
du den
Manga
etwa nicht
?
Teleportieren
tut sich bei
denen aber
immer Aoi!
O
Mann!

Fall 2: Teleportation

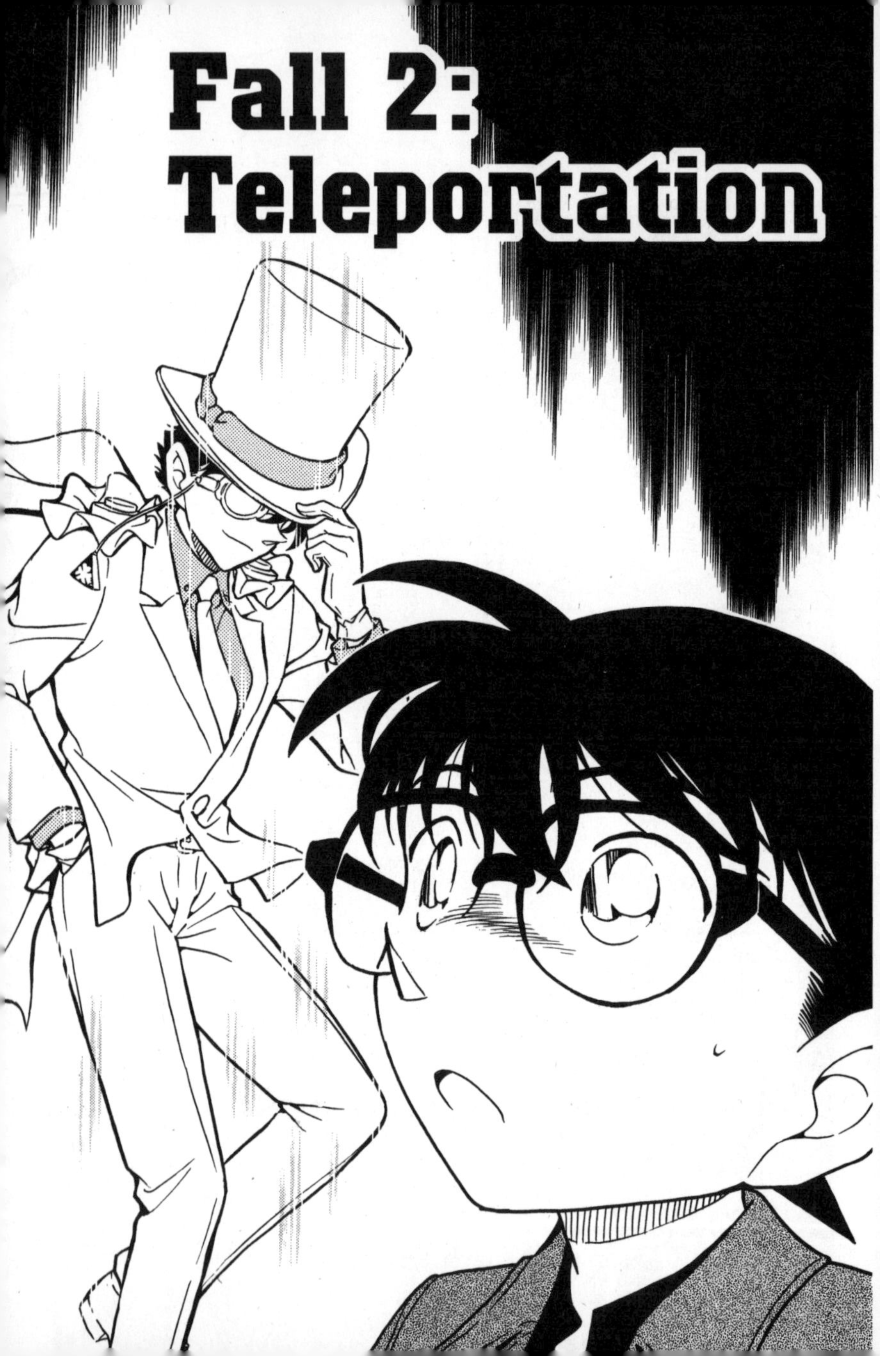

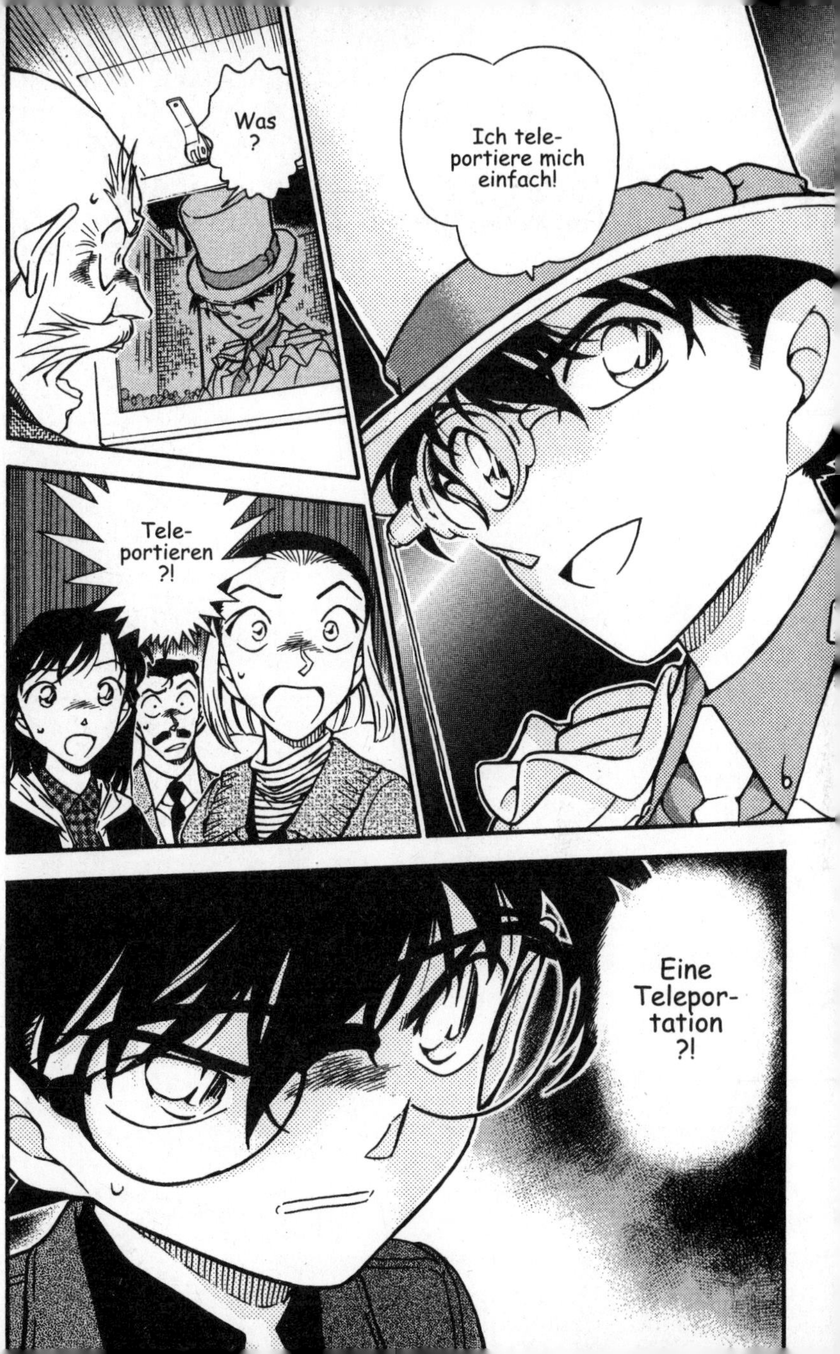
Ich tele-
portiere mich
einfach!
Was
?
Tele-
portieren
?!
Eine
Telepor-
tation
?!

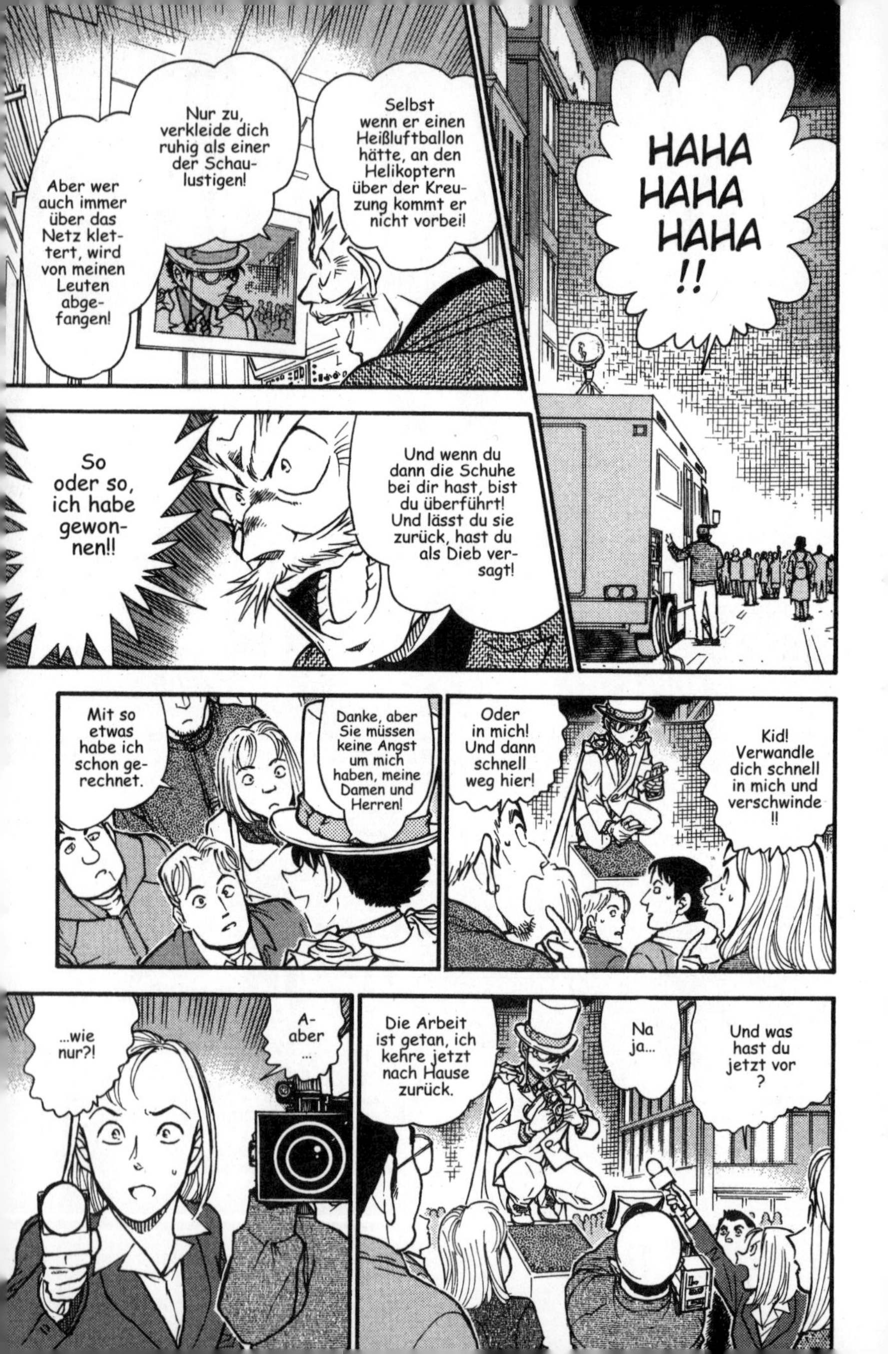
HAHA HAHA HAHA !!
Selbst wenn er einen Heißluftballon hätte, an den Helikoptern über der Kreuzung kommt er nicht vorbei!
Nur zu, verkleide dich ruhig als einer der Schaulustigen!
Aber wer auch immer über das Netz klettert, wird von meinen Leuten abgefangen!
Und wenn du dann die Schuhe bei dir hast, bist du überführt! Und lässt du sie zurück, hast du als Dieb versagt!
So oder so, ich habe gewonnen!!
Kid! Verwandle dich schnell in mich und verschwinde !!
Oder in mich! Und dann schnell weg hier!
Danke, aber Sie müssen keine Angst um mich haben, meine Damen und Herren!
Mit so etwas habe ich schon gerechnet.
Und was hast du jetzt vor ?
Na ja...
Die Arbeit ist getan, ich kehre jetzt nach Hause zurück.
A-aber ...
...wie nur?!

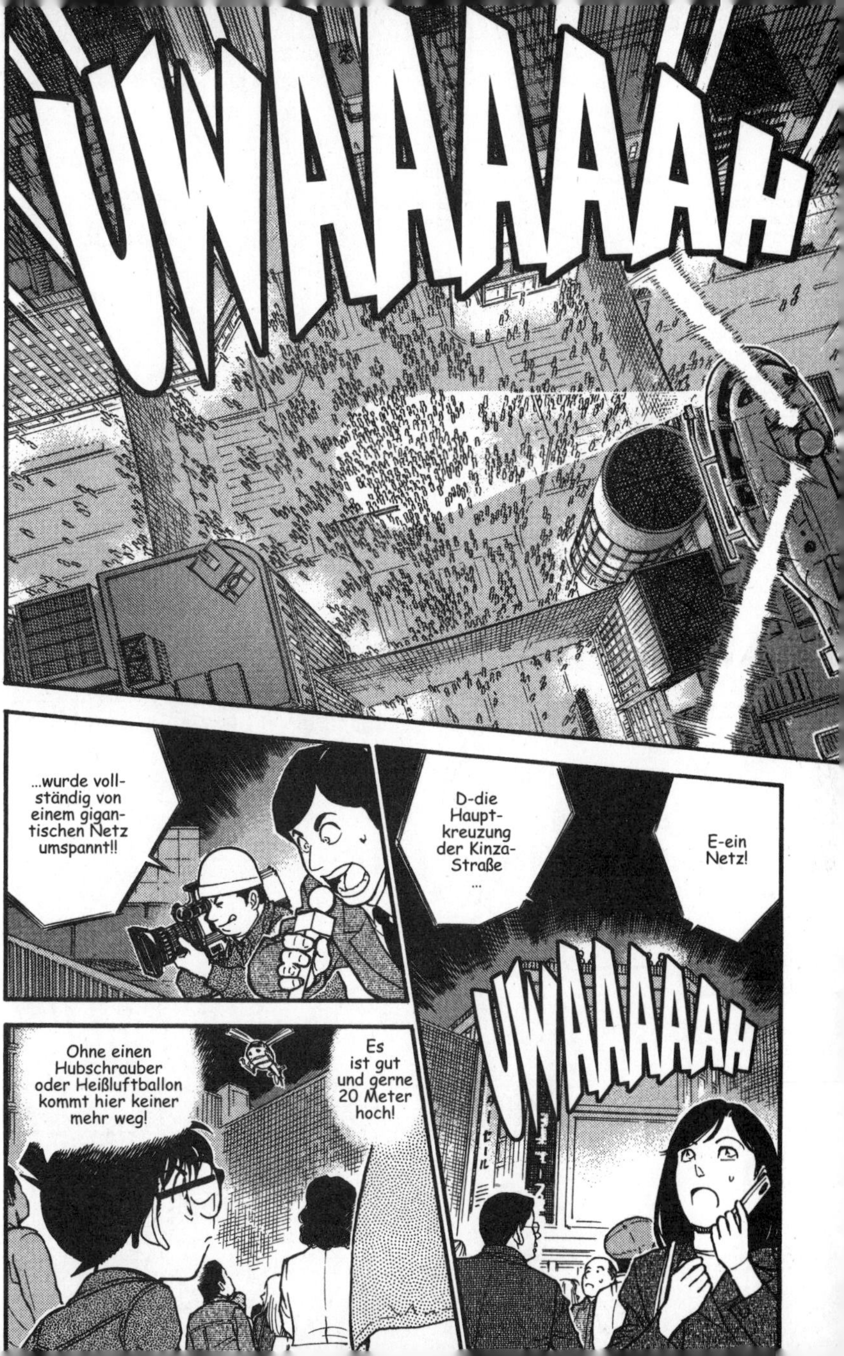
UWAAAAAH
E-ein Netz!
D-die Haupt-kreuzung der Kinza-Straße ...
...wurde voll-ständig von einem gigan-tischen Netz umspannt!!
UWAAAAAH
Es ist gut und gerne 20 Meter hoch!
Ohne einen Hubschrauber oder Heißluftballon kommt hier keiner mehr weg!

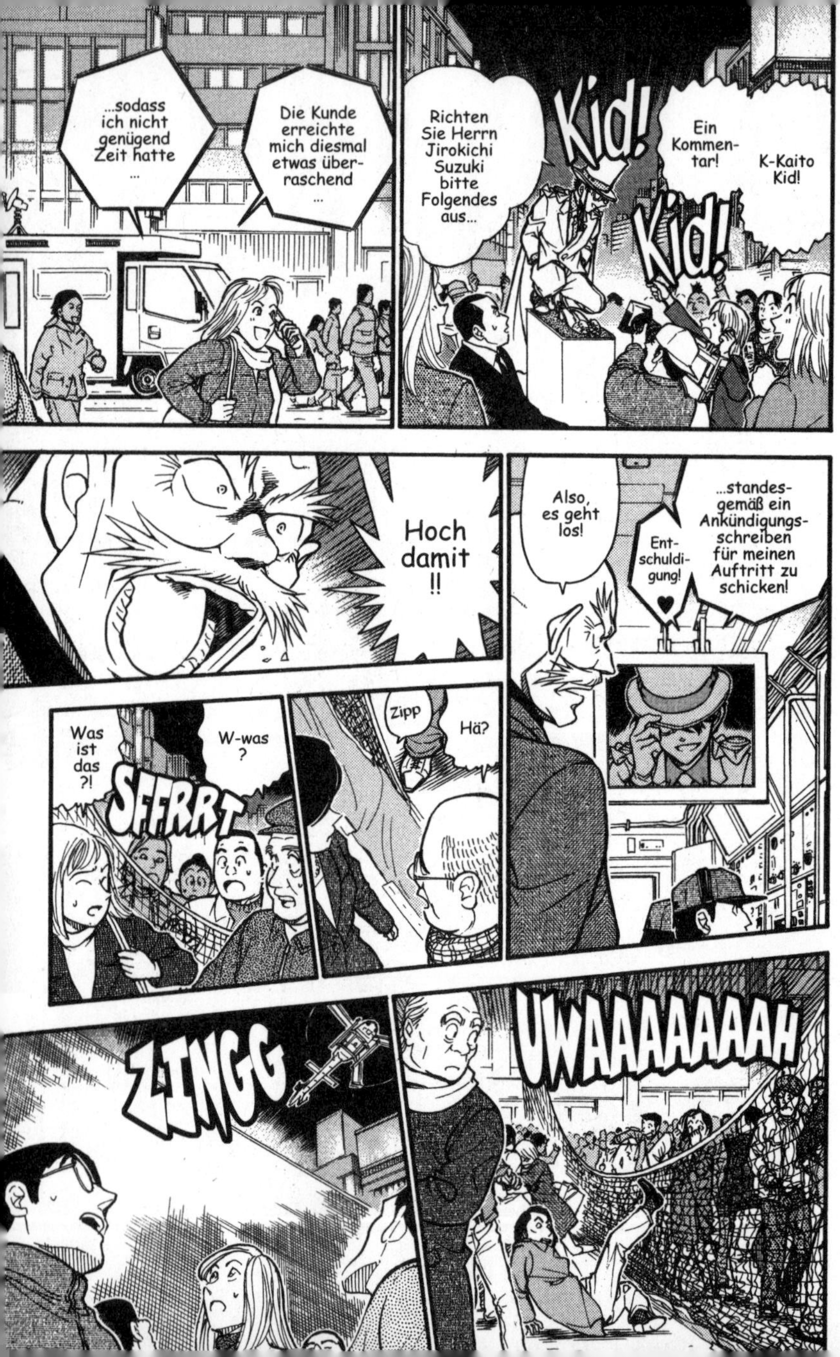
Kid!
Ein Kommentar!
K-Kaito Kid!
Kid!
Richten Sie Herrn Jirokichi Suzuki bitte Folgendes aus...
Die Kunde erreichte mich diesmal etwas überraschend ...
...sodass ich nicht genügend Zeit hatte ...
...standesgemäß ein Ankündigungsschreiben für meinen Auftritt zu schicken!
Entschuldigung! ♥
Also, es geht los!
Hoch damit !!
Hä?
Zipp
W-was ?
Was ist das ?!
SFFRRT
UWAAAAAAAH
ZINGG

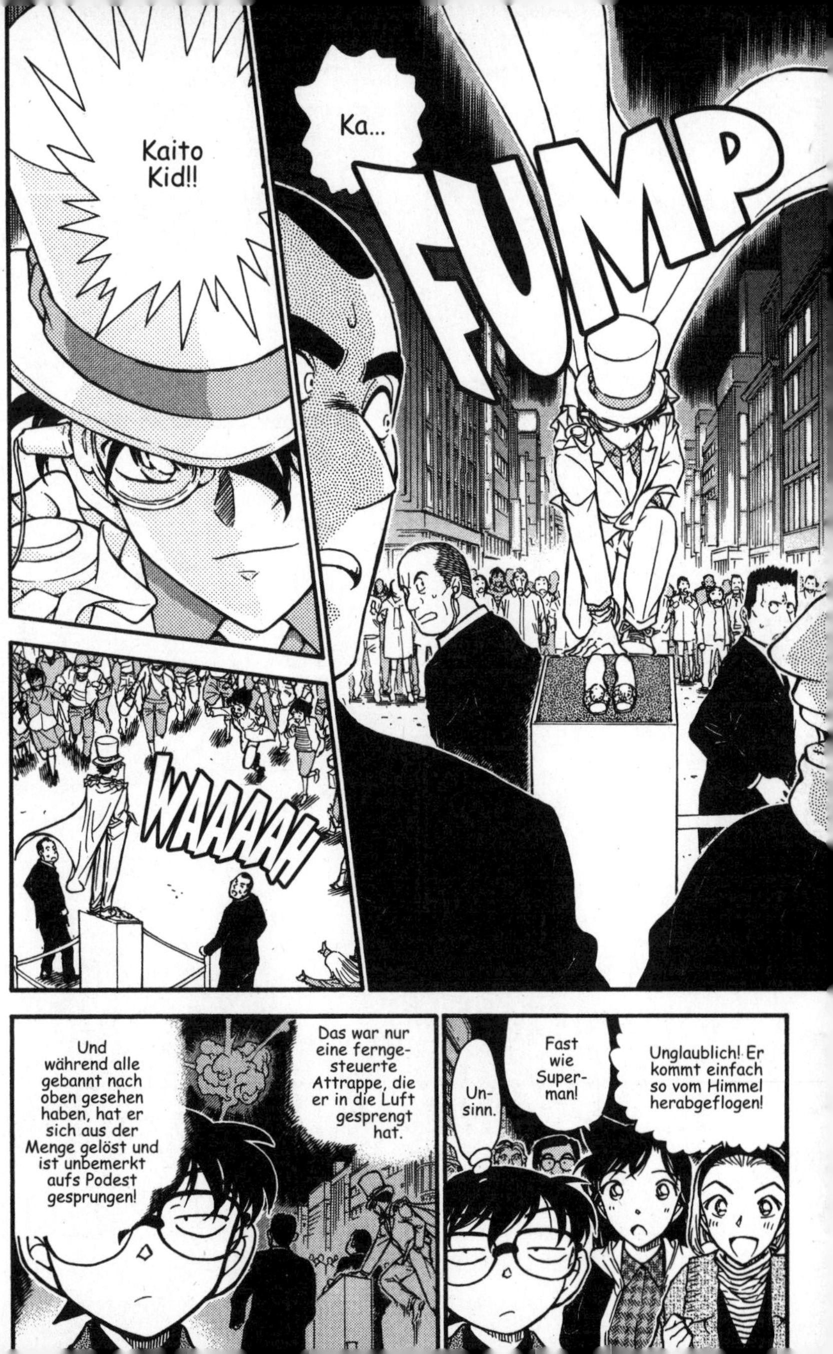
Ka...
FUMP
Kaito Kid!!
WAAAAH
Unglaublich! Er kommt einfach so vom Himmel herabgeflogen!
Fast wie Superman!
Unsinn.
Das war nur eine ferngesteuerte Attrappe, die er in die Luft gesprengt hat.
Und während alle gebannt nach oben gesehen haben, hat er sich aus der Menge gelöst und ist unbemerkt aufs Podest gesprungen!

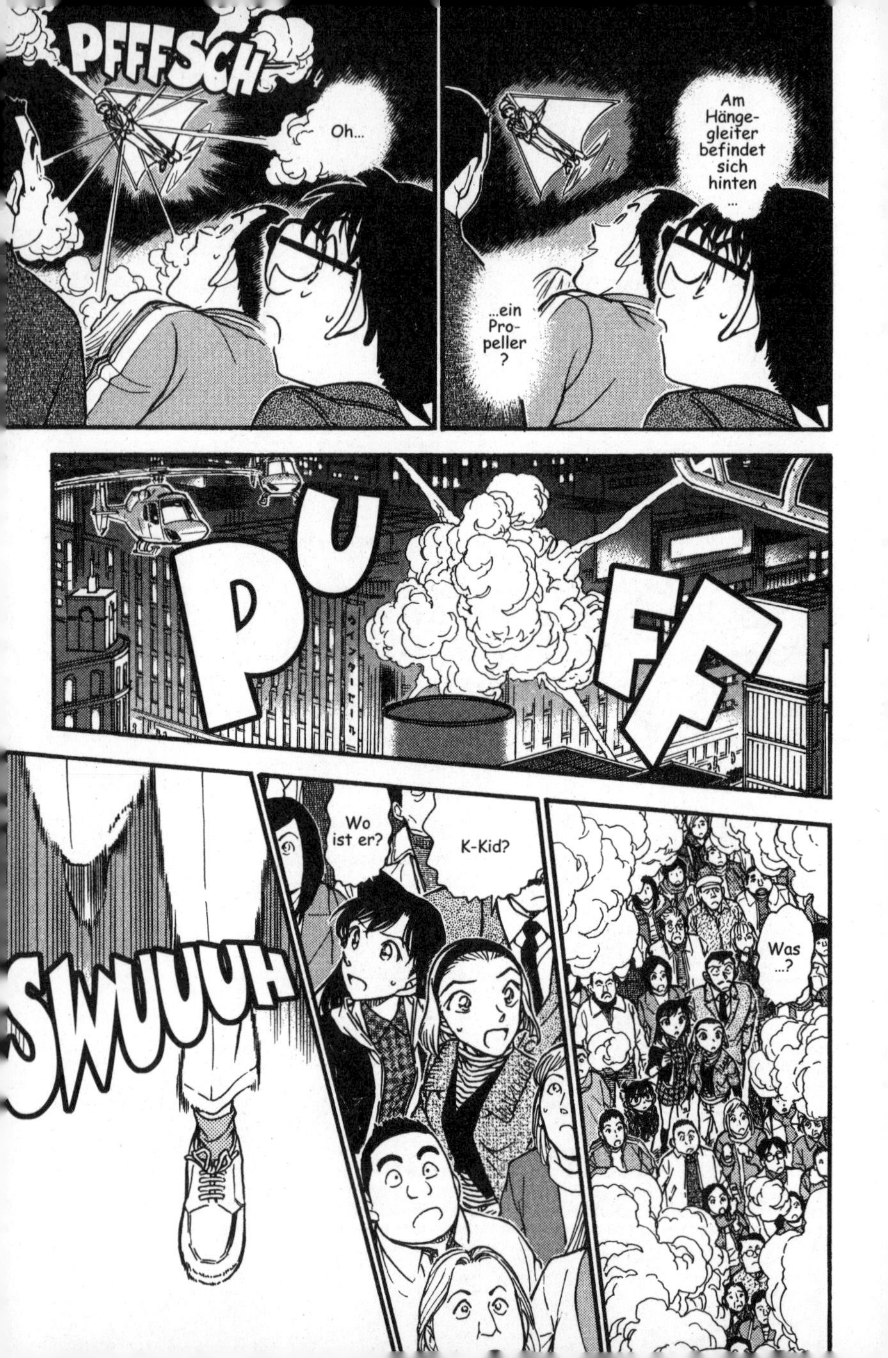
Am Hänge-gleiter befindet sich hinten ...
...ein Pro-peller ?
PFFFSCH
Oh...
PUFF
Was ...?
K-Kid?
Wo ist er?
SWUUUH

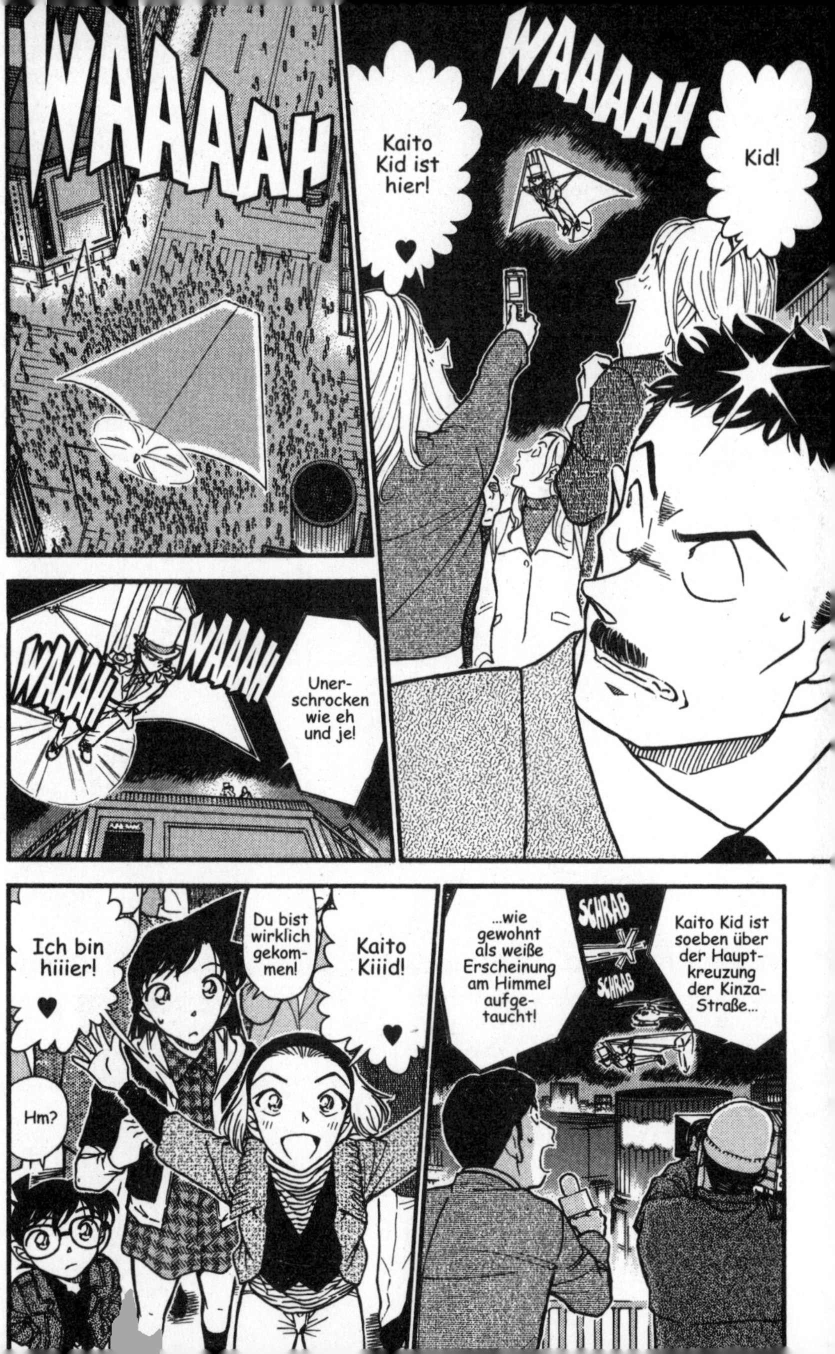
WAAAAAH
Kid!
Kaito Kid ist hier!
WAAAAAH
WAAAH
WAAAH
Unerschrocken wie eh und je!
Kaito Kid ist soeben über der Hauptkreuzung der Kinza-Straße...
SCHRAB
SCHRAB
...wie gewohnt als weiße Erscheinung am Himmel aufgetaucht!
Kaito Kiiid!
Du bist wirklich gekommen!
Ich bin hiiier!
Hm?

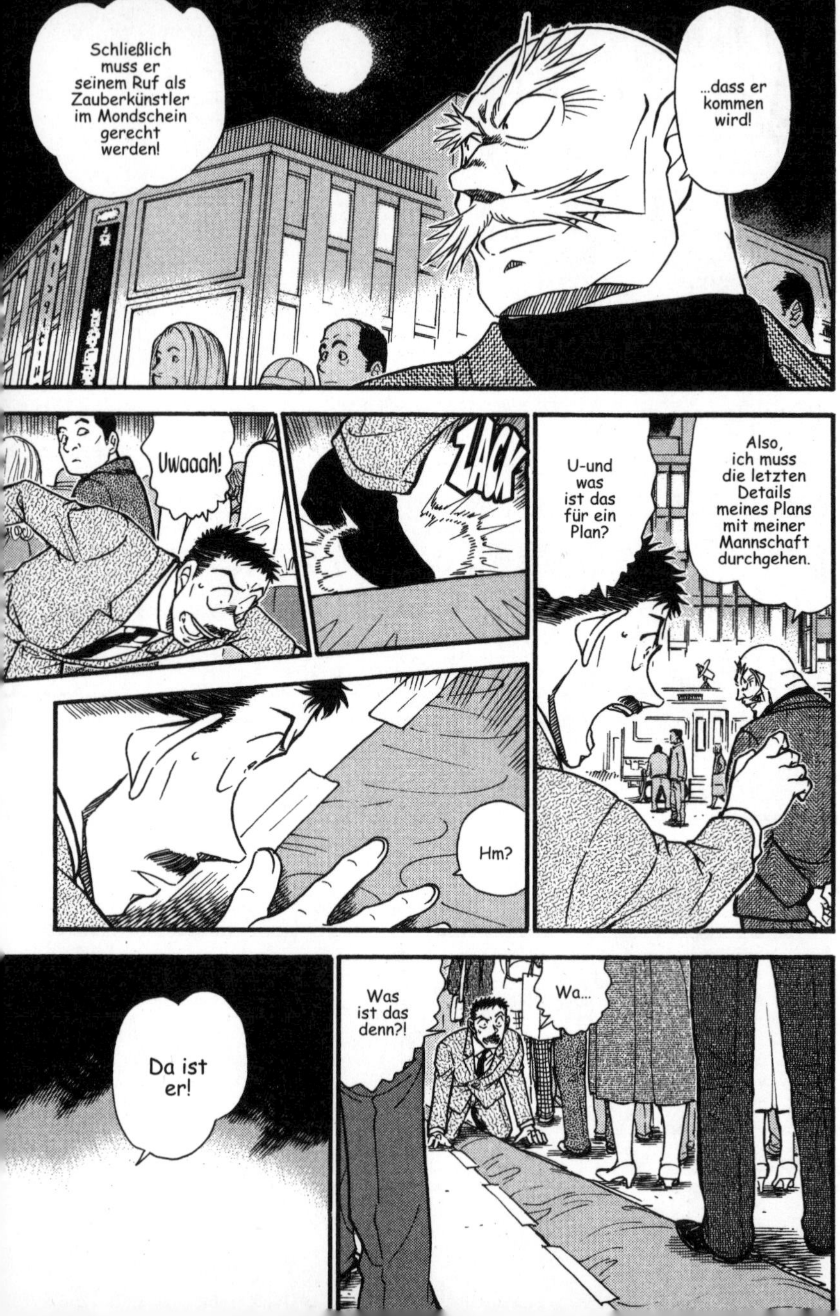

...dass er kommen wird!
Schließlich muss er seinem Ruf als Zauberkünstler im Mondschein gerecht werden!
Also, ich muss die letzten Details meines Plans mit meiner Mannschaft durchgehen.
U-und was ist das für ein Plan?
ZACK
Uwaaah!
Hm?
Wa...
Was ist das denn?!
Da ist er!

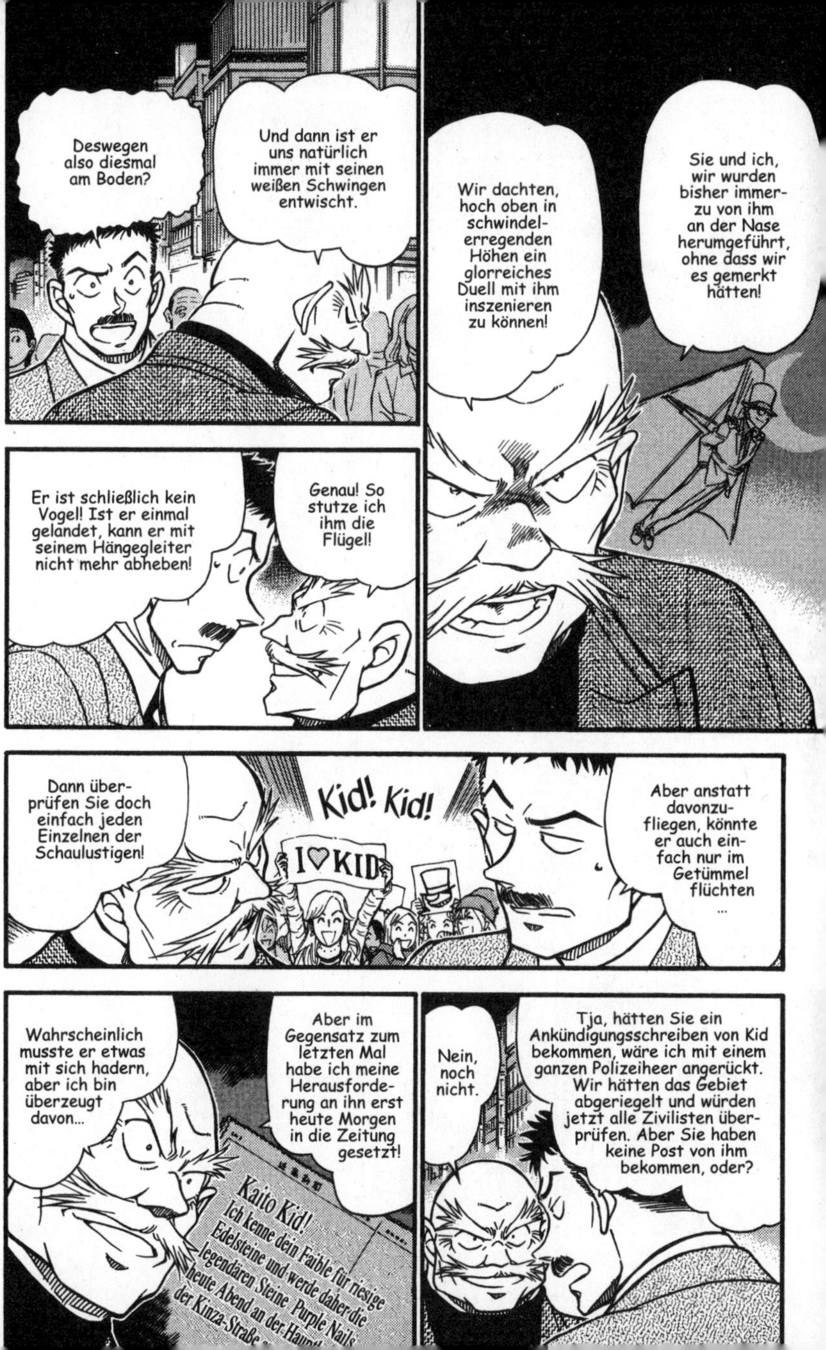

Sie und ich, wir wurden bisher immerzu von ihm an der Nase herumgeführt, ohne dass wir es gemerkt hätten!
Wir dachten, hoch oben in schwindelerregenden Höhen ein glorreiches Duell mit ihm inszenieren zu können!
Und dann ist er uns natürlich immer mit seinen weißen Schwingen entwischt.
Deswegen also diesmal am Boden?
Genau! So stutze ich ihm die Flügel!
Er ist schließlich kein Vogel! Ist er einmal gelandet, kann er mit seinem Hängegleiter nicht mehr abheben!
Aber anstatt davonzufliegen, könnte er auch einfach nur im Getümmel flüchten ...
Kid! Kid!
I ♥ KID
Dann überprüfen Sie doch einfach jeden Einzelnen der Schaulustigen!
Tja, hätten Sie ein Ankündigungsschreiben von Kid bekommen, wäre ich mit einem ganzen Polizeiheer angerückt. Wir hätten das Gebiet abgeriegelt und würden jetzt alle Zivilisten überprüfen. Aber Sie haben keine Post von ihm bekommen, oder?
Nein, noch nicht.
Aber im Gegensatz zum letzten Mal habe ich meine Herausforderung an ihn erst heute Morgen in die Zeitung gesetzt!
Wahrscheinlich musste er etwas mit sich hadern, aber ich bin überzeugt davon...
Kaito Kid!
Ich kenne dein Faible für riesige Edelsteine und werde daher die legendären Steine „Purple Nails"
heute Abend an der
der Kinza-Straße

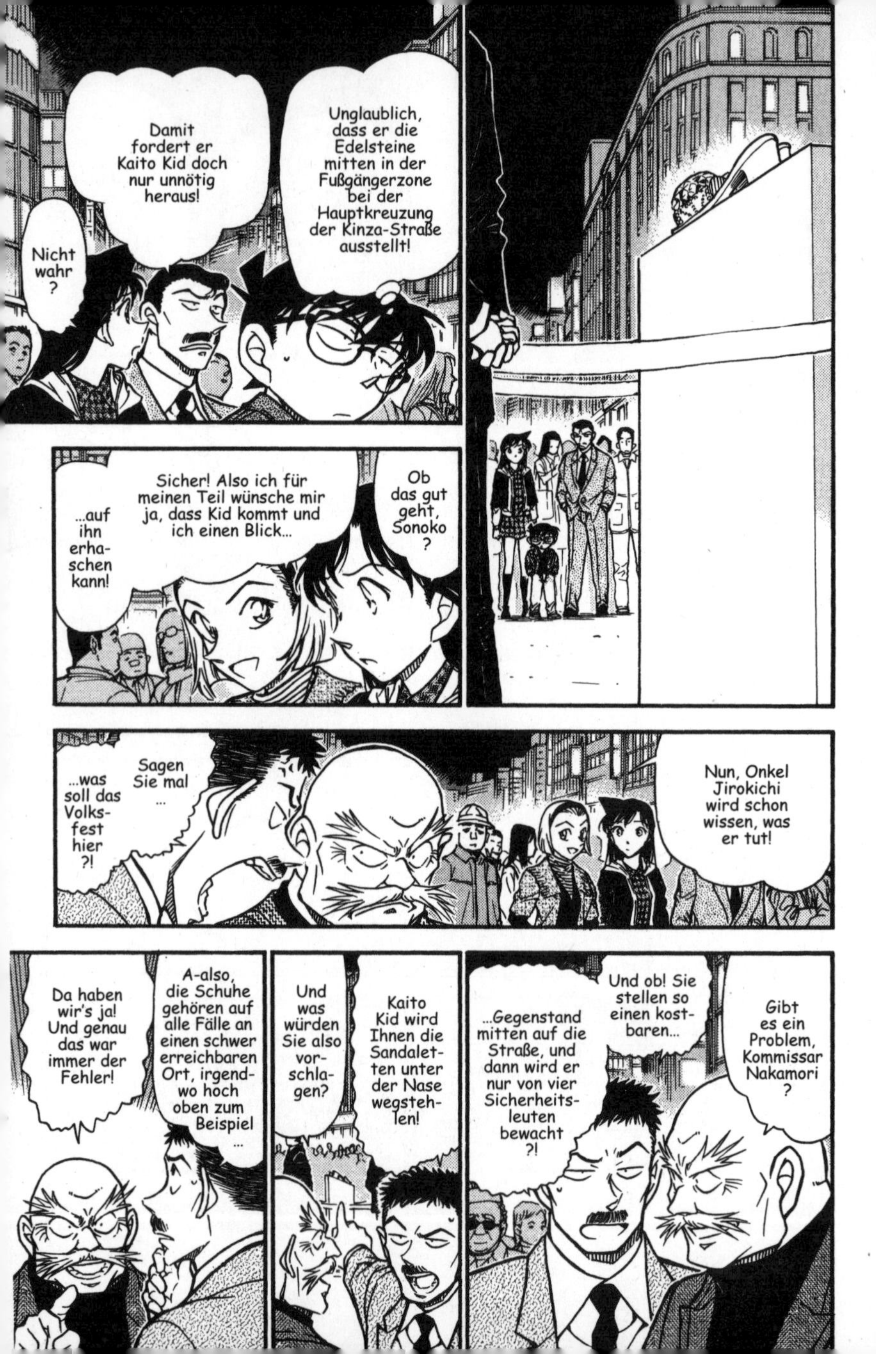

Unglaublich, dass er die Edelsteine mitten in der Fußgängerzone bei der Hauptkreuzung der Kinza-Straße ausstellt!
Damit fordert er Kaito Kid doch nur unnötig heraus!
Nicht wahr ?
Ob das gut geht, Sonoko ?
Sicher! Also ich für meinen Teil wünsche mir ja, dass Kid kommt und ich einen Blick...
...auf ihn erhaschen kann!
Nun, Onkel Jirokichi wird schon wissen, was er tut!
Sagen Sie mal ...
...was soll das Volksfest hier ?!
Gibt es ein Problem, Kommissar Nakamori ?
Und ob! Sie stellen so einen kostbaren...
...Gegenstand mitten auf die Straße, und dann wird er nur von vier Sicherheitsleuten bewacht ?!
Kaito Kid wird Ihnen die Sandaletten unter der Nase wegstehlen!
Und was würden Sie also vorschlagen?
A-also, die Schuhe gehören auf alle Fälle an einen schwer erreichbaren Ort, irgendwo hoch oben zum Beispiel ...
Da haben wir's ja! Und genau das war immer der Fehler!

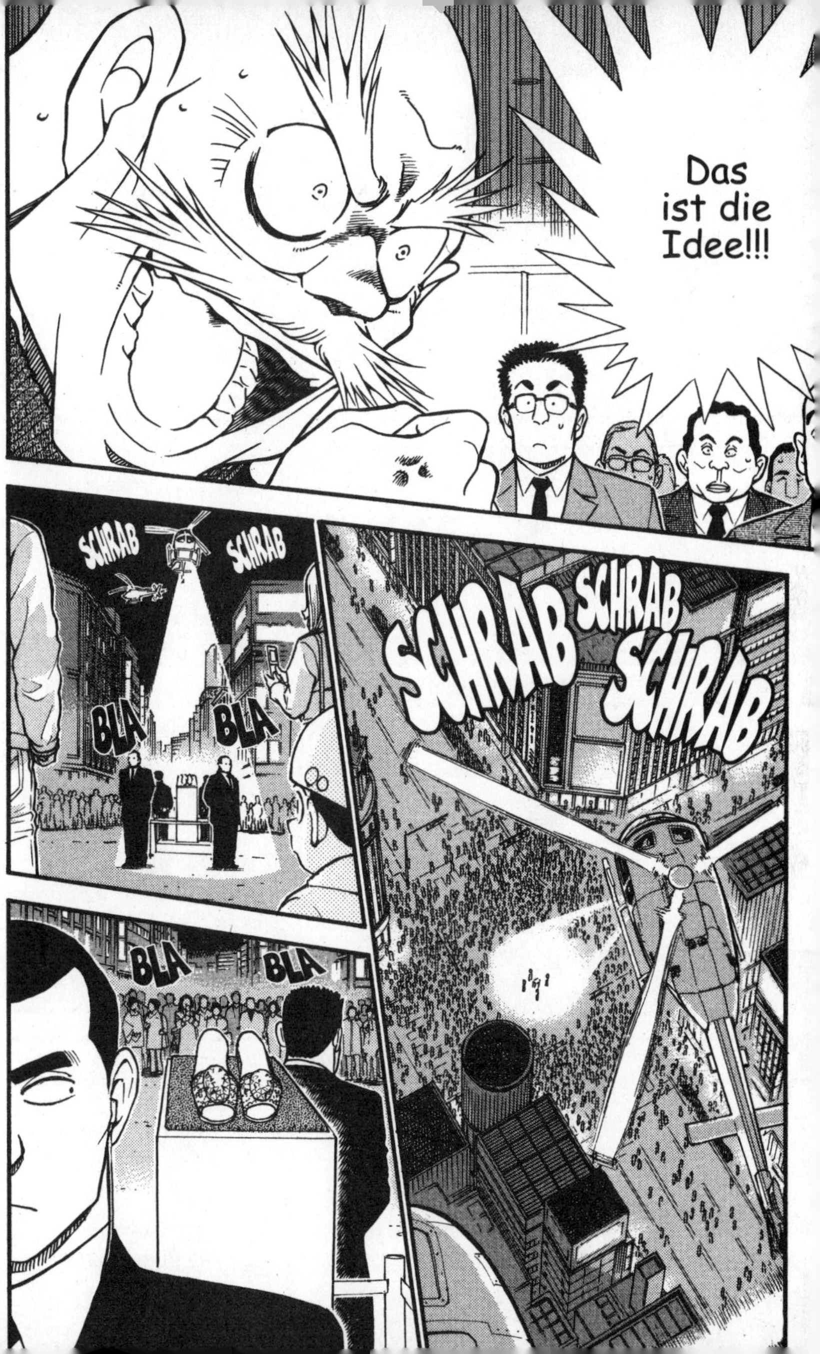
Das ist die Idee!!!
SCHRAB
SCHRAB
SCHRAB
SCHRAB
SCHRAB
SCHRAB
BLA
BLA
BLA
BLA

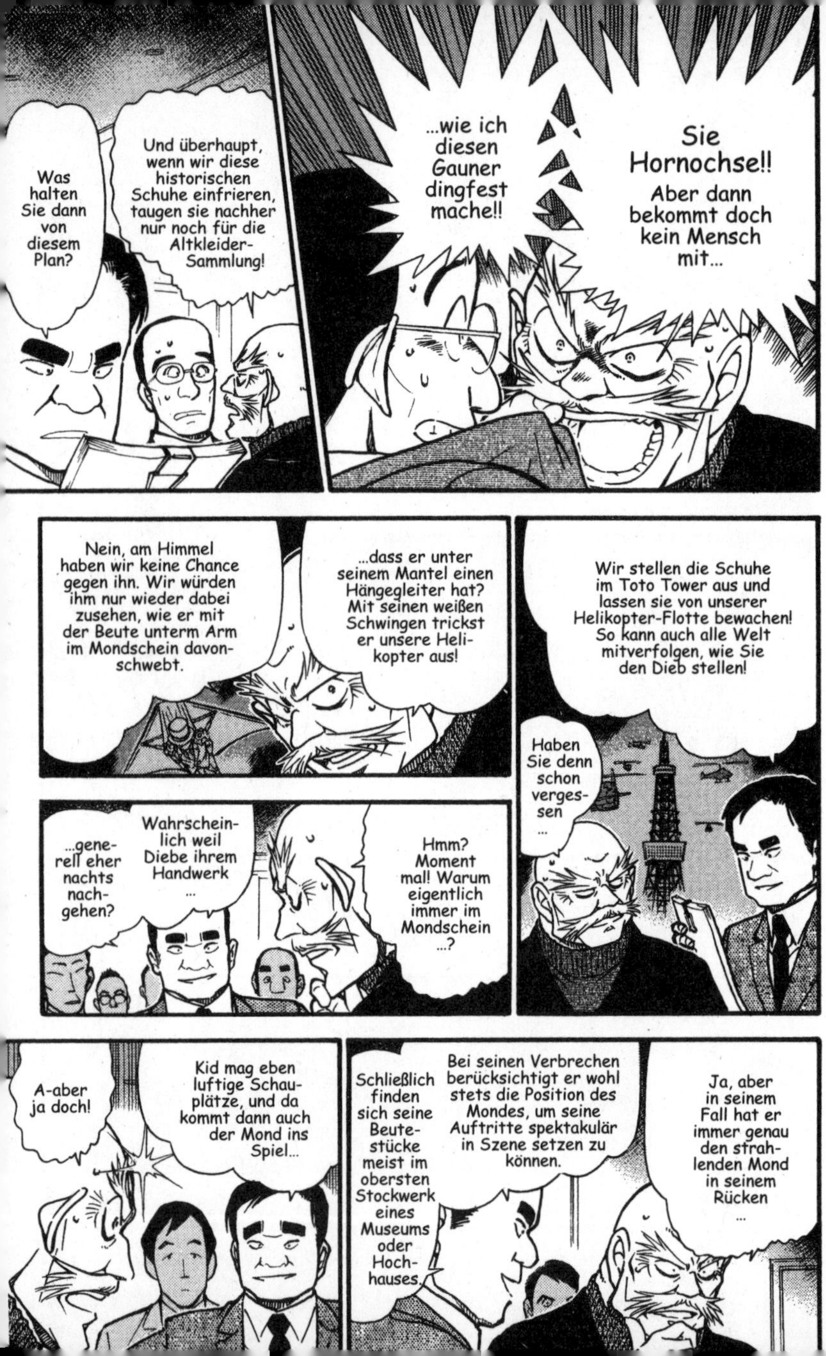

Sie Hornochse!! Aber dann bekommt doch kein Mensch mit...
...wie ich diesen Gauner dingfest mache!!
Und überhaupt, wenn wir diese historischen Schuhe einfrieren, taugen sie nachher nur noch für die Altkleider-Sammlung!
Was halten Sie dann von diesem Plan?
Wir stellen die Schuhe im Toto Tower aus und lassen sie von unserer Helikopter-Flotte bewachen! So kann auch alle Welt mitverfolgen, wie Sie den Dieb stellen!
Haben Sie denn schon vergessen ...
...dass er unter seinem Mantel einen Hängegleiter hat? Mit seinen weißen Schwingen trickst er unsere Helikopter aus!
Nein, am Himmel haben wir keine Chance gegen ihn. Wir würden ihm nur wieder dabei zusehen, wie er mit der Beute unterm Arm im Mondschein davonschwebt.
Hmm? Moment mal! Warum eigentlich immer im Mondschein ...?
Wahrscheinlich weil Diebe ihrem Handwerk ...
...generell eher nachts nachgehen?
Ja, aber in seinem Fall hat er immer genau den strahlenden Mond in seinem Rücken ...
Bei seinen Verbrechen berücksichtigt er wohl stets die Position des Mondes, um seine Auftritte spektakulär in Szene setzen zu können.
Schließlich finden sich seine Beutestücke meist im obersten Stockwerk eines Museums oder Hochhauses.
Kid mag eben luftige Schauplätze, und da kommt dann auch der Mond ins Spiel...
A-aber ja doch!

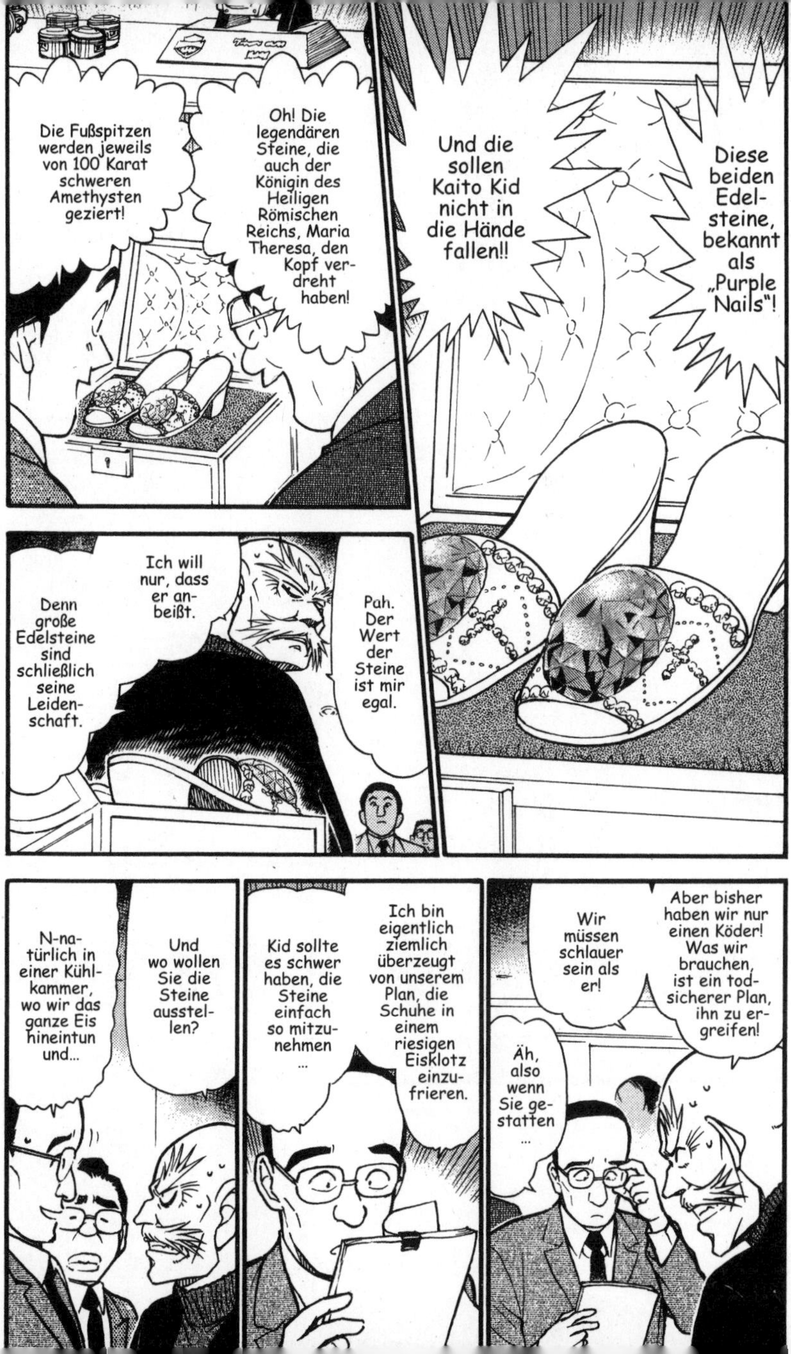
Die Fußspitzen werden jeweils von 100 Karat schweren Amethysten geziert!
Oh! Die legendären Steine, die auch der Königin des Heiligen Römischen Reichs, Maria Theresa, den Kopf verdreht haben!
Diese beiden Edelsteine, bekannt als „Purple Nails"!
Und die sollen Kaito Kid nicht in die Hände fallen!!
Pah. Der Wert der Steine ist mir egal.
Ich will nur, dass er anbeißt.
Denn große Edelsteine sind schließlich seine Leidenschaft.
Aber bisher haben wir nur einen Köder! Was wir brauchen, ist ein todsicherer Plan, ihn zu ergreifen!
Wir müssen schlauer sein als er!
Äh, also wenn Sie gestatten ...
Ich bin eigentlich ziemlich überzeugt von unserem Plan, die Schuhe in einem riesigen Eisklotz einzufrieren.
Kid sollte es schwer haben, die Steine einfach so mitzunehmen ...
Und wo wollen Sie die Steine ausstellen?
N-natürlich in einer Kühlkammer, wo wir das ganze Eis hineintun und...

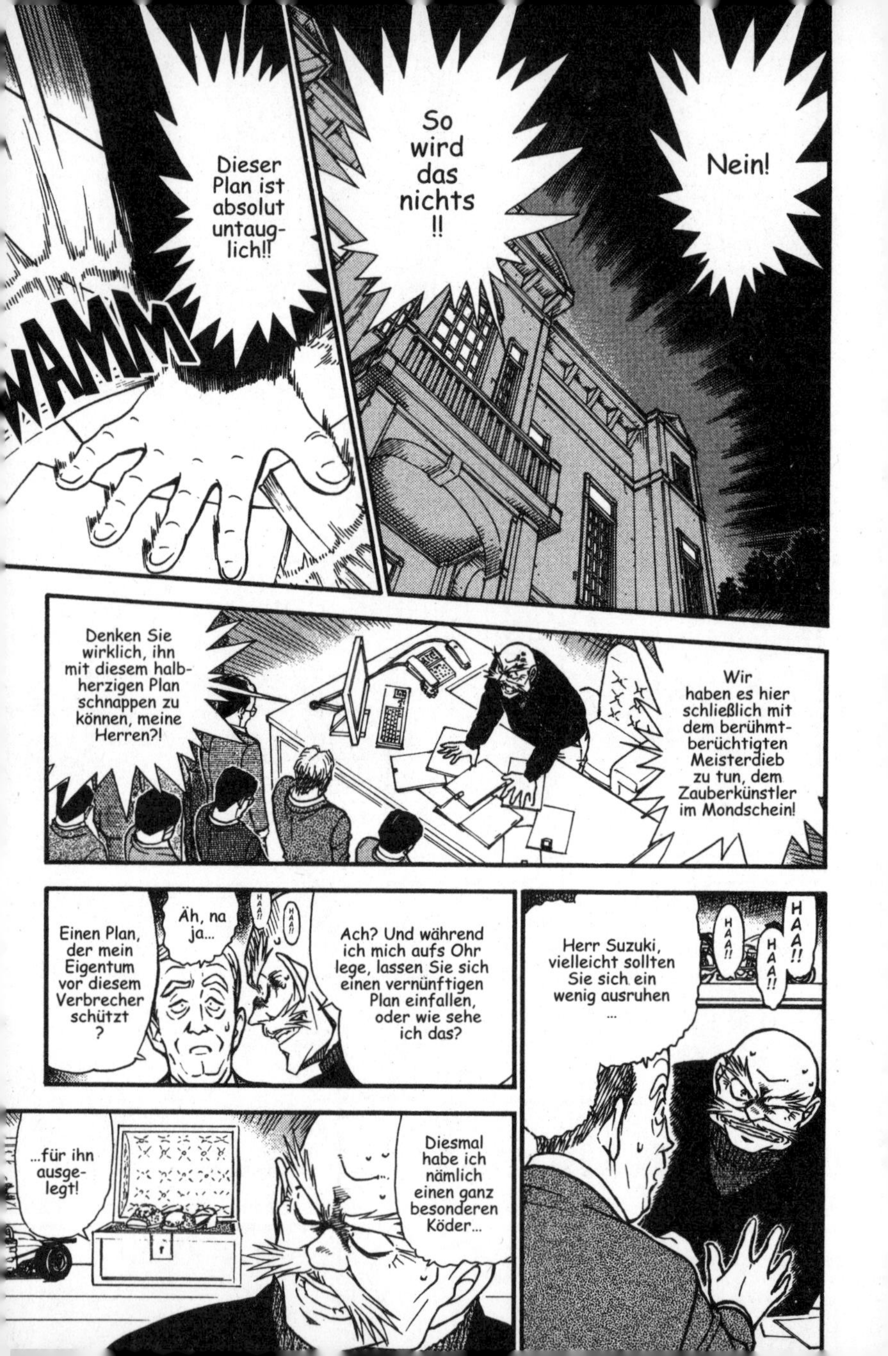
Nein!
So wird das nichts !!
Dieser Plan ist absolut untauglich!!
WAMM
Wir haben es hier schließlich mit dem berühmt-berüchtigten Meisterdieb zu tun, dem Zauberkünstler im Mondschein!
Denken Sie wirklich, ihn mit diesem halbherzigen Plan schnappen zu können, meine Herren?!
Herr Suzuki, vielleicht sollten Sie sich ein wenig ausruhen …
HAA!!
HAA!!
HAA!!
Ach? Und während ich mich aufs Ohr lege, lassen Sie sich einen vernünftigen Plan einfallen, oder wie sehe ich das?
HAA!!
HAA!!
Äh, na ja…
Einen Plan, der mein Eigentum vor diesem Verbrecher schützt ?
Diesmal habe ich nämlich einen ganz besonderen Köder…
…für ihn ausgelegt!

Fall 1: Purple Nails

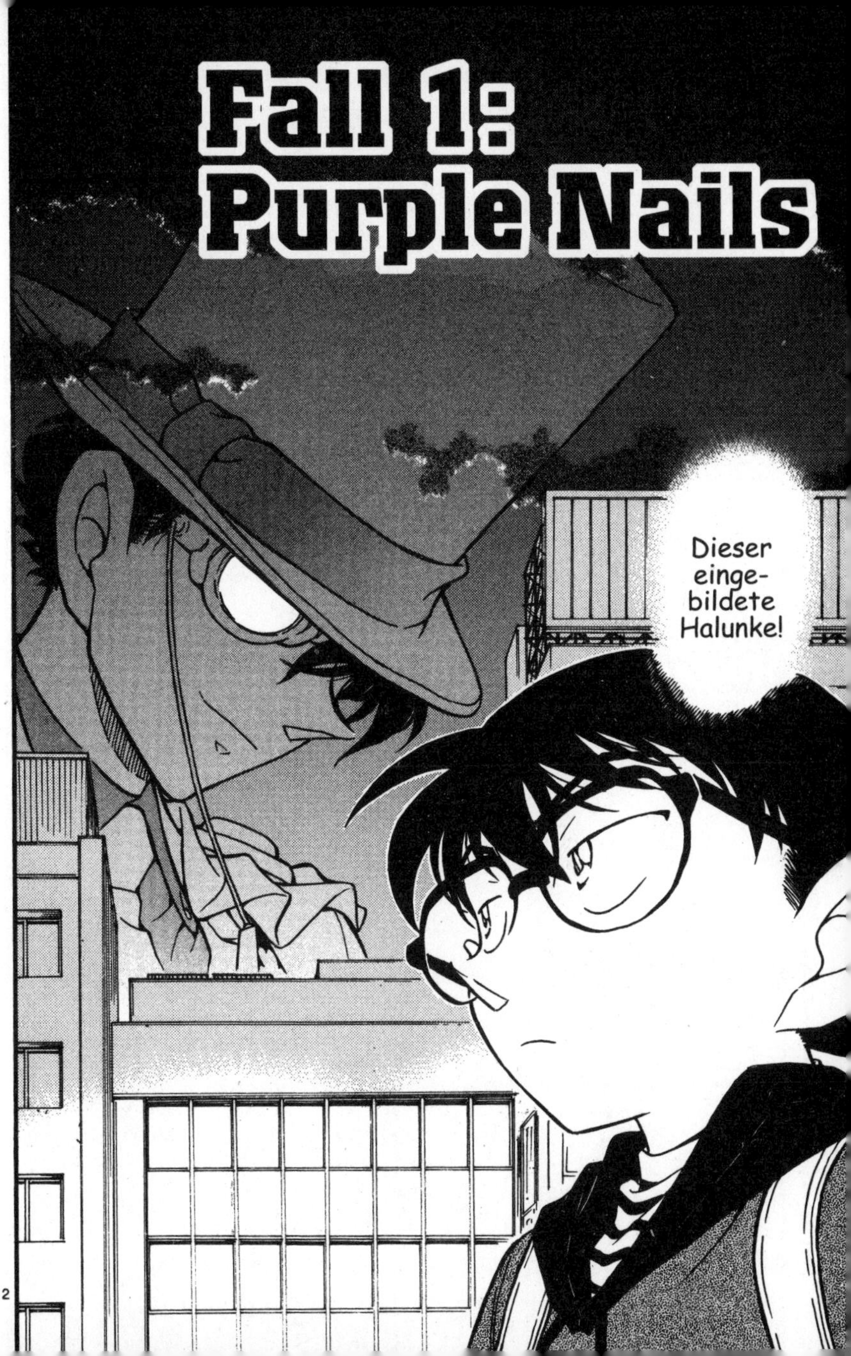

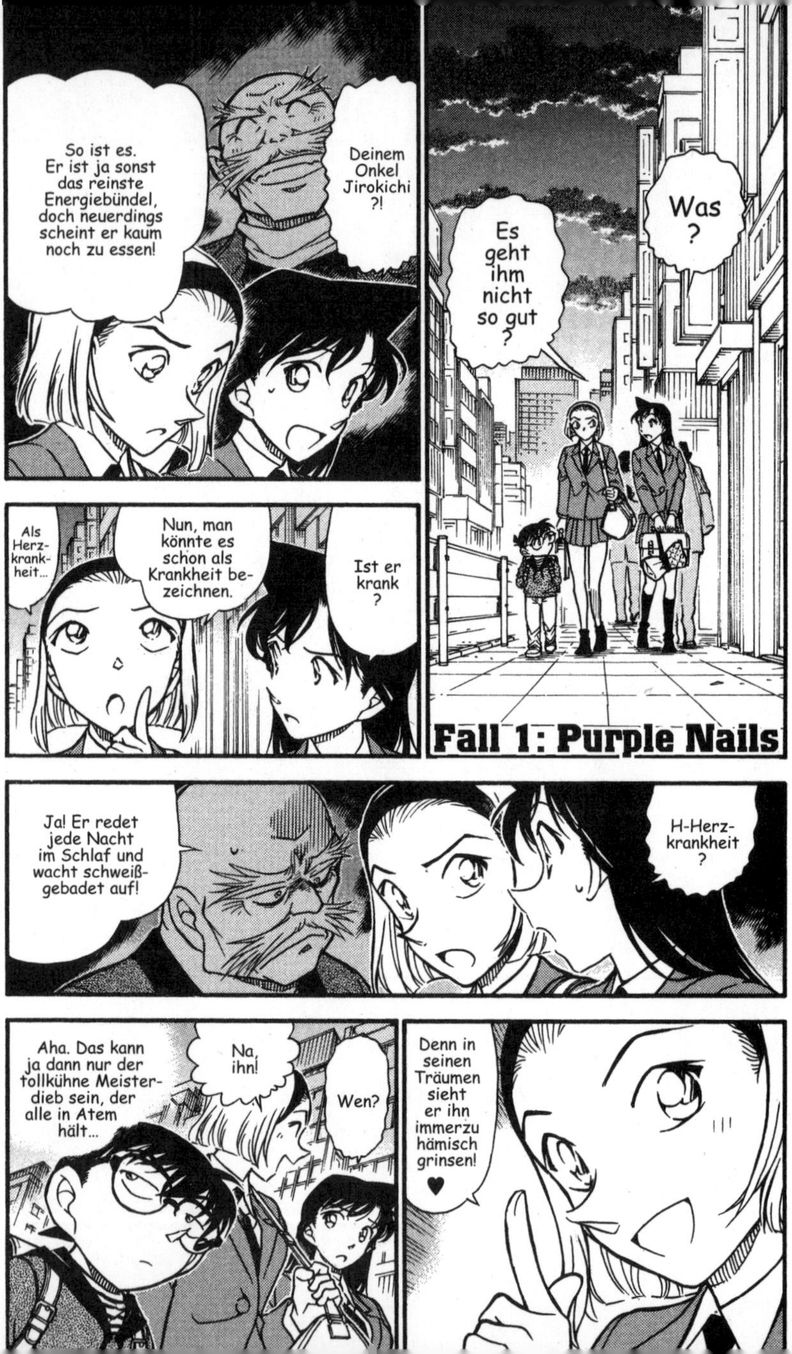
Was?
Es geht ihm nicht so gut?
Fall 1: Purple Nails
Deinem Onkel Jirokichi?!
So ist es. Er ist ja sonst das reinste Energiebündel, doch neuerdings scheint er kaum noch zu essen!
Ist er krank?
Nun, man könnte es schon als Krankheit bezeichnen.
Als Herzkrankheit...
H-Herzkrankheit?
Ja! Er redet jede Nacht im Schlaf und wacht schweißgebadet auf!
Denn in seinen Träumen sieht er ihn immerzu hämisch grinsen! ♥
Wen?
Na, ihn!
Aha. Das kann ja dann nur der tollkühne Meisterdieb sein, der alle in Atem hält...

DETEKTIV CONAN vs. Kaito KID

CONAN vs. KAITO KID

FALL-AKTE 002

Zaubertricks und Mord

BAND 20 | **Fall 2** Weg hier! | **Fall 3** Mitten im Schnee | **Fall 4** Eigenartiges Benehmen | **Fall 5** Die Suche | **Fall 6** Geständnis

Ein unmöglicher Mordfall in einer Berghütte mitten im verschneiten Nirgendwo!

Kid scheint mit dem Mordfall nichts zu tun zu haben...

Sonoko trifft sich mit den Mitgliedern eines Internet-Zauberforums zu einer geselligen Veranstaltung im echten Leben, und auch Ran ist bei dem Treffen auf der Berghütte mit von der Partie. Kogoro und Conan haben Ran und Sonoko gefahren und sind auf dem Heimweg, doch als sie im Radio hören, dass der Veranstalter des Treffens und Moderator des Forums ermordet worden sein soll, machen sie auf dem Absatz kehrt – und am Tatort findet sich auch noch die beunruhigende Botschaft: „Das war der Erste“, gezeichnet von einem gewissen „Schwarzmagier“! Kogoro und Conan müssen jedoch zu ihrem Entsetzen feststellen, dass der einzige Weg zur Hütte, eine Hängebrücke, in Flammen steht. Conan will Ran um jeden Preis zu Hilfe eilen und überquert alleine die Hängebrücke, doch da er erkältet ist und hohes Fieber hat, verliert er das Bewusstsein ... Als Conan endlich wieder zu sich kommt und es ihm gelingt, die Gruppe zu warnen, finden sie die Leiche eines weiteren Mitglieds, mitten im Neuschnee!

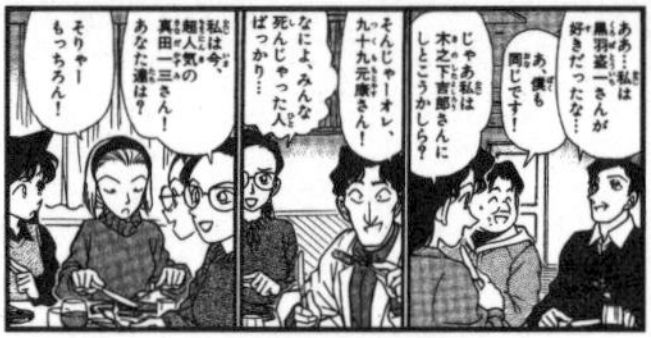

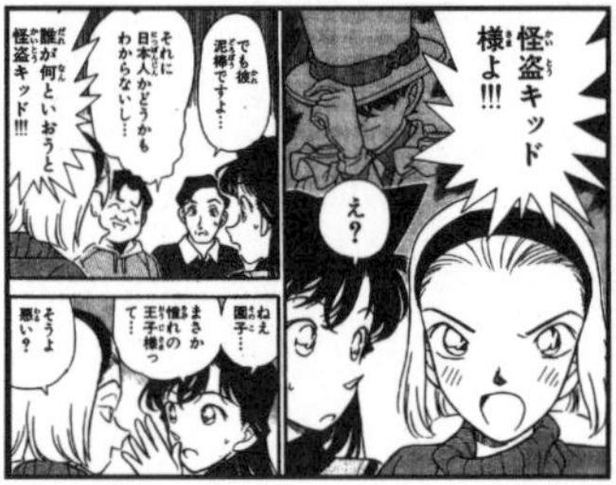

▲ *Außer der Zauberei scheint es keine Verbindung zwischen dem Fall und Kaito Kid zu geben...*

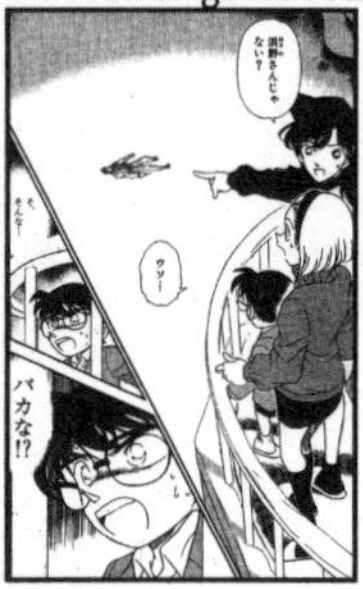

Kid hat sich in Verkleidung unter die Teilnehmer gemischt!

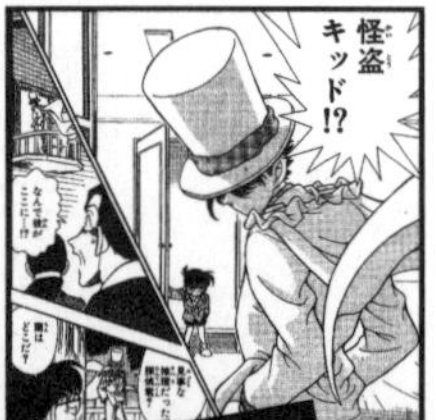

Hat Conan von Anfang an geahnt, dass Kid mit von der Partie ist?

Der Täter muss eines der Mitglieder sein! Und es wird auch klar, dass sich unter ihnen jemand mit ungeklärter Identität befindet! Aber wie ist es dem Täter gelungen, den Mord zu verüben, ohne dabei Fußspuren im Schnee zu hinterlassen? Während Conan der Lösung des Rätsels nachjagt, werden Ran und Sonoko angegriffen! Welcher Trick steckt hinter der unmöglichen Tat?! Und was hat eigentlich Kid mit dem ganzen Fall zu tun?!

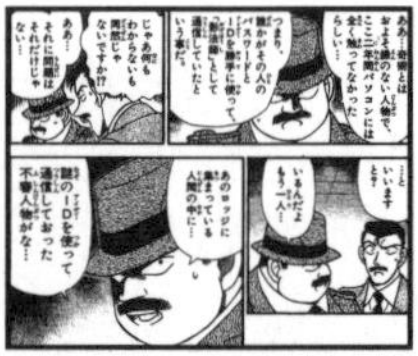

◀ Als Nächstes folgt **KAITO KIDS SPEKTAKULÄRE TELEPORTATION**!
Es gilt, hinter den Trick der unglaublichen Aktion zu kommen!

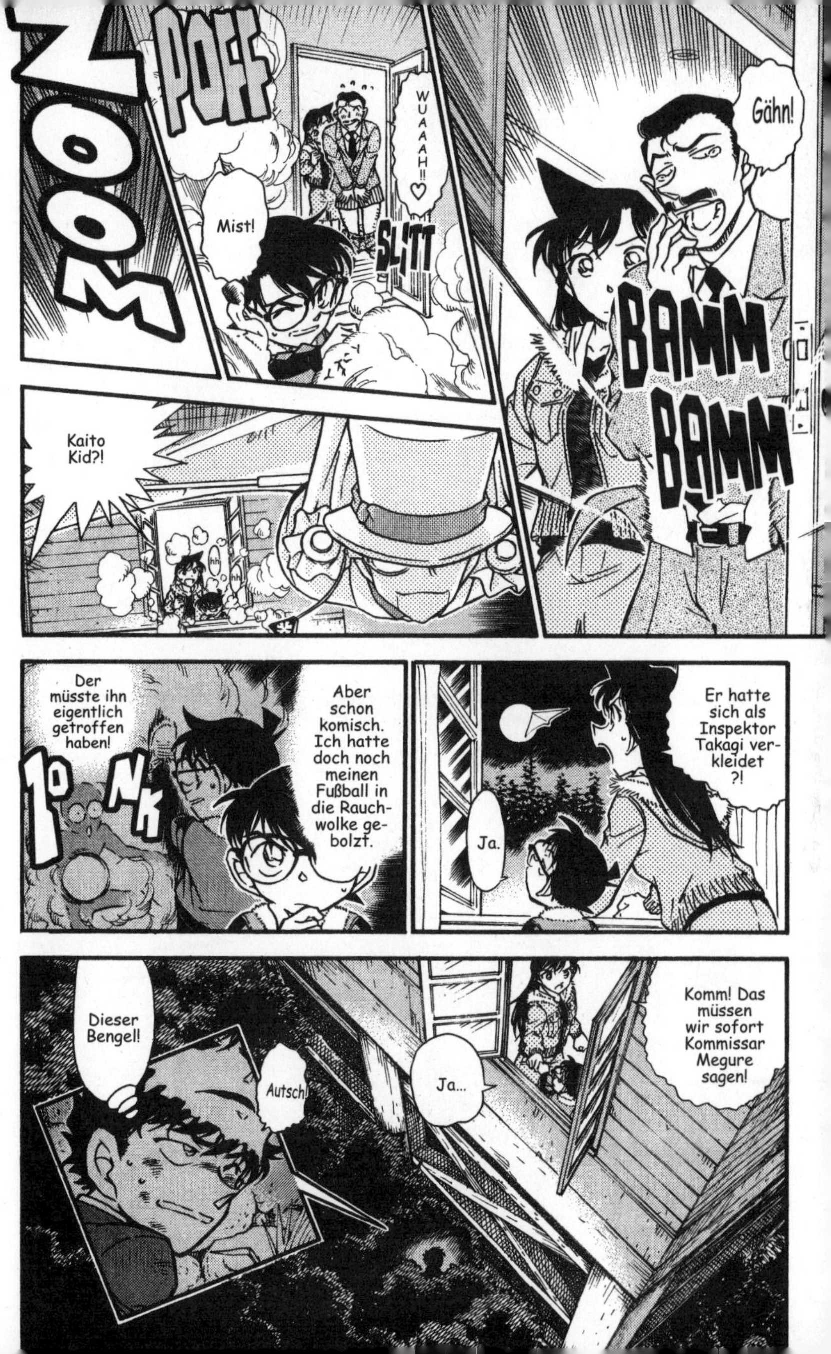
Gähn!
BAMM BAMM
WUAAAAH!! ♡
SLITT
Mist!
POFF
ZOOM
Kaito Kid?!
Er hatte sich als Inspektor Takagi verkleidet ?!
Ja.
Aber schon komisch. Ich hatte doch noch meinen Fußball in die Rauchwolke gebolzt.
Der müsste ihn eigentlich getroffen haben!
TONK
Komm! Das müssen wir sofort Kommissar Megure sagen!
Ja...
Autsch!
Dieser Bengel!

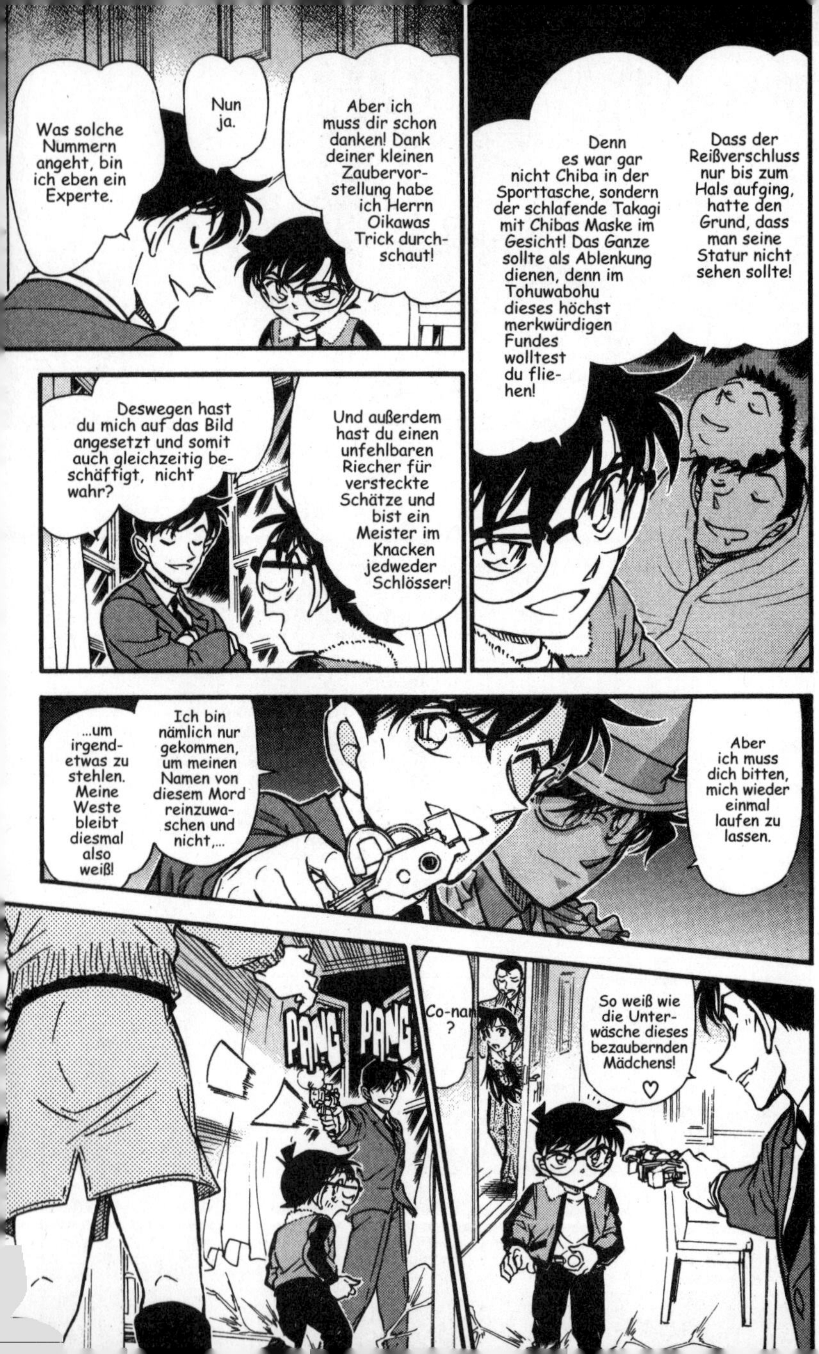

Dass der Reißverschluss nur bis zum Hals aufging, hatte den Grund, dass man seine Statur nicht sehen sollte!
Denn es war gar nicht Chiba in der Sporttasche, sondern der schlafende Takagi mit Chibas Maske im Gesicht! Das Ganze sollte als Ablenkung dienen, denn im Tohuwabohu dieses höchst merkwürdigen Fundes wolltest du fliehen!
Aber ich muss dir schon danken! Dank deiner kleinen Zaubervorstellung habe ich Herrn Oikawas Trick durchschaut!
Nun ja.
Was solche Nummern angeht, bin ich eben ein Experte.
Und außerdem hast du einen unfehlbaren Riecher für versteckte Schätze und bist ein Meister im Knacken jedweder Schlösser!
Deswegen hast du mich auf das Bild angesetzt und somit auch gleichzeitig beschäftigt, nicht wahr?
Aber ich muss dich bitten, mich wieder einmal laufen zu lassen.
Ich bin nämlich nur gekommen, um meinen Namen von diesem Mord reinzuwaschen und nicht,...
...um irgendetwas zu stehlen. Meine Weste bleibt diesmal also weiß!
So weiß wie die Unterwäsche dieses bezaubernden Mädchens! ♡
Co-nan?
PANG
PANG

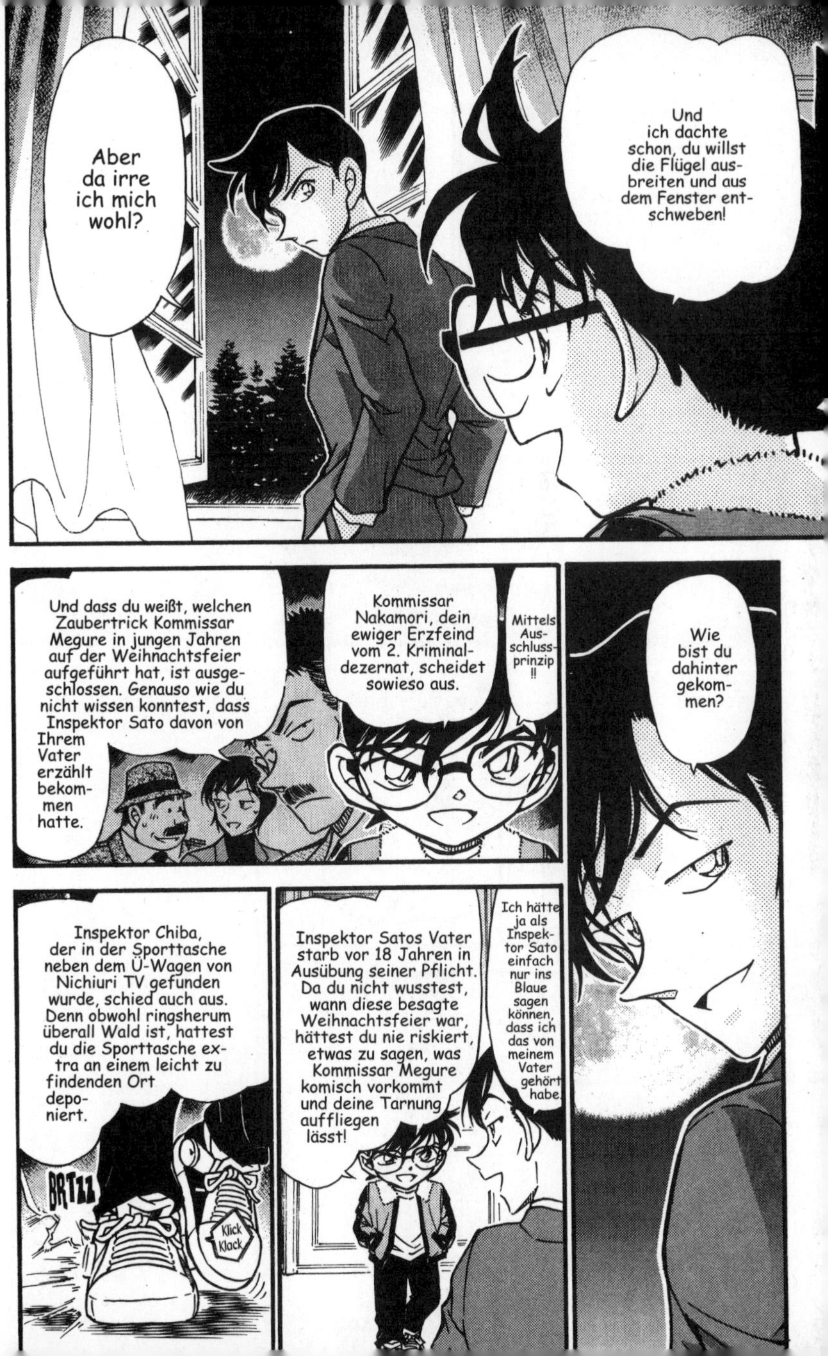
Und ich dachte schon, du willst die Flügel ausbreiten und aus dem Fenster entschweben!
Aber da irre ich mich wohl?
Wie bist du dahinter gekommen?
Mittels Ausschlussprinzip!!
Kommissar Nakamori, dein ewiger Erzfeind vom 2. Kriminaldezernat, scheidet sowieso aus.
Und dass du weißt, welchen Zaubertrick Kommissar Megure in jungen Jahren auf der Weihnachtsfeier aufgeführt hat, ist ausgeschlossen. Genauso wie du nicht wissen konntest, dass Inspektor Sato davon von Ihrem Vater erzählt bekommen hatte.
Ich hätte ja als Inspektor Sato einfach nur ins Blaue sagen können, dass ich das von meinem Vater gehört habe.
Inspektor Satos Vater starb vor 18 Jahren in Ausübung seiner Pflicht. Da du nicht wusstest, wann diese besagte Weihnachtsfeier war, hättest du nie riskiert, etwas zu sagen, was Kommissar Megure komisch vorkommt und deine Tarnung auffliegen lässt!
Inspektor Chiba, der in der Sporttasche neben dem Ü-Wagen von Nichiuri TV gefunden wurde, schied auch aus. Denn obwohl ringsherum überall Wald ist, hattest du die Sporttasche extra an einem leicht zu findenden Ort deponiert.
BRTZZ
Klick Klack

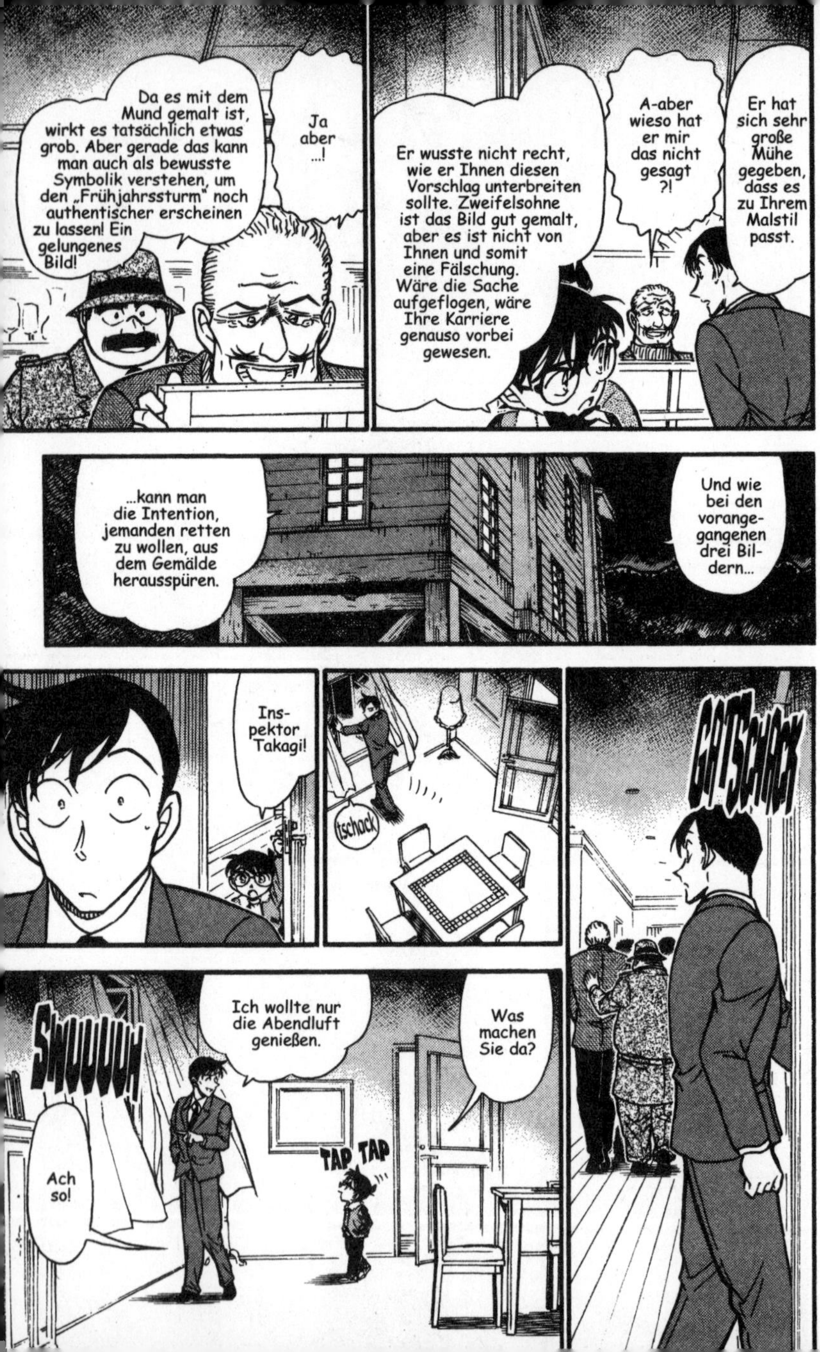

Er hat sich sehr große Mühe gegeben, dass es zu Ihrem Malstil passt.
A-aber wieso hat er mir das nicht gesagt ?!
Er wusste nicht recht, wie er Ihnen diesen Vorschlag unterbreiten sollte. Zweifelsohne ist das Bild gut gemalt, aber es ist nicht von Ihnen und somit eine Fälschung. Wäre die Sache aufgeflogen, wäre Ihre Karriere genauso vorbei gewesen.
Ja aber ...!
Da es mit dem Mund gemalt ist, wirkt es tatsächlich etwas grob. Aber gerade das kann man auch als bewusste Symbolik verstehen, um den „Frühjahrssturm" noch authentischer erscheinen zu lassen! Ein gelungenes Bild!
Und wie bei den vorangegangenen drei Bildern...
...kann man die Intention, jemanden retten zu wollen, aus dem Gemälde herausspüren.
GATSCHACK
tschack
Inspektor Takagi!
Was machen Sie da?
TAP TAP
Ich wollte nur die Abendluft genießen.
SHUUUUH
Ach so!

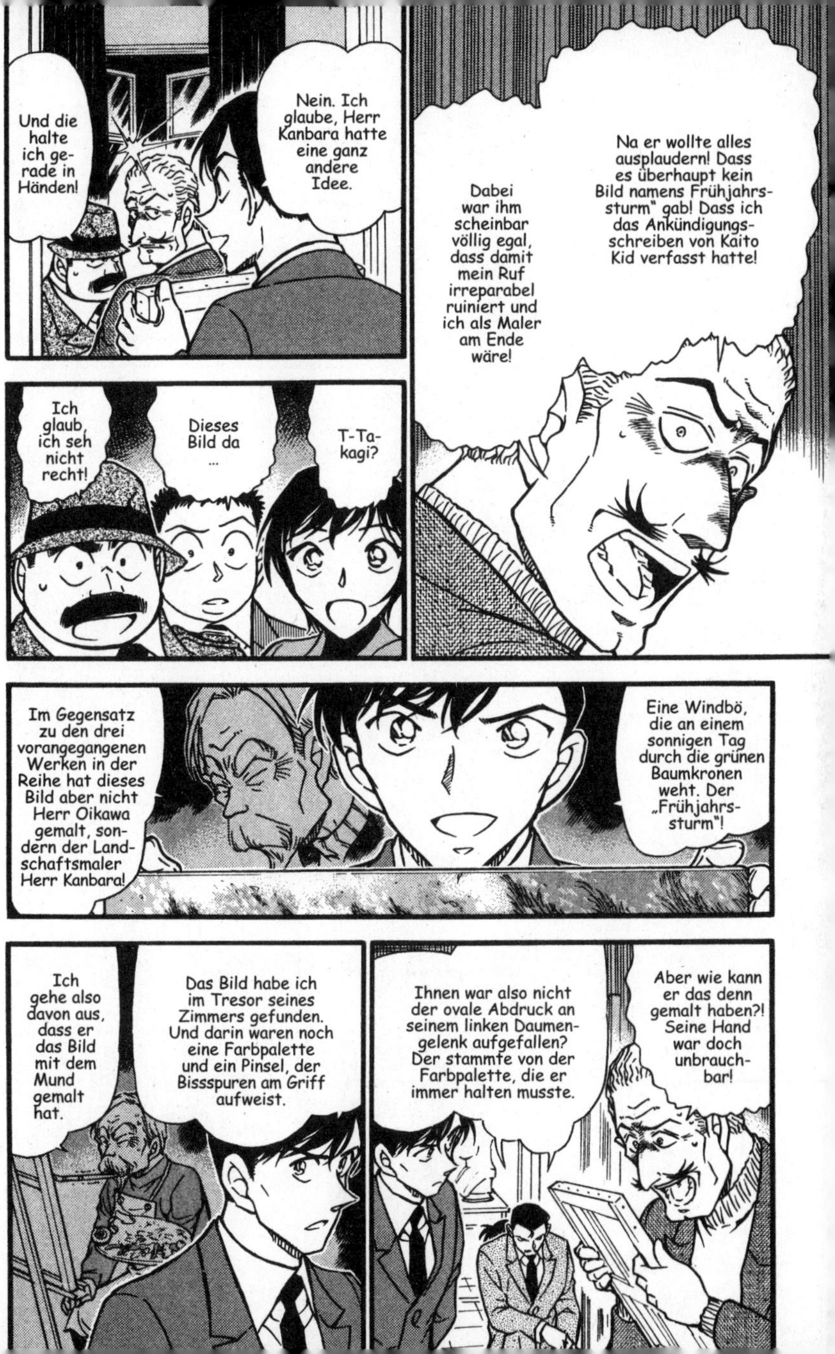
Na er wollte alles ausplaudern! Dass es überhaupt kein Bild namens Frühjahrssturm" gab! Dass ich das Ankündigungsschreiben von Kaito Kid verfasst hatte!
Dabei war ihm scheinbar völlig egal, dass damit mein Ruf irreparabel ruiniert und ich als Maler am Ende wäre!
Nein. Ich glaube, Herr Kanbara hatte eine ganz andere Idee.
Und die halte ich gerade in Händen!
T-Takagi?
Dieses Bild da ...
Ich glaub, ich seh nicht recht!
Eine Windbö, die an einem sonnigen Tag durch die grünen Baumkronen weht. Der „Frühjahrssturm"!
Im Gegensatz zu den drei vorangegangenen Werken in der Reihe hat dieses Bild aber nicht Herr Oikawa gemalt, sondern der Landschaftsmaler Herr Kanbara!
Aber wie kann er das denn gemalt haben?! Seine Hand war doch unbrauchbar!
Ihnen war also nicht der ovale Abdruck an seinem linken Daumengelenk aufgefallen? Der stammte von der Farbpalette, die er immer halten musste.
Das Bild habe ich im Tresor seines Zimmers gefunden. Und darin waren noch eine Farbpalette und ein Pinsel, der Bissspuren am Griff aufweist.
Ich gehe also davon aus, dass er das Bild mit dem Mund gemalt hat.

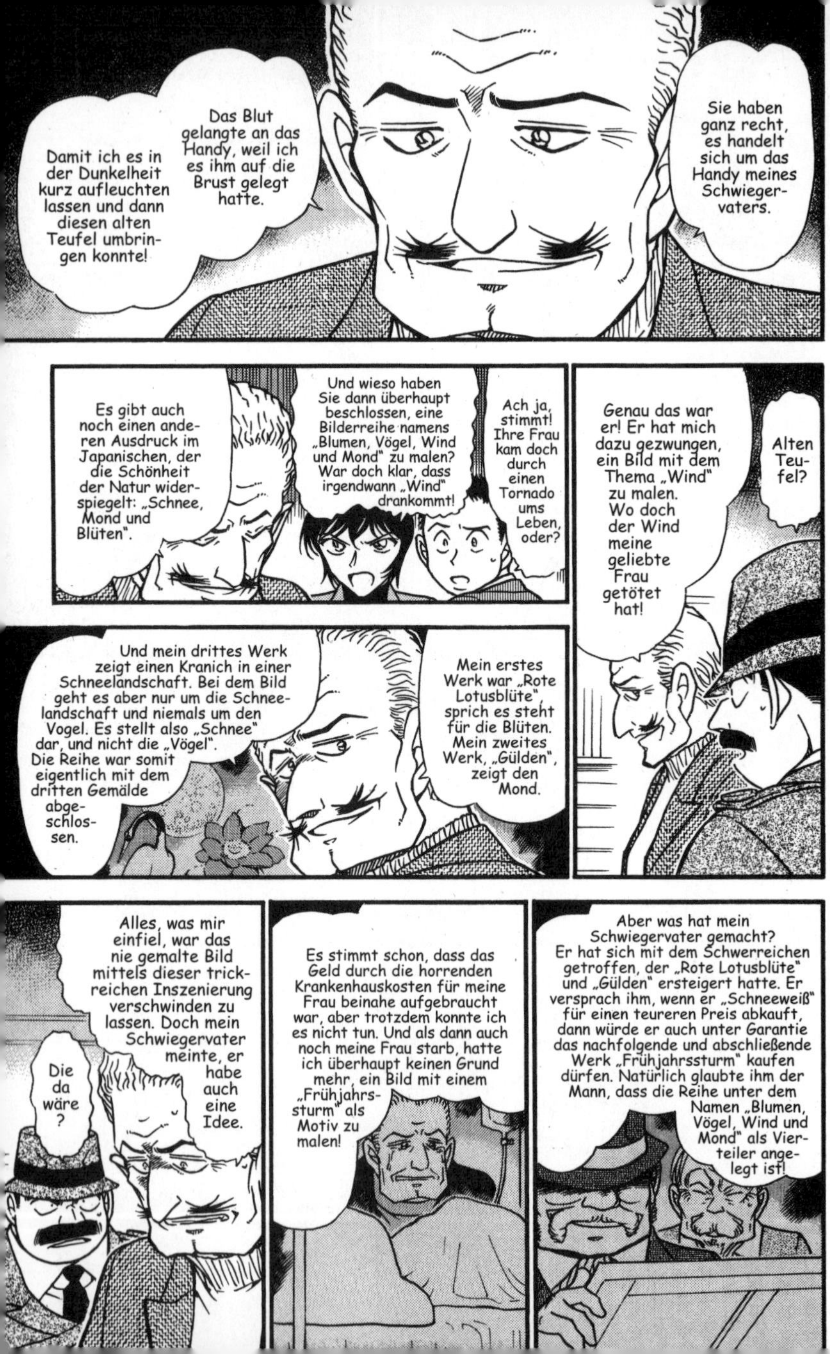
Sie haben ganz recht, es handelt sich um das Handy meines Schwieger-vaters.
Das Blut gelangte an das Handy, weil ich es ihm auf die Brust gelegt hatte.
Damit ich es in der Dunkelheit kurz aufleuchten lassen und dann diesen alten Teufel umbrin-gen konnte!
Alten Teu-fel?
Genau das war er! Er hat mich dazu gezwungen, ein Bild mit dem Thema „Wind“ zu malen. Wo doch der Wind meine geliebte Frau getötet hat!
Ach ja, stimmt! Ihre Frau kam doch durch einen Tornado ums Leben, oder?
Und wieso haben Sie dann überhaupt beschlossen, eine Bilderreihe namens „Blumen, Vögel, Wind und Mond“ zu malen? War doch klar, dass irgendwann „Wind“ drankommt!
Es gibt auch noch einen ande-ren Ausdruck im Japanischen, der die Schönheit der Natur wider-spiegelt: „Schnee, Mond und Blüten“.
Mein erstes Werk war „Rote Lotusblüte“, sprich es steht für die Blüten. Mein zweites Werk, „Gülden“, zeigt den Mond.
Und mein drittes Werk zeigt einen Kranich in einer Schneelandschaft. Bei dem Bild geht es aber nur um die Schnee-landschaft und niemals um den Vogel. Es stellt also „Schnee“ dar, und nicht die „Vögel“. Die Reihe war somit eigentlich mit dem dritten Gemälde abge-schlos-sen.
Aber was hat mein Schwiegervater gemacht? Er hat sich mit dem Schwerreichen getroffen, der „Rote Lotusblüte“ und „Gülden“ ersteigert hatte. Er versprach ihm, wenn er „Schneeweiß“ für einen teureren Preis abkauft, dann würde er auch unter Garantie das nachfolgende und abschließende Werk „Frühjahrssturm“ kaufen dürfen. Natürlich glaubte ihm der Mann, dass die Reihe unter dem Namen „Blumen, Vögel, Wind und Mond“ als Vier-teiler ange-legt ist!
Es stimmt schon, dass das Geld durch die horrenden Krankenhauskosten für meine Frau beinahe aufgebraucht war, aber trotzdem konnte ich es nicht tun. Und als dann auch noch meine Frau starb, hatte ich überhaupt keinen Grund mehr, ein Bild mit einem „Frühjahrs-sturm“ als Motiv zu malen!
Alles, was mir einfiel, war das nie gemalte Bild mittels dieser trick-reichen Inszenierung verschwinden zu lassen. Doch mein Schwiegervater meinte, er habe auch eine Idee.
Die da wäre?

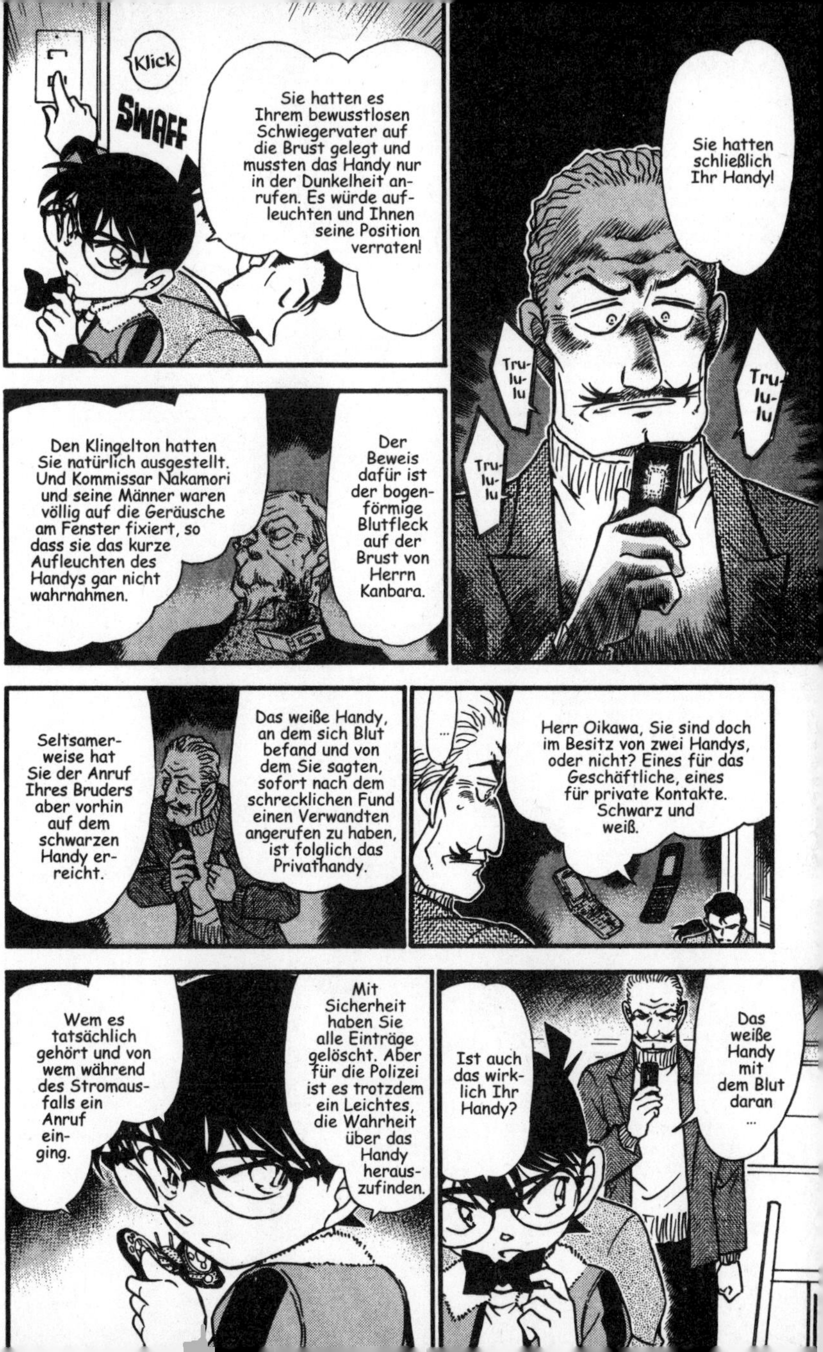
Sie hatten schließlich Ihr Handy!
Tru-lu-lu
Tru-lu-lu
Tru-lu-lu
Klick
SWAFF
Sie hatten es Ihrem bewusstlosen Schwiegervater auf die Brust gelegt und mussten das Handy nur in der Dunkelheit anrufen. Es würde aufleuchten und Ihnen seine Position verraten!
Der Beweis dafür ist der bogenförmige Blutfleck auf der Brust von Herrn Kanbara.
Den Klingelton hatten Sie natürlich ausgestellt. Und Kommissar Nakamori und seine Männer waren völlig auf die Geräusche am Fenster fixiert, so dass sie das kurze Aufleuchten des Handys gar nicht wahrnahmen.
Herr Oikawa, Sie sind doch im Besitz von zwei Handys, oder nicht? Eines für das Geschäftliche, eines für private Kontakte. Schwarz und weiß.
...
Das weiße Handy, an dem sich Blut befand und von dem Sie sagten, sofort nach dem schrecklichen Fund einen Verwandten angerufen zu haben, ist folglich das Privathandy.
Seltsamerweise hat Sie der Anruf Ihres Bruders aber vorhin auf dem schwarzen Handy erreicht.
Das weiße Handy mit dem Blut daran ...
Ist auch das wirklich Ihr Handy?
Mit Sicherheit haben Sie alle Einträge gelöscht. Aber für die Polizei ist es trotzdem ein Leichtes, die Wahrheit über das Handy herauszufinden.
Wem es tatsächlich gehört und von wem während des Stromausfalls ein Anruf einging.

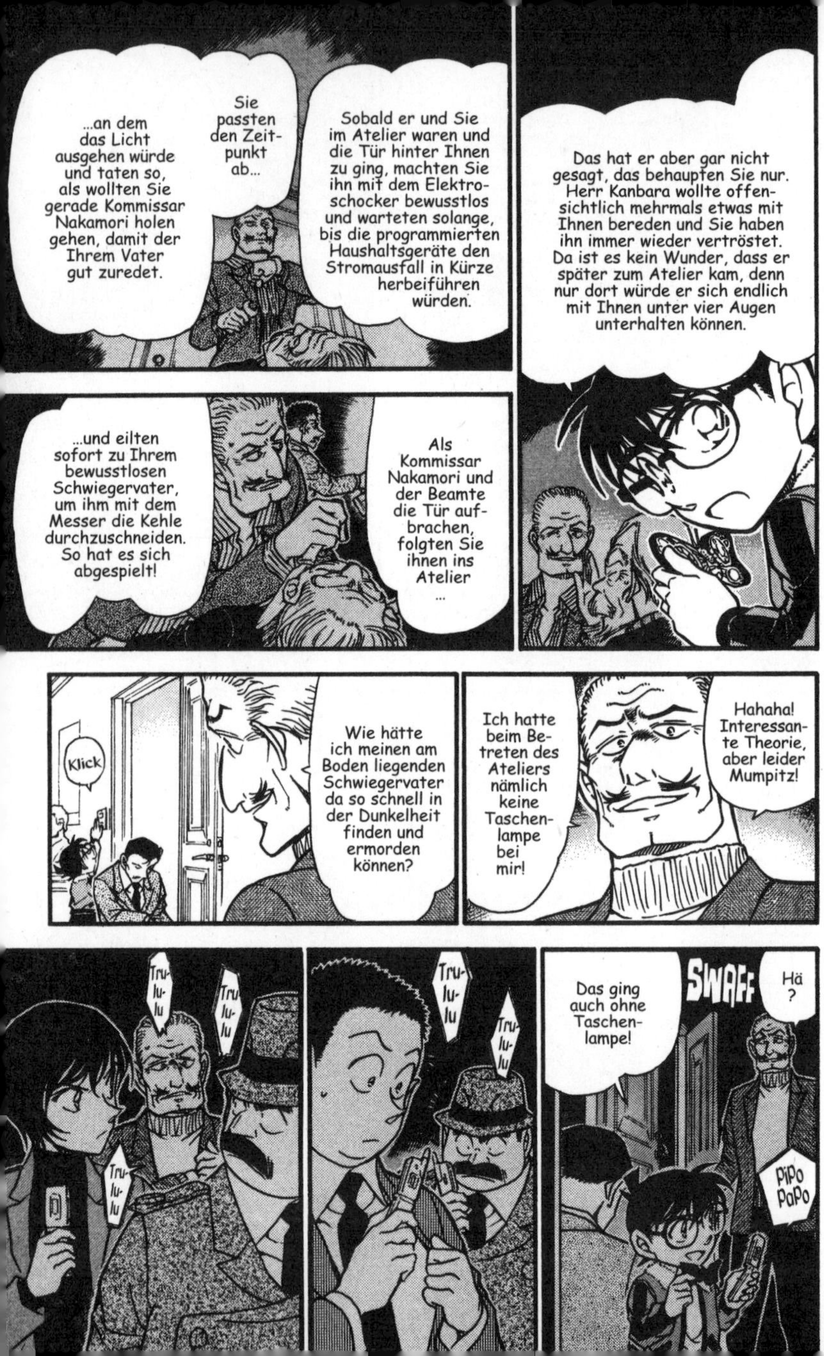

Das hat er aber gar nicht gesagt, das behaupten Sie nur. Herr Kanbara wollte offensichtlich mehrmals etwas mit Ihnen bereden und Sie haben ihn immer wieder vertröstet. Da ist es kein Wunder, dass er später zum Atelier kam, denn nur dort würde er sich endlich mit Ihnen unter vier Augen unterhalten können.
Sobald er und Sie im Atelier waren und die Tür hinter Ihnen zu ging, machten Sie ihn mit dem Elektroschocker bewusstlos und warteten solange, bis die programmierten Haushaltsgeräte den Stromausfall in Kürze herbeiführen würden.
Sie passten den Zeitpunkt ab...
...an dem das Licht ausgehen würde und taten so, als wollten Sie gerade Kommissar Nakamori holen gehen, damit der Ihrem Vater gut zuredet.
Als Kommissar Nakamori und der Beamte die Tür aufbrachen, folgten Sie ihnen ins Atelier ...
...und eilten sofort zu Ihrem bewusstlosen Schwiegervater, um ihm mit dem Messer die Kehle durchzuschneiden. So hat es sich abgespielt!
Hahaha! Interessante Theorie, aber leider Mumpitz!
Ich hatte beim Betreten des Ateliers nämlich keine Taschenlampe bei mir!
Wie hätte ich meinen am Boden liegenden Schwiegervater da so schnell in der Dunkelheit finden und ermorden können?
Klick
SWAFF
Hä ?
Das ging auch ohne Taschenlampe!
PiPo PaPo
Tru-lu-lu
Tru-lu-lu
Tru-lu-lu
Tru-lu-lu
Tru-lu-lu

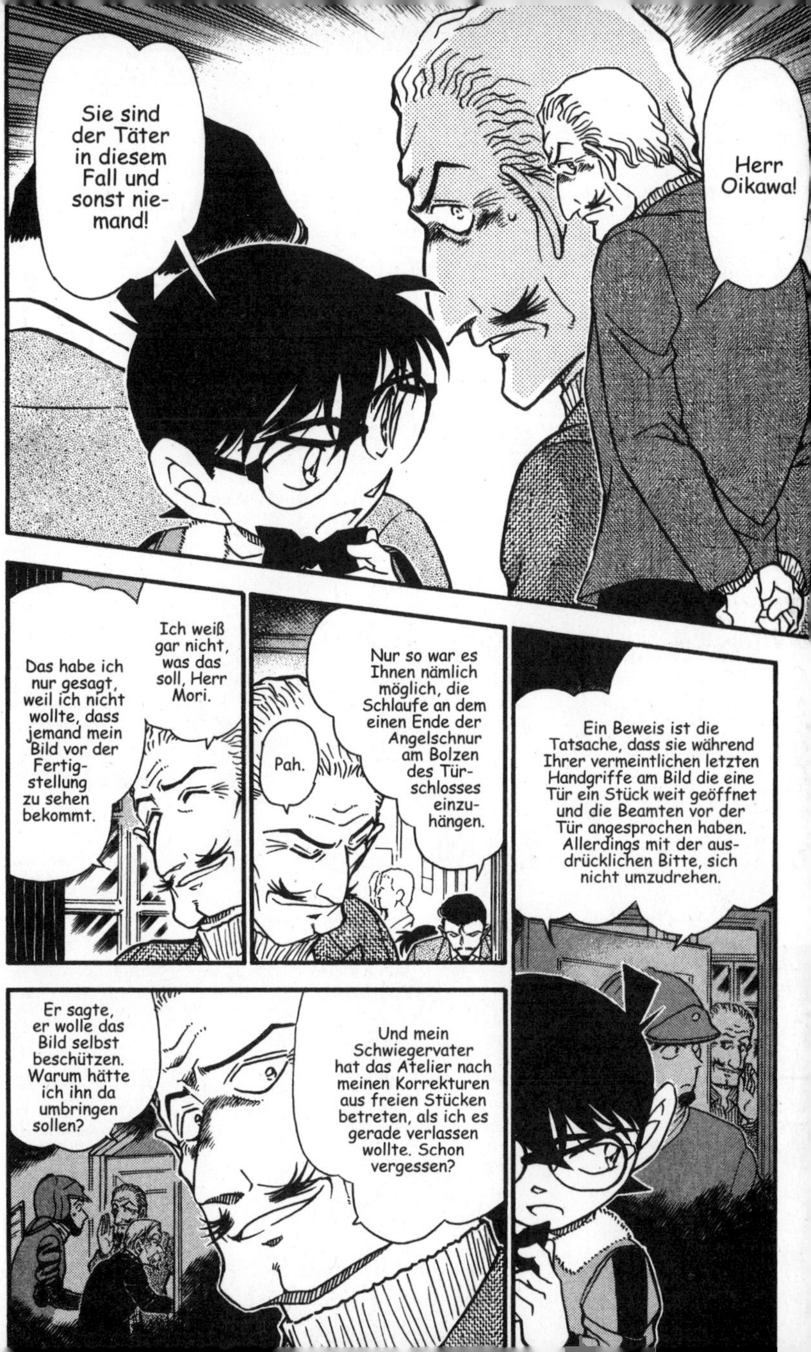
Herr Oikawa!
Sie sind der Täter in diesem Fall und sonst niemand!
Ein Beweis ist die Tatsache, dass sie während Ihrer vermeintlichen letzten Handgriffe am Bild die eine Tür ein Stück weit geöffnet und die Beamten vor der Tür angesprochen haben. Allerdings mit der ausdrücklichen Bitte, sich nicht umzudrehen.
Nur so war es Ihnen nämlich möglich, die Schlaufe an dem einen Ende der Angelschnur am Bolzen des Türschlosses einzuhängen.
Pah.
Ich weiß gar nicht, was das soll, Herr Mori.
Das habe ich nur gesagt, weil ich nicht wollte, dass jemand mein Bild vor der Fertigstellung zu sehen bekommt.
Und mein Schwiegervater hat das Atelier nach meinen Korrekturen aus freien Stücken betreten, als ich es gerade verlassen wollte. Schon vergessen?
Er sagte, er wolle das Bild selbst beschützen. Warum hätte ich ihn da umbringen sollen?

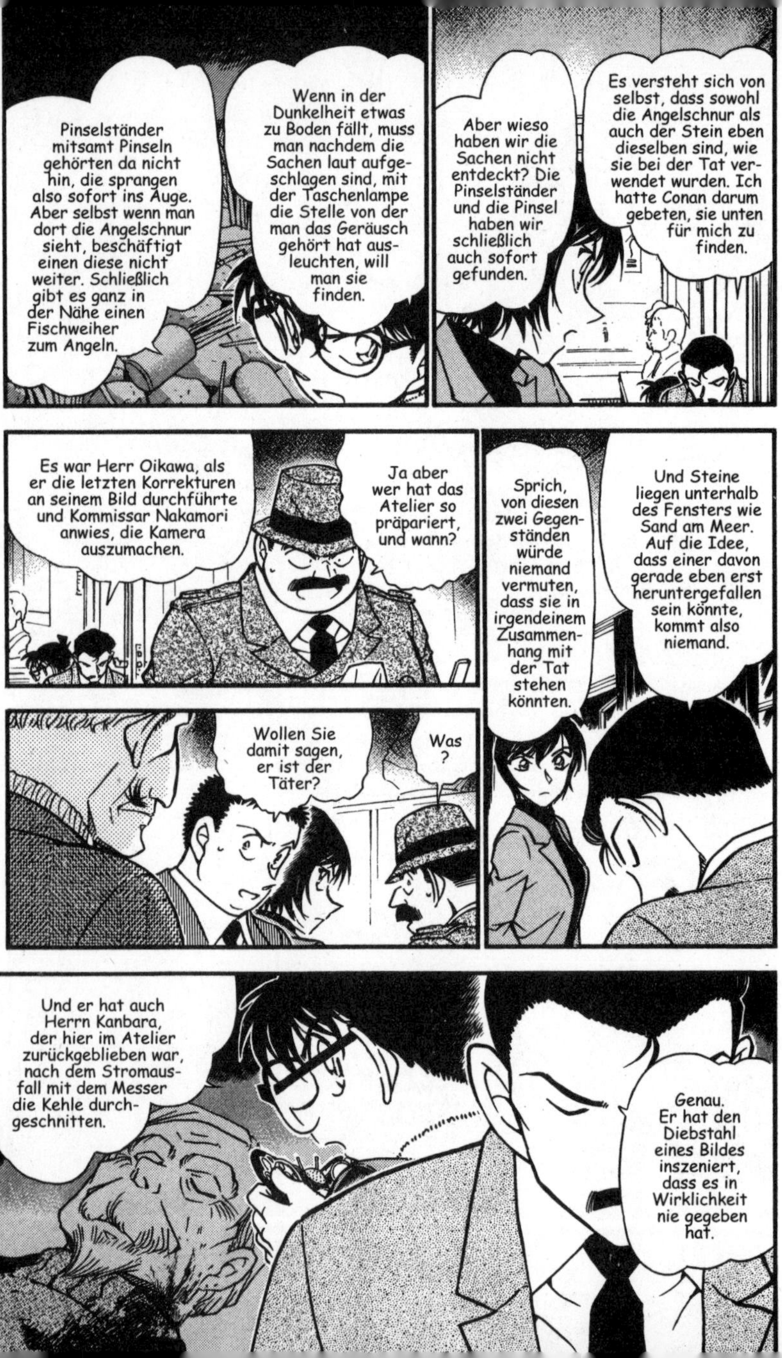

Es versteht sich von selbst, dass sowohl die Angelschnur als auch der Stein eben dieselben sind, wie sie bei der Tat verwendet wurden. Ich hatte Conan darum gebeten, sie unten für mich zu finden.
Aber wieso haben wir die Sachen nicht entdeckt? Die Pinselständer und die Pinsel haben wir schließlich auch sofort gefunden.
Wenn in der Dunkelheit etwas zu Boden fällt, muss man nachdem die Sachen laut aufgeschlagen sind, mit der Taschenlampe die Stelle von der man das Geräusch gehört hat ausleuchten, will man sie finden.
Pinselständer mitsamt Pinseln gehörten da nicht hin, die sprangen also sofort ins Auge. Aber selbst wenn man dort die Angelschnur sieht, beschäftigt einen diese nicht weiter. Schließlich gibt es ganz in der Nähe einen Fischweiher zum Angeln.
Und Steine liegen unterhalb des Fensters wie Sand am Meer. Auf die Idee, dass einer davon gerade eben erst heruntergefallen sein könnte, kommt also niemand.
Sprich, von diesen zwei Gegenständen würde niemand vermuten, dass sie in irgendeinem Zusammenhang mit der Tat stehen könnten.
Ja aber wer hat das Atelier so präpariert, und wann?
Es war Herr Oikawa, als er die letzten Korrekturen an seinem Bild durchführte und Kommissar Nakamori anwies, die Kamera auszumachen.
Was?
Wollen Sie damit sagen, er ist der Täter?
Genau. Er hat den Diebstahl eines Bildes inszeniert, dass es in Wirklichkeit nie gegeben hat.
Und er hat auch Herrn Kanbara, der hier im Atelier zurückgeblieben war, nach dem Stromausfall mit dem Messer die Kehle durchgeschnitten.

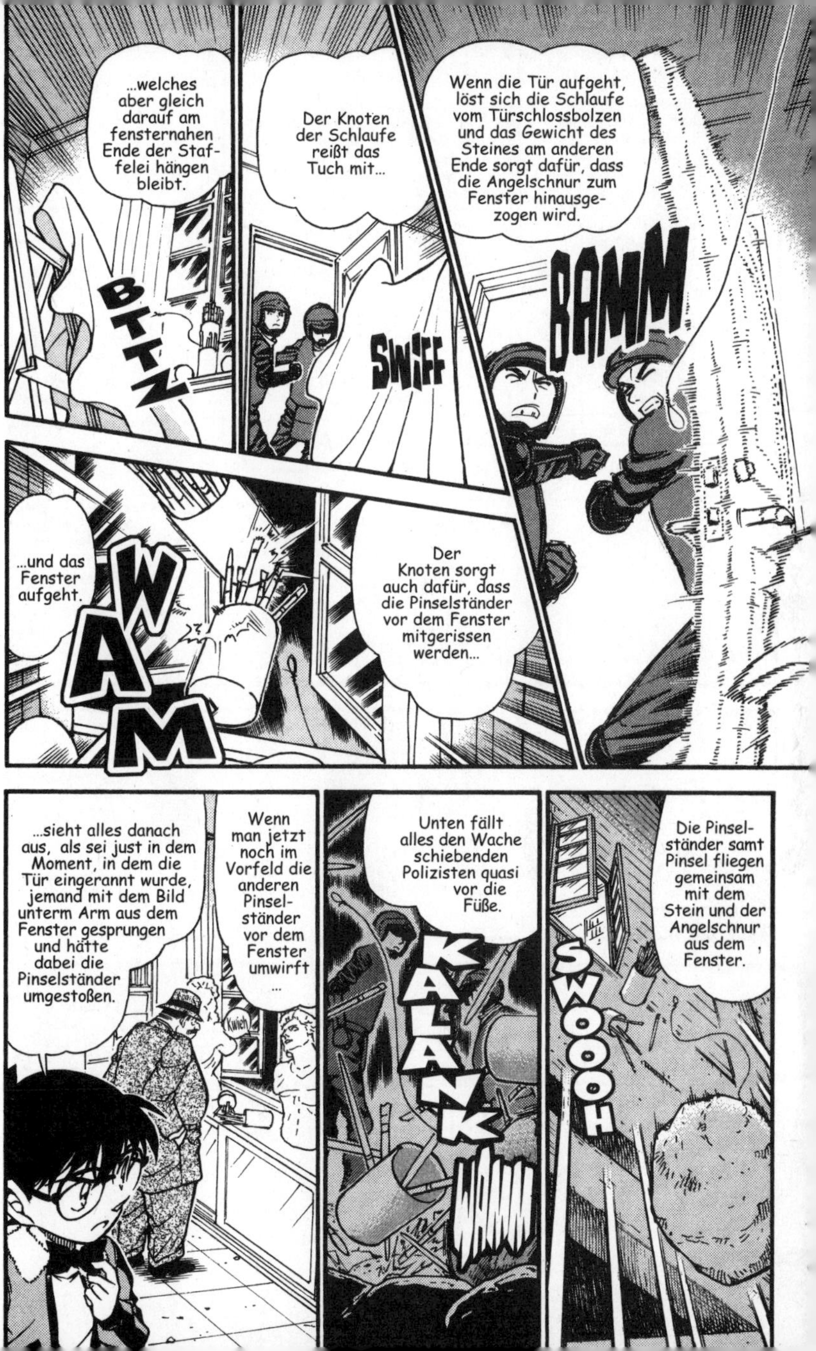
Wenn die Tür aufgeht, löst sich die Schlaufe vom Türschlossbolzen und das Gewicht des Steines am anderen Ende sorgt dafür, dass die Angelschnur zum Fenster hinausgezogen wird.
BAMM
Der Knoten der Schlaufe reißt das Tuch mit...
SWIFF
...welches aber gleich darauf am fensternahen Ende der Staffelei hängen bleibt.
BTTZ
Der Knoten sorgt auch dafür, dass die Pinselständer vor dem Fenster mitgerissen werden...
...und das Fenster aufgeht.
WAM
Die Pinselständer samt Pinsel fliegen gemeinsam mit dem Stein und der Angelschnur aus dem Fenster.
SWOOOH
Unten fällt alles den Wache schiebenden Polizisten quasi vor die Füße.
KALANK
Wenn man jetzt noch im Vorfeld die anderen Pinselständer vor dem Fenster umwirft ...
...sieht alles danach aus, als sei just in dem Moment, in dem die Tür eingerannt wurde, jemand mit dem Bild unterm Arm aus dem Fenster gesprungen und hätte dabei die Pinselständer umgestoßen.
Kwieh

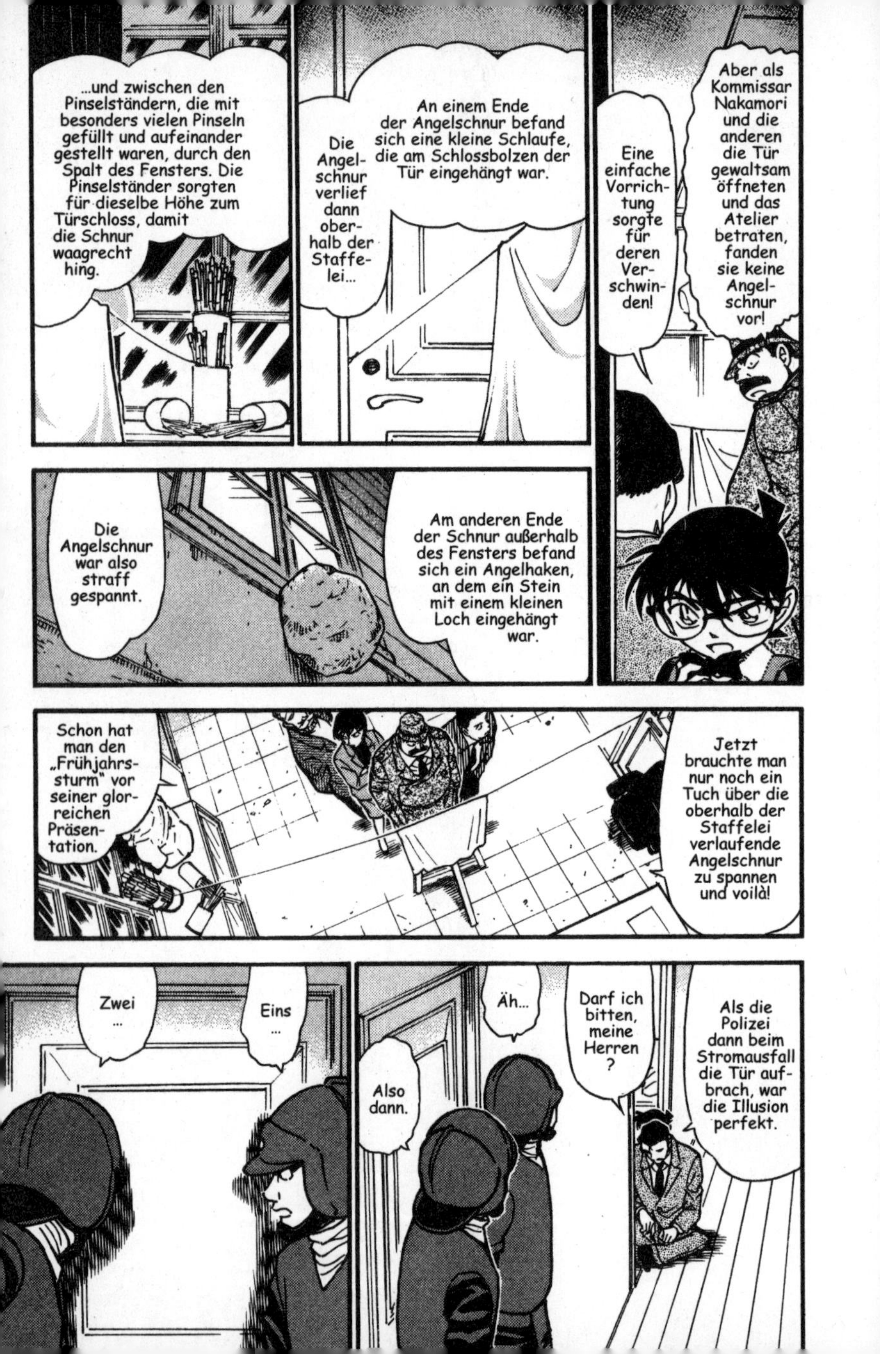

Aber als Kommissar Nakamori und die anderen die Tür gewaltsam öffneten und das Atelier betraten, fanden sie keine Angelschnur vor!
Eine einfache Vorrichtung sorgte für deren Verschwinden!
An einem Ende der Angelschnur befand sich eine kleine Schlaufe, die am Schlossbolzen der Tür eingehängt war.
Die Angelschnur verlief dann oberhalb der Staffelei...
...und zwischen den Pinselständern, die mit besonders vielen Pinseln gefüllt und aufeinander gestellt waren, durch den Spalt des Fensters. Die Pinselständer sorgten für dieselbe Höhe zum Türschloss, damit die Schnur waagrecht hing.
Am anderen Ende der Schnur außerhalb des Fensters befand sich ein Angelhaken, an dem ein Stein mit einem kleinen Loch eingehängt war.
Die Angelschnur war also straff gespannt.
Jetzt brauchte man nur noch ein Tuch über die oberhalb der Staffelei verlaufende Angelschnur zu spannen und voilà!
Schon hat man den „Frühjahrssturm" vor seiner glorreichen Präsentation.
Als die Polizei dann beim Stromausfall die Tür aufbrach, war die Illusion perfekt.
Darf ich bitten, meine Herren?
Äh...
Also dann.
Eins ...
Zwei ...

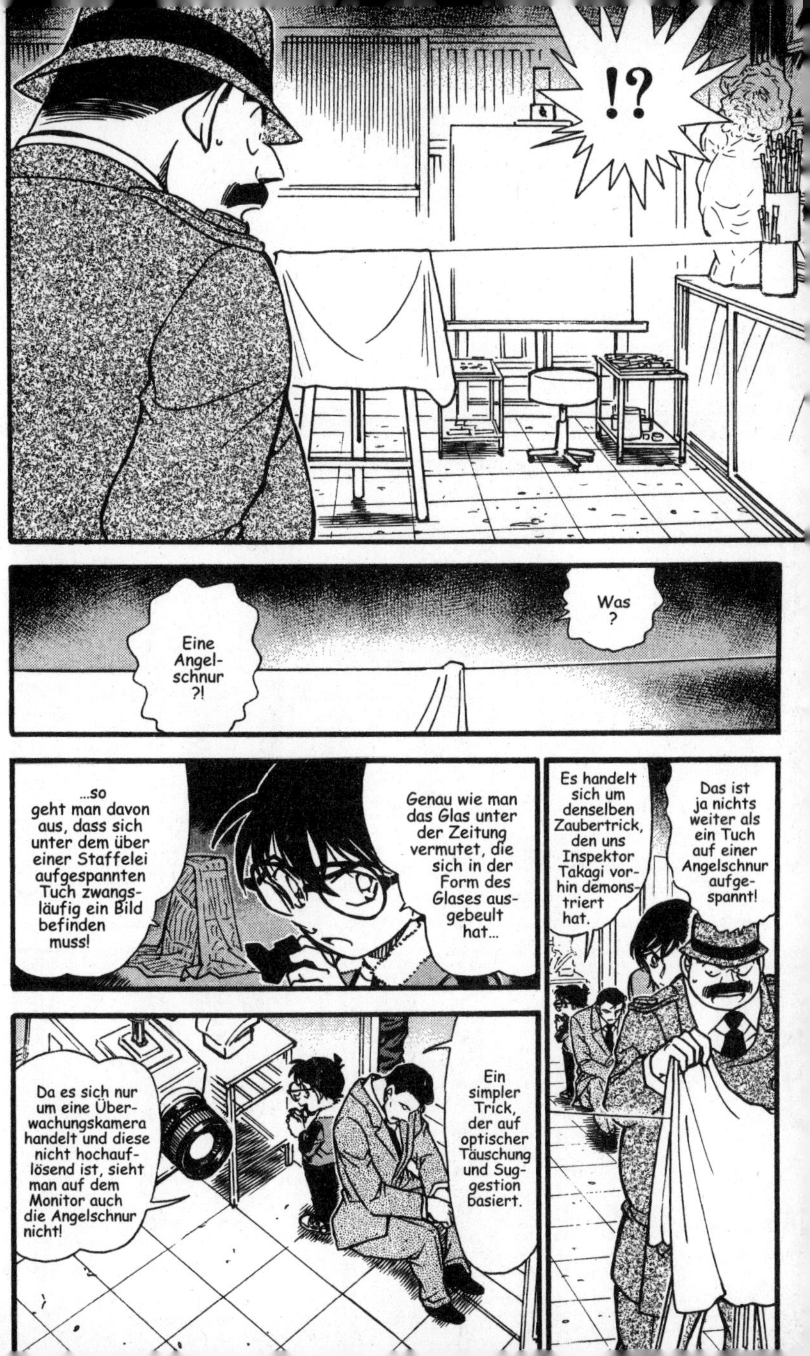
!?
Was ?
Eine Angelschnur ?!
Das ist ja nichts weiter als ein Tuch auf einer Angelschnur aufgespannt!
Es handelt sich um denselben Zaubertrick, den uns Inspektor Takagi vorhin demonstriert hat.
Genau wie man das Glas unter der Zeitung vermutet, die sich in der Form des Glases ausgebeult hat...
...so geht man davon aus, dass sich unter dem über einer Staffelei aufgespannten Tuch zwangsläufig ein Bild befinden muss!
Ein simpler Trick, der auf optischer Täuschung und Suggestion basiert.
Da es sich nur um eine Überwachungskamera handelt und diese nicht hochauflösend ist, sieht man auf dem Monitor auch die Angelschnur nicht!

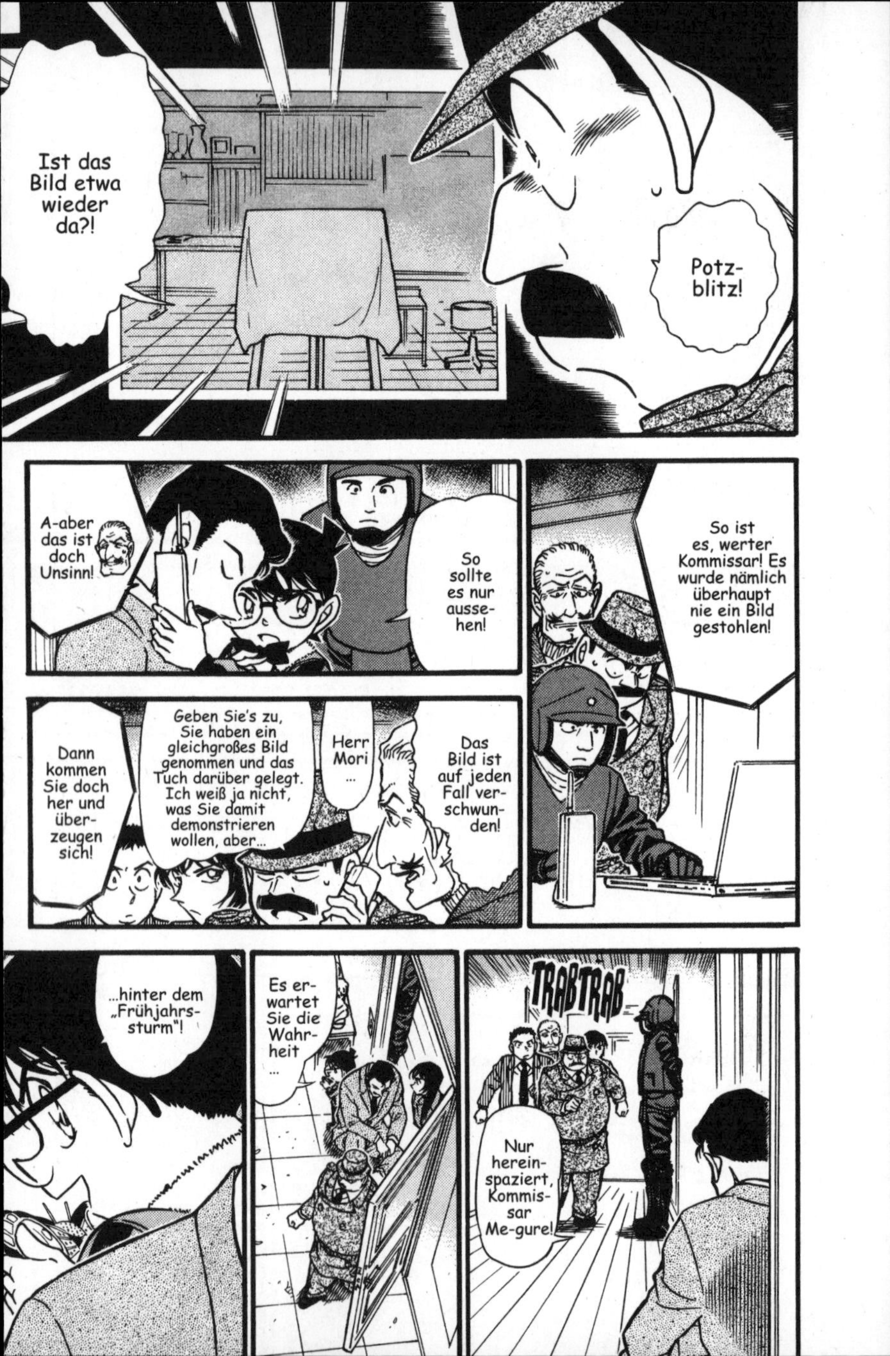
Potz-
blitz!
Ist das Bild etwa wieder da?!
So ist es, werter Kommissar! Es wurde nämlich überhaupt nie ein Bild gestohlen!
So sollte es nur aussehen!
A-aber das ist doch Unsinn!
Das Bild ist auf jeden Fall verschwunden!
Herr Mori ...
Geben Sie's zu, Sie haben ein gleichgroßes Bild genommen und das Tuch darüber gelegt. Ich weiß ja nicht, was Sie damit demonstrieren wollen, aber ...
Dann kommen Sie doch her und überzeugen sich!
TRABTRAB
Nur hereinspaziert, Kommissar Me-gure!
Es erwartet Sie die Wahrheit ...
...hinter dem „Frühjahrssturm"!

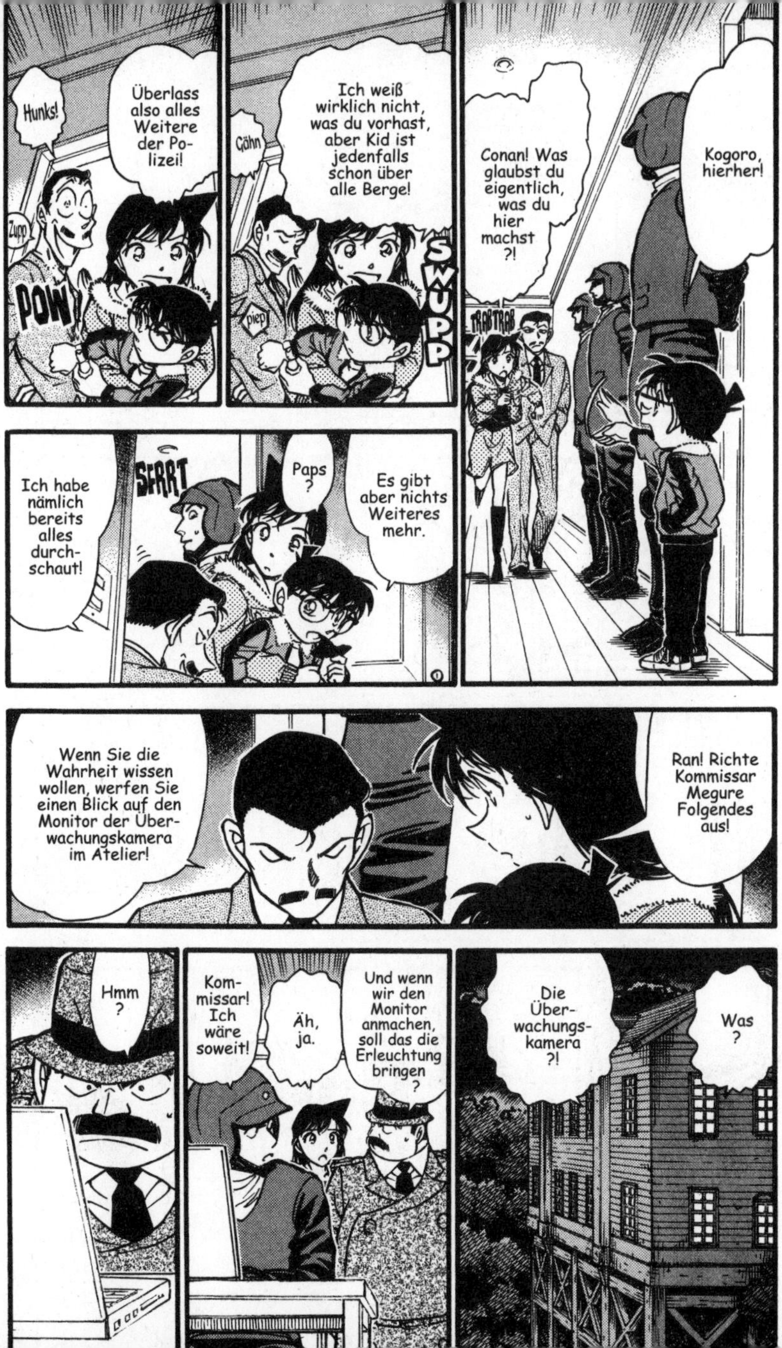

Kogoro, hierher!
Conan! Was glaubst du eigentlich, was du hier machst?!
TRAB TRAB
Ich weiß wirklich nicht, was du vorhast, aber Kid ist jedenfalls schon über alle Berge!
Gähn
SWUPP
piep
Überlass also alles Weitere der Polizei!
Hunks!
Zupp
POW
Es gibt aber nichts Weiteres mehr.
Paps?
SFRRT
Ich habe nämlich bereits alles durchschaut!
Ran! Richte Kommissar Megure Folgendes aus!
Wenn Sie die Wahrheit wissen wollen, werfen Sie einen Blick auf den Monitor der Überwachungskamera im Atelier!
Was?
Die Überwachungskamera?!
Und wenn wir den Monitor anmachen, soll das die Erleuchtung bringen?
Äh, ja.
Kommissar! Ich wäre soweit!
Hmm?

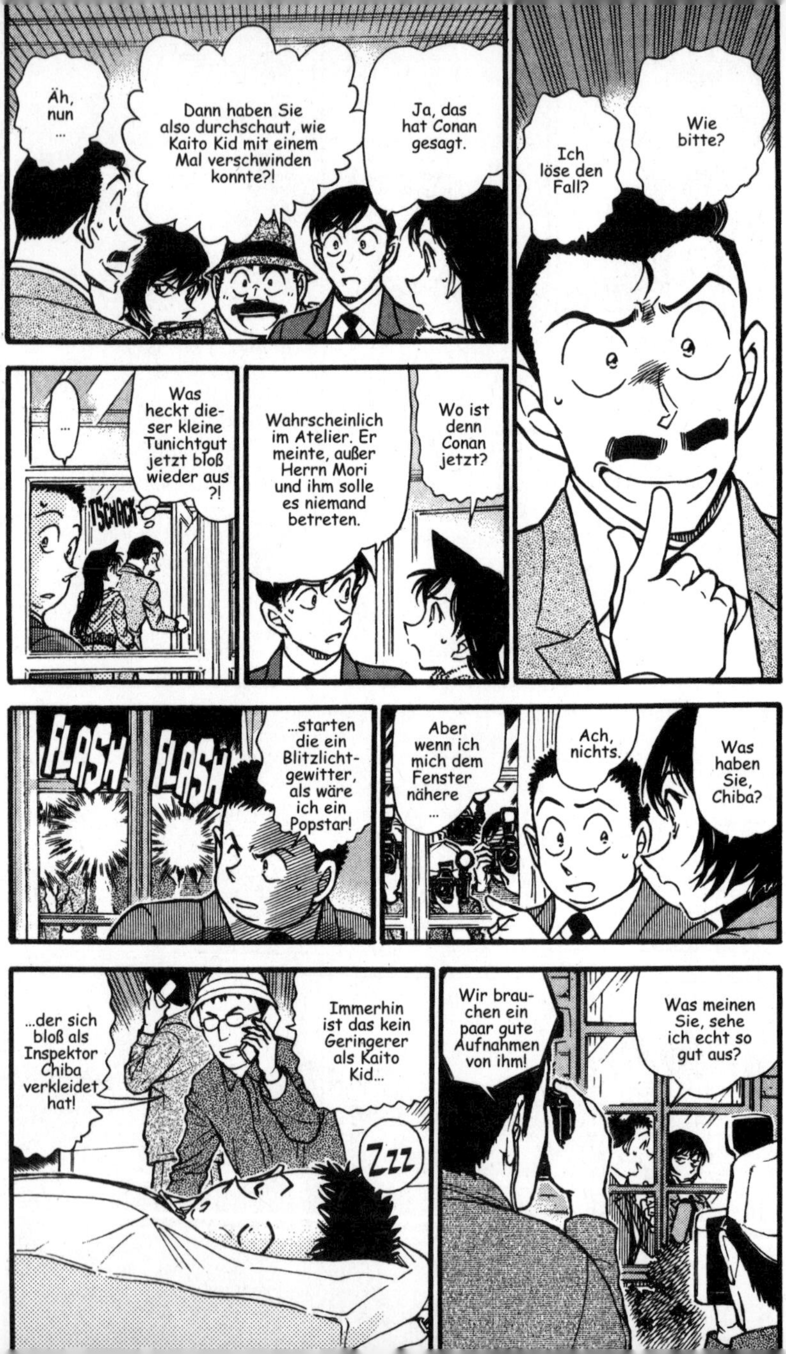
Wie bitte?
Ich löse den Fall?
Ja, das hat Conan gesagt.
Dann haben Sie also durchschaut, wie Kaito Kid mit einem Mal verschwinden konnte?!
Äh, nun ...
Wo ist denn Conan jetzt?
Wahrscheinlich im Atelier. Er meinte, außer Herrn Mori und ihm solle es niemand betreten.
Was heckt dieser kleine Tunichtgut jetzt bloß wieder aus?!
...
TSCHACK
Was haben Sie, Chiba?
Ach, nichts.
Aber wenn ich mich dem Fenster nähere ...
...starten die ein Blitzlichtgewitter, als wäre ich ein Popstar!
FLASH
FLASH
Was meinen Sie, sehe ich echt so gut aus?
Wir brauchen ein paar gute Aufnahmen von ihm!
Immerhin ist das kein Geringerer als Kaito Kid...
...der sich bloß als Inspektor Chiba verkleidet hat!
Zzz

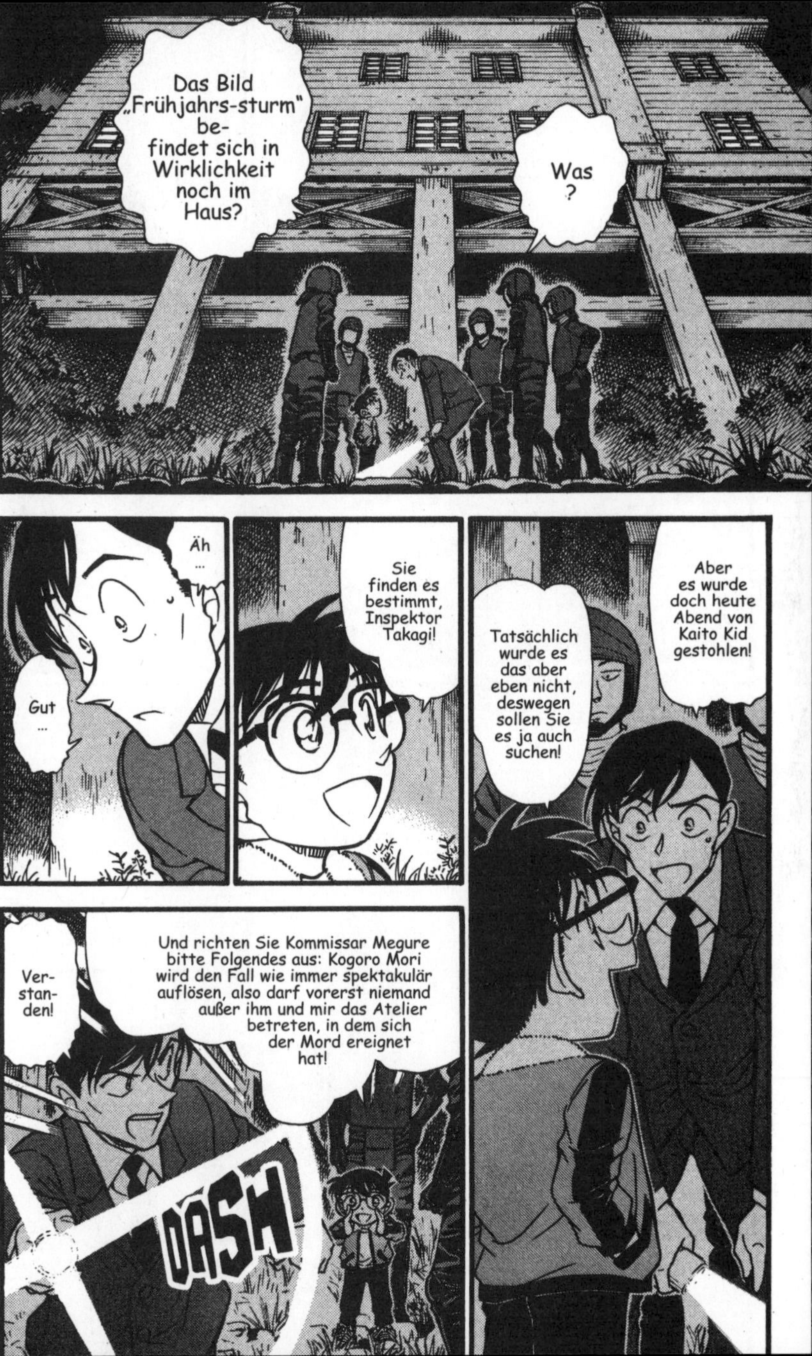
Das Bild „Frühjahrs-sturm" be-findet sich in Wirklichkeit noch im Haus?
Was ?
Äh ...
Gut ...
Sie finden es bestimmt, Inspektor Takagi!
Tatsächlich wurde es das aber eben nicht, deswegen sollen Sie es ja auch suchen!
Aber es wurde doch heute Abend von Kaito Kid gestohlen!
Ver-stan-den!
Und richten Sie Kommissar Megure bitte Folgendes aus: Kogoro Mori wird den Fall wie immer spektakulär auflösen, also darf vorerst niemand außer ihm und mir das Atelier betreten, in dem sich der Mord ereignet hat!
DASH

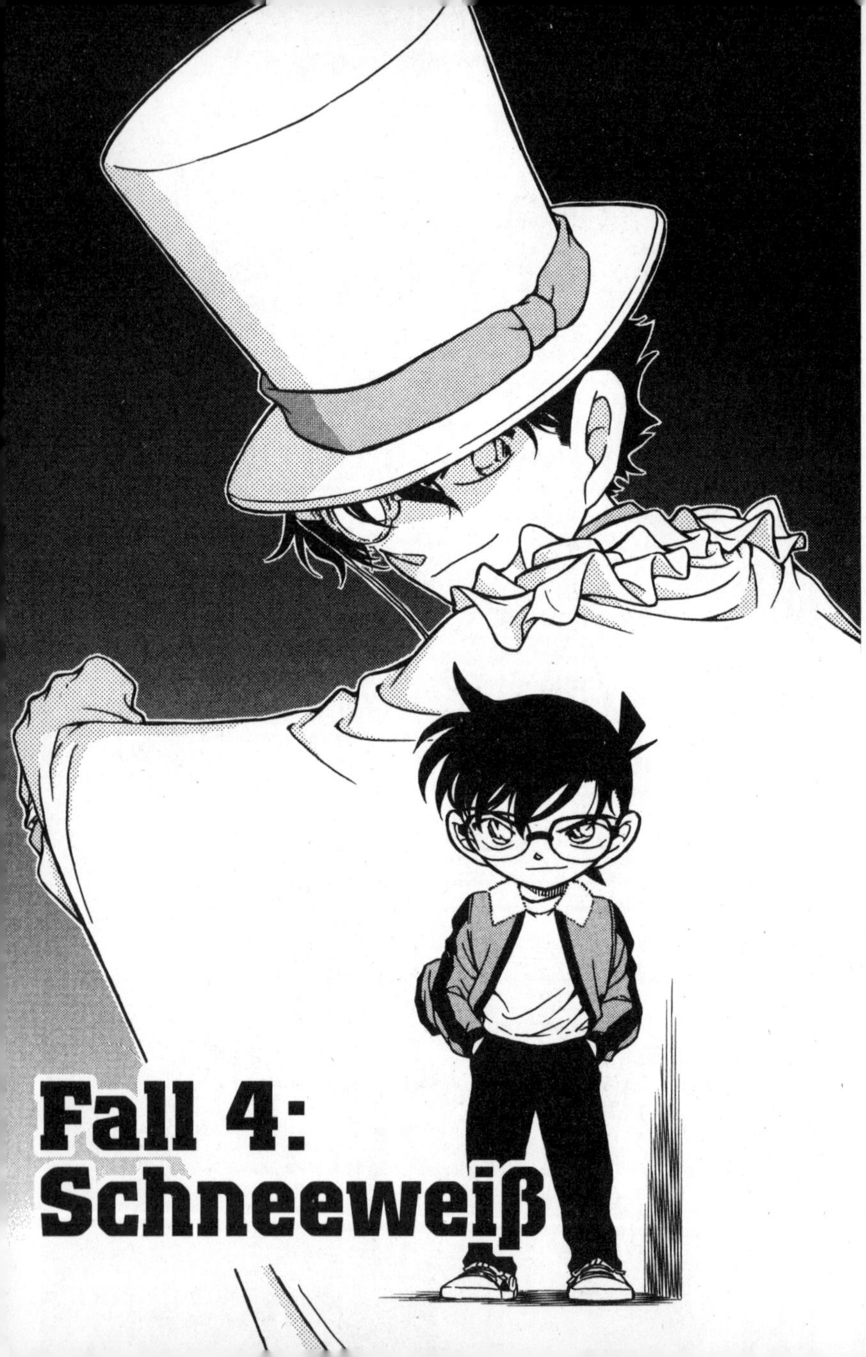
Fall 4:
Schneeweiß

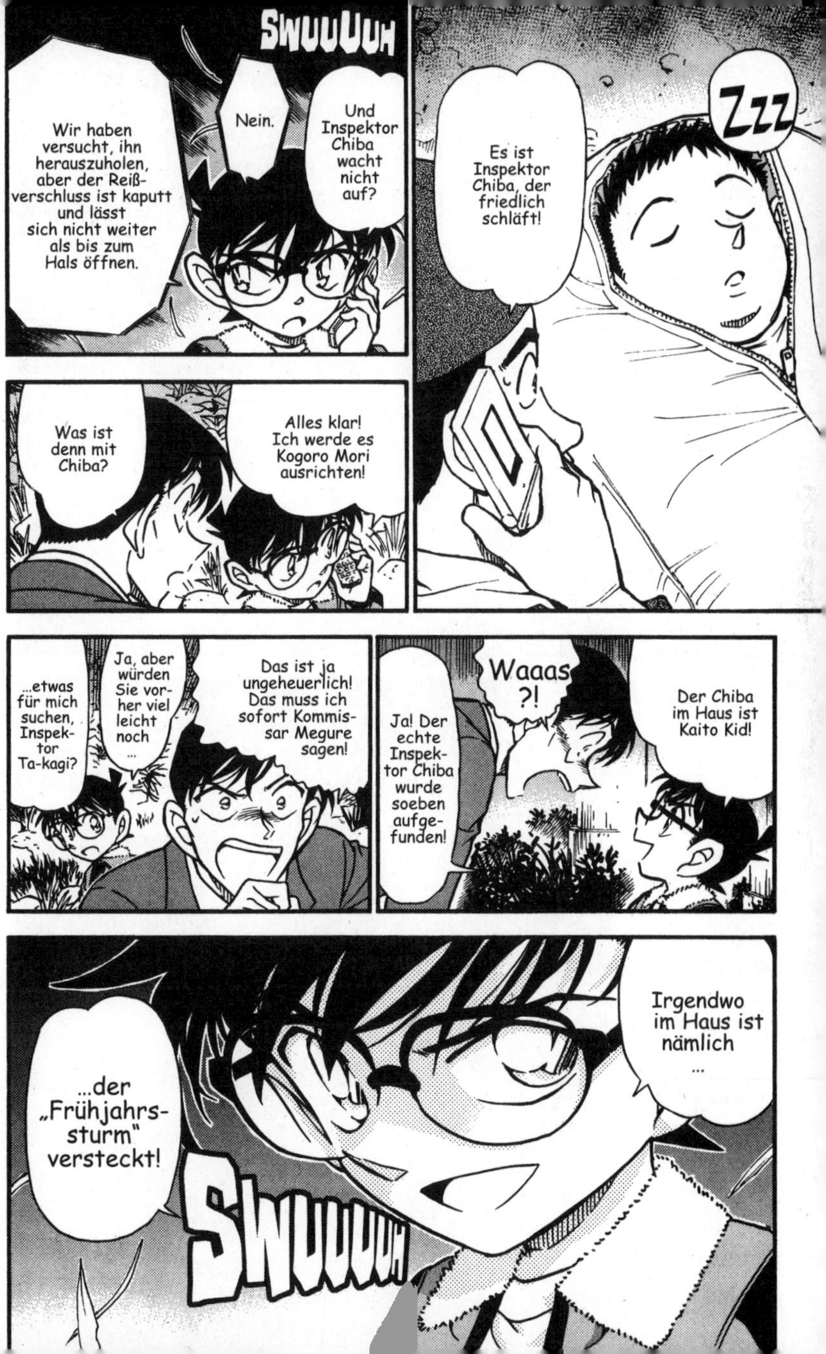
Zzz
Es ist Inspektor Chiba, der friedlich schläft!
SWUUUUH
Und Inspektor Chiba wacht nicht auf?
Nein.
Wir haben versucht, ihn herauszuholen, aber der Reiß-verschluss ist kaputt und lässt sich nicht weiter als bis zum Hals öffnen.
Alles klar! Ich werde es Kogoro Mori ausrichten!
Was ist denn mit Chiba?
Der Chiba im Haus ist Kaito Kid!
Waaas ?!
Ja! Der echte Inspek-tor Chiba wurde soeben aufge-funden!
Das ist ja ungeheuerlich! Das muss ich sofort Kommis-sar Megure sagen!
Ja, aber würden Sie vor-her viel leicht noch ...
...etwas für mich suchen, Inspek-tor Ta-kagi?
Irgendwo im Haus ist nämlich ...
...der „Frühjahrs-sturm" versteckt!
SWUUUUH

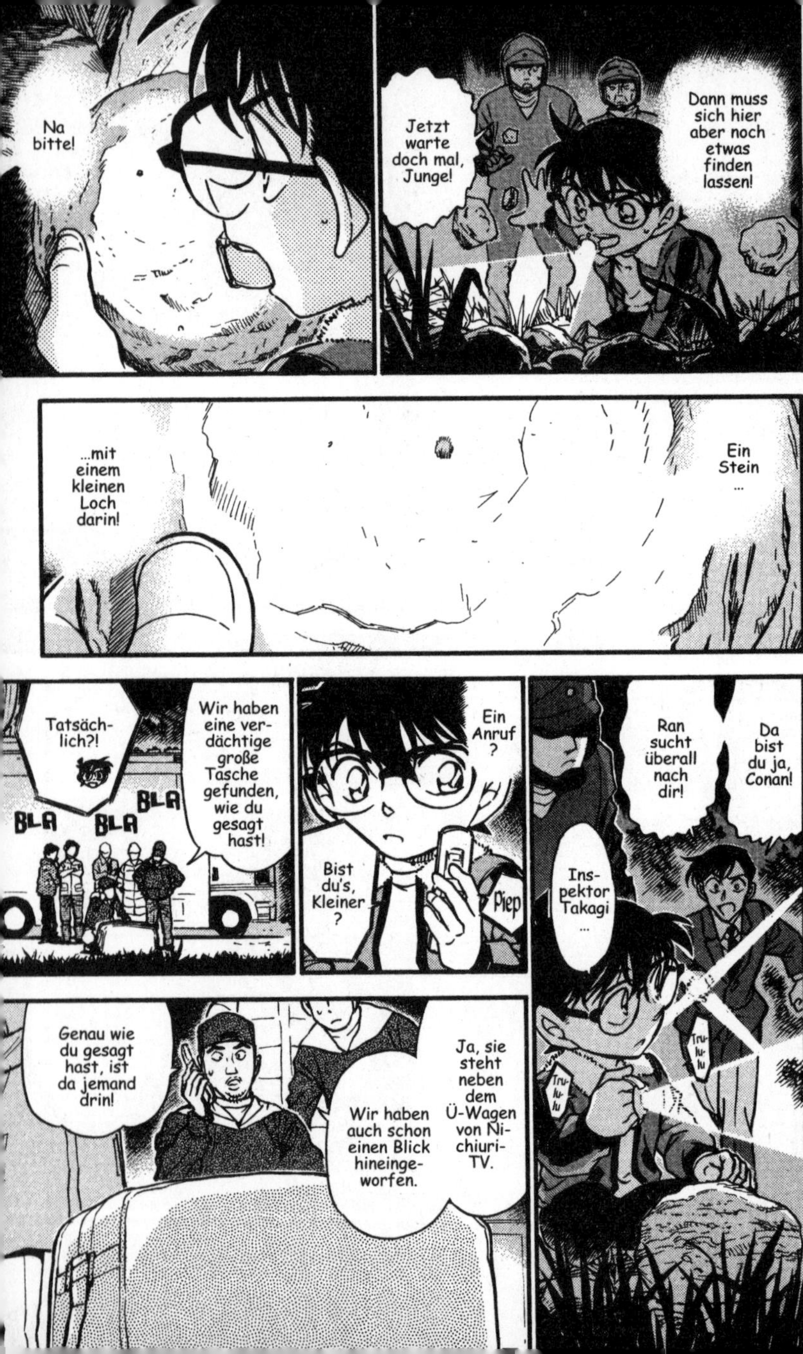

Dann muss sich hier aber noch etwas finden lassen!
Jetzt warte doch mal, Junge!
Na bitte!
Ein Stein ...
...mit einem kleinen Loch darin!
Da bist du ja, Conan!
Ran sucht überall nach dir!
Inspektor Takagi ...
Trululu
Trululu
Ein Anruf?
Piep
Bist du's, Kleiner?
Wir haben eine verdächtige große Tasche gefunden, wie du gesagt hast!
Tatsächlich?!
BLA
BLA
BLA
Ja, sie steht neben dem Ü-Wagen von Nichiuri-TV.
Wir haben auch schon einen Blick hineingeworfen.
Genau wie du gesagt hast, ist da jemand drin!

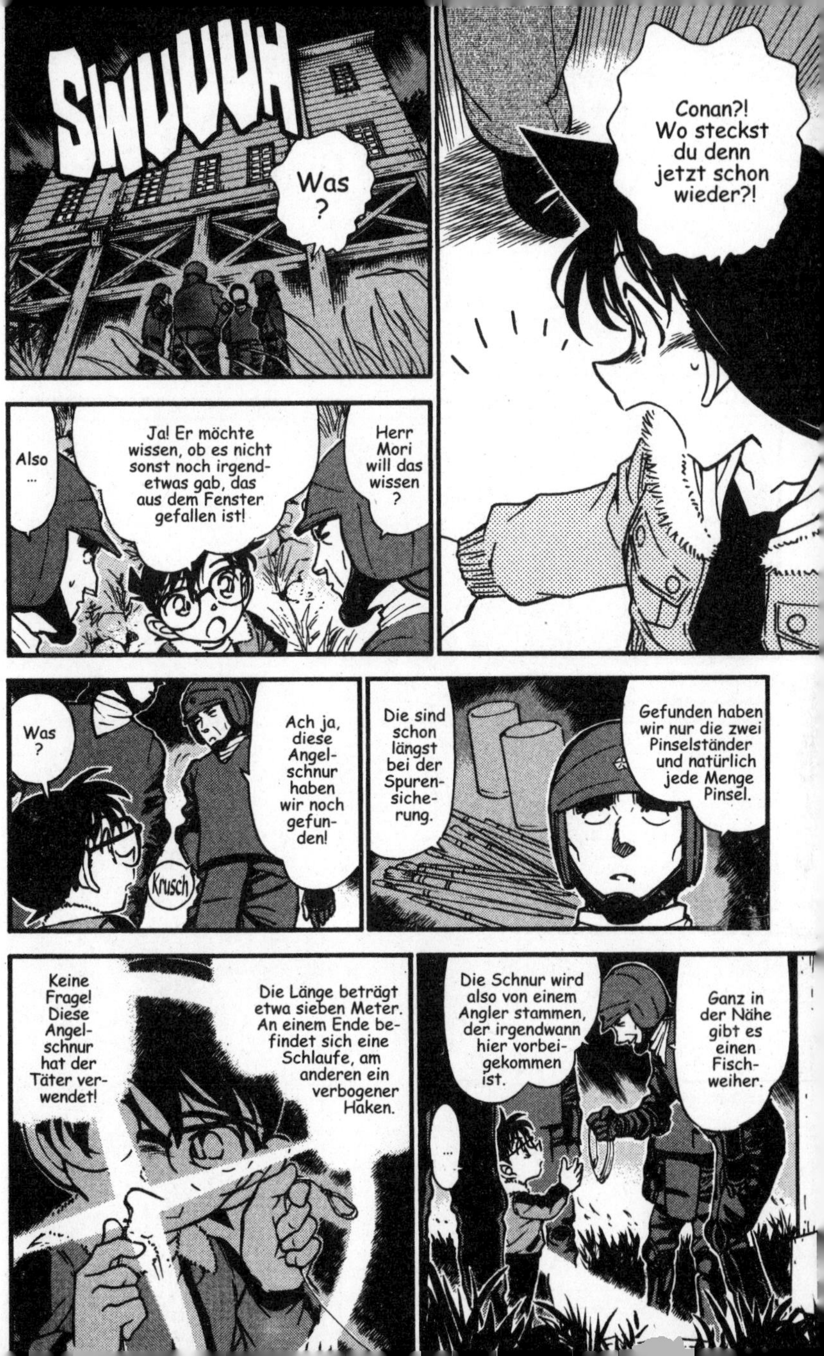

Conan?! Wo steckst du denn jetzt schon wieder?!
SWUUUH
Was ?
Herr Mori will das wissen ?
Ja! Er möchte wissen, ob es nicht sonst noch irgendetwas gab, das aus dem Fenster gefallen ist!
Also ...
Gefunden haben wir nur die zwei Pinselständer und natürlich jede Menge Pinsel.
Die sind schon längst bei der Spurensicherung.
Ach ja, diese Angelschnur haben wir noch gefunden!
Krusch
Was ?
Ganz in der Nähe gibt es einen Fischweiher.
Die Schnur wird also von einem Angler stammen, der irgendwann hier vorbeigekommen ist.
...
Die Länge beträgt etwa sieben Meter. An einem Ende befindet sich eine Schlaufe, am anderen ein verbogener Haken.
Keine Frage! Diese Angelschnur hat der Täter verwendet!

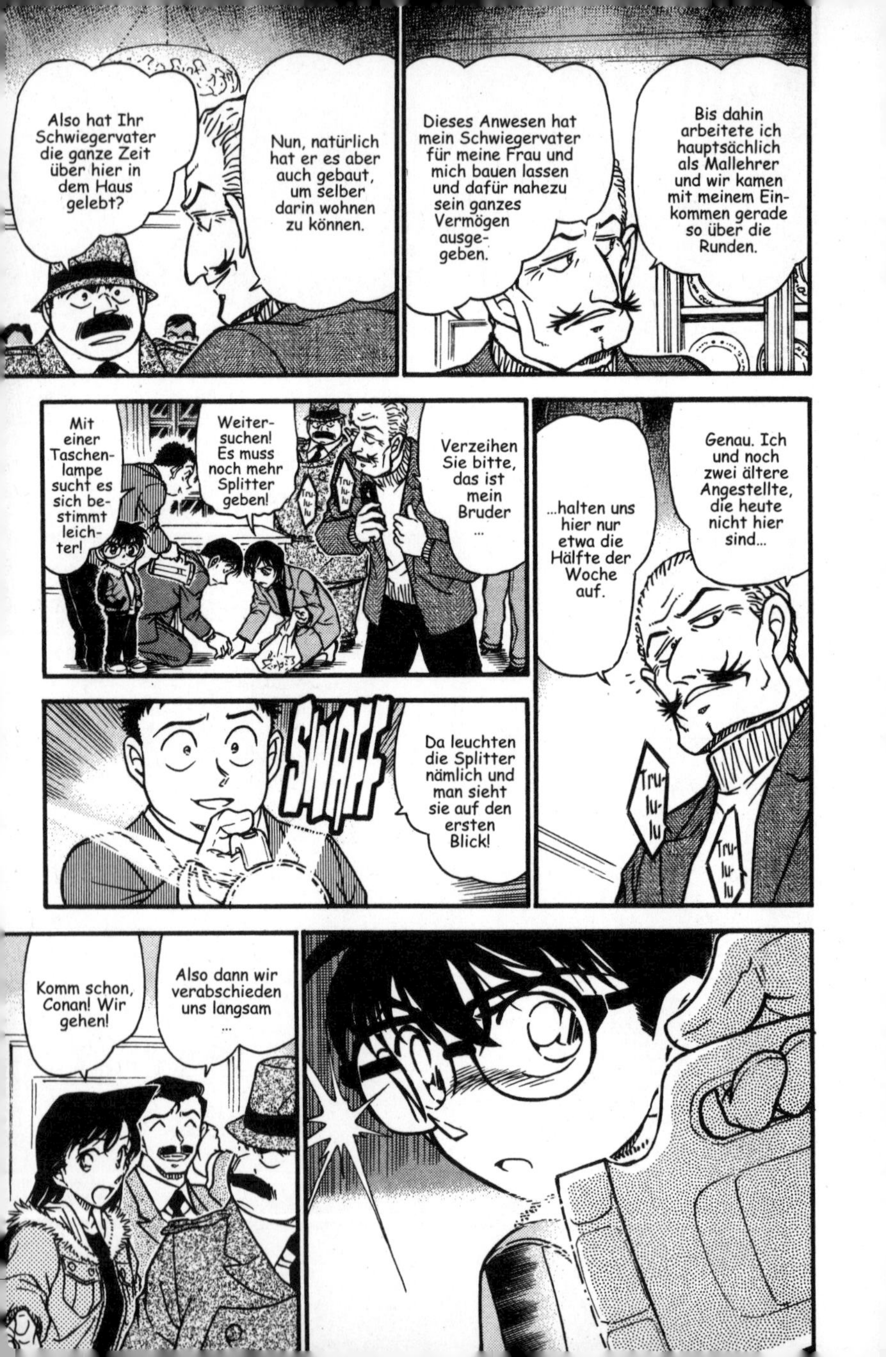

Dieses Anwesen hat mein Schwiegervater für meine Frau und mich bauen lassen und dafür nahezu sein ganzes Vermögen ausgegeben.
Bis dahin arbeitete ich hauptsächlich als Mallehrer und wir kamen mit meinem Einkommen gerade so über die Runden.
Also hat Ihr Schwiegervater die ganze Zeit über hier in dem Haus gelebt?
Nun, natürlich hat er es aber auch gebaut, um selber darin wohnen zu können.
Genau. Ich und noch zwei ältere Angestellte, die heute nicht hier sind...
...halten uns hier nur etwa die Hälfte der Woche auf.
Tru-lu-lu
Tru-lu-lu
Verzeihen Sie bitte, das ist mein Bruder ...
Tru-lu-lu
Tru-lu-lu
Weiter-suchen! Es muss noch mehr Splitter geben!
Mit einer Taschenlampe sucht es sich bestimmt leichter!
SWAFF
Da leuchten die Splitter nämlich und man sieht sie auf den ersten Blick!
Also dann wir verabschieden uns langsam ...
Komm schon, Conan! Wir gehen!

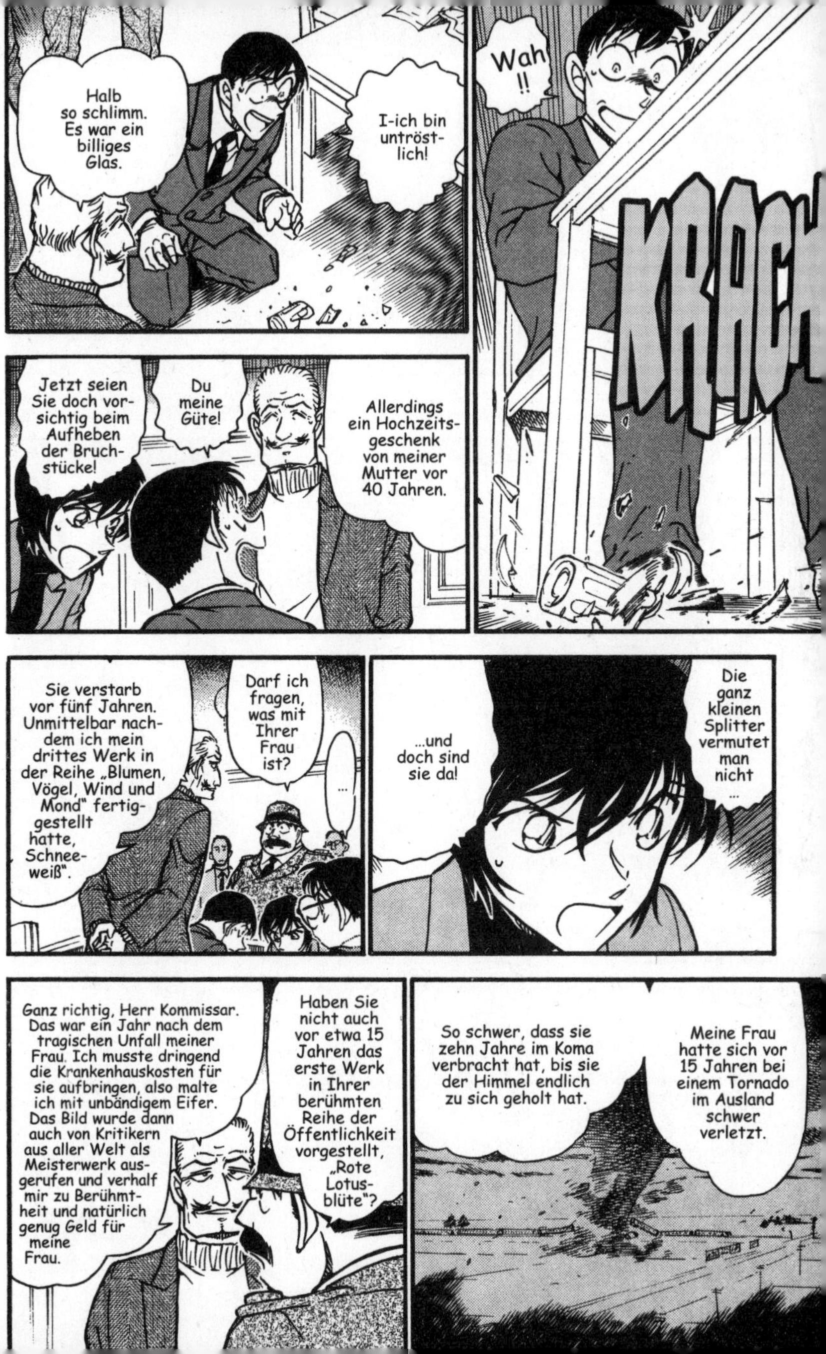

Wah !!
KRACH
I-ich bin untröstlich!
Halb so schlimm. Es war ein billiges Glas.
Allerdings ein Hochzeitsgeschenk von meiner Mutter vor 40 Jahren.
Du meine Güte!
Jetzt seien Sie doch vorsichtig beim Aufheben der Bruchstücke!
Die ganz kleinen Splitter vermutet man nicht ...
...und doch sind sie da!
Darf ich fragen, was mit Ihrer Frau ist?
...
Sie verstarb vor fünf Jahren. Unmittelbar nachdem ich mein drittes Werk in der Reihe „Blumen, Vögel, Wind und Mond“ fertiggestellt hatte, „Schneeweiß“.
Meine Frau hatte sich vor 15 Jahren bei einem Tornado im Ausland schwer verletzt.
So schwer, dass sie zehn Jahre im Koma verbracht hat, bis sie der Himmel endlich zu sich geholt hat.
Haben Sie nicht auch vor etwa 15 Jahren das erste Werk in Ihrer berühmten Reihe der Öffentlichkeit vorgestellt, „Rote Lotusblüte“?
Ganz richtig, Herr Kommissar. Das war ein Jahr nach dem tragischen Unfall meiner Frau. Ich musste dringend die Krankenhauskosten für sie aufbringen, also malte ich mit unbändigem Eifer. Das Bild wurde dann auch von Kritikern aus aller Welt als Meisterwerk ausgerufen und verhalf mir zu Berühmtheit und natürlich genug Geld für meine Frau.

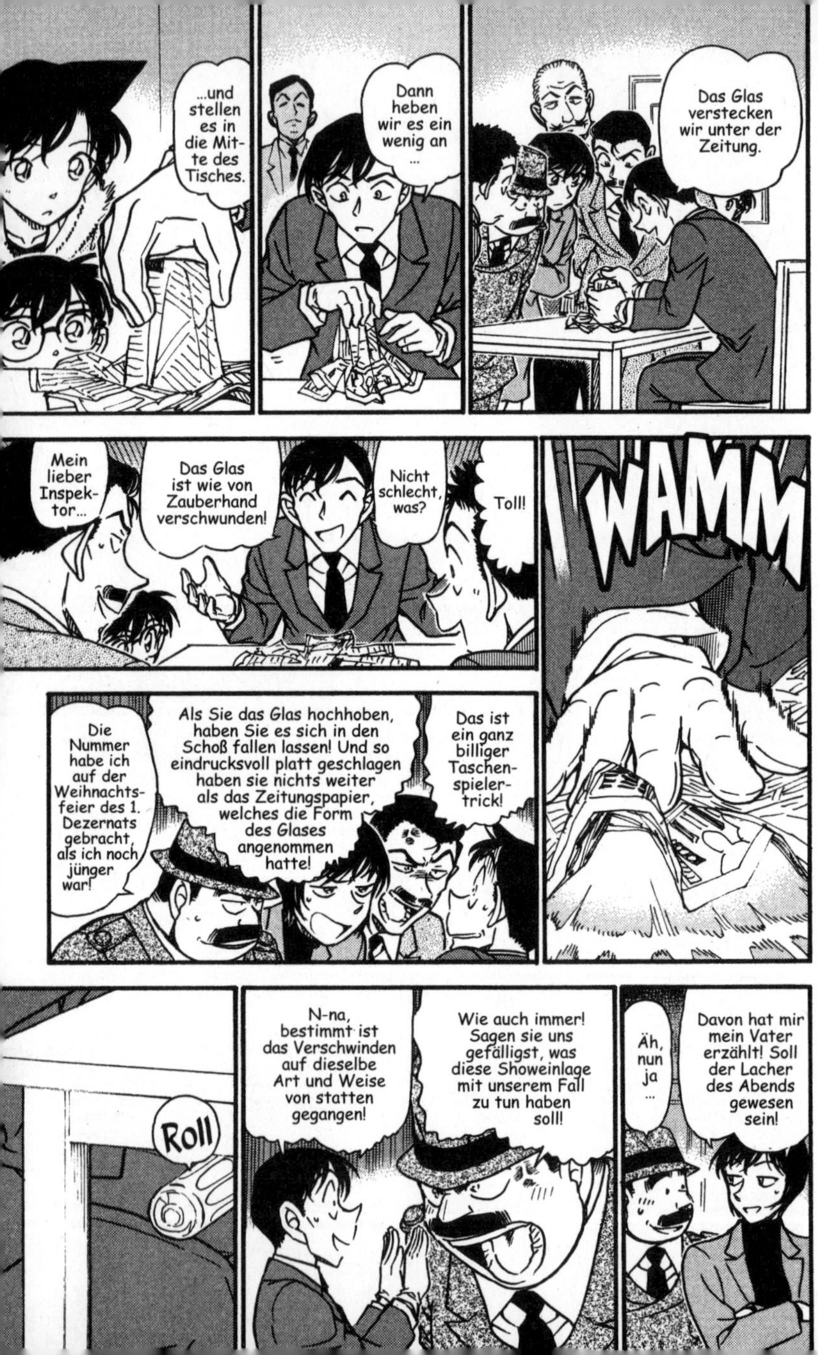
Das Glas verstecken wir unter der Zeitung.
Dann heben wir es ein wenig an ...
...und stellen es in die Mitte des Tisches.
WAMM
Toll!
Nicht schlecht, was?
Das Glas ist wie von Zauberhand verschwunden!
Mein lieber Inspektor...
Das ist ein ganz billiger Taschenspielertrick!
Als Sie das Glas hochhoben, haben Sie es sich in den Schoß fallen lassen! Und so eindrucksvoll platt geschlagen haben sie nichts weiter als das Zeitungspapier, welches die Form des Glases angenommen hatte!
Die Nummer habe ich auf der Weihnachtsfeier des 1. Dezernats gebracht, als ich noch jünger war!
Davon hat mir mein Vater erzählt! Soll der Lacher des Abends gewesen sein!
Äh, nun ja ...
Wie auch immer! Sagen sie uns gefälligst, was diese Showeinlage mit unserem Fall zu tun haben soll!
N-na, bestimmt ist das Verschwinden auf dieselbe Art und Weise von statten gegangen!
Roll

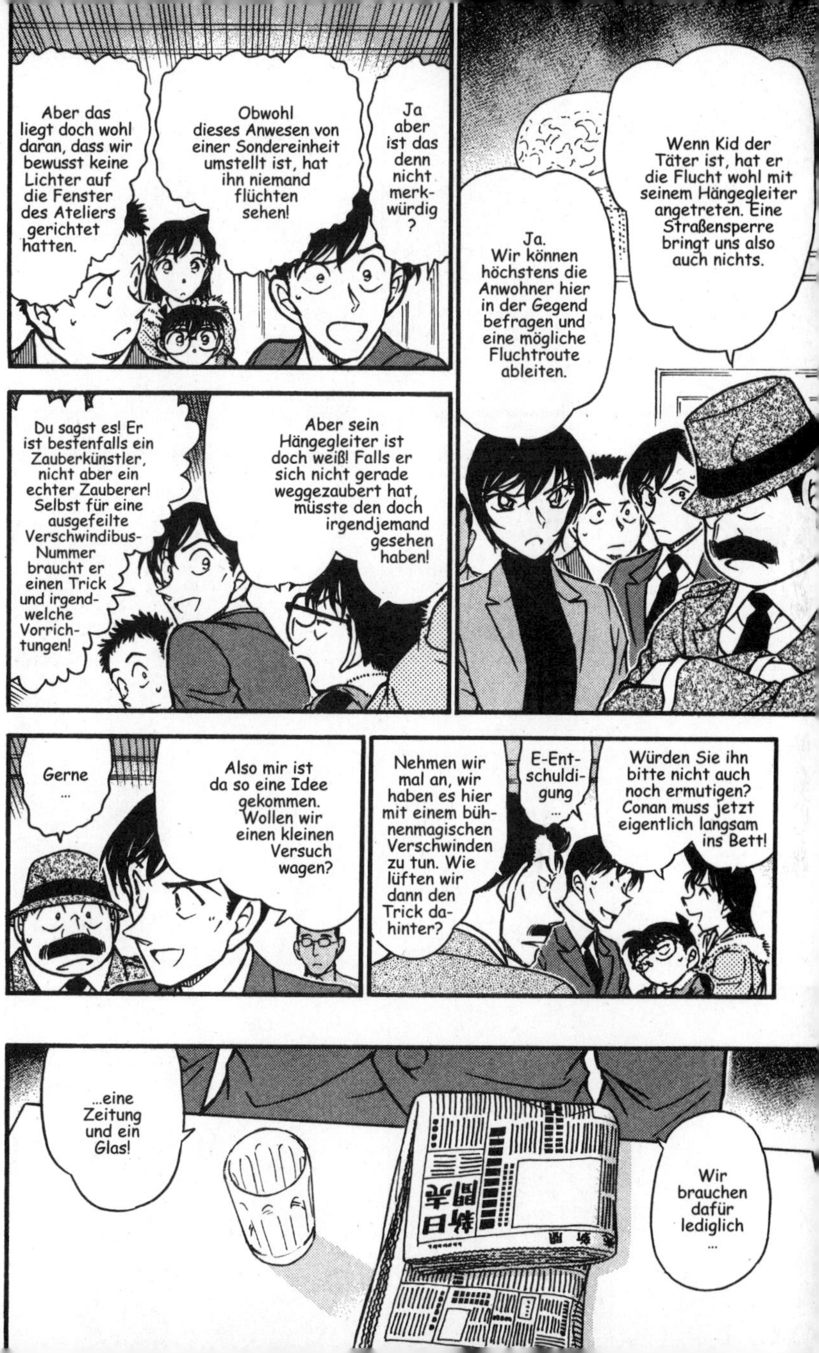
Wenn Kid der Täter ist, hat er die Flucht wohl mit seinem Hängegleiter angetreten. Eine Straßensperre bringt uns also auch nichts.
Ja. Wir können höchstens die Anwohner hier in der Gegend befragen und eine mögliche Fluchtroute ableiten.
Ja aber ist das denn nicht merkwürdig?
Obwohl dieses Anwesen von einer Sondereinheit umstellt ist, hat ihn niemand flüchten sehen!
Aber das liegt doch wohl daran, dass wir bewusst keine Lichter auf die Fenster des Ateliers gerichtet hatten.
Aber sein Hängegleiter ist doch weiß! Falls er sich nicht gerade weggezaubert hat, müsste den doch irgendjemand gesehen haben!
Du sagst es! Er ist bestenfalls ein Zauberkünstler, nicht aber ein echter Zauberer! Selbst für eine ausgefeilte Verschwindibus-Nummer braucht er einen Trick und irgendwelche Vorrichtungen!
Würden Sie ihn bitte nicht auch noch ermutigen? Conan muss jetzt eigentlich langsam ins Bett!
E-Ent-schuldigung ...
Nehmen wir mal an, wir haben es hier mit einem bühnenmagischen Verschwinden zu tun. Wie lüften wir dann den Trick dahinter?
Also mir ist da so eine Idee gekommen. Wollen wir einen kleinen Versuch wagen?
Gerne ...
Wir brauchen dafür lediglich ...
...eine Zeitung und ein Glas!

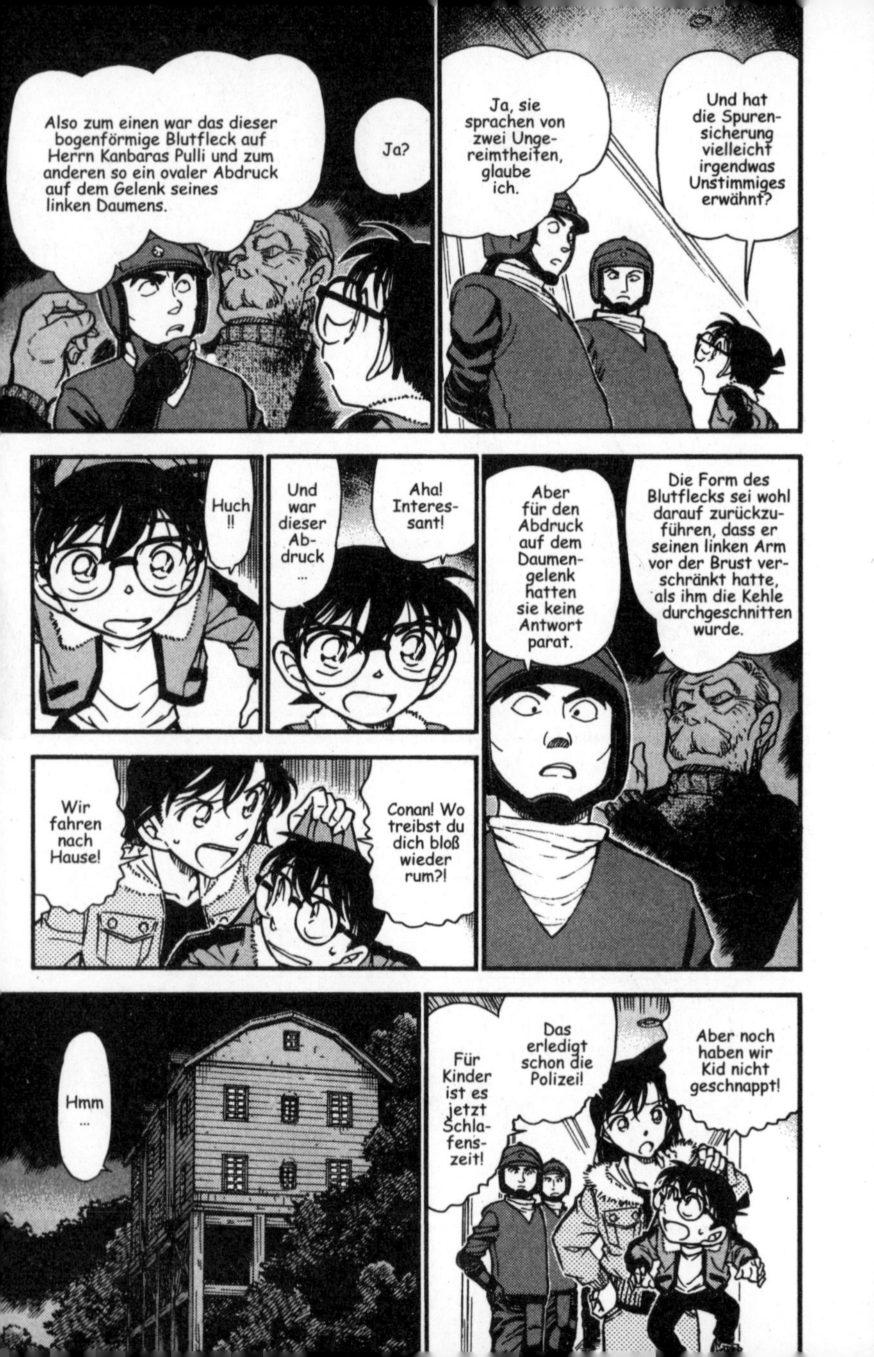
Und hat die Spurensicherung vielleicht irgendwas Unstimmiges erwähnt?
Ja, sie sprachen von zwei Ungereimtheiten, glaube ich.
Ja?
Also zum einen war das dieser bogenförmige Blutfleck auf Herrn Kanbaras Pulli und zum anderen so ein ovaler Abdruck auf dem Gelenk seines linken Daumens.
Die Form des Blutflecks sei wohl darauf zurückzuführen, dass er seinen linken Arm vor der Brust verschränkt hatte, als ihm die Kehle durchgeschnitten wurde.
Aber für den Abdruck auf dem Daumengelenk hatten sie keine Antwort parat.
Aha! Interessant!
Und war dieser Abdruck ...
Huch!!
Conan! Wo treibst du dich bloß wieder rum?!
Wir fahren nach Hause!
Aber noch haben wir Kid nicht geschnappt!
Das erledigt schon die Polizei!
Für Kinder ist es jetzt Schlafenszeit!
Hmm ...

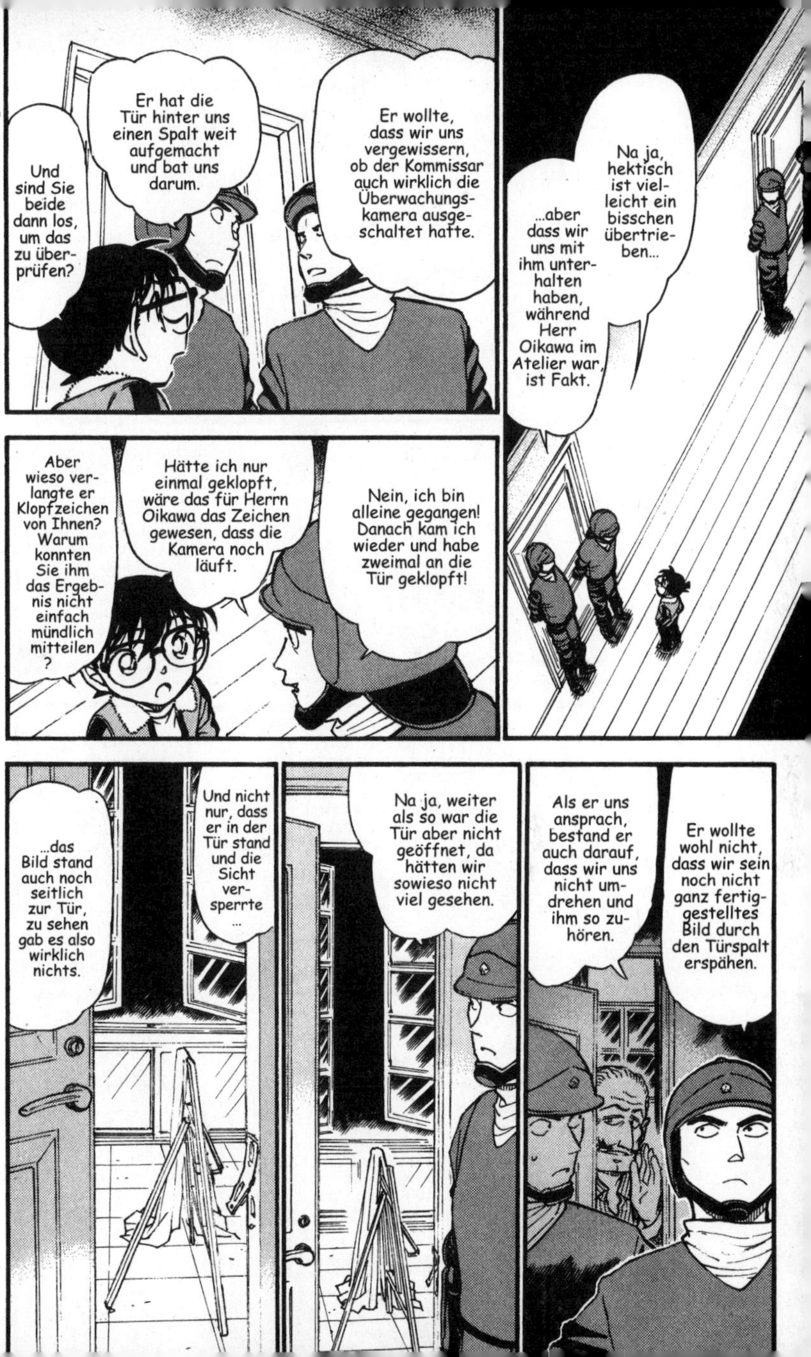
Na ja, hektisch ist vielleicht ein bisschen übertrieben...
...aber dass wir uns mit ihm unterhalten haben, während Herr Oikawa im Atelier war, ist Fakt.
Er wollte, dass wir uns vergewissern, ob der Kommissar auch wirklich die Überwachungskamera ausgeschaltet hatte.
Er hat die Tür hinter uns einen Spalt weit aufgemacht und bat uns darum.
Und sind Sie beide dann los, um das zu überprüfen?
Nein, ich bin alleine gegangen! Danach kam ich wieder und habe zweimal an die Tür geklopft!
Hätte ich nur einmal geklopft, wäre das für Herrn Oikawa das Zeichen gewesen, dass die Kamera noch läuft.
Aber wieso verlangte er Klopfzeichen von Ihnen? Warum konnten Sie ihm das Ergebnis nicht einfach mündlich mitteilen?
Er wollte wohl nicht, dass wir sein noch nicht ganz fertiggestelltes Bild durch den Türspalt erspähen.
Als er uns ansprach, bestand er auch darauf, dass wir uns nicht umdrehen und ihm so zuhören.
Na ja, weiter als so war die Tür aber nicht geöffnet, da hätten wir sowieso nicht viel gesehen.
Und nicht nur, dass er in der Tür stand und die Sicht versperrte ...
...das Bild stand auch noch seitlich zur Tür, zu sehen gab es also wirklich nichts.

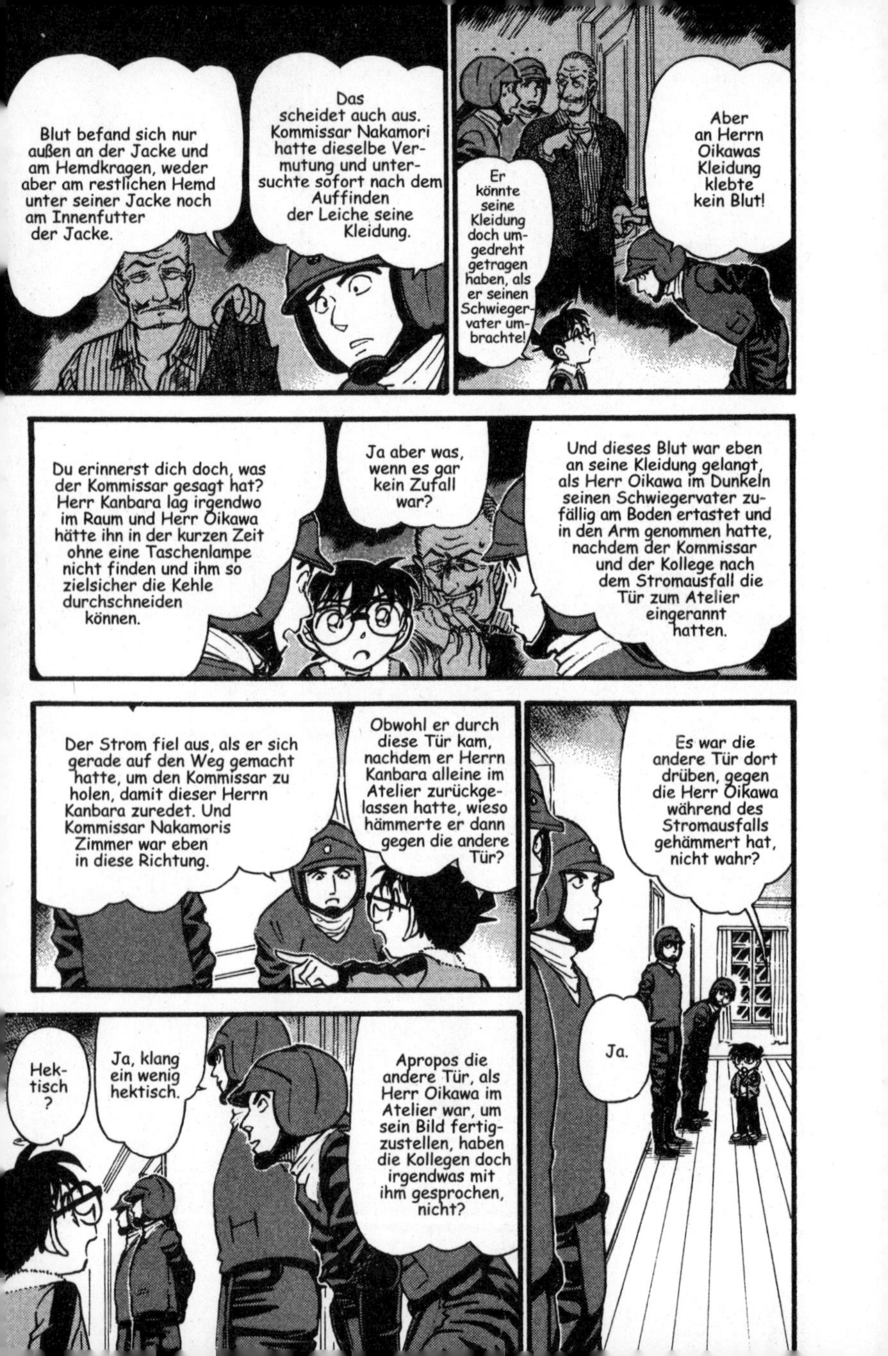

Aber an Herrn Oikawas Kleidung klebte kein Blut!
Er könnte seine Kleidung doch umgedreht getragen haben, als er seinen Schwiegervater umbrachte!
Das scheidet auch aus. Kommissar Nakamori hatte dieselbe Vermutung und untersuchte sofort nach dem Auffinden der Leiche seine Kleidung.
Blut befand sich nur außen an der Jacke und am Hemdkragen, weder aber am restlichen Hemd unter seiner Jacke noch am Innenfutter der Jacke.
Und dieses Blut war eben an seine Kleidung gelangt, als Herr Oikawa im Dunkeln seinen Schwiegervater zufällig am Boden ertastet und in den Arm genommen hatte, nachdem der Kommissar und der Kollege nach dem Stromausfall die Tür zum Atelier eingerannt hatten.
Ja aber was, wenn es gar kein Zufall war?
Du erinnerst dich doch, was der Kommissar gesagt hat? Herr Kanbara lag irgendwo im Raum und Herr Oikawa hätte ihn in der kurzen Zeit ohne eine Taschenlampe nicht finden und ihm so zielsicher die Kehle durchschneiden können.
Es war die andere Tür dort drüben, gegen die Herr Oikawa während des Stromausfalls gehämmert hat, nicht wahr?
Ja.
Obwohl er durch diese Tür kam, nachdem er Herrn Kanbara alleine im Atelier zurückgelassen hatte, wieso hämmerte er dann gegen die andere Tür?
Der Strom fiel aus, als er sich gerade auf den Weg gemacht hatte, um den Kommissar zu holen, damit dieser Herrn Kanbara zuredet. Und Kommissar Nakamoris Zimmer war eben in diese Richtung.
Apropos die andere Tür, als Herr Oikawa im Atelier war, um sein Bild fertigzustellen, haben die Kollegen doch irgendwas mit ihm gesprochen, nicht?
Ja, klang ein wenig hektisch.
Hektisch?

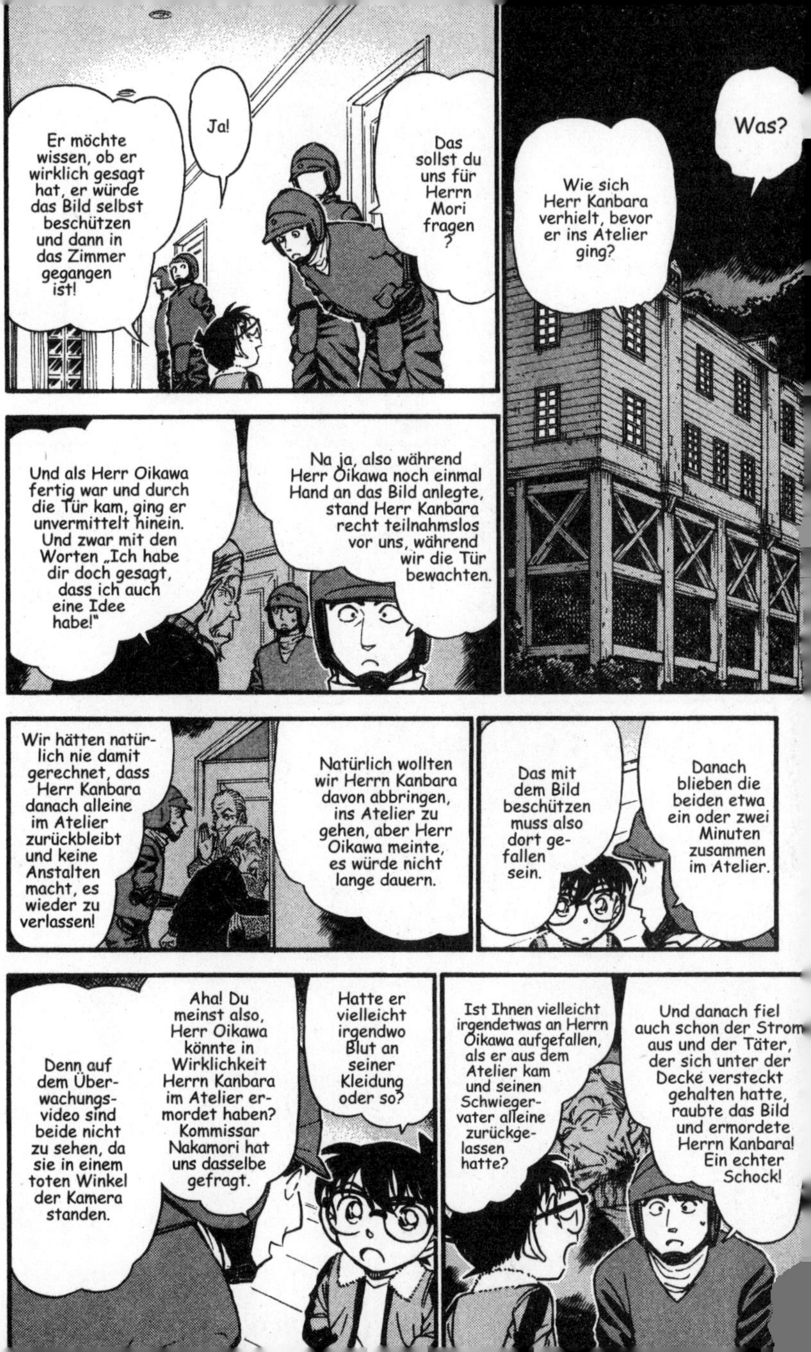

Was?
Wie sich Herr Kanbara verhielt, bevor er ins Atelier ging?
Das sollst du uns für Herrn Mori fragen?
Ja!
Er möchte wissen, ob er wirklich gesagt hat, er würde das Bild selbst beschützen und dann in das Zimmer gegangen ist!
Na ja, also während Herr Oikawa noch einmal Hand an das Bild anlegte, stand Herr Kanbara recht teilnahmslos vor uns, während wir die Tür bewachten.
Und als Herr Oikawa fertig war und durch die Tür kam, ging er unvermittelt hinein. Und zwar mit den Worten „Ich habe dir doch gesagt, dass ich auch eine Idee habe!"
Danach blieben die beiden etwa ein oder zwei Minuten zusammen im Atelier.
Das mit dem Bild beschützen muss also dort gefallen sein.
Natürlich wollten wir Herrn Kanbara davon abbringen, ins Atelier zu gehen, aber Herr Oikawa meinte, es würde nicht lange dauern.
Wir hätten natürlich nie damit gerechnet, dass Herr Kanbara danach alleine im Atelier zurückbleibt und keine Anstalten macht, es wieder zu verlassen!
Und danach fiel auch schon der Strom aus und der Täter, der sich unter der Decke versteckt gehalten hatte, raubte das Bild und ermordete Herrn Kanbara! Ein echter Schock!
Ist Ihnen vielleicht irgendetwas an Herrn Oikawa aufgefallen, als er aus dem Atelier kam und seinen Schwiegervater alleine zurückgelassen hatte?
Hatte er vielleicht irgendwo Blut an seiner Kleidung oder so?
Aha! Du meinst also, Herr Oikawa könnte in Wirklichkeit Herrn Kanbara im Atelier ermordet haben? Kommissar Nakamori hat uns dasselbe gefragt.
Denn auf dem Überwachungsvideo sind beide nicht zu sehen, da sie in einem toten Winkel der Kamera standen.

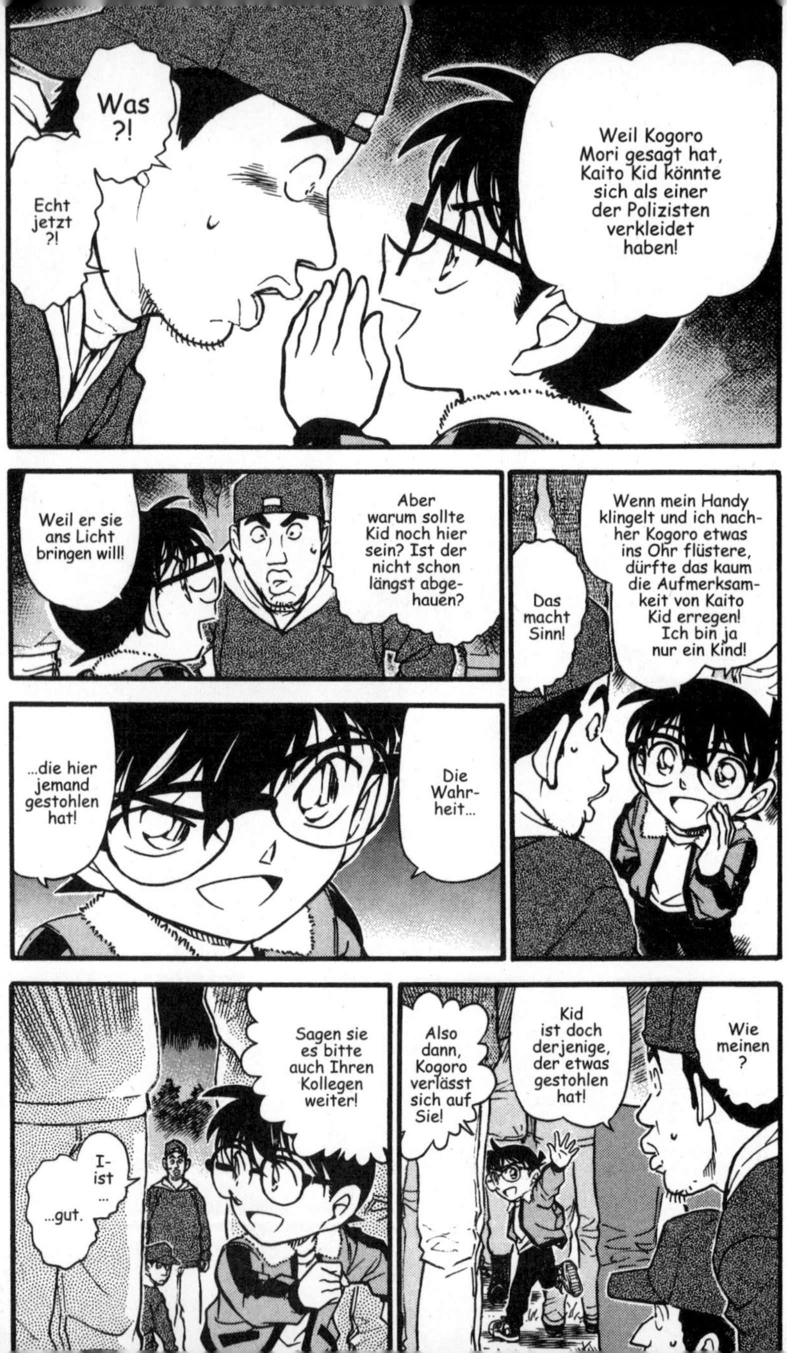

Weil Kogoro Mori gesagt hat, Kaito Kid könnte sich als einer der Polizisten verkleidet haben!
Was ?!
Echt jetzt ?!
Wenn mein Handy klingelt und ich nachher Kogoro etwas ins Ohr flüstere, dürfte das kaum die Aufmerksamkeit von Kaito Kid erregen! Ich bin ja nur ein Kind!
Das macht Sinn!
Aber warum sollte Kid noch hier sein? Ist der nicht schon längst abgehauen?
Weil er sie ans Licht bringen will!
Die Wahrheit...
...die hier jemand gestohlen hat!
Wie meinen ?
Kid ist doch derjenige, der etwas gestohlen hat!
Also dann, Kogoro verlässt sich auf Sie!
Sagen sie es bitte auch Ihren Kollegen weiter!
I-ist ...
...gut.

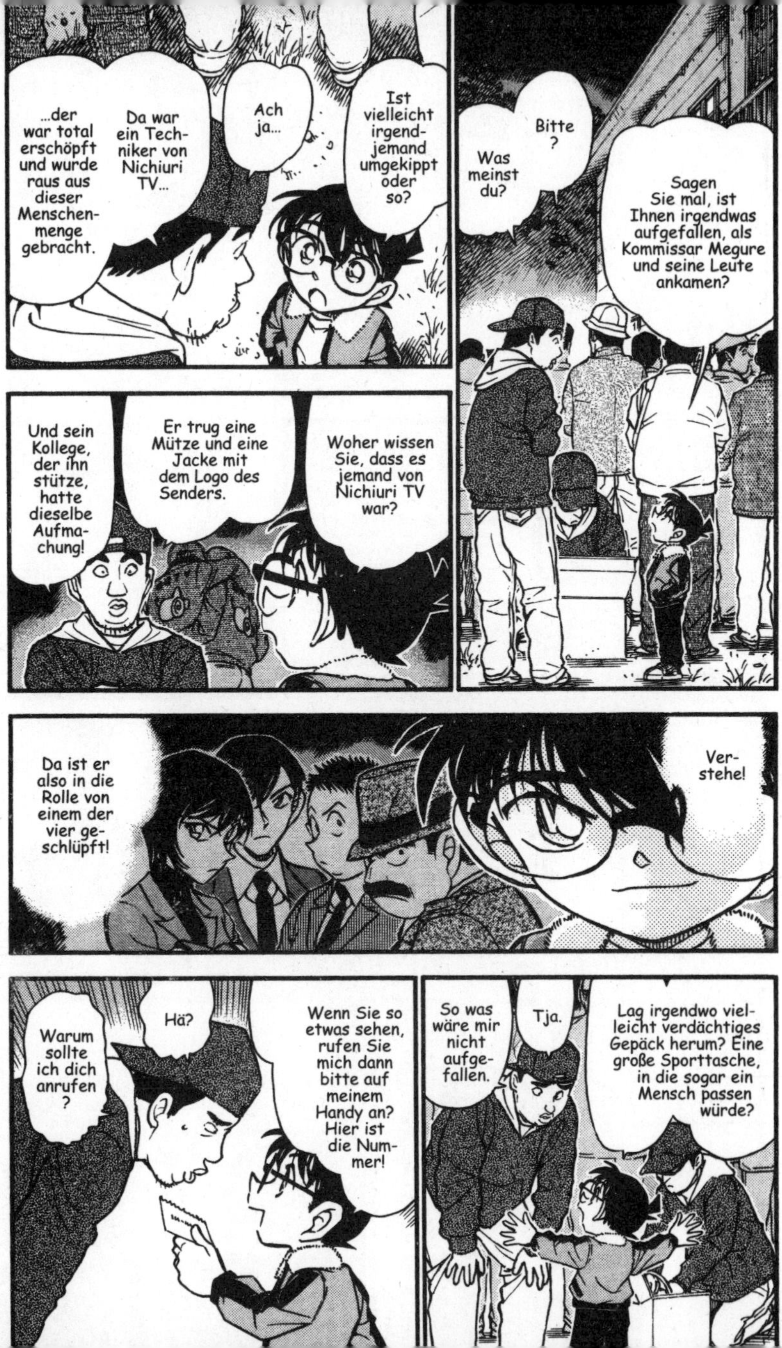
Sagen Sie mal, ist Ihnen irgendwas aufgefallen, als Kommissar Megure und seine Leute ankamen?
Bitte?
Was meinst du?
Ist vielleicht irgendjemand umgekippt oder so?
Ach ja...
Da war ein Techniker von Nichiuri TV...
...der war total erschöpft und wurde raus aus dieser Menschenmenge gebracht.
Woher wissen Sie, dass es jemand von Nichiuri TV war?
Er trug eine Mütze und eine Jacke mit dem Logo des Senders.
Und sein Kollege, der ihn stütze, hatte dieselbe Aufmachung!
Verstehe!
Da ist er also in die Rolle von einem der vier geschlüpft!
Lag irgendwo vielleicht verdächtiges Gepäck herum? Eine große Sporttasche, in die sogar ein Mensch passen würde?
Tja.
So was wäre mir nicht aufgefallen.
Wenn Sie so etwas sehen, rufen Sie mich dann bitte auf meinem Handy an? Hier ist die Nummer!
Hä?
Warum sollte ich dich anrufen?

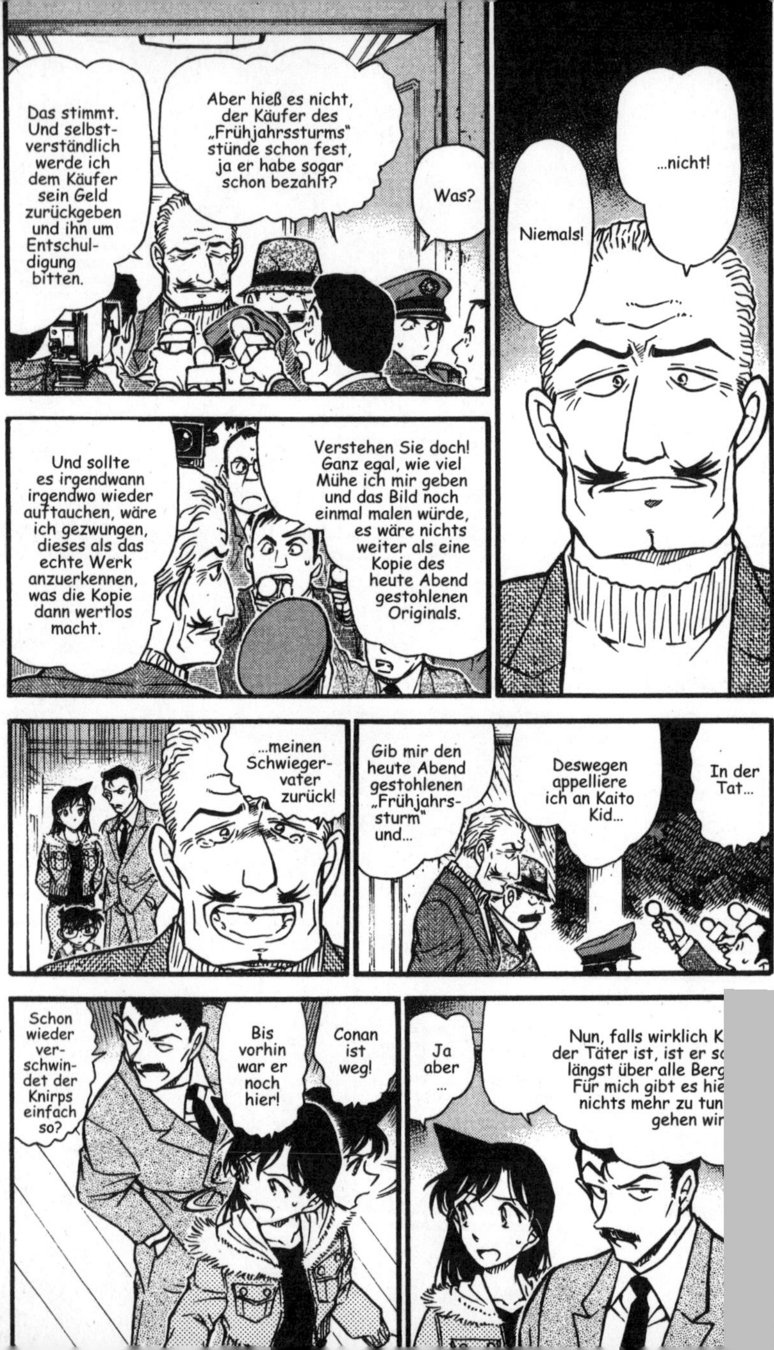
...nicht!
Niemals!
Was?
Aber hieß es nicht, der Käufer des „Frühjahrssturms" stünde schon fest, ja er habe sogar schon bezahlt?
Das stimmt. Und selbstverständlich werde ich dem Käufer sein Geld zurückgeben und ihn um Entschuldigung bitten.
Verstehen Sie doch! Ganz egal, wie viel Mühe ich mir geben und das Bild noch einmal malen würde, es wäre nichts weiter als eine Kopie des heute Abend gestohlenen Originals.
Und sollte es irgendwann irgendwo wieder auftauchen, wäre ich gezwungen, dieses als das echte Werk anzuerkennen, was die Kopie dann wertlos macht.
In der Tat...
Deswegen appelliere ich an Kaito Kid...
Gib mir den heute Abend gestohlenen „Frühjahrssturm" und...
...meinen Schwiegervater zurück!
Nun, falls wirklich K
der Täter ist, ist er s
längst über alle Berg
Für mich gibt es hie
nichts mehr zu tun
gehen wir
Ja aber ...
Conan ist weg!
Bis vorhin war er noch hier!
Schon wieder verschwindet der Knirps einfach so?

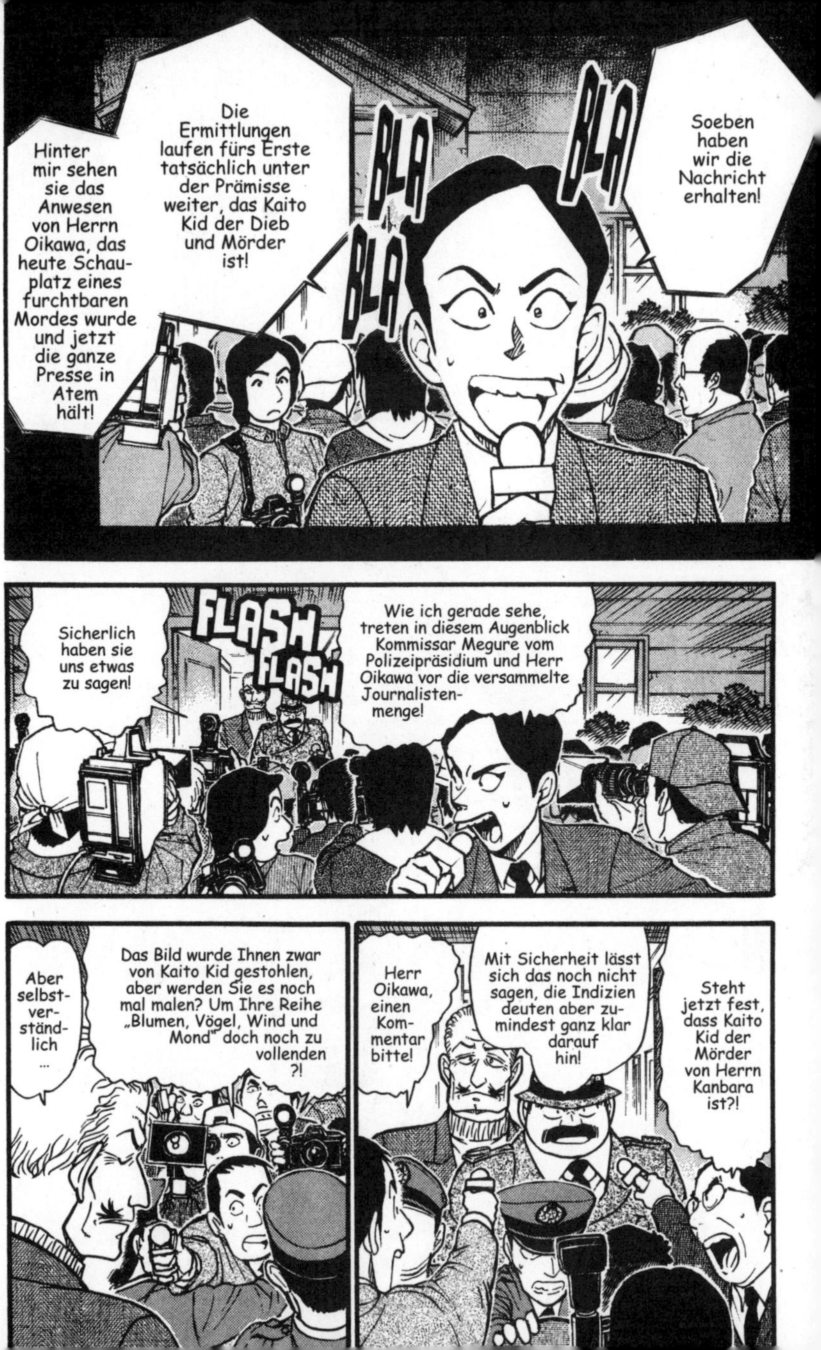
Soeben haben wir die Nachricht erhalten!
BLA BLA BLA
Die Ermittlungen laufen fürs Erste tatsächlich unter der Prämisse weiter, das Kaito Kid der Dieb und Mörder ist!
Hinter mir sehen sie das Anwesen von Herrn Oikawa, das heute Schauplatz eines furchtbaren Mordes wurde und jetzt die ganze Presse in Atem hält!
Wie ich gerade sehe, treten in diesem Augenblick Kommissar Megure vom Polizeipräsidium und Herr Oikawa vor die versammelte Journalistenmenge!
FLASH FLASH
Sicherlich haben sie uns etwas zu sagen!
Steht jetzt fest, dass Kaito Kid der Mörder von Herrn Kanbara ist?!
Mit Sicherheit lässt sich das noch nicht sagen, die Indizien deuten aber zumindest ganz klar darauf hin!
Herr Oikawa, einen Kommentar bitte!
Das Bild wurde Ihnen zwar von Kaito Kid gestohlen, aber werden Sie es noch mal malen? Um Ihre Reihe „Blumen, Vögel, Wind und Mond" doch noch zu vollenden ?!
Aber selbstverständlich ...

Fall 3: Frühjahrssturm

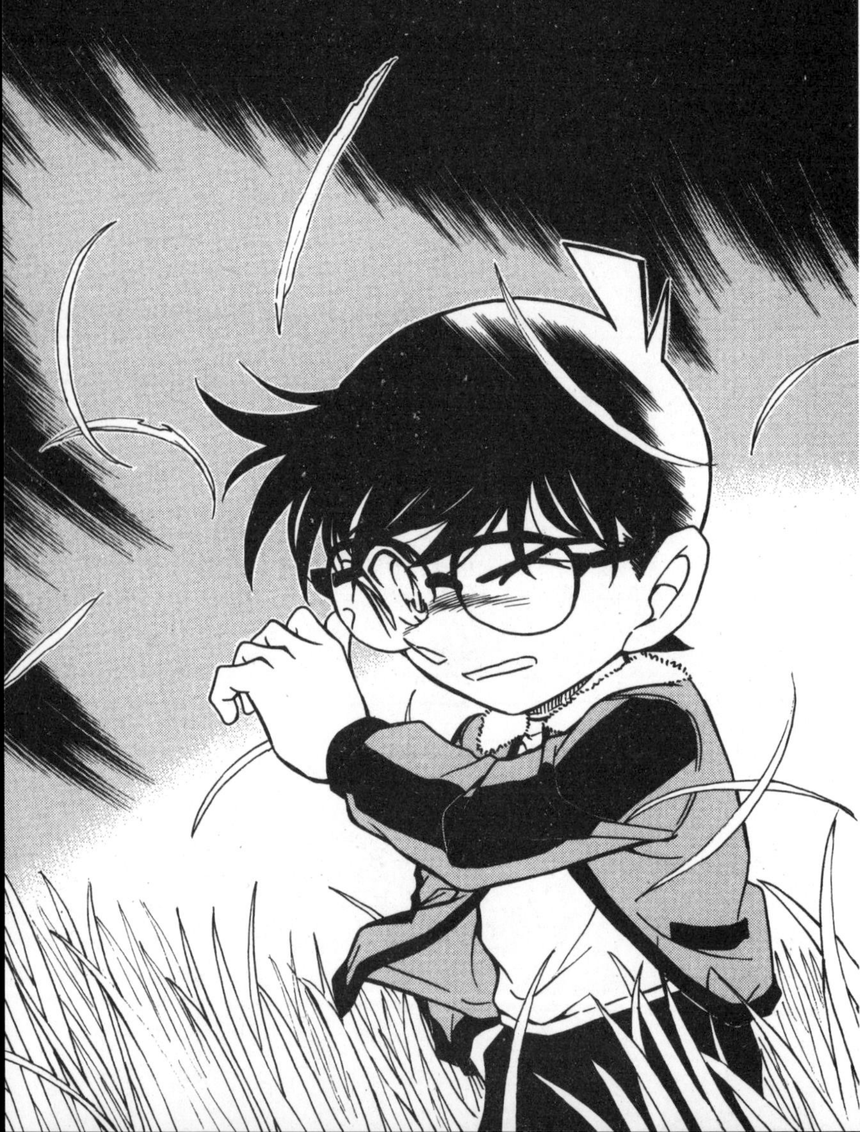

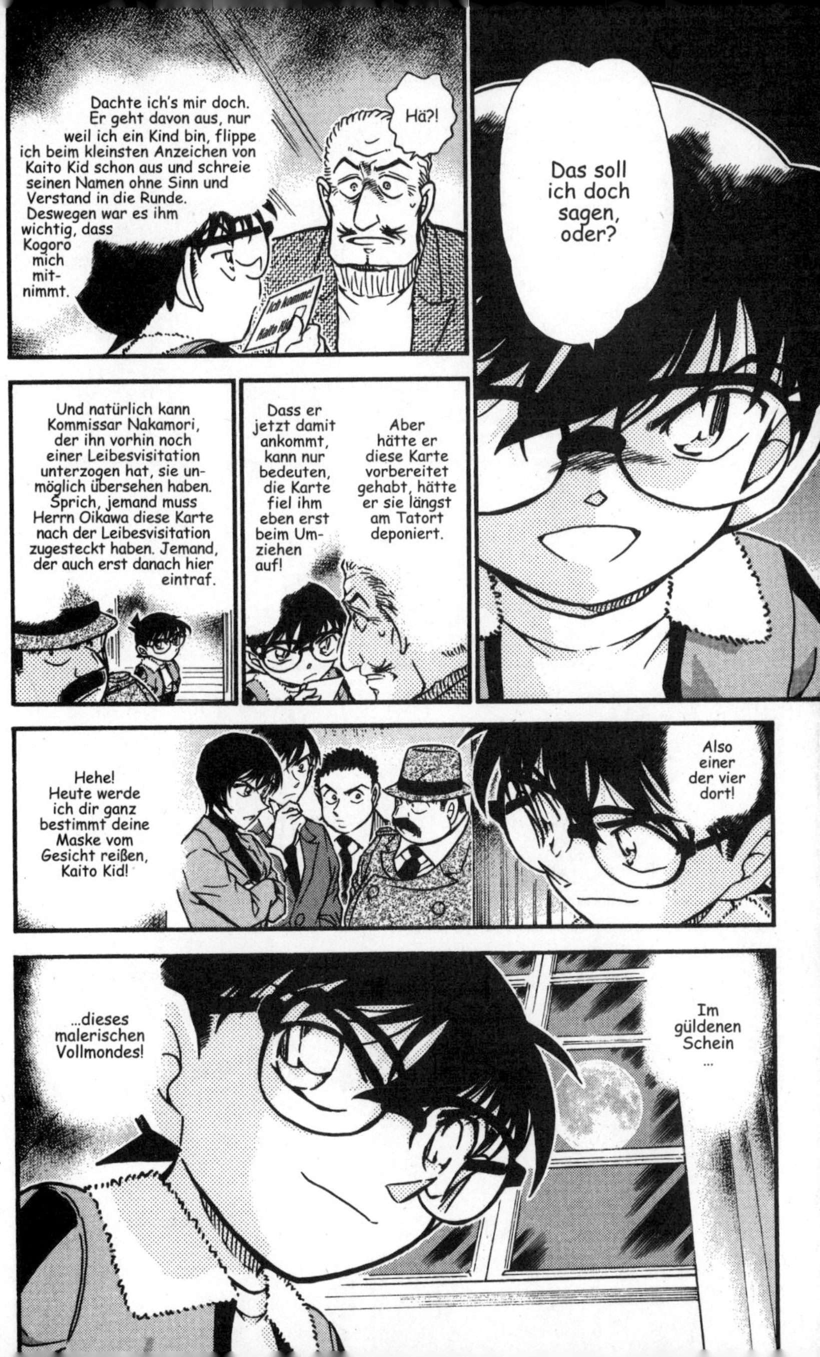
Das soll ich doch sagen, oder?
Hä?!
Dachte ich's mir doch. Er geht davon aus, nur weil ich ein Kind bin, flippe ich beim kleinsten Anzeichen von Kaito Kid schon aus und schreie seinen Namen ohne Sinn und Verstand in die Runde. Deswegen war es ihm wichtig, dass Kogoro mich mit-nimmt.
Ich komme!
Aber hätte er diese Karte vorbereitet gehabt, hätte er sie längst am Tatort deponiert.
Dass er jetzt damit ankommt, kann nur bedeuten, die Karte fiel ihm eben erst beim Um-ziehen auf!
Und natürlich kann Kommissar Nakamori, der ihn vorhin noch einer Leibesvisitation unterzogen hat, sie un-möglich übersehen haben. Sprich, jemand muss Herrn Oikawa diese Karte nach der Leibesvisitation zugesteckt haben. Jemand, der auch erst danach hier eintraf.
Also einer der vier dort!
Hehe! Heute werde ich dir ganz bestimmt deine Maske vom Gesicht reißen, Kaito Kid!
Im güldenen Schein ...
...dieses malerischen Vollmondes!

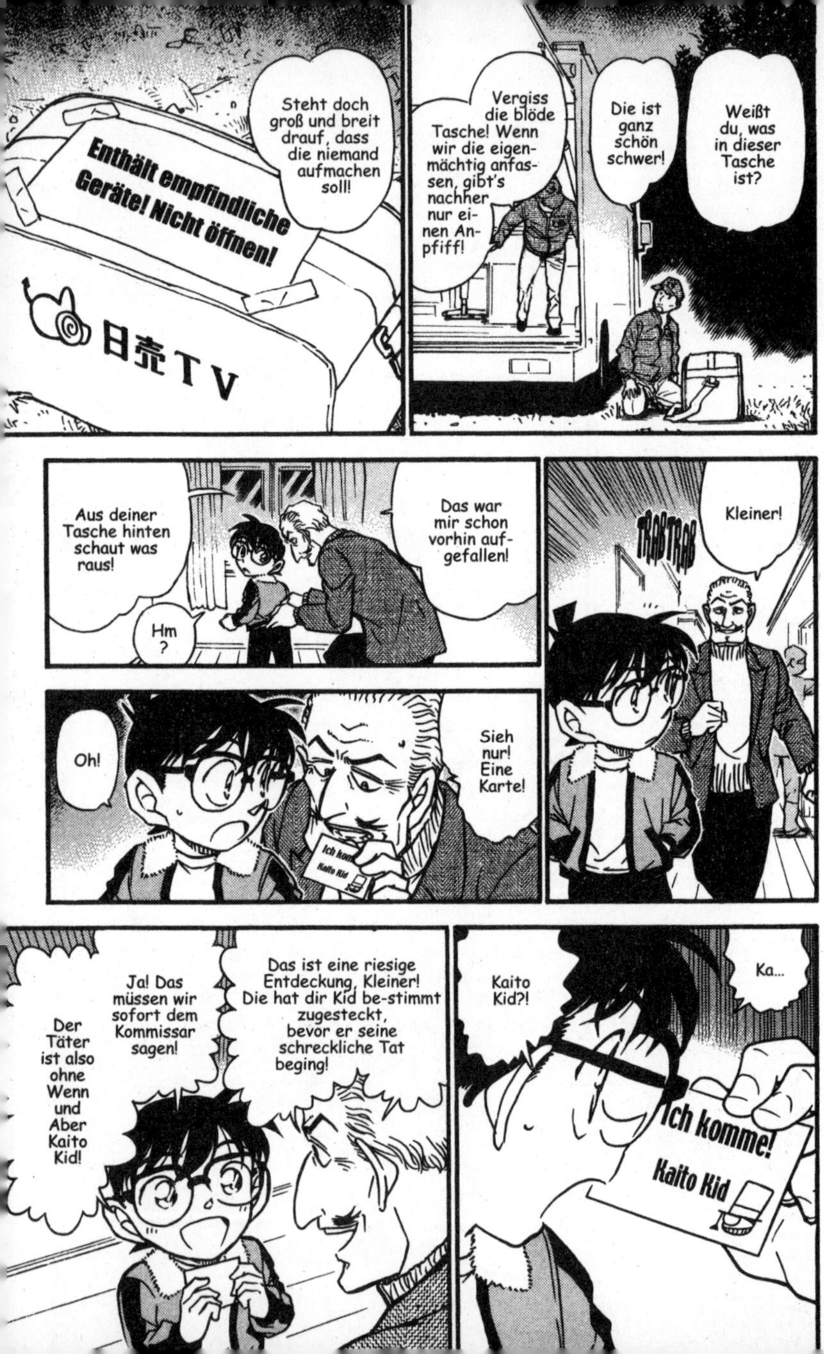
Weißt du, was in dieser Tasche ist?
Die ist ganz schön schwer!
Vergiss die blöde Tasche! Wenn wir die eigenmächtig anfassen, gibt's nachher nur einen Anpfiff!
Steht doch groß und breit drauf, dass die niemand aufmachen soll!
Enthält empfindliche Geräte! Nicht öffnen!
日売TV
Kleiner!
TRAB TRAB
Das war mir schon vorhin aufgefallen!
Aus deiner Tasche hinten schaut was raus!
Hm?
Sieh nur! Eine Karte!
Oh!
Ka...
Kaito Kid?!
Ich komme!
Kaito Kid
Das ist eine riesige Entdeckung, Kleiner! Die hat dir Kid be-stimmt zugesteckt, bevor er seine schreckliche Tat beging!
Ja! Das müssen wir sofort dem Kommissar sagen!
Der Täter ist also ohne Wenn und Aber Kaito Kid!

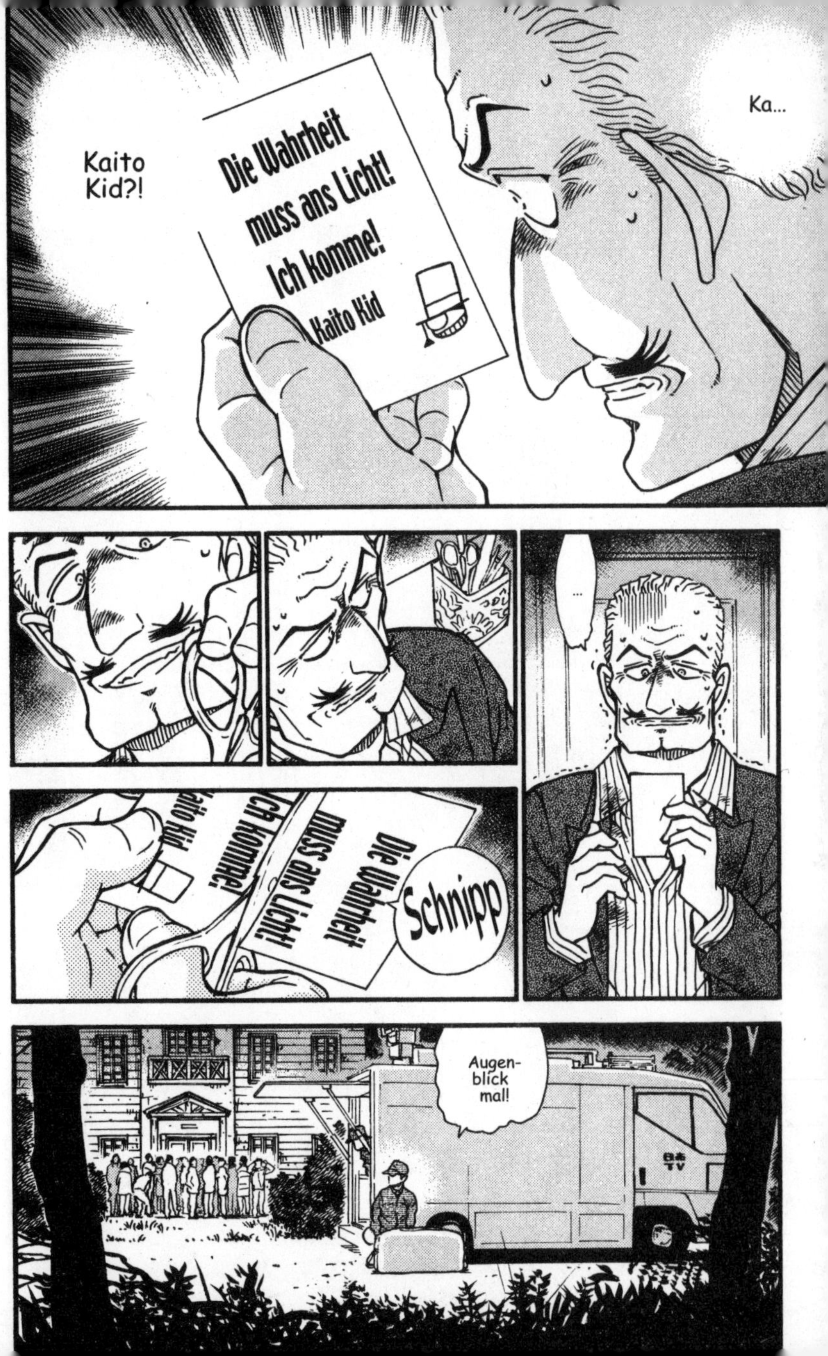
Ka...
Kaito Kid?!
Die Wahrheit muss ans Licht! Ich komme! Kaito Kid
...
Schnipp
Die Wahrheit muss ans Licht! Ich komme!
Augen-blick mal!

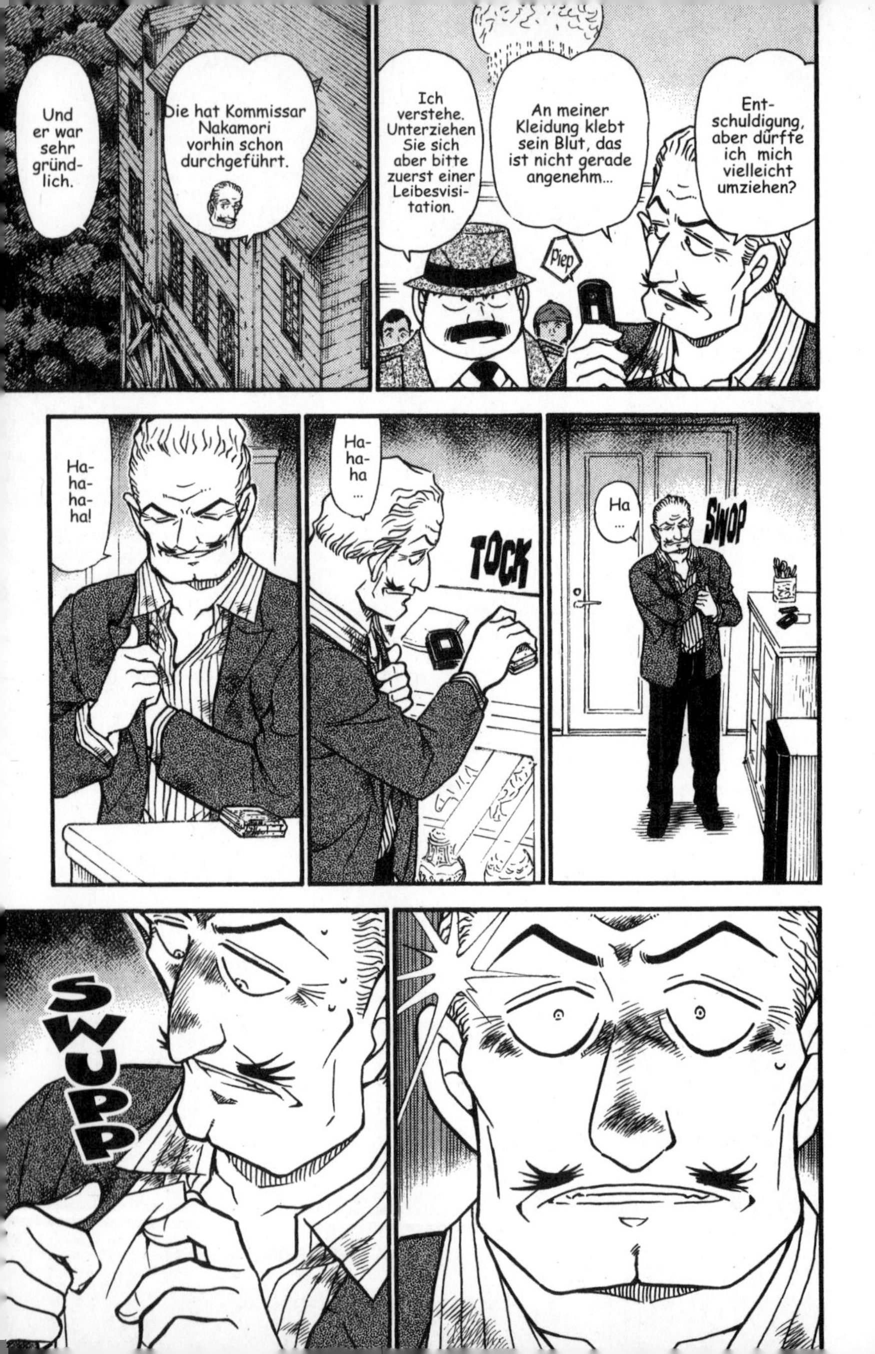

Ent-schuldigung, aber dürfte ich mich vielleicht umziehen?
An meiner Kleidung klebt sein Blut, das ist nicht gerade angenehm...
Piep
Ich verstehe. Unterziehen Sie sich aber bitte zuerst einer Leibesvisitation.
Die hat Kommissar Nakamori vorhin schon durchgeführt.
Und er war sehr gründ-lich.
Ha ...
SWOP
Ha-ha-ha ...
TOCK
Ha-ha-ha-ha!
SWUPP

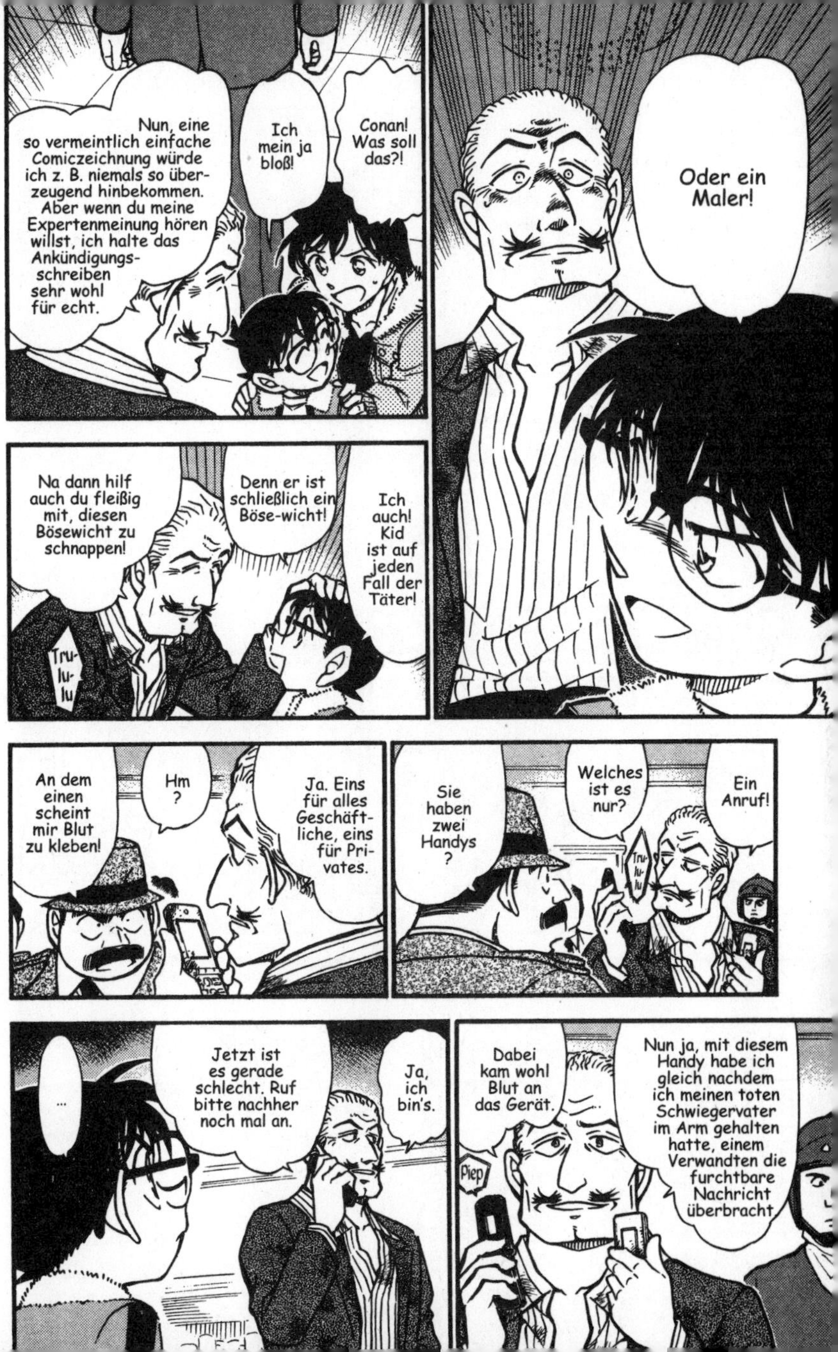

Oder ein Maler!
Conan! Was soll das?!
Ich mein ja bloß!
Nun, eine so vermeintlich einfache Comiczeichnung würde ich z. B. niemals so überzeugend hinbekommen. Aber wenn du meine Expertenmeinung hören willst, ich halte das Ankündigungsschreiben sehr wohl für echt.
Ich auch! Kid ist auf jeden Fall der Täter!
Denn er ist schließlich ein Böse-wicht!
Na dann hilf auch du fleißig mit, diesen Bösewicht zu schnappen!
Tru-lu-lu
Ein Anruf!
Welches ist es nur?
Sie haben zwei Handys?
Tru-lu-lu
Ja. Eins für alles Geschäftliche, eins für Privates.
Hm?
An dem einen scheint mir Blut zu kleben!
Nun ja, mit diesem Handy habe ich gleich nachdem ich meinen toten Schwiegervater im Arm gehalten hatte, einem Verwandten die furchtbare Nachricht überbracht.
Dabei kam wohl Blut an das Gerät.
Piep
Ja, ich bin's.
Jetzt ist es gerade schlecht. Ruf bitte nachher noch mal an.
...

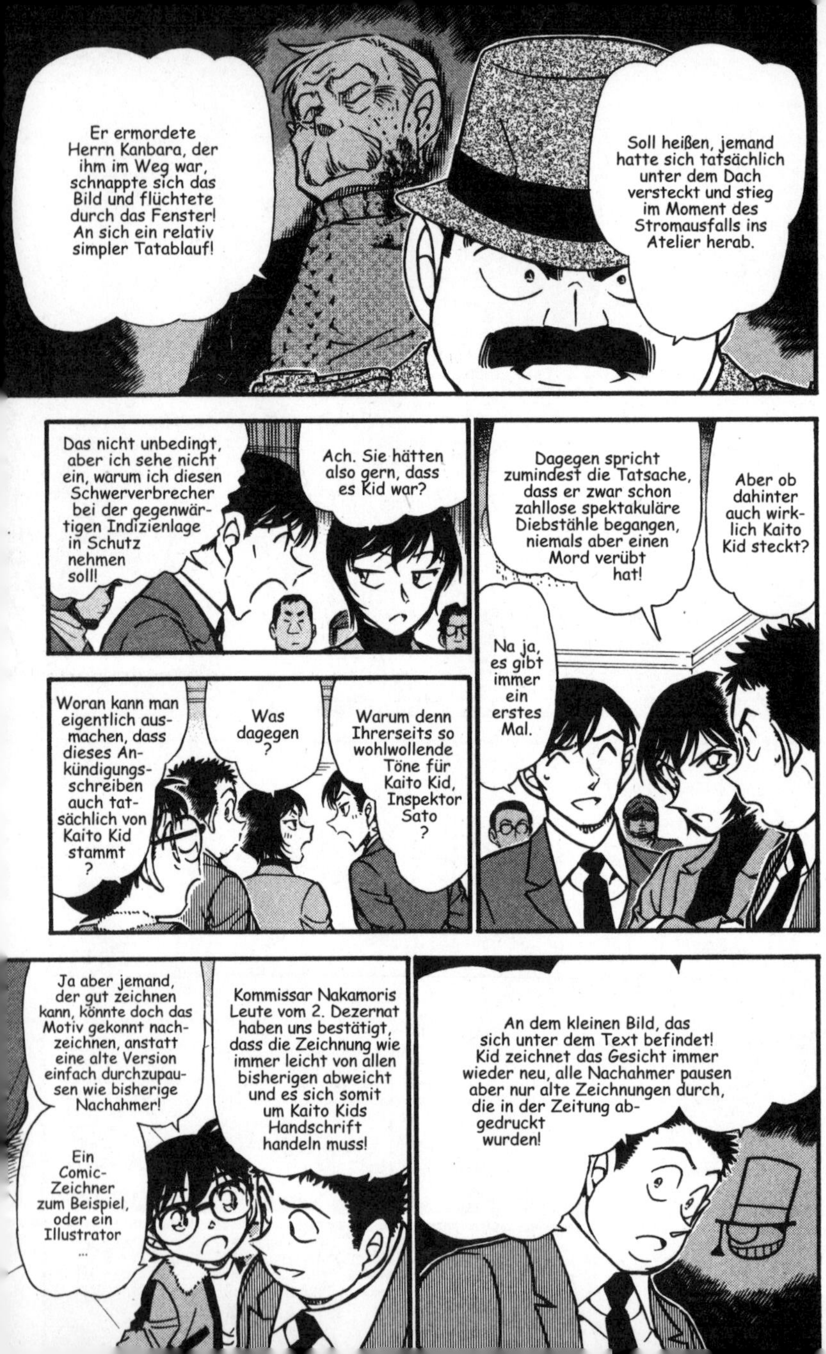
Soll heißen, jemand hatte sich tatsächlich unter dem Dach versteckt und stieg im Moment des Stromausfalls ins Atelier herab.
Er ermordete Herrn Kanbara, der ihm im Weg war, schnappte sich das Bild und flüchtete durch das Fenster! An sich ein relativ simpler Tatablauf!
Aber ob dahinter auch wirklich Kaito Kid steckt?
Dagegen spricht zumindest die Tatsache, dass er zwar schon zahllose spektakuläre Diebstähle begangen, niemals aber einen Mord verübt hat!
Na ja, es gibt immer ein erstes Mal.
Ach. Sie hätten also gern, dass es Kid war?
Das nicht unbedingt, aber ich sehe nicht ein, warum ich diesen Schwerverbrecher bei der gegenwärtigen Indizienlage in Schutz nehmen soll!
Warum denn Ihrerseits so wohlwollende Töne für Kaito Kid, Inspektor Sato?
Was dagegen?
Woran kann man eigentlich ausmachen, dass dieses Ankündigungsschreiben auch tatsächlich von Kaito Kid stammt?
An dem kleinen Bild, das sich unter dem Text befindet! Kid zeichnet das Gesicht immer wieder neu, alle Nachahmer pausen aber nur alte Zeichnungen durch, die in der Zeitung abgedruckt wurden!
Kommissar Nakamoris Leute vom 2. Dezernat haben uns bestätigt, dass die Zeichnung wie immer leicht von allen bisherigen abweicht und es sich somit um Kaito Kids Handschrift handeln muss!
Ja aber jemand, der gut zeichnen kann, könnte doch das Motiv gekonnt nachzeichnen, anstatt eine alte Version einfach durchzupausen wie bisherige Nachahmer!
Ein Comic-Zeichner zum Beispiel, oder ein Illustrator ...

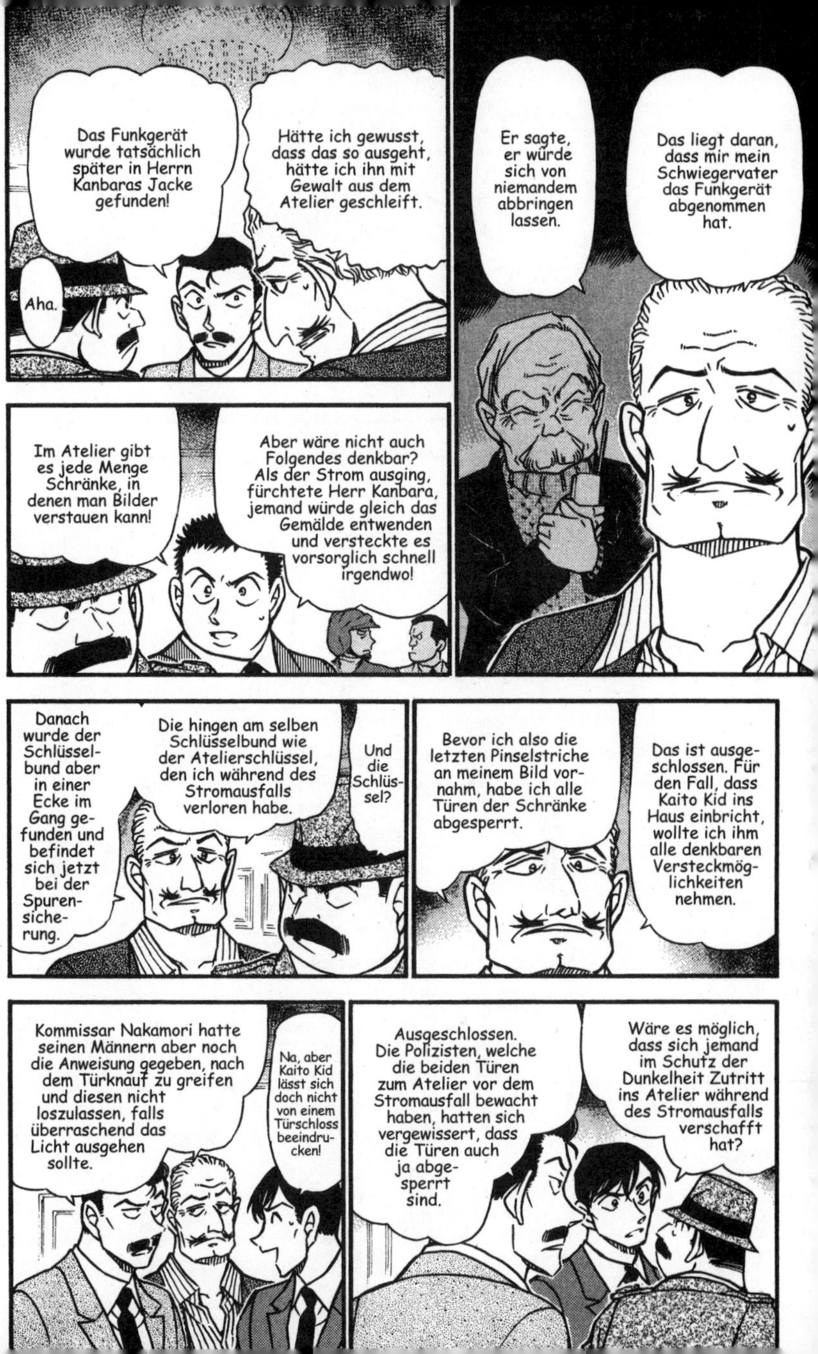

Das liegt daran, dass mir mein Schwiegervater das Funkgerät abgenommen hat.
Er sagte, er würde sich von niemandem abbringen lassen.
Hätte ich gewusst, dass das so ausgeht, hätte ich ihn mit Gewalt aus dem Atelier geschleift.
Das Funkgerät wurde tatsächlich später in Herrn Kanbaras Jacke gefunden!
Aha.
Aber wäre nicht auch Folgendes denkbar? Als der Strom ausging, fürchtete Herr Kanbara, jemand würde gleich das Gemälde entwenden und versteckte es vorsorglich schnell irgendwo!
Im Atelier gibt es jede Menge Schränke, in denen man Bilder verstauen kann!
Das ist ausgeschlossen. Für den Fall, dass Kaito Kid ins Haus einbricht, wollte ich ihm alle denkbaren Versteckmöglichkeiten nehmen.
Bevor ich also die letzten Pinselstriche an meinem Bild vornahm, habe ich alle Türen der Schränke abgesperrt.
Und die Schlüssel?
Die hingen am selben Schlüsselbund wie der Atelierschlüssel, den ich während des Stromausfalls verloren habe.
Danach wurde der Schlüsselbund aber in einer Ecke im Gang gefunden und befindet sich jetzt bei der Spurensicherung.
Wäre es möglich, dass sich jemand im Schutz der Dunkelheit Zutritt ins Atelier während des Stromausfalls verschafft hat?
Ausgeschlossen. Die Polizisten, welche die beiden Türen zum Atelier vor dem Stromausfall bewacht haben, hatten sich vergewissert, dass die Türen auch ja abgesperrt sind.
Na, aber Kaito Kid lässt sich doch nicht von einem Türschloss beeindrucken!
Kommissar Nakamori hatte seinen Männern aber noch die Anweisung gegeben, nach dem Türknauf zu greifen und diesen nicht loszulassen, falls überraschend das Licht ausgehen sollte.

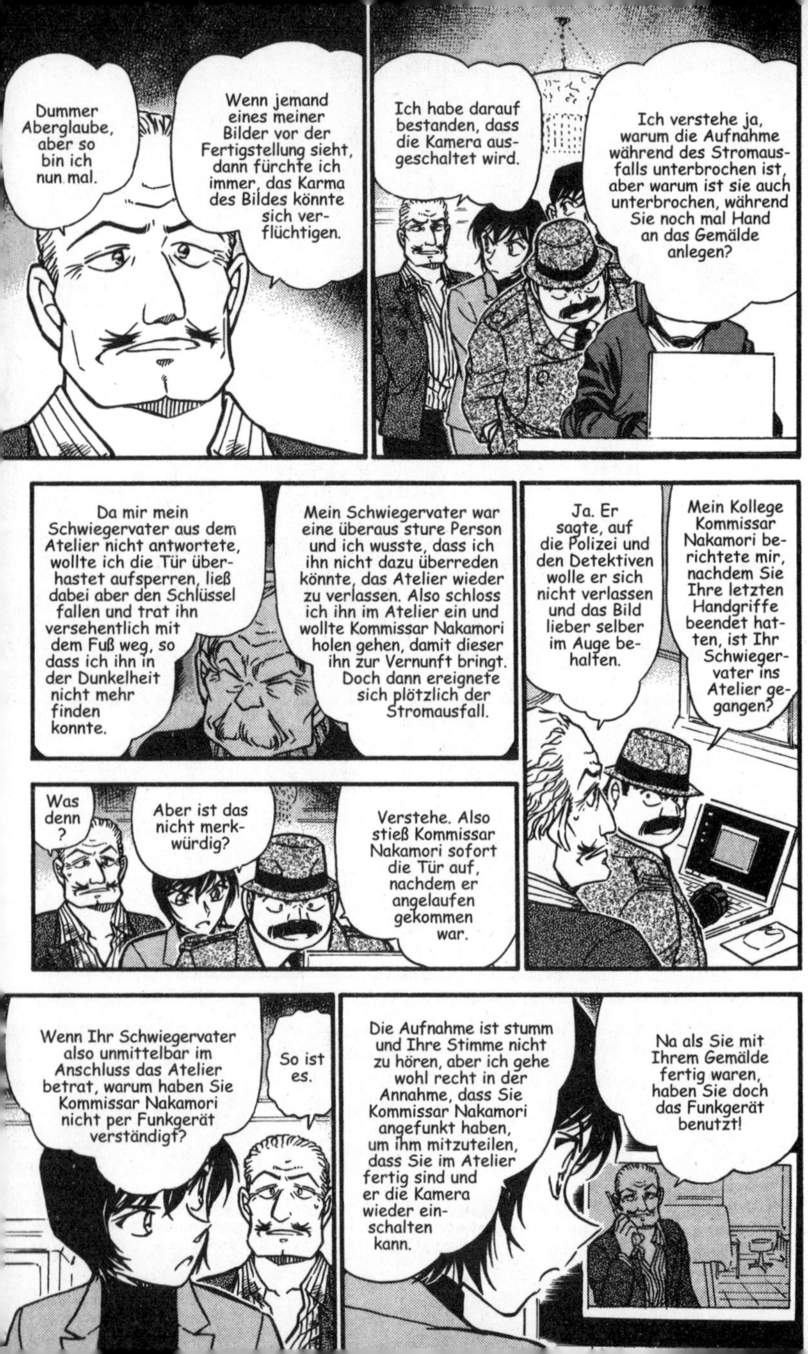

Ich verstehe ja, warum die Aufnahme während des Stromausfalls unterbrochen ist, aber warum ist sie auch unterbrochen, während Sie noch mal Hand an das Gemälde anlegen?
Ich habe darauf bestanden, dass die Kamera ausgeschaltet wird.
Wenn jemand eines meiner Bilder vor der Fertigstellung sieht, dann fürchte ich immer, das Karma des Bildes könnte sich verflüchtigen.
Dummer Aberglaube, aber so bin ich nun mal.
Mein Kollege Kommissar Nakamori berichtete mir, nachdem Sie Ihre letzten Handgriffe beendet hatten, ist Ihr Schwiegervater ins Atelier gegangen?
Ja. Er sagte, auf die Polizei und den Detektiven wolle er sich nicht verlassen und das Bild lieber selber im Auge behalten.
Mein Schwiegervater war eine überaus sture Person und ich wusste, dass ich ihn nicht dazu überreden könnte, das Atelier wieder zu verlassen. Also schloss ich ihn im Atelier ein und wollte Kommissar Nakamori holen gehen, damit dieser ihn zur Vernunft bringt. Doch dann ereignete sich plötzlich der Stromausfall.
Da mir mein Schwiegervater aus dem Atelier nicht antwortete, wollte ich die Tür überhastet aufsperren, ließ dabei aber den Schlüssel fallen und trat ihn versehentlich mit dem Fuß weg, so dass ich ihn in der Dunkelheit nicht mehr finden konnte.
Verstehe. Also stieß Kommissar Nakamori sofort die Tür auf, nachdem er angelaufen gekommen war.
Aber ist das nicht merkwürdig?
Was denn?
Na als Sie mit Ihrem Gemälde fertig waren, haben Sie doch das Funkgerät benutzt!
Die Aufnahme ist stumm und Ihre Stimme nicht zu hören, aber ich gehe wohl recht in der Annahme, dass Sie Kommissar Nakamori angefunkt haben, um ihm mitzuteilen, dass Sie im Atelier fertig sind und er die Kamera wieder einschalten kann.
So ist es.
Wenn Ihr Schwiegervater also unmittelbar im Anschluss das Atelier betrat, warum haben Sie Kommissar Nakamori nicht per Funkgerät verständigt?

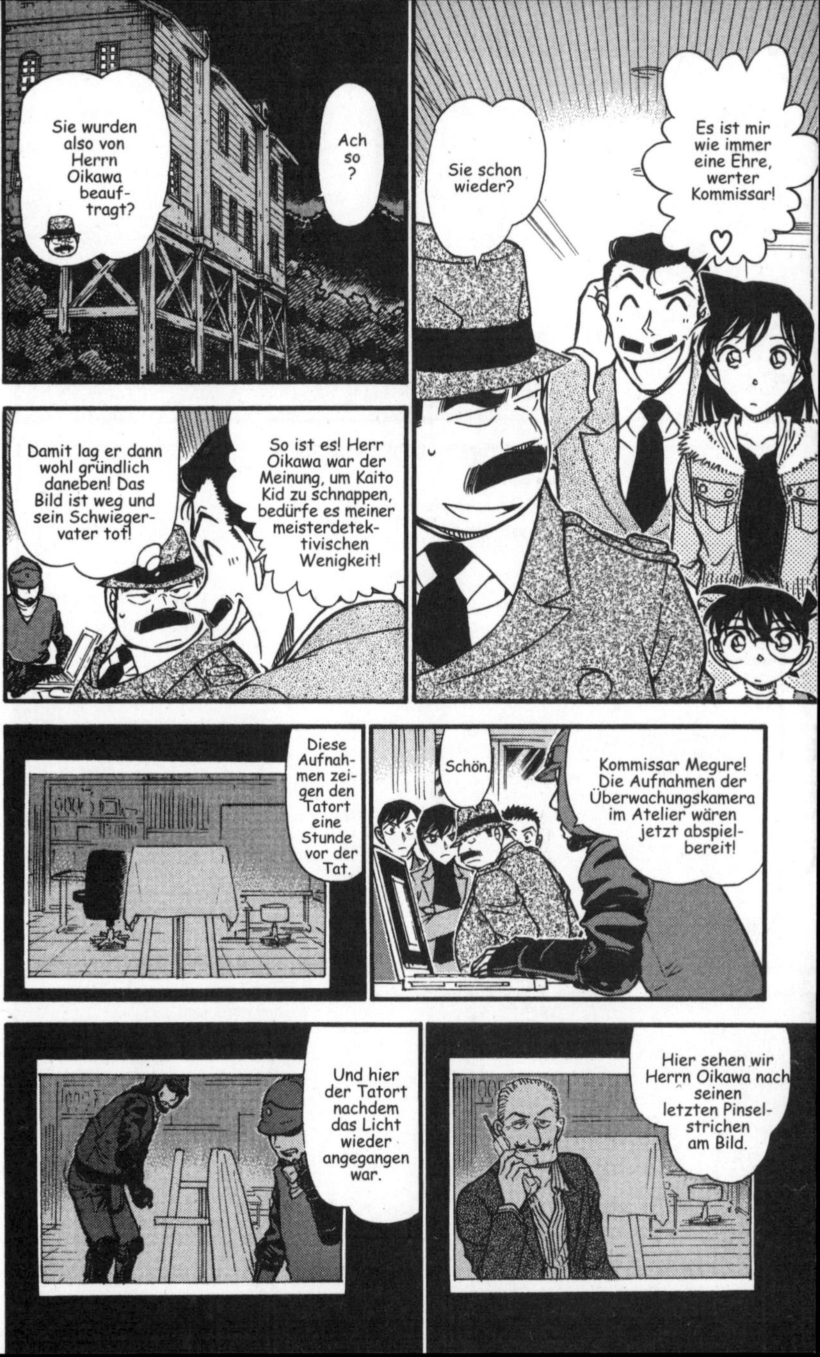
Sie schon wieder?
Es ist mir wie immer eine Ehre, werter Kommissar!
Ach so?
Sie wurden also von Herrn Oikawa beauftragt?
So ist es! Herr Oikawa war der Meinung, um Kaito Kid zu schnappen, bedürfe es meiner meisterdetektivischen Wenigkeit!
Damit lag er dann wohl gründlich daneben! Das Bild ist weg und sein Schwiegervater tot!
Kommissar Megure! Die Aufnahmen der Überwachungskamera im Atelier wären jetzt abspielbereit!
Schön.
Diese Aufnahmen zeigen den Tatort eine Stunde vor der Tat.
Hier sehen wir Herrn Oikawa nach seinen letzten Pinselstrichen am Bild.
Und hier der Tatort nachdem das Licht wieder angegangen war.

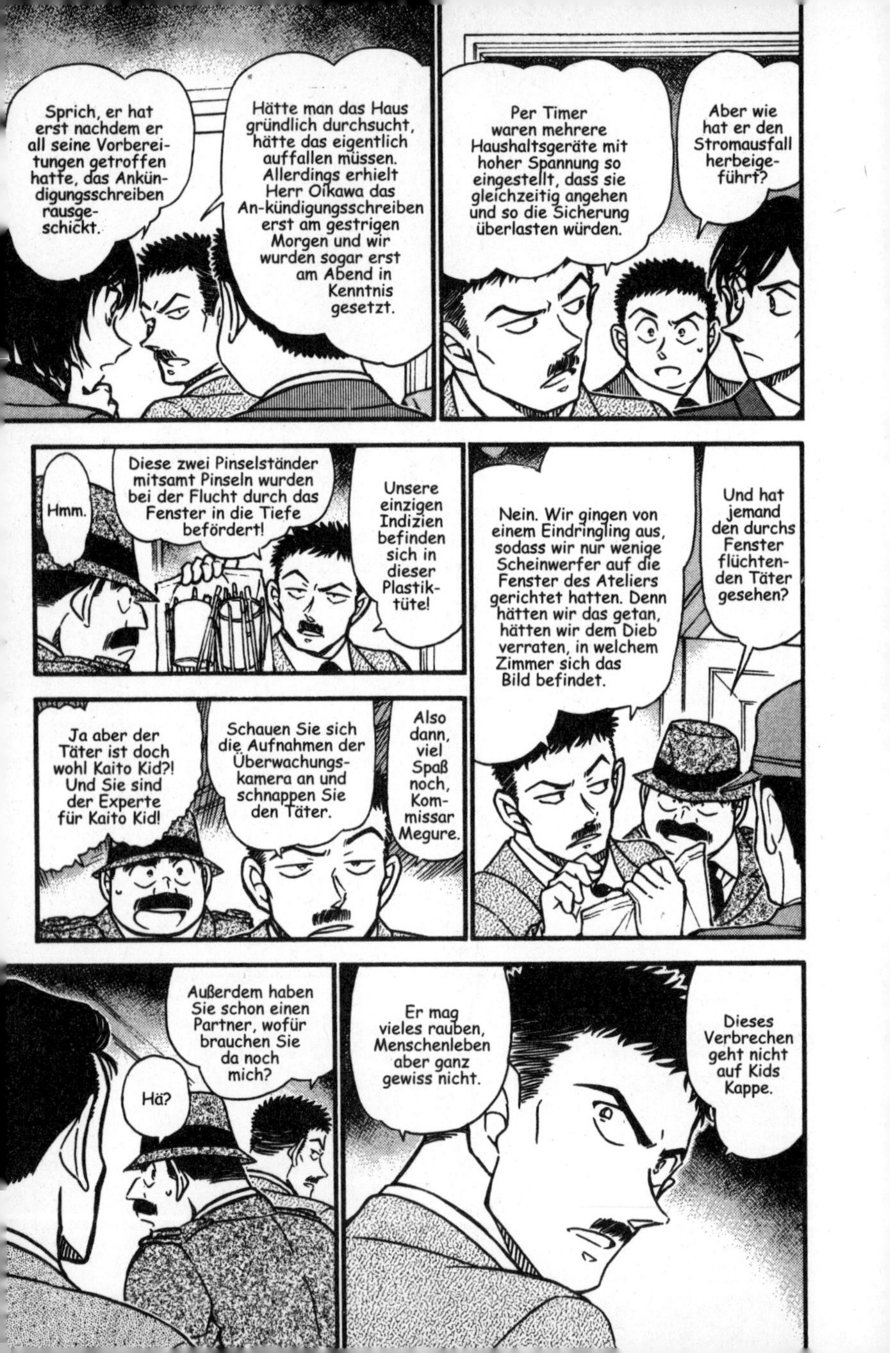

Aber wie hat er den Stromausfall herbeigeführt?
Per Timer waren mehrere Haushaltsgeräte mit hoher Spannung so eingestellt, dass sie gleichzeitig angehen und so die Sicherung überlasten würden.
Hätte man das Haus gründlich durchsucht, hätte das eigentlich auffallen müssen. Allerdings erhielt Herr Oikawa das An-kündigungsschreiben erst am gestrigen Morgen und wir wurden sogar erst am Abend in Kenntnis gesetzt.
Sprich, er hat erst nachdem er all seine Vorbereitungen getroffen hatte, das Ankündigungsschreiben rausgeschickt.
Und hat jemand den durchs Fenster flüchtenden Täter gesehen?
Nein. Wir gingen von einem Eindringling aus, sodass wir nur wenige Scheinwerfer auf die Fenster des Ateliers gerichtet hatten. Denn hätten wir das getan, hätten wir dem Dieb verraten, in welchem Zimmer sich das Bild befindet.
Unsere einzigen Indizien befinden sich in dieser Plastiktüte!
Diese zwei Pinselständer mitsamt Pinseln wurden bei der Flucht durch das Fenster in die Tiefe befördert!
Hmm.
Also dann, viel Spaß noch, Kommissar Megure.
Schauen Sie sich die Aufnahmen der Überwachungskamera an und schnappen Sie den Täter.
Ja aber der Täter ist doch wohl Kaito Kid?! Und Sie sind der Experte für Kaito Kid!
Dieses Verbrechen geht nicht auf Kids Kappe.
Er mag vieles rauben, Menschenleben aber ganz gewiss nicht.
Außerdem haben Sie schon einen Partner, wofür brauchen Sie da noch mich?
Hä?

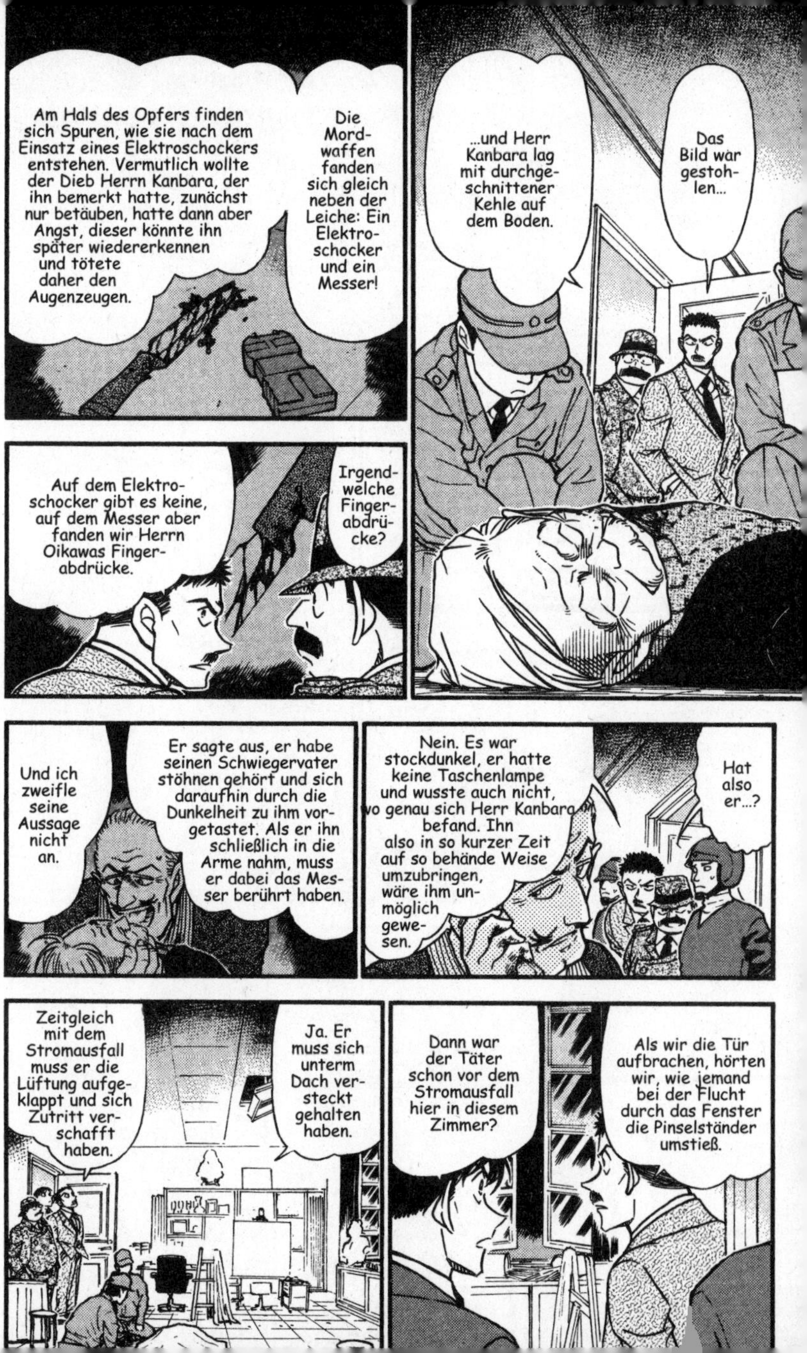
Das Bild war gestohlen...
...und Herr Kanbara lag mit durchgeschnittener Kehle auf dem Boden.
Die Mordwaffen fanden sich gleich neben der Leiche: Ein Elektroschocker und ein Messer!
Am Hals des Opfers finden sich Spuren, wie sie nach dem Einsatz eines Elektroschockers entstehen. Vermutlich wollte der Dieb Herrn Kanbara, der ihn bemerkt hatte, zunächst nur betäuben, hatte dann aber Angst, dieser könnte ihn später wiedererkennen und tötete daher den Augenzeugen.
Irgendwelche Fingerabdrücke?
Auf dem Elektroschocker gibt es keine, auf dem Messer aber fanden wir Herrn Oikawas Fingerabdrücke.
Hat also er...?
Nein. Es war stockdunkel, er hatte keine Taschenlampe und wusste auch nicht, wo genau sich Herr Kanbara befand. Ihn also in so kurzer Zeit auf so behände Weise umzubringen, wäre ihm unmöglich gewesen.
Er sagte aus, er habe seinen Schwiegervater stöhnen gehört und sich daraufhin durch die Dunkelheit zu ihm vorgetastet. Als er ihn schließlich in die Arme nahm, muss er dabei das Messer berührt haben.
Und ich zweifle seine Aussage nicht an.
Als wir die Tür aufbrachen, hörten wir, wie jemand bei der Flucht durch das Fenster die Pinselständer umstieß.
Dann war der Täter schon vor dem Stromausfall hier in diesem Zimmer?
Ja. Er muss sich unterm Dach versteckt gehalten haben.
Zeitgleich mit dem Stromausfall muss er die Lüftung aufgeklappt und sich Zutritt verschafft haben.

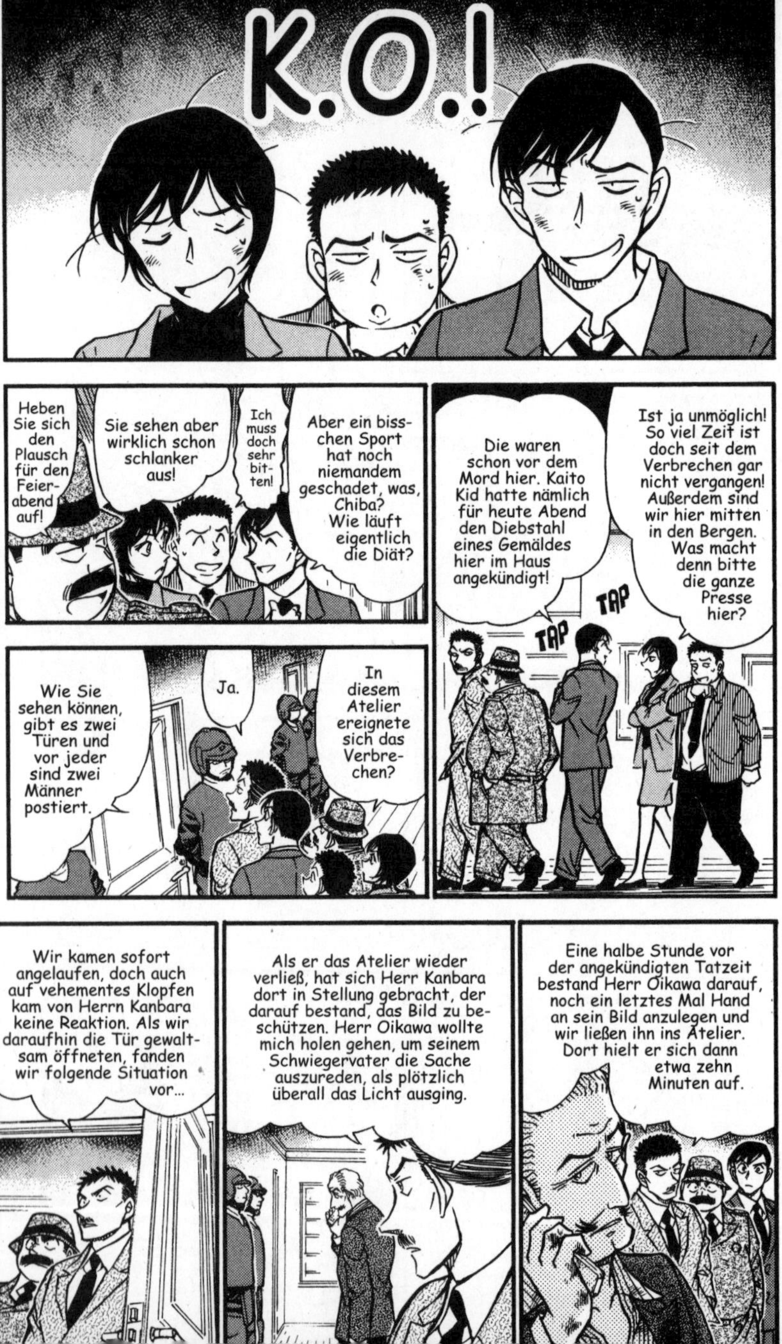

K.O.!
Ist ja unmöglich! So viel Zeit ist doch seit dem Verbrechen gar nicht vergangen! Außerdem sind wir hier mitten in den Bergen. Was macht denn bitte die ganze Presse hier?
Die waren schon vor dem Mord hier. Kaito Kid hatte nämlich für heute Abend den Diebstahl eines Gemäldes hier im Haus angekündigt!
TAP
TAP
Aber ein bisschen Sport hat noch niemandem geschadet, was, Chiba? Wie läuft eigentlich die Diät?
Ich muss doch sehr bitten!
Sie sehen aber wirklich schon schlanker aus!
Heben Sie sich den Plausch für den Feierabend auf!
In diesem Atelier ereignete sich das Verbrechen?
Ja.
Wie Sie sehen können, gibt es zwei Türen und vor jeder sind zwei Männer postiert.
Eine halbe Stunde vor der angekündigten Tatzeit bestand Herr Oikawa darauf, noch ein letztes Mal Hand an sein Bild anzulegen und wir ließen ihn ins Atelier. Dort hielt er sich dann etwa zehn Minuten auf.
Als er das Atelier wieder verließ, hat sich Herr Kanbara dort in Stellung gebracht, der darauf bestand, das Bild zu beschützen. Herr Oikawa wollte mich holen gehen, um seinem Schwiegervater die Sache auszureden, als plötzlich überall das Licht ausging.
Wir kamen sofort angelaufen, doch auch auf vehementes Klopfen kam von Herrn Kanbara keine Reaktion. Als wir daraufhin die Tür gewaltsam öffneten, fanden wir folgende Situation vor...

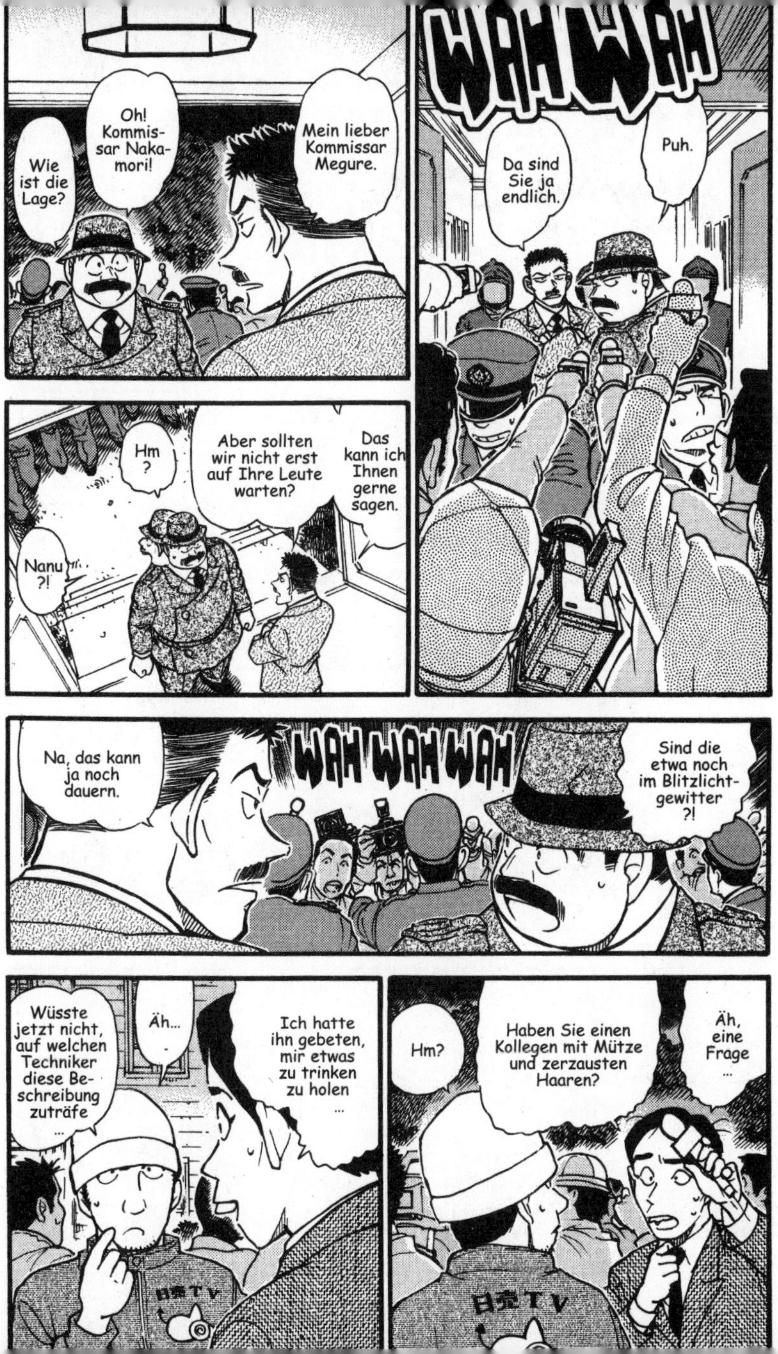
WAH WAH
Puh.
Da sind Sie ja endlich.
Mein lieber Kommissar Megure.
Oh! Kommissar Nakamori!
Wie ist die Lage?
Das kann ich Ihnen gerne sagen.
Aber sollten wir nicht erst auf Ihre Leute warten?
Hm?
Nanu?!
Sind die etwa noch im Blitzlichtgewitter?!
WAH WAH WAH
Na, das kann ja noch dauern.
Äh, eine Frage ...
Haben Sie einen Kollegen mit Mütze und zerzausten Haaren?
Hm?
Ich hatte ihn gebeten, mir etwas zu trinken zu holen ...
Äh...
Wüsste jetzt nicht, auf welchen Techniker diese Beschreibung zuträfe ...

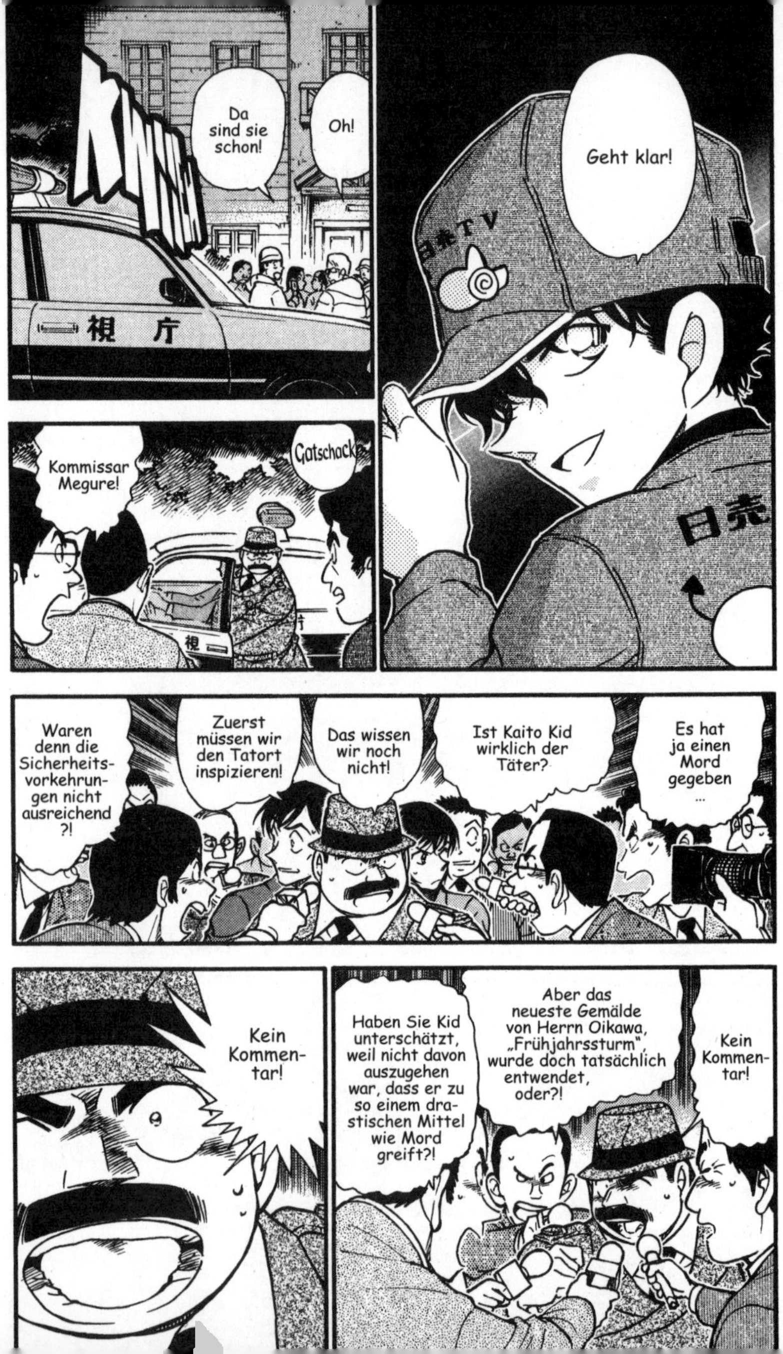
Geht klar!
Oh!
Da sind sie schon!
Gatschack
Kommissar Megure!
Es hat ja einen Mord gegeben ...
Ist Kaito Kid wirklich der Täter?
Das wissen wir noch nicht!
Zuerst müssen wir den Tatort inspizieren!
Waren denn die Sicherheitsvorkehrungen nicht ausreichend?!
Kein Kommentar!
Aber das neueste Gemälde von Herrn Oikawa, „Frühjahrssturm", wurde doch tatsächlich entwendet, oder?!
Haben Sie Kid unterschätzt, weil nicht davon auszugehen war, dass er zu so einem drastischen Mittel wie Mord greift?!
Kein Kommentar!

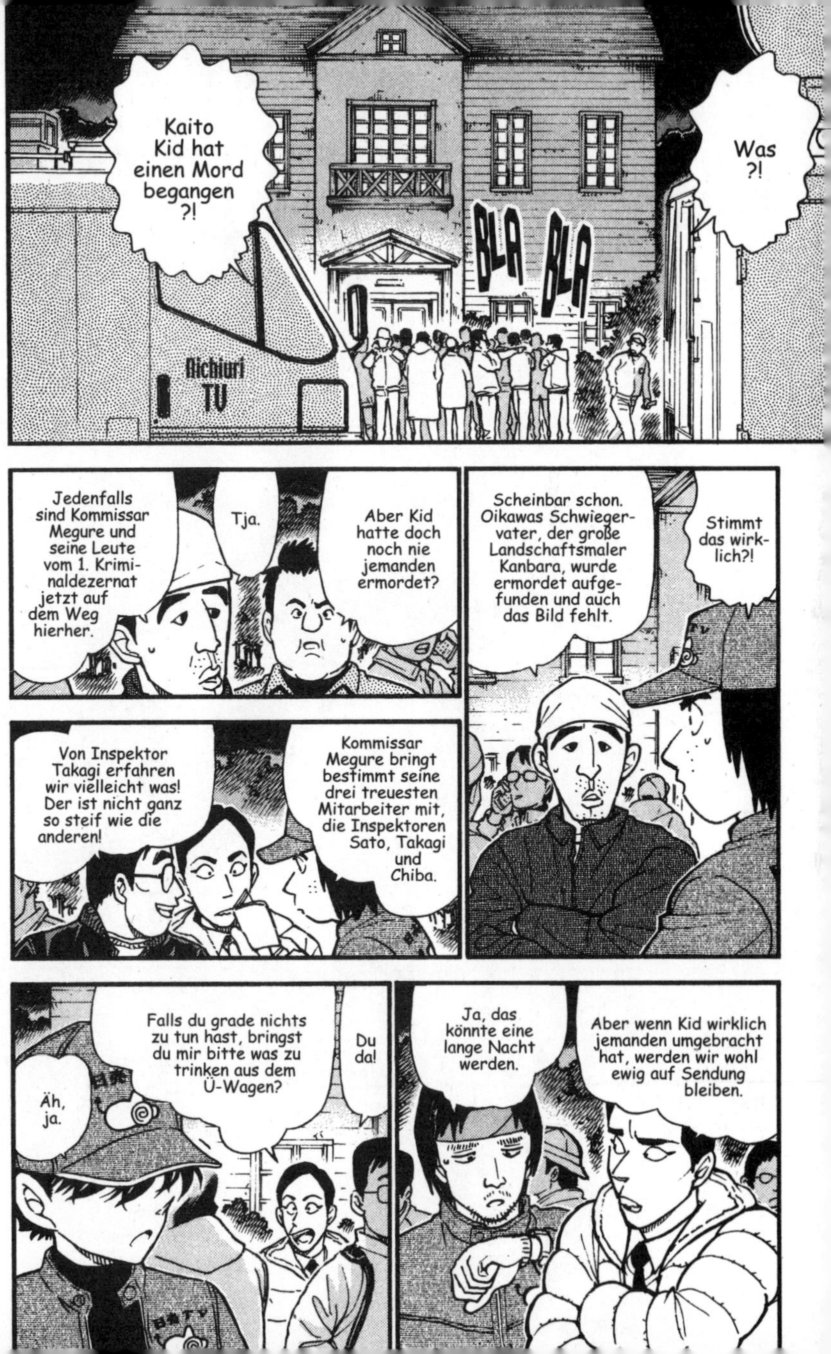
Was ?!
Kaito Kid hat einen Mord begangen ?!
BLA BLA
Nichiuri TV
Stimmt das wirklich?!
Scheinbar schon. Oikawas Schwiegervater, der große Landschaftsmaler Kanbara, wurde ermordet aufgefunden und auch das Bild fehlt.
Aber Kid hatte doch noch nie jemanden ermordet?
Tja.
Jedenfalls sind Kommissar Megure und seine Leute vom 1. Kriminaldezernat jetzt auf dem Weg hierher.
Kommissar Megure bringt bestimmt seine drei treuesten Mitarbeiter mit, die Inspektoren Sato, Takagi und Chiba.
Von Inspektor Takagi erfahren wir vielleicht was! Der ist nicht ganz so steif wie die anderen!
Aber wenn Kid wirklich jemanden umgebracht hat, werden wir wohl ewig auf Sendung bleiben.
Ja, das könnte eine lange Nacht werden.
Du da!
Falls du grade nichts zu tun hast, bringst du mir bitte was zu trinken aus dem Ü-Wagen?
Äh, ja.

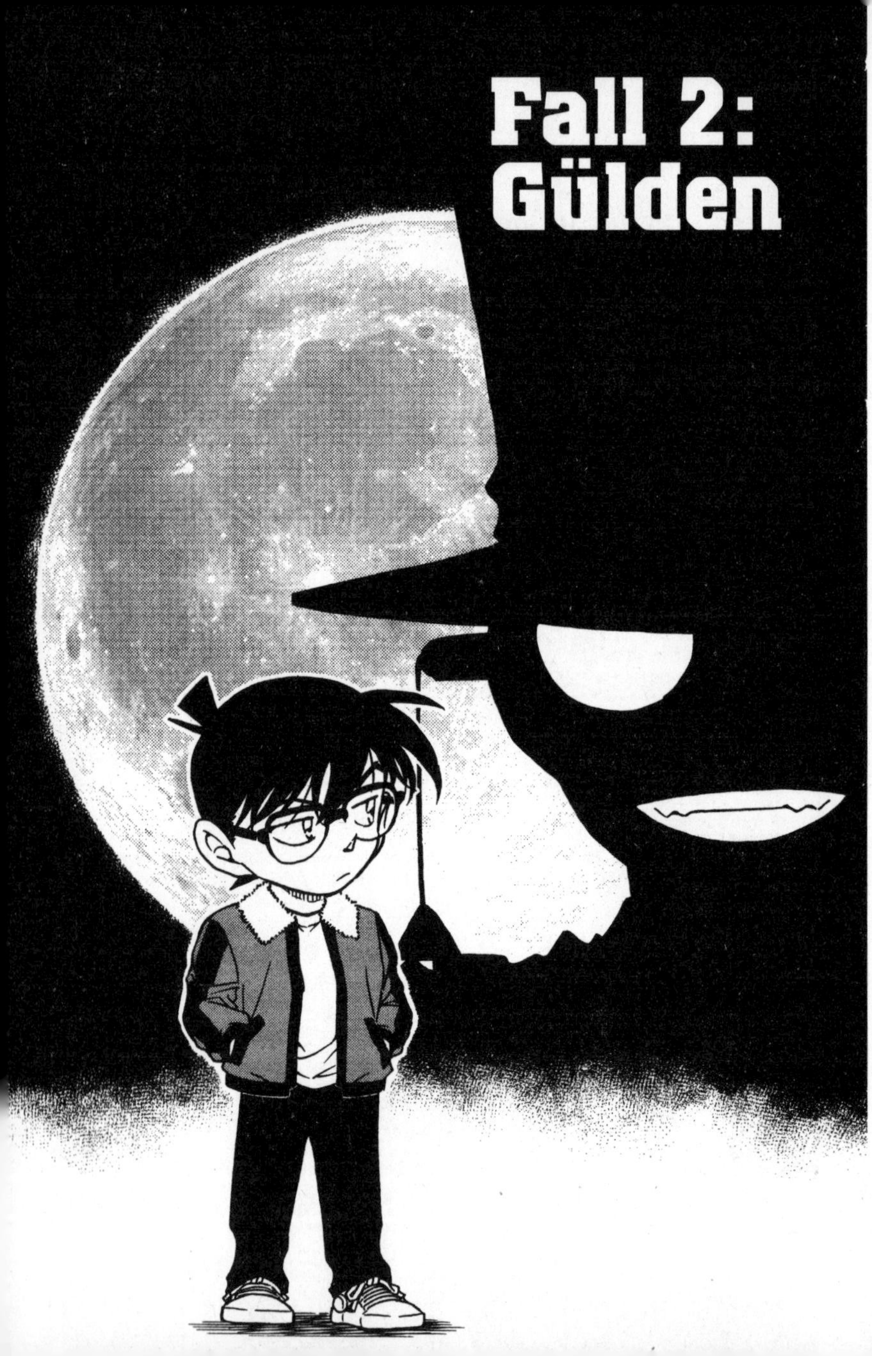
Fall 2:
Gülden

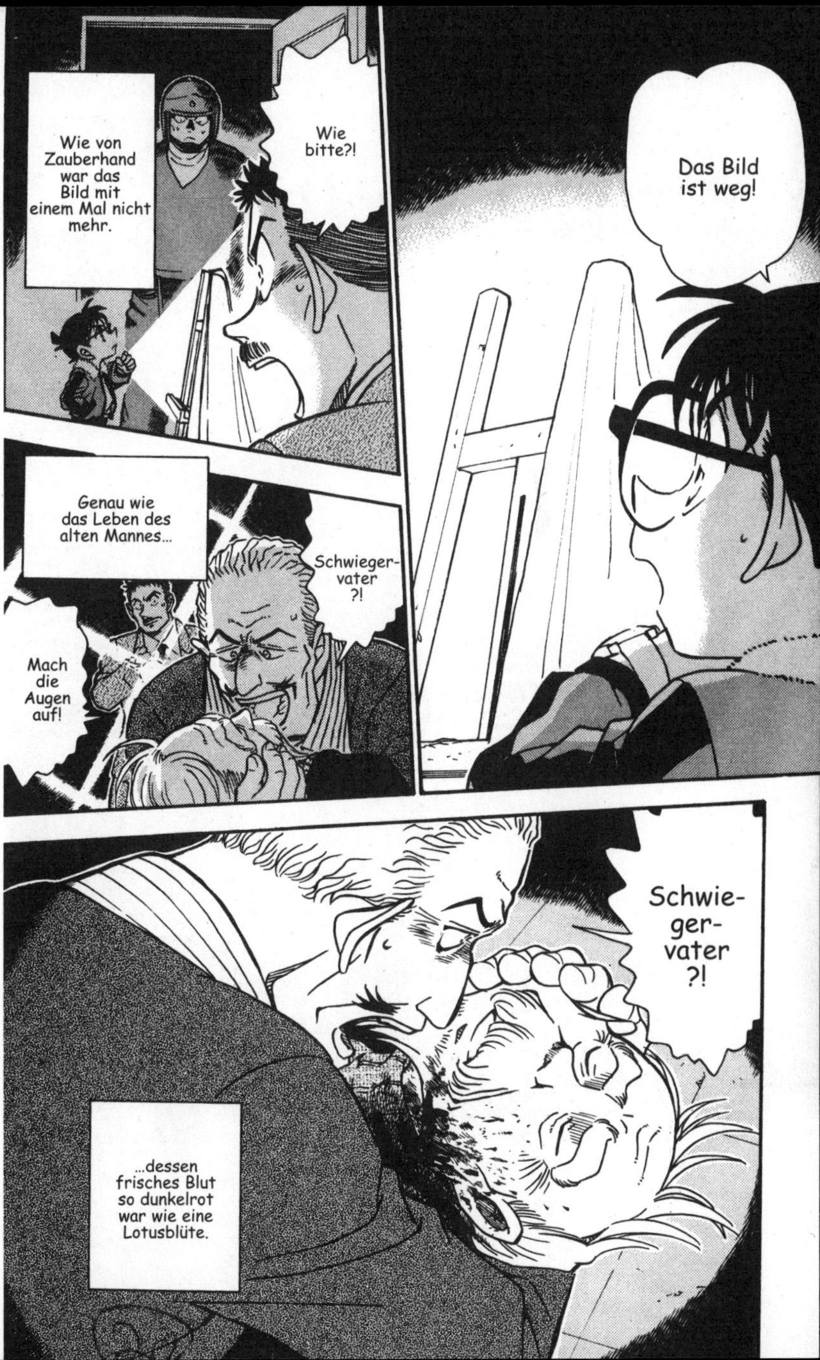

Das Bild ist weg!
Wie bitte?!
Wie von Zauberhand war das Bild mit einem Mal nicht mehr.
Schwieger-vater ?!
Genau wie das Leben des alten Mannes...
Mach die Augen auf!
Schwie-ger-vater ?!
...dessen frisches Blut so dunkelrot war wie eine Lotusblüte.

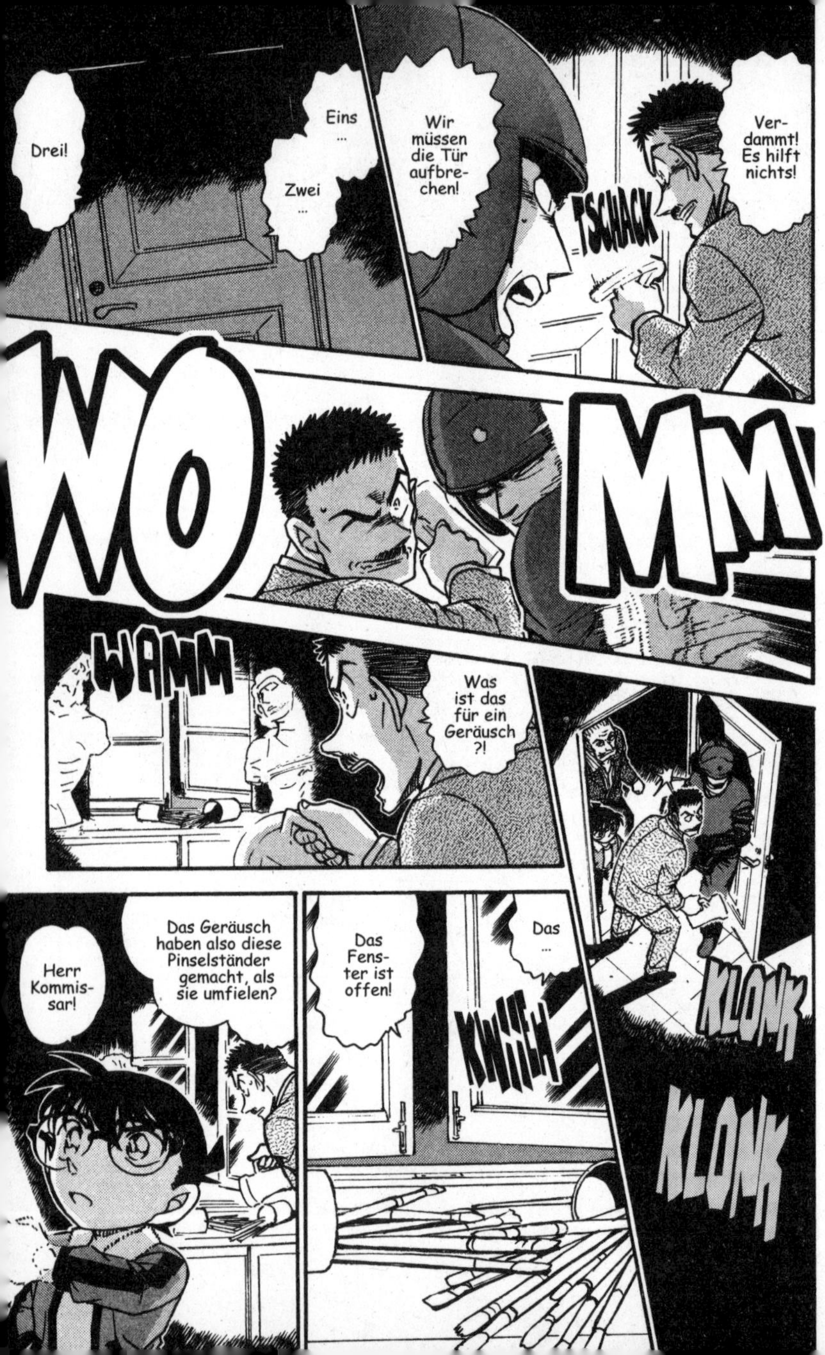

Verdammt! Es hilft nichts!
TSCHACK
Wir müssen die Tür aufbrechen!
Eins …
Zwei …
Drei!
WOMM
WAMM
Was ist das für ein Geräusch?!
KLONK KLONK
Das …
KNICH
Das Fenster ist offen!
Das Geräusch haben also diese Pinselständer gemacht, als sie umfielen?
Herr Kommissar!

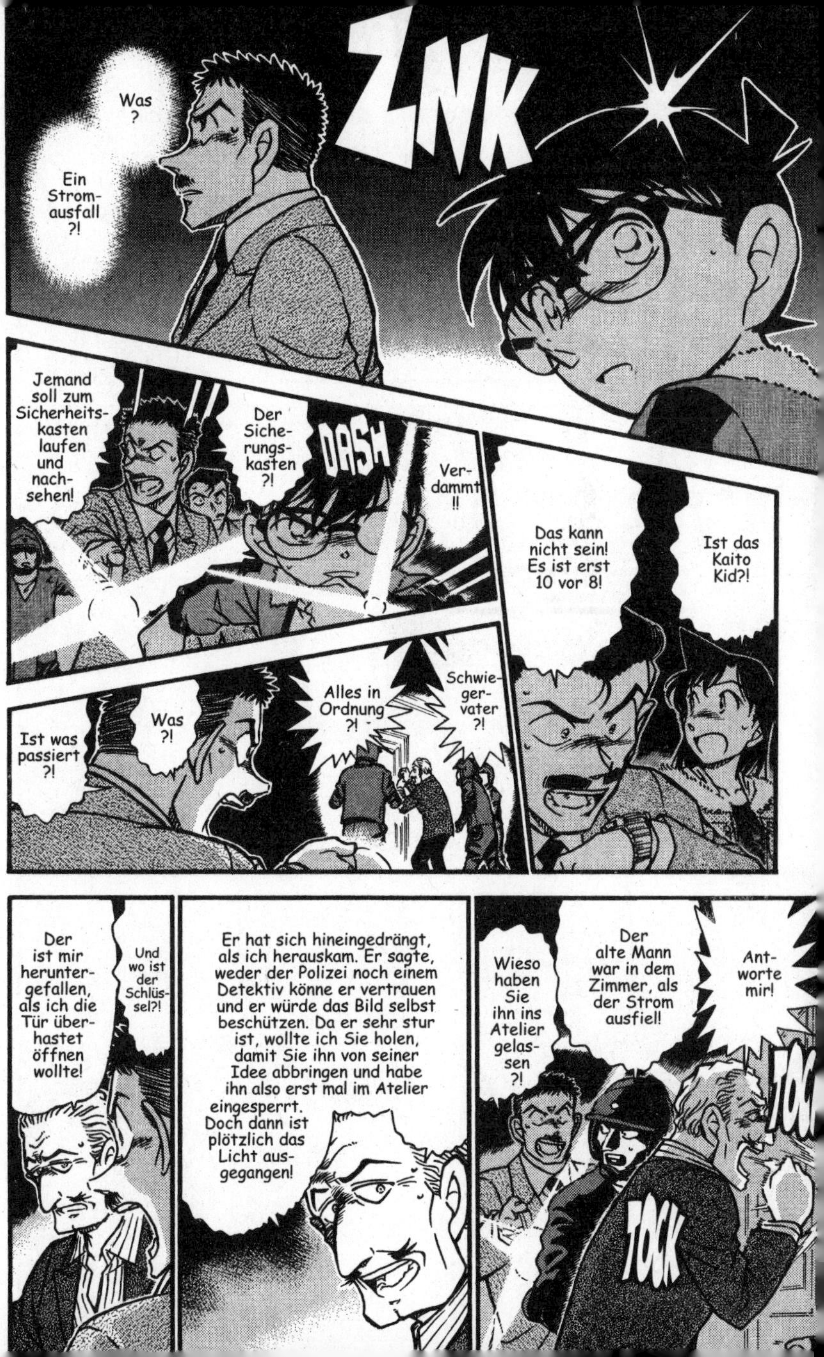
ZNK
Was ?
Ein Stromausfall ?!
Ist das Kaito Kid?!
Das kann nicht sein! Es ist erst 10 vor 8!
Verdammt !!
DASH
Der Sicherungskasten ?!
Jemand soll zum Sicherheitskasten laufen und nachsehen!
Schwiegervater ?!
Alles in Ordnung ?!
Was ?!
Ist was passiert ?!
Antworte mir!
TOCK
Der alte Mann war in dem Zimmer, als der Strom ausfiel!
Wieso haben Sie ihn ins Atelier gelassen ?!
TOCK
Er hat sich hineingedrängt, als ich herauskam. Er sagte, weder der Polizei noch einem Detektiv könne er vertrauen und er würde das Bild selbst beschützen. Da er sehr stur ist, wollte ich Sie holen, damit Sie ihn von seiner Idee abbringen und habe ihn also erst mal im Atelier eingesperrt. Doch dann ist plötzlich das Licht ausgegangen!
Und wo ist der Schlüssel?!
Der ist mir heruntergefallen, als ich die Tür überhastet öffnen wollte!

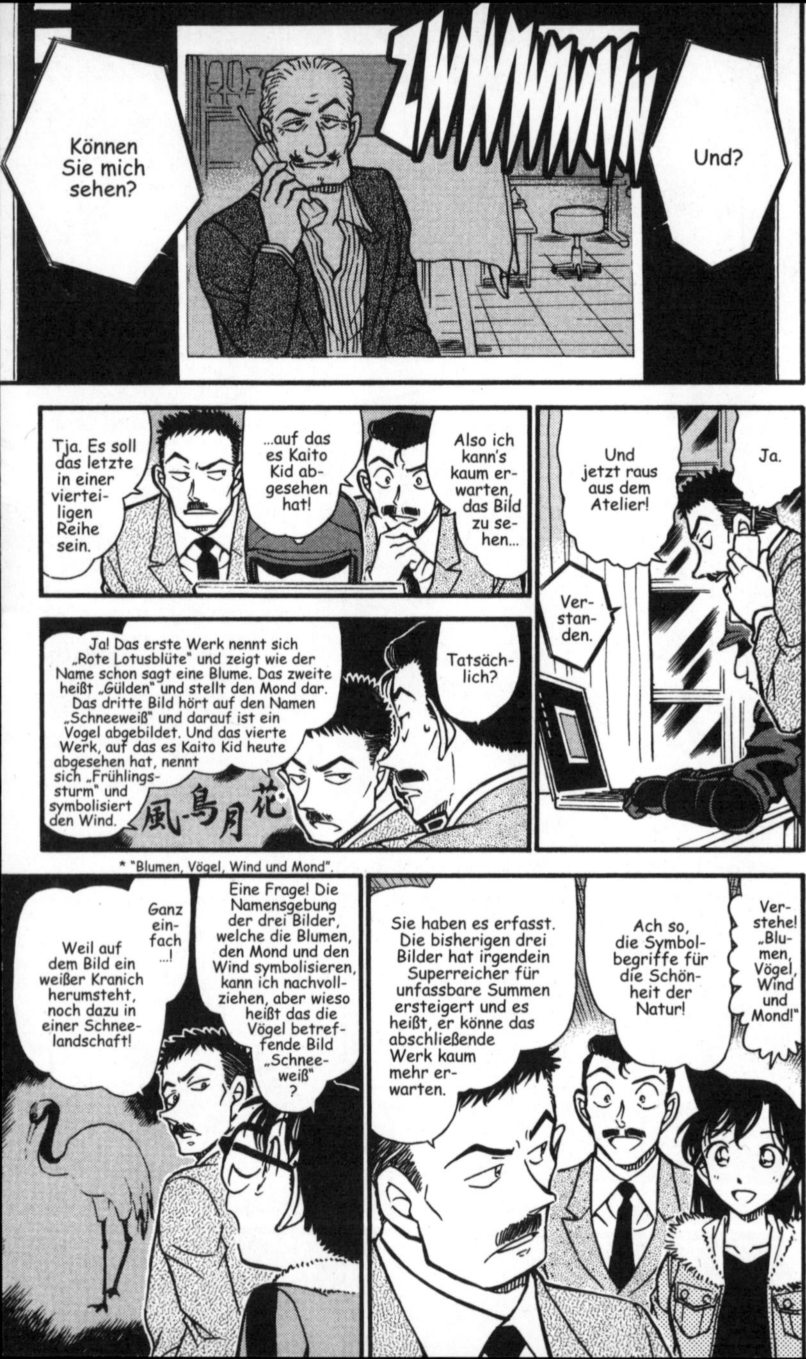

* "Blumen, Vögel, Wind und Mond".

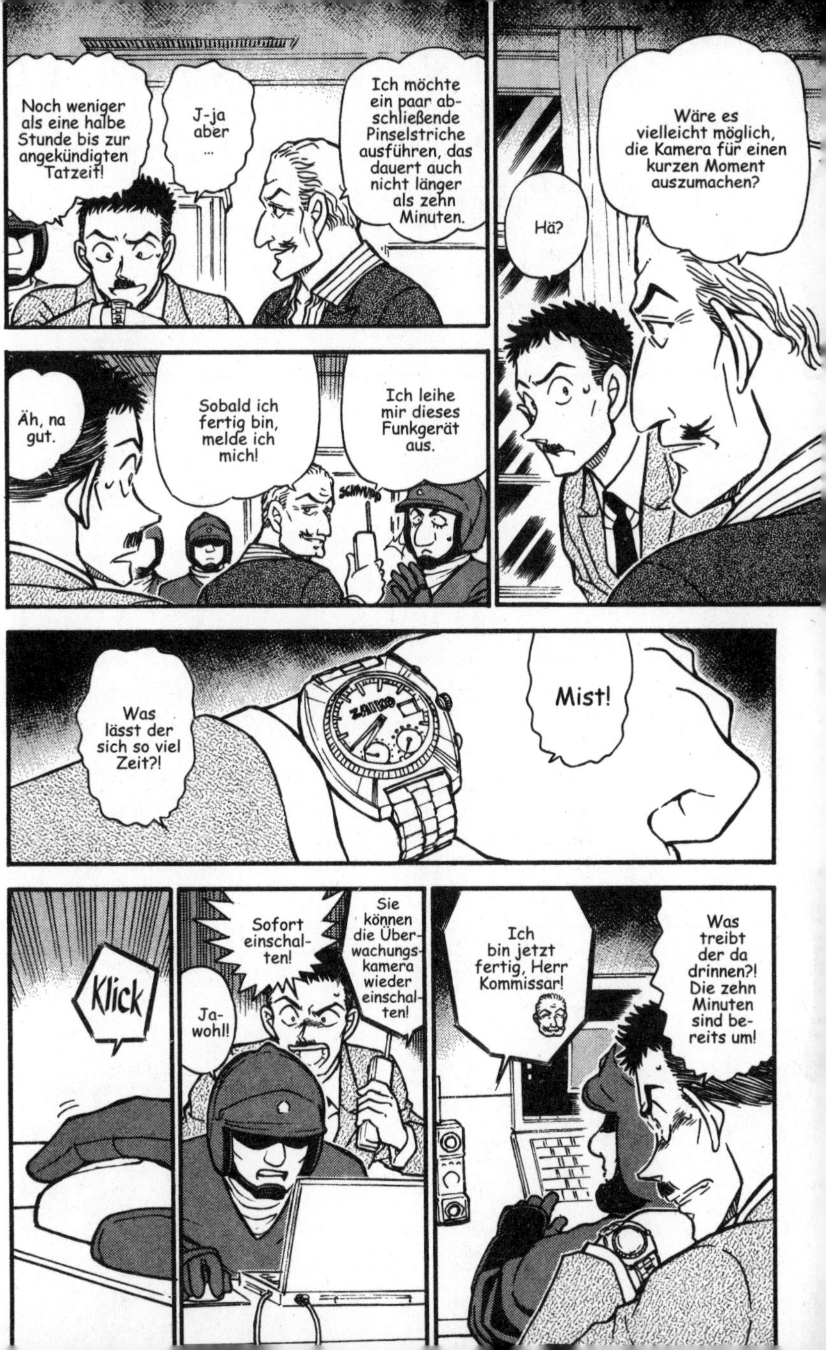

Wäre es vielleicht möglich, die Kamera für einen kurzen Moment auszumachen?
Hä?
Ich möchte ein paar abschließende Pinselstriche ausführen, das dauert auch nicht länger als zehn Minuten.
J-ja aber ...
Noch weniger als eine halbe Stunde bis zur angekündigten Tatzeit!
Ich leihe mir dieses Funkgerät aus.
Sobald ich fertig bin, melde ich mich!
Äh, na gut.
Mist!
ZAIKO
Was lässt der sich so viel Zeit?!
Was treibt der da drinnen?! Die zehn Minuten sind bereits um!
Ich bin jetzt fertig, Herr Kommissar!
Sie können die Überwachungskamera wieder einschalten!
Sofort einschalten!
Jawohl!
Klick

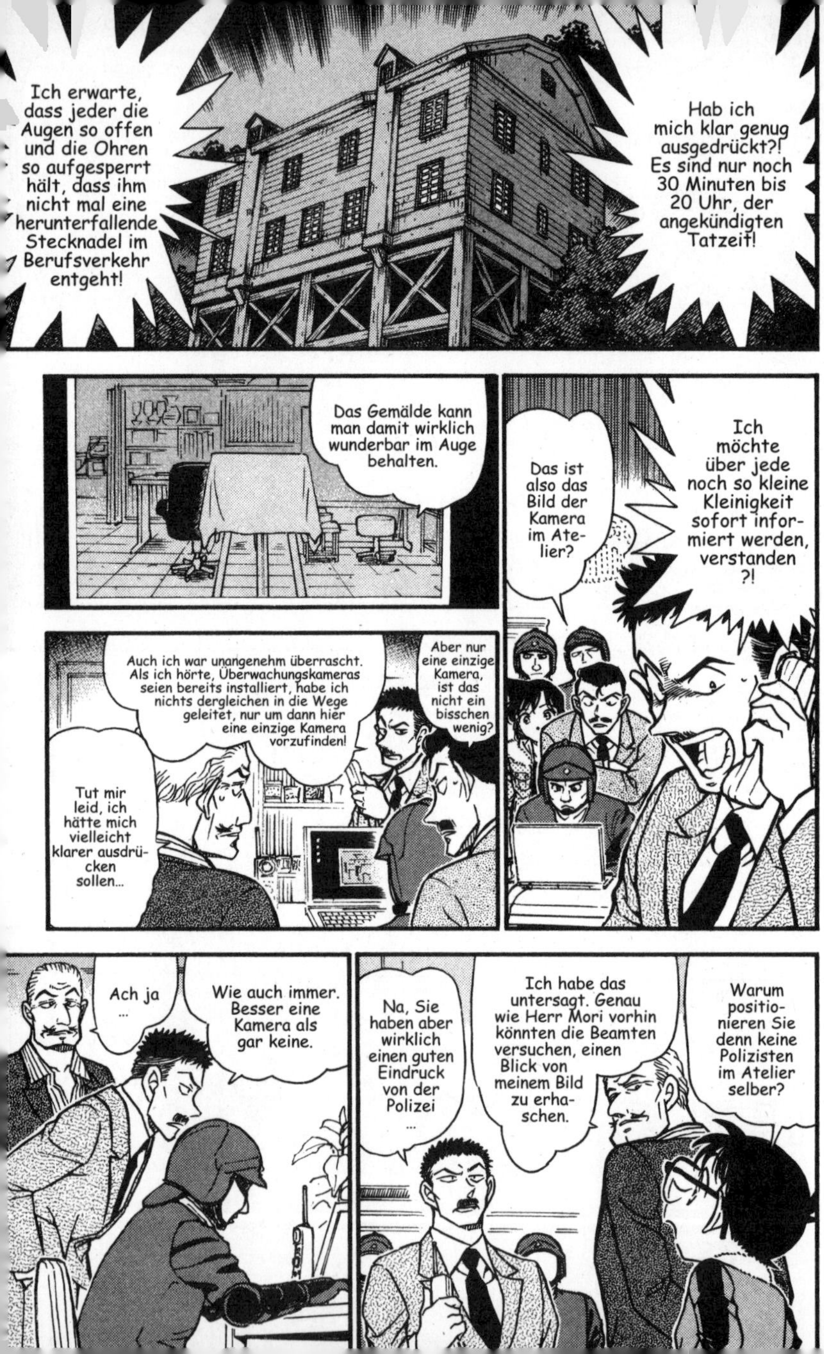
Hab ich mich klar genug ausgedrückt?! Es sind nur noch 30 Minuten bis 20 Uhr, der angekündigten Tatzeit!
Ich erwarte, dass jeder die Augen so offen und die Ohren so aufgesperrt hält, dass ihm nicht mal eine herunterfallende Stecknadel im Berufsverkehr entgeht!
Ich möchte über jede noch so kleine Kleinigkeit sofort informiert werden, verstanden?!
Das ist also das Bild der Kamera im Atelier?
Das Gemälde kann man damit wirklich wunderbar im Auge behalten.
Aber nur eine einzige Kamera, ist das nicht ein bisschen wenig?
Auch ich war unangenehm überrascht. Als ich hörte, Überwachungskameras seien bereits installiert, habe ich nichts dergleichen in die Wege geleitet, nur um dann hier eine einzige Kamera vorzufinden!
Tut mir leid, ich hätte mich vielleicht klarer ausdrücken sollen...
Warum positionieren Sie denn keine Polizisten im Atelier selber?
Ich habe das untersagt. Genau wie Herr Mori vorhin könnten die Beamten versuchen, einen Blick von meinem Bild zu erhaschen.
Na, Sie haben aber wirklich einen guten Eindruck von der Polizei ...
Wie auch immer. Besser eine Kamera als gar keine.
Ach ja ...

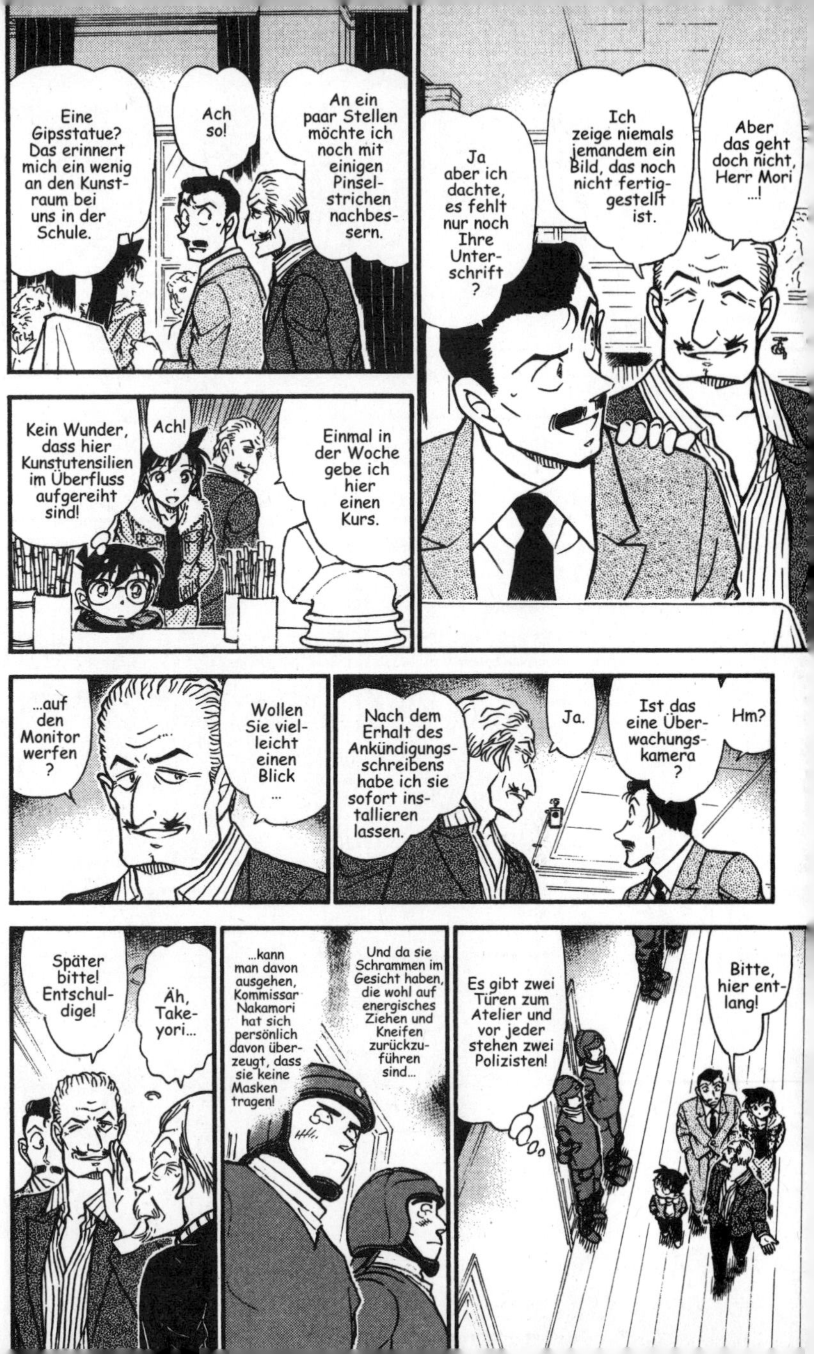

Aber das geht doch nicht, Herr Mori ...!
Ich zeige niemals jemandem ein Bild, das noch nicht fertiggestellt ist.
Ja aber ich dachte, es fehlt nur noch Ihre Unterschrift ?
An ein paar Stellen möchte ich noch mit einigen Pinselstrichen nachbessern.
Ach so!
Eine Gipsstatue? Das erinnert mich ein wenig an den Kunstraum bei uns in der Schule.
Einmal in der Woche gebe ich hier einen Kurs.
Ach!
Kein Wunder, dass hier Kunstutensilien im Überfluss aufgereiht sind!
Hm?
Ist das eine Überwachungskamera ?
Ja.
Nach dem Erhalt des Ankündigungsschreibens habe ich sie sofort installieren lassen.
Wollen Sie vielleicht einen Blick ...
...auf den Monitor werfen ?
Bitte, hier entlang!
Es gibt zwei Türen zum Atelier und vor jeder stehen zwei Polizisten!
Und da sie Schrammen im Gesicht haben, die wohl auf energisches Ziehen und Kneifen zurückzuführen sind...
...kann man davon ausgehen, Kommissar Nakamori hat sich persönlich davon überzeugt, dass sie keine Masken tragen!
Äh, Takeyori...
Später bitte! Entschuldige!

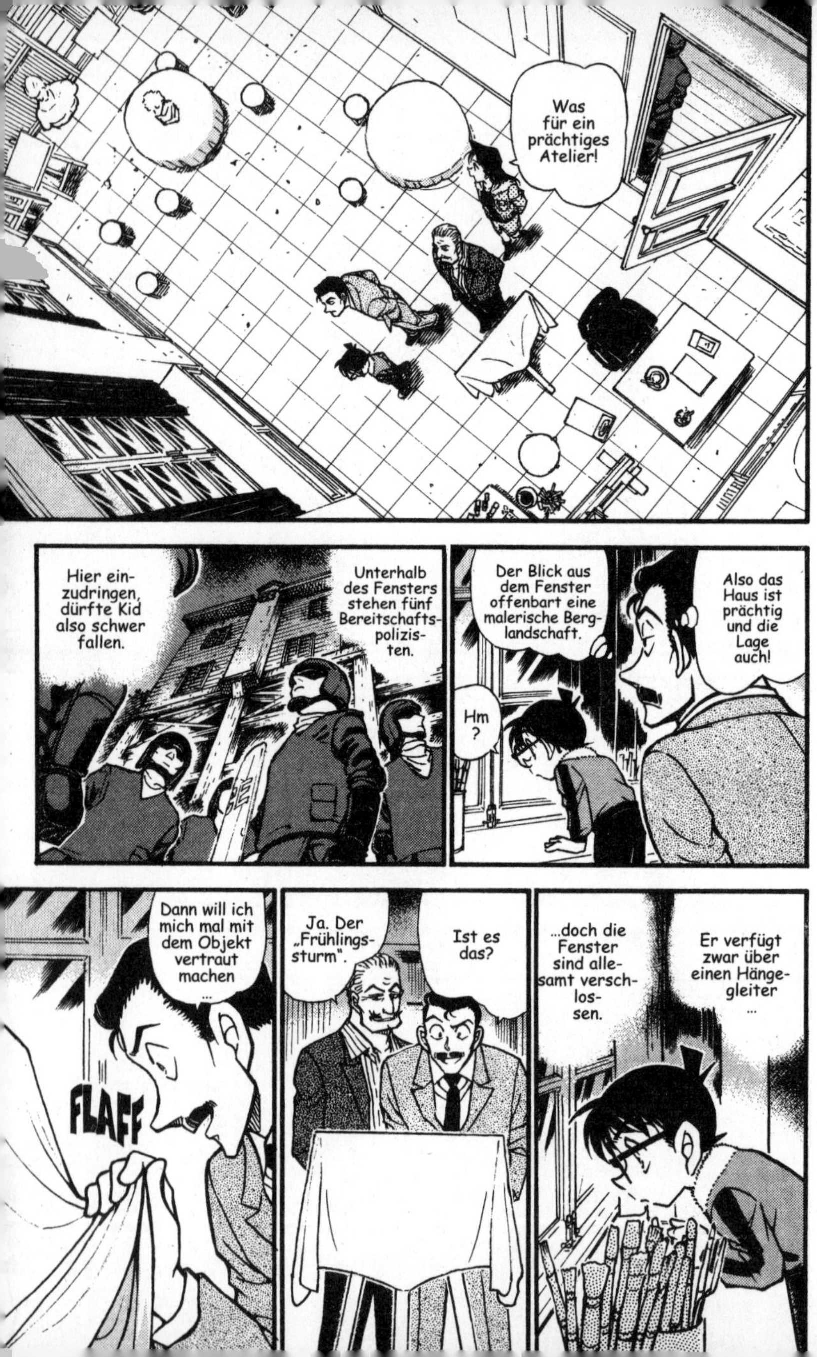
Was für ein prächtiges Atelier!
Also das Haus ist prächtig und die Lage auch!
Der Blick aus dem Fenster offenbart eine malerische Berglandschaft.
Hm ?
Unterhalb des Fensters stehen fünf Bereitschaftspolizisten.
Hier einzudringen, dürfte Kid also schwer fallen.
Er verfügt zwar über einen Hängegleiter ...
...doch die Fenster sind allesamt verschlossen.
Ist es das?
Ja. Der „Frühlingssturm".
Dann will ich mich mal mit dem Objekt vertraut machen ...
FLAFF

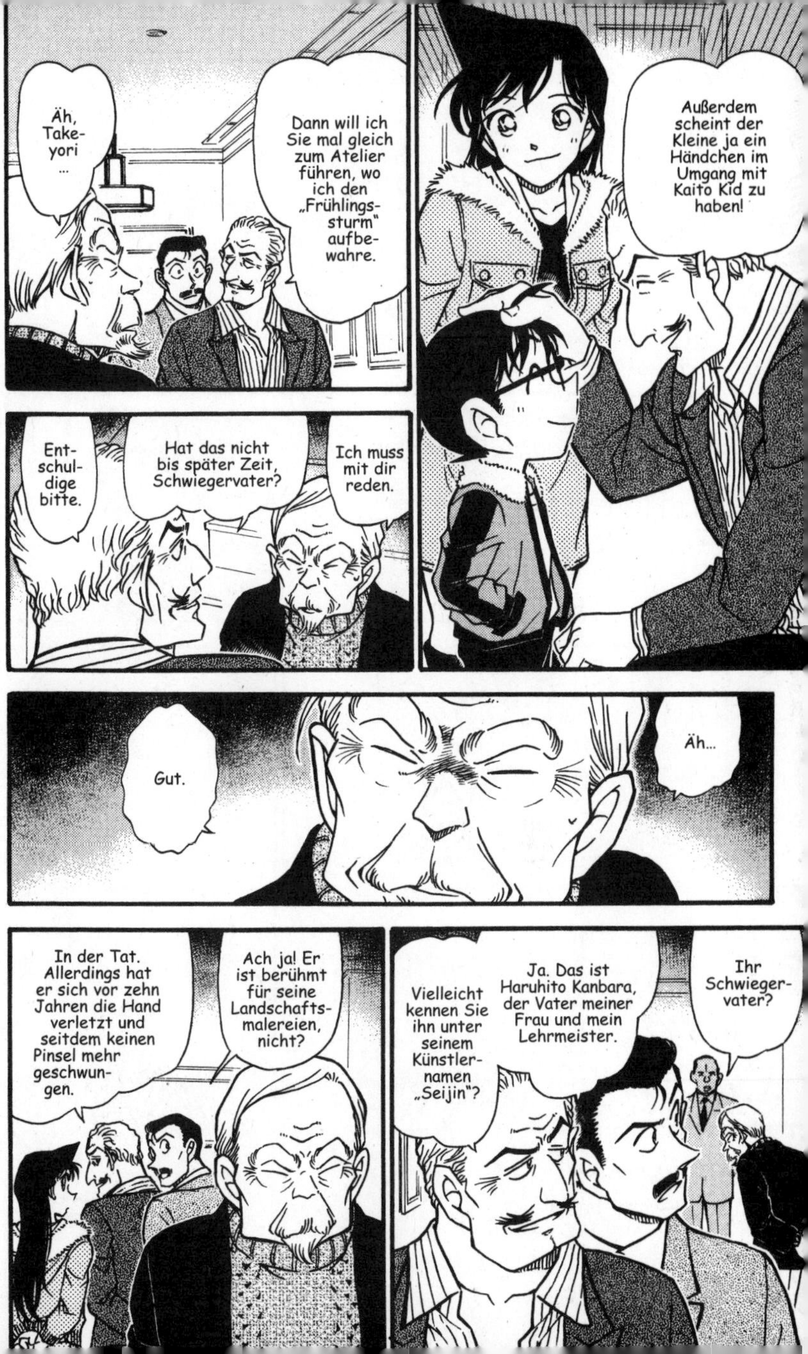
Außerdem scheint der Kleine ja ein Händchen im Umgang mit Kaito Kid zu haben!
Dann will ich Sie mal gleich zum Atelier führen, wo ich den „Frühlingssturm" aufbewahre.
Äh, Takeyori ...
Ich muss mit dir reden.
Hat das nicht bis später Zeit, Schwiegervater?
Entschuldige bitte.
Äh...
Gut.
Ihr Schwiegervater?
Ja. Das ist Haruhito Kanbara, der Vater meiner Frau und mein Lehrmeister.
Vielleicht kennen Sie ihn unter seinem Künstlernamen „Seijin"?
Ach ja! Er ist berühmt für seine Landschaftsmalereien, nicht?
In der Tat. Allerdings hat er sich vor zehn Jahren die Hand verletzt und seitdem keinen Pinsel mehr geschwungen.

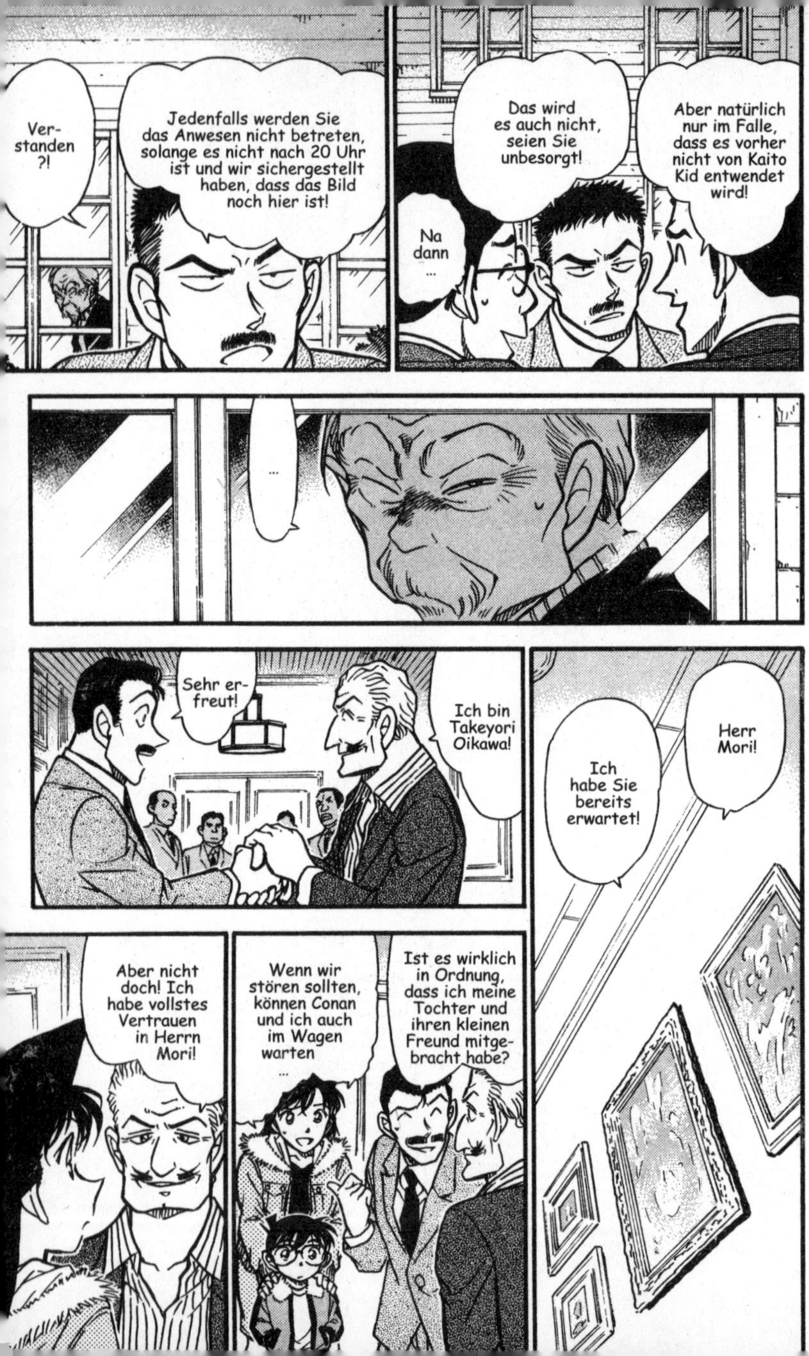
Aber natürlich nur im Falle, dass es vorher nicht von Kaito Kid entwendet wird!
Das wird es auch nicht, seien Sie unbesorgt!
Na dann ...
Jedenfalls werden Sie das Anwesen nicht betreten, solange es nicht nach 20 Uhr ist und wir sichergestellt haben, dass das Bild noch hier ist!
Verstanden ?!
...
Herr Mori!
Ich habe Sie bereits erwartet!
Ich bin Takeyori Oikawa!
Sehr erfreut!
Ist es wirklich in Ordnung, dass ich meine Tochter und ihren kleinen Freund mitgebracht habe?
Wenn wir stören sollten, können Conan und ich auch im Wagen warten ...
Aber nicht doch! Ich habe vollstes Vertrauen in Herrn Mori!

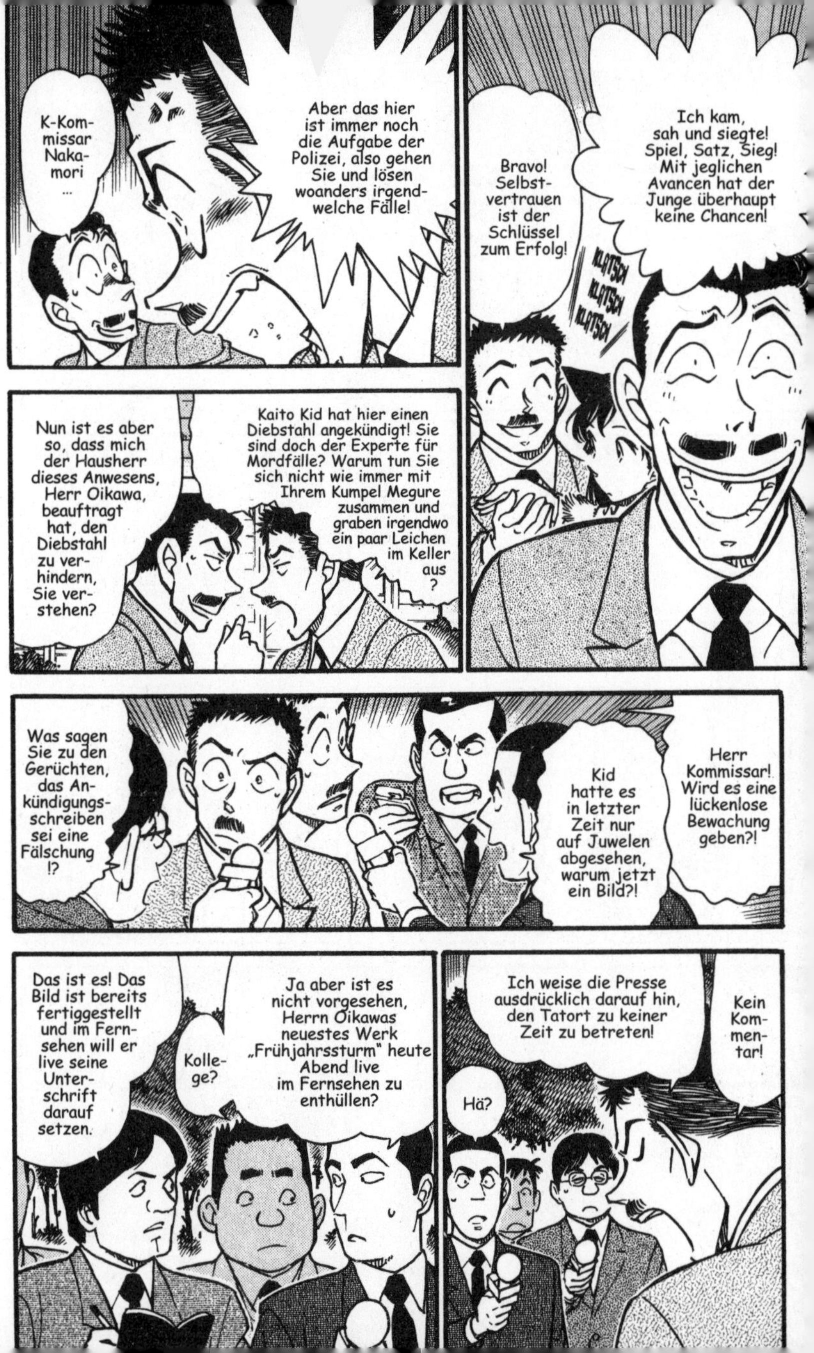

Ich kam, sah und siegte! Spiel, Satz, Sieg! Mit jeglichen Avancen hat der Junge überhaupt keine Chancen!
Bravo! Selbstvertrauen ist der Schlüssel zum Erfolg!
KLATSCH KLATSCH KLATSCH
Aber das hier ist immer noch die Aufgabe der Polizei, also gehen Sie und lösen woanders irgendwelche Fälle!
K-Kommissar Nakamori ...
Kaito Kid hat hier einen Diebstahl angekündigt! Sie sind doch der Experte für Mordfälle? Warum tun Sie sich nicht wie immer mit Ihrem Kumpel Megure zusammen und graben irgendwo ein paar Leichen im Keller aus?
Nun ist es aber so, dass mich der Hausherr dieses Anwesens, Herr Oikawa, beauftragt hat, den Diebstahl zu verhindern, Sie verstehen?
Herr Kommissar! Wird es eine lückenlose Bewachung geben?!
Kid hatte es in letzter Zeit nur auf Juwelen abgesehen, warum jetzt ein Bild?!
Was sagen Sie zu den Gerüchten, das Ankündigungsschreiben sei eine Fälschung!?
Kein Kommentar!
Ich weise die Presse ausdrücklich darauf hin, den Tatort zu keiner Zeit zu betreten!
Hä?
Ja aber ist es nicht vorgesehen, Herrn Oikawas neuestes Werk „Frühjahrssturm" heute Abend live im Fernsehen zu enthüllen?
Kollege?
Das ist es! Das Bild ist bereits fertiggestellt und im Fernsehen will er live seine Unterschrift darauf setzen.

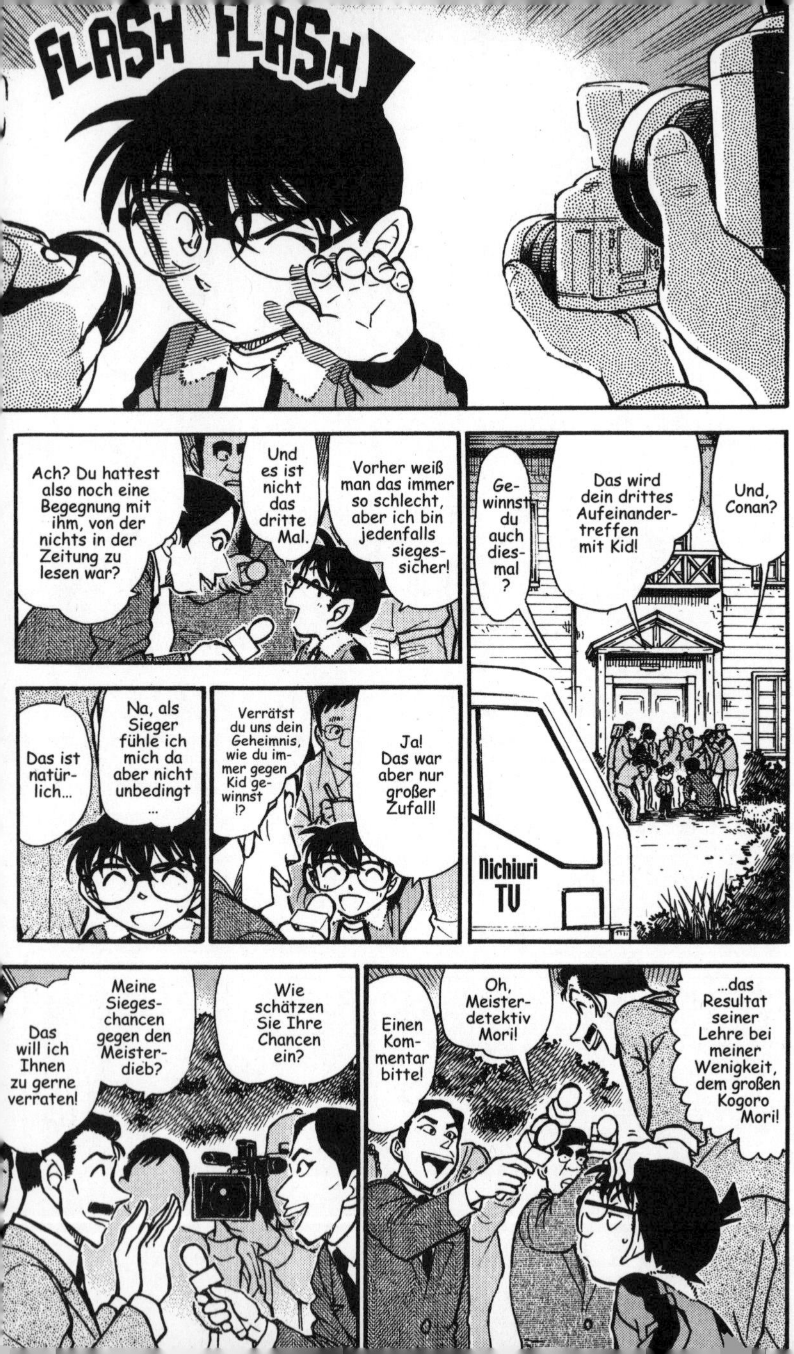
FLASH FLASH
Und, Conan?
Das wird dein drittes Aufeinandertreffen mit Kid!
Gewinnst du auch diesmal?
Vorher weiß man das immer so schlecht, aber ich bin jedenfalls siegessicher!
Und es ist nicht das dritte Mal.
Ach? Du hattest also noch eine Begegnung mit ihm, von der nichts in der Zeitung zu lesen war?
Nichiuri TV
Ja! Das war aber nur großer Zufall!
Verrätst du uns dein Geheimnis, wie du immer gegen Kid gewinnst!?
Na, als Sieger fühle ich mich da aber nicht unbedingt ...
Das ist natürlich...
...das Resultat seiner Lehre bei meiner Wenigkeit, dem großen Kogoro Mori!
Oh, Meisterdetektiv Mori!
Einen Kommentar bitte!
Wie schätzen Sie Ihre Chancen ein?
Meine Siegeschancen gegen den Meisterdieb?
Das will ich Ihnen zu gerne verraten!

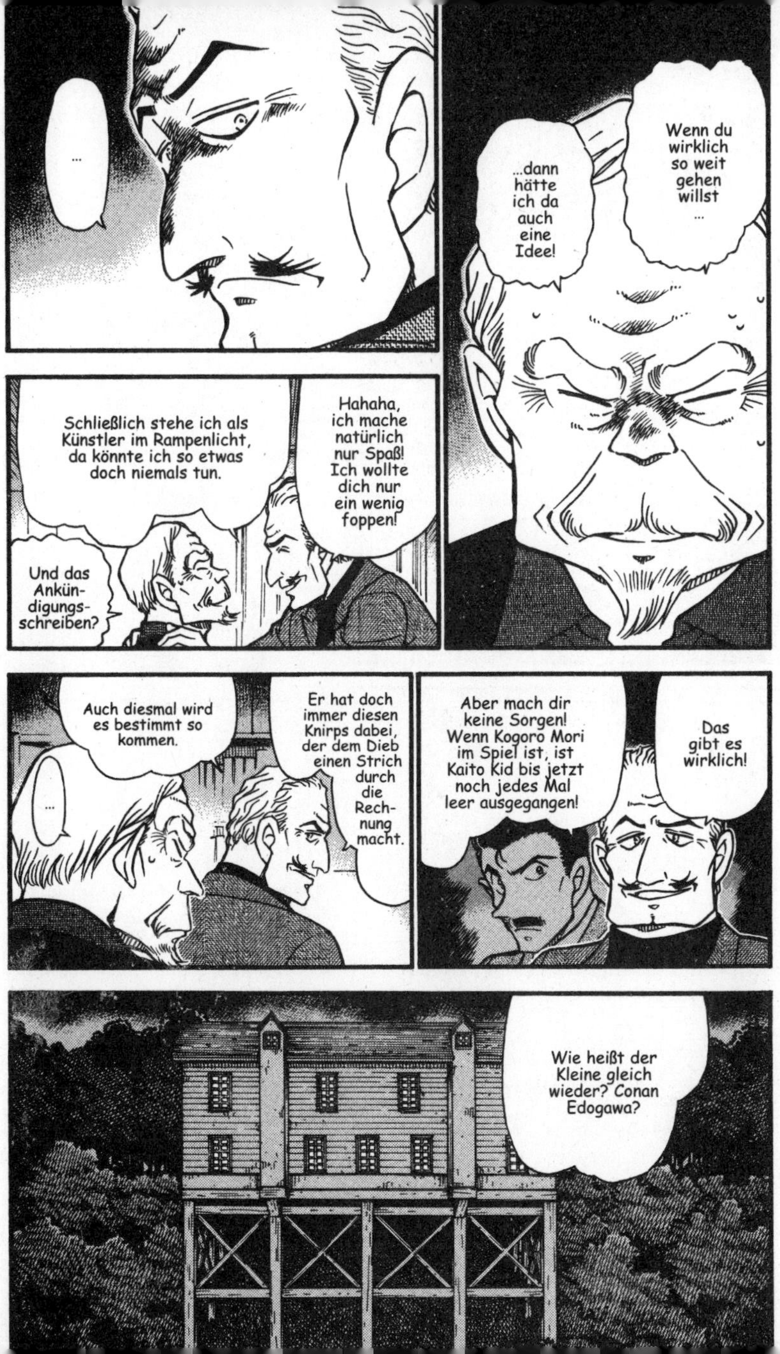

Wenn du wirklich so weit gehen willst ...
...dann hätte ich da auch eine Idee!
...
Hahaha, ich mache natürlich nur Spaß! Ich wollte dich nur ein wenig foppen!
Schließlich stehe ich als Künstler im Rampenlicht, da könnte ich so etwas doch niemals tun.
Und das Ankündigungsschreiben?
Das gibt es wirklich!
Aber mach dir keine Sorgen! Wenn Kogoro Mori im Spiel ist, ist Kaito Kid bis jetzt noch jedes Mal leer ausgegangen!
Er hat doch immer diesen Knirps dabei, der dem Dieb einen Strich durch die Rechnung macht.
Auch diesmal wird es bestimmt so kommen.
...
Wie heißt der Kleine gleich wieder? Conan Edogawa?

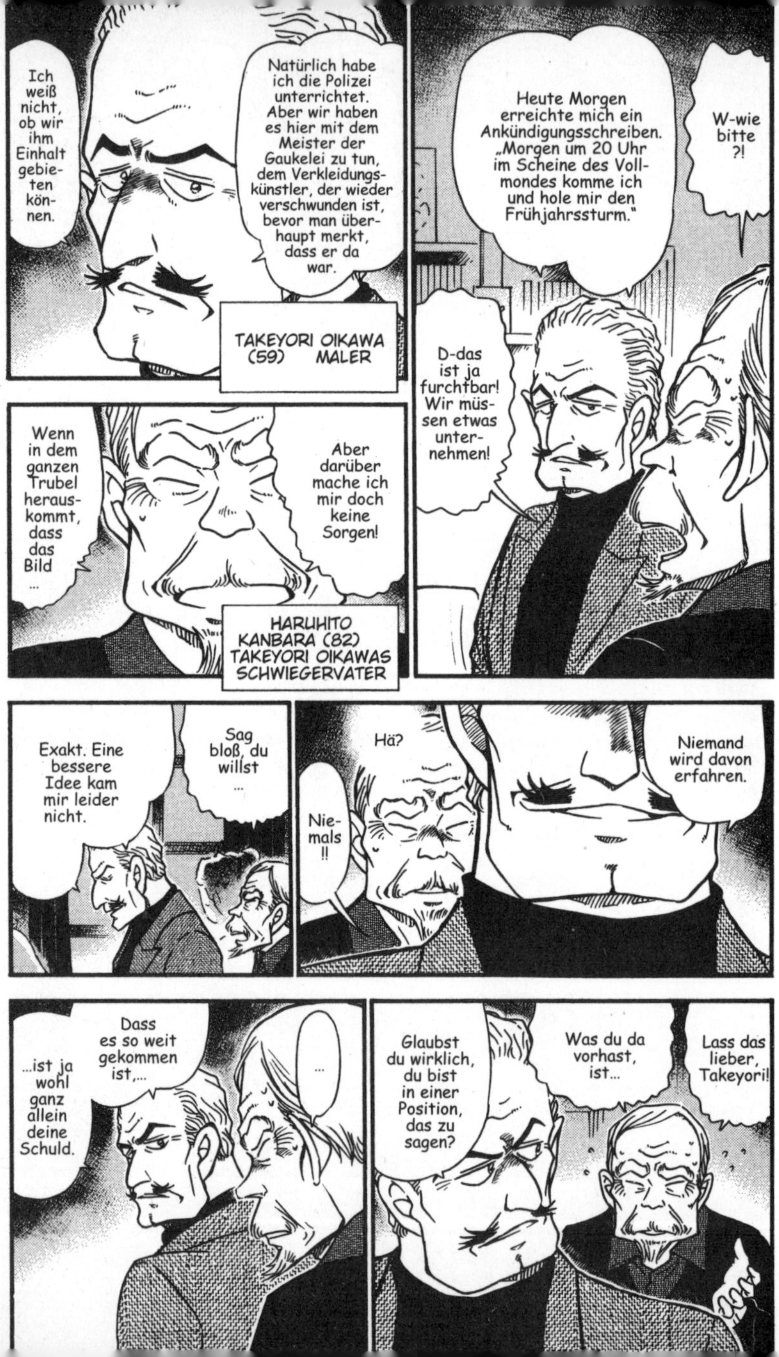
W-wie bitte ?!
Heute Morgen erreichte mich ein Ankündigungsschreiben. „Morgen um 20 Uhr im Scheine des Vollmondes komme ich und hole mir den Frühjahrssturm."
D-das ist ja furchtbar! Wir müssen etwas unternehmen!
Natürlich habe ich die Polizei unterrichtet. Aber wir haben es hier mit dem Meister der Gaukelei zu tun, dem Verkleidungskünstler, der wieder verschwunden ist, bevor man überhaupt merkt, dass er da war.
Ich weiß nicht, ob wir ihm Einhalt gebieten können.
TAKEYORI OIKAWA (59) MALER
Aber darüber mache ich mir doch keine Sorgen!
Wenn in dem ganzen Trubel herauskommt, dass das Bild ...
HARUHITO KANBARA (82) TAKEYORI OIKAWAS SCHWIEGERVATER
Niemand wird davon erfahren.
Hä?
Niemals !!
Sag bloß, du willst ...
Exakt. Eine bessere Idee kam mir leider nicht.
Lass das lieber, Takeyori!
Was du da vorhast, ist...
Glaubst du wirklich, du bist in einer Position, das zu sagen?
...
Dass es so weit gekommen ist,...
...ist ja wohl ganz allein deine Schuld.

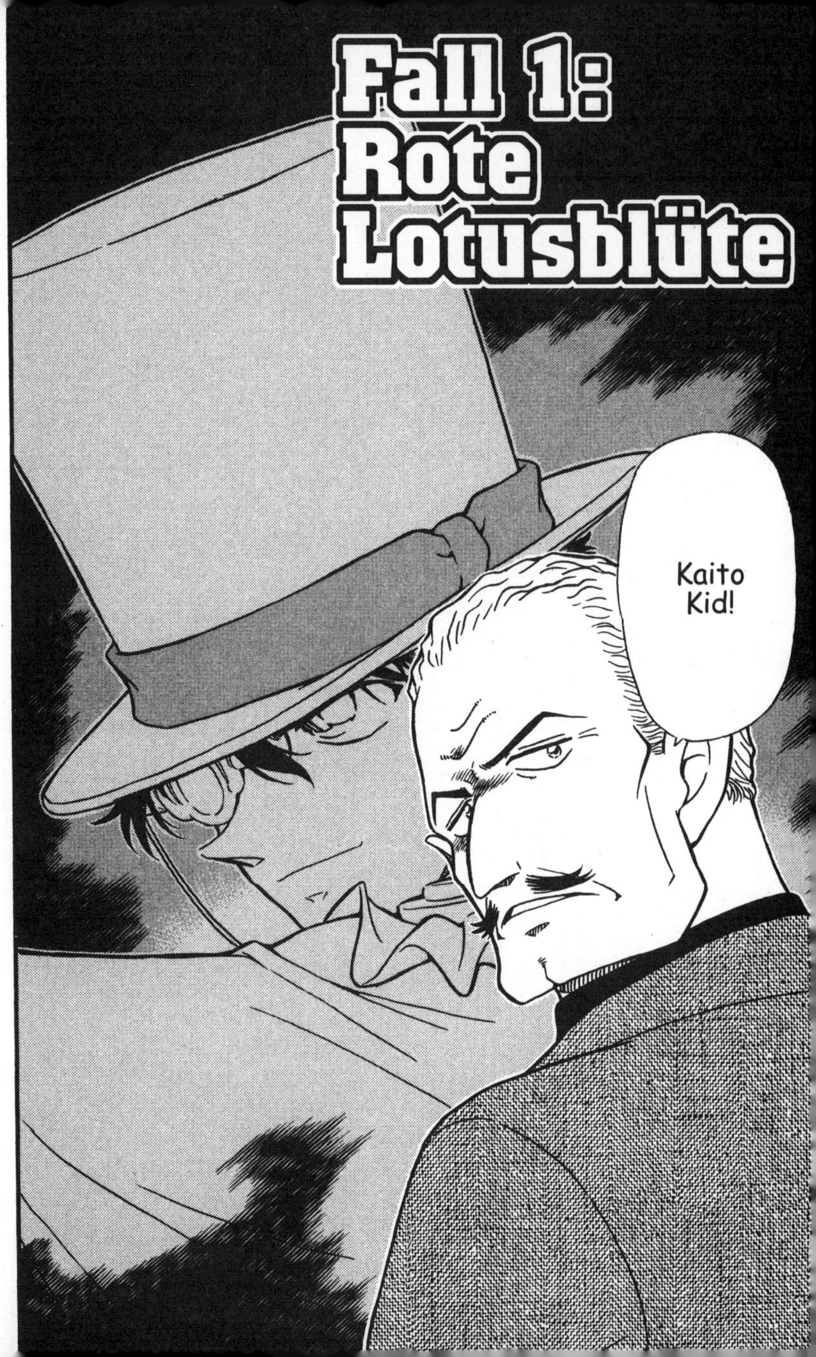
Fall 1:
Rote Lotusblüte
Kaito Kid!

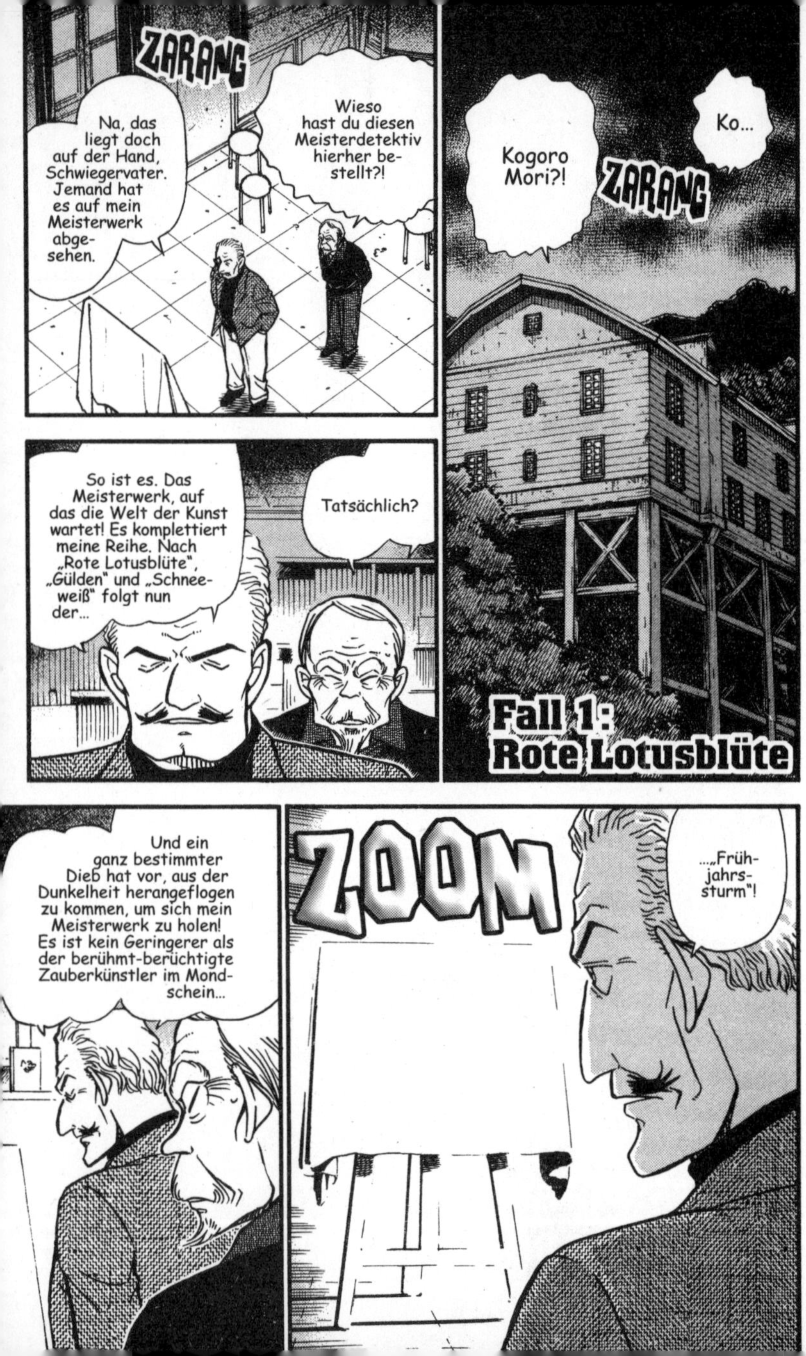
Ko...
Kogoro Mori?!
ZARANG
Fall 1: Rote Lotusblüte
ZARANG
Wieso hast du diesen Meisterdetektiv hierher bestellt?!
Na, das liegt doch auf der Hand, Schwiegervater. Jemand hat es auf mein Meisterwerk abgesehen.
Tatsächlich?
So ist es. Das Meisterwerk, auf das die Welt der Kunst wartet! Es komplettiert meine Reihe. Nach „Rote Lotusblüte", „Gülden" und „Schneeweiß" folgt nun der...
...„Frühjahrssturm"!
ZOOM
Und ein ganz bestimmter Dieb hat vor, aus der Dunkelheit herangeflogen zu kommen, um sich mein Meisterwerk zu holen! Es ist kein Geringerer als der berühmt-berüchtigte Zauberkünstler im Mondschein...

DETEKTIV
CONAN
vs. Kaito KID

CONAN vs. KAITO KID

FALL-AKTE 001

DETEKTIV CONAN vs. Kaito KID

BAND 16 Fall 6 Die Begegnung | Fall 7 Der Untergang | Fall 8 Eine Vorahnung | Fall 9 Der Schlussakt

Conan und Kid prallen das erste Mal aufeinander!

Kid hat es auf den „Black Star“ abgesehen – allerdings hat er die Rechnung ohne Conan gemacht!

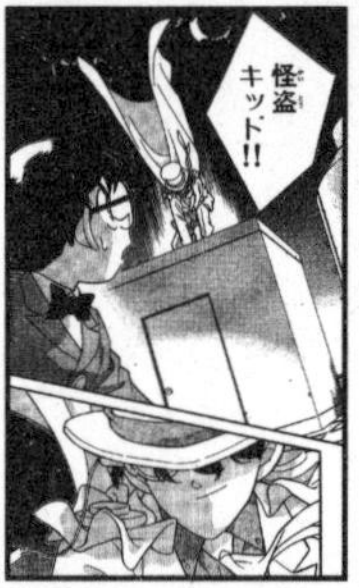

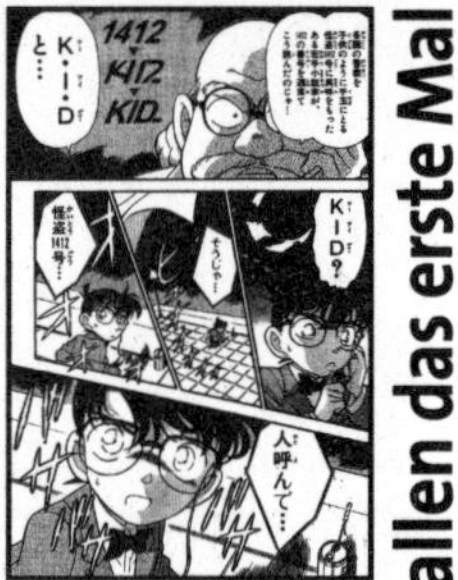

Eines Tages erreicht den Suzuki-Konzern ein Ankündigungsschreiben von jenem Meisterdieb mit der Interpolnummer 1412. In dem Schreiben kündigt er dreist an, den „Black Star“, die größte schwarze Perle der Welt, die bei den Suzukis als Glücksbringer gilt und sich seit Generationen im Besitz der Familie befindet, zu rauben! Kogoro & Co. tun sich schwer, das Rätsel hinter dem Ankündigungsschreiben zu lösen, doch Conan knackt den Code im Handumdrehen! Er begibt sich an den Ort, wo der Meisterdieb aufzutauchen gedenkt, um ihn mutig zu stellen! Dort angekommen, erhält er einen Anruf von Professor Agasa, der ihn über den Meisterdieb aufklärt. Kaum hat der Professor dessen Namen ausgesprochen, kommt Kaito Kid auch schon vom Abendhimmel herabgestiegen und erscheint vor Conan!

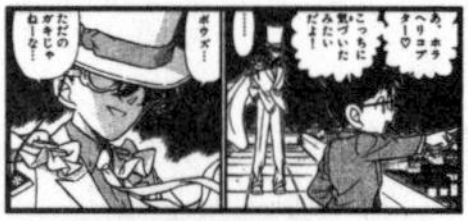

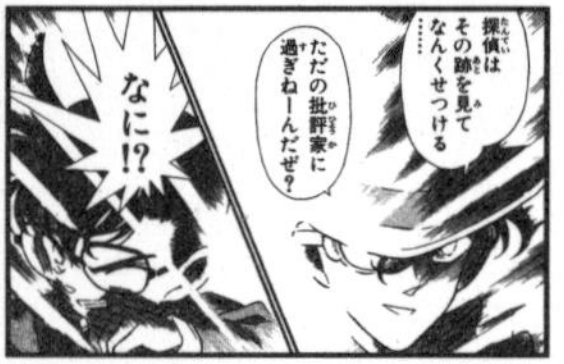

Es kommt zur ersten Begegnung des kleinen Meisterdetektivs und des Jahrhundertdiebs! Doch Kid holt plötzlich von sich aus die Polizeibeamten herbei und legt dann vor Conans Augen einen spektakulären Abgang hin!

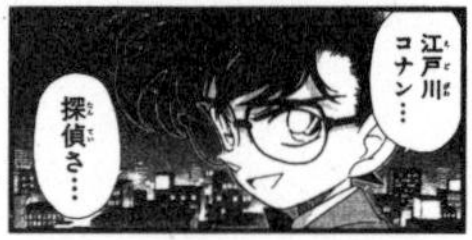

▲ *Bei ihrer ersten Begegnung müssen beide anerkennen, dass es ihr Gegenüber faustdick hinter den Ohren hat!*

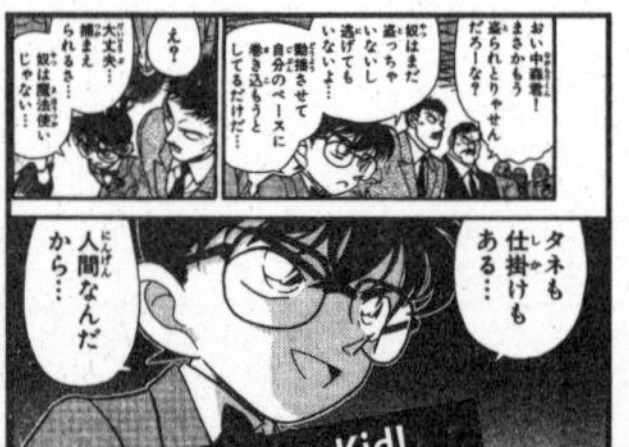

Conan gegen Kid! Wie geht ihre erste Konfrontation aus?

Kid taucht in Verkleidung auf einer Feier auf See auf!

Conans und Kids Konfrontation verlegt den Schauplatz auf ein luxuriöses Passagierschiff und geht in die 2. Runde! Die Gattin des Präsidenten von Suzuki Enterprises trägt dort stolz den „Black Star“ an der Brust, doch Kid, der in seiner Verkleidung für eine unglaubliche Überraschung sorgt, kann ihn ihr tatsächlich entwenden! Aber Conan durchschaut Kids Maskerade und stellt sich ihm furchtlos und alleine!

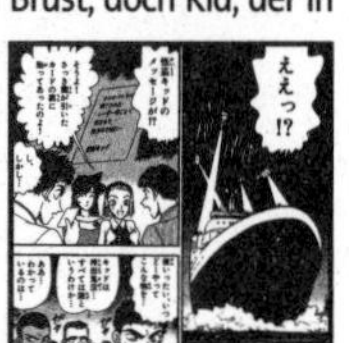

Als Nächstes folgt KAITO KID UND DIE VIER BILDER!
Hat Kid für diesen Kunstraub tatsächlich einen Mord begangen?!

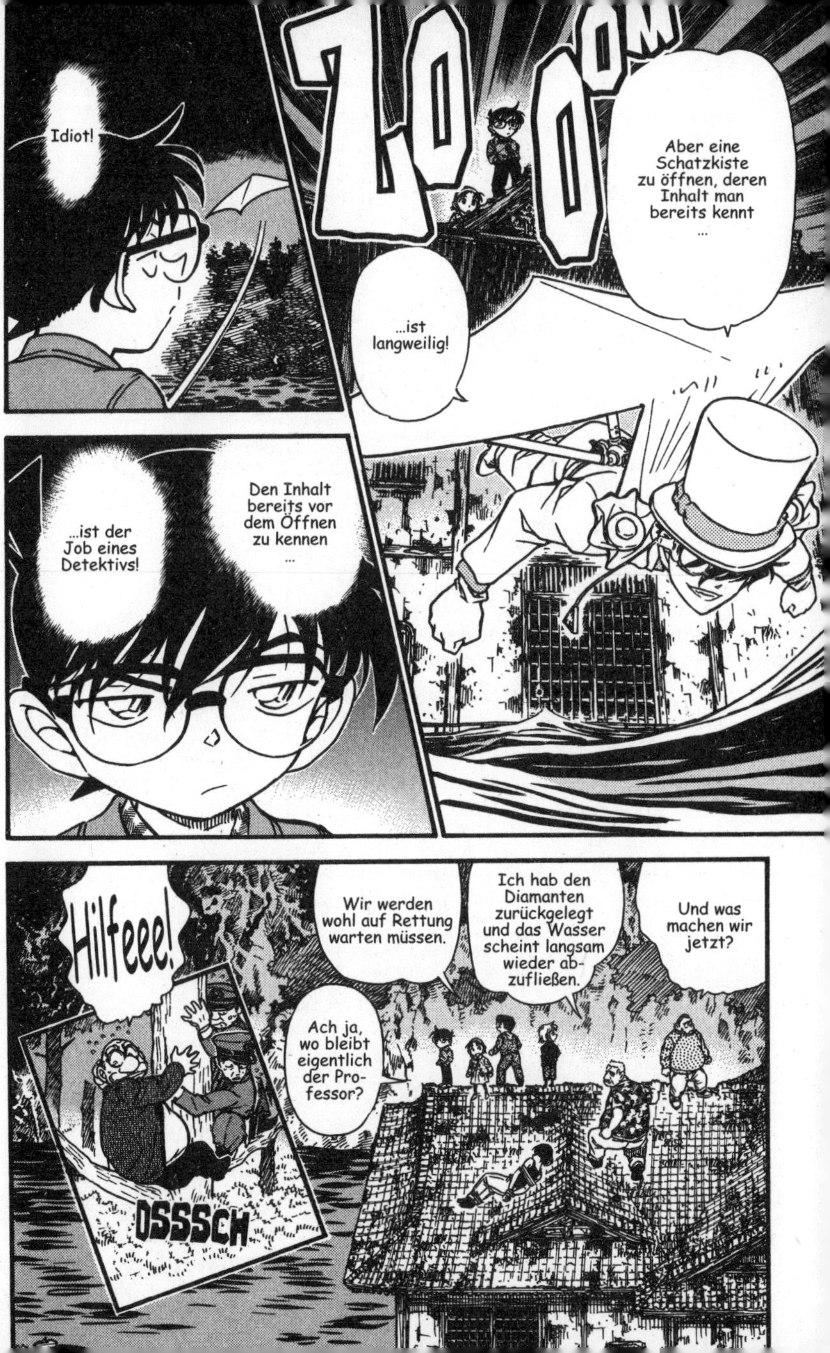
ZOOOM
Aber eine Schatzkiste zu öffnen, deren Inhalt man bereits kennt ...
...ist langweilig!
Idiot!
Den Inhalt bereits vor dem Öffnen zu kennen ...
...ist der Job eines Detektivs!
Und was machen wir jetzt?
Ich hab den Diamanten zurückgelegt und das Wasser scheint langsam wieder abzufließen.
Wir werden wohl auf Rettung warten müssen.
Ach ja, wo bleibt eigentlich der Professor?
Hilfeee!
OSSSCH

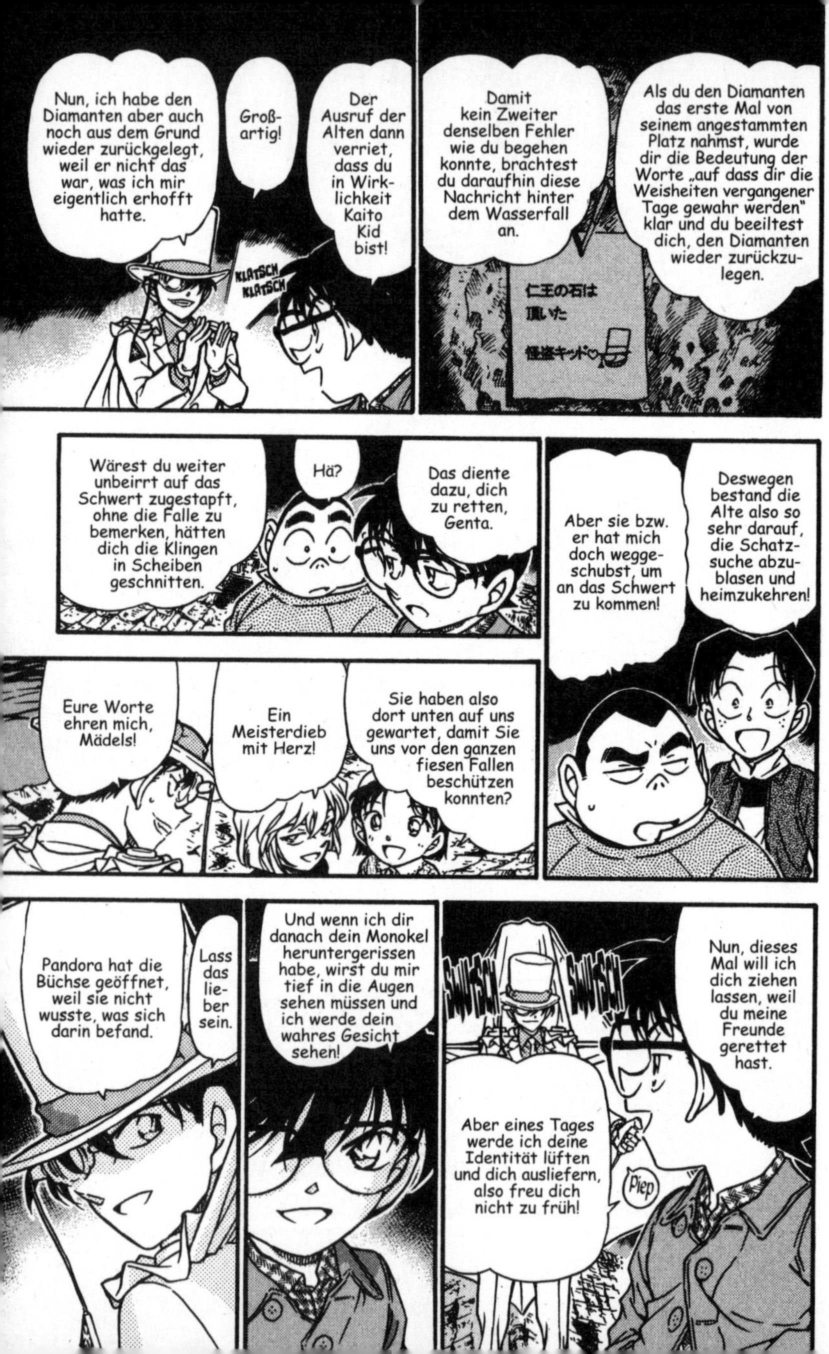
Als du den Diamanten das erste Mal von seinem angestammten Platz nahmst, wurde dir die Bedeutung der Worte „auf dass dir die Weisheiten vergangener Tage gewahr werden“ klar und du beeiltest dich, den Diamanten wieder zurückzulegen.
Damit kein Zweiter denselben Fehler wie du begehen konnte, brachtest du daraufhin diese Nachricht hinter dem Wasserfall an.
仁王の石は
頂いた
怪盗キッド♡
Der Ausruf der Alten dann verriet, dass du in Wirklichkeit Kaito Kid bist!
Großartig!
KLATSCH KLATSCH
Nun, ich habe den Diamanten aber auch noch aus dem Grund wieder zurückgelegt, weil er nicht das war, was ich mir eigentlich erhofft hatte.
Deswegen bestand die Alte also so sehr darauf, die Schatzsuche abzublasen und heimzukehren!
Aber sie bzw. er hat mich doch weggeschubst, um an das Schwert zu kommen!
Das diente dazu, dich zu retten, Genta.
Hä?
Wärest du weiter unbeirrt auf das Schwert zugestapft, ohne die Falle zu bemerken, hätten dich die Klingen in Scheiben geschnitten.
Sie haben also dort unten auf uns gewartet, damit Sie uns vor den ganzen fiesen Fallen beschützen konnten?
Ein Meisterdieb mit Herz!
Eure Worte ehren mich, Mädels!
Nun, dieses Mal will ich dich ziehen lassen, weil du meine Freunde gerettet hast.
SWISCH SWISCH
Aber eines Tages werde ich deine Identität lüften und dich ausliefern, also freu dich nicht zu früh!
Piep
Und wenn ich dir danach dein Monokel heruntergerissen habe, wirst du mir tief in die Augen sehen müssen und ich werde dein wahres Gesicht sehen!
Lass das lieber sein.
Pandora hat die Büchse geöffnet, weil sie nicht wusste, was sich darin befand.

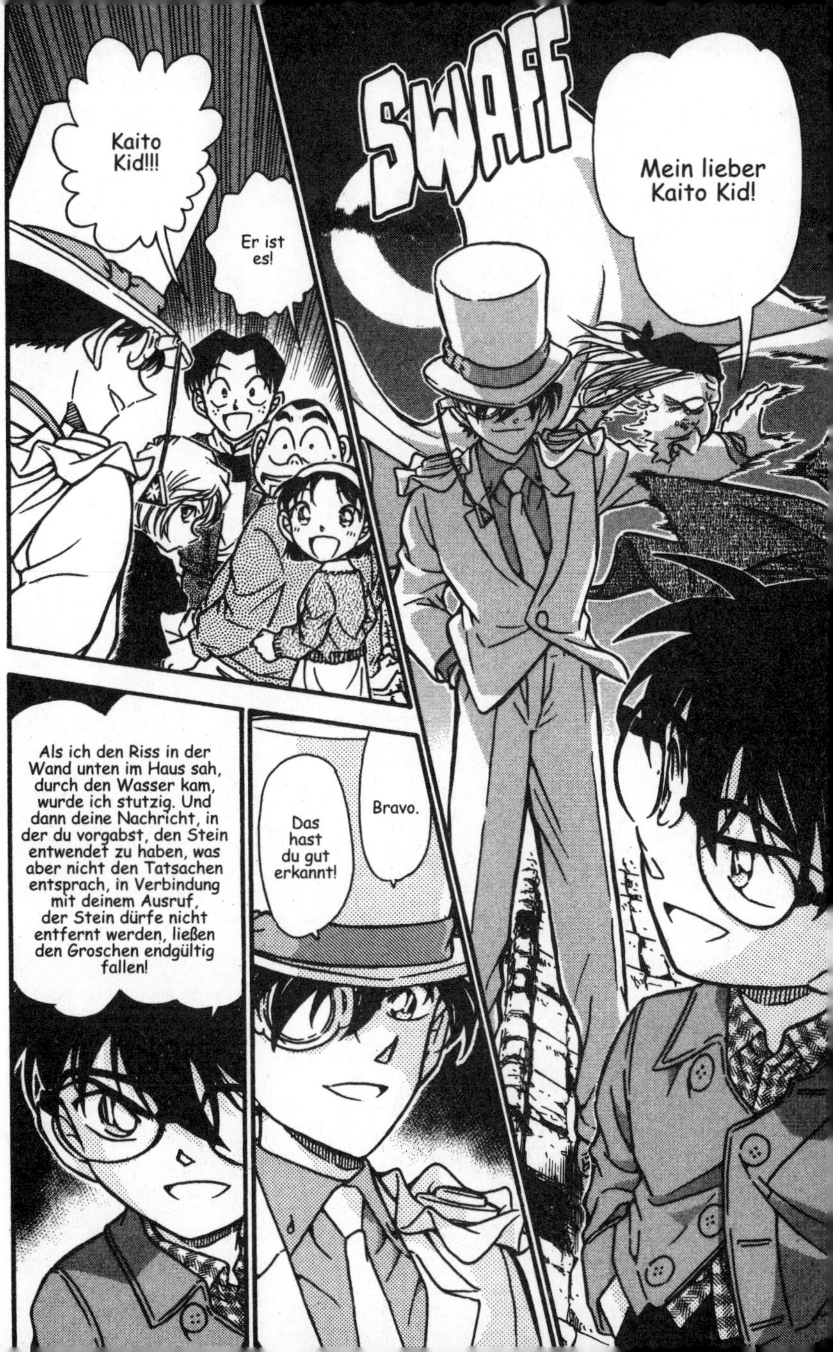
SWAFF
Mein lieber Kaito Kid!
Kaito Kid!!!
Er ist es!
Als ich den Riss in der Wand unten im Haus sah, durch den Wasser kam, wurde ich stutzig. Und dann deine Nachricht, in der du vorgabst, den Stein entwendet zu haben, was aber nicht den Tatsachen entsprach, in Verbindung mit deinem Ausruf, der Stein dürfe nicht entfernt werden, ließen den Groschen endgültig fallen!
Bravo.
Das hast du gut erkannt!

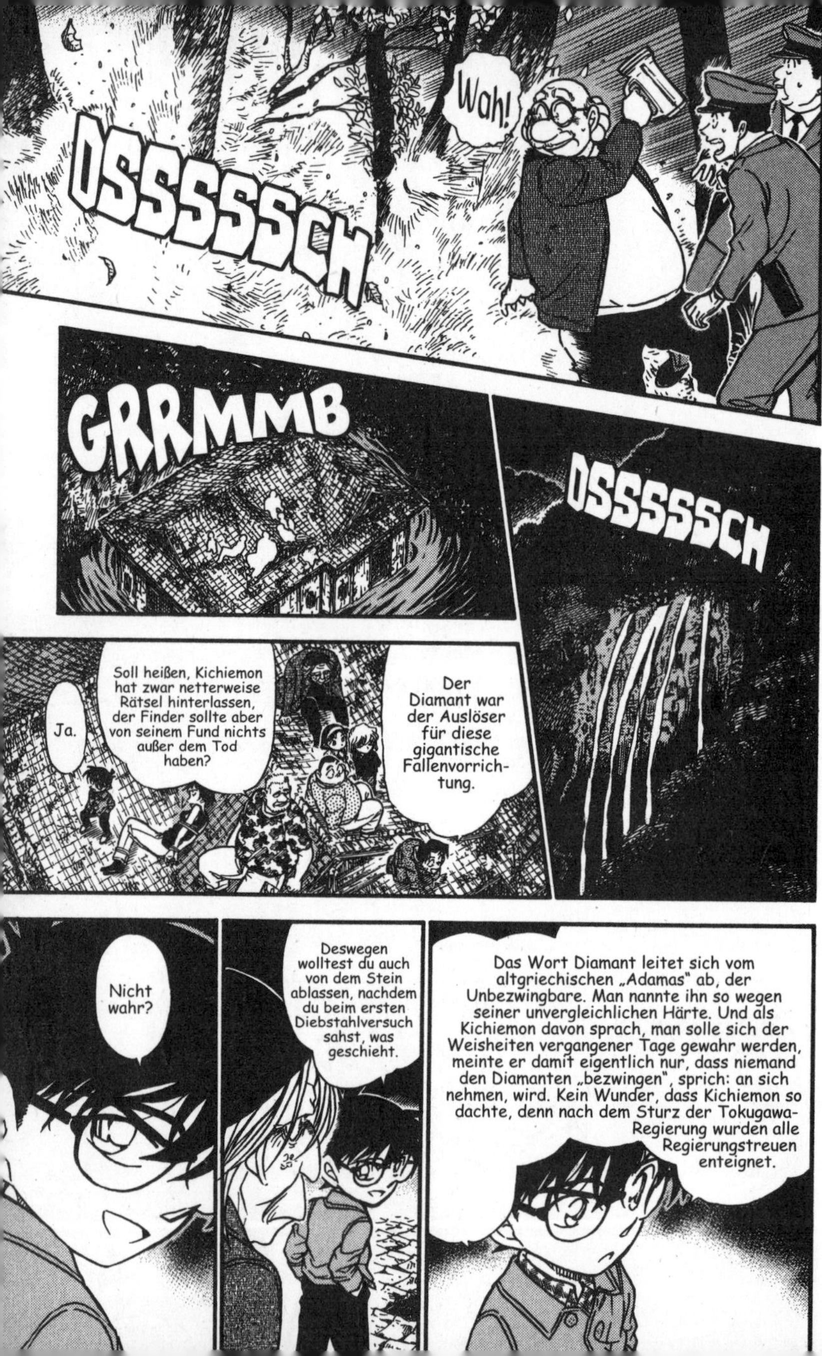
Wah!
OSSSSSCH
OSSSSSCH
GRRMMB
Der Diamant war der Auslöser für diese gigantische Fallenvorrichtung.
Soll heißen, Kichiemon hat zwar netterweise Rätsel hinterlassen, der Finder sollte aber von seinem Fund nichts außer dem Tod haben?
Ja.
Das Wort Diamant leitet sich vom altgriechischen „Adamas" ab, der Unbezwingbare. Man nannte ihn so wegen seiner unvergleichlichen Härte. Und als Kichiemon davon sprach, man solle sich der Weisheiten vergangener Tage gewahr werden, meinte er damit eigentlich nur, dass niemand den Diamanten „bezwingen", sprich: an sich nehmen, wird. Kein Wunder, dass Kichiemon so dachte, denn nach dem Sturz der Tokugawa-Regierung wurden alle Regierungstreuen enteignet.
Deswegen wolltest du auch von dem Stein ablassen, nachdem du beim ersten Diebstahlversuch sahst, was geschieht.
Nicht wahr?

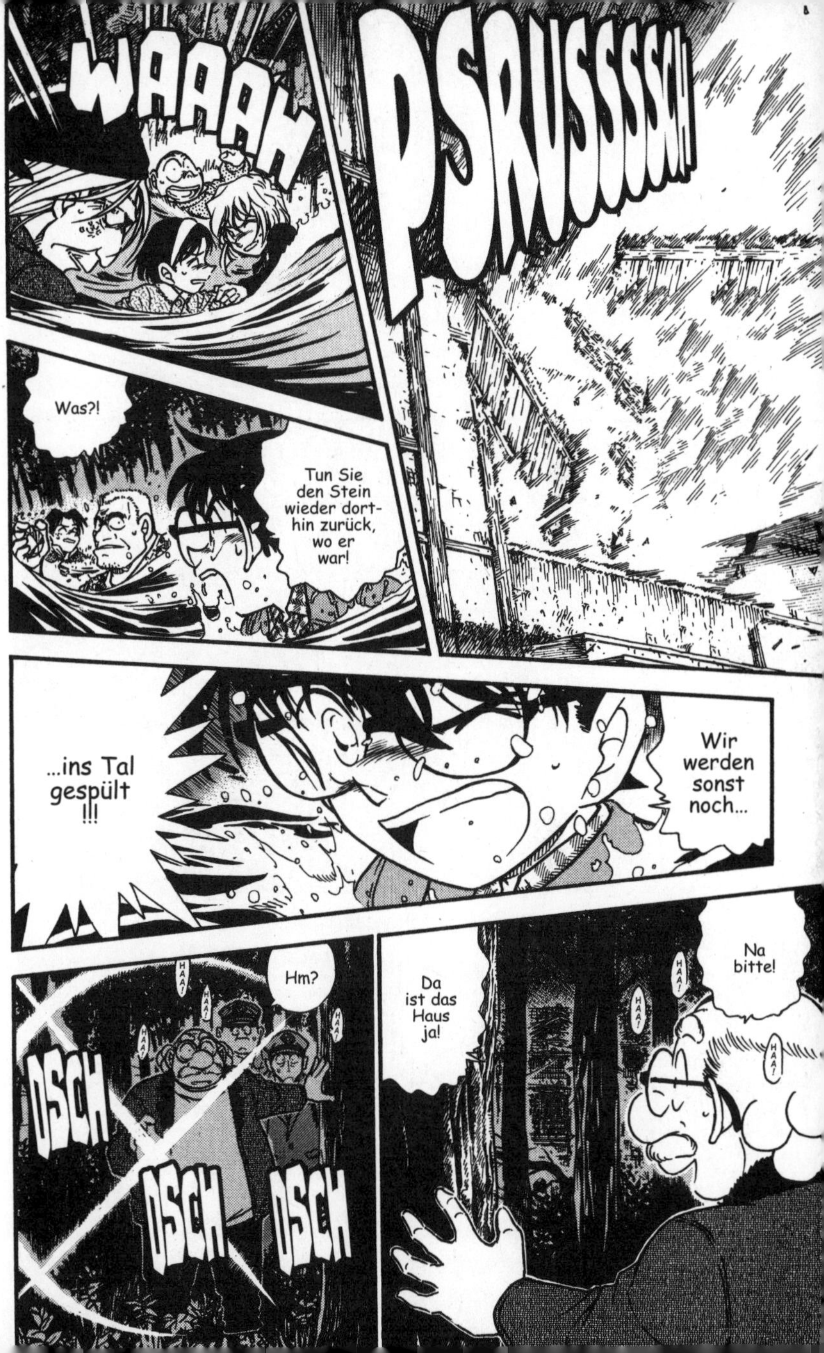
PSRUSSSSCH
WAAAAH
Was?!
Tun Sie den Stein wieder dorthin zurück, wo er war!
Wir werden sonst noch...
...ins Tal gespült !!!
Na bitte!
Da ist das Haus ja!
HAA!
Hm?
OSCH
OSCH
OSCH

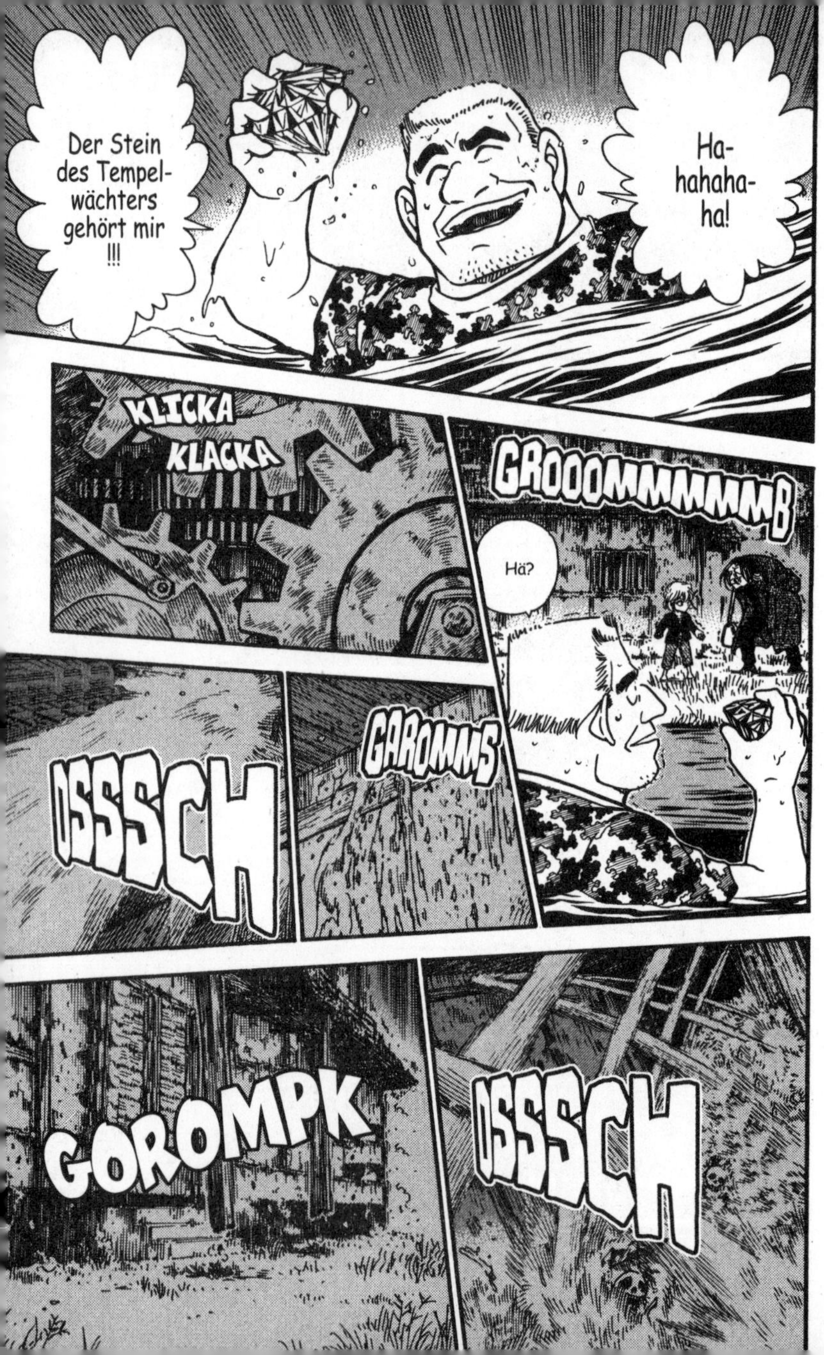
Ha-hahahaha-ha!
Der Stein des Tempel-wächters gehört mir !!!
GROOOMMMMMMB
Hä?
KLICKA KLACKA
GAROMMS
OSSSCH
OSSSCH
GOROMPK

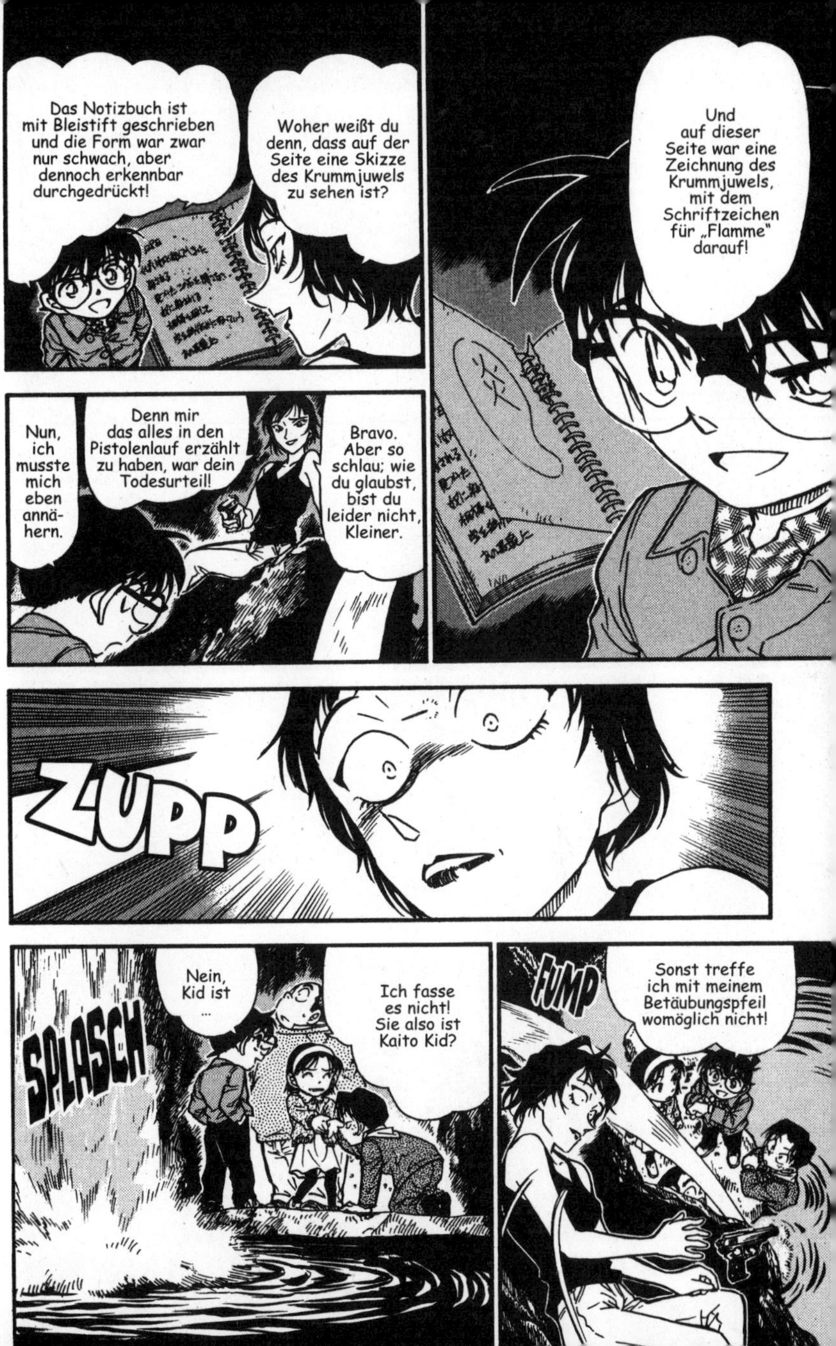
Woher weißt du denn, dass auf der Seite eine Skizze des Krummjuwels zu sehen ist?
Das Notizbuch ist mit Bleistift geschrieben und die Form war zwar nur schwach, aber dennoch erkennbar durchgedrückt!
Und auf dieser Seite war eine Zeichnung des Krummjuwels, mit dem Schriftzeichen für „Flamme" darauf!
Bravo. Aber so schlau; wie du glaubst, bist du leider nicht, Kleiner.
Denn mir das alles in den Pistolenlauf erzählt zu haben, war dein Todesurteil!
Nun, ich musste mich eben annähern.
ZUPP
FUMP
Sonst treffe ich mit meinem Betäubungspfeil womöglich nicht!
Ich fasse es nicht! Sie also ist Kaito Kid?
Nein, Kid ist ...
SPLASCH

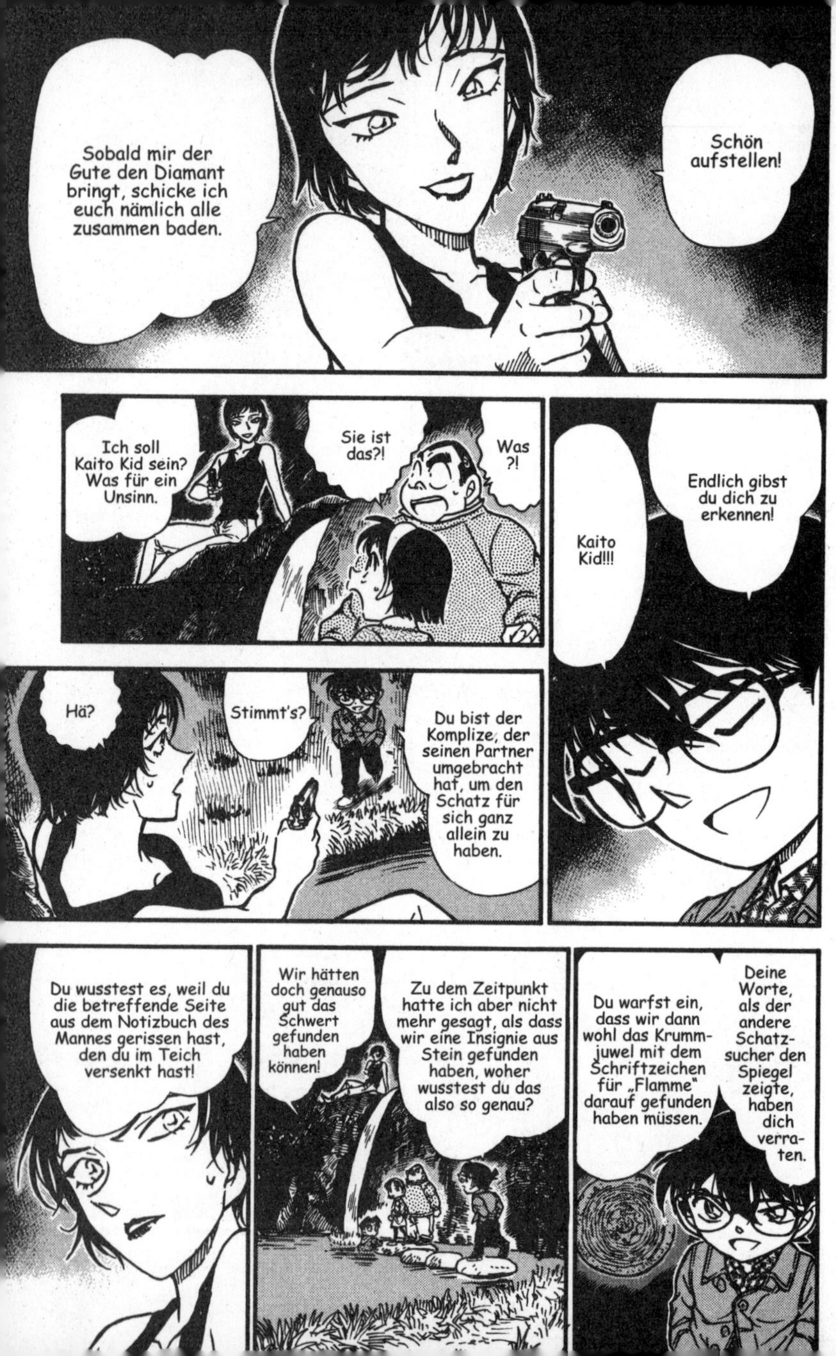
Schön aufstellen!
Sobald mir der Gute den Diamant bringt, schicke ich euch nämlich alle zusammen baden.
Endlich gibst du dich zu erkennen!
Kaito Kid!!!
Was ?!
Sie ist das?!
Ich soll Kaito Kid sein? Was für ein Unsinn.
Du bist der Komplize, der seinen Partner umgebracht hat, um den Schatz für sich ganz allein zu haben.
Stimmt's?
Hä?
Deine Worte, als der andere Schatzsucher den Spiegel zeigte, haben dich verraten.
Du warfst ein, dass wir dann wohl das Krummjuwel mit dem Schriftzeichen für „Flamme" darauf gefunden haben müssen.
Zu dem Zeitpunkt hatte ich aber nicht mehr gesagt, als dass wir eine Insignie aus Stein gefunden haben, woher wusstest du das also so genau?
Wir hätten doch genauso gut das Schwert gefunden haben können!
Du wusstest es, weil du die betreffende Seite aus dem Notizbuch des Mannes gerissen hast, den du im Teich versenkt hast!

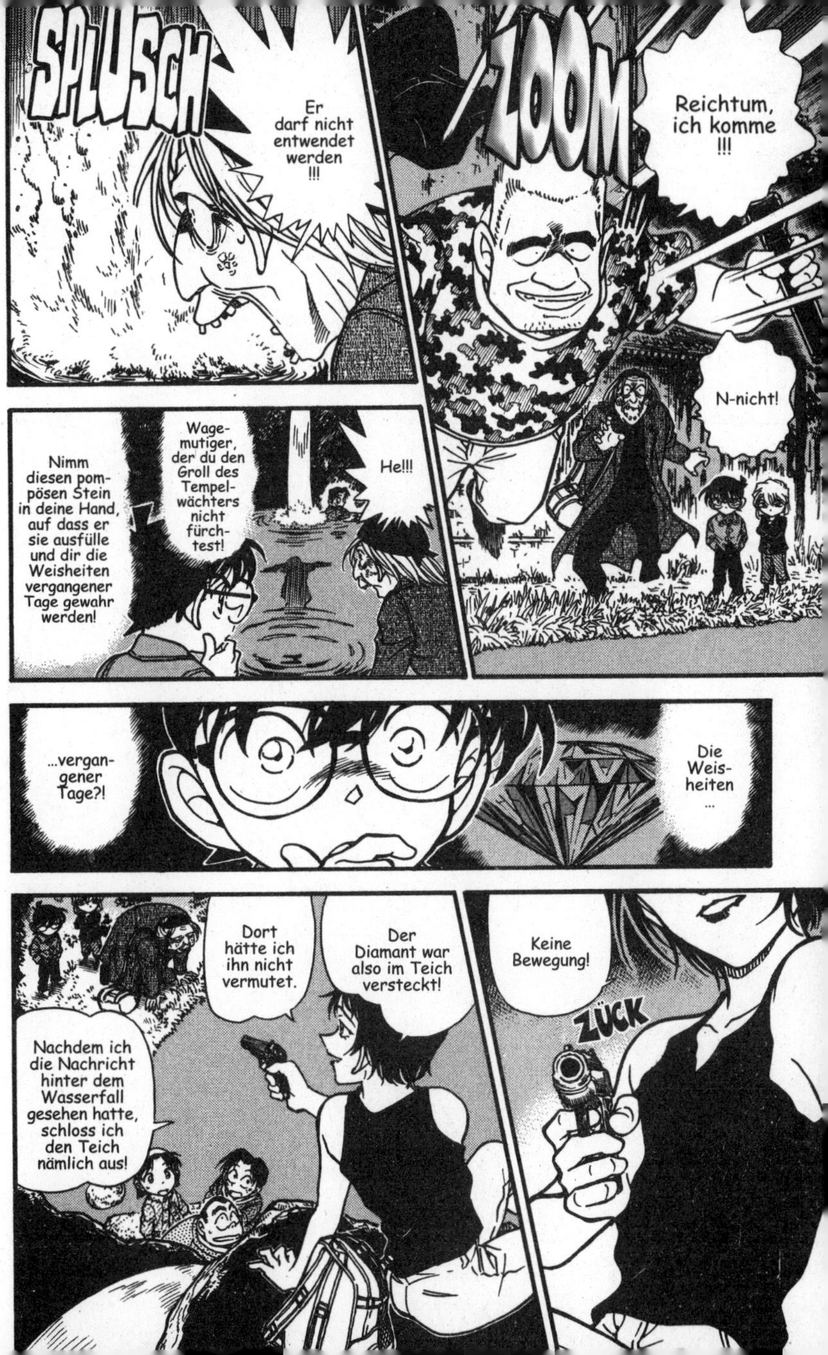
ZOOM
Reichtum, ich komme !!!
SPLUSCH
Er darf nicht entwendet werden !!!
N-nicht!
He!!!
Wage-mutiger, der du den Groll des Tempel-wächters nicht fürch-test!
Nimm diesen pom-pösen Stein in deine Hand, auf dass er sie ausfülle und dir die Weisheiten vergangener Tage gewahr werden!
Die Weis-heiten ...
...vergan-gener Tage?!
Keine Bewegung!
ZÜCK
Der Diamant war also im Teich versteckt!
Dort hätte ich ihn nicht vermutet.
Nachdem ich die Nachricht hinter dem Wasserfall gesehen hatte, schloss ich den Teich nämlich aus!

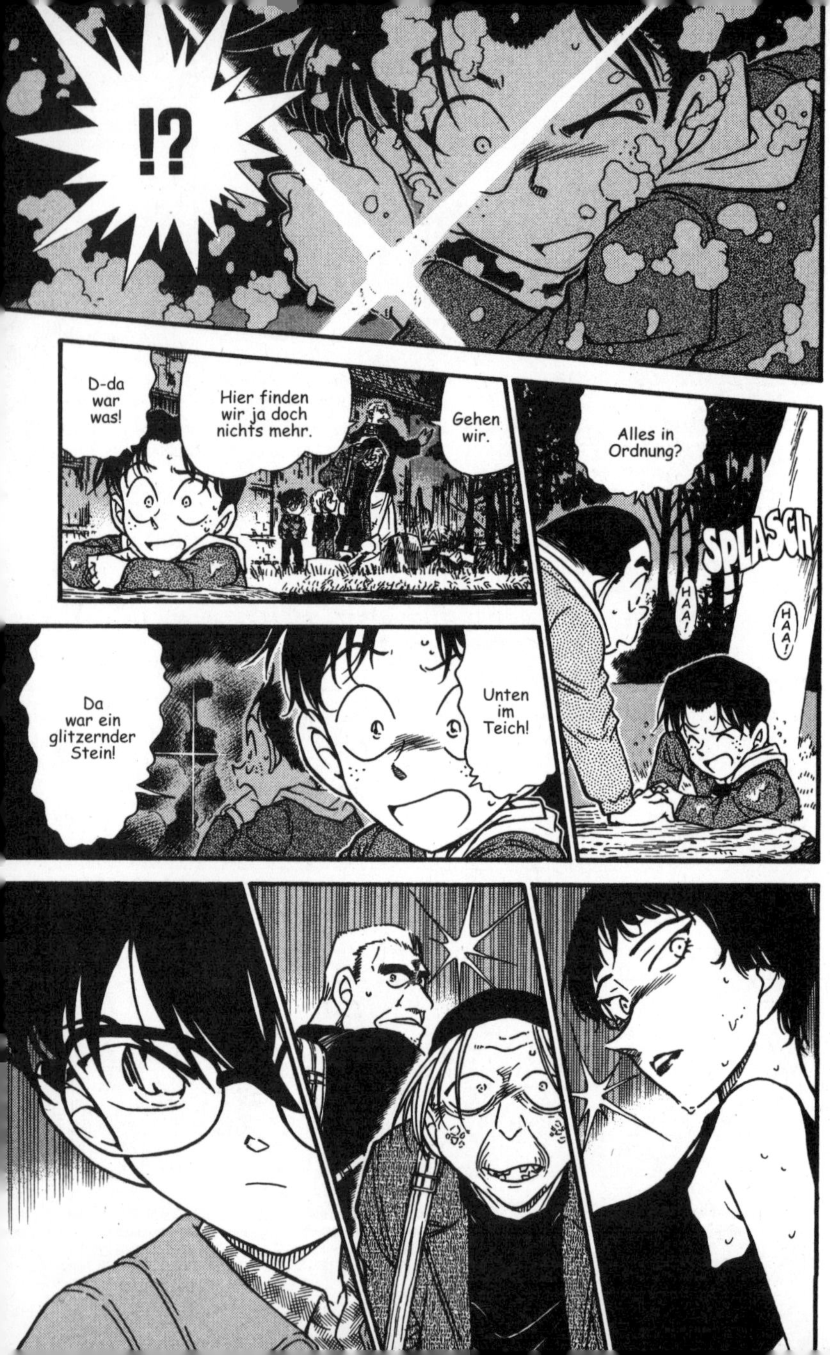
!?
Gehen wir.
Hier finden wir ja doch nichts mehr.
D-da war was!
Alles in Ordnung?
SPLASCH
HAA!
HAA!
Unten im Teich!
Da war ein glitzernder Stein!

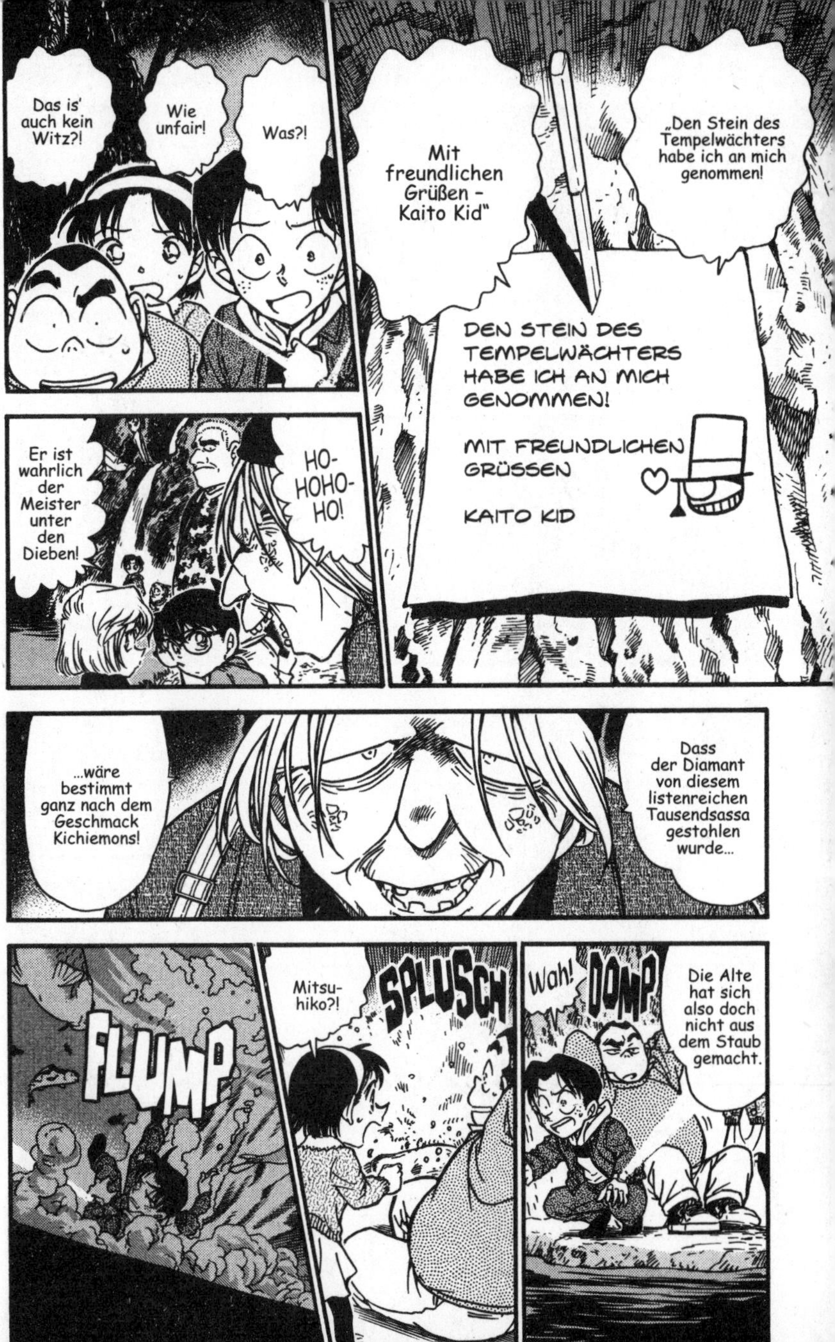
„Den Stein des Tempelwächters habe ich an mich genommen!
Mit freundlichen Grüßen – Kaito Kid“
DEN STEIN DES TEMPELWÄCHTERS HABE ICH AN MICH GENOMMEN!
MIT FREUNDLICHEN GRÜSSEN
KAITO KID
Was?!
Wie unfair!
Das is' auch kein Witz?!
HO-HOHOHO-HO!
Er ist wahrlich der Meister unter den Dieben!
Dass der Diamant von diesem listenreichen Tausendsassa gestohlen wurde...
...wäre bestimmt ganz nach dem Geschmack Kichiemons!
Die Alte hat sich also doch nicht aus dem Staub gemacht.
DOMP
Wah!
SPLUSCH
Mitsu-hiko?!
FLUMP

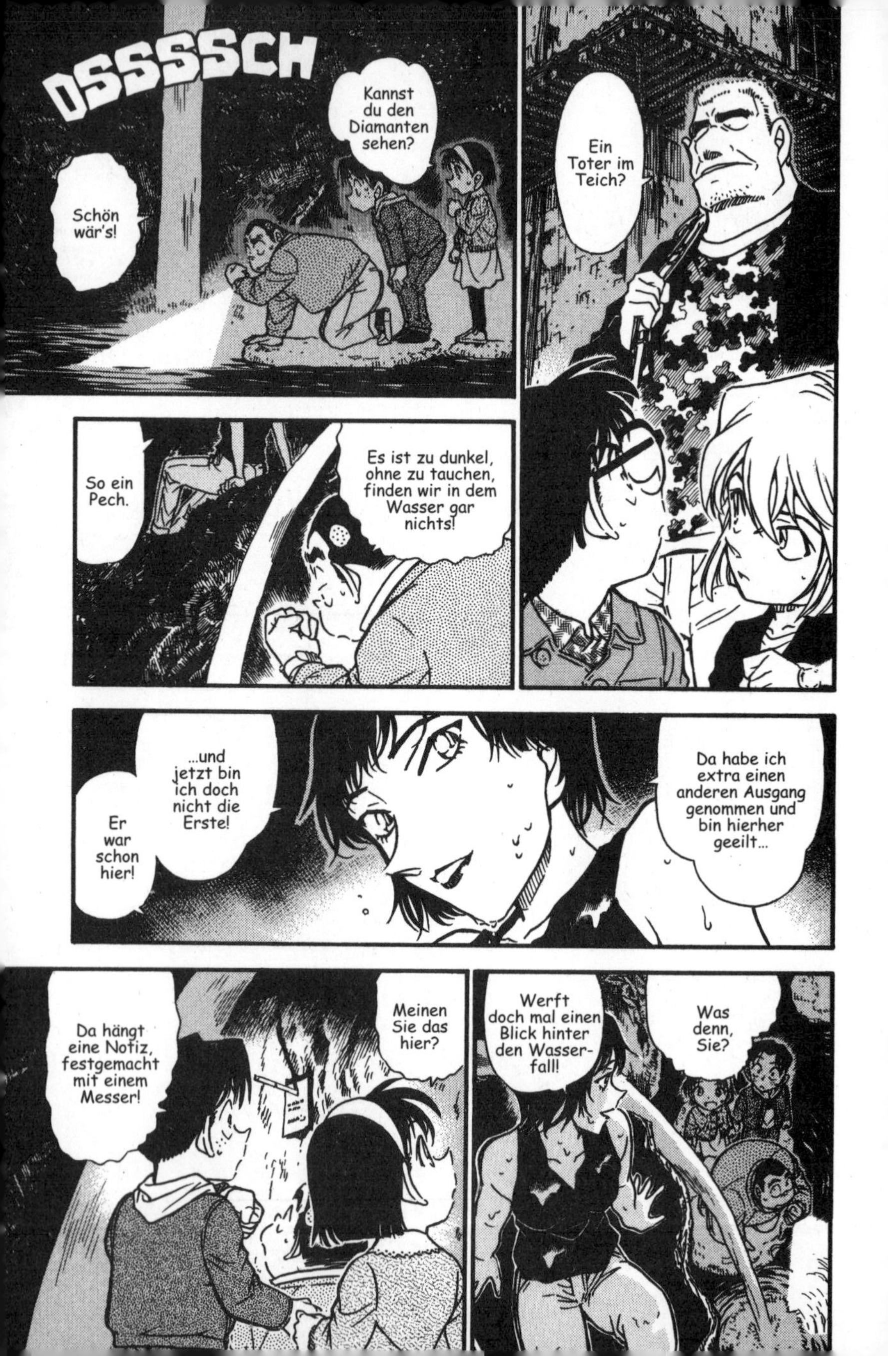
Ein Toter im Teich?
OSSSSCH
Kannst du den Diamanten sehen?
Schön wär's!
Es ist zu dunkel, ohne zu tauchen, finden wir in dem Wasser gar nichts!
So ein Pech.
Da habe ich extra einen anderen Ausgang genommen und bin hierher geeilt...
...und jetzt bin ich doch nicht die Erste!
Er war schon hier!
Was denn, Sie?
Werft doch mal einen Blick hinter den Wasserfall!
Meinen Sie das hier?
Da hängt eine Notiz, festgemacht mit einem Messer!

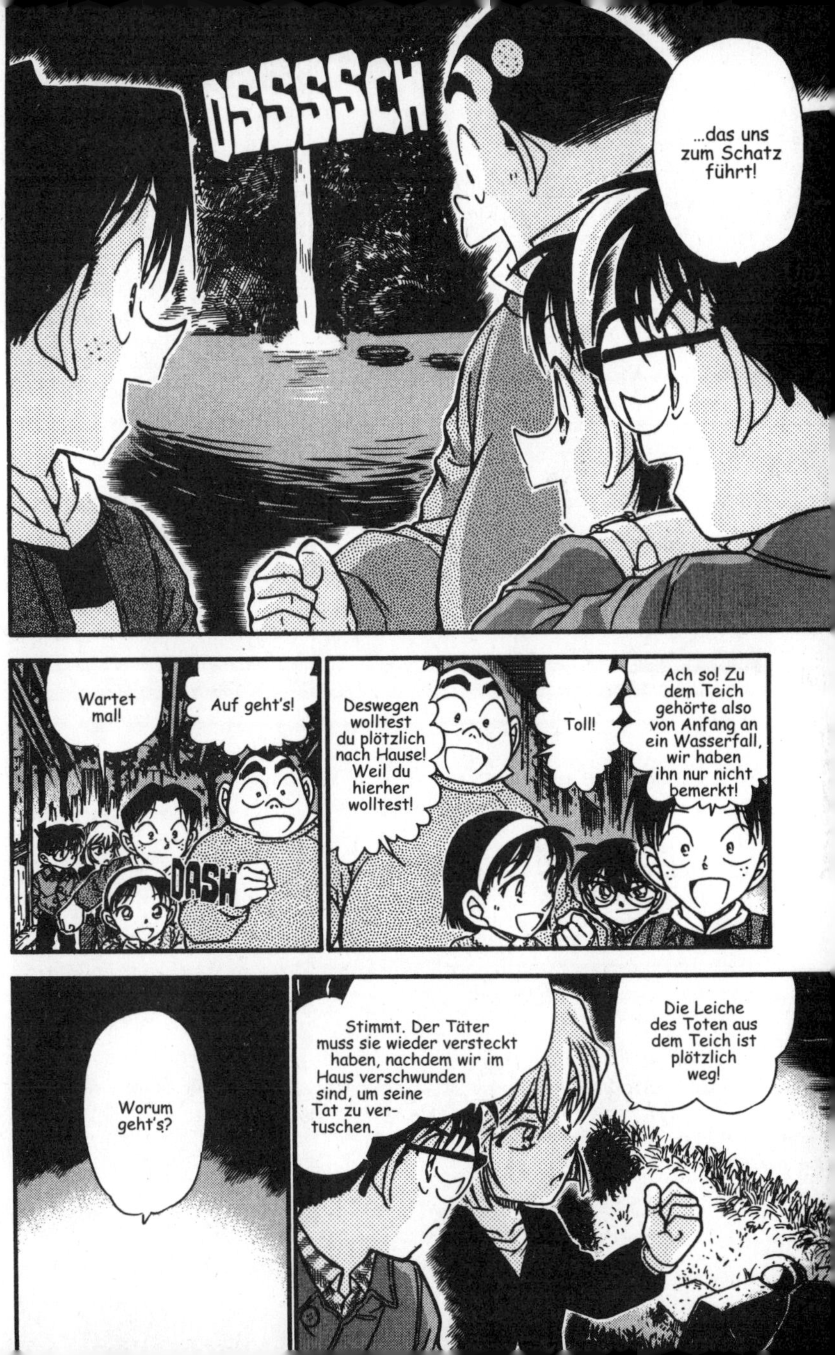
...das uns zum Schatz führt!
DSSSSCH
Ach so! Zu dem Teich gehörte also von Anfang an ein Wasserfall, wir haben ihn nur nicht bemerkt!
Toll!
Deswegen wolltest du plötzlich nach Hause! Weil du hierher wolltest!
Auf geht's!
DASH
Wartet mal!
Die Leiche des Toten aus dem Teich ist plötzlich weg!
Stimmt. Der Täter muss sie wieder versteckt haben, nachdem wir im Haus verschwunden sind, um seine Tat zu vertuschen.
Worum geht's?

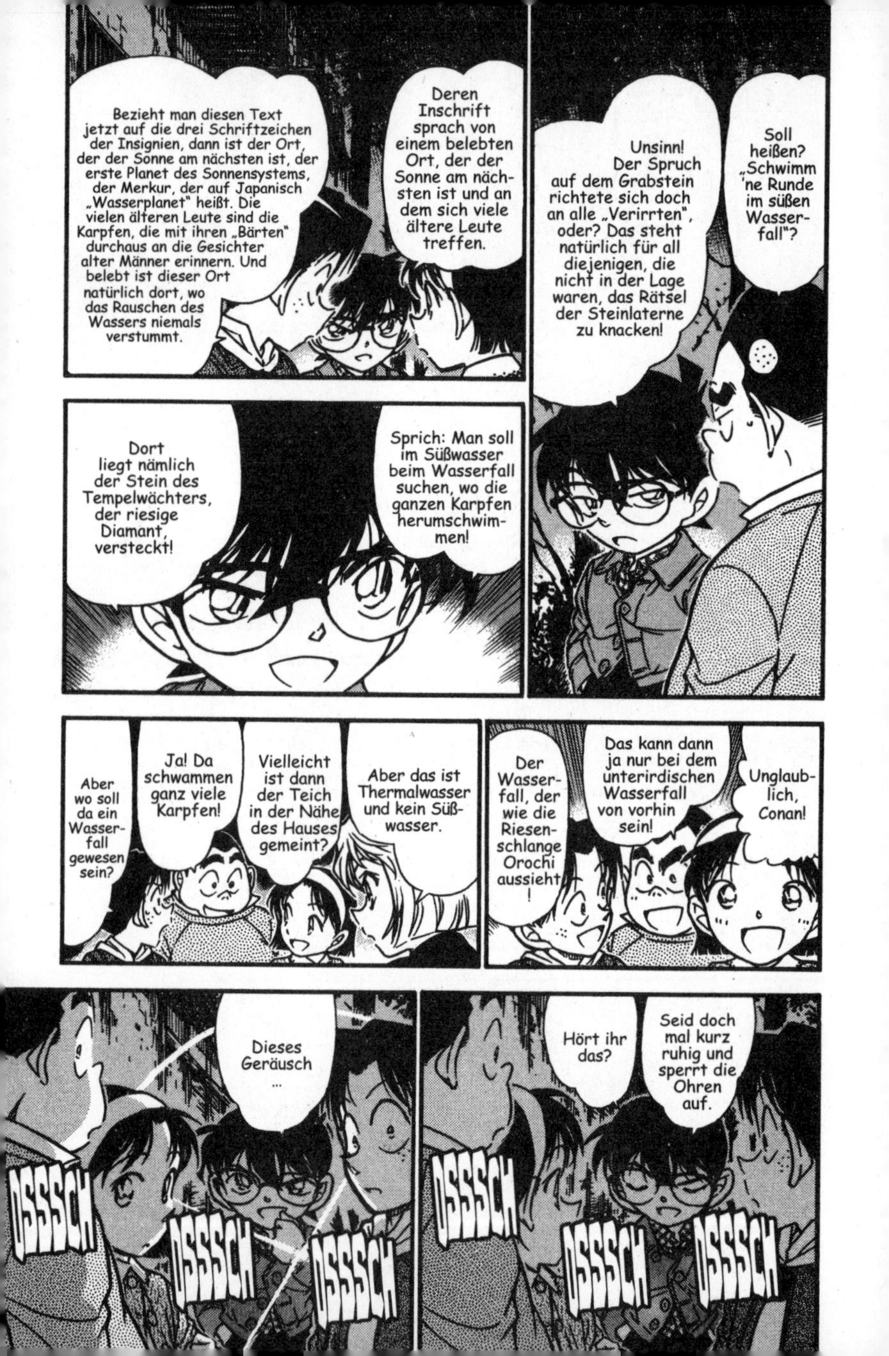
Soll heißen? „Schwimm 'ne Runde im süßen Wasserfall"?
Unsinn! Der Spruch auf dem Grabstein richtete sich doch an alle „Verirrten", oder? Das steht natürlich für all diejenigen, die nicht in der Lage waren, das Rätsel der Steinlaterne zu knacken!
Deren Inschrift sprach von einem belebten Ort, der der Sonne am nächsten ist und an dem sich viele ältere Leute treffen.
Bezieht man diesen Text jetzt auf die drei Schriftzeichen der Insignien, dann ist der Ort, der der Sonne am nächsten ist, der erste Planet des Sonnensystems, der Merkur, der auf Japanisch „Wasserplanet" heißt. Die vielen älteren Leute sind die Karpfen, die mit ihren „Bärten" durchaus an die Gesichter alter Männer erinnern. Und belebt ist dieser Ort natürlich dort, wo das Rauschen des Wassers niemals verstummt.
Sprich: Man soll im Süßwasser beim Wasserfall suchen, wo die ganzen Karpfen herumschwimmen!
Dort liegt nämlich der Stein des Tempelwächters, der riesige Diamant, versteckt!
Unglaublich, Conan!
Das kann dann ja nur bei dem unterirdischen Wasserfall von vorhin sein!
Der Wasserfall, der wie die Riesenschlange Orochi aussieht!
Aber das ist Thermalwasser und kein Süßwasser.
Vielleicht ist dann der Teich in der Nähe des Hauses gemeint?
Ja! Da schwammen ganz viele Karpfen!
Aber wo soll da ein Wasserfall gewesen sein?
Seid doch mal kurz ruhig und sperrt die Ohren auf.
Hört ihr das?
OSSSCH
OSSSCH
Dieses Geräusch ...
OSSSCH
OSSSCH
OSSSCH

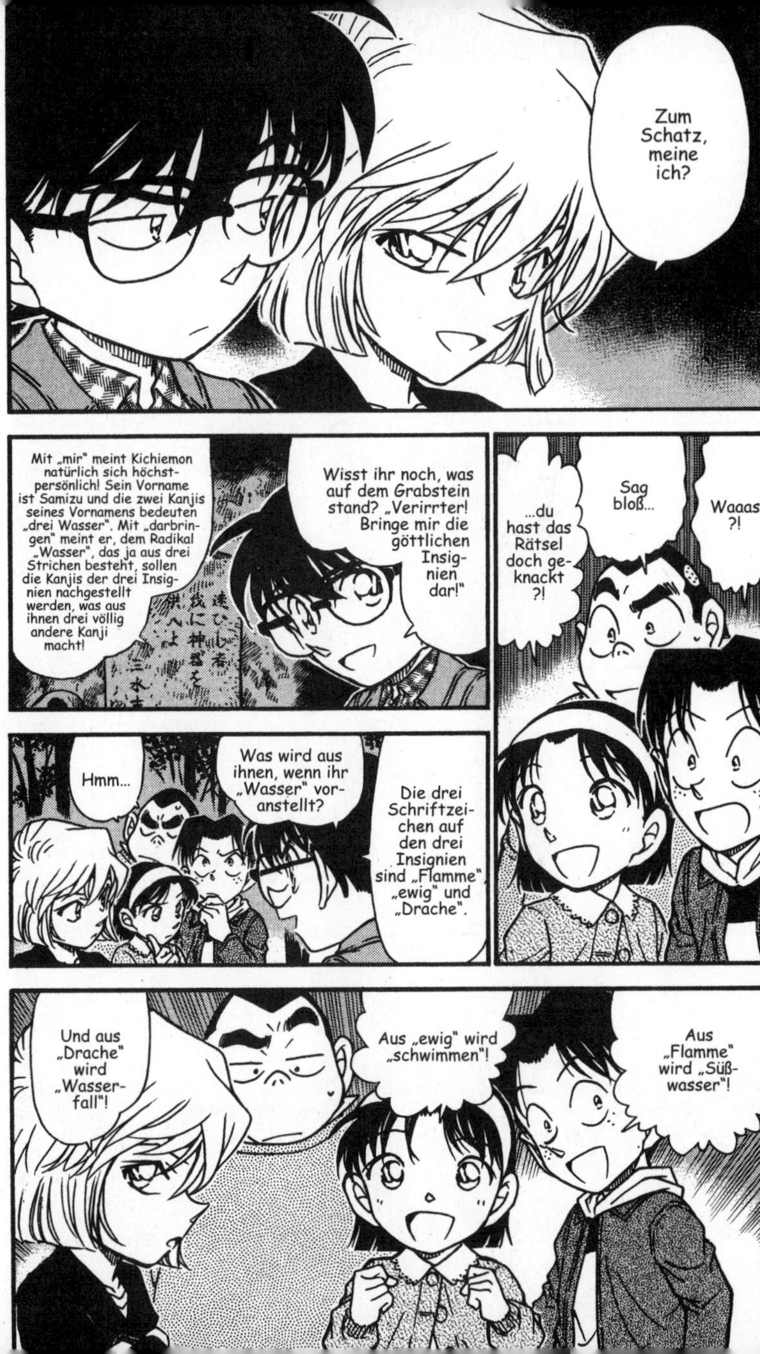
Zum Schatz, meine ich?
Waaas?!
Sag bloß...
...du hast das Rätsel doch geknackt?!
Wisst ihr noch, was auf dem Grabstein stand? „Verirrter! Bringe mir die göttlichen Insignien dar!"
Mit „mir" meint Kichiemon natürlich sich höchstpersönlich! Sein Vorname ist Samizu und die zwei Kanjis seines Vornamens bedeuten „drei Wasser". Mit „darbringen" meint er, dem Radikal „Wasser", das ja aus drei Strichen besteht, sollen die Kanjis der drei Insignien nachgestellt werden, was aus ihnen drei völlig andere Kanji macht!
Die drei Schriftzeichen auf den drei Insignien sind „Flamme" „ewig" und „Drache".
Was wird aus ihnen, wenn ihr „Wasser" voranstellt?
Hmm...
Aus „Flamme" wird „Süßwasser"!
Aus „ewig" wird „schwimmen"!
Und aus „Drache" wird „Wasserfall"!

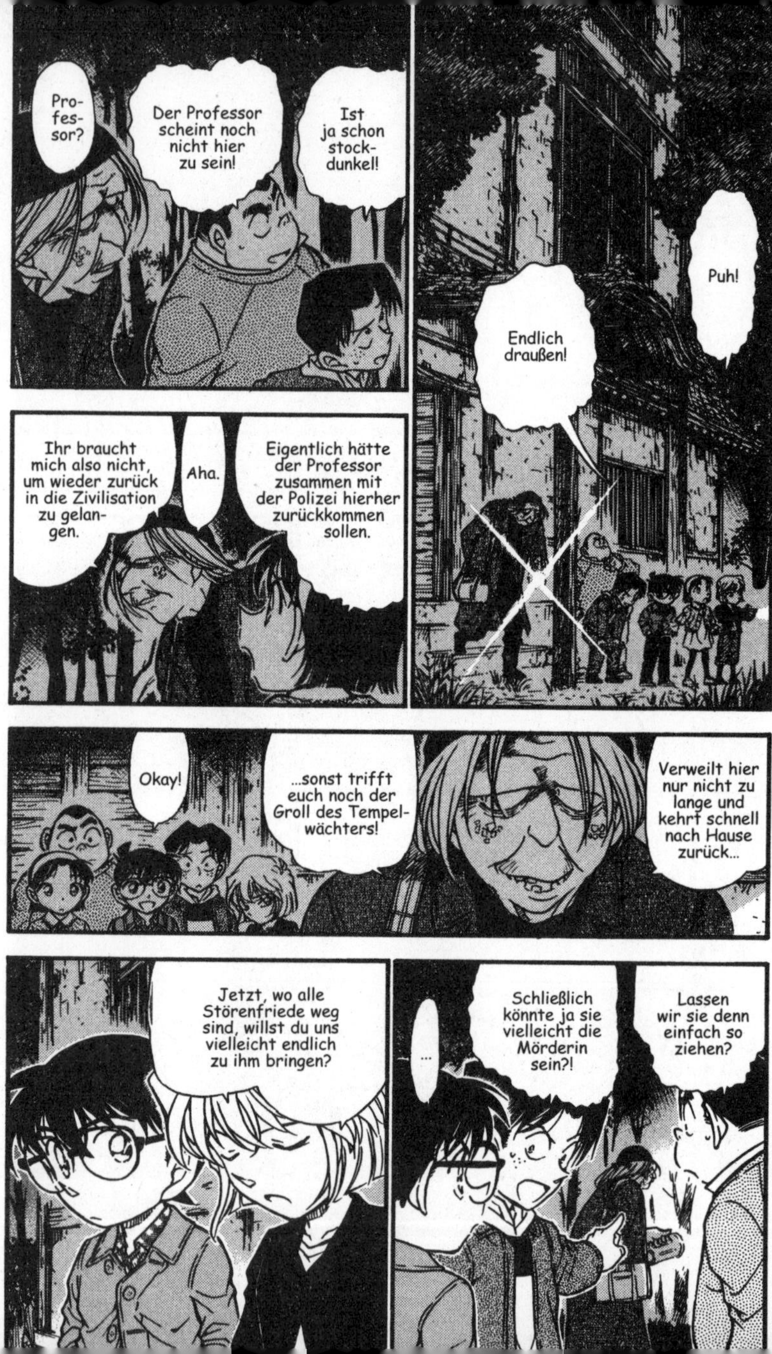
Puh!
Endlich draußen!
Ist ja schon stockdunkel!
Der Professor scheint noch nicht hier zu sein!
Professor?
Eigentlich hätte der Professor zusammen mit der Polizei hierher zurückkommen sollen.
Aha.
Ihr braucht mich also nicht, um wieder zurück in die Zivilisation zu gelangen.
Verweilt hier nur nicht zu lange und kehrt schnell nach Hause zurück...
...sonst trifft euch noch der Groll des Tempelwächters!
Okay!
Lassen wir sie denn einfach so ziehen?
Schließlich könnte ja sie vielleicht die Mörderin sein?!
...
Jetzt, wo alle Störenfriede weg sind, willst du uns vielleicht endlich zu ihm bringen?

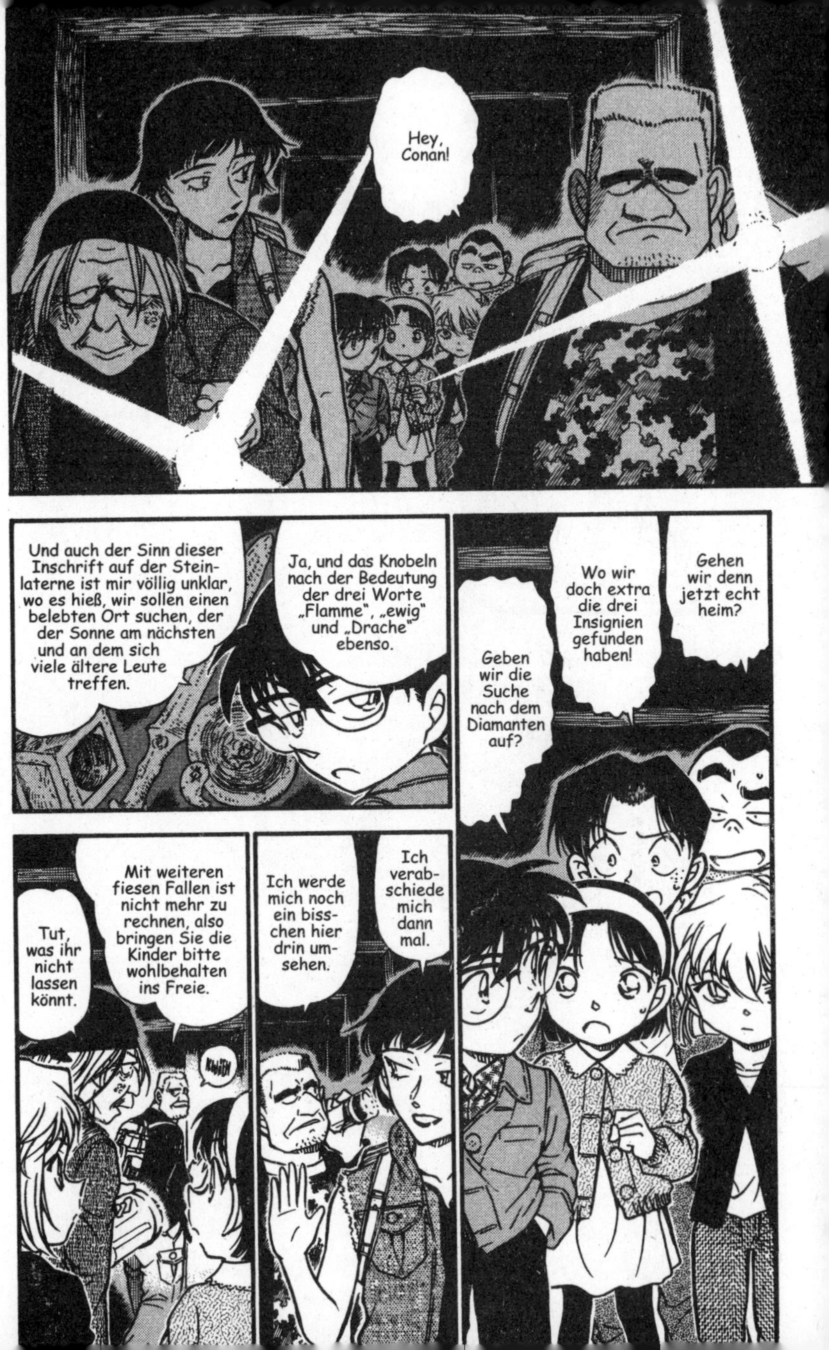
Hey, Conan!
Gehen wir denn jetzt echt heim?
Wo wir doch extra die drei Insignien gefunden haben!
Geben wir die Suche nach dem Diamanten auf?
Ja, und das Knobeln nach der Bedeutung der drei Worte „Flamme“, „ewig“ und „Drache“ ebenso.
Und auch der Sinn dieser Inschrift auf der Steinlaterne ist mir völlig unklar, wo es hieß, wir sollen einen belebten Ort suchen, der der Sonne am nächsten und an dem sich viele ältere Leute treffen.
Ich verabschiede mich dann mal.
Ich werde mich noch ein bisschen hier drin umsehen.
Mit weiteren fiesen Fallen ist nicht mehr zu rechnen, also bringen Sie die Kinder bitte wohlbehalten ins Freie.
Tut, was ihr nicht lassen könnt.

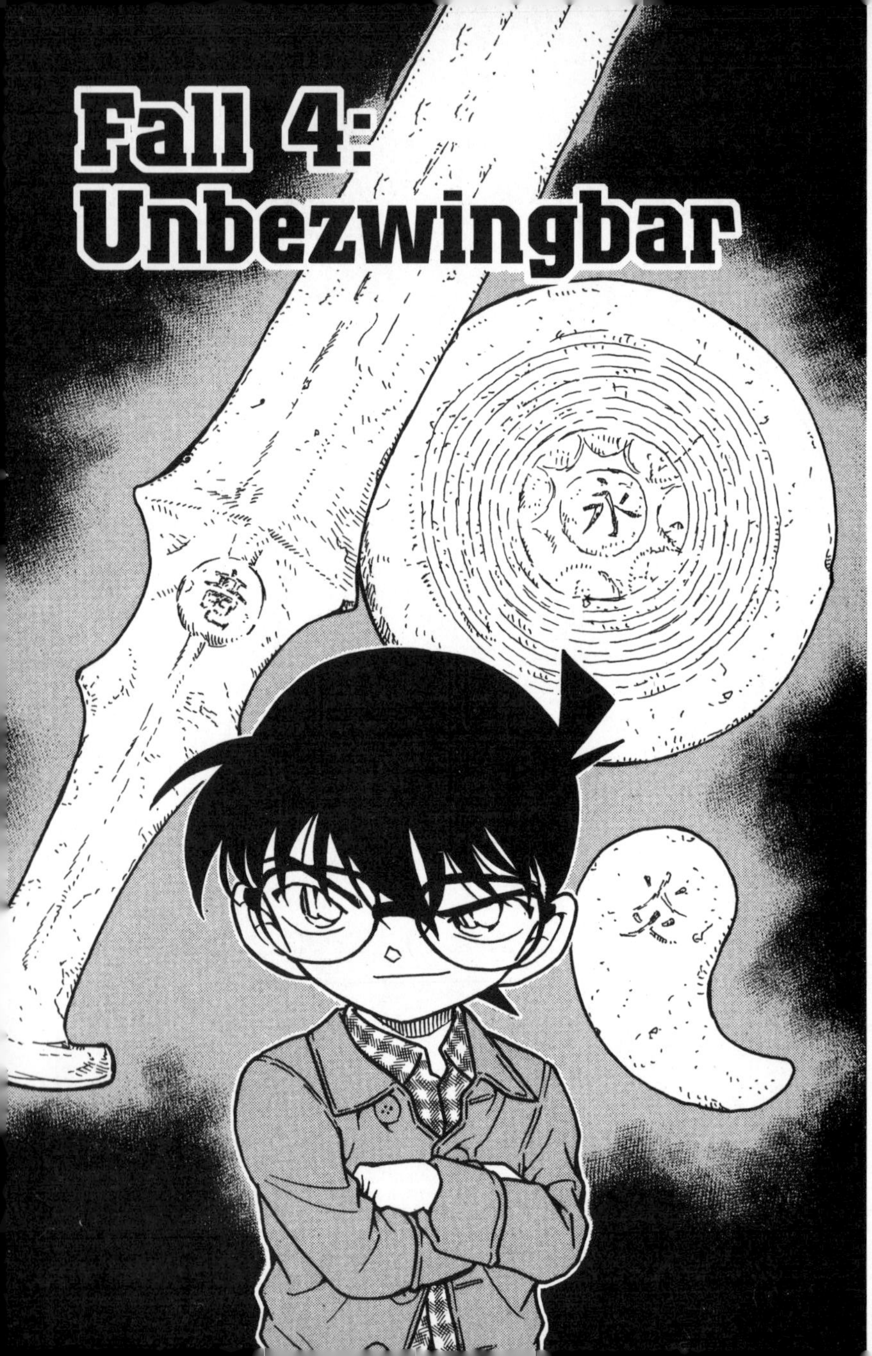
Fall 4:
Unbezwingbar

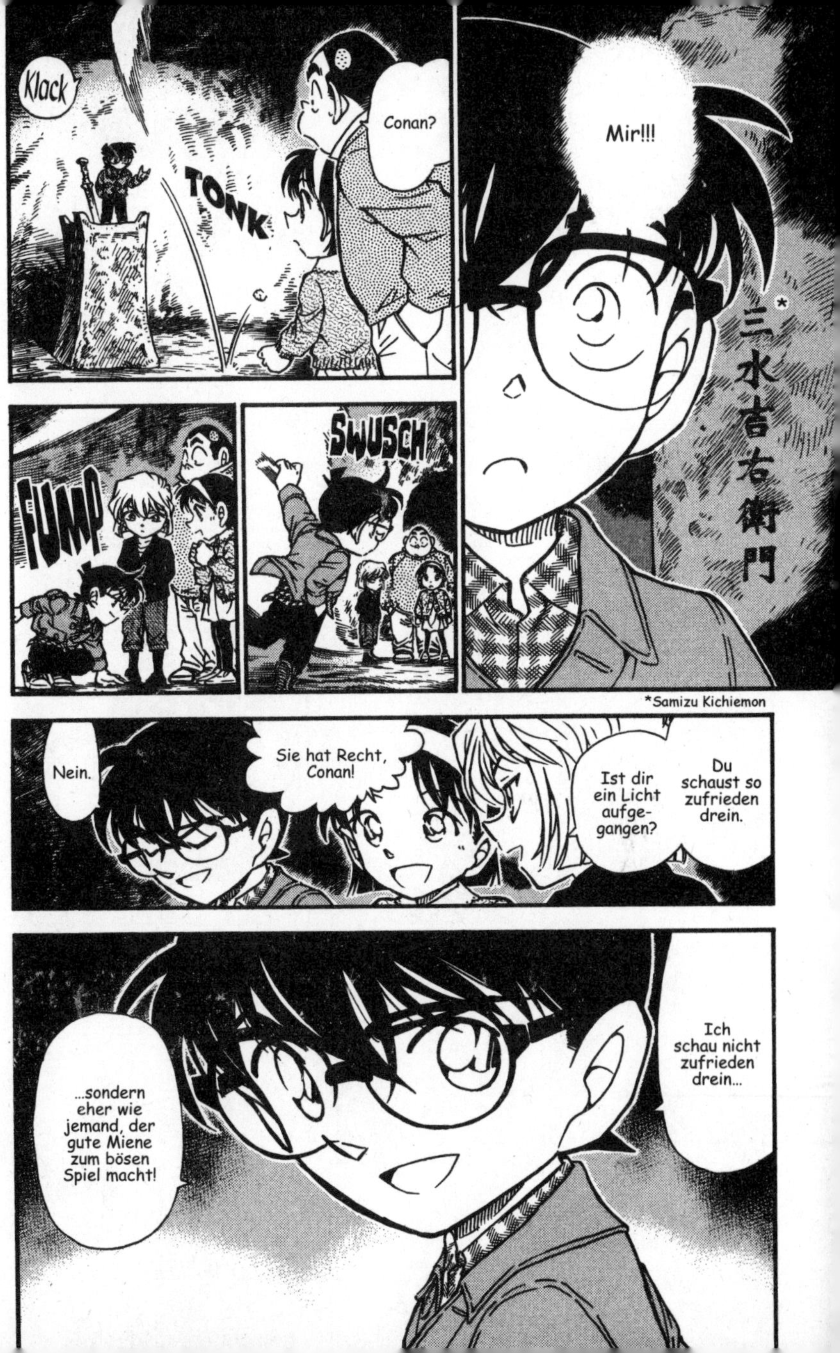
Mir!!!
三水吉右衛門
Klack
Conan?
TONK
SWUSCH
FUMP
*Samizu Kichiemon
Du schaust so zufrieden drein.
Ist dir ein Licht aufge-gangen?
Sie hat Recht, Conan!
Nein.
Ich schau nicht zufrieden drein...
...sondern eher wie jemand, der gute Miene zum bösen Spiel macht!

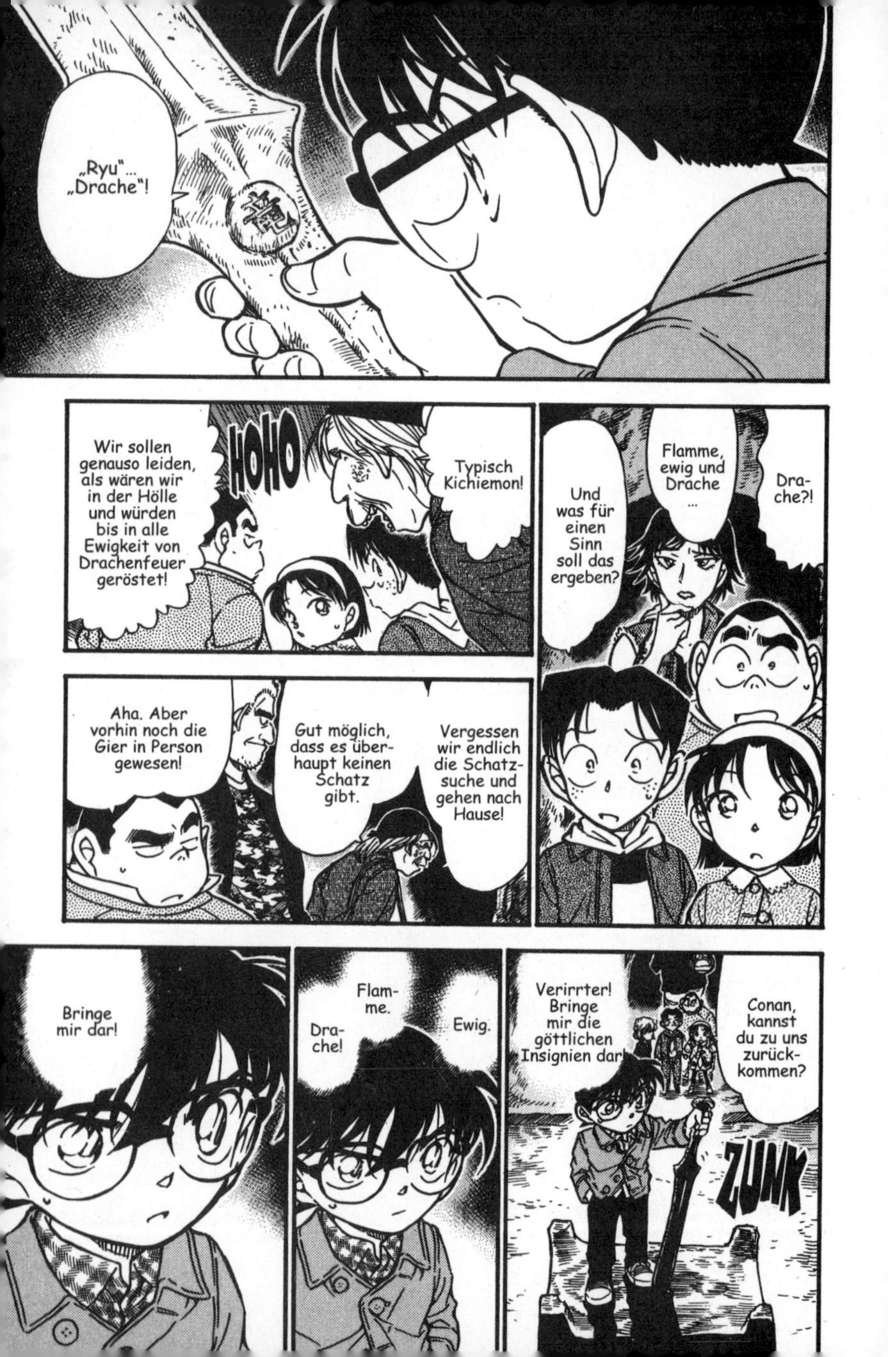
„Ryu"... „Drache"!
Dra-che?!
Flamme, ewig und Drache ...
Und was für einen Sinn soll das ergeben?
Typisch Kichiemon!
HOHO
Wir sollen genauso leiden, als wären wir in der Hölle und würden bis in alle Ewigkeit von Drachenfeuer geröstet!
Vergessen wir endlich die Schatzsuche und gehen nach Hause!
Gut möglich, dass es überhaupt keinen Schatz gibt.
Aha. Aber vorhin noch die Gier in Person gewesen!
Conan, kannst du zu uns zurückkommen?
ZUNK
Verirrter! Bringe mir die göttlichen Insignien dar!
Ewig.
Flamme.
Drache!
Bringe mir dar!

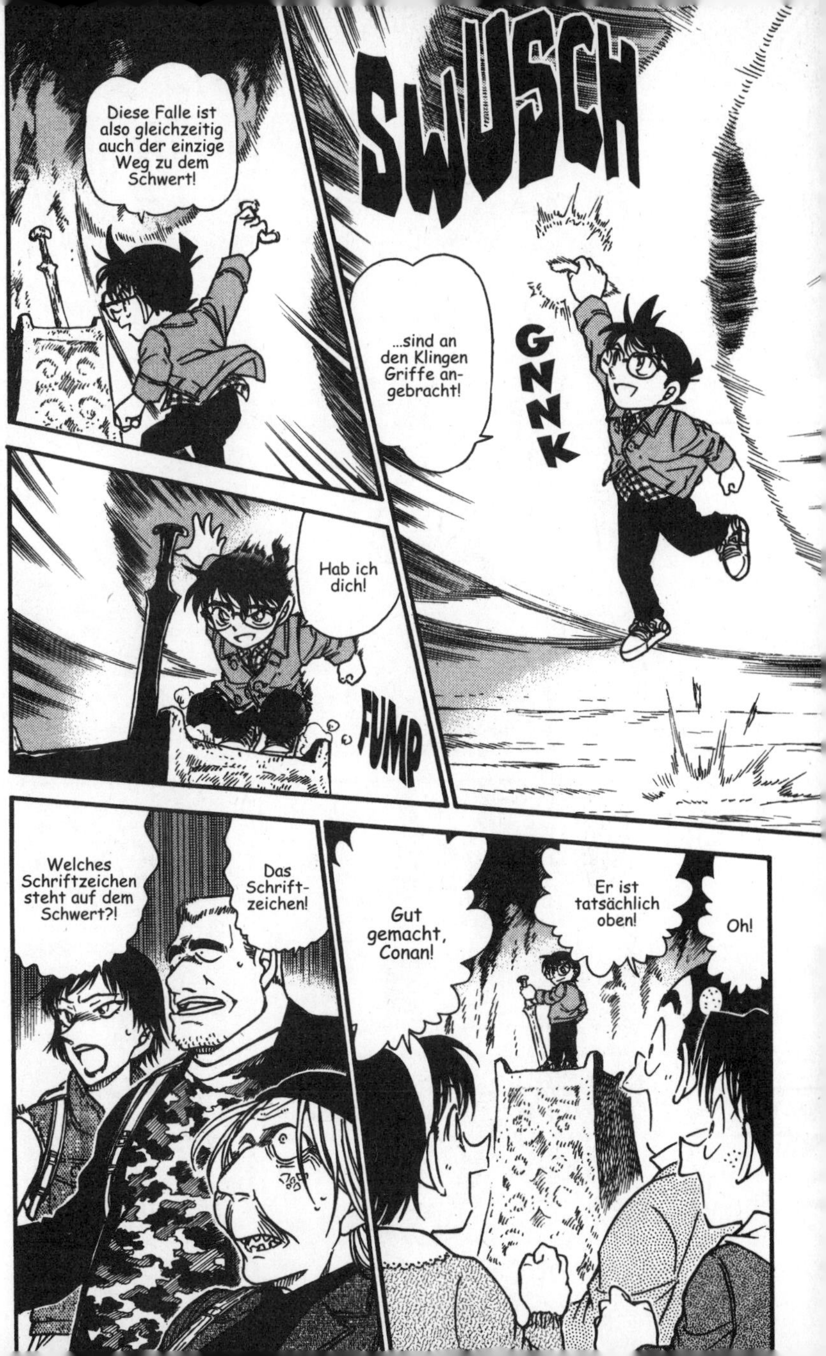
SWUSCH
...sind an den Klingen Griffe angebracht!
GNNK
Diese Falle ist also gleichzeitig auch der einzige Weg zu dem Schwert!
Hab ich dich!
FUMP
Oh!
Er ist tatsächlich oben!
Gut gemacht, Conan!
Das Schriftzeichen!
Welches Schriftzeichen steht auf dem Schwert?!

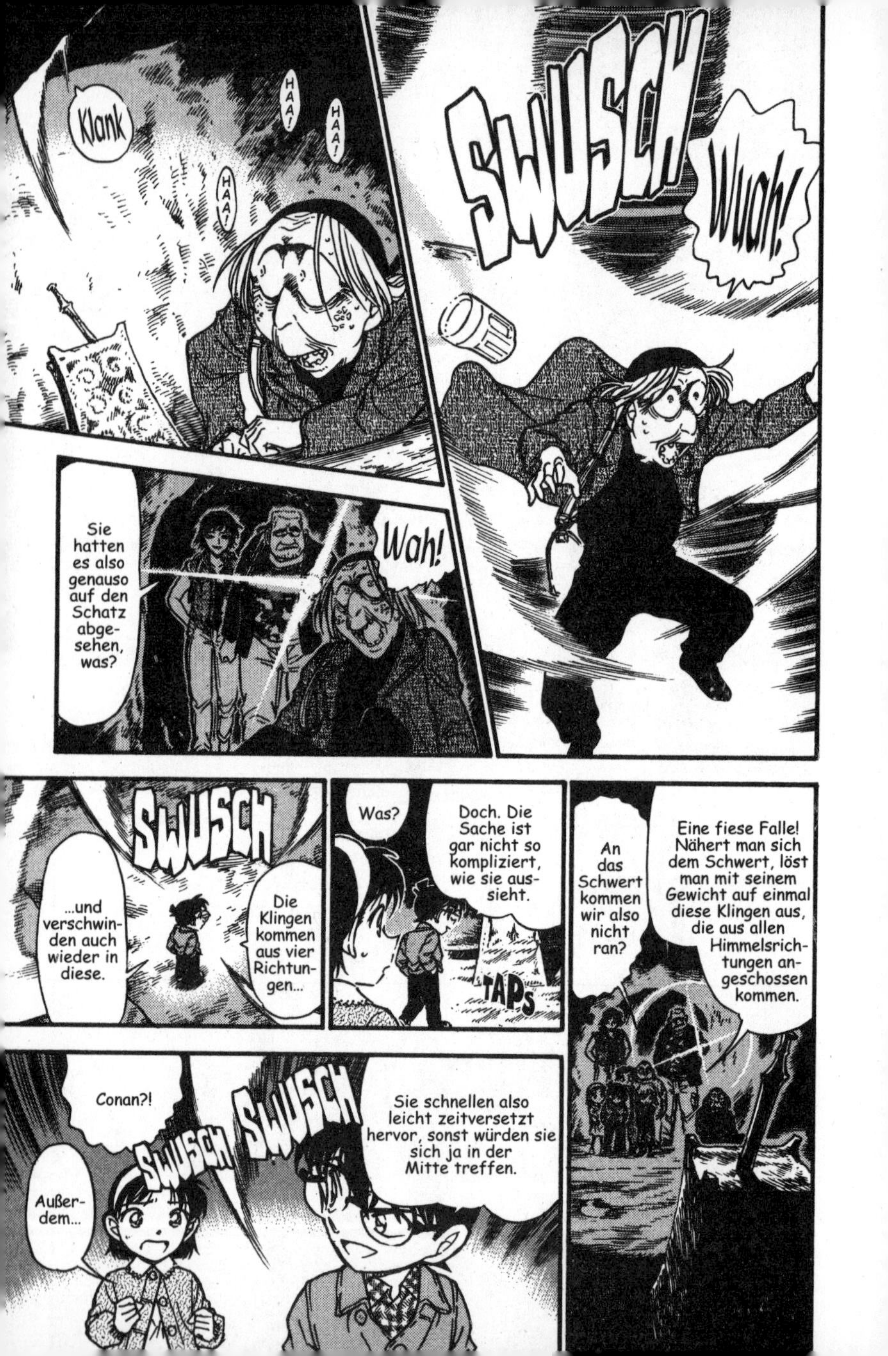
SWUSCH
Wuah!
Klank
HAA!
HAA!
HAA!
Wah!
Sie hatten es also genauso auf den Schatz abgesehen, was?
Eine fiese Falle! Nähert man sich dem Schwert, löst man mit seinem Gewicht auf einmal diese Klingen aus, die aus allen Himmelsrichtungen angeschossen kommen.
An das Schwert kommen wir also nicht ran?
Doch. Die Sache ist gar nicht so kompliziert, wie sie aussieht.
Was?
TAPS
SWUSCH
Die Klingen kommen aus vier Richtungen...
...und verschwinden auch wieder in diese.
Sie schnellen also leicht zeitversetzt hervor, sonst würden sie sich ja in der Mitte treffen.
SWUSCH
SWUSCH
Conan?!
Außerdem...

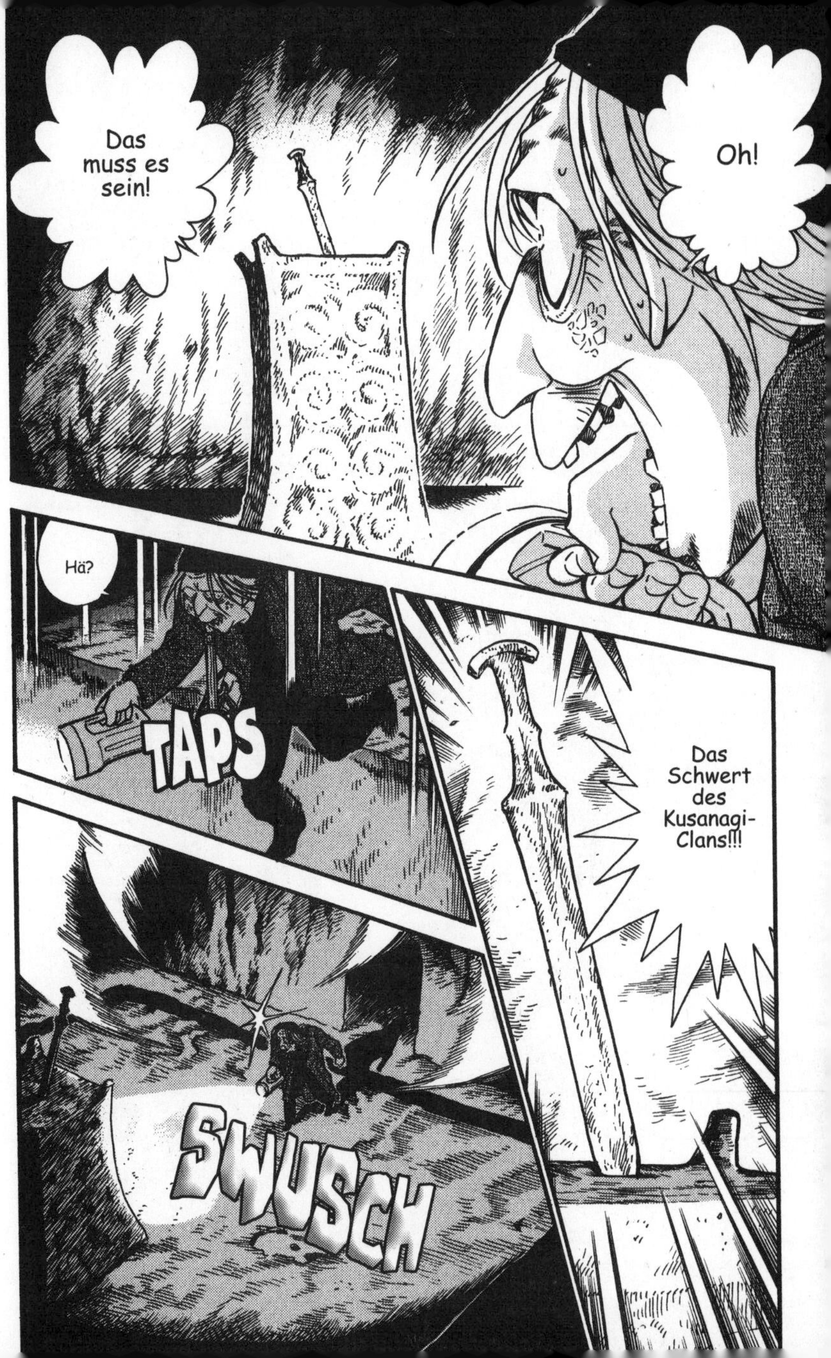
Oh!
Das muss es sein!
Hä?
TAPS
Das Schwert des Kusanagi-Clans!!!
SWUSCH

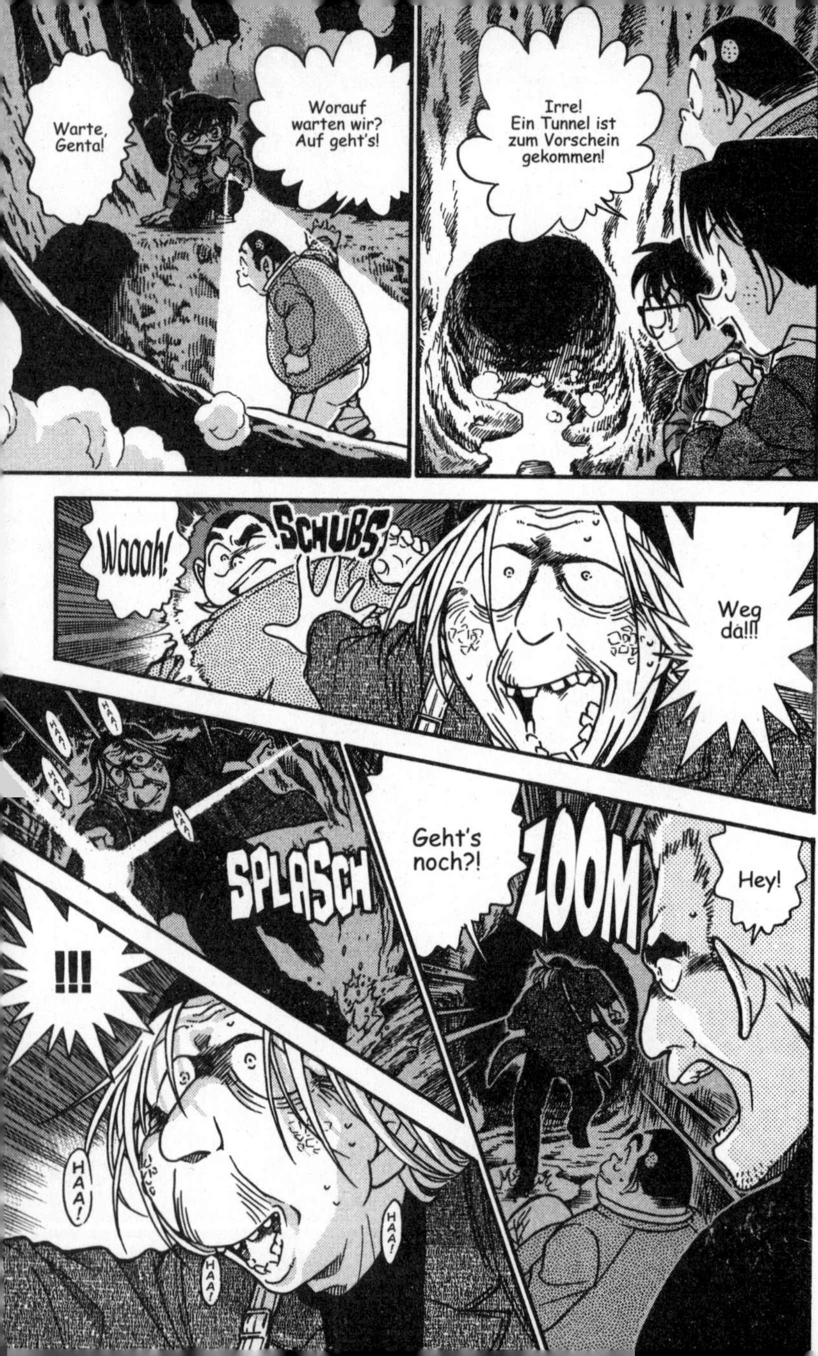

Irre!
Ein Tunnel ist zum Vorschein gekommen!
Worauf warten wir? Auf geht's!
Warte, Genta!
Weg da!!!
SCHUBS
Waaah!
Hey!
ZOOM
Geht's noch?!
SPLASCH
HAA! HAA!
!!!
HAA! HAA!

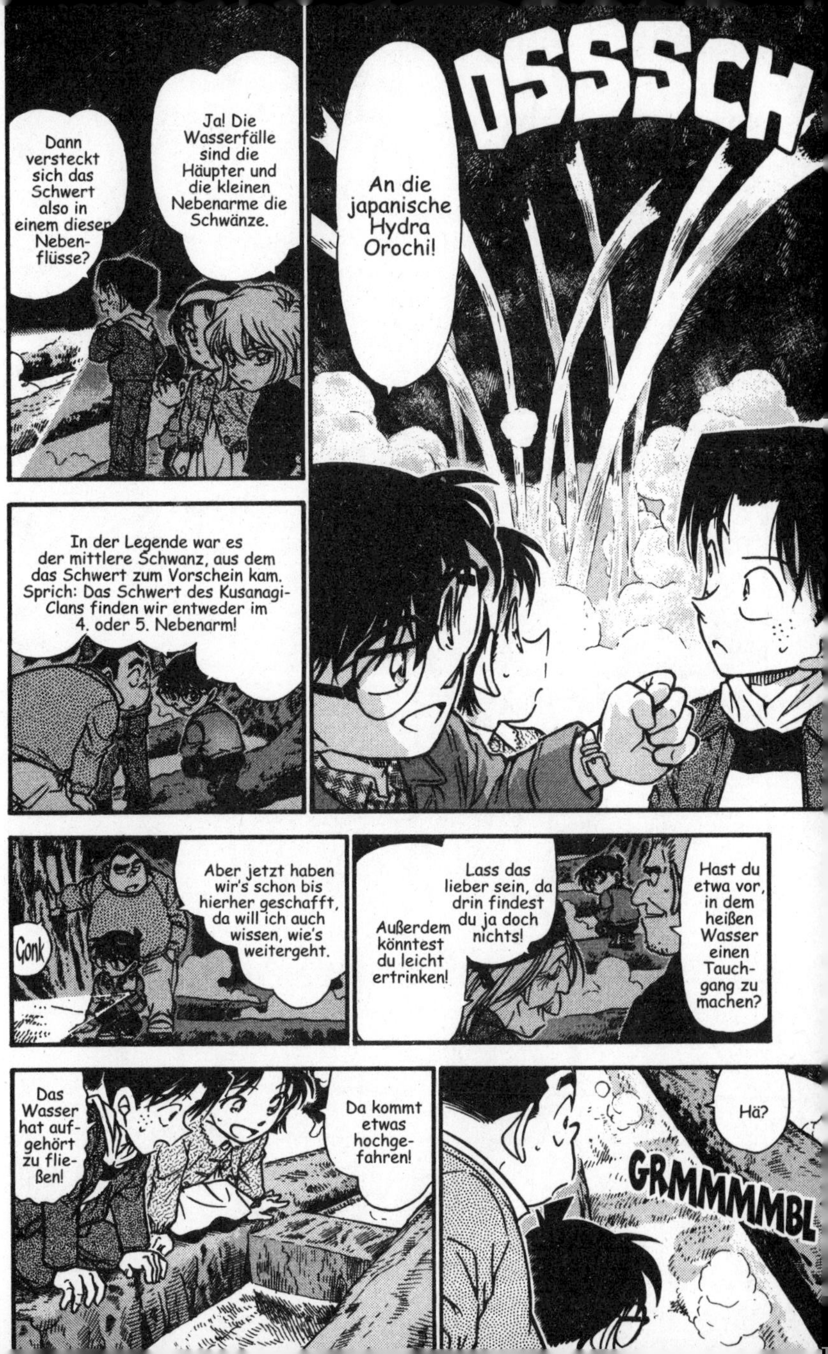
OSSSCH
An die japanische Hydra Orochi!
Dann versteckt sich das Schwert also in einem dieser Nebenflüsse?
Ja! Die Wasserfälle sind die Häupter und die kleinen Nebenarme die Schwänze.
In der Legende war es der mittlere Schwanz, aus dem das Schwert zum Vorschein kam. Sprich: Das Schwert des Kusanagi-Clans finden wir entweder im 4. oder 5. Nebenarm!
Hast du etwa vor, in dem heißen Wasser einen Tauchgang zu machen?
Lass das lieber sein, da drin findest du ja doch nichts!
Außerdem könntest du leicht ertrinken!
Aber jetzt haben wir's schon bis hierher geschafft, da will ich auch wissen, wie's weitergeht.
Gonk
Hä?
GRMMMMMBL
Da kommt etwas hochgefahren!
Das Wasser hat aufgehört zu fließen!

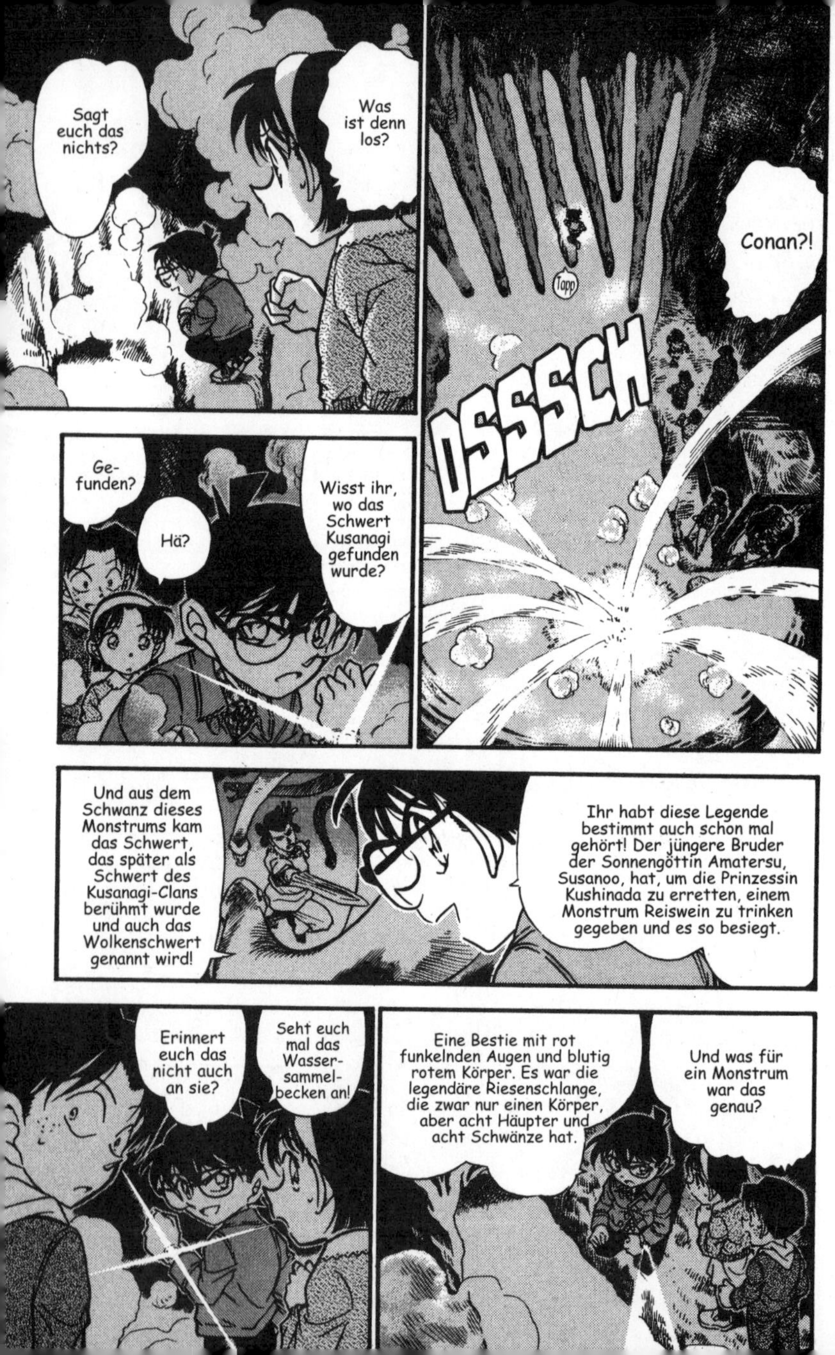

Conan?!
Tapp
OSSSCH
Was ist denn los?
Sagt euch das nichts?
Wisst ihr, wo das Schwert Kusanagi gefunden wurde?
Hä?
Gefunden?
Ihr habt diese Legende bestimmt auch schon mal gehört! Der jüngere Bruder der Sonnengöttin Amatersu, Susanoo, hat, um die Prinzessin Kushinada zu erretten, einem Monstrum Reiswein zu trinken gegeben und es so besiegt.
Und aus dem Schwanz dieses Monstrums kam das Schwert, das später als Schwert des Kusanagi-Clans berühmt wurde und auch das Wolkenschwert genannt wird!
Und was für ein Monstrum war das genau?
Eine Bestie mit rot funkelnden Augen und blutig rotem Körper. Es war die legendäre Riesenschlange, die zwar nur einen Körper, aber acht Häupter und acht Schwänze hat.
Seht euch mal das Wasser-sammel-becken an!
Erinnert euch das nicht auch an sie?

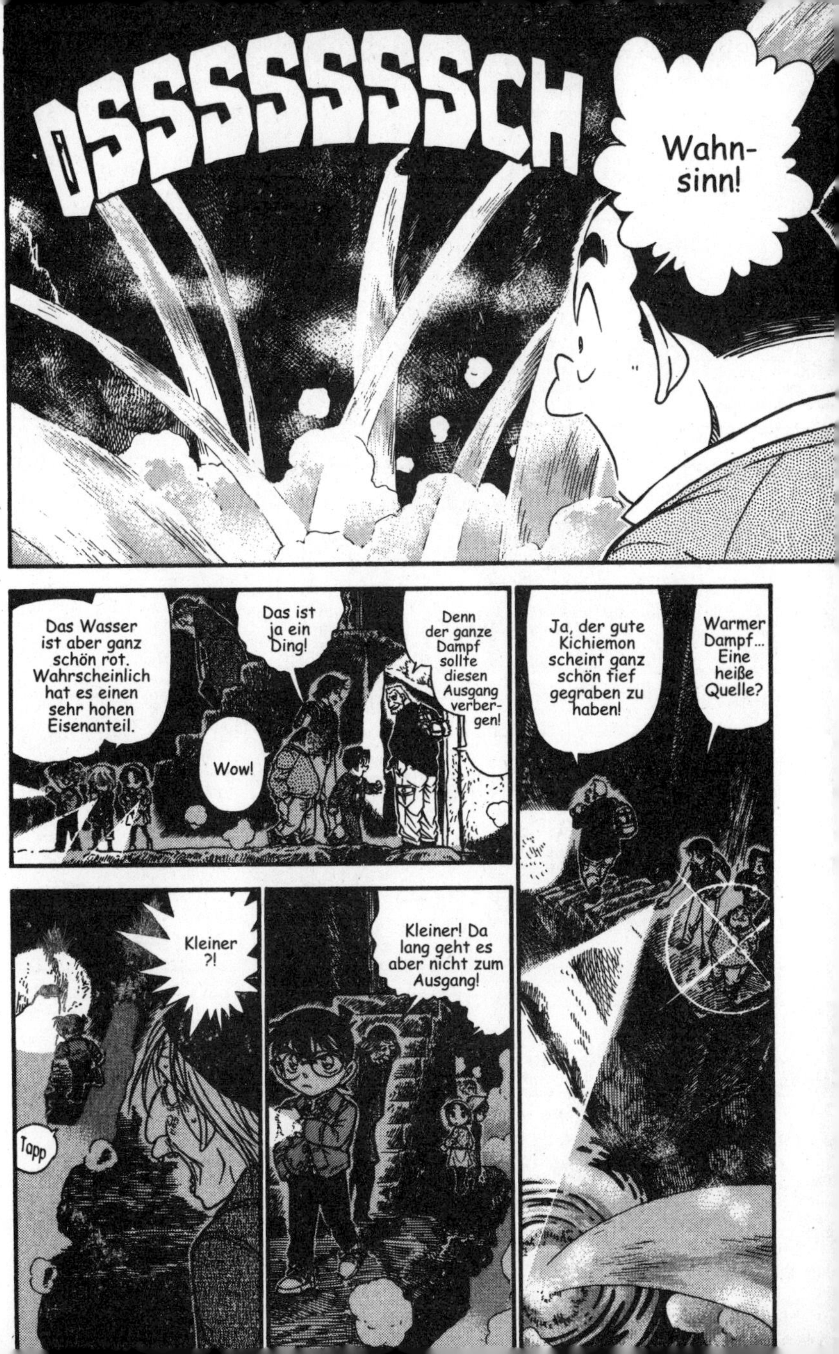

Wahnsinn!
DSSSSSSSCH
Warmer Dampf... Eine heiße Quelle?
Ja, der gute Kichiemon scheint ganz schön tief gegraben zu haben!
Denn der ganze Dampf sollte diesen Ausgang verbergen!
Das ist ja ein Ding!
Wow!
Das Wasser ist aber ganz schön rot. Wahrscheinlich hat es einen sehr hohen Eisenanteil.
Kleiner! Da lang geht es aber nicht zum Ausgang!
Kleiner ?!
Tapp

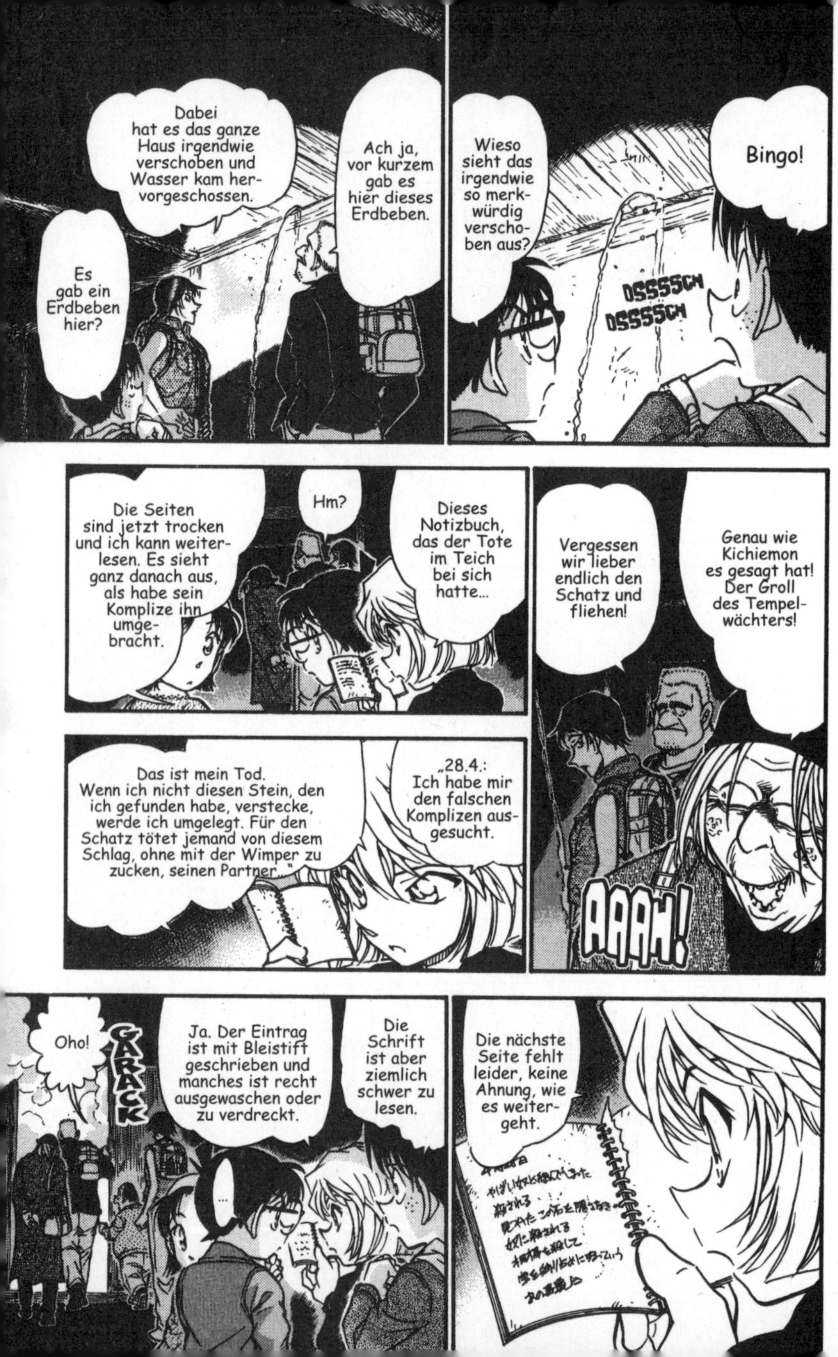
Bingo!
Wieso sieht das irgendwie so merkwürdig verschoben aus?
DSSSSCH
DSSSSCH
Ach ja, vor kurzem gab es hier dieses Erdbeben.
Dabei hat es das ganze Haus irgendwie verschoben und Wasser kam hervorgeschossen.
Es gab ein Erdbeben hier?
Genau wie Kichiemon es gesagt hat! Der Groll des Tempelwächters!
Vergessen wir lieber endlich den Schatz und fliehen!
AAAH!
Dieses Notizbuch, das der Tote im Teich bei sich hatte...
Hm?
Die Seiten sind jetzt trocken und ich kann weiterlesen. Es sieht ganz danach aus, als habe sein Komplize ihn umgebracht.
„28.4.: Ich habe mir den falschen Komplizen ausgesucht.
Das ist mein Tod. Wenn ich nicht diesen Stein, den ich gefunden habe, verstecke, werde ich umgelegt. Für den Schatz tötet jemand von diesem Schlag, ohne mit der Wimper zu zucken, seinen Partner..."
Die nächste Seite fehlt leider, keine Ahnung, wie es weitergeht.
Die Schrift ist aber ziemlich schwer zu lesen.
Ja. Der Eintrag ist mit Bleistift geschrieben und manches ist recht ausgewaschen oder zu verdreckt.
Oho!
GARACK
...

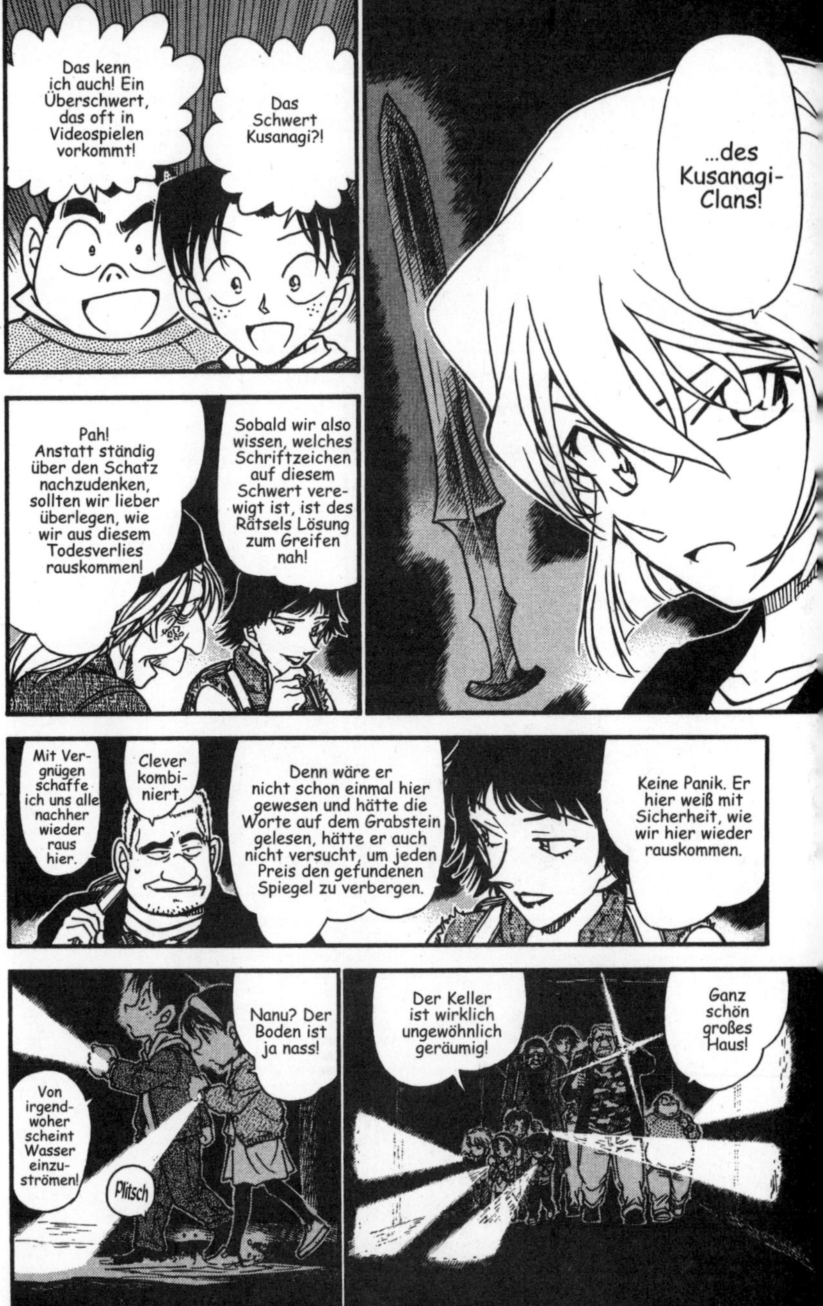

...des Kusanagi-Clans!
Das Schwert Kusanagi?!
Das kenn ich auch! Ein Überschwert, das oft in Videospielen vorkommt!
Sobald wir also wissen, welches Schriftzeichen auf diesem Schwert verewigt ist, ist des Rätsels Lösung zum Greifen nah!
Pah! Anstatt ständig über den Schatz nachzudenken, sollten wir lieber überlegen, wie wir aus diesem Todesverlies rauskommen!
Keine Panik. Er hier weiß mit Sicherheit, wie wir hier wieder rauskommen.
Denn wäre er nicht schon einmal hier gewesen und hätte die Worte auf dem Grabstein gelesen, hätte er auch nicht versucht, um jeden Preis den gefundenen Spiegel zu verbergen.
Clever kombiniert.
Mit Vergnügen schaffe ich uns alle nachher wieder raus hier.
Ganz schön großes Haus!
Der Keller ist wirklich ungewöhnlich geräumig!
Nanu? Der Boden ist ja nass!
Plitsch
Von irgendwoher scheint Wasser einzuströmen!

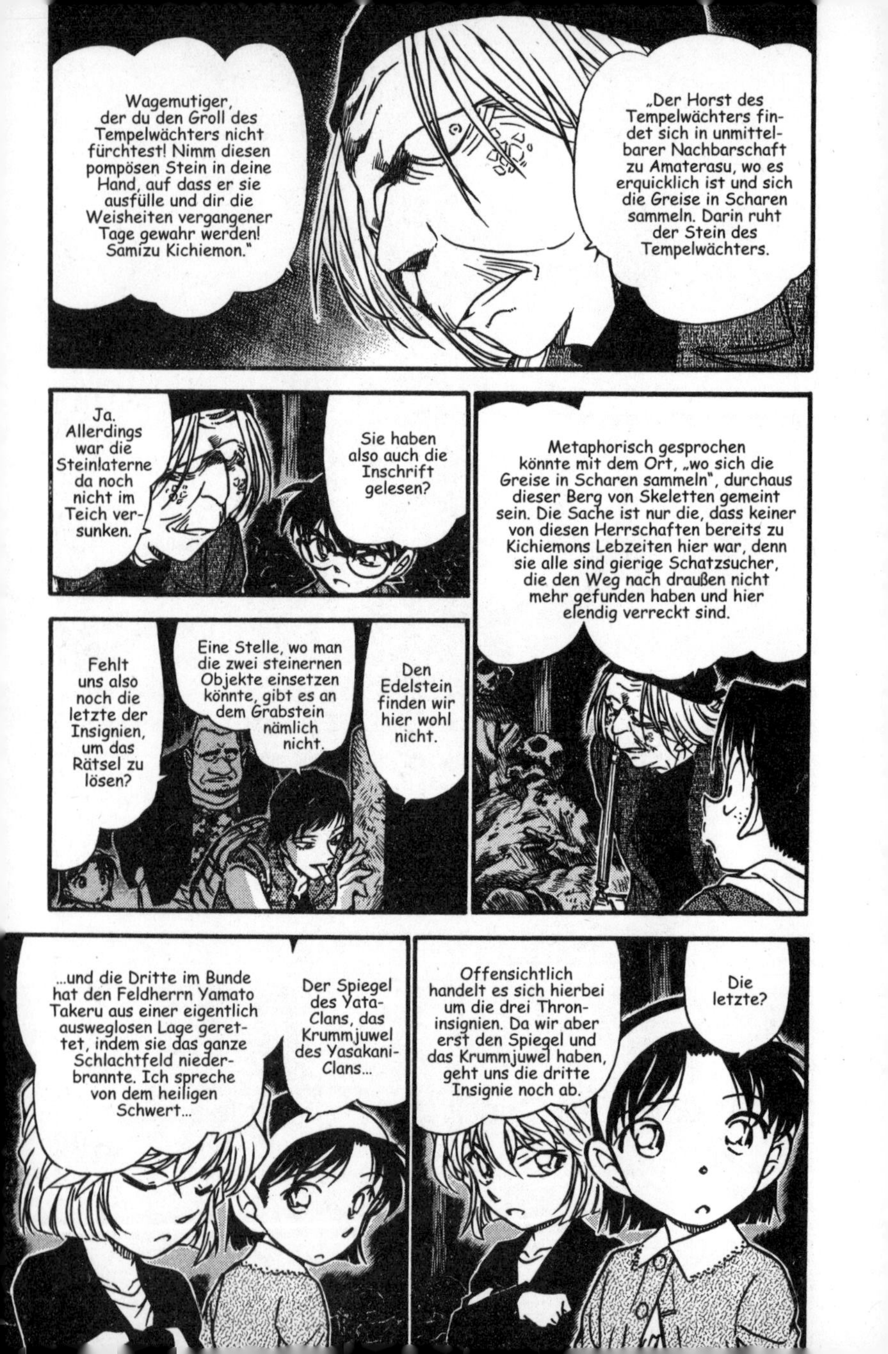
„Der Horst des Tempelwächters findet sich in unmittelbarer Nachbarschaft zu Amaterasu, wo es erquicklich ist und sich die Greise in Scharen sammeln. Darin ruht der Stein des Tempelwächters.
Wagemutiger, der du den Groll des Tempelwächters nicht fürchtest! Nimm diesen pompösen Stein in deine Hand, auf dass er sie ausfülle und dir die Weisheiten vergangener Tage gewahr werden! Samizu Kichiemon."
Metaphorisch gesprochen könnte mit dem Ort, „wo sich die Greise in Scharen sammeln", durchaus dieser Berg von Skeletten gemeint sein. Die Sache ist nur die, dass keiner von diesen Herrschaften bereits zu Kichiemons Lebzeiten hier war, denn sie alle sind gierige Schatzsucher, die den Weg nach draußen nicht mehr gefunden haben und hier elendig verreckt sind.
Sie haben also auch die Inschrift gelesen?
Ja. Allerdings war die Steinlaterne da noch nicht im Teich versunken.
Den Edelstein finden wir hier wohl nicht.
Eine Stelle, wo man die zwei steinernen Objekte einsetzen könnte, gibt es an dem Grabstein nämlich nicht.
Fehlt uns also noch die letzte der Insignien, um das Rätsel zu lösen?
Die letzte?
Offensichtlich handelt es sich hierbei um die drei Throninsignien. Da wir aber erst den Spiegel und das Krummjuwel haben, geht uns die dritte Insignie noch ab.
Der Spiegel des Yata-Clans, das Krummjuwel des Yasakani-Clans...
...und die Dritte im Bunde hat den Feldherrn Yamato Takeru aus einer eigentlich ausweglosen Lage gerettet, indem sie das ganze Schlachtfeld niederbrannte. Ich spreche von dem heiligen Schwert...

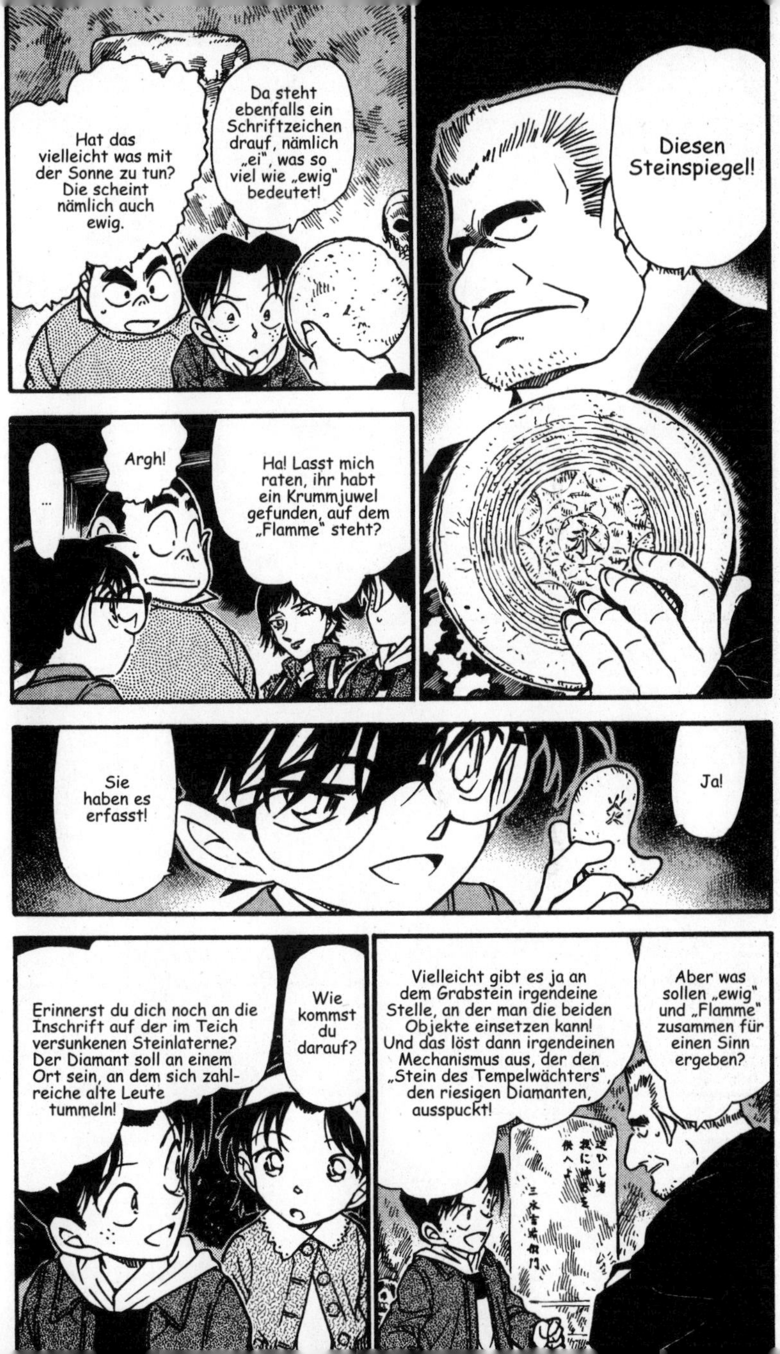
Diesen Steinspiegel!
Da steht ebenfalls ein Schriftzeichen drauf, nämlich „ei", was so viel wie „ewig" bedeutet!
Hat das vielleicht was mit der Sonne zu tun? Die scheint nämlich auch ewig.
Ha! Lasst mich raten, ihr habt ein Krummjuwel gefunden, auf dem „Flamme" steht?
Argh!
...
Ja!
Sie haben es erfasst!
Aber was sollen „ewig" und „Flamme" zusammen für einen Sinn ergeben?
Vielleicht gibt es ja an dem Grabstein irgendeine Stelle, an der man die beiden Objekte einsetzen kann! Und das löst dann irgendeinen Mechanismus aus, der den „Stein des Tempelwächters", den riesigen Diamanten, ausspuckt!
Wie kommst du darauf?
Erinnerst du dich noch an die Inschrift auf der im Teich versunkenen Steinlaterne? Der Diamant soll an einem Ort sein, an dem sich zahlreiche alte Leute tummeln!

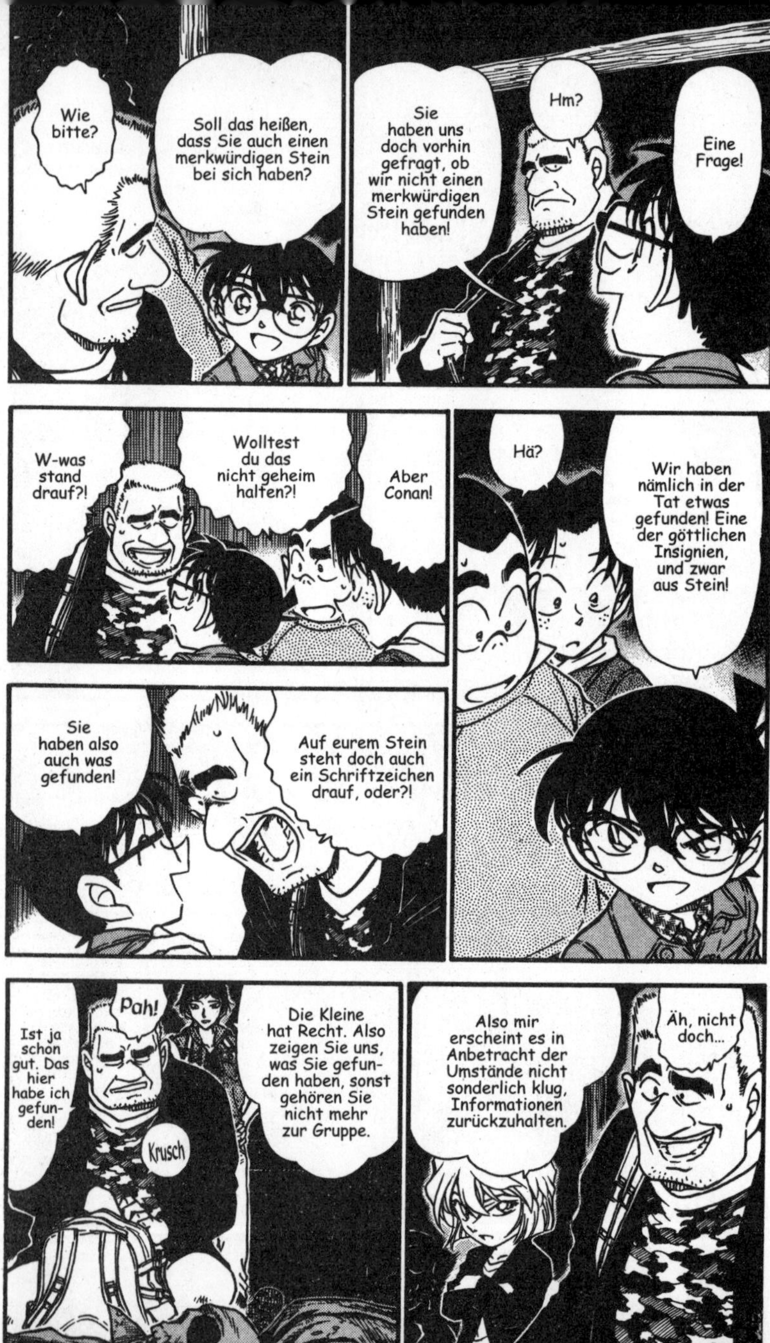
Eine Frage!
Hm?
Sie haben uns doch vorhin gefragt, ob wir nicht einen merkwürdigen Stein gefunden haben!
Soll das heißen, dass Sie auch einen merkwürdigen Stein bei sich haben?
Wie bitte?
Wir haben nämlich in der Tat etwas gefunden! Eine der göttlichen Insignien, und zwar aus Stein!
Hä?
Aber Conan!
Wolltest du das nicht geheim halten?!
W-was stand drauf?!
Auf eurem Stein steht doch auch ein Schriftzeichen drauf, oder?!
Sie haben also auch was gefunden!
Äh, nicht doch...
Also mir erscheint es in Anbetracht der Umstände nicht sonderlich klug, Informationen zurückzuhalten.
Die Kleine hat Recht. Also zeigen Sie uns, was Sie gefunden haben, sonst gehören Sie nicht mehr zur Gruppe.
Pah!
Ist ja schon gut. Das hier habe ich gefunden!
Krusch

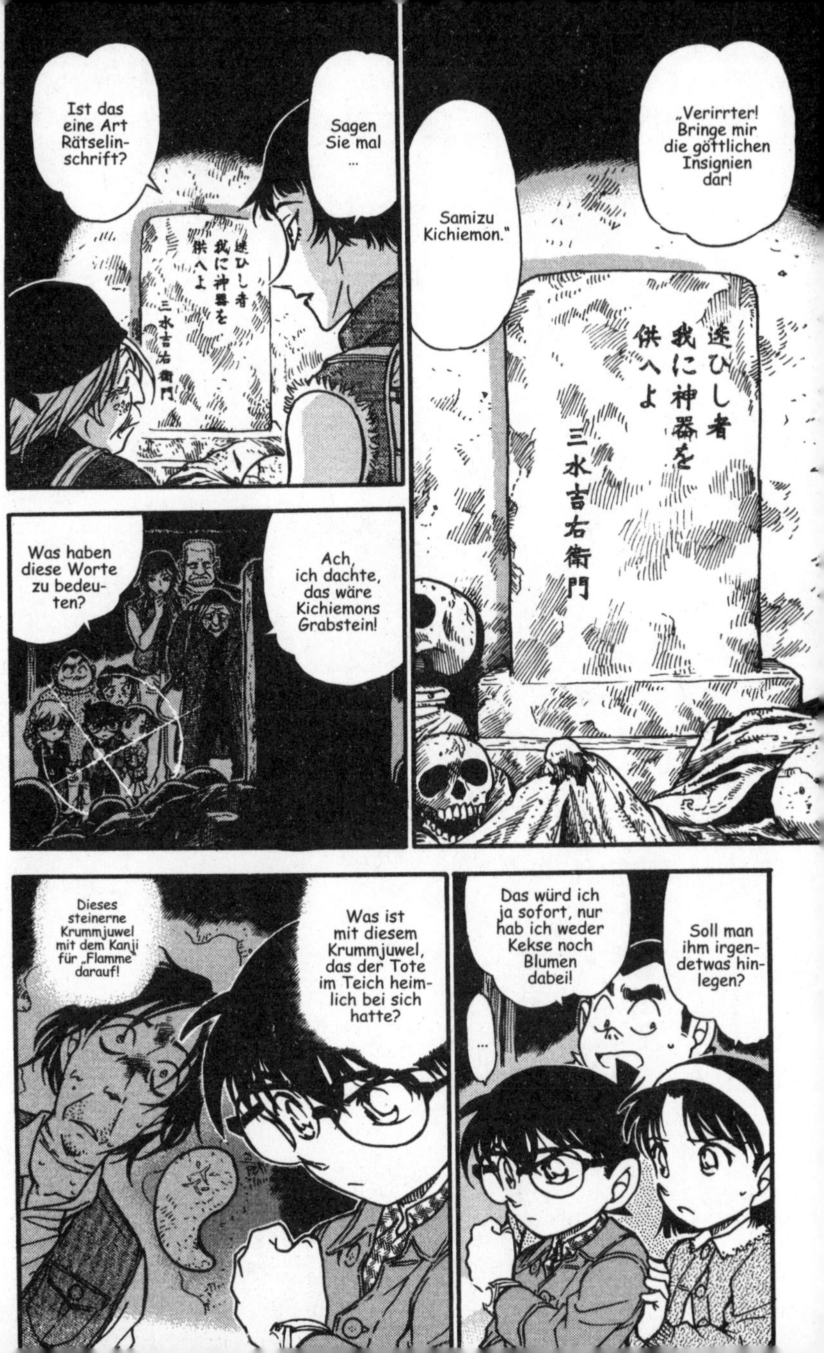
„Verirrter! Bringe mir die göttlichen Insignien dar!
Samizu Kichiemon."
迷ひし者
我に神器を
供へよ
三水吉右衛門
Sagen Sie mal ...
Ist das eine Art Rätselinschrift?
Ach, ich dachte, das wäre Kichiemons Grabstein!
Was haben diese Worte zu bedeuten?
Soll man ihm irgendetwas hinlegen?
Das würd ich ja sofort, nur hab ich weder Kekse noch Blumen dabei!
...
Was ist mit diesem Krummjuwel, das der Tote im Teich heimlich bei sich hatte?
Dieses steinerne Krummjuwel mit dem Kanji für „Flamme" darauf!

Fall 3: Die drei Throninsignien

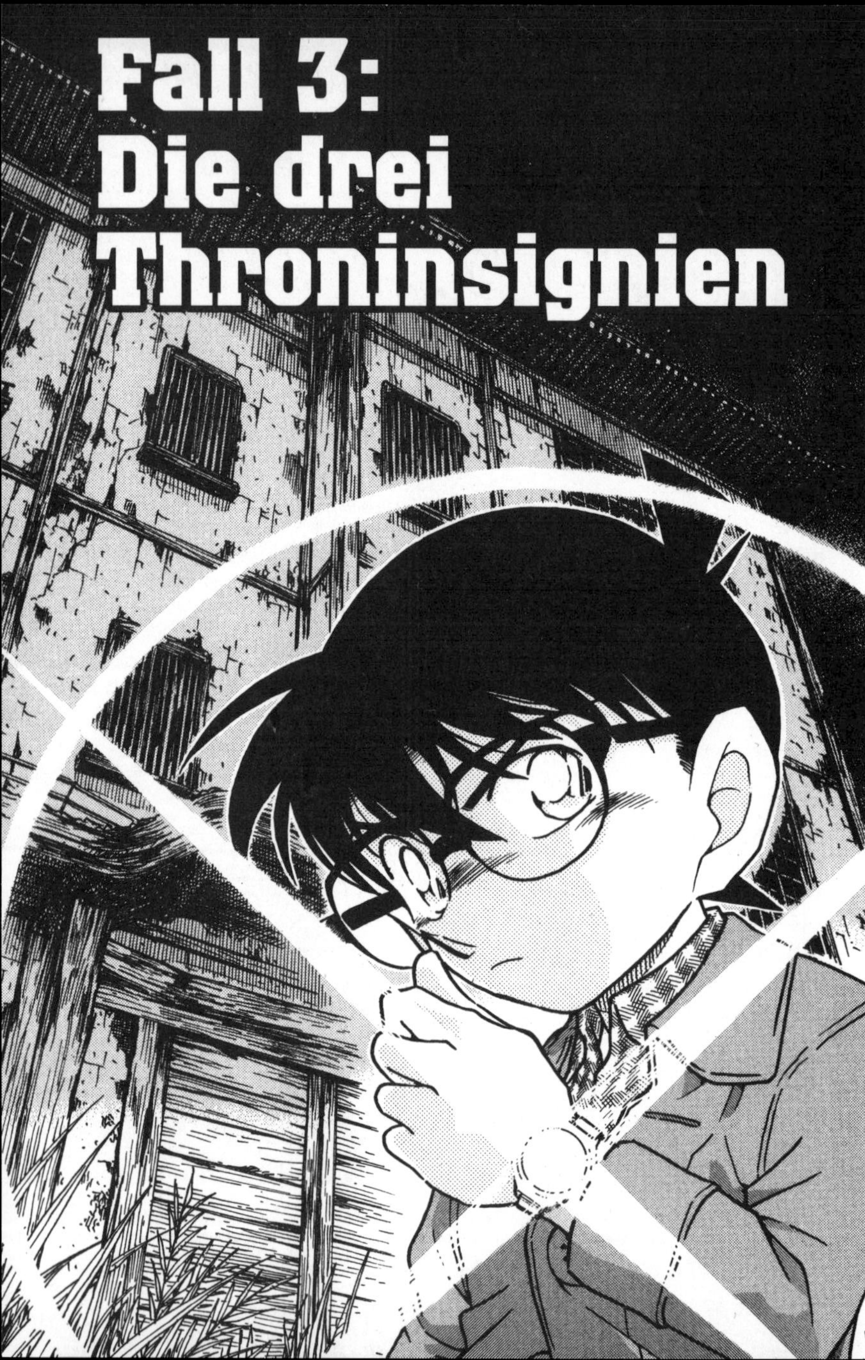

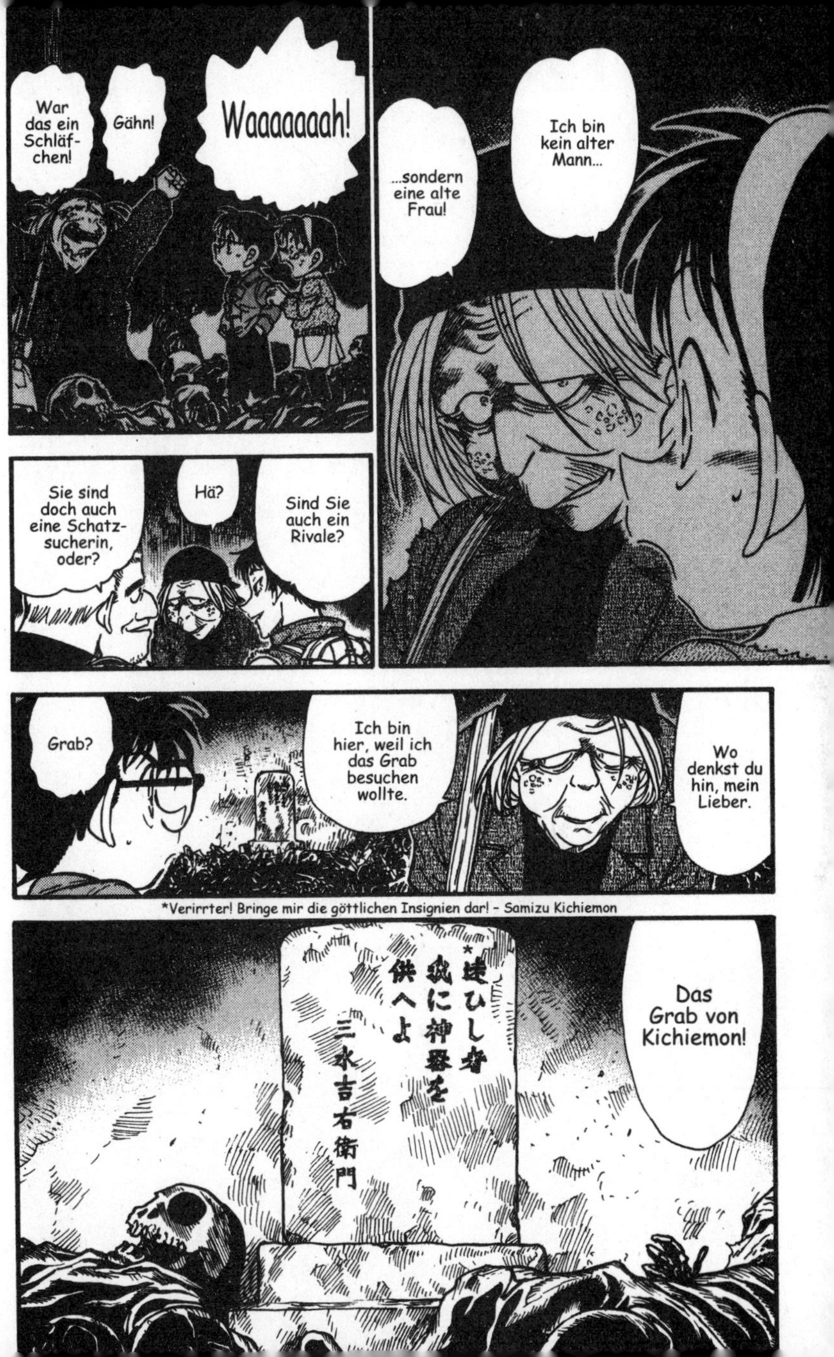

*Verirrter! Bringe mir die göttlichen Insignien dar! – Samizu Kichiemon

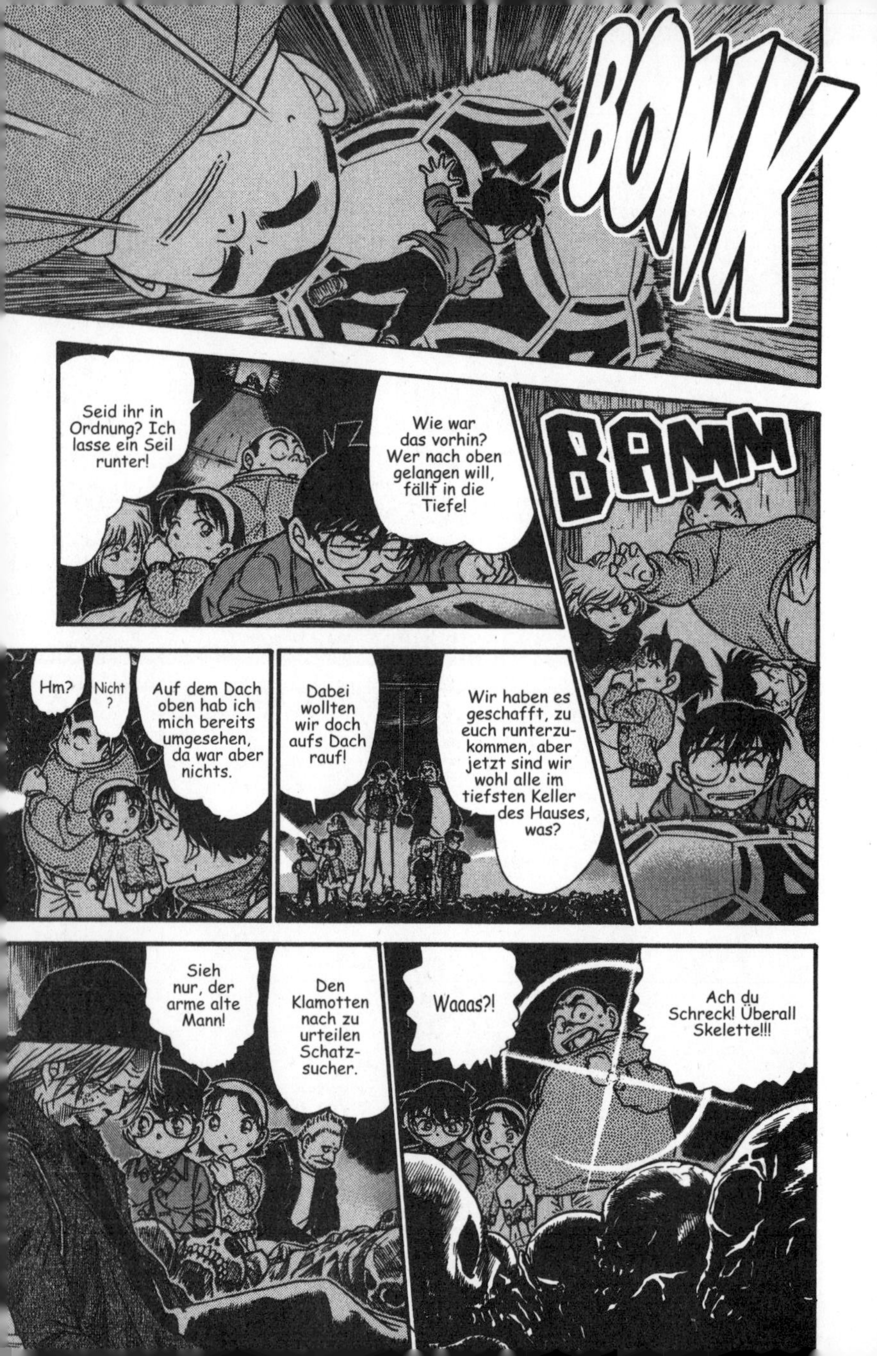
BONK
BAMM
Wie war das vorhin? Wer nach oben gelangen will, fällt in die Tiefe!
Seid ihr in Ordnung? Ich lasse ein Seil runter!
Wir haben es geschafft, zu euch runterzukommen, aber jetzt sind wir wohl alle im tiefsten Keller des Hauses, was?
Dabei wollten wir doch aufs Dach rauf!
Auf dem Dach oben hab ich mich bereits umgesehen, da war aber nichts.
Nicht?
Hm?
Ach du Schreck! Überall Skelette!!!
Waaas?!
Den Klamotten nach zu urteilen Schatzsucher.
Sieh nur, der arme alte Mann!

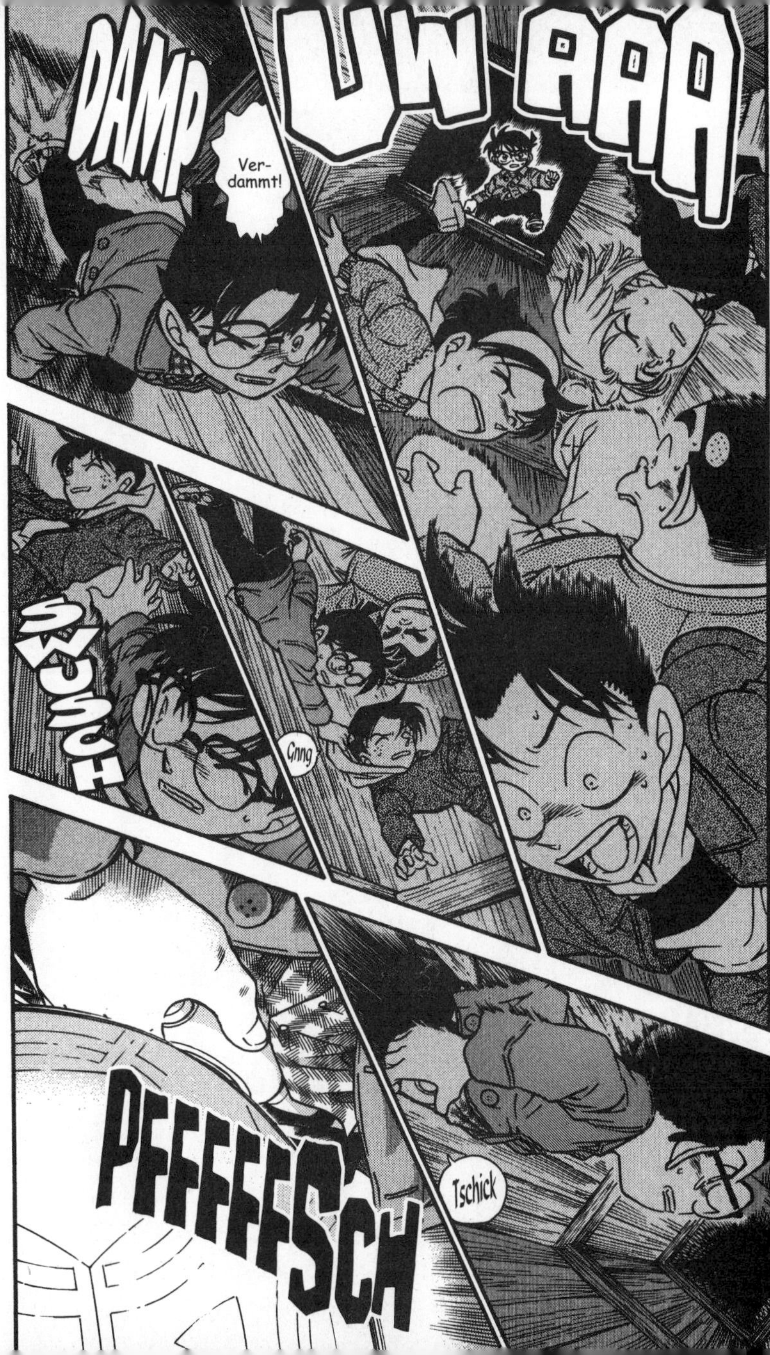
UW AAA
DAMP
Verdammt!
Gnng
SWUSCH
Tschick
PFFFFSCH

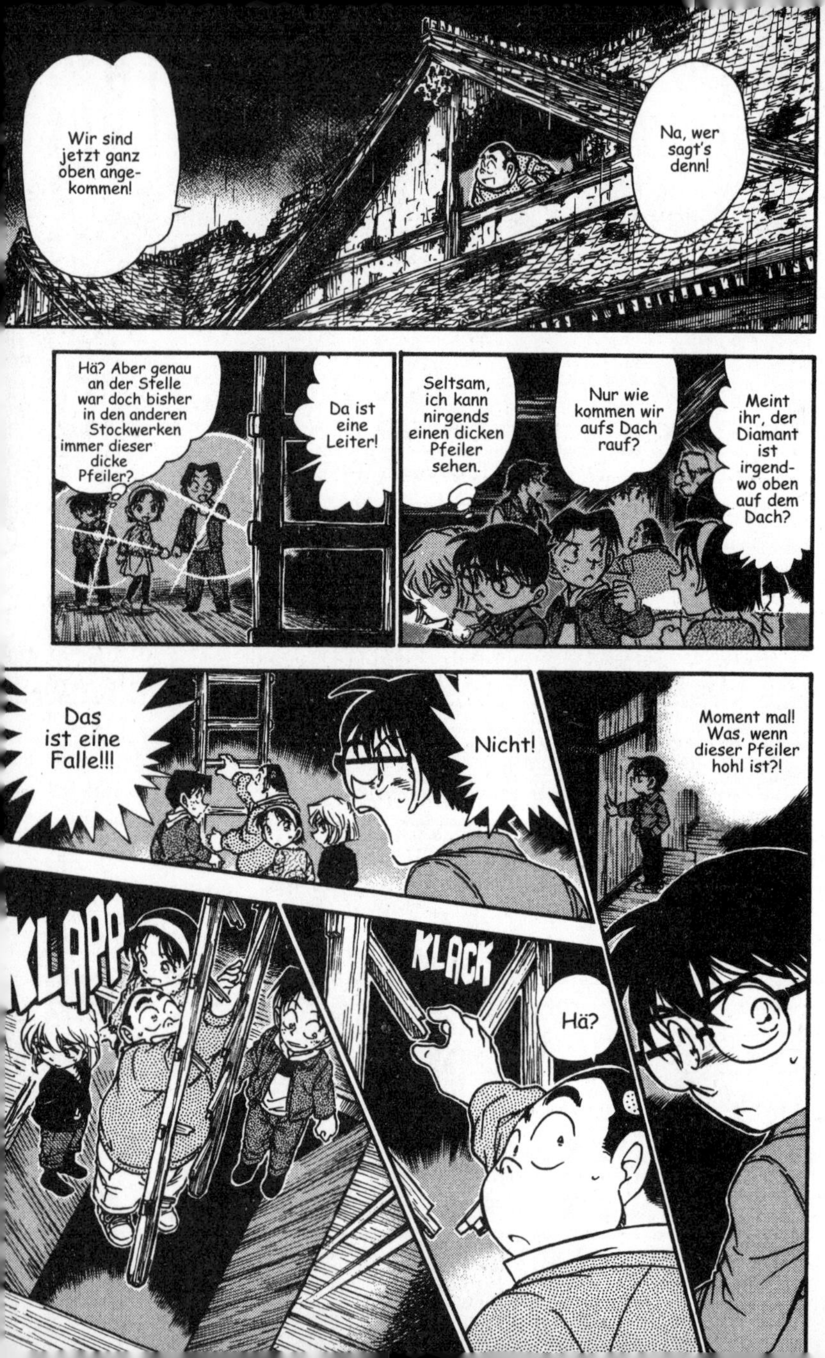
Na, wer sagt's denn!
Wir sind jetzt ganz oben ange-kommen!
Meint ihr, der Diamant ist irgend-wo oben auf dem Dach?
Nur wie kommen wir aufs Dach rauf?
Seltsam, ich kann nirgends einen dicken Pfeiler sehen.
Da ist eine Leiter!
Hä? Aber genau an der Stelle war doch bisher in den anderen Stockwerken immer dieser dicke Pfeiler?
Moment mal! Was, wenn dieser Pfeiler hohl ist?!
Nicht!
Das ist eine Falle!!!
Hä?
KLACK
KLAPP

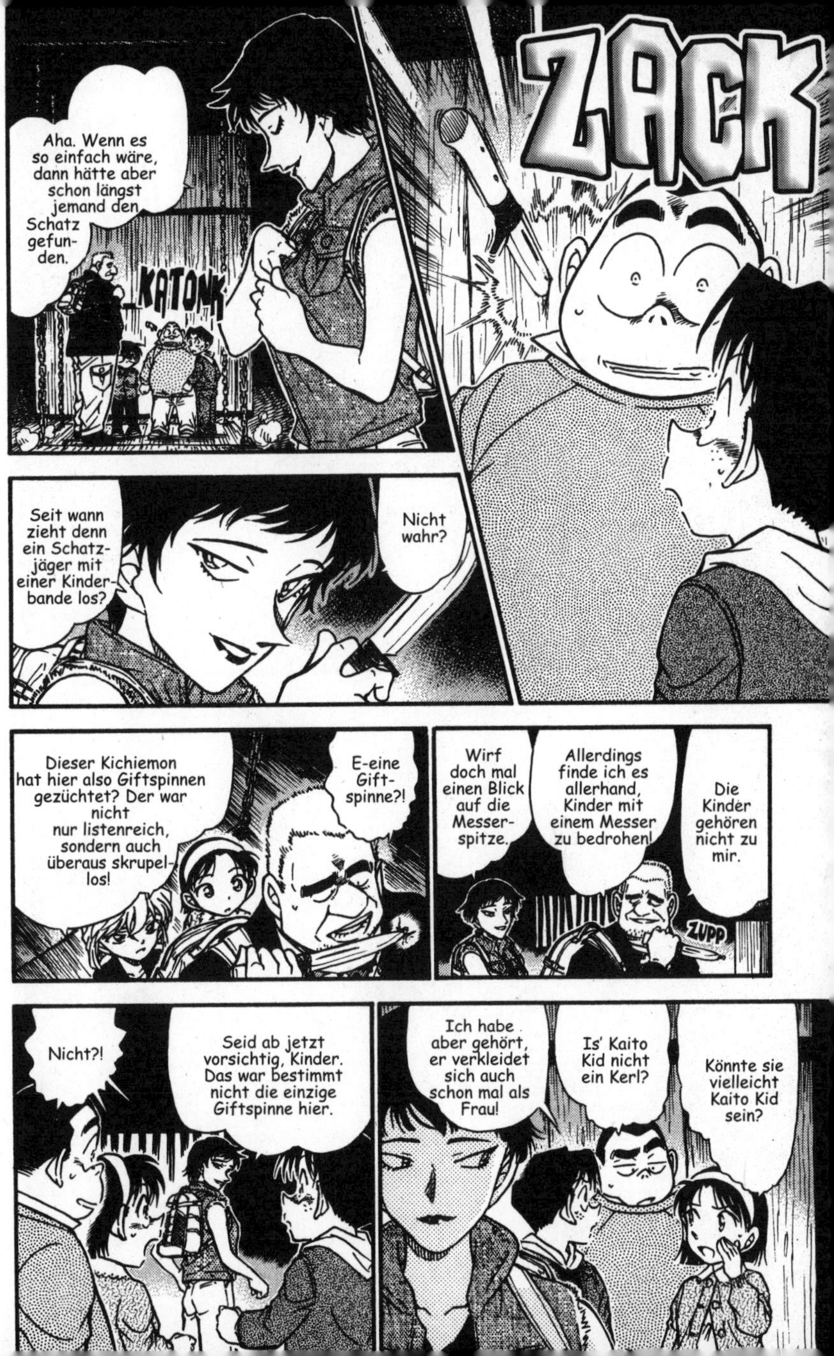
ZACK
Aha. Wenn es so einfach wäre, dann hätte aber schon längst jemand den Schatz gefunden.
KATONK
Nicht wahr?
Seit wann zieht denn ein Schatzjäger mit einer Kinderbande los?
Die Kinder gehören nicht zu mir.
Allerdings finde ich es allerhand, Kinder mit einem Messer zu bedrohen!
Wirf doch mal einen Blick auf die Messerspitze.
ZUPP
E-eine Giftspinne?!
Dieser Kichiemon hat hier also Giftspinnen gezüchtet? Der war nicht nur listenreich, sondern auch überaus skrupellos!
Könnte sie vielleicht Kaito Kid sein?
Is' Kaito Kid nicht ein Kerl?
Ich habe aber gehört, er verkleidet sich auch schon mal als Frau!
Seid ab jetzt vorsichtig, Kinder. Das war bestimmt nicht die einzige Giftspinne hier.
Nicht?!

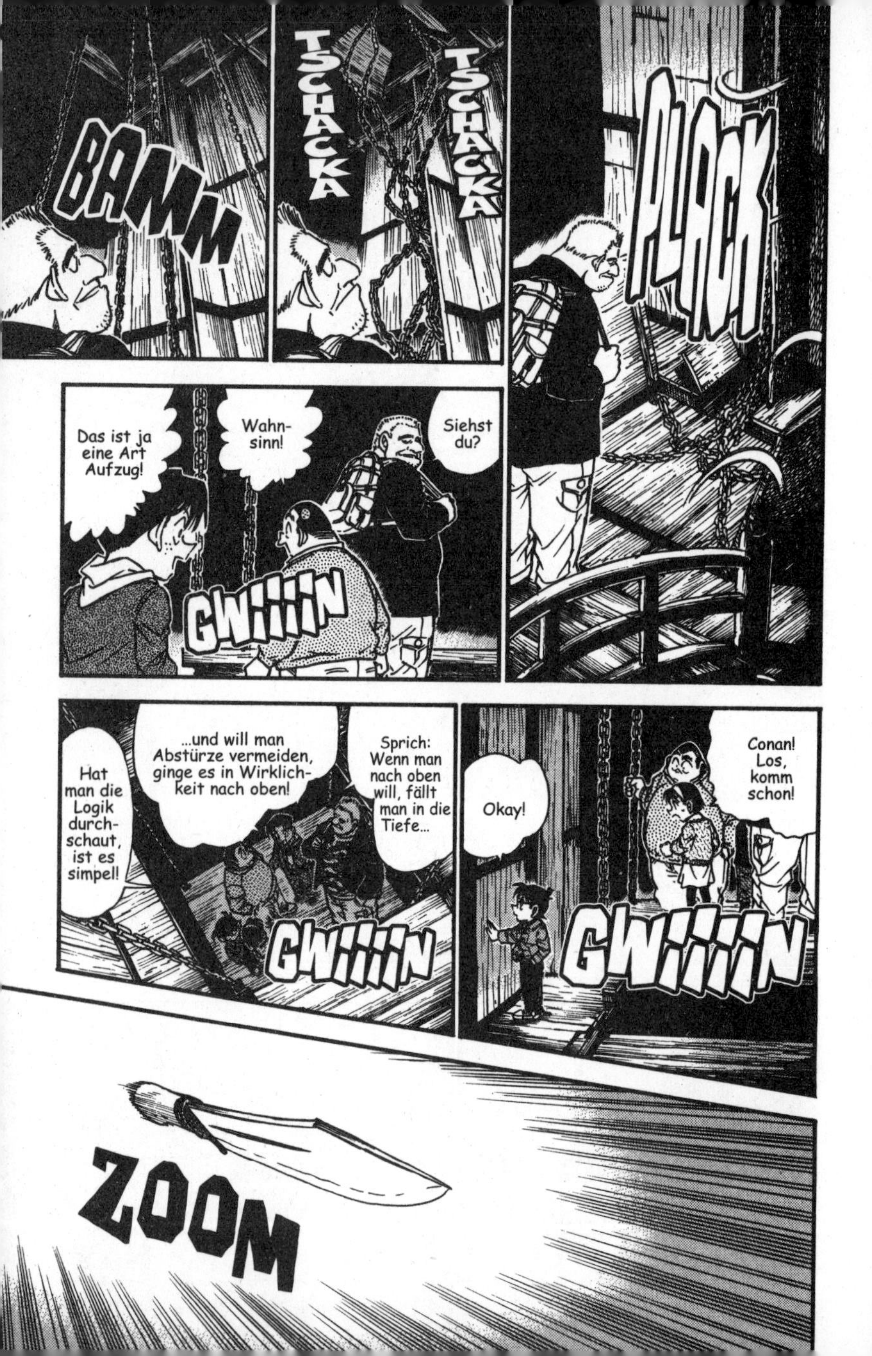
PLACK
TSCHACKA
TSCHACKA
BAMM
Siehst du?
Wahnsinn!
Das ist ja eine Art Aufzug!
GWIIIIIN
Conan! Los, komm schon!
Okay!
GWIIIIIN
Sprich: Wenn man nach oben will, fällt man in die Tiefe...
...und will man Abstürze vermeiden, ginge es in Wirklichkeit nach oben!
Hat man die Logik durchschaut, ist es simpel!
GWIIIIIN
ZOOM

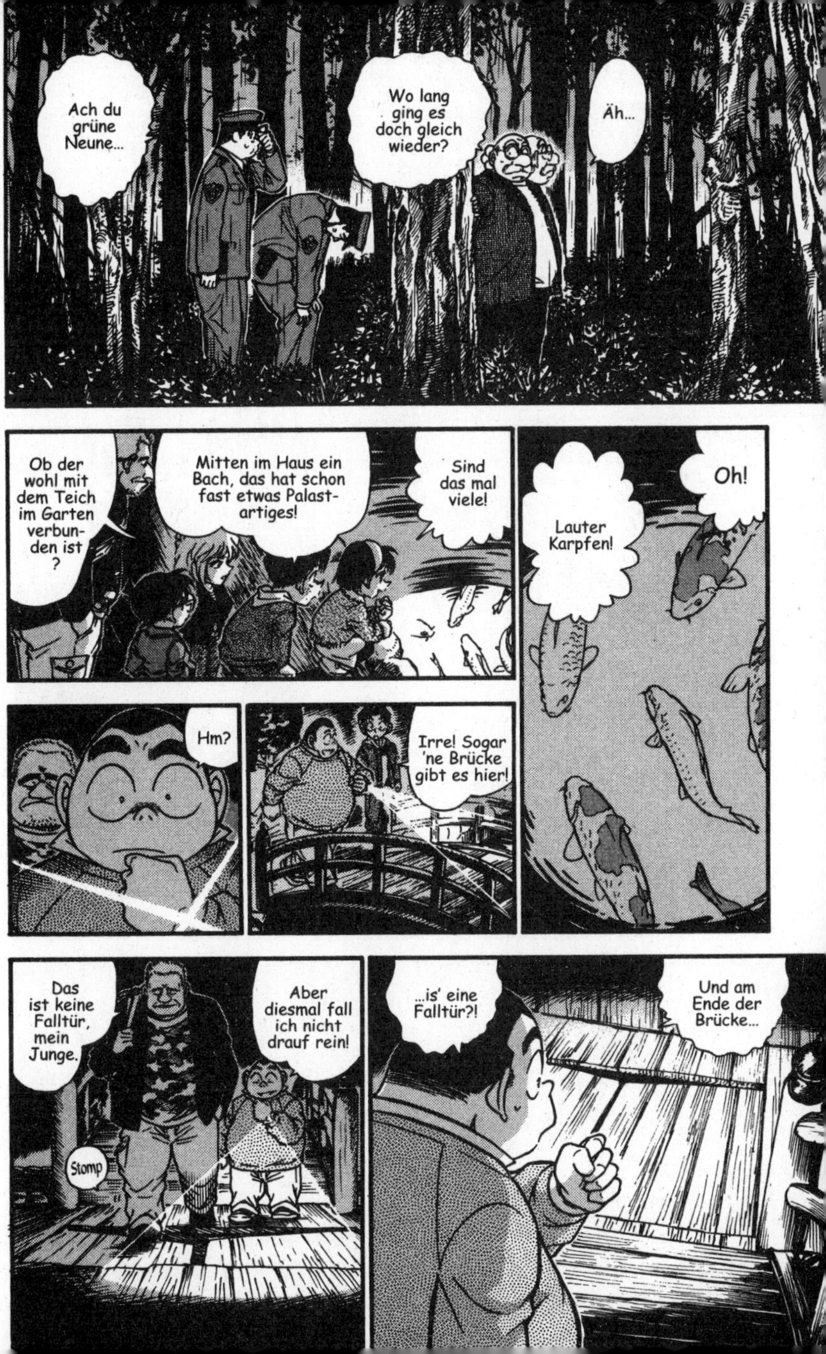

Äh...
Wo lang ging es doch gleich wieder?
Ach du grüne Neune...
Oh!
Lauter Karpfen!
Sind das mal viele!
Mitten im Haus ein Bach, das hat schon fast etwas Palast-artiges!
Ob der wohl mit dem Teich im Garten verbunden ist?
Irre! Sogar 'ne Brücke gibt es hier!
Hm?
Und am Ende der Brücke...
...is' eine Falltür?!
Aber diesmal fall ich nicht drauf rein!
Das ist keine Falltür, mein Junge.
Stomp

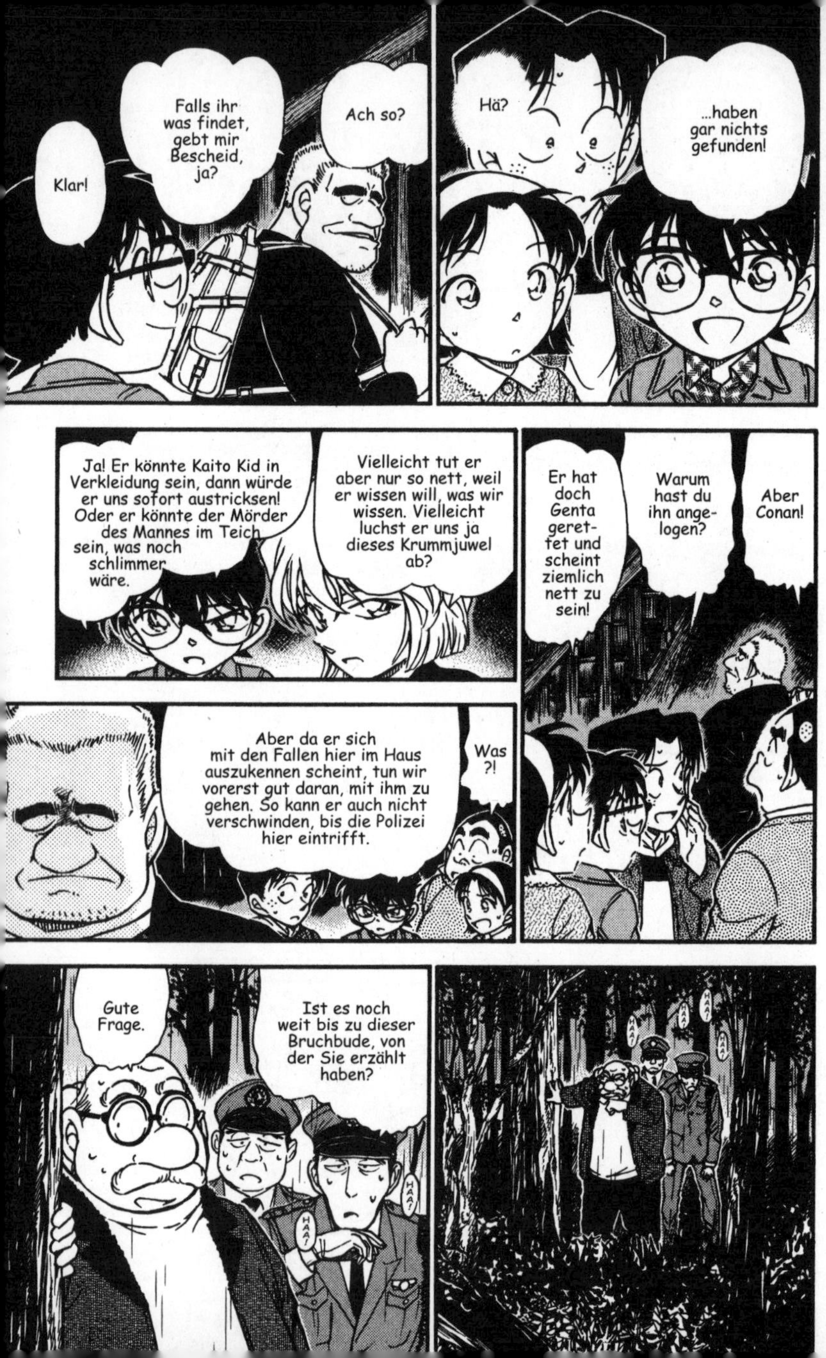
...haben gar nichts gefunden!
Hä?
Ach so?
Falls ihr was findet, gebt mir Bescheid, ja?
Klar!
Aber Conan!
Warum hast du ihn angelogen?
Er hat doch Genta gerettet und scheint ziemlich nett zu sein!
Vielleicht tut er aber nur so nett, weil er wissen will, was wir wissen. Vielleicht luchst er uns ja dieses Krummjuwel ab?
Ja! Er könnte Kaito Kid in Verkleidung sein, dann würde er uns sofort austricksen! Oder er könnte der Mörder des Mannes im Teich sein, was noch schlimmer wäre.
Was ?!
Aber da er sich mit den Fallen hier im Haus auszukennen scheint, tun wir vorerst gut daran, mit ihm zu gehen. So kann er auch nicht verschwinden, bis die Polizei hier eintrifft.
Ist es noch weit bis zu dieser Bruchbude, von der Sie erzählt haben?
Gute Frage.

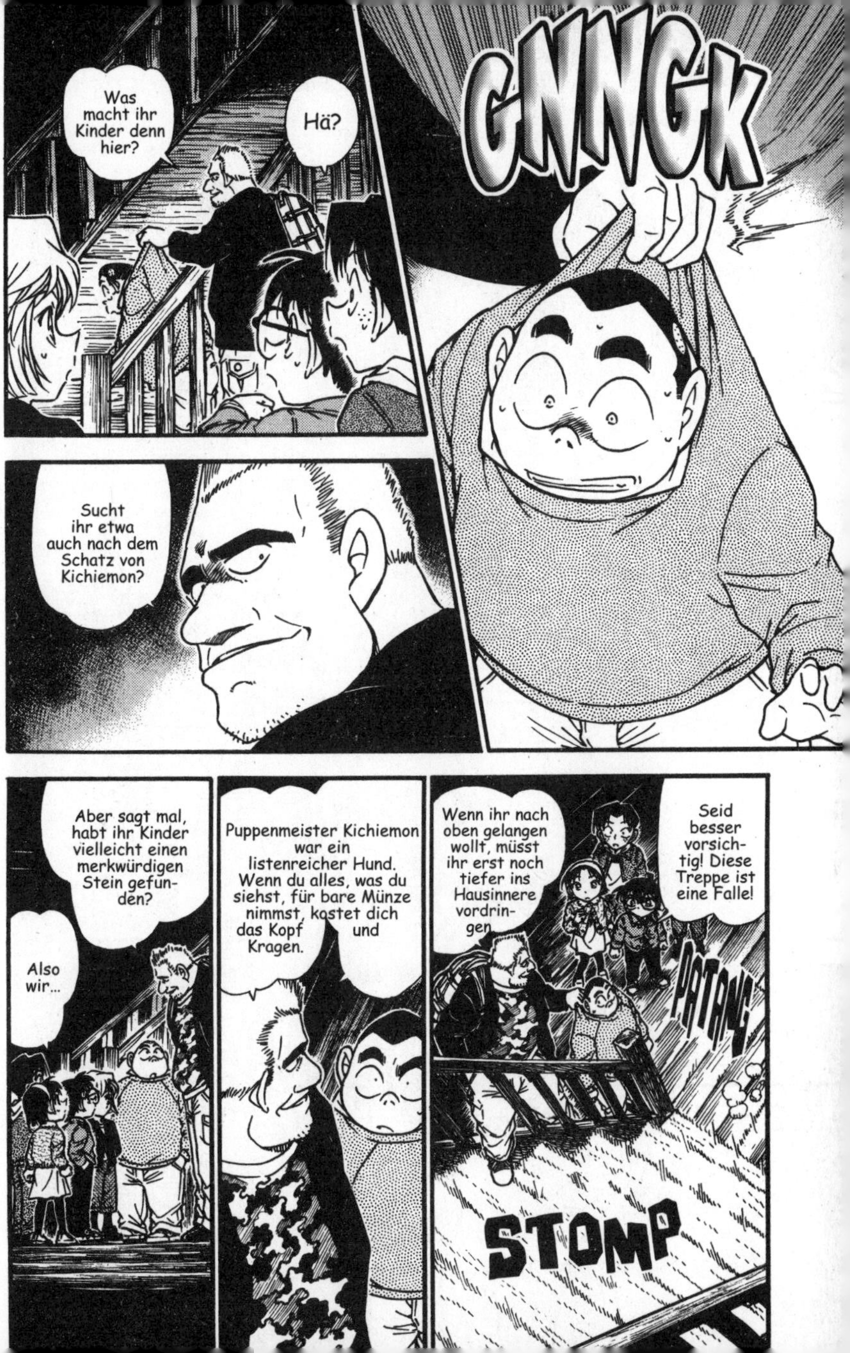

GNNGK
Hä?
Was macht ihr Kinder denn hier?
Sucht ihr etwa auch nach dem Schatz von Kichiemon?
Seid besser vorsichtig! Diese Treppe ist eine Falle!
PATANG
STOMP
Wenn ihr nach oben gelangen wollt, müsst ihr erst noch tiefer ins Hausinnere vordringen.
Puppenmeister Kichiemon war ein listenreicher Hund. Wenn du alles, was du siehst, für bare Münze nimmst, kostet dich das Kopf und Kragen.
Aber sagt mal, habt ihr Kinder vielleicht einen merkwürdigen Stein gefunden?
Also wir...

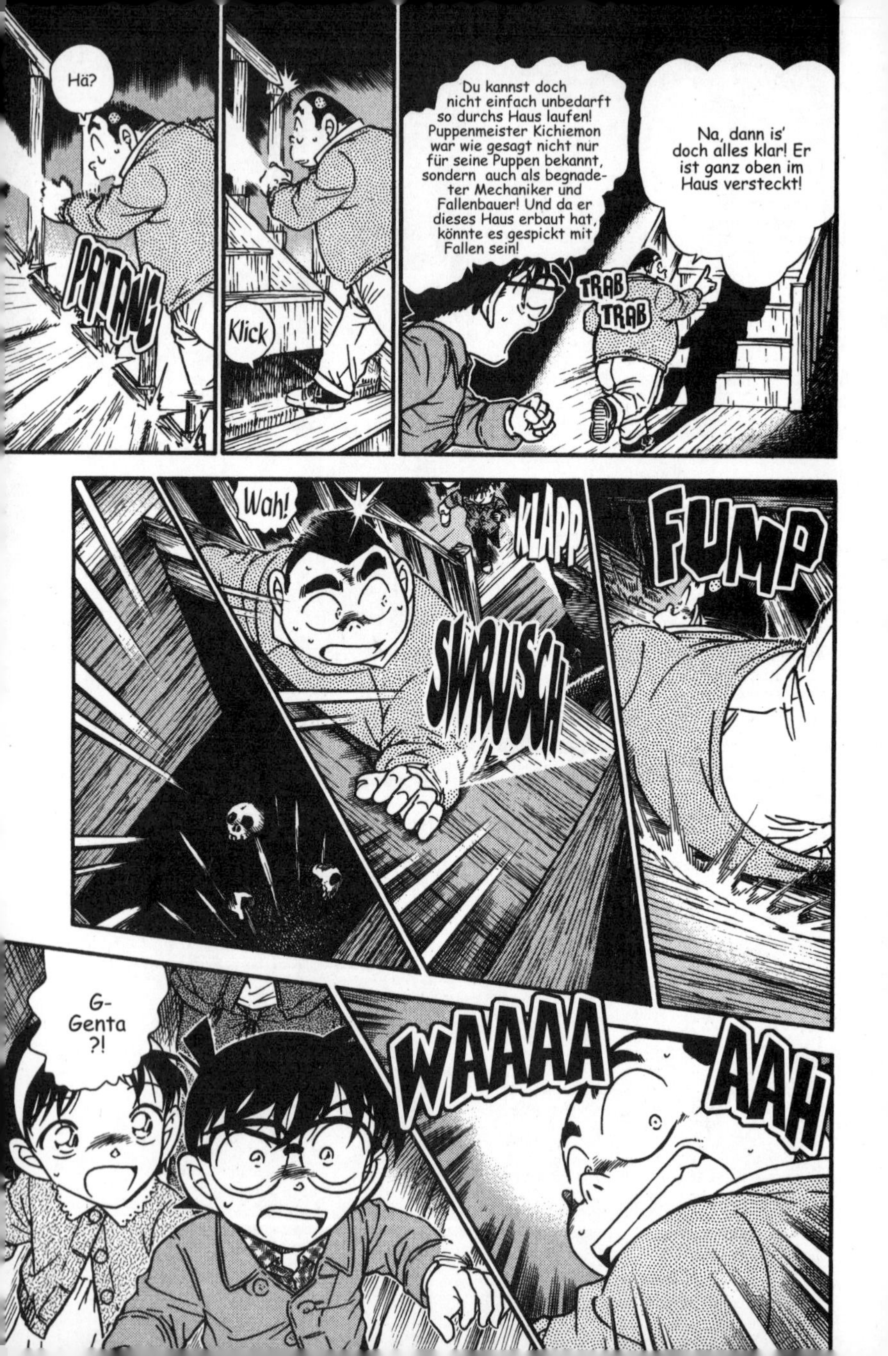

Na, dann is' doch alles klar! Er ist ganz oben im Haus versteckt!
TRAB TRAB
Du kannst doch nicht einfach unbedarft so durchs Haus laufen! Puppenmeister Kichiemon war wie gesagt nicht nur für seine Puppen bekannt, sondern auch als begnadeter Mechaniker und Fallenbauer! Und da er dieses Haus erbaut hat, könnte es gespickt mit Fallen sein!
Klick
Hä?
PATANG
FUMP
KLAPP
Wah!
SWRUSCH
WAAAA AAH
G-Genta ?!

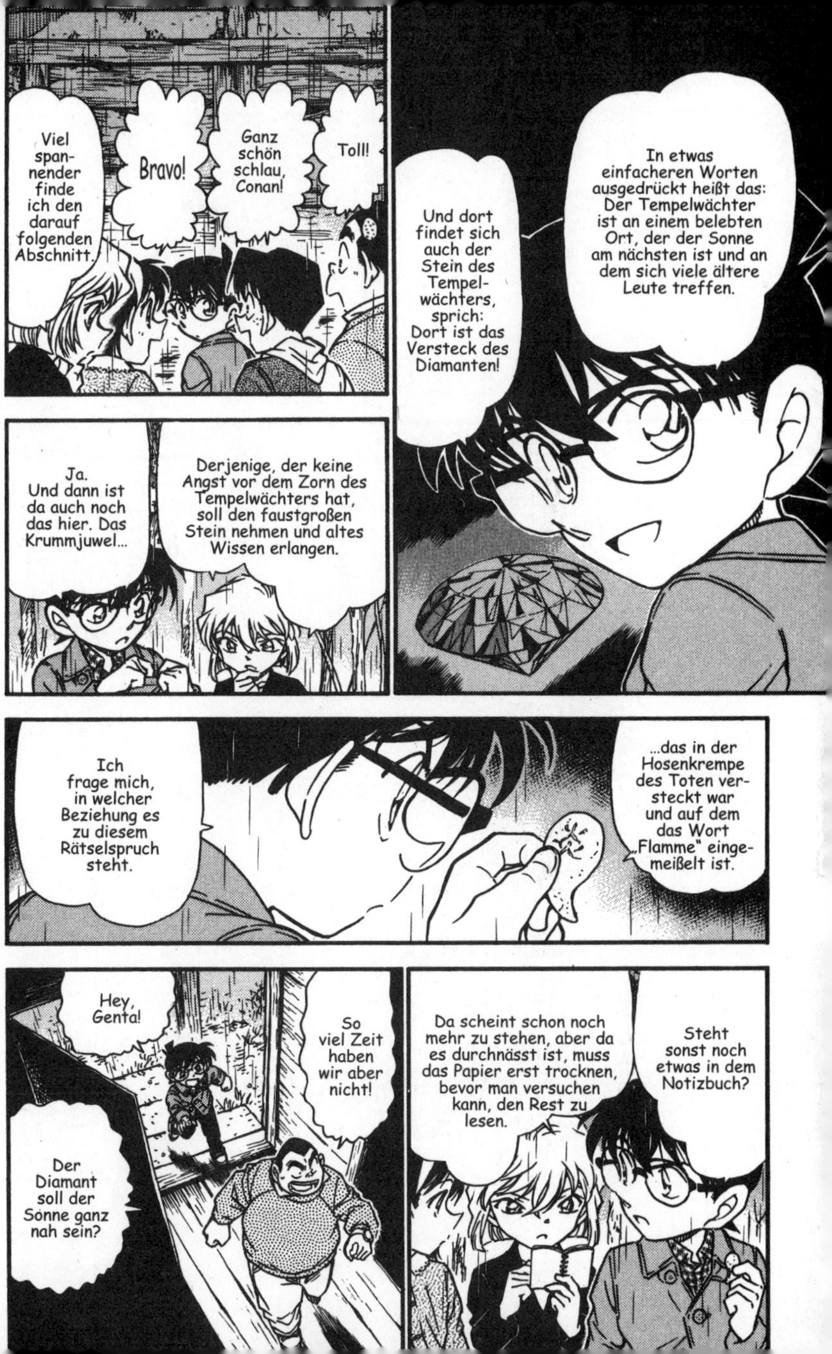

In etwas einfacheren Worten ausgedrückt heißt das: Der Tempelwächter ist an einem belebten Ort, der der Sonne am nächsten ist und an dem sich viele ältere Leute treffen.
Und dort findet sich auch der Stein des Tempelwächters, sprich: Dort ist das Versteck des Diamanten!
Toll!
Ganz schön schlau, Conan!
Bravo!
Viel spannender finde ich den darauf folgenden Abschnitt.
Derjenige, der keine Angst vor dem Zorn des Tempelwächters hat, soll den faustgroßen Stein nehmen und altes Wissen erlangen.
Ja. Und dann ist da auch noch das hier. Das Krummjuwel...
...das in der Hosenkrempe des Toten versteckt war und auf dem das Wort „Flamme" eingemeißelt ist.
Ich frage mich, in welcher Beziehung es zu diesem Rätselspruch steht.
Steht sonst noch etwas in dem Notizbuch?
Da scheint schon noch mehr zu stehen, aber da es durchnässt ist, muss das Papier erst trocknen, bevor man versuchen kann, den Rest zu lesen.
So viel Zeit haben wir aber nicht!
Hey, Genta!
Der Diamant soll der Sonne ganz nah sein?

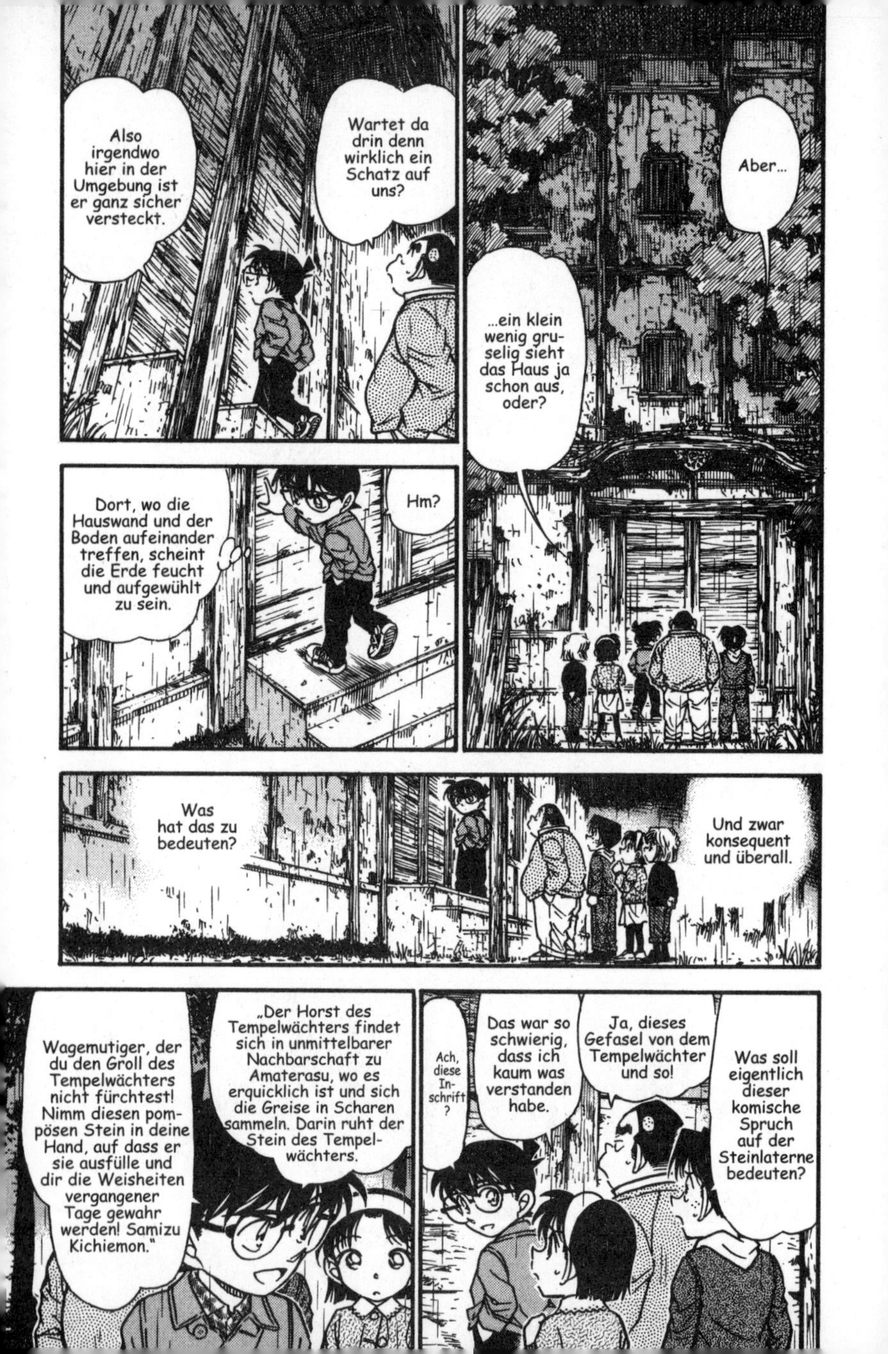
Aber...
...ein klein wenig gruselig sieht das Haus ja schon aus, oder?
Wartet da drin denn wirklich ein Schatz auf uns?
Also irgendwo hier in der Umgebung ist er ganz sicher versteckt.
Hm?
Dort, wo die Hauswand und der Boden aufeinander treffen, scheint die Erde feucht und aufgewühlt zu sein.
Und zwar konsequent und überall.
Was hat das zu bedeuten?
Was soll eigentlich dieser komische Spruch auf der Steinlaterne bedeuten?
Ja, dieses Gefasel von dem Tempelwächter und so!
Das war so schwierig, dass ich kaum was verstanden habe.
Ach, diese Inschrift?
„Der Horst des Tempelwächters findet sich in unmittelbarer Nachbarschaft zu Amaterasu, wo es erquicklich ist und sich die Greise in Scharen sammeln. Darin ruht der Stein des Tempelwächters.
Wagemutiger, der du den Groll des Tempelwächters nicht fürchtest! Nimm diesen pompösen Stein in deine Hand, auf dass er sie ausfülle und dir die Weisheiten vergangener Tage gewahr werden! Samizu Kichiemon.“

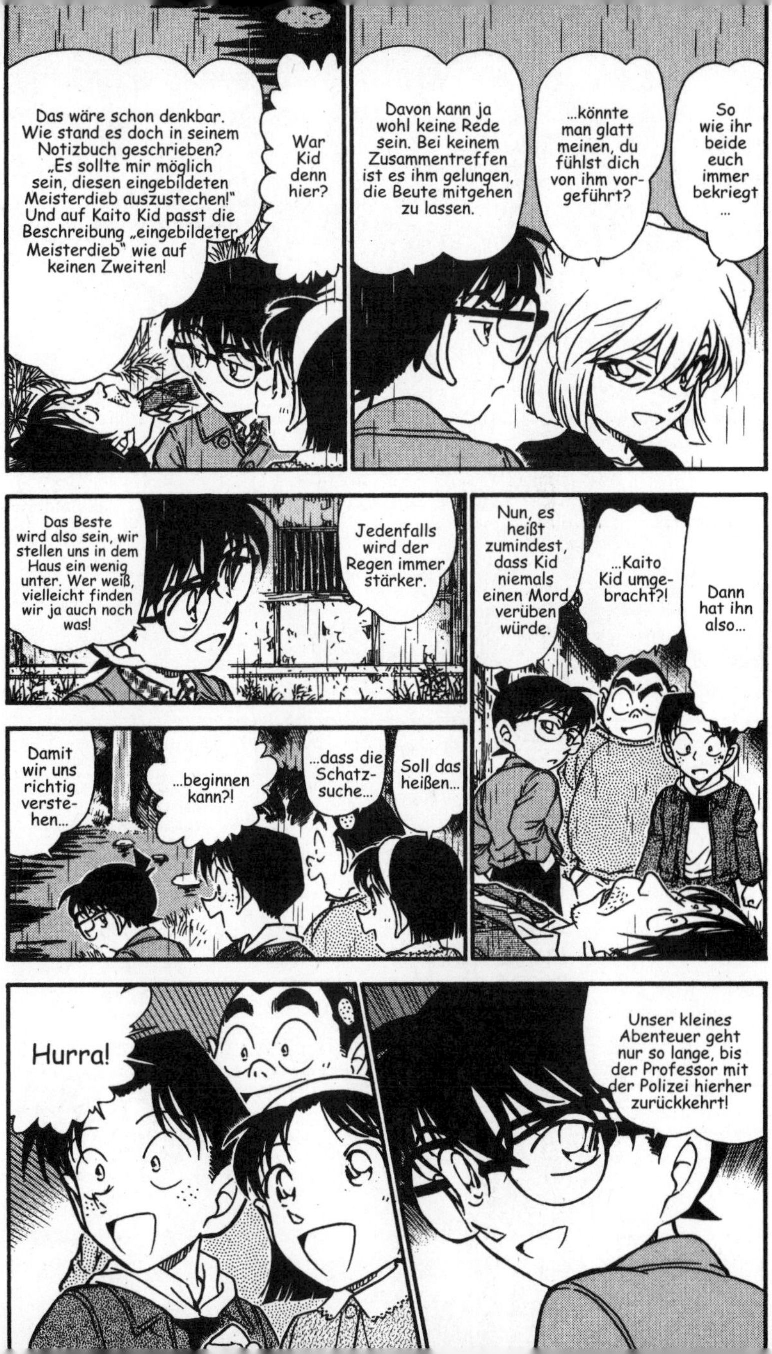

So wie ihr beide euch immer bekriegt ...
...könnte man glatt meinen, du fühlst dich von ihm vorgeführt?
Davon kann ja wohl keine Rede sein. Bei keinem Zusammentreffen ist es ihm gelungen, die Beute mitgehen zu lassen.
War Kid denn hier?
Das wäre schon denkbar. Wie stand es doch in seinem Notizbuch geschrieben? „Es sollte mir möglich sein, diesen eingebildeten Meisterdieb auszustechen!“ Und auf Kaito Kid passt die Beschreibung „eingebildeter Meisterdieb“ wie auf keinen Zweiten!
Dann hat ihn also...
...Kaito Kid umgebracht?!
Nun, es heißt zumindest, dass Kid niemals einen Mord verüben würde.
Jedenfalls wird der Regen immer stärker.
Das Beste wird also sein, wir stellen uns in dem Haus ein wenig unter. Wer weiß, vielleicht finden wir ja auch noch was!
Soll das heißen...
...dass die Schatzsuche...
...beginnen kann?!
Damit wir uns richtig verstehen...
Unser kleines Abenteuer geht nur so lange, bis der Professor mit der Polizei hierher zurückkehrt!
Hurra!

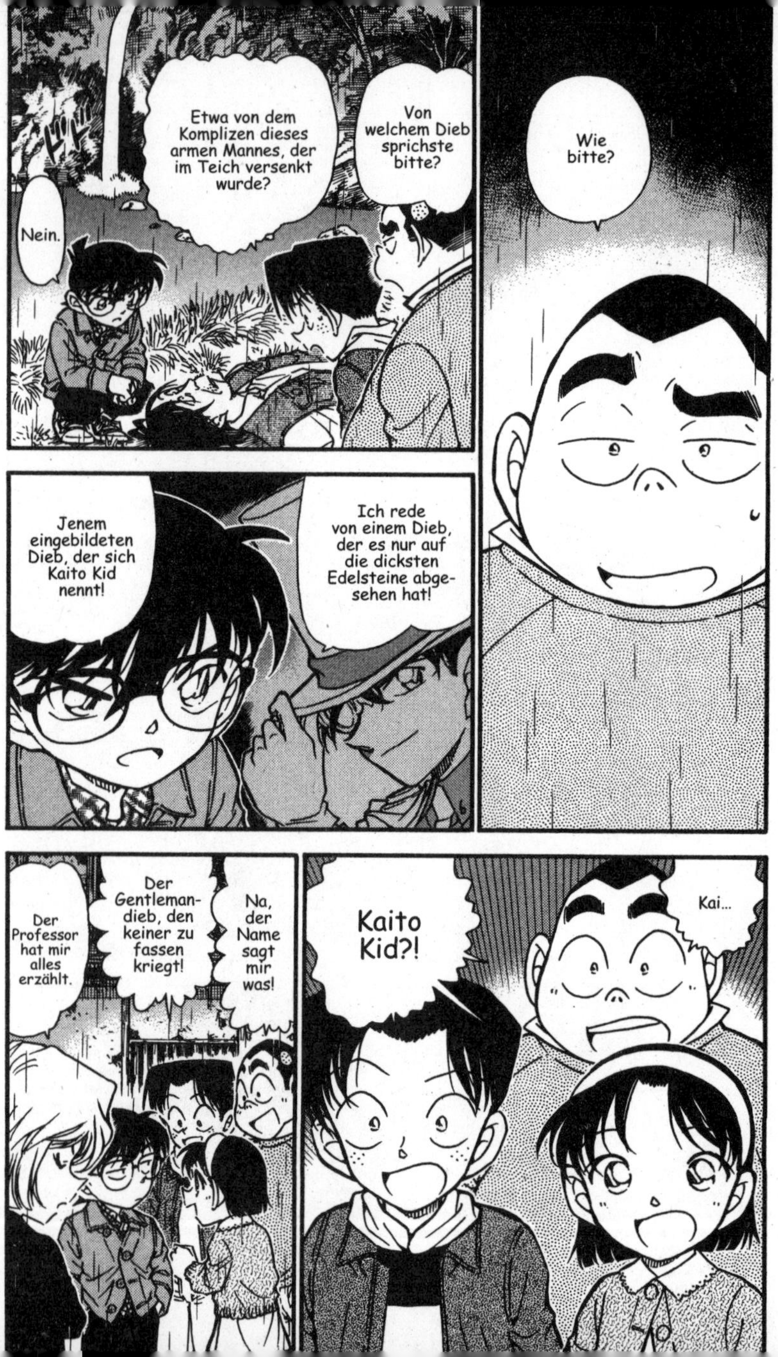

Von welchem Dieb sprichste bitte?
Etwa von dem Komplizen dieses armen Mannes, der im Teich versenkt wurde?
Nein.
Ich rede von einem Dieb, der es nur auf die dicksten Edelsteine abgesehen hat!
Jenem eingebildeten Dieb, der sich Kaito Kid nennt!
Wie bitte?
Kai...
Kaito Kid?!
Na, der Name sagt mir was!
Der Gentlemandieb, den keiner zu fassen kriegt!
Der Professor hat mir alles erzählt.

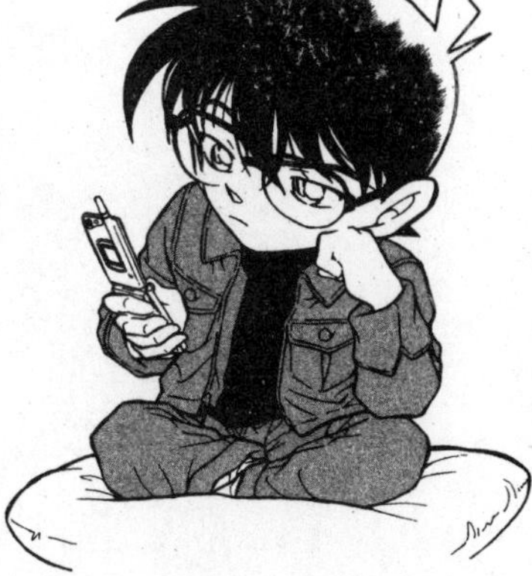

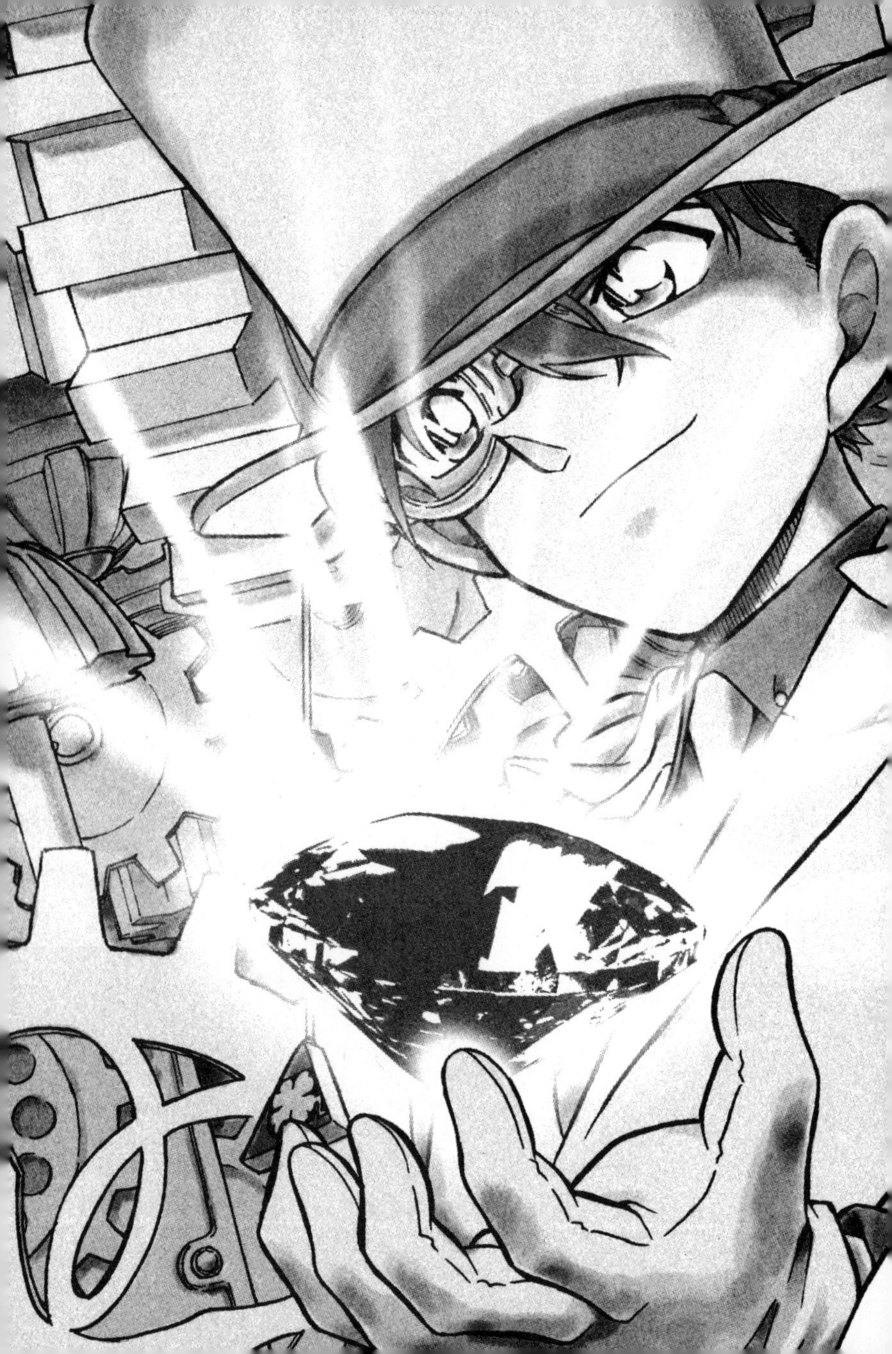

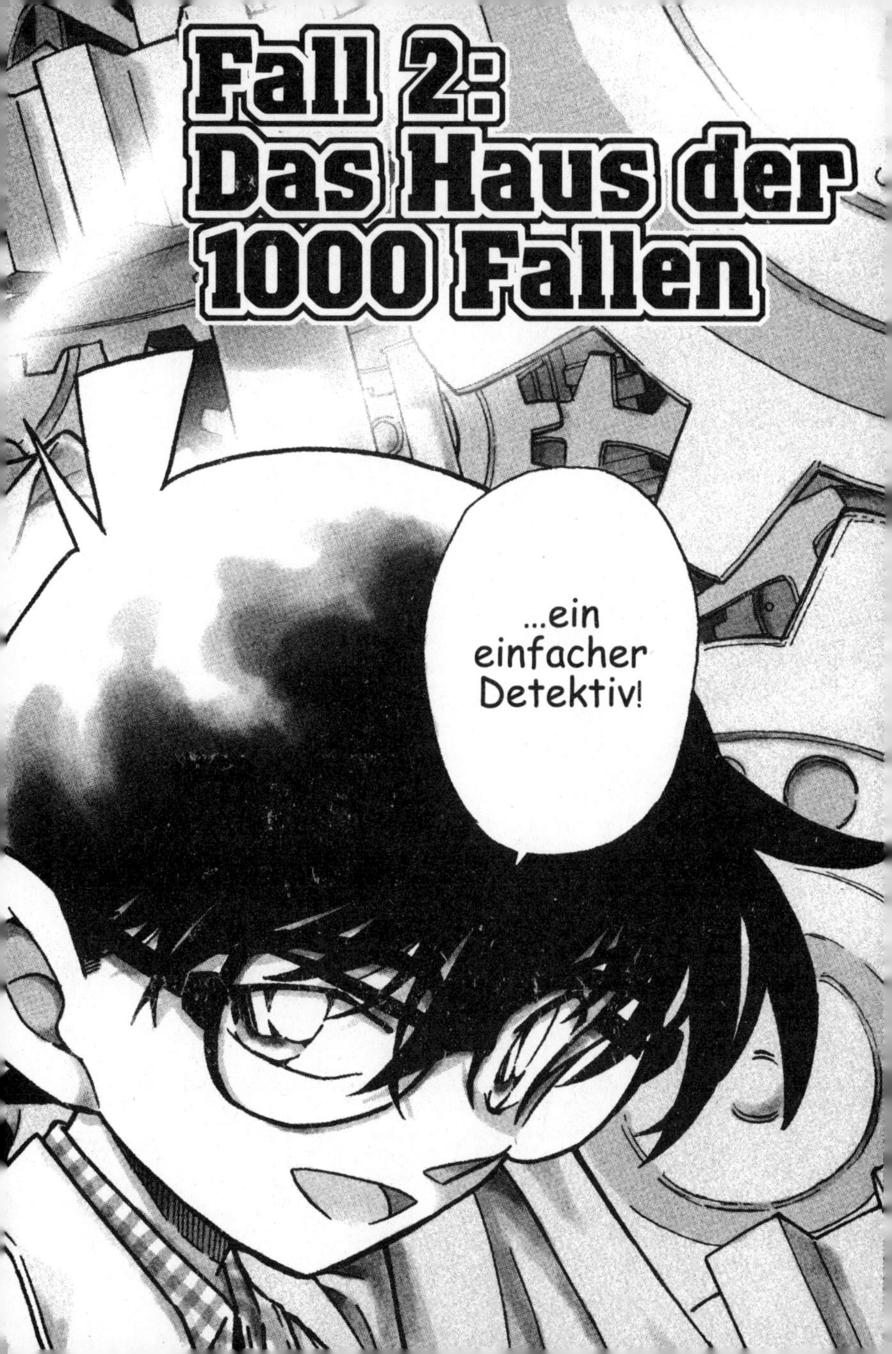
Fall 2:
Das Haus der
1000 Fallen
...ein
einfacher
Detektiv!

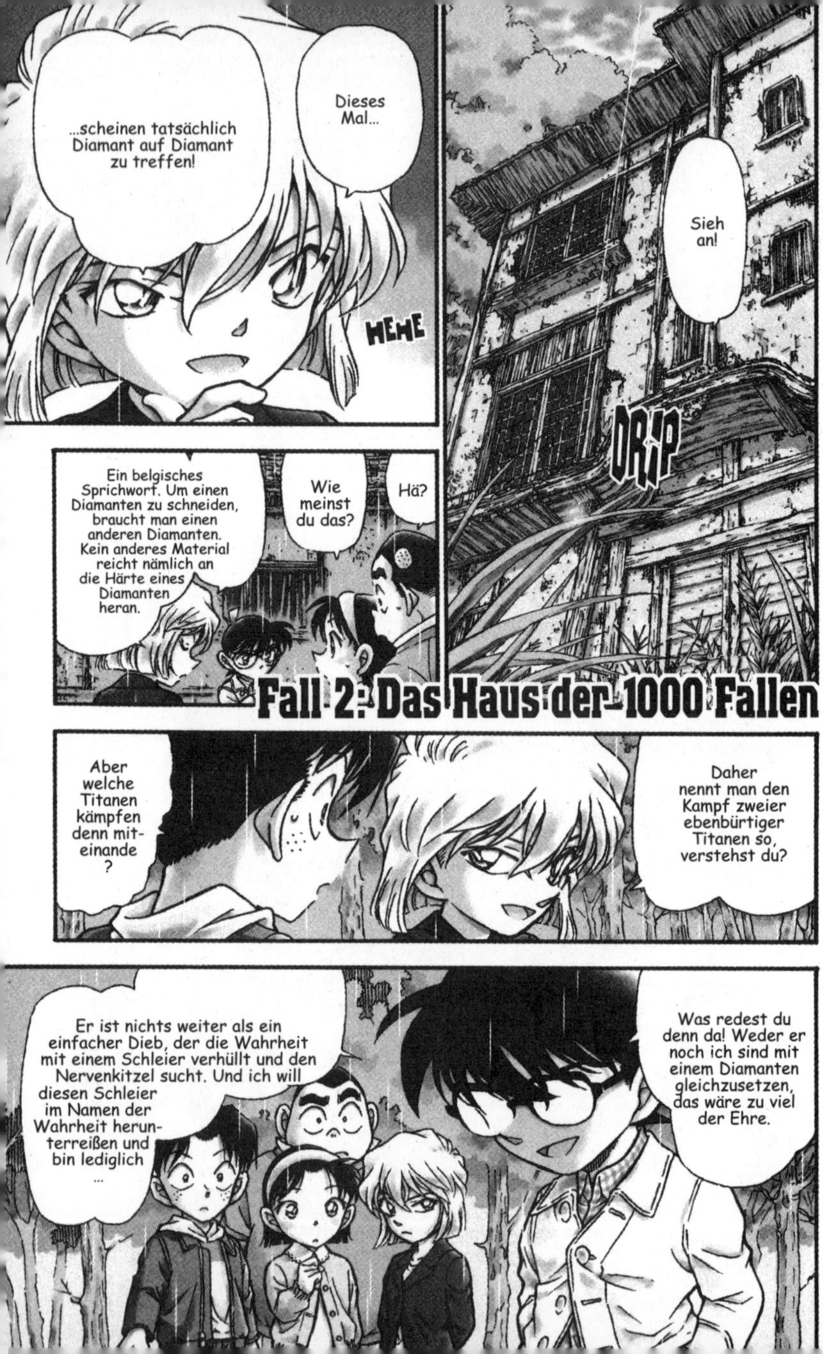
Sieh an!
DRIP
Dieses Mal...
...scheinen tatsächlich Diamant auf Diamant zu treffen!
HEHE
Hä?
Wie meinst du das?
Ein belgisches Sprichwort. Um einen Diamanten zu schneiden, braucht man einen anderen Diamanten. Kein anderes Material reicht nämlich an die Härte eines Diamanten heran.
Fall 2: Das Haus der 1000 Fallen
Daher nennt man den Kampf zweier ebenbürtiger Titanen so, verstehst du?
Aber welche Titanen kämpfen denn mit-einande ?
Was redest du denn da! Weder er noch ich sind mit einem Diamanten gleichzusetzen, das wäre zu viel der Ehre.
Er ist nichts weiter als ein einfacher Dieb, der die Wahrheit mit einem Schleier verhüllt und den Nervenkitzel sucht. Und ich will diesen Schleier im Namen der Wahrheit herun-terreißen und bin lediglich ...

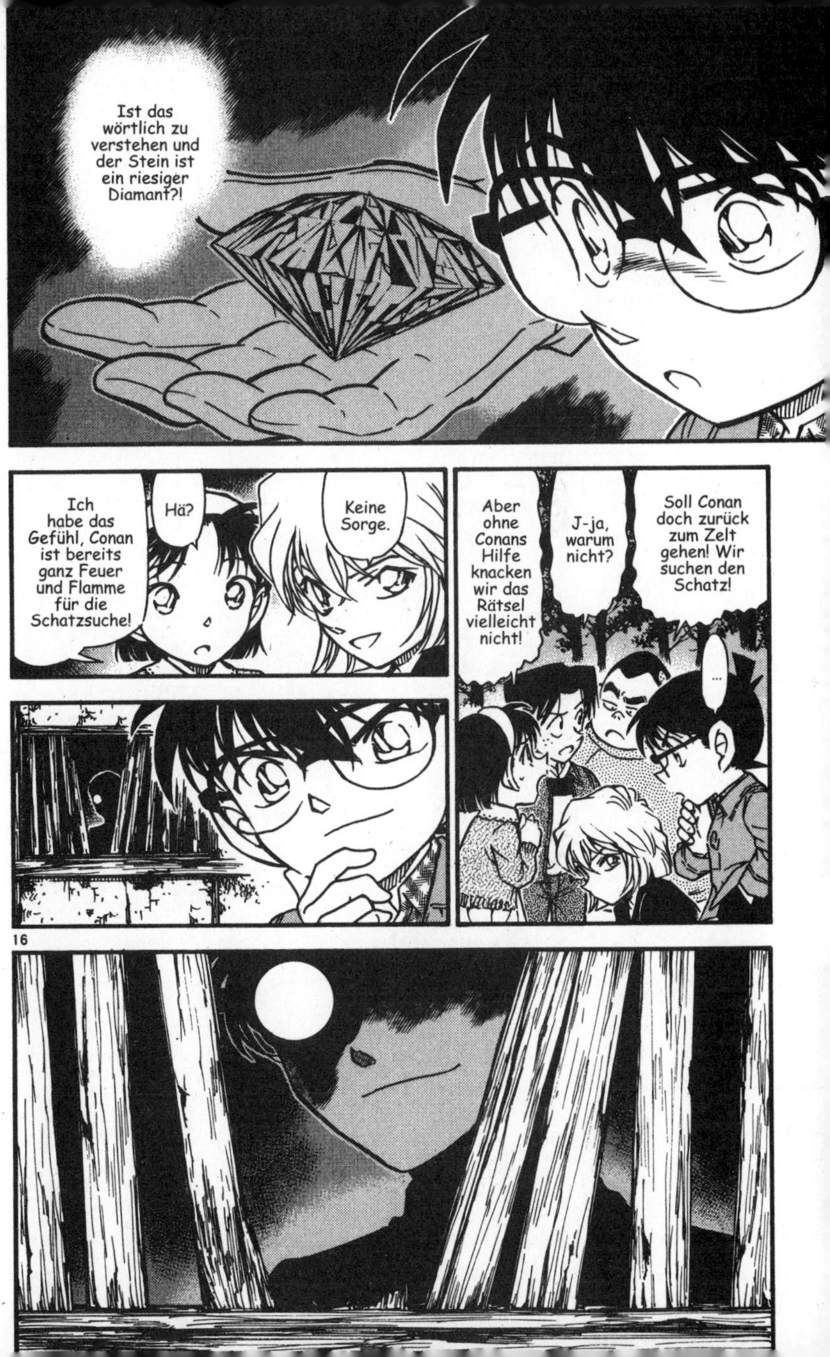
Ist das wörtlich zu verstehen und der Stein ist ein riesiger Diamant?!
Soll Conan doch zurück zum Zelt gehen! Wir suchen den Schatz!
J-ja, warum nicht?
Aber ohne Conans Hilfe knacken wir das Rätsel vielleicht nicht!
...
Keine Sorge.
Hä?
Ich habe das Gefühl, Conan ist bereits ganz Feuer und Flamme für die Schatzsuche!

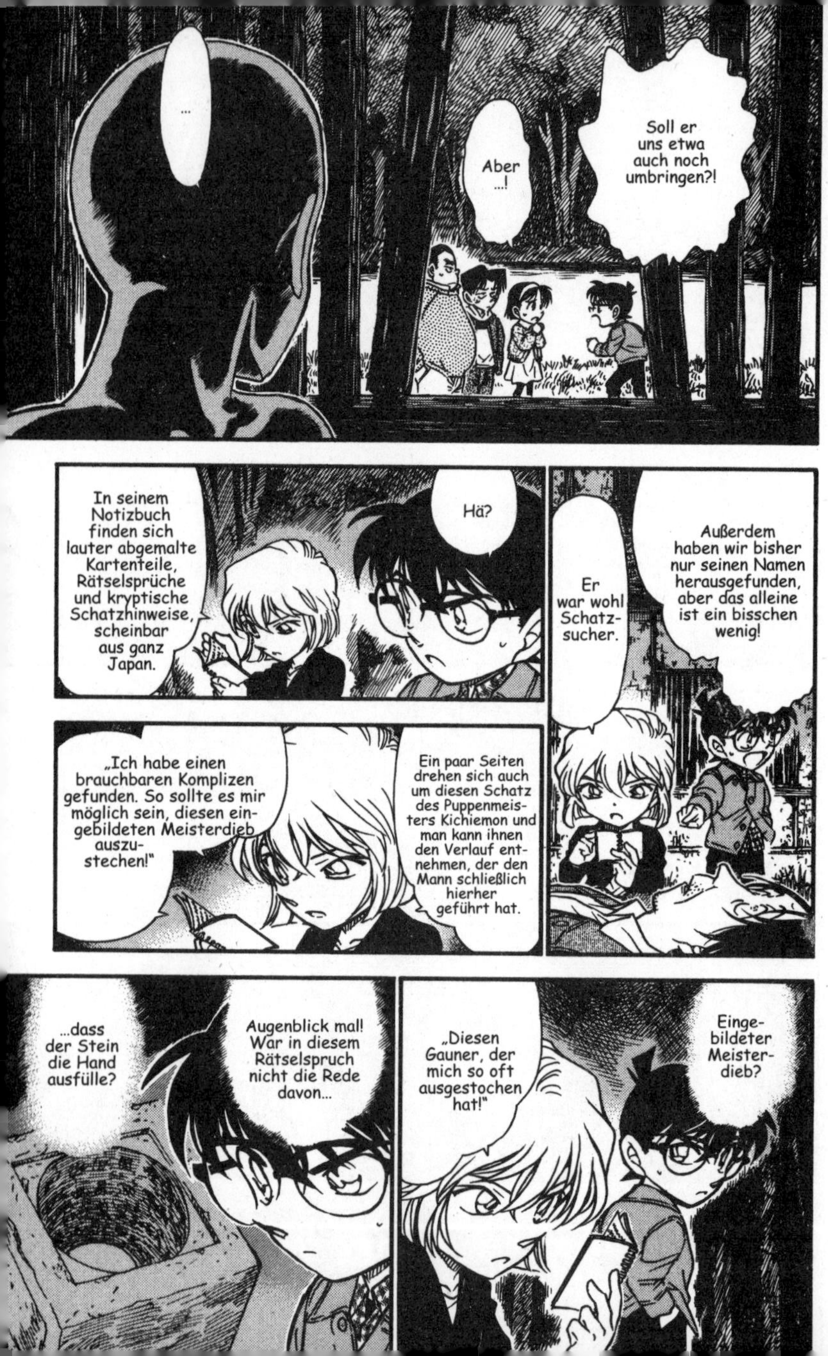

Soll er uns etwa auch noch umbringen?!
Aber ...!
...
Außerdem haben wir bisher nur seinen Namen herausgefunden, aber das alleine ist ein bisschen wenig!
Er war wohl Schatz-sucher.
Hä?
In seinem Notizbuch finden sich lauter abgemalte Kartenteile, Rätselsprüche und kryptische Schatzhinweise, scheinbar aus ganz Japan.
Ein paar Seiten drehen sich auch um diesen Schatz des Puppenmeisters Kichiemon und man kann ihnen den Verlauf ent-nehmen, der den Mann schließlich hierher geführt hat.
„Ich habe einen brauchbaren Komplizen gefunden. So sollte es mir möglich sein, diesen ein-gebildeten Meisterdieb auszu-stechen!"
Einge-bildeter Meister-dieb?
„Diesen Gauner, der mich so oft ausgestochen hat!"
Augenblick mal! War in diesem Rätselspruch nicht die Rede davon...
...dass der Stein die Hand ausfülle?

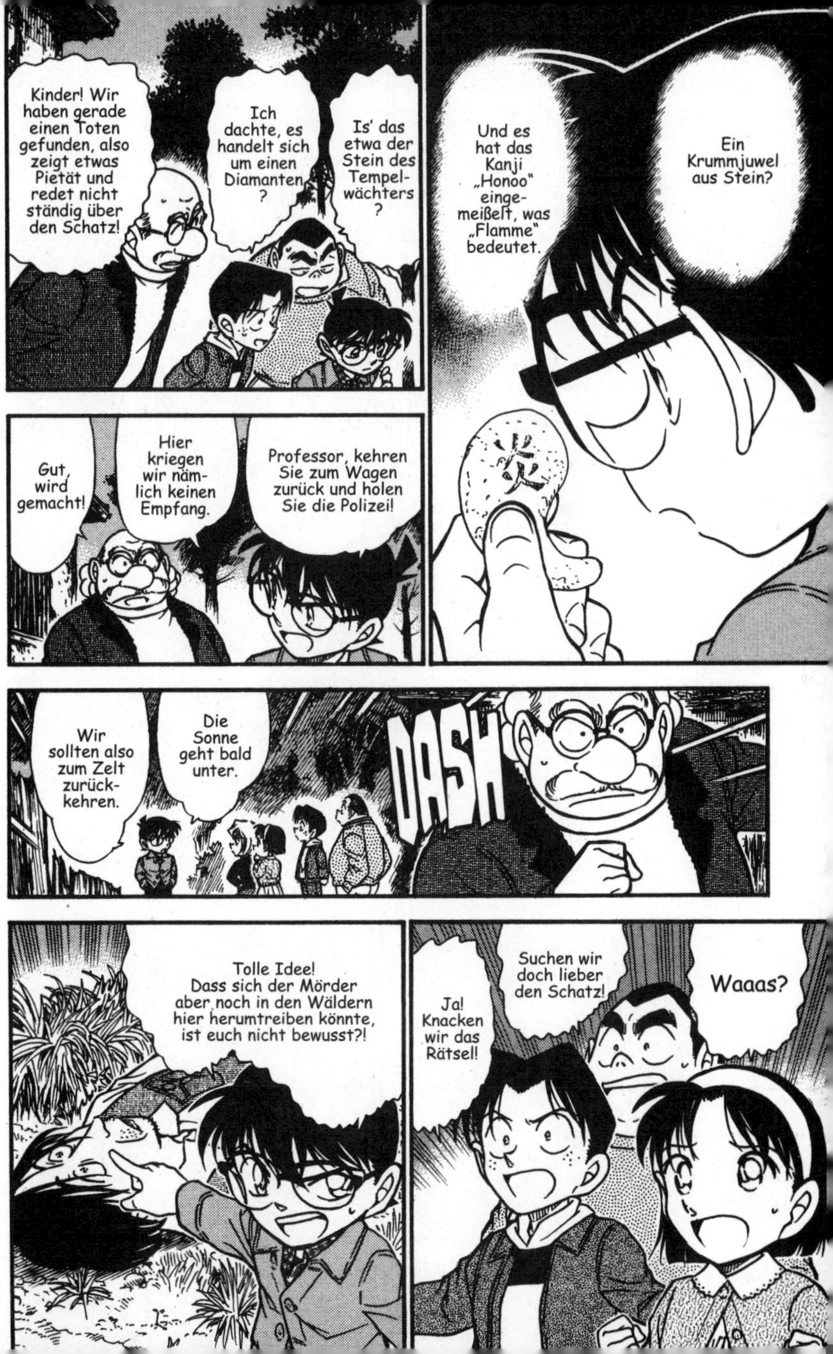

Ein Krummjuwel aus Stein?
Und es hat das Kanji „Honoo" eingemeißelt, was „Flamme" bedeutet.
炎
Is' das etwa der Stein des Tempelwächters?
Ich dachte, es handelt sich um einen Diamanten?
Kinder! Wir haben gerade einen Toten gefunden, also zeigt etwas Pietät und redet nicht ständig über den Schatz!
Professor, kehren Sie zum Wagen zurück und holen Sie die Polizei!
Hier kriegen wir nämlich keinen Empfang.
Gut, wird gemacht!
DASH
Die Sonne geht bald unter.
Wir sollten also zum Zelt zurückkehren.
Waaas?
Suchen wir doch lieber den Schatz!
Ja! Knacken wir das Rätsel!
Tolle Idee! Dass sich der Mörder aber noch in den Wäldern hier herumtreiben könnte, ist euch nicht bewusst?!

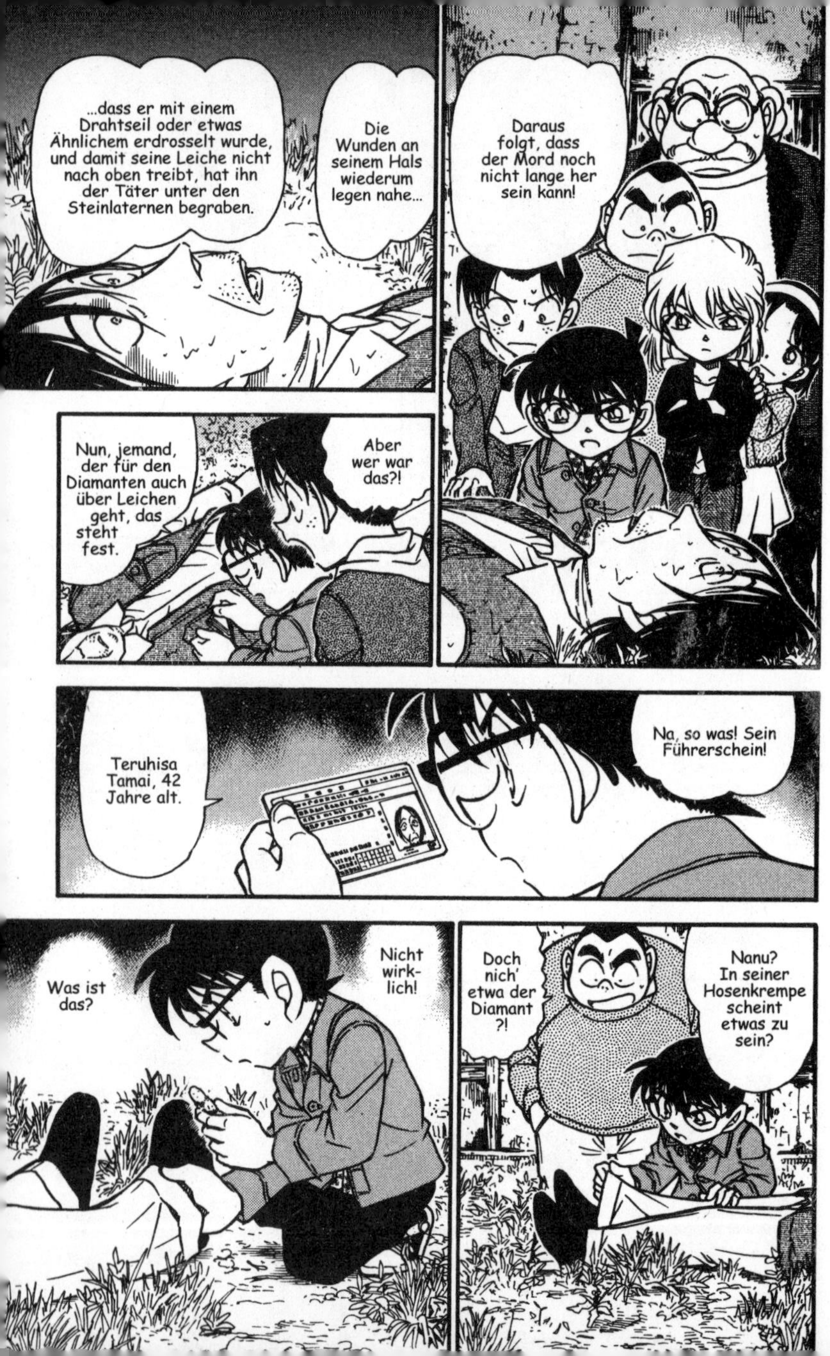
Daraus folgt, dass der Mord noch nicht lange her sein kann!
Die Wunden an seinem Hals wiederum legen nahe...
...dass er mit einem Drahtseil oder etwas Ähnlichem erdrosselt wurde, und damit seine Leiche nicht nach oben treibt, hat ihn der Täter unter den Steinlaternen begraben.
Aber wer war das?!
Nun, jemand, der für den Diamanten auch über Leichen geht, das steht fest.
Na, so was! Sein Führerschein!
Teruhisa Tamai, 42 Jahre alt.
Nanu? In seiner Hosenkrempe scheint etwas zu sein?
Doch nich' etwa der Diamant ?!
Nicht wirklich!
Was ist das?

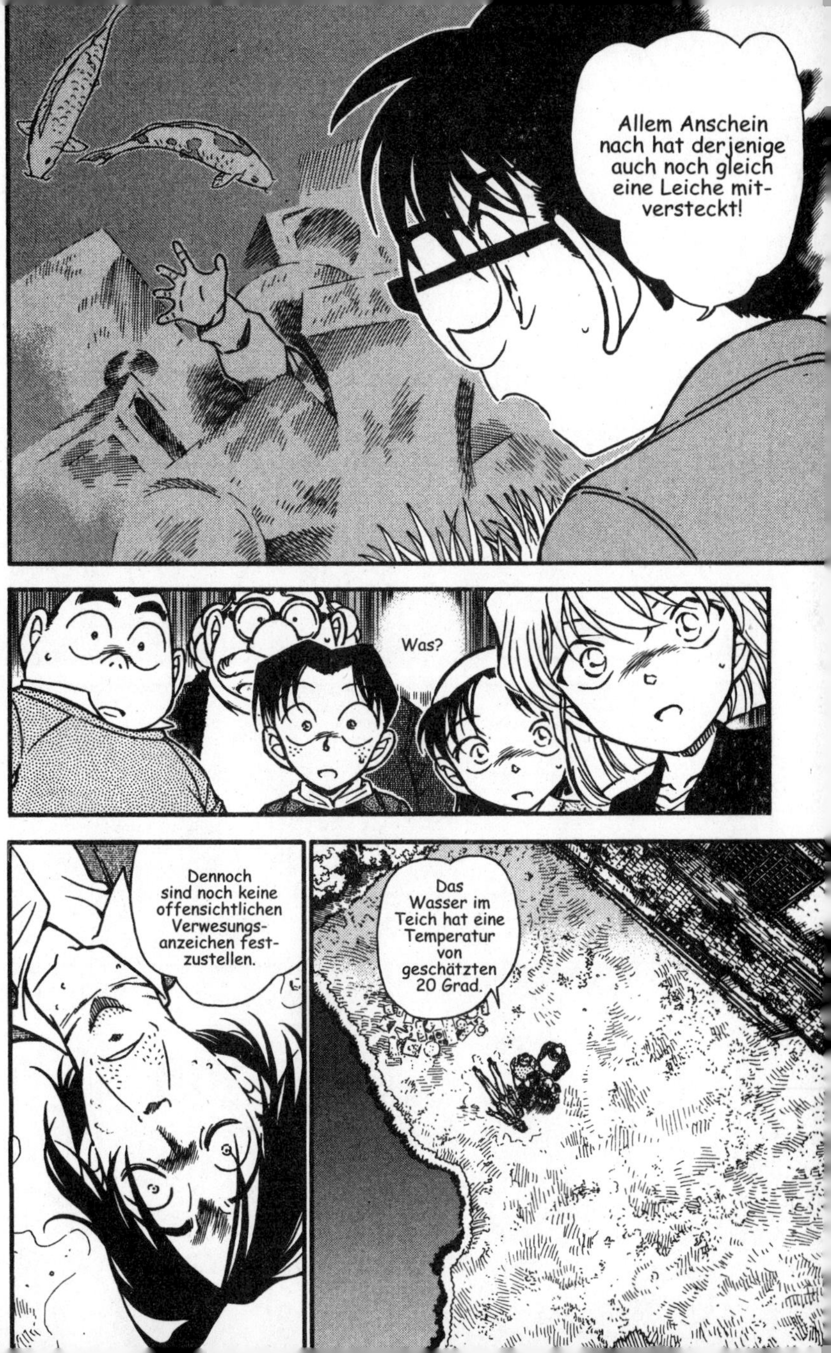
Allem Anschein nach hat derjenige auch noch gleich eine Leiche mit-versteckt!
Was?
Das Wasser im Teich hat eine Temperatur von geschätzten 20 Grad.
Dennoch sind noch keine offensichtlichen Verwesungs-anzeichen fest-zustellen.

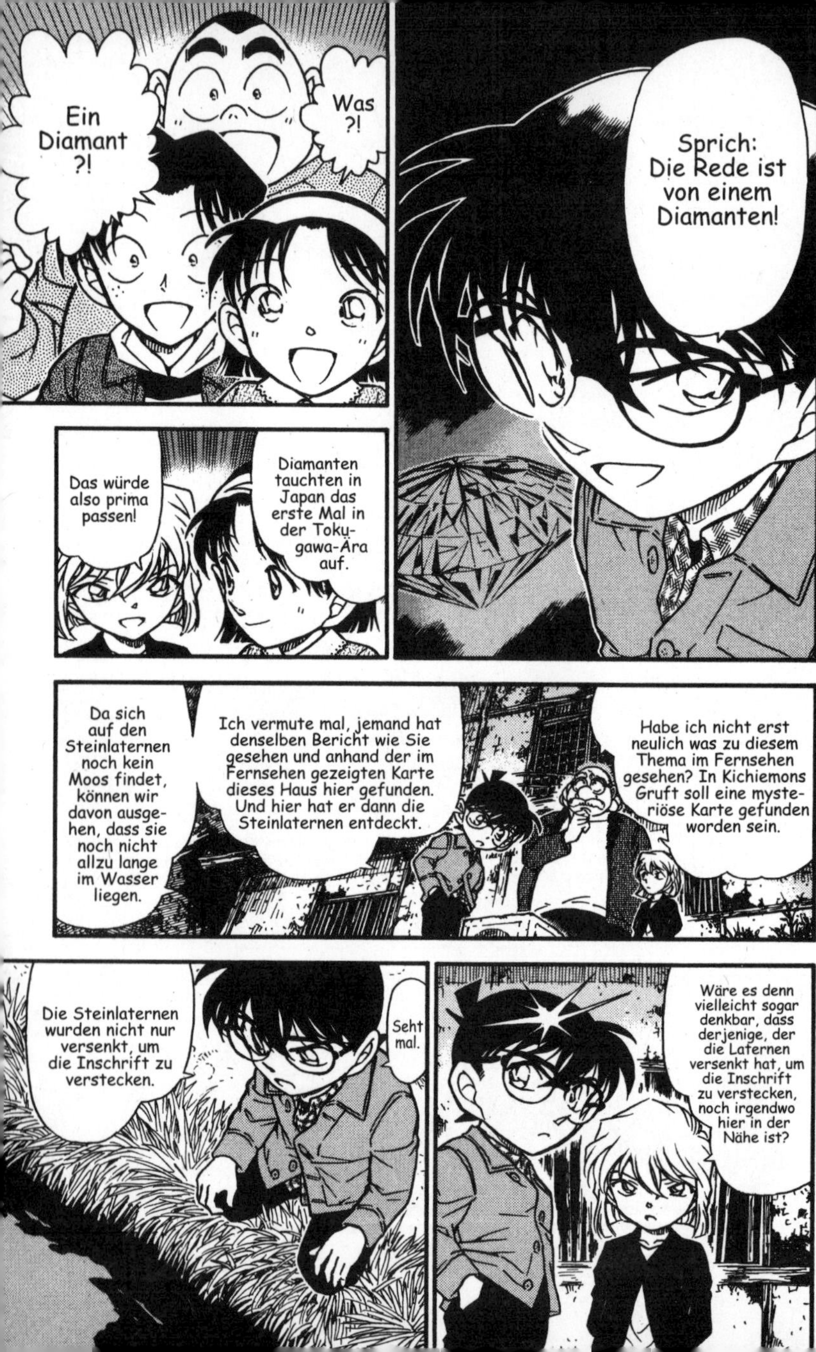
Sprich: Die Rede ist von einem Diamanten!
Was ?!
Ein Diamant ?!
Diamanten tauchten in Japan das erste Mal in der Tokugawa-Ära auf.
Das würde also prima passen!
Habe ich nicht erst neulich was zu diesem Thema im Fernsehen gesehen? In Kichiemons Gruft soll eine mysteriöse Karte gefunden worden sein.
Ich vermute mal, jemand hat denselben Bericht wie Sie gesehen und anhand der im Fernsehen gezeigten Karte dieses Haus hier gefunden. Und hier hat er dann die Steinlaternen entdeckt.
Da sich auf den Steinlaternen noch kein Moos findet, können wir davon ausgehen, dass sie noch nicht allzu lange im Wasser liegen.
Wäre es denn vielleicht sogar denkbar, dass derjenige, der die Laternen versenkt hat, um die Inschrift zu verstecken, noch irgendwo hier in der Nähe ist?
Seht mal.
Die Steinlaternen wurden nicht nur versenkt, um die Inschrift zu verstecken.

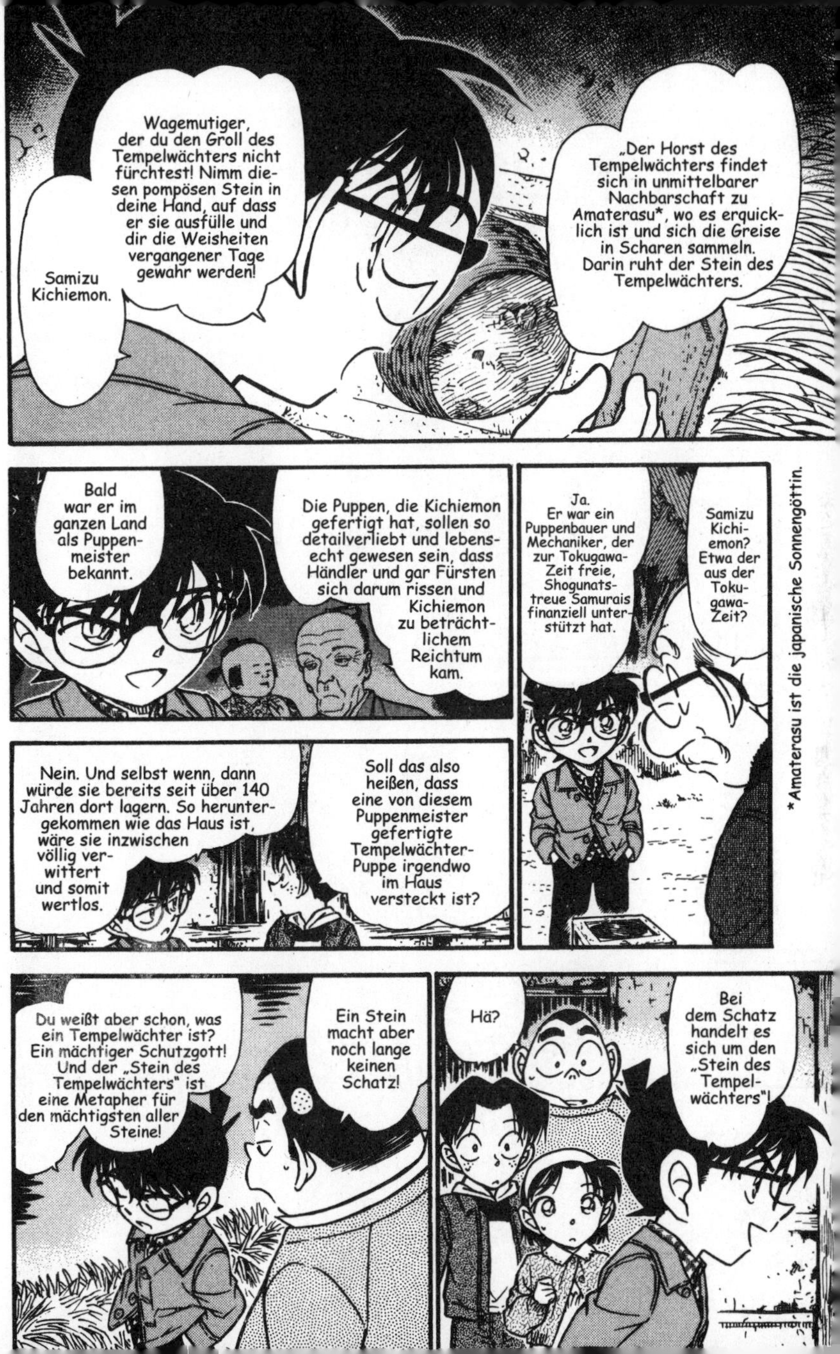

*Amaterasu ist die japanische Sonnengöttin.

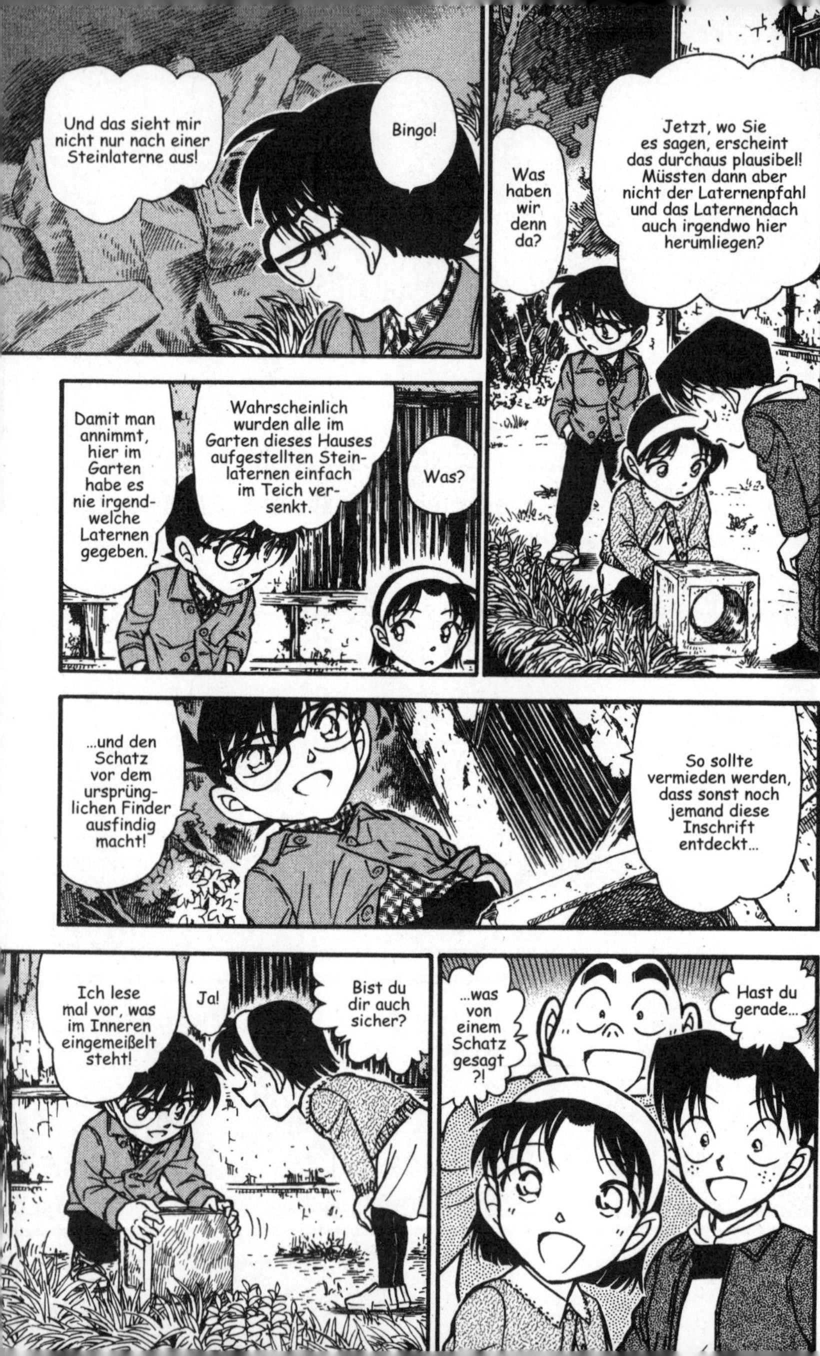
Was haben wir denn da?
Jetzt, wo Sie es sagen, erscheint das durchaus plausibel! Müssten dann aber nicht der Laternenpfahl und das Laternendach auch irgendwo hier herumliegen?
Bingo!
Und das sieht mir nicht nur nach einer Steinlaterne aus!
Was?
Wahrscheinlich wurden alle im Garten dieses Hauses aufgestellten Steinlaternen einfach im Teich versenkt.
Damit man annimmt, hier im Garten habe es nie irgendwelche Laternen gegeben.
So sollte vermieden werden, dass sonst noch jemand diese Inschrift entdeckt...
...und den Schatz vor dem ursprünglichen Finder ausfindig macht!
Hast du gerade...
...was von einem Schatz gesagt?!
Bist du dir auch sicher?
Ja!
Ich lese mal vor, was im Inneren eingemeißelt steht!

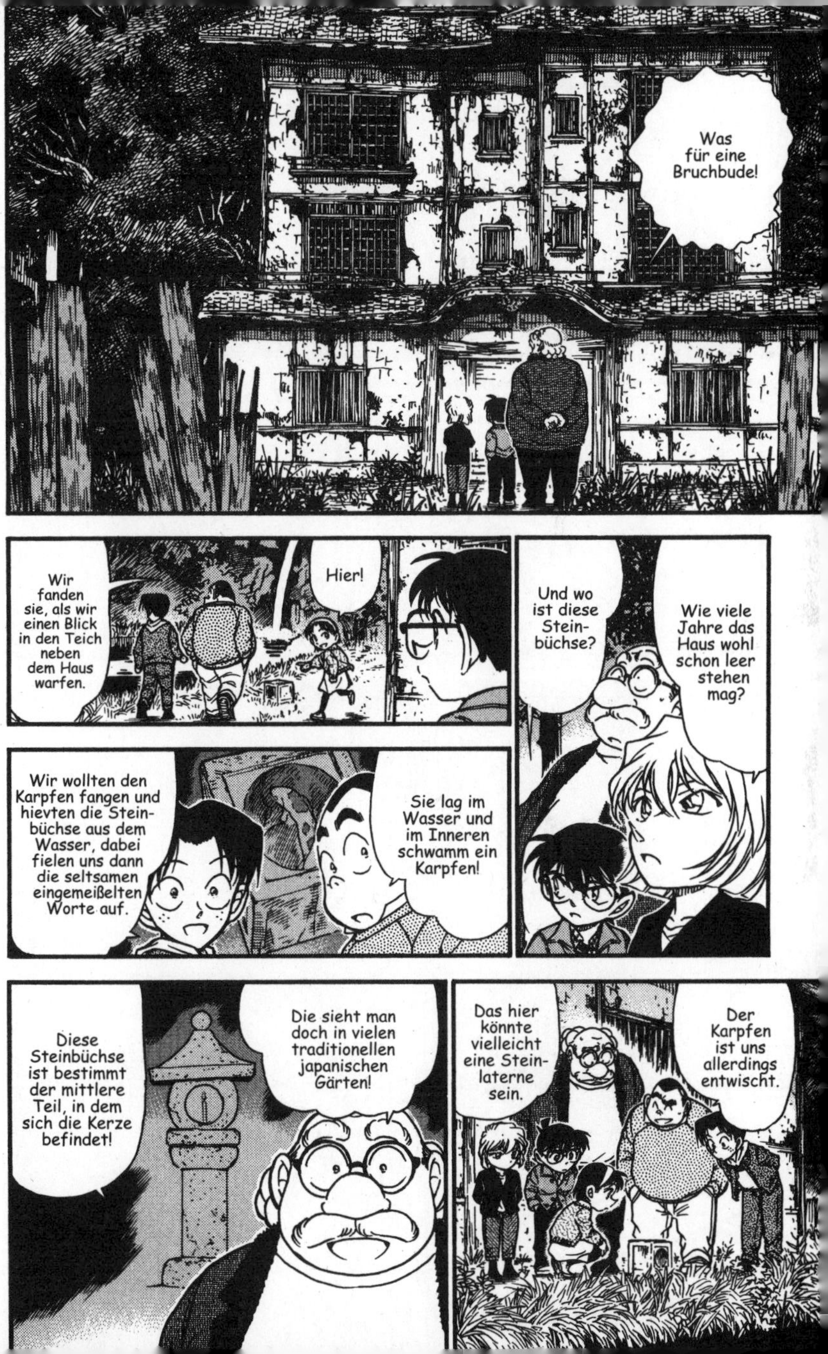

Was für eine Bruchbude!
Wie viele Jahre das Haus wohl schon leer stehen mag?
Und wo ist diese Steinbüchse?
Hier!
Wir fanden sie, als wir einen Blick in den Teich neben dem Haus warfen.
Sie lag im Wasser und im Inneren schwamm ein Karpfen!
Wir wollten den Karpfen fangen und hievten die Steinbüchse aus dem Wasser, dabei fielen uns dann die seltsamen eingemeißelten Worte auf.
Der Karpfen ist uns allerdings entwischt.
Das hier könnte vielleicht eine Steinlaterne sein.
Die sieht man doch in vielen traditionellen japanischen Gärten!
Diese Steinbüchse ist bestimmt der mittlere Teil, in dem sich die Kerze befindet!

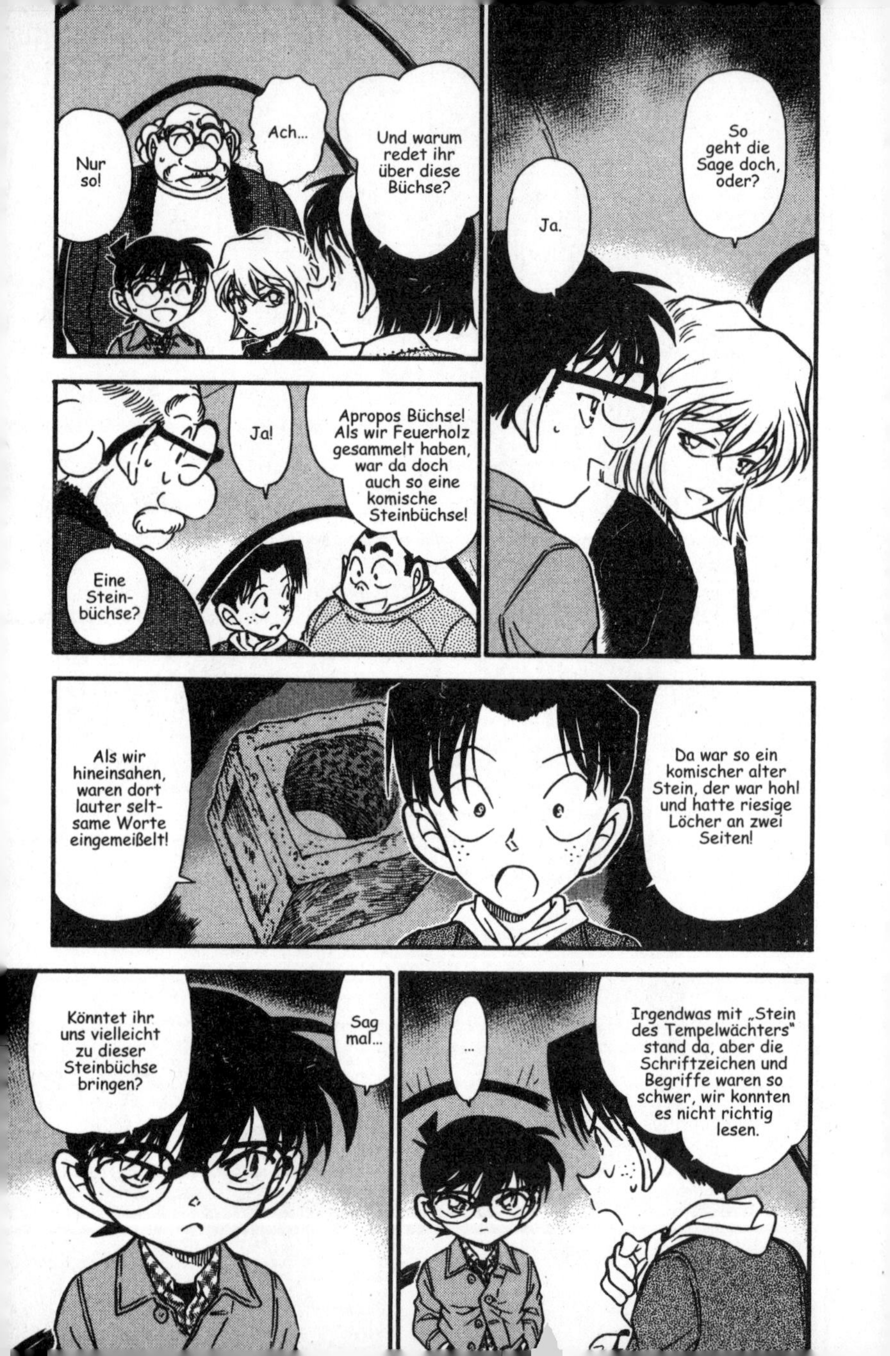

So geht die Sage doch, oder?
Ja.
Und warum redet ihr über diese Büchse?
Ach...
Nur so!
Apropos Büchse! Als wir Feuerholz gesammelt haben, war da doch auch so eine komische Steinbüchse!
Ja!
Eine Steinbüchse?
Da war so ein komischer alter Stein, der war hohl und hatte riesige Löcher an zwei Seiten!
Als wir hineinsahen, waren dort lauter seltsame Worte eingemeißelt!
Irgendwas mit „Stein des Tempelwächters" stand da, aber die Schriftzeichen und Begriffe waren so schwer, wir konnten es nicht richtig lesen.
...
Sag mal...
Könntet ihr uns vielleicht zu dieser Steinbüchse bringen?

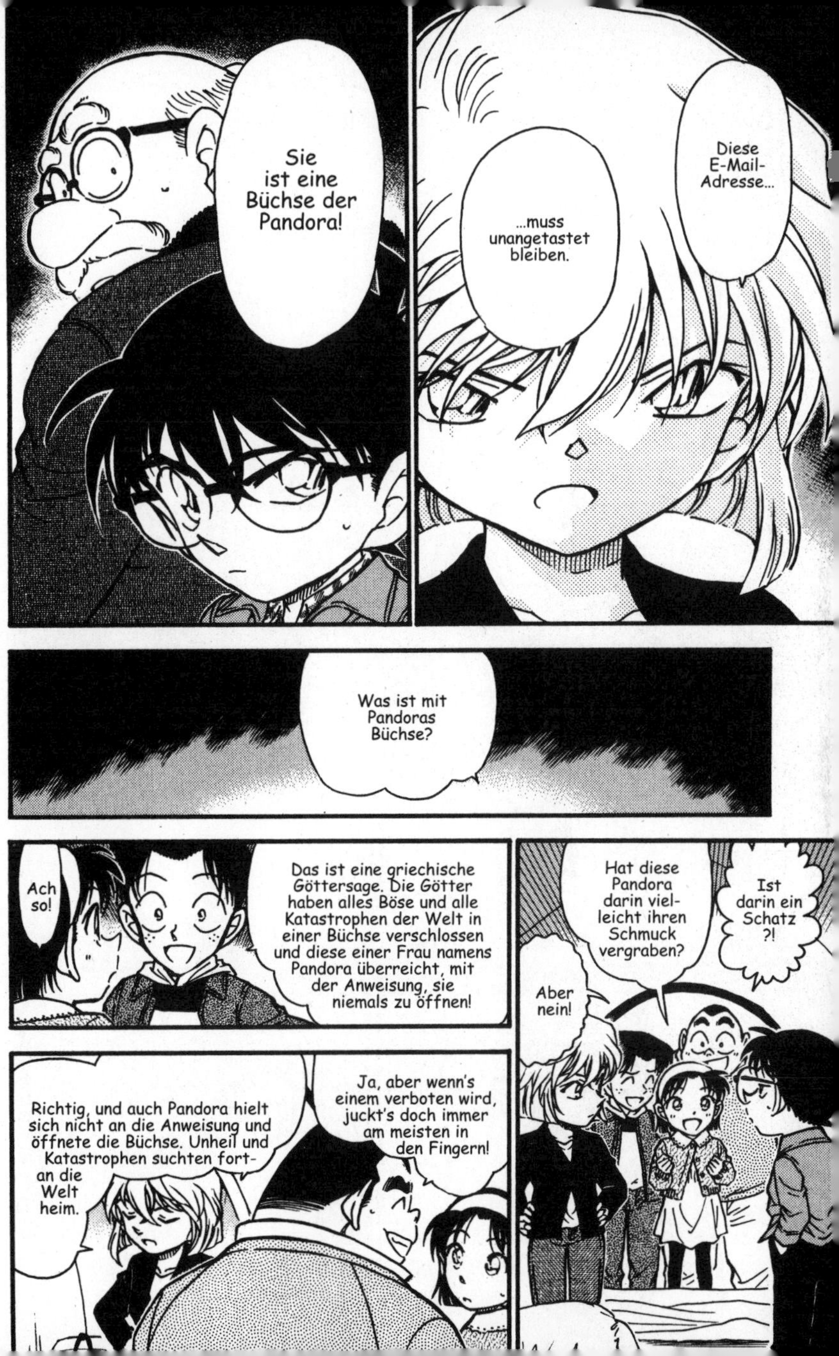

Diese E-Mail-Adresse...
...muss unangetastet bleiben.
Sie ist eine Büchse der Pandora!
Was ist mit Pandoras Büchse?
Ist darin ein Schatz?!
Hat diese Pandora darin vielleicht ihren Schmuck vergraben?
Aber nein!
Das ist eine griechische Göttersage. Die Götter haben alles Böse und alle Katastrophen der Welt in einer Büchse verschlossen und diese einer Frau namens Pandora überreicht, mit der Anweisung, sie niemals zu öffnen!
Ach so!
Ja, aber wenn's einem verboten wird, juckt's doch immer am meisten in den Fingern!
Richtig, und auch Pandora hielt sich nicht an die Anweisung und öffnete die Büchse. Unheil und Katastrophen suchten fortan die Welt heim.

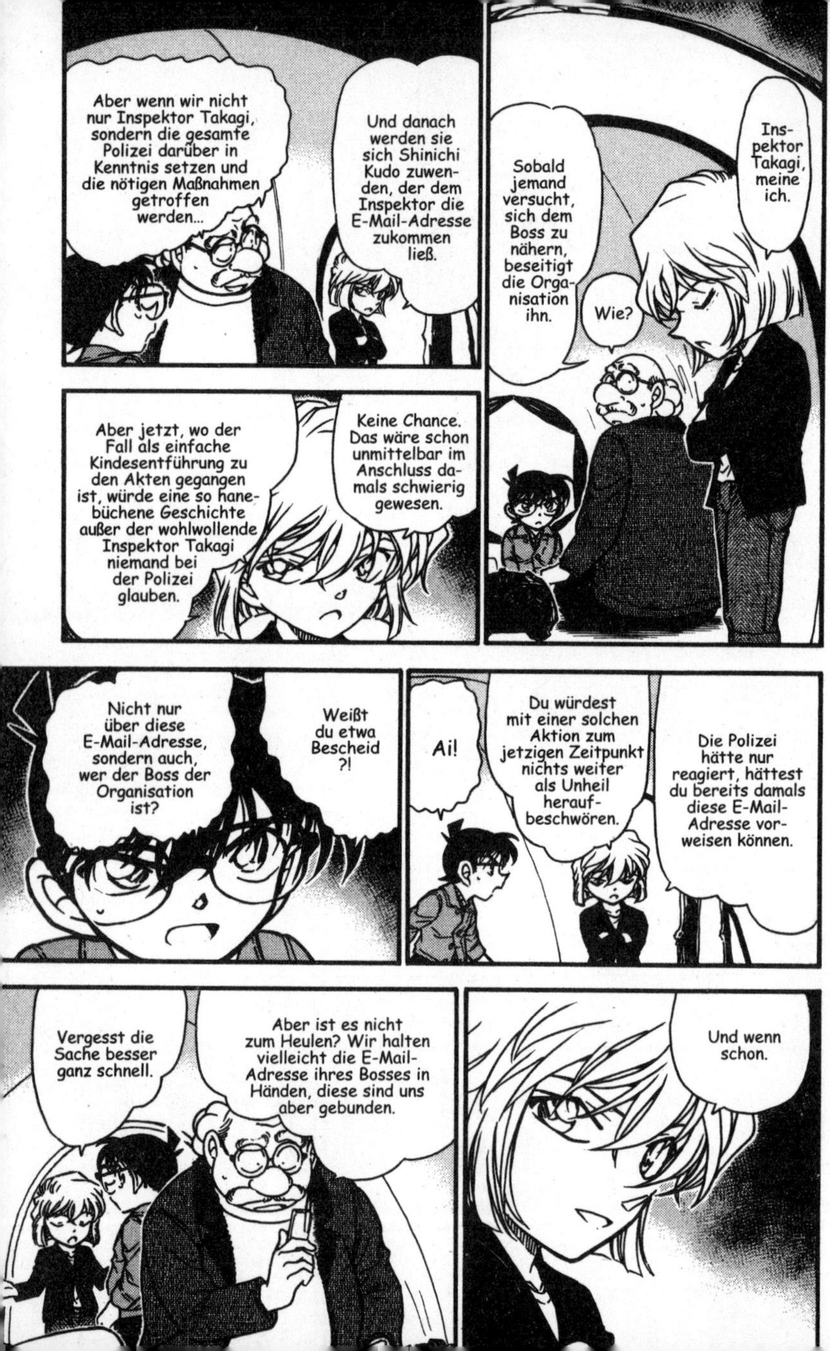

Inspektor Takagi, meine ich.
Wie?
Sobald jemand versucht, sich dem Boss zu nähern, beseitigt die Organisation ihn.
Und danach werden sie sich Shinichi Kudo zuwenden, der dem Inspektor die E-Mail-Adresse zukommen ließ.
Aber wenn wir nicht nur Inspektor Takagi, sondern die gesamte Polizei darüber in Kenntnis setzen und die nötigen Maßnahmen getroffen werden...
Keine Chance. Das wäre schon unmittelbar im Anschluss damals schwierig gewesen.
Aber jetzt, wo der Fall als einfache Kindesentführung zu den Akten gegangen ist, würde eine so hanebüchene Geschichte außer der wohlwollende Inspektor Takagi niemand bei der Polizei glauben.
Die Polizei hätte nur reagiert, hättest du bereits damals diese E-Mail-Adresse vorweisen können.
Du würdest mit einer solchen Aktion zum jetzigen Zeitpunkt nichts weiter als Unheil heraufbeschwören.
Ai!
Weißt du etwa Bescheid ?!
Nicht nur über diese E-Mail-Adresse, sondern auch, wer der Boss der Organisation ist?
Und wenn schon.
Aber ist es nicht zum Heulen? Wir halten vielleicht die E-Mail-Adresse ihres Bosses in Händen, diese sind uns aber gebunden.
Vergesst die Sache besser ganz schnell.

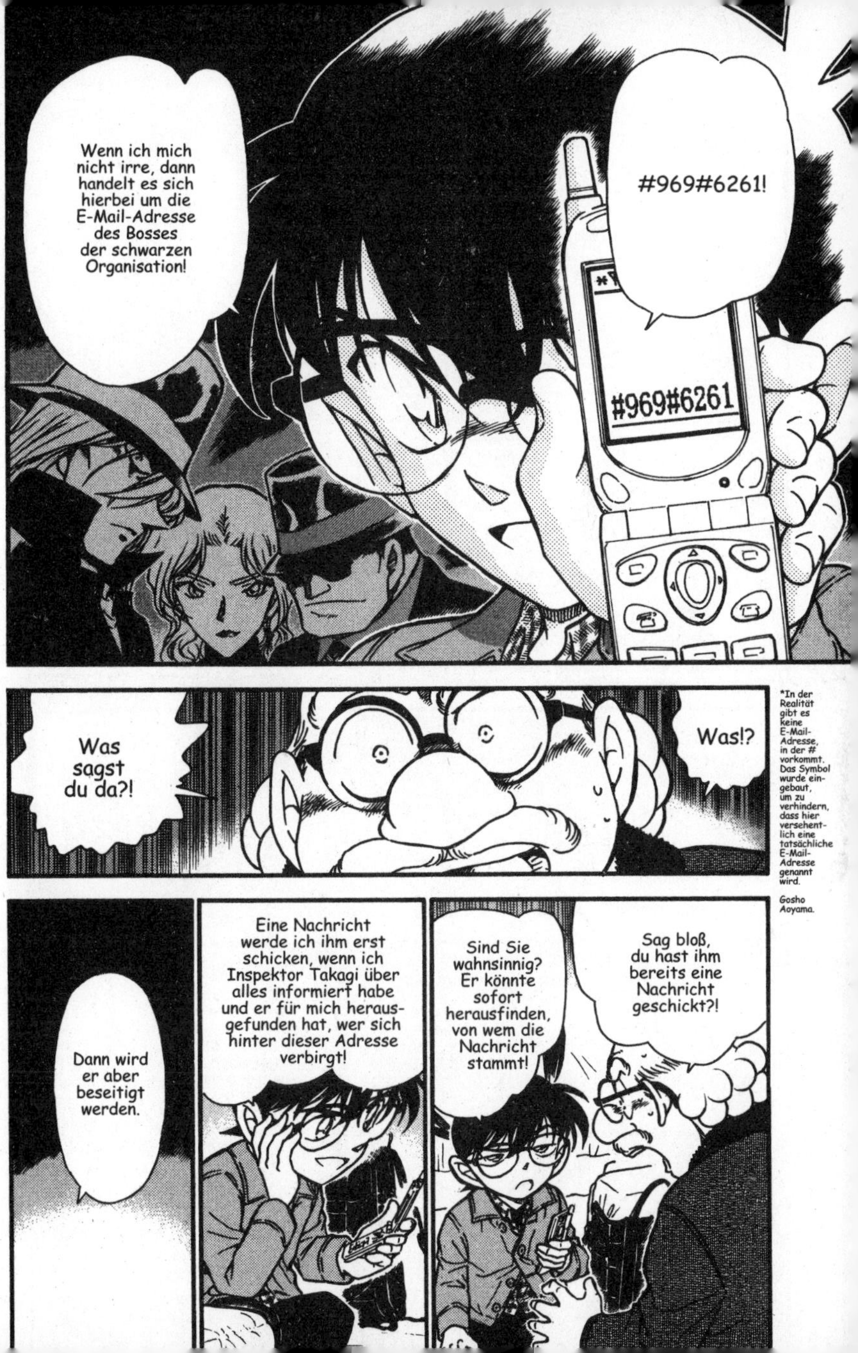

*In der Realität gibt es keine E-Mail-Adresse, in der # vorkommt. Das Symbol wurde eingebaut, um zu verhindern, dass hier versehentlich eine tatsächliche E-Mail-Adresse genannt wird.

Gosho Aoyama.

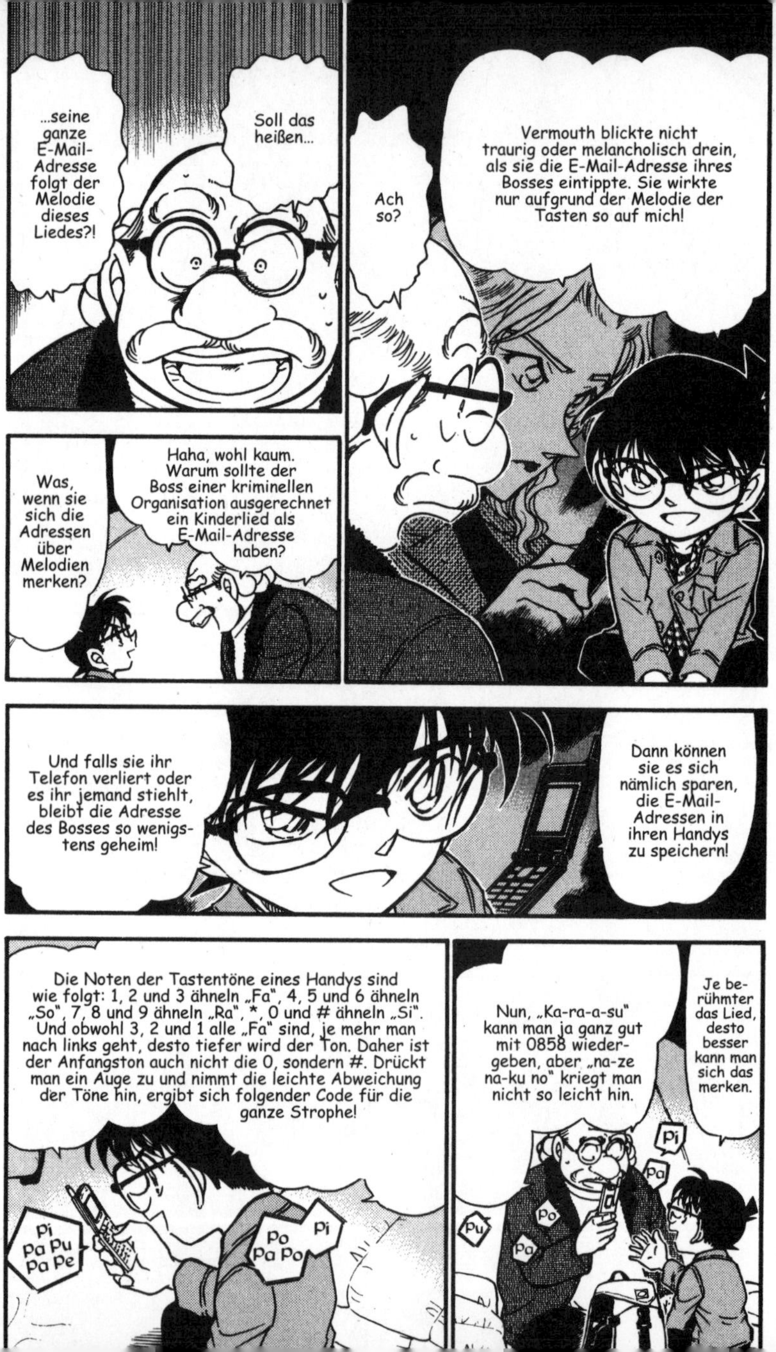

Vermouth blickte nicht traurig oder melancholisch drein, als sie die E-Mail-Adresse ihres Bosses eintippte. Sie wirkte nur aufgrund der Melodie der Tasten so auf mich!
Ach so?
Soll das heißen...
...seine ganze E-Mail-Adresse folgt der Melodie dieses Liedes?!
Haha, wohl kaum. Warum sollte der Boss einer kriminellen Organisation ausgerechnet ein Kinderlied als E-Mail-Adresse haben?
Was, wenn sie sich die Adressen über Melodien merken?
Dann können sie es sich nämlich sparen, die E-Mail-Adressen in ihren Handys zu speichern!
Und falls sie ihr Telefon verliert oder es ihr jemand stiehlt, bleibt die Adresse des Bosses so wenigstens geheim!
Je berühmter das Lied, desto besser kann man sich das merken.
Nun, „Ka-ra-a-su“ kann man ja ganz gut mit 0858 wiedergeben, aber „na-ze na-ku no“ kriegt man nicht so leicht hin.
Pi
Pa
Po
Pu
Pa
Die Noten der Tastentöne eines Handys sind wie folgt: 1, 2 und 3 ähneln „Fa“, 4, 5 und 6 ähneln „So“, 7, 8 und 9 ähneln „Ra“, *, 0 und # ähneln „Si“. Und obwohl 3, 2 und 1 alle „Fa“ sind, je mehr man nach links geht, desto tiefer wird der Ton. Daher ist der Anfangston auch nicht die 0, sondern #. Drückt man ein Auge zu und nimmt die leichte Abweichung der Töne hin, ergibt sich folgender Code für die ganze Strophe!
Pi
Po Pa Po
Pi Pa Pu Pa Pe

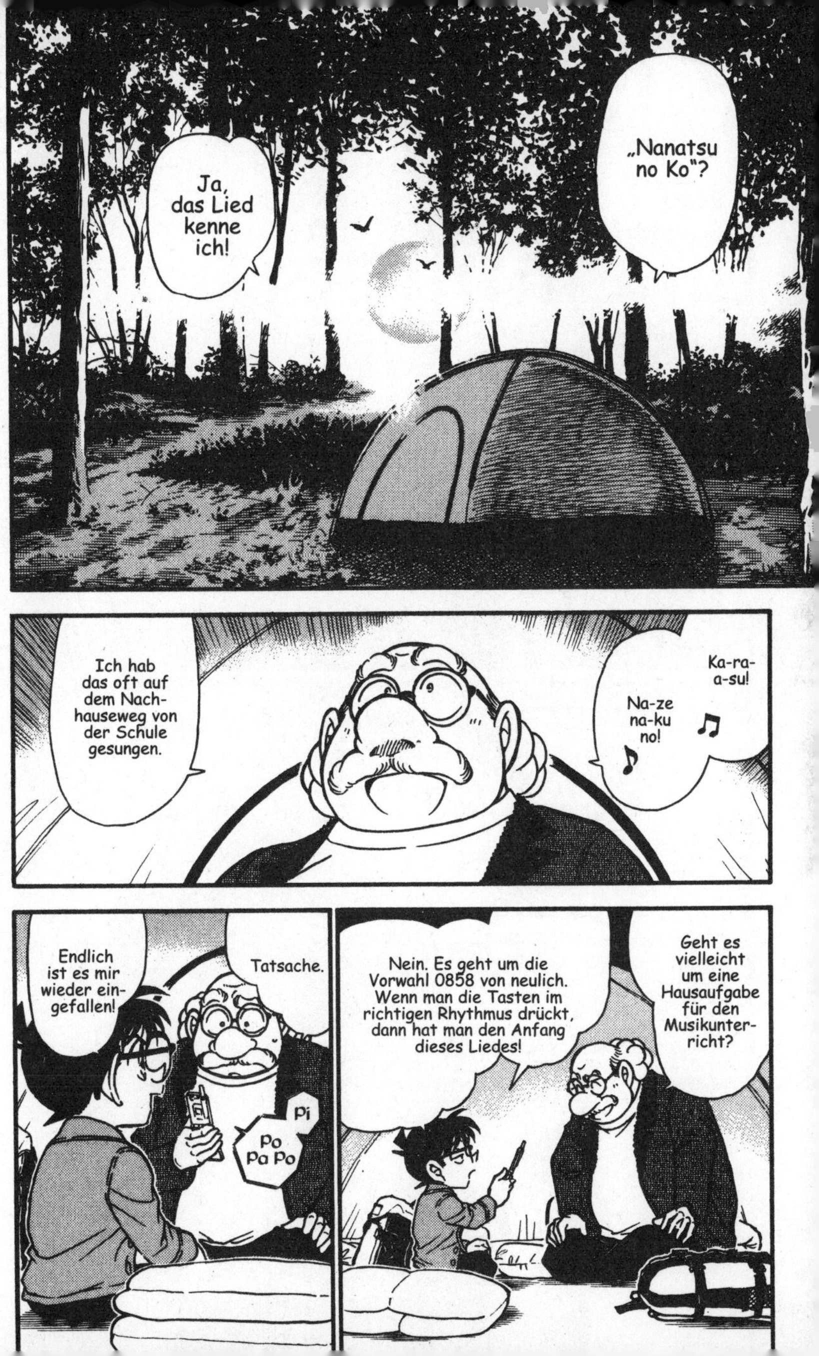
„Nanatsu no Ko"?
Ja, das Lied kenne ich!
Ka-ra-a-su! Na-ze na-ku no!
Ich hab das oft auf dem Nachhauseweg von der Schule gesungen.
Geht es vielleicht um eine Hausaufgabe für den Musikunterricht?
Nein. Es geht um die Vorwahl 0858 von neulich. Wenn man die Tasten im richtigen Rhythmus drückt, dann hat man den Anfang dieses Liedes!
Tatsache.
Pi
Po Pa Po
Endlich ist es mir wieder eingefallen!

Fall 1: Unter Verschluss

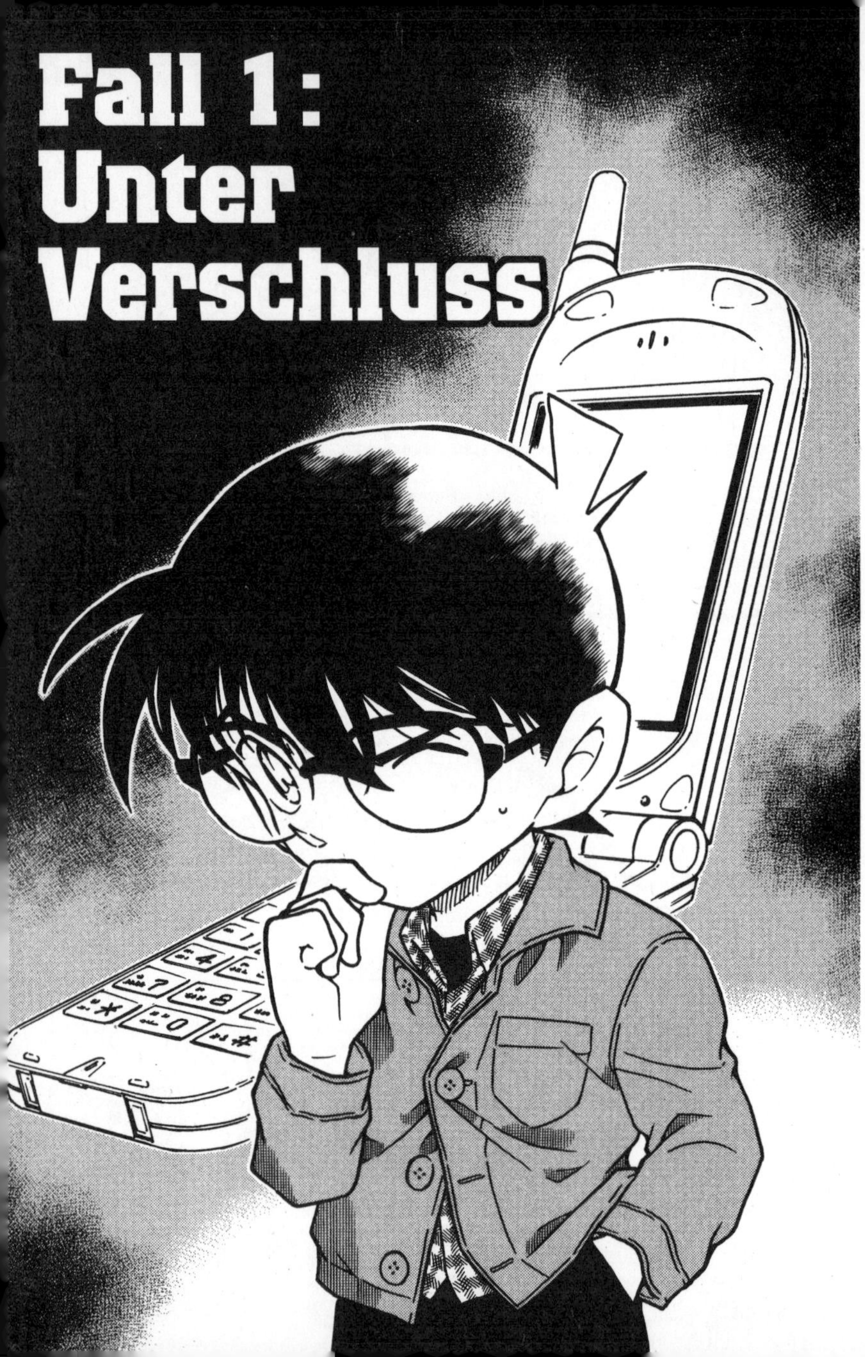

DETEKTIV CONAN vs. Kaito KID

INHALT

1 Abenteuer im mysteriösen Haus

Unter Verschluss 005
Das Haus der 1000 Fallen 021
Die drei Throninsignien 039
Unbezwingbar 055

2 Kaito Kid und die vier Bilder

Rote Lotusblüte 075
Gülden 091
Frühjahrssturm 107
Schneeweiß 123

3 Kaito Kids spektakuläre Teleportation

Purple Nails 143
Teleportation 159
Die drei Tabus 175
Null 191

4 Kaito Kid gegen den sichersten Tresor der Welt

Der eiserne Dachs 209
Eingeschleust 225
Wieder frei 241

5 Kaito Kid gegen die Detective Boys

Seiryu 259
Shujaku 275
Byakko 291
Genbu 307

Conan gegen Kid – Die Fallakten

.... 073 • 141 • 207 • 257 • 323

Kids eigener Comic: Wissenswertes über „Kaito Kid"! 325

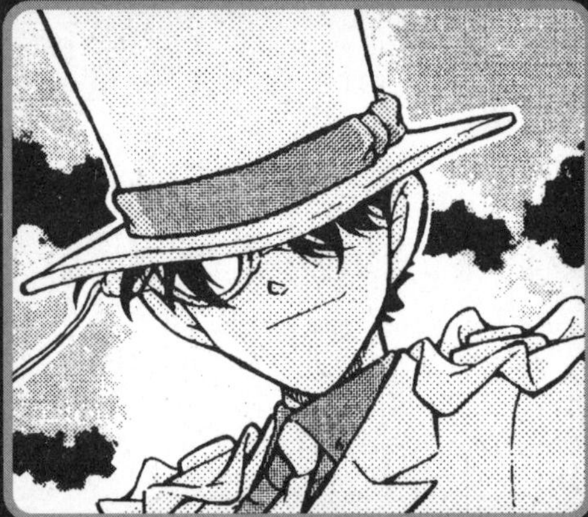

Kaito Kid

Seine Aktennummer bei Interpol ist 1412, im Volksmund heißt er Kaito Kid. Er ist ein Meister der Verkleidung und so plötzlich wie er auftaucht, verschwindet er auch immer! Über seine wahre Identität ist nichts bekannt.

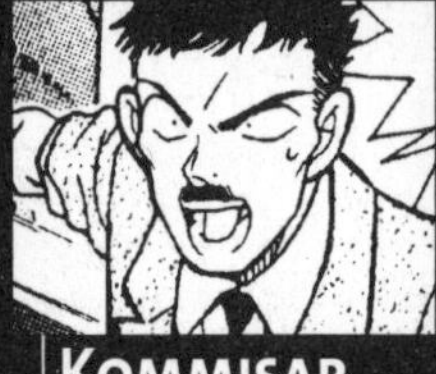

Kommisar Nakamori

Kommissar beim 2. Kriminaldezernat , sehnt den Tag herbei, an dem er Kid schnappt.

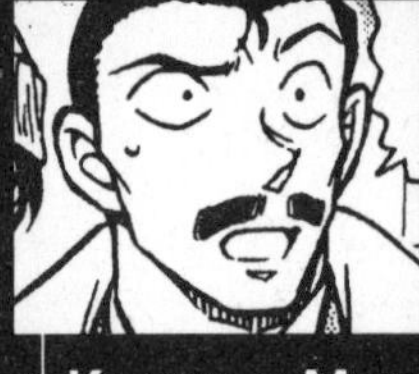

Kogoro Mori

Rans Vater, der dank Conan als Meisterdetektiv gefeiert wird.

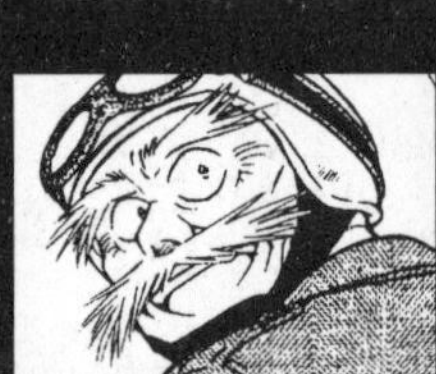

Jirokichi Suzuki

Sonokos Onkel und Generalberater des Suzuki-Konzerns.

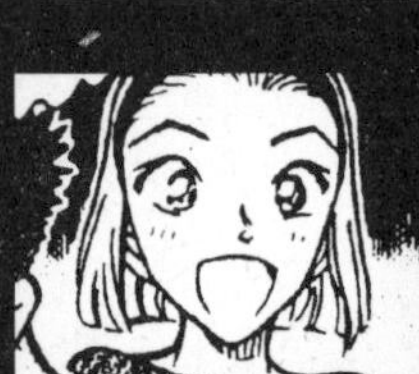

Sonoko Suzuki

Langjährige Freundin von Ran und Shinichi. Ihrer Familie gehört der Suzuki-Konzern.

DETEKTIV CONAN vs. Kaito KID

Die Charaktere

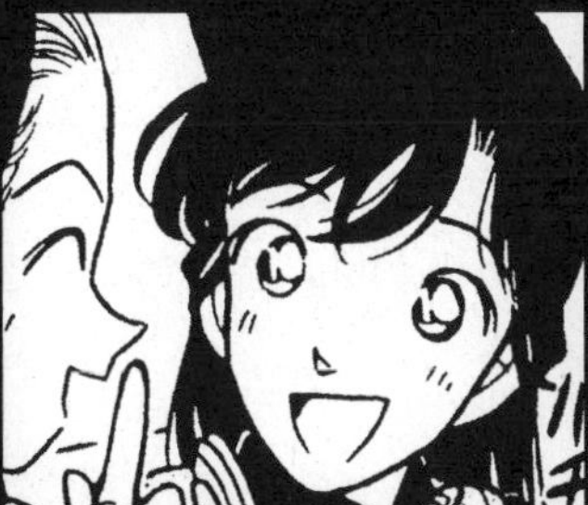

Ran Mori

Sie ist von klein auf mit Shinichi befreundet und nimmt sich des kleinen Conans an, ohne zu ahnen, dass es sich dabei in Wirklichkeit um Shinichi handelt!

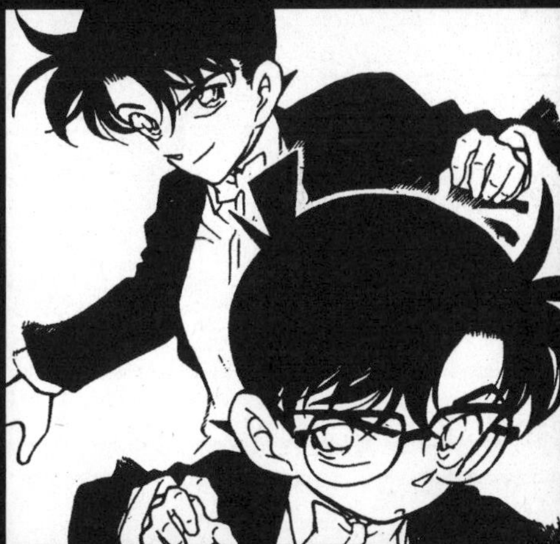

Conan Edogawa / Shinichi Kudo

Der Oberschüler und Jungdetektiv Shinichi hat von Handlangern einer geheimnisvollen Verbrecherorganisation ein Gift verabreicht bekommen, das ihn in einen Grundschüler zurückverwandelt hat. Fortan löst er als Conan Edogawa Fall um Fall!

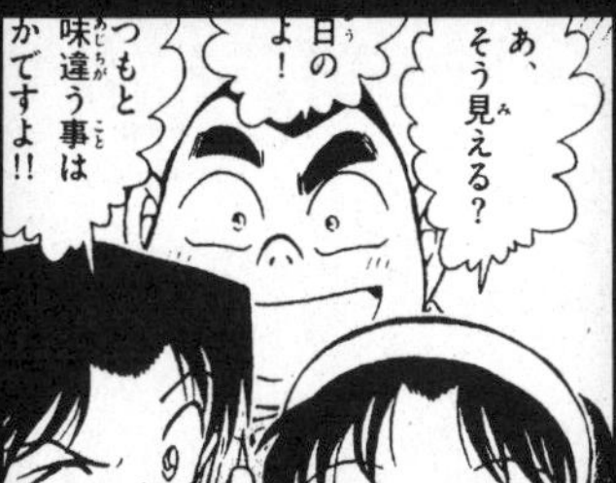

„Detective Boys“

Seine Klassenkameraden Mitsuhiko Tsuburaya, Genta Kojima und Ayumi Yoshida bilden zusammen mit Conan die „Detective Boys“.

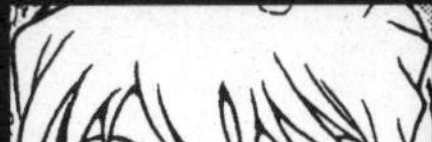

Ai Haibara

Ehemalige Wissenschaftlerin der Schwarzen Organisation. Nahm das Gift, um der Organisation entfliehen zu können.

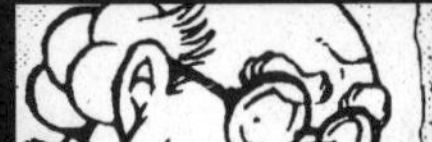

Professor Agasa

Erfinder und guter Freund von Shinichi / Conan.

DETEKTIV

CONAN vs. Kaito KID

Gosho Aoyama